Neale · Elisabeth I.

John E. Neale

Elisabeth I.

Königin von England

Diederichs

Die Originalausgabe erschien unter dem Titel *Queen Elizabeth I*
bei Jonathan Cape Ltd., London.

Bibliografische Information Der Deutschen Bibliothek
Die Deutsche Bibliothek verzeichnet diese Publikation in der Deutschen Nationalbibliografie; detaillierte bibliografische Daten sind im Internet unter http://dnb.ddb.de abrufbar.

Ungekürzte Lizenzausgabe für den Heinrich Hugendubel Verlag,
Kreuzlingen/München 2004

Aus dem Englischen von Georg Goyert

Umschlaggestaltung: Die Werkstatt München / Weiss · Zembsch
Produktion: Ortrud Müller
Satz: Wiener Verlag, Himberg
Druck und Bindung: GGP Media, Pößneck
Printed in Germany

ISBN 3-424-01226-2

Inhalt

Der Vater: Heinrich VIII.	9
Der Bruder: Eduard VI.	25
Die Schwester: Maria die Katholische	38
Elisabeth, Königin von England	64
Liebe, Heiratspläne, Politik	81
Erste Erfolge in der Außenpolitik	98
Maria, Königin der Schotten	117
Politik um die Thronfolge	132
Heiratsprojekte und kein Ende	152
Die Ermordung Darnleys	173
Der Aufstand im Norden	195
Die Ridolfi-Verschwörung	214
Leutselige Politik	230
Religion und Politik	247
Letzte Anstrengung zu heiraten	266
Die Tragödie Maria Stuarts	289
Krieg mit Philipp II. von Spanien	319
Das Unterhaus als Sorgenkind	341
Essex: Die letzte Liebe	361
Essex: Der unbändige Untertan	384
Essex: Die Katastrophe	400
Die verwaiste Königin	431
Nachwort zur englischen Ausgabe	449
Stammtafeln	453
Abfolge der geschichtlichen Ereignisse	456
Anmerkungen	460
Register	463
Bibliographie	477

Der Vater: Heinrich VIII.

Am Sonntag, dem 7. September 1533, zwischen drei und vier Uhr nachmittags, schenkte im Lustschloß zu Greenwich Anna Boleyn einem Kinde das Leben. Sein Schicksal sollte sich mit Staatsbegebenheiten verbinden, die damals noch niemand voraussagen konnte; eins aber hätte man doch schon erkennen können: daß diese Geburt ein Wahrzeichen der folgenschwersten Umwälzung in der Geschichte des Landes darstellte.

Seit mehr als sechs Jahren schon war Heinrich VIII. ganz im Banne der schwarzen Augen, des lebhaften Wesens und der ungezwungenen französischen Manieren einer Hofdame Katharinas von Aragon, und er dachte allen Ernstes daran, sich scheiden zu lassen. Es handelte sich durchaus nicht um eine Liebelei. Er hatte Gelegenheiten genug, sich zu zerstreuen, ohne daß dabei das Heiratsproblem eine Rolle spielte; und hätten nicht andere, stichhaltige Gründe Scheidung und Wiederverheiratung verlangt, wer weiß, wie lange Anna Boleyns Tugend seinem Drängen widerstanden hätte? Denn es war durchaus keine Schande, die Geliebte eines Königs zu sein, besonders nicht am französischen Hofe, an dem Anna Boleyn drei Jahre verbracht hatte. Als König, als zweiter König einer neuen Dynastie, mußte Heinrich vor allem die Zukunft seines Hauses durch einen Thronerben sicherstellen. Wenn England auch keine lex salica kannte, nach der die junge Maria, sein einziges legitimes Kind, von der Thronfolge ausgeschlossen gewesen wäre, so hatte doch der größte Staatsrechtslehrer des vergangenen Jahrhunderts bewiesen, daß keine Frau den englischen Thron besteigen könne. In den vierhundertfünfzig Jahren seit der Eroberung hatte nur einmal eine Frau, Matilda[1], als Königin die Geschicke des Landes geleitet, und ihre Eigentümlichkeit und ihr Schicksal sprachen ebenso stark gegen die weibliche Thronfolge wie ein salisches Gesetz. Eine Herrscherin auf dem Thron bedeutete zweifellos eine ernste Gefahr. Sie konnte entweder einen einheimischen oder einen ausländischen Fürsten heiraten. Heiratete sie einen Inländer, so drohte dem Lande der Bürgerkrieg, weil die neue Macht ihres Gatten im hohen Adel Eifersucht wecken mußte; heiratete sie einen Ausländer, wurde das Land leicht zur Provinz eines anderen Reiches herabgewürdigt. Wenn auch das Thronfolgegesetz eine andere Auslegung durchaus zuließ, so sprachen Klugheit und Vorsicht doch ganz eindeutig gegen eine Frau auf dem Thron.

Deshalb wollte Heinrich unbedingt einen Sohn haben. Solange noch Hoffnung auf die Geburt eines Prinzen bestand, hatte er Katharina von Aragon ertragen; er hätte sie auch wahrscheinlich bis zu ihrem Tode ertragen, wenn sie ihm den Erben geboren hätte. Aber im Jahre 1527 war Katharina schon zweiundvierzig Jahre alt, sechs Jahre älter als ihr Gatte; sie war dick, entbehrte jeglichen Reizes und war durch Enttäuschungen frühzeitig gealtert. Ihre verschiedenen Wochenbette waren unglücklich verlaufen. Fünf Kinder, darunter drei Knaben, kamen tot zur Welt oder starben, wie in einem Falle, wenige Wochen nach der Geburt. Das letzte Kind wurde im November 1518 tot geboren. In einer Zeit, die in Pest, Hungersnot oder dem Einsturz eines morschen Fußbodens, der unter einer geheimen Ketzerversammlung zusammenkrachte, eine Heimsuchung Gottes sah, bedeutete es weder Heuchelei noch übertriebene Empfindsamkeit, wenn Heinrich das Unglück seiner Frau mit dem Zorn Gottes in Verbindung brachte. Hatte der Herr doch im dritten Buch Mosis gesagt: ‚Wenn jemand seines Bruders Weib nimmt, das ist eine schändliche Tat; sie sollen ohne Kinder sein.‘ Die Hand Gottes wies Heinrich ebenso nachdrücklich wie die Staatsraison darauf hin, sich von Katharina von Aragon zu trennen.

Und damit begann jene berühmte Scheidung, die zu dem Bruch mit Rom und all seinen unübersehbaren Folgen führte. So tief auch Heinrichs Zuneigung zu Anna Boleyn war – sie war seine große Liebe –, bei dieser ganzen Umwälzung kam ihr nur die Rolle der voraussichtlichen Mutter des Thronerben zu. Im Herbst 1532, als das Scheidungsverfahren gegen Katharina sich schon sechs Jahre hinzog, und als Heinrich im Begriff stand, aus seiner Herausforderung an Rom die letzte Konsequenz zu ziehen, begannen er und Anna allen sichtbar zusammenzuleben. Im Januar fühlte sie sich schwanger. Das politische Ziel der Scheidung schien gesichert, und so war ein weiteres Hinausschieben zwecklos. Heimlich und in aller Eile heiratete Heinrich sie am 25. Januar, und sobald dann Cranmers[2] Wahl zum Erzbischof von Canterbury vom Papst bestätigt war, vollzog er den Bruch mit Rom. Im Mai erklärte Cranmer Heinrichs Ehe mit Katharina für null und nichtig und erkannte die Gültigkeit seiner Ehe mit Anna an. Die englische Kirche hatte sich von der Oberhoheit Roms frei gemacht. Die unmittelbare Ursache war das Kind, das Anna unter dem Herzen trug. Was die Zukunft dem Kinde auch vorbehielt, eines stand jetzt schon fest: es war das Kind der englischen Reformation.

‚Ich bete zu Jesus, er möge uns in seinem heiligen Willen einen Prinzen schenken', betete ein zeitgenössischer Chronist. Selten hat das Geschlecht eines Kindes eine so große Rolle gespielt. Niemand wagte es, an die Geburt eines Mädchen auch nur zu denken. Die Ärzte und Wahrsager versicherten dem König, ihm würde ein Knabe geboren. Sein Name – Eduard oder Heinrich – wurde im voraus festgelegt, und zur Verschönerung des Ereignisses brachte man eines der reichsten Betten – das Sühnegeld eines Fürsten – aus der Schatzkammer des Königs nach Greenwich. Turniere und Freudenfeste wurden vorbereitet.

Das Kind war ein Mädchen. Wenn das schon eine bittere Enttäuschung für Heinrich war, so bedeutete es für Anna noch viel Schlimmeres. Sie hatte den König im Stich gelassen und ihren eigentlichen Zweck verfehlt. Ihr Aufstieg zur Macht hatte ihr die Feindschaft vieler zugezogen: die Feindschaft aller, deren Einfluß bei Hofe sie vermindert oder die sie in den Schatten gestellt hatte, auch derer, die gegen die neuen radikalen Tendenzen in religiösen Dingen waren, und endlich jener, die sich durch die Anmaßung ihrer Verwandten und die scharfe Zunge, die Anna und ihr Bruder hatten, verletzt fühlten. Damals war eine Zeit, in der politische Macht unversöhnliche Gegner schuf. Wehe, wenn die Gunst des Königs ins Wanken geriet! Denn selten verpaßten Höflinge, die ihren eigenen Aufstieg im Sturz ihres Gegners witterten, eine Gelegenheit, den

Geist des Königs zu vergiften; und ‚der Zorn des Fürsten bedeutete Tod'. Ihre Stellung als Königin schützte Anna bis zu einem gewissen Grade gegen böswilliges Gerede; aber ihre Sicherheit hing in viel stärkerem Maße, als das bei Katharina der Fall gewesen war, davon ab, daß sie Mutter eines Prinzen wurde. Als Anna ein oder zwei Wochen vor ihrer Niederkunft gegen einen Flirt Heinrichs protestierte, riet er ihr, kein Aufhebens von der Sache zu machen und sich damit abzufinden, wie es andere vor ihr auch getan hätten. Sie dürfe nicht vergessen, meinte Heinrich, daß er sie in einem Augenblick noch tiefer stürzen könne als er sie erhöht habe. Gott und ein Prinz bedeuteten für Anna, wie für Katharina, eine gefährliche Verbindung im Geiste des Königs; und mit der Tochter, die sie gebar, zog das Gewitter herauf, das sie vernichten sollte.

Vorläufig war die Lage noch nicht verzweifelt. Anna hatte Heinrich eine Prinzessin geschenkt und würde ihm mit Gottes Hilfe auch noch einen Prinzen schenken. Bei der Nachricht von der Geburt wurden in der Stadt Freudenfeuer angezündet und die Glocken geläutet – aus Freude über die Enttäuschung des Königs, wie ein boshafter Gesandter meinte. Am nächsten Tage wurde in der alten St. Pauls-Kirche ein feierliches Tedeum gesungen und am Mittwoch das Kind mit großer Feierlichkeit getauft. Londons Bürgermeister und Aldermänner, die schimmernde Gewänder und goldene Ketten trugen, fuhren in Begleitung von Stadträten und Bürgern auf einer Barke nach Greenwich, wo sie sich einem Zuge hochgeborener Herren und Damen anschlossen, der sich über Wege, die mit grünen Binsen bestreut, und an Mauern vorbei, die mit Teppichen verhängt waren, nach der Franziskaner-Kirche begab. Paten waren Cranmer, die alte Herzogin von Norfolk und die Marquise von Dorset. Nach der Taufe verkündete der erste Wappenherold laut den Namen des Kindes: „Gott gebe in seiner unendlichen Güte Elisabeth, der hohen und mächtigen Prinzessin von England, ein langes und gesegnetes Leben!"

Vor siebzehneinhalb Jahren hatten die gleichen Worte die Tochter Katharinas von Aragon begrüßt. Als ihre Mutter in Ungnade fiel, war Maria ein junges Mädchen; ihre ganze seelische Veranlagung trieb sie in leidenschaftlichen Widerstand gegen die neue Ordnung der Dinge. Unter dem geheimen

Einfluß und der Führung des kaiserlichen Gesandten spottete sie der Wünsche und Befehle ihres Vaters mit einer Hartnäckigkeit, die seinen Zorn gefährlich anschwellen ließ. Für sie war und blieb Anna Boleyn eine Konkubine und ihr Kind ein Bastard, mit dem Ergebnis, daß die Beziehungen der beiden zueinander immer mehr vergiftet wurden. Als Elisabeth drei Monate alt geworden, bot sich eine ausgezeichnete Gelegenheit, Marias Stolz zu beugen und sie daran zu erinnern, daß sie, nachdem die Ehe ihrer Mutter für ungültig erklärt worden war, keine Prinzessin, sondern nur noch Heinrichs illegitime Tochter war. Nach alter Sitte erhielt die kleine Prinzessin Elisabeth im königlichen Schloß Hatfield eine eigene Hofhaltung. Als man mit dem Kind auf dem Wege dorthin – zur Freude des schaulustigen Volkes – durch London kam, wurde ein Teil der Begleitmannschaft abgesandt, Marias Hofhaltung aufzulösen. Maria selbst sollte Annas Kind huldigen und von nun ab in der neugegründeten Hofhaltung Elisabeths leben. All ihr Sträuben war umsonst. Sie verharrte in ihrem alten Widerstand, weigerte sich, auf den Titel einer Prinzessin zu verzichten und Anna oder ihr Kind anzuerkennen. Allen Vorschlägen der Königin begegnete sie mit Verachtung, und die beiden wurden unversöhnliche Feindinnen. Auch die Beziehungen zu ihrem Vater besserten sich nicht. Wenn Heinrich Elisabeth besuchte, durfte Maria ihr Zimmer nicht verlassen, er wollte sie nicht sehen. So vergingen die Jahre 1534 und 1535. Die Prinzessin und ihre Hofhaltung waren bald in Hatfield, bald in Eltham oder Hunsdon oder in einem anderen Schloß des Königs. Gelegentlich waren sie auch bei Hof.

Unterdessen wurde der Boden unter Anna Boleyns Füßen immer unsicherer. Gott hatte ihr den Prinzen versagt. Im Sommer 1534 glaubte man, sie sei schwanger, aber im September wußte Heinrich, daß dies eine Täuschung war. Seine Zuneigung, die sich dann und wann ihr wieder zuwandte, galt augenblicklich einer sehr schönen Hofdame, und als Anna ihm deswegen Vorwürfe machte, erinnerte er sie brutal daran, woher sie kam. Der Hof beobachtete diese Anzeichen wie Geier ihre Beute. Wohl besaß Anna immer noch etwas von jener Macht über Heinrich, die ihn als Liebhaber in Hörigkeit gehalten hatte; aber ihre leidenschaftlichen Ausbrüche ärgerten ihn, die alte Liebesglut war verflogen, und – ein schlimmes Zeichen – wieder einmal gewann die kalte Vernunft die Oberhand. Schon erwog Heinrich die Möglichkeit, sich von ihr zu trennen. Aber daran hinderte ihn vorläufig noch Katharina; denn solange diese lebte, erwarteten ihn nach einer Trennung von Anna auch von ihrer Seite neue Schwierigkeiten. Heinrich zögerte, unterdessen wurde Anna schwanger. Der Prinz war unterwegs.

Zu Beginn des Jahres 1536 sicherte zweierlei Annas Stellung: Katharinas von Aragon Leben und die Aussicht auf einen Sohn. Aber niemals war das Schicksal grausamer. Am 7. Januar starb Katharina, und am 29. Januar, dem Tag ihrer Beisetzung, genas Anna vorzeitig eines Knaben. Sie hatte ihren Retter nicht ausgetragen. Die Tragödie drängte zum Schluß, der schneller eintrat als man glaubte. Am 2. Mai wurde Anna verhaftet und in den Tower geschickt. Man beschuldigte sie des Ehebruchs, begangen mit fünf Männern, zu denen ihr eigener Bruder gehören sollte. In den nun folgenden Verhandlungen wurden alle für schuldig erklärt, und das Gesetz nahm seinen Lauf. Anna selbst wurde am 19. Mai hingerichtet. Ob sie wirklich schuldig war oder nicht, kann heute niemand mehr sagen; die Ansichten ihrer Zeitgenossen hierüber gehen jedenfalls auseinander. Höchstwahrscheinlich war sie nur unvorsichtig gewesen. War sie aber weitergegangen, hatte sie wirklich Ehebruch begangen – und diese Möglichkeit kann nicht ohne weiteres von der Hand gewiesen werden –, dann handelte es sich wohl nur um den verzweifelten Schritt einer verzweifelten Frau, die England einen Prinzen geben und sich retten wollte. Was auch immer die Wahrheit sein mag, sie hatte ihr Spiel gespielt und verloren.

Vollständig verloren! Es blieb ihr sogar die Hoffnung versagt, durch ihr Kind zu triumphieren. Während der vier Tage zwischen der Verhandlung und der Hinrichtung mußte Cranmer nach Gründen suchen, die eine Nichtigkeitserklärung ihrer Ehe rechtfertigten, wodurch Elisabeth zum Bastard wurde. Daß es jeder Vernunft Hohn sprach, eine Frau wegen Ehebruchs zu verurteilen und hinzurichten, die nie eine rechtmäßige Ehefrau gewesen sein sollte, spielte dabei kaum eine Rolle. Heinrich war mit allem einverstanden. Welchen Grund Cranmer schließlich fand, wissen wir nicht: vielleicht genügte ihm die Tatsache, daß Annas ältere Schwester Heinrichs Geliebte gewesen war, was nach dem Kirchenrecht eine Verwandtschaft zwischen beiden bedeutete, die eine Ehe ausschloß. Auf jeden Fall war es eine traurige Angelegenheit, deren rücksichtslose gerichtliche Durchführung allerdings des staatsmännischen Weitblicks nicht entbehrte. Elisabeth befand sich nun in der gleichen Lage wie Maria, die als Ältere vor ihr den Vorrang hatte, während beide als Frauen ihrem unehelich geborenen Bruder, dem Herzog von Richmond, nachstanden. Die Frage der Thronfolge wurde klarer; schlimmstenfalls konnte man auf einen illegitimen Prinzen zurückgreifen, während man bestenfalls immer noch hoffen durfte, daß Gott dem König einen rechtmäßigen Erben schenkte. Heinrich war erst 45 Jahre alt, und durch Katharinas und Annas Tod war die Vergangenheit abgeschlossen. Er konnte seine Bemühungen um einen Sohn von neuem beginnen.

Elisabeth war zwei Jahre und acht Monate alt, als ihre Mutter hingerichtet wurde; das Gefühl des Schmerzes, das ein Kind dieses Alters beim Tode der Mutter wohl zu empfinden vermag, ward ihr erspart, da sie in eigener Hofhaltung lebte. Ihr Innenleben wurde im Gegensatz zu dem Marias vom Unglück ihrer Mutter nicht berührt. Weder Scham noch Wut fraßen an ihrem Stolz. Keine Scham, denn sie wuchs in einer Gesellschaft auf, deren Gefühle anders abgestimmt waren als die unseren. Ein König als Vater bedeutete Herkunft genug; das verklärte sogar den schlimmen Urteilsspruch und ließ die Schande einer ehebrecherischen Mutter verblassen. Auch besagte eine Hinrichtung nichts Besonderes: das Schafott war eine Staatseinrichtung, der die großen Familien jener Zeit eine nach der andern ihren Tribut zahlten. Ein Mann aus Mantua, der England in der Mitte des Jahrhunderts beschreibt, trifft die Feststellung, gar manche rühmten sich, daß Mitglieder ihrer Familie gehenkt und gevierteilt worden seien. Kürzlich habe ein Ausländer einen englischen Kapitän gefragt, ob jemand aus seiner Familie dergleichen geschehen sei; die Antwort lautete: „Nicht, daß ich wüßte." Da habe ein anderer Engländer dem Fremden zugeflüstert: „Das darf Sie weiter nicht wundern, er ist kein Gentleman." Es genügte für Elisabeth, daß sie Heinrichs VIII. Tochter war. Er war ein Vater, auf den sie mit Recht stolz sein konnte und den sie liebte. Die Schande ihrer Mutter blieb immer eine offene Frage; wenn katholische Autoren später ihre Lasterhaftigkeit betonten, so hoben protestantische Schriftsteller ihre Tugenden in den Himmel.

Als ihre Mutter den Tod erlitt, befand sich Elisabeth in Hunsdon in der Obhut Lady Bryans, die schon Maria erzogen hatte. Der Haushalt hatte mit vielen Sorgen zu kämpfen; jedenfalls behauptete das Lady Bryan in einem Briefe an Thomas Cromwell[3]. Elisabeth habe ihren Rang als Prinzessin verloren, so schrieb sie, und sie wisse nicht, höchstens vom Hörensagen, welcher neue Rang ihrem Pflegling zukomme. Es sei ihr unklar, in welcher Weise sie das Kind erziehen solle, und wie sie selbst und die Dienerschaft, die ihr unterstehe, sich zu verhalten hätten. Außerdem fehle es dem Mädchen an Ausstattung: es habe weder Kleider, Wäsche noch Unterröcke, es mangele an Leinen für Hemden und an vielem anderen. Dafür müsse unbedingt gesorgt werden. Ferner habe Herr Shelton, der Vorstand der Hofhaltung, in ihre, Lady Bryans, Befugnisse eingegriffen und angeordnet, daß Lady Elisabeth an der Mittags- und Abendtafel teilnehme.

„Ach", schrieb die verzweifelte Dame, „eine derartige Lebensweise ist für ein Kind ihres Alters durchaus unangebracht. Ich versichere Sie, daß ich bei dieser Lebensweise jede Verantwortung für die Gesundheit Ihrer Gnaden ablehnen muß; denn bei Tisch sieht sie Fleisch, Obst und Wein, was alles ich Ihrer Gnaden nur schwer verbieten kann. Sie wissen ja, daß die Tafel kein Ort für Ermahnungen ist. Auch ist sie noch zu jung, als daß Ermahnungen allein bei ihr fruchteten. Wenn das so weitergeht, werde ich sie weder zur Ehre Seiner Gnaden des Königs noch zu ihrer eigenen Ehre, weder zur Gesundheit noch mir selbst zum Ruhm erziehen können. Gott weiß", fuhr sie fort, „daß Ihre Hoheit unter großen Schmerzen zahnt. Die Backenzähne kommen nur langsam, und das veranlaßt mich, Ihrer Gnaden mehr nachzugeben, als ich eigentlich dürfte. Ich hoffe aber zu Gott, daß Ihre Gnaden nach dem Zahnen ein anderer Mensch sein wird, an dem Seine Gnaden der König große Freude hat. Denn sie ist ein so williges und liebes Kind, wie ich noch keins Zeit meines Lebens gesehen habe. Jesus schütze Ihre Gnaden." Der Mangel an Kleidung war, so schlimm Lady Bryan ihn auch darstellt, ein Mißgeschick, das die Hofhaltung jederzeit befallen konnte. Er bedeutete jedenfalls nicht, daß Anna Boleyns Schicksal Heinrichs Zuneigung zu seiner Tochter vermindert hätte. Dazu war er ein viel zu zärtlicher Vater, und Elisabeths frühreife Intelligenz machte sie ihm noch teurer. Mit sechs Jahren soll sie so ernst wie eine Vierzigjährige gewesen sein. „Wird sie so weiter erzogen", schrieb Staatssekretär Wriothesley, „wird sie eine Zierde unter den Frauen werden."

Die Liebe, deren ein Kind bedarf, fehlte nicht. Besonders in ihrer Stiefmutter Katharina Parr fand Elisabeth eine zweite Mutter. Auch die Haltung ihrer Schwester Maria wurde eine andere, denn Katharinas von Aragon Tod, auf den schon so bald die Hinrichtung Anna Boleyns folgte, bereitete den Weg für die allgemeine Versöhnung vor. Für Maria war es nicht leicht, sich ihrem Vater zu unterwerfen, der keine halben Maßnahmen duldete. Aber ihr Vetter, der Kaiser, bedurfte Heinrichs politischer Hilfe und drängte sie nachzugeben, was sie im Juli 1536 tat. Äußerlich gesehen unterwarf sie sich, ihre wirklichen Gefühle bewahrte sie in ihrem Herzen. Maria brauchte nun ihre Schwester Elisabeth nicht mehr Prinzessin zu nennen und ihr keine höfischen Ehren zu erweisen. Sie erhielt als Königstochter ihr eigenes Gefolge und lebte mit Elisabeth in einem gemeinsamen Hofhalt, in dem sie die Ältere war. Ihre Zuneigung zu Elisabeth fand Ausdruck in einem Brief an ihren Vater, in dem sie unter anderem schrieb: „Meine Schwester Elisabeth ist ein so williges Kind, daß ich fest davon überzeugt bin, daß Eure Hoheit in der Zukunft noch große Freude an ihr haben werden."

Die beiden Schwestern waren oft bei Hofe. Im Oktober 1537 nahmen sie an der Taufe des Prinzen Eduard teil, den Gott in seiner großen Güte Heinrich zum Trost geschenkt hatte, denn sein illegitimer Sohn, der Herzog von Richmond, war inzwischen gestorben. Maria wurde Patin, Elisabeth trug das reich verzierte Taufkleid, mußte aber wegen ihres zarten Alters selbst von zwei Lords getragen werden. Als Eduard älter wurde, entwickelte sich zwischen ihm und Elisabeth eine große Zuneigung, denn der Altersunterschied zwischen ihnen war nur gering, und ihre Lehrer und Erzieher stammten aus der gleichen Schule. Sie stickte für ihn, solange er noch klein war, Neujahrsgeschenke und tauschte mit ihm, als seine Erziehung begann, lateinisch und französisch geschriebene Briefe aus.

In diesen glücklichen Beziehungen war nur eines störend: Elisabeth war, wie Maria, immer noch das illegitime Kind Heinrichs. Langsam verlor das allerdings an Bedeutung. Beide waren zusammen mit Eduard die ‚vielgeliebten Kinder' des Königs und hatten als solche ihren Platz bei Hofe und bei verschiedenen öffentlichen Feierlichkeiten. Als dann im Jahre 1544 ein Parlamentsbeschluß beide in die Thronfolge einreihte, erschien jedermann die Unklarheit über ihren Rang nur noch als ein formales Überbleibsel vergangener Ereignisse. Im Grunde galten sie jetzt als legitim, und jeder weitere Schritt Heinrichs, etwa eine Wiederaufnahme des Verfahrens, hätte seine Rechtsprechung in Frage gestellt und wäre eine Torheit gewesen – die niemand verlangte. Das Beste war, nicht an die Vergangenheit zu rühren.

In diesem Jahre wurde mit Elisabeths eigentlicher Erziehung begonnen. Sie hatte das Glück, in der Zeit der höchsten Begeisterung für die Renaissance geboren zu sein. Wenn uns das sechzehnte Jahrhundert auch in mancher Beziehung unendlich fern erscheint, seine Frauenerziehung kannte die gleichen hohen Ansprüche, die unsere Zeit an sie stellt. Damals ging es um keine radikale geistige Umstellung, sondern eher um eine Weiterentwicklung mittelalterlich-christlicher Überlieferungen. Hatte nicht der heilige Paulus gelehrt, daß Jesus Christus ‚keinen Unterschied zwischen Mann und Frau kennt'? In nichts stand die Frau hinter dem Manne zurück, da sie doch wie er eine Seele besaß, und es war vom geistlichen Standpunkt aus nur wünschenswert, sie durch eine echt christliche Schule gehen zu lassen. Eine solche Zucht kannte auch das mittelalterliche England, sie wurde in den Nonnenklöstern, den Brüderschafts- und Kirchenschulen gepflegt. Auf dieser Tradition konnten die Renaissance-Lehrer weiterbauen. Die christliche Grundhaltung behielten sie bei, aber sie erweckten den Geist zu neuem Leben und änderten das Erziehungsideal. Die Besten der christlichen Mädchen sollten Griechisch und

Lateinisch lernen; diesem Ziel hatten auch die Bücher zu dienen, die den Schülerinnen zu lesen gegeben wurden. „Lernen bezweckt nichts anderes", schrieb der größte Theoretiker jener Zeit, „als den Geist zur Kenntnis des Guten zu führen und so die Erinnerung an schlechte Dinge in ihm zu ertöten." Es fehlte nicht an Kritikern, die oft fast krankhaft auf die Schwäche des weiblichen Geschlechts, seine Sucht nach Neuem und seine angeborene Lasterhaftigkeit hinwiesen. Nach ihrer Ansicht war es durchaus verfehlt, die Frauen in der Stilfertigkeit und Beredsamkeit klassischer Autoren zu unterweisen, denn ihre Schlauheit und Naseweisheit seien an sich schon mehr als gefährlich. Für sie war ein Blaustrumpf ein erschreckender Gedanke, aber sein Erscheinen konnten sie nicht verhindern.

Heinrichs VII. Mutter, Margarete[4], hatte als erste in England für die Frauenerziehung die Richtung gewiesen. Ihre Kenntnisse im Lateinischen waren nicht groß, aber sie konnte so viel Französisch, daß sie den ‚Goldenen Spiegel für die sündige Seele' übersetzte. Sie war Caxtons Gönnerin und unterstützte die Universitäten in großzügiger Weise. In der Generation, die auf ihren Tod folgte, trat die neue Frau endgültig in die Erscheinung. Das war zwei Einflüssen zu verdanken, die sich gegenseitig verstärkten. Der eine ging von der Heimat aus, von einer Gruppe Oxforder Humanisten und katholischer Reformer, die der funkelnde, kühne Geist des Sir Thomas More[5] zum Schaffen antrieb. Zu dieser Gruppe gehörten eine Reihe intimer Freunde des großen Erasmus. Mores drei Töchter und ihre Verwandte Margaret Giggs wuchsen in einem Hause auf, in dem bei geistreichen Unterhaltungen die Frau als dem Manne durchaus ebenbürtig behandelt wurde. Sie waren wegen ihrer Gelehrsamkeit berühmt. Margaret More beherrschte Griechisch und Lateinisch und besaß einige Kenntnisse in Philosophie, Astronomie, Physik, Arithmetik, Logik, Rhetorik und Musik. Solche Frauen waren der Stolz jener Zeit, und gern rühmten sich ihrer die Humanisten in Briefen an ausländische Gelehrte.

Ein ausländischer Einfluß, den Katharina von Aragon vermittelte, stärkte diese Bewegung. Im Spanien ihrer Kindheit waren Damen von Stand die Freundinnen von Gelehrten und Förderinnen der Literatur. Frauen unterrichteten sogar an zwei Universitäten. Katharinas Mutter leitete selbst die Erziehung ihrer Töchter und holte ausländische Gelehrte als Lehrer ihrer Kinder an den Hof. Diesem Beispiel folgte natürlich Katharina an dem geistig ebenbürtigen Hofe Heinrichs VIII., als die Erziehung ihrer Tochter spruchreif wurde. Man beauftragte Mores Freund Linacre mit der Zusammenstellung einer lateinischen Grammatik und holte den spanischen Gelehrten Vives, eine der frischesten Gestalten in der Geschichte der Pädagogik, nach England, wo er als Richtlinie für Marias Erziehung einen ‚Studienplan für Mädchen' ausarbeitete. Welch hohe Ansprüche man seit jener Zeit, in der noch das Französisch und das stümperhafte Latein Ihrer Majestät der Königin Margarete Bewunderung erweckt hatte, an die Bildung hochgeborener Frauen stellte, beweist der Umstand, daß Maria, die durchaus keine intellektuelle Frau war, Lateinisch, Französisch, Spanisch und bis zu einem gewissen Grade auch Italienisch beherrschte.

In dieses Erbe nun wurde das kluge Kind Elisabeth eingeführt. Ihre Erziehung fiel in die Zeit der zweiten großen Generation, als das Einflußzentrum von den älteren Oxforder Humanisten auf eine Gruppe junger Gelehrter in Cambridge übergegangen war. Viele von ihnen sollten berühmt werden, und ihre Namen sind mehr als bekannt, die Gruppe als Ganzes spielte in Elisabeths Laufbahn eine bedeutsame Rolle. Ihr Führer und Vorbild war John Cheke. Ihm standen Roger Ascham und William Grindall als nächste zur Seite. Cheke war der Erzieher des Thronerben Eduard; Grindall und Ascham wurden nacheinander mit Elisabeths Erziehung beauftragt. Die Art und Weise, wie sie in Übereinstimmung mit dem christlichen Erziehungsziel die religiöse und geistige Schulung ihrer Zöglinge förderten, berechtigte sie zu der Hoffnung auf geistige Führerschaft in Kirche und Staat. Ihre Freunde wurden die Freunde ihrer Schüler. Als junge Männer waren sie in ihren religiösen Ansichten radikal und standen im Gegensatz zu dem More-Kreis, dessen katholischer und konservativer Liberalismus mit der alten Ordnung, also mit Katharina von Aragon und ihrer Tochter sympathisierte und die Politik Heinrichs VIII. ablehnte. Das Schicksal hatte in seinem Plan Maria und Elisabeth als Gegensätze vorgesehen, und als es beide mit je einer dieser glänzenden, aber unvereinbaren Gruppen von Gelehrten verband, vollbrachte es bestimmt ein Meisterstück.

Über Elisabeths Erziehung wissen wir erst vom Ende ihres zehnten Lebensjahres an Genaueres. Ihr Bruder Eduard, der ebenfalls ein frühreifes Kind war, begann mit sechs Jahren Lateinisch zu lernen und nahm, als er zehn Jahre alt war, eine moderne Sprache, Französisch, in Angriff. Elisabeth lernte im Alter von zehn Jahren Italienisch und Französisch und muß damals schon im Lateinischen über allerlei Kenntnisse verfügt haben. Der erste ihrer uns überkommenen Briefe stammt aus dem Juli 1544, ein italienisch geschriebener Brief an die Königin Katharina Parr. Damals übersetzte sie auch Margarete von Navarras Versdichtung ‚Spiegel einer sündigen Seele'. Sie stickte einen kunstvollen Einband und sandte das Ganze der Königin als Neujahrsgeschenk. Als Vorrede diente ein Brief, der ausgiebig aus den alten Spruchbüchern schöpfte, eine Schreibweise, die den Tudor-Kindern, wie auf ihren Porträts, den Ausdruck von Erwachsenen verlieh. So nahm sie früh eine Gewohnheit an, die schließlich fast ein Fluch wurde und ihre gekünstelten Schreiben unerträglich dunkel und verwickelt machte. „Da ich weiß", so begann der Brief, „daß Kleinmut und Müßiggang einer vernünftigen Kreatur in höchstem Maße zuwider sind, und daß, wie der Philosoph sagt, genau wie ein Instrument aus Eisen oder anderm Metall bald rostig wird, wenn es nicht dauernd gebraucht wird, so auch der Geist eines Mannes oder einer Frau stumpf und ungeeignet wird, etwas vollkommen zu tun oder zu verstehen, wenn er nicht immer auf irgendeine Art des Studiums gerichtet ist, so hat diese Erwägung den kleinen Geist, den Gott mir geschenkt hat, veranlaßt zu beweisen, was zu tun ich imstande bin."

Den Beweis für ihr Können lieferte die Übertragung eines ungeheuer öden französischen Gedichts in elisabethanische Prosa. Sein Titel erinnerte an die literarische Leistung ihrer Großmutter Margarete; und sein Inhalt war der nur allzu peinliche Ausdruck der Ansicht, daß der Zweck allen Lernens darin besteht, den Geist zur Kenntnis guter Dinge zu führen. „Wo ist die Hölle voller Hetze und Not, Unglück und Qual? Wo ist der große Abgrund des Verfluchtseins, aus dem alle Verzweiflung kommt? Gibt es eine Hölle, die tief genug wäre, daß sie auch nur den zehnten Teil all meiner Sünden bestrafen könnte? usw." Dürfen wir uns da noch über den unnatürlichen Ernst kluger Kinder der damaligen Zeit wundern? Dabei aber ist das Schlimmste noch gar nicht zitiert, denn das Gedicht verliert sich in erotische Mystik: „Aber du, der du dich getrennet hast von meinem Bett, und deine falschen Geliebten an meine Stelle legtest und mit ihnen Hurerei triebest; trotz alledem magst du wiederkommen zu mir ... O, arme Seele, daß du nun verdammet bist, dort zu sein, wohin deine Sünde dich brachte; sogar auf den Landstraßen, auf denen du zögertest und wartetest, um die zu betrügen, die da des Weges kamen ... So hast du, indem du deiner Lust fröntest, die ganze Erde, die um dich war, durch Unzucht verpestet."

Im Entstehungsjahr dieser Übersetzung wurde die Leitung der weiteren Studien Elisabeths einem Humanisten der Cambridger Gruppe übertragen. Im Juli war John Cheke von Cambridge an den Hof befohlen worden, um Richard Cox, dem ersten Erzieher des Prinzen Eduard, zu helfen; und auf seinen Rat wurde ein paar Monate später Aschams Schüler William Grindall an den Hof geholt und zum Erzieher Elisabeths bestellt. Er war ein ausgezeichneter Kenner des Griechischen und ein liebenswerter Mensch. Ascham wußte nicht, was er mehr bewundern sollte, die Fähigkeit der Schülerin oder den Eifer des Lehrers. Länger als drei Jahre leitete er Elisabeths griechische und lateinische Studien; im Januar 1548 befiel ihn die Pest, und er starb als junger vielversprechender Mensch.

Zur Zeit von Grindalls Tod wohnte Elisabeth zusammen mit Heinrichs VIII. Witwe, Katharina Parr. Sowohl Katharina als auch ihr neuer Gatte waren eifrig darauf bedacht, für Grindall einen Nachfolger zu finden, aber Elisabeth verlangte Ascham, den sie durch Grindall kennengelernt und mit dem sie schon in der Sprache der Gelehrten, also lateinisch korrespondiert hatte. Es spricht durchaus für ihre geistige Unabhängigkeit, daß sie, zwar mit Aschams Hilfe, ihr Ziel erreichte. Die Wahl war eine überaus glückliche, wenn Ascham auch seine Stellung nicht lange innehatte; er gab sie Ende 1549, vielleicht schon früher, infolge eines Streites mit einigen Mitgliedern des Hofhalts auf. Die Überlieferung hat ihn zu Elisabeths Erzieher par excellence gemacht; und das mit Recht, denn schon vor seiner Ernennung war er Grindalls Berater in allen Fragen des Unterrichts gewesen, und nachdem er sein Lehramt niedergelegt hatte, verfolgte er Elisabeths weitere Studien mit allergrößtem Interesse bis zu seinem Tode. Ihm verdankte sie die schöne, charakteristisch italienische Handschrift, die sie bei allen besonderen Gelegenheiten schrieb. In seinem Buch ‚Der Schulmeister' und in seinen Briefen, die kurz nach seinem Tode veröffentlicht wurden, hinterließ er der Nachwelt viele herrliche Lobreden auf seine Herrin und fast alle Einzelheiten, die wir über ihre Erziehung kennen.

Während der zwei Jahre unter Aschams Leitung widmete Elisabeth den Morgen dem Studium des Griechischen; sie begann den Tag mit dem griechischen Testament, las und übersetzte dann klassische Autoren, z. B. Isokrates, Sophokles, Demosthenes, übersetzte sie zuerst ins Englische und dann zurück ins Original. Ascham hielt diese Übersetzungsübungen für besonders wertvoll. Die Nachmittage galten dem Lateinischen, sie las fast den ganzen Cicero und einen großen Teil des Livius. Als Ergänzung zum griechischen Testament las sie Sankt Cyprian, Melanchthons ‚Loci communes' – den berühmten Kommentar zur protestantischen Theologie und Staatskunst – und andere Schriften ähnlichen Charakters. Dabei vernachlässigte sie weder Französisch noch Italienisch und lernte – wahrscheinlich mehrere Jahre später – auch noch Spanisch dazu.

„Es ist schwer zu sagen", schrieb Ascham an seinen Freund Sturm, den berühmten Straßburger Gelehrten und Protestanten, „ob die Gaben der Natur oder die des Glückes bei meiner erlauchten Herrin mehr zu bewundern sind. Aristoteles' Lob trifft ganz auf sie zu: Schönheit, Gestalt, Klugheit und Fleiß. Sie ist eben sechzehn Jahre alt geworden und zeigt eine solche Würde und Anmut, wie sie in ihrem Alter und bei ihrem Rang erstaunlich sind. Eifrig bemüht sie sich um den wahren Glauben, und ihr Lerneifer ist sehr groß. Ihr Geist kennt keine weibliche Schwäche, ihre Beharrlichkeit steht der des Mannes nicht nach, und ihr Gedächtnis behält lange, was es schnell aufnimmt. Sie spricht französisch und italienisch so gut wie englisch und hat oft mit mir fließend und gut lateinisch und in geringerem Maße auch griechisch gesprochen. Wenn sie griechisch und lateinisch schreibt, ist ihre Handschrift wunderschön. Sie liebt die Musik und ist in ihrer Ausübung sehr geschickt. Ihre Kleidung ist elegant, aber nicht auffallend. Beim Schreiben liebt sie einen Stil, der sich aus dem behandelten Thema ergibt, in seiner Angemessenheit edel und in seiner Klarheit schön ist. Sie bewundert vor allem maßvolle Metaphern und den Vergleich von Gegensätzlichem, das richtig gegenübergestellt wird und glücklich miteinander kontrastiert." Wenn sie das alles nur nicht so bewundert hätte, denkt heute mancher! Ascham schloß seinen Brief: „Ich erfinde nichts, mein lieber Sturm, das ist nicht nötig."

Es ist leicht, über die angeblichen Vollkommenheiten der Großen zu spotten: ‚Der Reiche redet dummes Zeug, und alle loben ihn; der Arme ist weise, und man macht sich über ihn lustig.' Ascham war natürlich von seiner Schülerin begeistert; ihr Stand hatte es ihm offensichtlich angetan. Aber Elisabeth lebte in einer Zeit, die ihre Kinder mit grausamem Eifer schulte. Sie faßte leicht auf, war klug und besaß einen wahren Wissensdurst. Selbst als Herrscherin gab sie, trotz der verwirrenden Fülle ihrer Pflichten und Sorgen, ihre Studien nicht auf. Im Jahre 1562 las Ascham täglich mit ihr Griechisch und Lateinisch; und er behauptete, sie läse an einem Tage mehr Griechisch als mancher Domherr Lateinisch in einer ganzen Woche.

Der Bruder: Eduard VI.

Die weiteren Ereignisse ließen bald eine ganz andere Elisabeth erkennen als das junge Mädchen, das eifrig Sankt Cyprian, Sophokles und Cicero studierte. Als ihr Vater im Januar 1547 starb, war sie dreizehneinhalb Jahre alt. Der herzzerreißende Anblick eines Totenbettes wurde ihr erspart, und sie vermochte, wie sie frühreif an den Bruder schrieb, ihren Verlust mit philosophischer und christlicher Standhaftigkeit zu ertragen. Kein Wölkchen schien die Zukunft zu trüben. In religiösen und geistigen Dingen teilte sie durchaus die Ansichten und Absichten des jungen Königs. Der Protestantismus saß fest im Sattel, und die Unsicherheit der alten Regierung existierte nicht mehr. Das alles bedeutete zwar nichts Gutes für ihre Schwester Maria, aber es zeigte um so klarer, wie vollkommen die Harmonie zwischen Elisabeth und Eduard war.

Dieses Bild einer glücklichen Zukunft durchkreuzte der rastlose Ehrgeiz eines Mannes. Der Unterricht des Schulzimmers wurde durch erste Lebenserfahrungen ergänzt. ‚Wehe dem Land', heißt es im Prediger Salomo, ‚dessen König ein Knabe ist!' Das Jahrhundert sollte nur zu klar beweisen, daß die Kraft der Monarchie allein in der gottähnlichen Einsamkeit des Königs beruhte, die seine Person und Macht aus dem Bereich eines eifersüchtigen und ehrgeizigen Adels heraushob. Aber während seiner Minderjährigkeit konnte der König, der noch ein Knabe war, keine Macht ausüben. Andrerseits konnte ein Regent von seinen Mituntertanen keine Treue erwarten, die nicht dem Staate, sondern einzig der Person des Königs entgegengebracht wurde. So schützte zwar die Gottähnlichkeit der Könige ein Kind in seiner Ohnmacht, die Macht selbst aber wurde der Spielball für den Ehrgeiz des mächtigen Adels. Heinrich VIII. hatte diese Gefahr vorausgesehen und ihr dadurch zu begegnen versucht, daß er für Eduards VI. Minderjährigkeit die Regierung nicht einem Regenten, sondern einer Gruppe von Staatsräten anvertraut hatte, die die Vollstrecker seines letzten Willens waren. Aber seine Vorsicht war umsonst, denn sie bedeutete keine Lösung des Problems, da sie die natürliche Neigung nach Führung durch einen einzelnen außer acht ließ und auch dem alten Brauch entgegenstand, nach dem die Ansprüche Eduard Seymours, des Onkels des Königs, der Vormund seines Neffen und das Haupt der Regierung zu werden, berechtigt waren. Heinrichs Verordnungen wurden sofort geändert, und Eduard Seymour wurde Protektor Somerset.

Mit dem Frieden im Reiche war es vorbei! Somerset hatte einen jüngeren Bruder, Thomas Seymour. Viele glänzende Eigenschaften waren ihm eigen; er war von männlicher Gestalt, starkgliedrig, kühn, geschickt in Krieg und Turnier. Einer ehrlichen und offenherzigen Freundschaft war er durchaus fähig, erlag jedoch oft nagender Eifersucht, die er unklugerweise nicht verbarg. Er war ehrgeizig, aber auch unvorsichtig und eigensinnig. Ferner sprach er zu viel und zu freimütig. Ein Mann der Tat und kein Politiker; die Politik ließ die schlechtesten Züge seines Charakters in Erscheinung treten. Heinrich VIII., der ihn nur zu richtig erkannte, hatte ihm in Eduards Regierung eine kleinere Rolle zugedacht, aber die Erhöhung seines Bruders brachte auch ihm große Ehren. Er wurde Peer, dann Staatsrat und Großadmiral. Das alles genügte ihm noch nicht, die höhere Stellung des Bruders war ihm dauernd ein Dorn im Auge.

Als Heinrich VIII. starb, war Seymour ungefähr achtunddreißig Jahre alt und noch unverheiratet. Einen besseren Ehepartner konnte sich keine Frau in England – selbst nicht eine Königstochter – wünschen. Er war entschlossen, seinen Ehrgeiz durch eine glänzende Heirat zu befriedigen. Da Marias Unnachgiebigkeit in religiösen Dingen von vornherein jede Hoffnung auf eine erfolgreiche Werbung ausschloß, blieb als beste Partie im Lande Elisabeth. Er hätte sie sicher heimgeführt, wenn ihm nicht sein Bruder und mehrere Staatsräte mit unerschütterlicher Festigkeit entgegengetreten wären. Infolgedessen dachte er an die nächstbeste Partie und warb heimlich um Katharina Parr, die Witwe des verstorbenen Königs. Und seine

Werbung stieß auf keine Schwierigkeit, denn Katharina war zur Zeit ihrer ersten Witwenschaft schon bereit gewesen, ihn zu heiraten, bevor Heinrich VIII. auf der Bildfläche erschien und sie für sich nahm. Für sie war es eine Liebesheirat. Geschickt nutzte Seymour ihre Zuneigung aus, und es gelang ihm, sie zu bewegen, heimlich und in ungebührlicher Eile – der König war erst zwei oder drei Monate tot – mit ihm die Ehe einzugehen. Das war unvorsichtig, ja gefährlich, aber sie hielten ihre Ehe so geheim, daß Seymour die Komödie weiterspielen konnte, den jungen König und den eigenen Bruder Somerset zu überreden, ihn bei der Werbung um die Dame zu unterstützen, die schon längst seine Frau war. Zum Glück erhoben die anderen Mitglieder des Staatsrats, denen es genügte, daß die Ehe mit Elisabeth verhindert worden war, und die nicht ahnten, wie sie hinters Licht geführt wurden, keinen Widerspruch. Aber die Ehe besserte Seymours Beziehungen zu seinem Bruder nicht, denn als liebende Frau teilte Katharina bald die Eifersucht ihres Mannes auf den Protektor und verlangte kraft ihres Ranges als Königin-Witwe den Vortritt vor der Frau des Protektors. So wurde der Bruderzwist noch schlimmer durch den Streit der beiden Frauen.

Seymours Ehe brachte ihn täglich mit der jungen Prinzessin in Berührung, auf die sich seine ehrgeizigen Hoffnungen vergebens gerichtet hatten; denn nach dem Tode ihres Vaters lebte Elisabeth mit Katharina Parr zusammen, worin sie der Sitte der Zeit folgte, nach der junge Mädchen im Hause vornehmer Damen den letzten gesellschaftlichen Schliff erhielten. Sie und Katharina standen einander sehr nahe; auf jeden Fall aber war das Haus der Königin-Witwe das erste im Lande und folglich die beste Schule für ein junges Mädchen.

Man kann sich vorstellen, daß es bei Seymours Temperament in seinem Hause hoch herging und das Leben dort fröhlich verlief. Man setzte sich über die konventionellen Sitten der Zeit, die nicht einmal prüde waren, leichten Herzens hinweg. Schon in den ersten Wochen seiner Ehe ging Seymour morgens oft in Elisabeths Zimmer. War sie schon aufgestanden, dann ‚bot er ihr guten Morgen und fragte sie nach ihrem Befinden, schlug ihr vertraulich auf den Rücken oder den Hintern, ging dann weiter durchs Haus und oft zu den Mädchen, mit denen er scherzte‘.

Lag Elisabeth noch im Bett, ‚öffnete er die Vorhänge und bot ihr guten Morgen und tat so, als wolle er zu ihr kommen; und sie verkroch sich dann im Bett, so daß er sie nicht erreichen konnte‘.

Nach den moralischen Begriffen der viktorianischen Zeit zeigen beide vielleicht ein bedenkliches Maß an Sittenlosigkeit. Aber das alles war nur unschuldige Spielerei, solange es nicht zu Gerede Anlaß gab und weder Elisabeth noch Seymour etwas Besonderes dabei fanden. Leider lag es nahe, dieses Spiel zu mißdeuten, denn es war ein offenes Geheimnis, daß Seymour Elisabeth hatte heiraten wollen und sie Katharina Parr gern vorgezogen hätte. Er selbst dachte wohl kaum daran, daß sein Benehmen einen Skandal heraufbeschwören könnte. „Du lieber Gott", rief er aus, als Elisabeths Erzieherin ihm Vorwürfe machte. Er schwor, er werde dem Protektor berichten, wie man ihn verleumde, und da er keine böse Absicht habe, werde er sein bisheriges Verhalten nicht ändern. Die Erzieherin wandte sich an seine Frau, aber die hatte für eine solche Kleinigkeit nur ein Lächeln und versprach, sie wolle in Zukunft ihren Mann begleiten. Wenn sie dann zusammen Elisabeths Zimmer betraten und diese noch im Bett lag, kitzelten beide sie. Manchmal balgten sie sich auch. Eines Tages, es war im Garten, hielt Katharina Elisabeth fest, während ihr Mann das Kleid des Mädchens in hundert Stücke zerschnitt.

Wie zu erwarten war, nahm böswilliges Gerede diesem lustigen Treiben bald seine Unschuld. Das wieder erweckte Trotz bei Elisabeth und leider Eifersucht bei Katharina. Elisabeths Erzieherin, Kate Ashley, war mit einem Verwandten Katharinas, der in ihren Diensten stand, verheiratet. Sie war eine gutmütige, liebe, aber nicht sehr kluge Frau. Sie nahm ihre Pflichten wohl sehr ernst, stand aber ganz im Bann von Seymours Charme und Freundlichkeit. Sie sprach oft von ihm und war töricht genug, Elisabeth zu erzählen, daß seine Liebe ihr und nicht der Königin gegolten habe, als er sich verheiratete. Die Äußerung fiel wahrscheinlich zu einer Zeit, als die Beziehungen zu Katharina etwas gespannt waren. Das Mädchen sah auf einmal alles mit andern Augen an. Ihr Herz schlug schneller. Man bemerkte, daß sie sich Seymours Aufmerksamkeiten gern gefallen ließ und errötete, wenn von ihm die Rede war.

In dieser Situation tat man das einzig Vernünftige: man schickte Elisabeth fort. Vielleicht vollzog sich die Trennung in aller Ruhe, wahrscheinlich aber nicht, denn Katharina, die ein Kind erwartete, war eifersüchtig. Was auch immer die Gründe gewesen sein mögen, die eine Trennung herbeiführten, in der Woche nach Pfingsten 1548 verließ Elisabeth das Haus und hatte nun wieder ihren eigenen Hofhalt in Cheshunt. Selbst wenn die Trennung nicht ganz harmonisch verlaufen ist, so wurden Katharina und sie doch wieder gute Freundinnen und korrespondierten miteinander. In ihrem ersten Brief, es war ein Dankesbrief, zog Elisabeth ungeheuer klug den Schlußstrich unter eine Episode. „Wenn ich auch bei meiner Abreise", so schrieb sie, „kaum allen Dank für die mannigfache Freundlichkeit, die ich von seiten Eurer Hoheit erhalten habe, zum Ausdruck bringen konnte, so muß man mir das nachsehen, denn es betrübte mich wirklich sehr, mich von Eurer Hoheit trennen zu müssen. . . . Und wenn ich auch nur wenig antwortete, so empfand ich Ihre Worte um so tiefer, als Sie sagten, Sie würden mich vor allem Bösen warnen, das Ihnen über mich zu Ohren käme. Denn hätte Euer Gnaden keine gute Meinung von mir, so hätten Sie mir nie Ihre Freundschaft auf diese Weise bezeigt, die man so leicht für alles andere als freundschaftlich hält. Was kann ich weiter noch tun, als Gott dafür danken, daß er mir solche Freunde gibt?"

Im folgenden September starb Katharina Parr im Wochenbett. Für Kate Ashley gab es außer einer gewissen Vorsicht, über die sie nur in geringem Maße verfügte, nichts, was sie hätte hindern können, sich den Kuppelpelz zu verdienen. „Der Gatte, der beim Tode des Königs für Sie bestimmt war", sagte sie zu Elisabeth, „ist jetzt wieder frei. Sie können ihn jetzt haben, wenn Sie wollen." „Nein", antwortete das Mädchen. „Gewiß", entgegnete Frau Ashley. „Und Sie würden doch nicht ablehnen, wenn der Lord Protektor und der Staatsrat es gern sähen." Kate Ashley ließ es an Neckereien nicht fehlen. Zog Elisabeth beim Spiel eine Karte, die den Großadmiral darstellte, dann lachte und errötete sie, und Frau Ashley hatte gleich eine passende Bemerkung zur Hand. Gegen Ende des Jahres 1548 scheint sie trotz allen koketten Leugnens in Seymour verliebt gewesen zu sein, und ihre Umgebung spielte, ob nun aus

Ergebenheit oder aus eigennützigen Gründen, die ‚aides de guerre' des Admirals. Ihr Schatzmeister Thomas Parry war vor und nach Weihnachten in London, wo er des öfteren lange Besprechungen mit Seymour hatte. Sie sprachen über Elisabeths finanzielle Lage. Seymour legte großen Wert darauf, daß sie mit möglichster Beschleunigung die Privilegien ausstellen ließ, durch die sie nach dem Testament ihres Vaters Ländereien im Ertragswerte von £ 3000 jährlich erhalten sollte. Aus einem Gespräch mit dem Geheimsiegelbewahrer, dem groben und kurzangebundenen Lord Russell, hatte er entnommen, daß der Staatsrat das Vermächtnis für nichtig erklären wollte, was er bestimmt sofort tun würde, falls er sie vorher heiratete. Elisabeth sollte sich bemühen, Ländereien im Westen, in Gloucestershire und Wales, wo auch seine eigenen Güter lagen, zu erhalten. Die Besprechungen berührten sicher noch mancherlei, was wir nicht wissen. Nach seiner Rückkehr hatte Parry heimlich Besprechungen mit Frau Ashley und stellte Elisabeth auf die Probe. Er erkannte, daß Kate Ashley eine Schwätzerin, Elisabeth aber eine vorsichtige, kluge Person war, die eine Umsicht an den Tag legte, die man von ihren älteren Beratern hätte erwarten sollen.

Die Situation war tatsächlich gefährlich. Somerset und Seymour hatten sich vorübergehend versöhnt, aber der jüngere Bruder konnte nicht vergessen, was nach seiner Meinung eine Zurücksetzung war, und sein rastloser Geist trieb ihn aus einer Intrige in die andere. Sein persönlicher Charme hatte ihm die Zuneigung des jungen Königs gewonnen, den er mit Geld unterstützte, und dem gegenüber er es an Anspielungen auf die Knauserigkeit und Strenge seines Bruders nicht fehlen ließ. „Sie sind ja ein bettelarmer König", sagte er oft. „Sie können nicht einmal spielen oder Ihren Dienern etwas geben." Von Zeit zu Zeit drängte er dem Knaben sein Geld geradezu auf; er unterhielt durch einen Diener eine heimliche Korrespondenz mit Eduard und schickte ihm verschiedentlich Geld – manchmal bis zu vierzig Pfund. Er war davon überzeugt, daß nach altem Brauch eigentlich er der Hofmeister des jungen Königs sein müßte, und hatte im Herbst des Jahres 1547 versucht, den Knaben zu veranlassen, einen Brief an das Parlament zu schreiben, in dem er bitten sollte, Seymours Bewerbung um dieses Amt über den Staatsrat hinweg zu genehmigen. Als seine Bemühungen erfolglos waren, versuchte er auf alle mögliche Weise, eine Großjährigkeitserklärung des Königs durchzusetzen, um dann als Günstling Eduards seine Nebenbuhler zu stürzen.

Gleichzeitig hatte Seymour versucht, im Adel eine Partei ins Leben zu rufen. Sein Versprechen, Lady Jane Grey mit dem König zu verheiraten – ein Plan, der nebenbei die Absicht seines Bruders, Eduard zu seinem Schwiegersohn zu machen, vereiteln sollte –, hatte den Vater des Mädchens veranlaßt, sie in sein Haus zu geben, wodurch er die ganze Familie für seine Sache gewann. Alles, was er tat, deutete auf einen Staatsstreich hin. Immer wieder fragte er seine Freunde, wo ihre Ländereien lägen und über welche Macht sie in ihren Grafschaften verfügten; er drängte sie, mit den adligen Herren ihrer Nachbarschaft zu verkehren, und die Gentry nicht zu vergessen, denn da ihre Mitglieder mehr zu verlieren hätten, wären sie in Krisenzeiten weniger zuverlässig. Auch sollten sie die hauptsächlichen Freisassen und Vollbürger für sich gewinnen, denn als Führer im Lande vermöchten sie viel über die Menge; sie sollten sie gelegentlich zum Essen in ihre Häuser einladen und ihnen eine oder zwei Flaschen Wein und Wildpastete geben. So habe auch er gehandelt, erklärte er, und sich auf diese Weise eine Gefolgschaft geschaffen, die er auf zehntausend Mann beziffere. Da seine Besitzungen mehr oder weniger im Westen lagen, begann er das Schloß Holt an der Grenze von Denbighshire als mögliches Zentrum des Aufstandes instand zu setzen. Sein Wunsch, daß Elisabeths Ländereien in dem gleichen Bezirk liegen sollten, wie die seinen, war mehr als hinterhältig. Einer seiner Anhänger war der korrupte Leiter der Münze in Bristol, mit dem er die Prägung einer Summe von £ 10000 verabredete, womit er im Falle eines Aufstandes seine Leute bezahlen wollte. Auch aus seiner Stellung als Großadmiral wollte er Kapital schlagen. „Gott sei Dank“, sagte er zu einem Freunde, der diesen Posten nicht sonderlich hoch anschlug, „jetzt habe ich bald die Herrschaft über gute Schiffe und Leute. Und ich sage dir, es ist etwas Herrliches, Gewalt über Menschen zu haben.“ Zu seinen Amtspflichten gehörte die Unterdrückung der Seeräuberei. Aber er trat in geheime Verbindung mit den Übertretern des Gesetzes, erhielt einen Teil ihrer Beute und rechnete für den Fall der Not auf ihre Hilfe. Die Scilly Inseln fielen in seine Hand, und bald betrachtete er das Meer als Zufluchtsort.

Es ist durchaus möglich, daß dies alles mehr Torheit und Prahlerei als wirkliche Verschwörung war. Natürlich hielt Seymour selbst sich nicht für einen Verräter. Wie wäre er dazu auch gekommen, da er doch des Königs liebster Onkel und Freund war, der heimlich Briefe von Eduard erhielt. Von seinem Standpunkt aus war die Situation denkbar einfach: er hatte weder Treue noch Achtung für einen Protektor, der sein Bruder war, noch für den Staatsrat, in dem seine Adelsgenossen saßen. Aber trotzdem war sein Verhalten ungeheuer gefährlich; und wäre er in einem Augenblick der Verbitterung in den offenen Aufstand geschlittert, so kann man weder sagen, wieviel Unzufriedene seinem Banner gefolgt wären, noch wo sein fieberhafter Ehrgeiz haltgemacht hätte.

Sein intriganter Plan, Elisabeth zu heiraten, überschritt die Grenze des Erträglichen. Der Staatsrat, der jetzt wußte, wie schwer er über den wahren Sachverhalt bezüglich Katharina Parrs getäuscht worden war, konnte nun nicht mehr stillschweigend zusehen. Schon wurde viel geredet. Vergeblich wiesen Seymours Freunde ihn darauf hin, daß er im Ruf eines habgierigen, ehrsüchtigen Menschen stehe, der seinen Dienst vernachlässige. Seymour war entschlossen, sich durchzusetzen. Und so mußte der Staatsrat eingreifen. Am 17. Januar 1549 fiel der Schlag. Er wurde verhaftet und in den Tower gebracht.

Während der nun folgenden Untersuchung erlebte Elisabeth manch qualvolle Stunde. Am 21. Januar wurden Kate Ashley und Thomas Parry nach London gebracht und in den Tower eingeliefert, während Sir Robert Tyrwhitt nach Hatfield geschickt wurde, um von ihrer Herrin die Wahrheit zu erfahren. Er mußte feststellen, daß er einen Kampf übernommen hatte, in dem der siegte, der über den stärkeren Verstand und Willen verfügte. Am 22. Januar schrieb er an Somerset, daß Elisabeth sich in keiner Weise zu irgendwelchen Ränken mit Frau Ashley oder dem Schatzmeister und Seymour bekennen wollte. „Und doch", so fügte er hinzu, „steht es ihr auf der Stirn geschrieben, daß sie schuldig ist." Der Brief vom nächsten Tag lautete ähnlich: „Ich versichere Euer Gnaden, daß sie über einen sehr scharfen Verstand verfügt; nur mit großer List ist etwas aus ihr herauszuholen." Man versuchte es also mit List; umsonst. Zwei Tage später besann sich Tyrwhitt auf Lady Browne – Surreys schöne Geraldine –, die im vergangenen Jahre von Seymour in Elisabeths Hofhalt eingeführt worden war. Sie verstand es wie niemand anders, mit dem Mädchen umzugehen, und deshalb sollte sie jetzt mit dem Auftrag nach Hatfield zurückkehren, Elisabeth zu veranlassen, ihr hartnäckiges Schweigen aufzugeben. Zunächst aber wurde es mit einem freundlichen Brief des Protektors versucht. Er erreichte jedoch nur eine kurze, ganz harmlose Äußerung Elisabeths; ihr Brief schloß mit einer Anspielung auf die Methoden, durch die man sie gefügig zu machen versuchte. „Tyrwhitt und andere haben mir berichtet", schrieb sie, „daß allerlei Gerüchte im Umlauf sind, die sowohl meiner Ehre als auch meiner Anständigkeit, die ich vor allem hochhalte, Abbruch tun. Man behauptet, ich sei im Tower und erwarte ein Kind vom Großadmiral. Das ist schändliche Verleumdung, und deswegen möchte ich, ganz abgesehen davon, daß ich sehr gern des Königs Majestät sähe, Eure Lordschaft herzlichst bitten, mich sofort an den Hof kommen zu lassen, damit ich mich dort zeige, wie ich bin."

Tyrwhitt war ratlos. „Ich bin fest überzeugt", schrieb er, „daß sich Lady Elisabeth, Frau Ashley und der Schatzmeister das geheime Versprechen gegeben haben, nichts zu gestehen." Er hatte nicht so unrecht. Eine Woche später brach der Schatzmeister zusammen und verriet, was Kate Ashley ihm anvertraut hatte. Sie selbst bequemte sich erst zu einem Geständnis, als sie mit Parry konfrontiert wurde und dieser sein Geständnis wiederholte. Dann schalt sie ihn ‚gemeiner Lump' und erinnerte ihn an ihr gegenseitiges Versprechen, nichts zu gestehen, solange sie lebten. Die ganze Geschichte, oder besser das, was wir von ihr wissen, wurde nun aus den beiden herausgeholt. Elisabeth befand sich in einer furchtbaren Lage, als sie mit dem Ergebnis der Untersuchung bekannt gemacht wurde. „Sie war ganz fassungslos und außer Atem, bevor sie es zu Ende lesen konnte; sorgfältig las sie alle Unterschriften und erkannte auf den ersten Blick Frau Ashleys und des Schatzmeisters Handschrift, so daß sie überzeugt ist, daß beide gestanden haben, was sie wissen." Sie brauchte ein bis zwei Tage, ehe sie die Fragen beantwortete, die sich auf die Geständnisse ihrer Diener stützten. Ihre Antworten aber bedeuteten keine Förderung der Angelegenheit. Der Staatsrat verlangte einen definitiven Beweis für eine Verschwörung, aber sie weigerte sich zu gestehen, daß Frau Ashley oder Parry sie durch Botschaft oder Briefe gedrängt hätten, mit Seymour gemeinsame Sache zu machen. „Sie singen alle das gleiche Lied", jammerte Tyrwhitt, „und das täten sie bestimmt nicht, wenn sie es nicht vorher eingeübt hätten." Die Tage vergingen; Seymours Aussichten wurden immer trüber. Als Elisabeth das erkannte, ließ sie den Kopf hängen. Wenn jetzt jemand schlecht über Seymour sprach, verteidigte sie ihn heftig und legte eine Teilnahme für ihn an den Tag, die bisher nur Frau Ashley gegolten hatte.

Neuen Konfliktstoff lieferte Tyrwhitts Frau, die als Kate Ashleys Nachfolgerin nach Hatfield geschickt worden war. Sie befand sich bald in der unangenehmen Lage, vom Staatsrat den Vorwurf der Pflichtvergessenheit zu hören und gleichzeitig von ihrer Schutzbefohlenen leidenschaftlich zurückgewiesen zu werden. Elisabeth weinte eine ganze Nacht und war den ganzen nächsten Tag sehr bedrückt. Sie betonte immer wieder, Frau Ashley sei ihre Erzieherin. Ihr Benehmen, so behauptete sie, habe dem Staatsrat keinerlei Veranlassung gegeben, ihr noch eine Erzieherin zuzuteilen. Am liebsten hätte sie gar keine. Tyrwhitt fügte trocken hinzu, nach seiner Meinung brauche sie zwei! Sie schrieb eigenhändig an den Protektor und verbat sich jeden Vorschlag Tyrwhitts bezüglich des Inhalts ihres Schreibens. Somerset erteilte ihr als Erwiderung auf ihren Brief einen scharfen Tadel und schrieb, ihre Selbstsicherheit sei nur ein Zeichen ihrer geistigen Unreife. Somersets Worte machten keinen Eindruck auf sie; sie schrieb noch einmal, und zwar energischer, erinnerte ihn daran, daß sie die Schwester des Königs sei, daß es seine und des Staatsrats Pflicht sei, öffentlich für ihre Ehre einzutreten.

Einen Monat später erhielt Seymour die Strafe für seine Torheiten. Er hatte den Staatsrat mit Verachtung behandelt, hatte sich zuerst geweigert, sich zu den dreiunddreißig Anklagepunkten überhaupt zu äußern und sich schließlich dazu bequemt, zu dreien Stellung zu nehmen. Am 25. Februar begann das Parlament die Beratung über den Strafbeschluß, und am 20. März wurde Seymour hingerichtet. Er hatte seine Hoffnung auf die Zuneigung des Königs gesetzt, ohne auch nur im geringsten damit zu rechnen, daß der Knabe ihn kaltblütig opfern würde. Am Abend vor seinem Tode schrieb er in altem Trotz mit dem Blech seines Hosensenkels Briefe an Maria und Elisabeth, in denen er seinen Bruder schmähte und ihnen den dringenden Rat gab, sich gegen ihn zu verschwören. Seine letzten Worte waren der Befehl an seinen Diener, die Briefe, die er in die Sohle eines Samtschuhes eingenäht hatte, schnell abzuliefern. Die Art seiner Verurteilung – er wurde zum Tode und zur Ehrlosigkeit verurteilt, ohne daß er sich hätte verteidigen können –, sein tapferer und reueloser Tod – „der Mann starb sehr tapfer", sagten die Leute; „das hätte er nicht getan, hätte er nicht einen gerechten Streit geführt" –, das alles führte zu Murren und Befürchtungen, die Latimer[6] in den Hofpredigten der folgenden Wochen zu beschwichtigen sich angelegen sein ließ: „Er soll für mich Lots Weib sein, solange ich lebe", erklärte er. „Er war, wie ich sagen hörte, ein habgieriger Mensch, ja, ein habgieriger Mensch: ich wollte nur, es gäbe solche Menschen nicht mehr in England. Er war, wie ich sagen hörte, ein ehrgeiziger Mensch; ich wollte nur, es gäbe keine solchen mehr in England. Er war, wie ich sagen hörte, ein Aufrührer, ein Verächter der Liturgie. Ich wollte nur, es gäbe keine solchen Menschen mehr in England. Nun, er ist ausgetilgt!"

Was diese unglückliche Regierung noch weiter mit sich brachte, der Sturz Somersets, der Aufstieg Northumberlands, das alles berührte Elisabeth nicht. Sie gab sich ganz ihren Studien hin und zeigte sich verständig und bescheiden. Im Jahre 1551 schrieb Aylmer, Lady Jane Greys Erzieher, an Bullinger[7] und bat ihn, seine Schülerin darauf hinzuweisen, „zu welcher Verschönerung und zu welchem Schmucke der Person bei jungen Frauen Frömmigkeit führt", und schlug vor, er solle ihr die Prinzessin Elisabeth als Vorbild empfehlen, „die in jeder Beziehung so geschmückt geht, wie es sich für ein junges Mädchen ziemt". „Und doch", fügte er hinzu, „wird niemand durch das Beispiel einer so erlauchten Dame, die durch das Evangelium so erleuchtet ist, dazu veranlaßt, Gold, Edelsteine und Haarschmuck beiseitezulegen oder gar zu verachten." Meist verbrachte Elisabeth ihre Zeit in Hatfield oder Ashridge. Im Jahre 1551, vielleicht schon früher, nahm sie ihre Besuche bei Hofe wieder auf. Sie schrieb regelmäßig an ihren Bruder; sentenzenreiche, pflichtbewußte, schwesterliche Briefe. Einmal sandte sie ihr Bild. „Was das Gesicht betrifft, so gebe ich gern zu, daß ich erröten möchte, weil ich es schicke, aber nie werde ich mich schämen, meine Gesinnung darzubringen." Dann beglückwünschte sie den schwindsüchtigen, frühreifen Knaben zur Genesung.

Es wurde allerlei über ihre bevorstehende Verheiratung geredet: aber es war nur Gerede.

Im Mai des Jahres 1553, als Eduard auf seinem letzten Krankenbett lag, ging das Gerücht, Elisabeth komme nach London, und Northumberlands[8] ältester Sohn wolle seine Frau verstoßen, um Elisabeth zu heiraten. Zum Glück erwies sich das Gerücht als falsch. Zusammen mit ihrer Schwester wurde sie das Opfer des ehrgeizigen Versuchs Northumberlands, die Krone den einzig Erbberechtigten zu rauben und seine Schwiegertochter, Lady Jane Grey, auf den Thron zu setzen. Trotz der religiösen Ziele dieser tollkühnen Verschwörung hatte Elisabeth nichts mit ihr zu tun. Sie schrieb an Maria und beglückwünschte sie zu dem Zusammenbruch der Verschwörung. Am 29. Juli kam sie, von einem Heere begleitet, nach London. Zwei Tage später ritt sie ihrer Schwester mit einem Gefolge von tausend Reitern und hundert Samtröcken entgegen und hatte bei dem feierlichen Einzug in London am 3. August ihren Platz gleich hinter der Königin.

Die beiden Halbschwestern bildeten einen auffallenden Gegensatz. Maria stand in ihrem achtunddreißigsten Lebensjahr; sie war klein, sehr mager, hatte ein rundes Gesicht, rötliches Haar, große, helle Augen und eine breite, fast platte Nase. Sie war früher sehr anziehend gewesen, aber die Sorgen hatten sie mitgenommen und vor der Zeit zu einer ernsten Frau gemacht, auch hatte Krankheit, die vielleicht die Folge ihrer Sorgen war, dazu beigetragen, ihre Jugend frühzeitig verblühen zu lassen. Elisabeth war gerade zwanzig Jahre alt, sie stand in der Blüte des Lebens. Viele hielten sie für ausgesprochen schön, andere eher für anmutig als schön. Sie war mittelgroß und hatte eine feine Gestalt, der ihre würdevolle Haltung eindrucksvolle Majestät verlieh. Ihr Haar war goldfarben, mit einem rötlichen Ton, ihre Haut sehr zart, wenn auch olivfarben. Sie hatte wunderschöne Augen und vor allem herrliche Hände, die sie gern zur Geltung brachte. Die alte und die neue Welt; das waren diese beiden Töchter Heinrichs VIII.

Die Schwester: Maria die Katholische

England stand nun gerade der Situation gegenüber, vor der Heinrich VIII. es hatte bewahren wollen. Es sollte das Experiment mit einer Herrscherin machen. Dank Northumberland begegnete dieser Versuch auf allen Seiten größtem Wohlwollen: die Abneigung gegen seine selbstsüchtige Verschwörung war so tief, daß sogar der große religiöse Streit zeitweise verebbte. Glockengeläute und Dankgottesdienste, Feste und Schaustücke, mit denen London die Königin begrüßte, legten Zeugnis ab von der Treue und Liebe der Bevölkerung.

Die Königin hatte keine leichte Aufgabe. Sie war als fromme Katholikin im Begriff, die Regierung eines Landes zu übernehmen, in dem die Reformation zwanzig Jahre alt war und eine Generation das Mannesalter erreicht hatte, die keine päpstliche Autorität kannte; eines Landes, das sich seiner Insularität freute und alle Fremden, vor allem aber fremde Jurisdiktion haßte. Ein aufmerksamer Venezianer, ein Katholik, der fast drei Jahre am Hofe Marias lebte, war der Ansicht, daß die Zahl der echten Katholiken nur sehr gering und keiner unter fünfunddreißig sei. Er glaubte aber, daß die meisten Engländer durchaus bereit seien, rein äußerlich dem Beispiel und Befehl ihres Fürsten zu folgen, selbst wenn er Mohammedaner oder Jude wäre. Seine Eindrücke stammten wahrscheinlich aus einem begrenzten Bezirk, waren aber doch nicht so ungerechtfertigt, denn bisher hatte weder das Tridentiner Konzil die katholische Lehre festgelegt, noch die Gegenreformation Begeisterung erweckt; augenblicklich war der Protestantismus die lebendige und angreifende Macht. Er war in den strategisch wichtigen Teilen des Landes, den Städten und alten Stammgrafschaften, fest verwurzelt. Am stärksten und eifrigsten waren die Protestanten in London, das unter der letzten Regierung eine Zufluchtsstätte für religiöse Flüchtlinge gewesen war. Immer mehr wurde London das Königreich. Es war der Mittelpunkt der Geldwirtschaft und des Handels, der Sitz der Regierung; unlösbare Bande verknüpften die Monarchie mit der Hauptstadt, und wenn im weiteren Verlauf des Jahrhunderts Paris eine Messe wert war, so war London in gleicher Weise eine Predigt wert. Es ist kein Zufall, daß der religiöse Charakter Frankreichs sowohl als Englands letzten Endes durch den der Hauptstadt bestimmt wurde.

Aber das war noch nicht alles. Der Verkauf von Kloster- und Kirchenbesitz hatte aus der Reformation ein Riesengeschäft gemacht, an dem alle, – Freisasse, Kaufmann, Gentry und hoher Adel –, mit jedem nur verfügbaren Kapital beteiligt waren. Ländereien hatten ihren Besitzer gewechselt wie Anteile eines modernen Unternehmens. Dabei war eine Menge von Spekulanten auf den Plan gerufen geworden, die weit über die an sich schon große Zahl der wirklichen Besitzer hinausging. Für die meisten Leute von irgendwelcher Bedeutung blieb, nachdem sich Doktoren und theologisch gebildete Laien heiser debattiert hatten, das Geschäft der Hauptgesichtspunkt. Wenn die Katholiken die Wahrheit boten, so taten das die Protestanten auch, sie gaben aber obendrein eine zuverlässige, von keinerlei Skrupeln belastete Garantie für eine Kapitalsanlage, an der die ganze Nation beteiligt war. Das Resultat war selbst für die Geistlichkeit nicht einfach, denn viele ihrer Mitglieder hatten während der letzten Regierung geheiratet, und wenn der Katholizismus wiederhergestellt wurde, so mußten sie entweder ihren Beruf aufgeben oder sich von ihren Frauen trennen. Die Reformation war für viele durchaus eine Angelegenheit erworbener Rechte geworden.

Es wäre politisch vielleicht noch zu vertreten gewesen, die unter Eduard VI. durchgeführten Änderungen in der Glaubenslehre aufzuheben, obwohl auch das schon, sicher in London, zu Unruhen geführt hätte. Aber es war, politisch gesehen, heller Wahnsinn, an eine Wiederherstellung der Suprematie des Papstes zu denken. Für Maria war es durchaus charakteristisch, daß sie sich zu diesem Wahnsinn entschloß. Denn seit mehr als zwanzig Jahren, von ihrer Jugend bis zur Frauenreife, war die Religion ihr ein und alles gewesen – ihr Recht, ihr Stolz, ihr Mut, ihr Trost im Unglück. Erst nach hartnäckigem Kampf hatte sie sich ihrem Vater unterworfen und, während sie sich öffentlich fügte, heimlich alles widerrufen. Gleich nach dem Tode Heinrichs VIII. hatte sie ihrem Bruder und seinem Staatsrat durch das Gelöbnis, sie wolle lieber den Kopf auf den Block legen als nachgeben, offene Fehde angesagt. Erfahrung hatte sie zur Aufrichtigkeit des Märtyrers erzogen, und leidenschaftlich sehnte sie sich danach, ihr Land in den Schoß der katholischen Kirche zurückzuführen.

Schon einen Monat nach Marias Einzug in London wurde in einigen Kirchen wieder die Messe gelesen. Die Bevölkerung antwortete mit Zusammenrottungen. Ein königlicher Kaplan, der am 13. August am St. Pauls-Kreuz predigte, wurde durch die Rufe: „Papist! Papist! Holt ihn herunter!" unterbrochen. Jemand warf einen Dolch nach ihm, und er entging nur mit knapper Not dem Tode. Die anfängliche Treue zur Königin schwand erstaunlich schnell; und wenn auch schon protestantische Emigranten vor den zu erwartenden wilden Auseinandersetzungen zu fliehen begannen, so blieben noch genug Führer im Land, die Marias Politik in religiösen Dingen Widerstand zu leisten vermochten.

Gleich als ob alle diese Sorgen noch nicht genügten, tauchte schon bald eine andere Frage auf, bei der Maria sich nur vom Gefühl leiten ließ, ohne jede Rücksicht auf die politischen Erfordernisse. Es war die Frage ihrer Heirat. Wie die meisten anderen erkannte auch sie, daß sie heiraten mußte, denn eine jungfräuliche Königin war einfach undenkbar. Das Land brauchte einen König, der mitregierte und einen Prinzen zeugte. Ihre Ratgeber, das Parlament, kurz, das ganze Land, waren sich über den zukünftigen König und Gatten einig. Er mußte Engländer und durfte kein Ausländer sein; allgemein hielt man den jungen Eduard Courtenay, den Urenkel Eduards IV., für die geeignete Persönlichkeit. Sein Vater war von Heinrich VIII. wegen Hochverrats hingerichtet worden; er selbst hatte fast fünfzehn Jahre im Tower geschmachtet, als Maria ihn jetzt freiließ. Vielleicht war er nicht gerade das Ideal eines Gatten. Er war ein großer, schöner Mann mit vielen körperlichen Vorzügen, aber das Leben, das er nach seiner Freilassung führte, war durchaus nicht erbaulich; auch fehlte es ihm an Charakterstärke. Trotzdem hätte Maria gut getan, wenn sie ihn geheiratet hätte.

Aber wieder einmal zeigte Maria, welche Macht die Vergangenheit über sie hatte, wieder einmal zeigte sie, daß sie unfähig war, als Königin ihrem Leben eine neue Richtung zu geben. In all ihren Sorgen und Bedrängnissen hatte sie sich früher immer Rat bei ihrem Vetter, dem Kaiser Karl V., geholt, und diese Verbindung blieb für sie ebenso unerschütterlich wie ihr Glaube. Sie machte den kaiserlichen Gesandten Simon Renard zu ihrem Vertrauten, und ihm gegenüber blieben ihre englischen Ratgeber fast Fremde für sie. Schon hatte sie Karl versprochen, bei der Gattenwahl seinem Rat zu folgen; der Kaiser ergriff sofort die gebotene Gelegenheit. Sein Sohn Philipp war damals Witwer, und eine Heirat mit Maria, wodurch England in die Einflußsphäre Spaniens gezogen und von einem Bündnis mit Frankreich ferngehalten wurde, war politisch sehr verlockend.

Maria fühlte sich durch diese Ehe nicht nur geschmeichelt; sie kam auch ihren Neigungen entgegen. Philipp war der Sohn ihres Beschützers und Freundes; sie selbst war halb Spanierin. Pflicht, nicht Fleischeslust, wie sie bescheiden sagte, drängte sie zur Ehe. Nachdem sie sich aber zur Ehe entschlossen hatte, gierte sie geradezu nach Philipp und benahm sich wie ein eigensinniges, liebestolles Weib. Nichts – weder der Rat ihrer Staatsräte, noch die offenen Worte des Parlaments, noch der wachsende Unwille des Volkes – konnte sie zur Vernunft bringen. Sie erklärte, lieber wolle sie sterben, als einen andern Mann zum Gatten nehmen. Ihre Ehe war der persönlichste Akt ihrer Regierung; er war verhängnisvoll. Diese Ehe sprach allem englischen Empfinden, das durch die Insularität Englands bedingt war, Hohn. Sie ließ eine jahrhundertlange Fremdherrschaft befürchten und betonte vor allem den ausländischen Charakter der päpstlichen Suprematie. Zwei Oppositionsströme – Politik und Protestantismus – flossen jetzt zusammen. Langsam wurde Engländer und Protestant sein dasselbe.

So war es nicht verwunderlich, daß man sich enttäuscht von Maria abwandte und seine Hoffnung auf ihre Schwester setzte. Elisabeth war Protestantin und aus rein englischem Blut. Starb Maria, ohne Kinder zu hinterlassen, dann sollte sie Englands Herrscherin werden; viele Hitzköpfe waren in Versuchung, eine so viel versprechende Zukunft sicherzustellen und möglichst schnell zur Gegenwart zu machen. Es war eine unendlich schwierige Lage. Auch bei größter Vorsicht konnte Elisabeth es nicht verhindern, daß Heißsporne in diesem Zusammenhang ihren Namen nannten. In einer derartigen Atmosphäre konnte schwesterliche Zuneigung nicht gedeihen.

Ja, Zuneigung wandelte sich langsam ins Gegenteil. In ihrem Streben, den alten Glauben so schnell wie möglich wiederherzustellen, hatte Maria bei Hofe die Messe wieder eingeführt; Staatsräte und Höflinge hatten sich schnell der neuen Ordnung angepaßt. Elisabeth indessen hielt sich klug abseits, sie besuchte keinen katholischen Gottesdienst. Bei den starken religiösen Gegensätzen in London brauchte nicht erst der kaiserliche Gesandte Renard darauf hinzuweisen, wie gefährlich ihr Beispiel sein mußte. Mit allergrößter Sorge verfolgte er auch Marias halsstarrige und übereilte Maßnahmen und rechnete schon in den ersten Monaten ihrer Regierung mit einem erfolgreichen Aufstand zugunsten Elisabeths und Courtenays. Seine oft geäußerten Befürchtungen teilten sich Maria mit und wandelten unvermeidlich ihr Wohlwollen in Argwohn und Groll.

In der ersten Septemberwoche war die Königin so unfreundlich und die Gefahr so drohend, daß Elisabeth beschloß, nachzugeben. Sie ging zu ihrer Schwester und bat sie mit Tränen in den Augen, ihr Bücher oder Lehrer zu geben, damit sie die Irrtümer erkennen könne, in denen sie erzogen sei. Am Tage von Mariä Geburt wohnte sie ihrer ersten Messe bei, und das Herz der Königin war voller Freude. Renard aber war skeptisch und mit Recht, denn durch ihre Unaufmerksamkeit während der Messe gab Elisabeth ihren Freunden zu verstehen, wie oberflächlicher Natur ihre Bekehrung war. Nach vierzehn Tagen begann die vertrauensseligere Maria auch zu zweifeln, ob ihre Bekehrte nicht doch wieder vom Wege der Wahrheit abwiche. Sie bat Elisabeth, ihr ganz offen zu sagen, ob sie wirklich an die katholische Lehre glaube, oder ob ihre Bekehrung, wie man sage, nur vorgegeben sei. Elisabeth versicherte, sie folge ohne Furcht und Heuchelei nur dem Gebot ihres Gewissens; sie wolle, so fuhr sie fort, eine entsprechende öffentliche Erklärung abgeben. Maria wußte nicht, ob sie ihr glauben sollte oder nicht. Renard seinerseits blieb unverändert skeptisch. Überall sah er französische Verschwörungen und Intrigen. Bei Gelegenheit der Krönung fielen ihm Elisabeths freundliche Beziehungen zu dem französischen Gesandten auf, und er hörte, wie sie sich darüber beklagte, daß ihre kleine Krone ihr lästig sei; worauf der Gesandte antwortete: „Haben Sie Geduld, Sie erhalten bald eine bessere." Sein Herr, Karl V., und er drängten Maria immer wieder, Elisabeth unter irgendeinem Vorwand in den Tower zu sperren.

Die Spannung ließ auch nicht nach, als im Oktober das erste Parlament der neuen Regierung zusammentrat. Eigentlich verlief alles recht gut. Die Neuerungen auf religiösem Gebiet, die die vergangene Regierung eingeführt hatte, wurden gegen die Stimmen weniger wieder beseitigt, doch brachten die Abgeordneten allgemein zum Ausdruck, daß sie keine Lust verspürten, irgendwie weiterzugehen und die Suprematie des Papstes wiederherzustellen. Außerdem wurde in dieser Sitzung durch einen vielsagenden Beschluß die Scheidung Katharinas von Aragon als irrtümlich erfolgt für nichtig erklärt, wodurch gleichzeitig alle amtlichen Erklärungen gegen Marias Legitimität hinfällig wurden, während alle Dokumente, nach denen Elisabeth illegitim war, unverändert gültig blieben. Soweit ging alles zufriedenstellend. Aber Maria wollte noch mehr erreichen, denn Elisabeth war, obwohl nach dem Gesetz illegitim, doch nach dem Statut die nächste Anwärterin auf den Thron. Maria wollte die Änderung dieses Statuts durchsetzen und wandte sich um Rat an Paget, einen ihrer einflußreichsten Staatsräte. Paget antwortete ihr, das Parlament werde einer Änderung des Statuts nie zustimmen, und es sei ganz zwecklos, daran zu denken, einem andern die Nachfolge zu übertragen. Viel ratsamer wäre es, Elisabeth öffentlich als Thronfolgerin anzuerkennen und sie mit Courtenay zu verheiraten, was für Adel und Volk einen ‚fetten Bissen' bedeute und alle von der Furcht befreie, Philipp werde nach ihrem Tode die Krone an sich reißen, und England für immer einem Fremden überantwortet werden. Wenn sie seinen Rat befolge, würde sie die Engländer sogar mit ihrer eigenen Heirat aussöhnen.

Aber Pagets Rat war für Maria bittere Galle. Sie wandte sich an Renard, und als sie mit ihm sprach, wurde die Vergangenheit noch einmal lebendig: Katharina von Aragon und Anna Boleyn erstanden wieder in ihr und Elisabeth. Ihr Gewissen, so sagte sie zu ihm, verbiete die Nachfolge ihrer Schwester. Elisabeth sei ein Bastard, ihre Mutter sei die Ursache aller Unruhen und Neuerungen im Reiche gewesen, und nun wolle auch sie wieder alles zugrunde richten; ihre Teilnahme an der Messe sei Heuchelei, alle Diener ihres Hofhalts seien Ketzer, sie spreche nur mit Ketzern, jeder bösen Intrige leihe sie ein williges Ohr und ihre Sympathien gelten nur Frankreich. Es seien genug andere da, die Anspruch auf den Thron hätten, fuhr Maria fort: die Königin der Schotten, die Herzogin von Suffolk und die Gräfin Lennox. Sie selbst gebe der letzten den Vorzug.

Ende November war Elisabeth so sehr in Ungnade, daß die Höflinge es nicht wagten, sie zu besuchen oder mit ihr zu sprechen. Elisabeth mußte es sich öfters gefallen lassen, daß sie hinter der Gräfin Lennox und der Herzogin von Suffolk rangierte. Es schien das beste, sich zurückzuziehen; sie bat daher um die Erlaubnis, den Hof verlassen zu dürfen, was ihr gewährt wurde. Am 6. Dezember zog sie nach Ashridge, fünfhundert berittene Edelleute begleiteten sie. Der Form nach vollzog sich die Trennung der Schwestern freundlich. Elisabeth bat Maria, nicht auf Gerüchte zu hören, sondern ihr eine Gelegenheit zur Rechtfertigung zu geben, falls schlecht über sie gesprochen würde. Als sie schon zehn Meilen von London entfernt war, sandte sie Boten zurück, die eine Sänfte holen und – was durchaus bezeichnend ist – Maria um Chorröcke, Chorgewänder und alles, was der katholische Ritus erfordert, bitten sollten. Aber Maria hatte keine Lust mehr, sich zum Narren halten zu lassen. Sie war unzufrieden, voller Angst und unglücklich.

Das Barometer stieg auf Sturm. An dem Tage, als Elisabeth nach Ashridge zog, der auch der Tag der Parlamentsauflösung war, wurde in das Audienzzimmer bei Hofe ein Hund mit rasiertem Kopf und gestutzten Ohren geworfen; er trug einen Strick um den Hals mit einem Zettel, auf dem stand, alle Priester und Bischöfe müßten gehenkt werden. Kurz vor Weihnachten erschien in London ein Flugblatt gegen die Suprematie des Papstes. Der jetzige Lordkanzler Gardiner[9] hatte es während der Regierung Heinrichs VIII. verfaßt, und protestantische Emigranten hatten es mit einer beleidigenden Vorrede drucken lassen. Von allen Seiten wurde über Unruhe, über Reden und Schriften gegen die Spanier und die Heirat berichtet. Marias Damen bekamen Angst. Sie selbst wurde vor Schwermut krank und dachte schon daran, Pagets Rat zu befolgen und Elisabeth mit Courtenay zu verheiraten. In einer Pfarrei in Cornwall verkündete am Weihnachtsabend ein gewisser Sampson Jackman, daß vor Neujahr „ausländische Männer über uns herfallen werden, von denen einige schon in Plymouth sind". „Wir sollten nicht eine Frau das Schwert tragen lassen", erklärte sein Gefährte. „Und wenn es schon so sein soll", fuhr Jackman fort, „dann wäre es besser, unsere Lady Elisabeth trüge das Schwert."

Die bevollmächtigten Gesandten Karls V., die den Ehevertrag abschließen sollten, erreichten am 2. Januar 1554 London. Am Tage vorher war ihr Gefolge von Londoner Jungen mit Schneebällen beworfen worden, und als sie jetzt durch die Stadt zogen, ‚zeigte das Volk keine Freude, sondern senkte sorgenvoll den Kopf'.

Hinter der Unrast schwelte Verschwörung; am 25. Januar brach in Kent vorzeitig der Wyatt-Aufstand aus; der Schwächling Courtenay, der in die Verschwörung verwickelt war, hatte seine Freunde verraten. Das hatte zur Folge, daß Teilaufstände in Devon, in den Midlands und in Wales fehlschlugen und nur Wyatt etwas erreichte. Länger als vierzehn Tage stand es schlimm um Marias Thron, und hätte sich nicht ihr Mut so glänzend bewährt, wäre der Aufstand wahrscheinlich erfolgreich gewesen. Er brach am 7. Februar mit Wyatts Niederlage und Gefangennahme zusammen.

Nach der Ansicht Karls V. und seiner Gesandten war es unbedingt erforderlich, die Welt von der jungen Frau zu befreien, deren Existenz schon eine Herausforderung gegen Marias Politik und eine Ermunterung zu Aufständen war. Maria hatte Elisabeth nicht aus den Augen gelassen. Zwei oder drei Tage vor Wyatts Aufstand hatte sie ihr geschrieben und eine verbindliche Antwort erhalten. Krankheit, so schrieb Elisabeth, habe sie bisher am Schreiben gehindert. Die Antwort atmete Unschuld, aber dieser Eindruck wurde schnell verwischt, als die Regierung erfuhr, daß Wyatt von ihr verlangt hatte, sie solle Ashridge verlassen und sich nach Donnington Hall in Berkshire begeben, wo sie weiter von London entfernt sei und sich nötigenfalls bis zum vollständigen Gelingen des

Aufstands verteidigen könne. Sofort wurde ihr befohlen, nach London zu kommen. Während Maria auf Antwort wartete, spielte das Schicksal Elisabeth einen bösen Streich. Die Regierung wollte unbedingt die Hintergründe der Wyatt-Verschwörung erkennen und war auf den Gedanken gekommen, den Wegelagerer zu spielen und den Kurier des französischen Gesandten abzufangen. In seinem Bericht fand man eine Abschrift von Elisabeths Brief an die Königin! Daß Elisabeth hierfür nicht verantwortlich war, konnten Marias Beamte nicht wissen, sie kamen natürlich gleich zu dem Schluß, daß sie mit dem Gesandten in regelmäßiger Verbindung stand. Als der Kanzler Gardiner das Paket des Kuriers öffnete und die vielsagende Beilage fand, lief es ihm angenehm über den Rükken, wie einem Spieler, dem ein wunderbarer Wurf gelungen ist. Aber die Sache wurde noch schlimmer, als jetzt Elisabeth einen Brief an Maria schrieb: sie fühle sich zu elend, um dem Befehl der Königin gehorchen und nach London reisen zu können. Das schien den Verdacht der Regierung nur zu bestätigen.

Sobald Wyatts Niederlage Maria freie Hand gab, griff sie zu. Sie schickte drei Staatsräte in Begleitung ihrer Ärzte und eine starke Eskorte, die Elisabeth nach London bringen sollten, sofern sie nur irgendwie reisefähig sei. Sie war tatsächlich krank; ihr ganzer Körper war geschwollen – eine Krankheit, die sie in dieser Zeit öfters befiel – und sie war elend vor lauter Aufregung. Aber die Ärzte erklärten sie für reisefähig. In langsamen Tagereisen näherte sie sich dem Hof; allerlei Gerüchte eilten ihr voraus; bald hieß es, sie sei vergiftet, und dann, sie sei schwanger. Am 22. Februar kam sie auf dem Wege nach Westminster durch London. Die Vorhänge ihrer Sänfte waren geöffnet, so daß das Volk sie sehen konnte; sie war ganz in Weiß gekleidet, ihr Gesicht krankhaft blaß, aber hinter einer stolzen und fürstlichen Haltung verbarg sie ihre Angst. Es war eine Stadt des Grauens und der Verzweiflung, von deren Toren herab die Köpfe und Glieder von Verrätern unheilvoll warnten; zwanzig Galgen erinnerten noch an eine kürzlich stattgefundene Schlächterei. Die rührende Zwölf-Tage-Königin Jane Grey war auf dem Schafott gestorben; das Morden war noch nicht zu Ende. „So viel edles Blut wird der Ausländer wegen vergossen“, murrte das Volk. Sollte nun ein noch edleres Leben dieser Heirat mit dem Spanier geopfert werden? Wenn Simon Renard sein Ziel erreichte, so war es um Elisabeth geschehen.

Wie Renard, zweifelte auch Maria nicht daran, daß Elisabeth an der Verschwörung beteiligt war; konnte das nur bewiesen werden, so bestand wenig Hoffnung auf Gnade. Immer wieder vernahm man Wyatt und seine Genossen, um in den Besitz von Beweismitteln zu kommen, durch die man sie überführen könnte. Man stellte fest, daß Wyatt zweimal an sie geschrieben und auch Antwort erhalten hatte. Aber diese Antworten waren belanglose mündliche Mitteilungen gewesen. Vielleicht gingen sie nicht einmal von ihr aus, denn einige ihrer Diener waren in die Verschwörung verwickelt, und es ist ganz gut möglich, daß sie ihren Namen mißbrauchten. Auf jeden Fall konnten mündliche Antworten immer abgeleugnet werden. Aber dabei ließ es Elisabeth nicht bewenden: „Was den Verräter Wyatt betrifft", sagte sie, „so hat er vielleicht einen Brief an mich geschrieben und abgesandt, aber ich versichere auf mein Wort, daß ich nie einen Brief von ihm erhalten habe." Ob sie die volle Wahrheit oder, was gut möglich ist, schlau nur die halbe Wahrheit sagte, das kann niemand entscheiden. Es ist kaum anzunehmen, daß sie von der Verschwörung nichts wußte. Vielleicht hat sie sie nicht gebilligt, denn nach ihrer ganzen Veranlagung hatte für sie der Gedanke, die Krone aus den Händen von Rebellen und auf Kosten des Lebens ihrer Schwester zu erhalten, nichts Verlockendes. Aber angenommen – und manches in ihrem späteren Leben deutet darauf hin –, sie wußte von der Verschwörung und billigte sie nicht, so konnte sie den Männern, die ihrer Sache ergeben waren, weder entgegentreten noch sie verraten. Es blieb ihr einfach nichts anderes übrig, als alles zu vermeiden, was sie selbst irgendwie kompromittieren konnte. Das verlangte Geschicklichkeit, eine Geschicklichkeit, über die sie in höchstem Maße verfügte. Die Regierung konnte und die Nachwelt kann nicht mehr sagen, als was Elisabeth in eine Fensterscheibe geritzt haben soll:

Trotz manchem Verdacht
Wird kein Beweis erbracht.

Aber das alles genügte, Elisabeth in Haft zu halten. Trotz

des Widerspruchs einiger Mitglieder des Staatsrats wurde beschlossen, sie in den Tower zu sperren; und da Wyatt am 15. März vor Gericht gebracht werden sollte und das Volk dann erfahren mußte, wie stark kompromittiert Elisabeth war, sollte sie am darauffolgenden Tag in den Tower gebracht werden. Als man ihr sagte, sie solle sich fertig machen, war sie entsetzt. Sie wollte nicht glauben, daß dies auf Veranlassung ihrer Schwester geschehe, und bat um eine Zusammenkunft. Da diese abgelehnt wurde, bat sie um die Erlaubnis, ihr wenigstens schreiben zu dürfen. Der gutmütige Graf Sussex gab nach, und sie schrieb an ihre Schwester, sie möge sie doch nicht in den Tower schicken, „einen Ort, der wohl für falsche Verräter, nicht aber für eine treue Untertanin geeignet ist". „Ich beteure bei Gott, der weiß, daß ich die Wahrheit sage: ich habe, was Bosheit auch immer ersinnen mag, nie etwas getan noch verheimlicht, noch zu irgend etwas, das Eurer Person in irgendeiner Weise schädlich oder dem Staate irgendwie gefährlich sein könnte, meine Zustimmung gegeben .... Möge das Gewissen Eure Hoheit veranlassen, mit mir so zu verfahren, daß ich nicht in den Augen aller schon verurteilt bin, bevor bekannt ist, ob ich überhaupt eine Strafe verdiene." Sie bat um die Erlaubnis, sich vor ihrer Schwester zu den Anklagepunkten äußern zu dürfen. „Ich habe in meinem Leben", fügte sie hinzu, „schon manchen ins Verderben stürzen sehen, weil man ihm verwehrte, vor seinem Fürsten zu erscheinen."

Als das verstörte junge Weib dies schrieb, stieg das Wasser der Themse, und an diesem Tage konnte man nur mit großer Gefahr unter der London Bridge durchfahren. So hatte sie Zeit gewonnen, in der vielleicht ihr Appell an Maria wirkte. Und das tat er, nur nicht in dem gewünschten Sinne. Kein Mitleid für Elisabeth erwachte in Maria, sondern sie tobte gegen ihre Staatsräte, die Elisabeth so nachsichtig behandelt hätten. Zu ihres Vaters Lebzeiten hätte keiner von ihnen so zu handeln gewagt; wenn er doch wieder ins Leben zurückkehrte! Am nächsten Tag, es war Palmsonntag, glitt gegen zehn Uhr morgens, als alle mit den Palmwedeln in der Kirche waren, von Whitehall eine Barke stromabwärts und landete Elisabeth an der Verräter-Treppe. Es regnete und alles sah unendlich trostlos aus. Der Tod schien sehr nahe. Als Elisabeth den Tower betrat, hörte man sie, mit gen Himmel gerichteten Blicken, zu den Wächtern und Soldaten sagen: „Ach, lieber Gott, nie glaubte ich als Gefangene hierher zu kommen, und ich bitte euch alle, gute Freunde und Gefährten, legt Zeugnis dafür ab, daß ich nicht als Verräterin hierher komme, sondern als eine Frau, die der Königin treuer als jede andere ergeben ist; und dafür will ich gern den Tod erleiden."

Die Regierung aber suchte weiter nach Beweisen. Wyatt wurde erst am 11. April hingerichtet, da man immer noch hoffte, Neues zu erfahren. Sir James Croft, einer der Hauptverschwörer, der zudem noch in Elisabeths Diensten stand, wurde ‚unglaublich hin und her gestoßen und verhört'; jeder nur mögliche Zeuge wurde vernommen. Auch Elisabeth mußte abermals ein Verhör über sich ergehen lassen. Simon Renard ließ nicht locker. Immer wieder wies er Maria darauf hin, daß Philipp England nicht eher betreten werde, als bis dort alles sicher sei. Das beunruhigte sie sehr, denn sie brannte förmlich darauf, die Ehe so schnell wie möglich zu vollziehen. Sie war achtunddreißig Jahre alt und fühlte, daß sie älter wurde.

Aber man fand keinen Beweis und erkannte endlich, daß Elisabeth nicht hingerichtet werden konnte. Die Richter erklärten, daß die Beweise für ein ‚Schuldig' nicht ausreichten. Allerdings besaß man für einen derartigen Fall im parlamentarischen Strafbeschluß eine außergewöhnliche Waffe, aber es bestand keine Hoffnung, daß das Parlament ihn gegen Elisabeth aussprechen würde. Die Parlamente gaben gewiß nach, aber diese Nachgiebigkeit hatte ihre Grenzen. Sie waren ungefähr der Ausdruck der öffentlichen Meinung, und diese wollte von einem außergewöhnlichen Vorgehen gegen die Thronerbin nichts wissen. Der Staatsrat war sich nicht einig: mehrere Mitglieder, unter ihnen der Großonkel Elisabeths, Admiral Lord William Howard, waren bereit, sich nachdrücklich für Elisabeth einzusetzen. London selbst war für Maria eine schwere Enttäuschung. Am 5. März hatten sich etwa dreihundert Kinder auf einer Wiese versammelt, sich in zwei Gruppen geteilt und ‚Königin gegen Wyatt' gespielt; und das Ende war gewesen, daß sie den spanischen Prinzen gefangen nahmen und an einem Galgen aufknüpften, von dem er jedoch sofort wieder abgeschnitten wurde. Neun Tage später strömten die

Leute zu Tausenden zusammen, um den ‚Geist in der Mauer', das neueste Wunder, zu hören: Wenn man: „Gott schütze die Königin Maria!" rief, regte er sich nicht; rief man aber: „Gott schütze Lady Elisabeth!", antwortete er: „So sei es!" Wenn man ihn fragte: „Was ist die Messe?", dann donnerte er: „Götzendienst!" Als am 2. April das Parlament zusammentrat, waren die Straßen mit einem aufreizenden ‚offenen Brief' übersät, der für Elisabeth eintrat. Ein Flugblatt hatte folgenden Text: „Haltet fest, haltet zusammen, und wir werden es verhindern, daß der Prinz von Spanien in dieses Königreich kommt!" Am folgenden Sonntag wurde eine tote Katze am Galgen in Cheapside aufgehängt; sie trug eine Art Priestergewand, das vorn und hinten ein Kreuz hatte; der obere Teil ihres Kopfes war geschoren, und in den Vorderpfoten hielt sie ein Stück Papier, das eine Oblate oder Hostie darstellte. Drei Tage später wurde Wyatt hingerichtet. Vom Schafott herab sagte er zu den Zuschauern, weder Elisabeth noch Courtenay hätten vorher irgendwelche Kenntnis von seinem Aufstand gehabt. Trotz ihrer beschränkten Bedeutung war der Regierung diese Feststellung sehr unbequem, was daraus erhellt, daß sie zwei Männer an den Schandpfahl binden ließ, weil sie verbreitet hatten, Wyatt habe Elisabeth vollständig entlastet. Am 17. April traf die Regierung ein neuer Schlag: ein Londoner Gericht sprach Sir Nicholas Throckmorton von der Anklage des Verrates frei, wofür die Richter ins Gefängnis gesperrt und zu hohen Geldstrafen verurteilt wurden. Am gleichen Tage wurde Wyatts Kopf vom Galgen, auf dem er steckte, gestohlen, und einige Tage später warf jemand ein Papier auf den Küchentisch der Königin, in dem Maria, Gardiner und andere bedroht und Philipp geschmäht wurde. Er solle sich auf alles gefaßt machen, wenn er in England lande! Renard rechnete mit einem neuen Aufstand im Mai.

Die Lage zwischen Maria und Elisabeth erinnerte an das Patt beim Schachspiel. Paget war davon überzeugt, daß man Elisabeth weder hinrichten noch von der Thronfolge ausschließen könnte. Sie könne nicht im Tower gefangen gehalten werden, denn das sei gefährlich; noch könne man sie freilassen, das wäre ein großer Fehler; auch bei Hofe könne man sie nicht aufnehmen, weil das Marias Würde verletze.

Es blieb nur ein Ausweg: eine mehr oder weniger ehrenvolle, aber strenge Haft in einem Landhause. Hierfür wurde das königliche Gut Woodstock in Oxfordshire gewählt, und Sir Henry Bedingfield, Mitglied des Staatsrats, wurde zum Wächter bestellt.

Am Sonnabend, 19. Mai, erreichte Elisabeth nach zweimonatiger Gefangenschaft im Tower auf dem Flußwege Richmond, wo haltgemacht wurde. Die Londoner glaubten, sie sei wieder frei, und freuten sich sehr. Als Elisabeths Barke am Stahlhof vorbeifuhr, feuerten seine Kaufleute drei Kanonensalven ab. In Tagereisen fuhr sie von Richmond nach Windsor, dann erreichte sie bald Sir William Dormers Haus in West Wycombe und wurde in Ricote von Lord Williams of Thame herrlich bewirtet. Von Ricote aus erreichte sie Woodstock am 23. Mai. In den Dörfern und auf den Feldern am Wege eilten die einfachen Leute herbei, um sie zu sehen, und bekundeten lebhaft ihre Sympathie. Die Frauen von Wycombe schenkten ihr Kuchen und Waffeln, und schließlich war ihre Sänfte so schwer, daß sie bitten mußte, es genug sein zu lassen. In Aston eilten vier Männer in die Kirche und läuteten die Glocken, wofür sie später ins Gefängnis gesteckt wurden. In Wheatly und Stanton St. John waren alle Bewohner auf der Straße und riefen: „Gott schütze Eure Gnaden!"

In Woodstock wurden die schärfsten Maßnahmen ergriffen, um eine Befreiung oder eine geheime Verbindung mit der Außenwelt von vornherein unmöglich zu machen. Jede Nacht hielt eine Abteilung Soldaten auf einem Hügel in der Nähe Wache; ohne Bedingfields Erlaubnis durfte nichts in das Haus gebracht werden und niemand es betreten. Die Damen und Diener wurden sorgfältig ausgewählt und ihre Zahl beschränkt. Maria selbst ordnete an, daß eine von ihnen entlassen würde, worüber Elisabeth sich sehr ärgerte. Die Oberhofmeisterin wurde aus den Damen der Königin ausgewählt, und Kate Ashley wurde selbstverständlich ganz ferngehalten. Thomas Parry hatte als Schatzmeister für den Unterhalt und die sonstigen Kosten des Hofhalts zu sorgen, durfte aber nicht im Hause wohnen. Der Staatsrat verlangte, daß er überhaupt die Nähe des Hauses meide; trotzdem nahm er in Woodstock im Wirtshaus zum Ochsen Wohnung, was für Bedingfield neue Aufregungen und Sorgen bedeutete. Es war ein dauerndes Kommen und Gehen von Männern, einige trugen Parrys Livree, andere waren Diener seiner Herrin. Ihre Zahl stand jedenfalls in keinem Verhältnis zu seiner Arbeit. Das Wirtshaus zum Ochsen wurde ein kaum verkapptes Hauptquartier für Elisabeths Freunde. Hier befand sich auch der junge Francis Verney, über den Bedingfield schrieb: „Wenn irgendwo in England Böses geplant wird, so hat dieser Verney die Finger dabei im Spiel." Elisabeth und ihre Diener waren für ihren einfältigen Wächter viel zu schlau.

Sir Henry war ein grundehrlicher Mensch, dabei aber ungewöhnlich phantasielos und voller Mißtrauen gegen sich selbst. Mit den hundert Launen ‚dieser großen Dame' – wie er Elisabeth in seinen Berichten nannte –, die auf die gerissenste Weise immer wieder versuchte, ihm neue Zugeständnisse abzuringen, konnte er einfach nicht fertig werden. Instinktiv hielt er sich sklavisch an seine Instruktionen und weigerte sich, ohne die Erlaubnis des Staatsrats auch nur um ein Jota von ihnen abzuweichen. Parry sandte seiner Herrin einen Band Cicero und eine lateinische Übersetzung der Psalmen: der Staatsrat mußte erst gefragt werden, ob sie ihr ausgehändigt werden durften. Elisabeth verlangte eine englische Bibel: Bedingfield schlug ihr vor, sich vorläufig mit Cicero und den Psalmen zu begnügen, und schrieb wegen der Bibel nach London. Elisabeths Dasein war ein ewiger Kampf gegen diese bäuerliche Hartköpfigkeit und dadurch auch gegen die Behörden am Hof, denn sie wußte zweifellos, daß Bedingfields Berichte peinlich genau waren. Sie erschmeichelte sich die Erlaubnis, an Maria schreiben zu dürfen, aber ihr Brief mit dem Ton verkannter Unschuld ärgerte die Königin so sehr, daß sie befahl, fürderhin ihre ‚unehrlichen und scheinheiligen Briefe' nicht mehr zu befördern. Elisabeth wollte hierauf erwidern und bat Bedingfield, er möge das, was sie ihm sage, an den Staatsrat weiterleiten. Er weigerte sich. Darauf beklagte sie sich, sie werde schlechter als die Gefangenen im Tower behandelt, ja sogar, wie weiteres Nachdenken sie überzeuge, schlechter als der schlimmste Verbrecher in Newgate. Dies alles wurde dem Staatsrat mitgeteilt – und sie erreichte, was sie wollte. Sie beteuerte immer wieder ihre Unschuld.

Dann setzte sie alles daran, daß sie die Erlaubnis erhielt, selbst an den Staatsrat schreiben zu dürfen. Als das genehmigt war, ließ sie eine Woche verstreichen, bevor sie um Feder und Papier bat. Dann erklärte sie plötzlich, sie ließe ihre Briefe an Staatsräte immer von einem Sekretär schreiben, und Bedingfield mußte diese Rolle übernehmen. Sie wurde krank, wieder schwollen Gesicht und Körper an, sie verlangte den Besuch der Ärzte der Königin. Man erklärte ihr, diese wären unabkömmlich, und bot ihr die Behandlung durch andere Ärzte an. Das aber lehnte sie ab. „Ich bin nicht gewillt", sagte sie, „irgendeinen Fremden mit dem Zustand meines Körpers bekannt zu machen; dann überlasse ich alles Gott." Schließlich erreichte sie wieder, was sie wollte. Und in dieser Weise ging die Komödie weiter.

Inzwischen erfüllte sich Marias Politik. Im Juli 1554 landete Philipp in Southampton und wurde fünf Tage später mit Maria in Winchester getraut. Das Volk beherrschte sich, und die eindrucksvollen Feierlichkeiten verliefen ohne Störung. Die zwanzig Galgen, die seit Wyatts Aufstand auf dem Richtplatz standen, wurden niedergerissen, und die Bürger betranken sich gewaltig. Als der König und die Königin am 19. August in die Stadt einzogen, wurden sie mit großem Schaugepränge empfangen. Leider passierte durch die Schuld eines Malers ein kleines Mißgeschick. In seiner Porträtdarstellung der ‚neun Berühmtheiten' am Schneckenturm der Wasserleitung in der Gracechurch Street zeigte er Heinrich VIII. nicht wie die andern verdienstvollen Männer mit Zepter, Schwert oder Streitaxt, sondern mit einer Bibel, auf der stand: ‚Verbum Dei.' Gardiner, der mit im Zuge ritt, war das sofort aufgefallen. Er war wütend und schalt den Maler gehörig aus. Der Maler aber spielte den Erstaunten, übermalte sofort die Bibel und gab Heinrich ein Paar Handschuhe in die Hand!

Philipps gekünstelte Liebenswürdigkeit und sein Bemühen, sein stolzes Gefolge in der Hand zu behalten, verhinderte selbst bei näherem Bekanntwerden ein innigeres Verhältnis zwischen Engländern und Spaniern. „Zu dieser Zeit", heißt es in einem Tagebuch, „waren in London so viele Spanier, daß, sehr zum Verdruß der englischen Nation, auf der Straße auf einen Engländer vier Spanier kamen." Diese Bemerkung bedeutet wohl, daß ein Viertel der Spanier dem Durchschnitts-Londoner gerade genügt hätte. Am 5. September ging das Gerücht ,weitere zwölftausend Spanier kämen in das Königreich, um die Krone an sich zu reißen'. Dann wieder hieß es, ein spanischer Mönch würde Erzbischof von Canterbury. Wenn sich Vertreter der beiden Nationen begegneten, saßen die Schwerter locker in der Scheide, und oft kam es zu Schlägereien. Maria hatte ihren Kritikern und Feinden dadurch, daß sie die Spanier ins Land holte, eine starke Waffe in die Hand gegeben. Aber was kümmerte das eine liebestolle, leidenschaftliche Frau?

Jetzt konnte die Königin auch an die Erfüllung ihres zweiten Herzenswunsches denken. Ein ganzes Jahr lang hatte der päpstliche Legat, Kardinal Pole, an der Schwelle des Königreichs auf der Lauer gelegen: Petrus, der Einlaß sucht in Marias Haus. Aus verschiedenen Gründen war ihm bis nach vollzogener Heirat der Zutritt verwehrt worden; jetzt endlich öffnete sich ihm die Tür. Am 30. November 1554 beugte sich das Parlament inmitten von Szenen höchster Erregung – die Königin schluchzte leise vor sich hin, die Parlamentsmitglieder antworteten „Amen, Amen" und umarmten sich unter Tränen – in demütiger Reue und flehentlichem Gebet vor dem Vertreter des Papstes und lauschte ergriffen, als er der Nation feierliche Absolution erteilte. England war in den Schoß und die Einheit der Kirche Christi zurückgekehrt. Aber weder ihre eigene Erregung an jenem Tag, noch Poles Gewissensbisse bei diesem Handel um das Seelenheil konnten die Parlamentsmitglieder als praktische und bald wieder nüchtern denkende Männer daran hindern, nach einer Garantie zu trachten, die ihren Besitz an Kloster- und Kirchengut gegenüber dem Papst sicherstellte.

Das Ergebnis dieser Parlamentstagung bestand darin, daß Scheiterhaufen und Marterpfahl im Dienste einer einheitlichen Kirche Orgien feierten. Das Holokaust, das im Februar 1555 begann und Maria und Bonner[10], dem Bischof von London, den Beinamen ,die Blutigen' einbrachte, war in seinem Ausmaß so furchtbar, daß sicher die meisten von denen, die für die Ketzergesetze stimmten, mit einem solchen Vorgehen nicht gerechnet hatten. Der kaiserliche, der venezianische, der französische Gesandte waren als Katholiken und Ausländer empört. Wieviel mehr erst die Engländer selbst! Auf diese Weise machte man niemand zu einem besseren Katholiken; man steigerte nur die Bewunderung für den Mut der Märtyrer. John Rogers, der als erstes Opfer den Tod erlitt, wurde von den Zuschauern derart mit Beifall überschüttet, daß man, wie der französische Gesandte sich äußerte, hätte glauben können, er fahre zu seiner Hochzeit. Der Tod auf dem Scheiterhaufen riß eine alte Wunde auf, denn die Engländer waren keine Freunde geistlicher Gerichtsbarkeit, und wenn sie auch an das grausame Schauspiel von Hinrichtungen und sogar an den furchtbaren Verrätertod durchaus gewöhnt waren, so sahen sie doch in diesen Ketzergerichten ein Priestergeschäft, das ihnen in seiner abstoßenden Form durchaus fremd war. Außerdem beseitigte mit ihrer Hilfe eine Königin, deren Sympathien eher dem Ausländer als dem Engländer galten, nicht nur Untertanen, die religiös, sondern auch solche, die politisch verdächtig waren.

Aber Marias frommen Sinn quälten keine Zweifel. In ihrer grenzenlosen Freude über ihre Ehe und die Versöhnung mit Rom sah sie der letzten Äußerung von Gottes übergroßer Güte entgegen: dem Kind, das ihr Werk erben und erhalten sollte. In der Begeisterung bei ihrer Begegnung mit Pole im November 1554 sprach sie von ihrer Schwangerschaft, und in allen Kirchen wurde ein Tedeum angeordnet. „Fürchte nichts, Maria", sang der Priester in der St. Pauls-Kirche, „denn du hast Gnade gefunden vor Gott. Und siehe, du sollst in deinem Leibe empfangen und einen Sohn gebären." Der andere Teil des Volkes gab seinen Gefühlen in einem Flugblatt Ausdruck, das an die Tür des Palastes in Hampton Court angeschlagen wurde: „Sollen wir denn solche Narren sein, liebe Engländer, daß wir glauben, unsere Königin erwarte ein Kind?"

Als sich die Schwangerschaft weiter entwickelte, beschäftigte sich Maria bald mit dem Gedanken, was sich wohl ereignen würde, wenn sie im Kindbett stürbe. Damit wurde auch wieder das Problem Elisabeth akut. Eine Zeitlang hatte Maria nicht recht gewußt, was sie mit ihr anfangen sollte. Hielt sie die Thronfolgerin weiter gefangen, so lief sie Gefahr, sich mächtige Lords zu entfremden, während Elisabeths Freilassung vielleicht wieder Anlaß zu neuen Verschwörungen gab. Renard war nicht mehr der advocatus diaboli, er hatte sich vollkommen umgestellt. Anstatt auf Elisabeths Tod zu dringen, unterstützte er Pagets Politik, die für Anerkennung ihrer Ansprüche auf den Thron war. Seine neue Haltung ist leicht erklärlich. Starb Maria, so hatten die spanischen Interessen von Elisabeth mehr zu erwarten als von der andern Nachfolgerin auf dem Thron, Maria, Königin der Schotten, die dem französischen Dauphin als Gattin verlobt war. Infolgedessen fand Elisabeth bei Hofe in Philipp einen mächtigen Freund.

Maria kam nur langsam, sehr langsam zu einem Entschluß. Todesgedanken veranlaßten sie schließlich zu handeln. Denn wenn sie starb, war es mehr als wahrscheinlich, daß die Engländer ihrem Haß gegen Philipp und seine Spanier die Zügel schießen ließen; und als Schutz für deren Leben war es ratsam, Elisabeth an den Hof zu holen. Ende April 1555 begleitete Bedingfield seinen Häftling von Woodstock nach Hampton Court. Bis zum Schluß blieb er der immer ängstliche, strenge Wächter.

Eine Zeitlang wurde Elisabeth in strenger Abgeschlossenheit gehalten. Sie sah die Königin nur privat, und es wird berichtet, sie habe ihre Schwester auf den Knien angefleht, doch zu glauben, daß sie ihre treueste Untertanin sei und immer gewesen sei. „Du willst dein Unrecht nicht eingestehen", antwortete Maria, „sondern beharrst bei dem, was du für wahr erklärst. Ich bete zu Gott, daß sich deine Worte als wahr erweisen möchten." „Wenn sie das nicht tun", erwiderte Elisabeth, „so will ich weder Gnade noch Verzeihung von Eurer Majestät." „Gut", sagte Maria, „du bleibst noch immer verstockt bei deiner Aussage. Vielleicht willst du noch behaupten, du seiest zu Unrecht bestraft worden." „Das darf ich Eurer Majestät nicht sagen." „Vielleicht aber anderen", antwortete die Königin. „Nein, Majestät, ich habe die Last getragen und muß sie weitertragen. Ich bitte Eure Majestät demütigst, eine gute Meinung von mir zu haben und zu glauben, daß ich nicht nur von Anfang an bis heute Eure treue Untertanin gewesen bin, sondern auch fernerhin, solange ich lebe, sein werde." Sie trennten sich; die Königin behielt ihre Besorgnisse, Elisabeth ihr gutes Gewissen. Langsam verschwanden die äußeren Anzeichen der Haft. Bald durften einige Höflinge sie besuchen – von welcher Erlaubnis mit größter Zurückhaltung Gebrauch gemacht wurde.

Marias Zeit kam der Erfüllung immer näher. Am 30. April durcheilte London das Gerücht, sie sei von einem Prinzen entbunden worden; das Tedeum wurde gesungen, und die Glokken begannen zu läuten. Der nächste Tag brachte die große Enttäuschung. „Wenn Gott will, so wird es doch geschehen", schrieb ein frommer Mann in sein Tagebuch; „denn ich habe das Vertrauen zu Gott, daß er sich seiner treuen Diener erinnert, die ihre Hoffnung auf ihn allein setzen, wenn sie ihn anrufen." Geburtsanzeigen an ausländische Fürsten wurden noch im Mai vorbereitet und alle Vorkehrungen zu ihrer Beförderung getroffen. Um Marias Mut zu stärken, wurden ihr drei schöne kleine Kinder gezeigt, die von einer ‚kleinen Frau in vorgerückten Jahren', wie sie selbst, ohne Schaden geboren worden waren. Der Juni kam, und sie legte sich zu Bett.

Wochen vergingen, ohne daß sich etwas ereignete. Schon begann das Gerede: die einen machten unflätige Glossen; die Protestanten behaupteten steif und fest, alles sei abgekartetes Spiel, man wolle das Land mit einem untergeschobenen Kind betrügen. Ein polnischer Gesandter hielt bei Gelegenheit seiner Audienz beim König eine wohlgesetzte lateinische Rede, in die bereits Glückwünsche zur Geburt des Kindes eingeflochten waren! Die ganze Sache war eine wahre Farce für den Hof. Seit Monaten schon drängte es Philipp, ein Land, das er haßte, und eine Frau, die zu alt und verbraucht war, als daß sie ihn noch hätte reizen können, zu verlassen; aber er mußte warten, bis die Tragikomödie der eingebildeten Schwangerschaft zu Ende gespielt war.

Um den vielen Menschen in Hampton Court aus dem Wege zu gehen, den dauernden religiösen Prozessionen ein Ende zu bereiten und Maria zu ermöglichen, ohne allzu großes Aufsehen wieder im öffentlichen Leben zu erscheinen, begab sich der Hof am 3. August für etwa zehn Tage nach Oatlands. Philipp aber hatte nur einen Gedanken: das Land verlassen. Am 26. August 1555 kamen Maria und er auf ihrem Wege nach Greenwich durch London, von wo aus er drei Tage später über Dover nach Flandern reiste.

Maria blieb in Greenwich, das sie sehr liebte; hier hatte sie die Franziskaner wieder in ihr Kloster eingesetzt, hier konnte sie inmitten ihrer Pflichten ein frommes Nonnenleben führen. Sorgenvoll und einsam saß sie bis tief in die Nacht hinein und schrieb Philipp über das, was in England vor sich ging. In ihrer Verliebtheit glaubte sie, er werde nach ein paar Wochen zurückkehren; als aber ein Monat nach dem andern verstrich, befiel sie oft tiefe Traurigkeit. Schon als Kind hatte sie leicht geweint, und jetzt verschlimmerte das Gefühl, in öffentlichen und privaten Dingen versagt zu haben, diese Schwäche noch mehr. Ihre Ehe war unfruchtbar geblieben, und die tragische Farce mit dem eingebildeten Kind berechtigte wohl zu der Annahme, daß das auch in Zukunft so bleiben würde. Ganz offen umwarb man nun Elisabeth, den Felsen, an dem das katholische England zerschellen sollte. Maria gab sich über die Gefahr keiner Täuschung hin. Sie zögerte nicht lange mit ihren Gegenmaßnahmen, und kaum eine Woche verging ohne Zwischenfall oder Verhaftung. Wenn sie kinderlos starb, dann würden Elisabeth und der Protestantismus die Nachfolge antreten. Also durfte sie, konnte sie nicht kinderlos bleiben. Sie wollte die Hoffnung auf ein Kind nicht aufgeben. Wenn nur Philipp endlich käme!

Auch Elisabeth war in Greenwich. Ihre Stellung hatte sich in den zwei Jahren, seit sie im Herbst des Jahres 1553 bei Hofe gewesen war, gefestigt. Ihre Feinde wußten, wie beliebt sie beim Volke war; sie kannten auch die Grenzen ihrer eigenen Macht. Philipp stand freundschaftlich zu Elisabeth, und sie hatte alle Künste spielen lassen, sich mit ihm und seinen spanischen Anhängern gut zu stellen. War sie weiterhin vorsichtig, so wurde die Zeit ihr Bundesgenosse. Vor allem mußte sie sich vor einer Heirat hüten, die von spanischen Interessen diktiert war. Ferner drohte die Gefahr, daß sie wie Courtenay ins Ausland geschickt wurde. Diesen Gedanken hatte man schon häufig erwogen. Die einzige Rettung vor einem solchen Schicksal waren ihre Freunde bei Hofe und die Angst vor der Wut des Volkes.

Mit Vorsicht war viel zu erreichen, aber in Elisabeths Geschick spielte ein unberechenbarer Faktor eine Rolle: die Schwatzhaftigkeit ihrer Freunde. Der Widerstand gegen Marias Politik fand dauernd seinen Ausdruck in Gassenhauern und Schmähschriften, in aufreizenden Reden und Verschwörungen; Elisabeths Hofhalt war ein wahrer Ansteckungsherd. Im Juli 1554 war einer ihrer Diener wegen aufrührerischer Reden verhaftet worden; im folgenden März ließ der Staatsrat einen weiteren holen; im April wurde ein dritter verhaftet; im Mai wurde ihr italienischer Lehrer, Baptista Castiglione, der augenscheinlich vorher schon im Gefängnis gewesen war, in den Tower gesperrt, weil er im Verdacht stand, mit einem aufrührerischen Dialog etwas zu tun zu haben, von dem tausend Exemplare vom Bürgermeister von London beschlagnahmt sein sollten. Im Juni wurden der Astrologe John Dee und drei andere, von denen einer oder zwei zu Elisabeths Dienerschaft gehörten, verhaftet, weil sie Elisabeth, dem König und der Königin zusammen das Horoskop gestellt hatten.

Solange Elisabeth unter dem wachsamen Auge des Hofes lebte, drohte ihr keine ernstliche Gefahr. Als Maria im Oktober 1555 in den St.-James-Palast zog, um zur Eröffnung des Parlaments in London zu sein, verließ Elisabeth ihre Schwester und begab sich unter dem unendlichen Jubel der Londoner Bevölkerung, der sie jedoch nur zu größerer Eile antrieb, nach Hatfield. Schon einmal hatte sie eine solche Reise, im Winter 1553/54, unternommen, und die hatte sie in den Tower geführt und dem Tode nahegebracht. Als sie sich jetzt wieder in die gleiche gefährliche Abgesondertheit begab, dürften ihre Gedanken nicht sehr zuversichtlich gewesen sein.

Mit unheimlicher Schnelligkeit wiederholten sich nun die Ereignisse. Wie im Jahre 1553 trat das Parlament zusammen, und seine Sitzung verlief wie 1553 sehr stürmisch. Mehrere junge, hitzköpfige Abgeordnete hatten sich zusammengetan; sie versammelten sich in Arundels Speisehaus. Als protestantische Opposition wollten sie sich gegen alle katholischen Maßnahmen wehren. Sie brachten beinahe eine Regierungsvorlage, die Maria besonders am Herzen lag, zu Fall, und als ein anderer Gesetzesantrag, der sich gegen die protestantischen Flüchtlinge im Ausland richtete, verlesen wurde, verschafften sie sich die Schlüssel des Hauses, verschlossen die Türen, erzwangen eine namentliche Abstimmung, und der Antrag wurde abgelehnt. Schon kurz danach wurden einige dieser Männer und andere junge Protestanten in ein viel gefährlicheres Spiel verwickelt: Im nächsten Jahr wurde eine Verschwörung angezettelt, deren

Ziel es war, in Frankreich eine Emigrantenarmee aufzustellen, den englischen Staatsschatz zu rauben und einen Aufstand ins Leben zu rufen, durch den Elisabeth und Courtenay auf den Thron erhoben werden sollten. Die Verschwörung war aber zu weit verzweigt, als daß sie hätte geheim bleiben können, und die Regierung schlug zu, bevor auch nur das Geringste erreicht war.

Als der Staatsrat mit Hilfe von Folter und Gefängnis langsam Licht in die Angelegenheit brachte, tauchten auch die Namen von Damen und Herren aus Elisabeths Hofhalt auf. Somerset House, ihre Londoner Residenz, wurde durchsucht, und in einem Versteck entdeckte man einen großen Koffer mit aufrührerischen, antikatholischen Büchern und Schriften, Liedern und Karikaturen. Kate Ashley, die bei ihrer Herrin wieder die alte Stelle bekleidete, ihr italienischer Lehrer Castiglione, Francis Verney und eine vierte Person wurden in Hatfield verhaftet und in den Tower gebracht; einige Tage später traf das gleiche Los noch zwei ihrer Diener. Kate Ashley, die jede Kenntnis der Verschwörung leugnete, versicherte, die Gefühle ihrer Herrin seien derart, daß sie in ihrer Umgebung keinen bösen Gedanken gegen die Königin dulden würde. Aber der Koffer mit den Büchern und den Schriften gehörte offenbar Kate Ashley; sie wurde drei Monate lang gefangen gehalten und durfte Elisabeth nicht wiedersehen. Francis Verney wurde wegen Hochverrats der Prozeß gemacht; er wurde für schuldig befunden, aber begnadigt.

Wieder einmal war Elisabeth das Gefahrenmoment im Staate. Maria traute ihren Staatsräten nicht und befürchtete, von ihnen im Stiche gelassen zu werden, wie sie einst Northumberland im Stich gelassen hatten. Sie hatte auch Angst vor dem Volk. Als unfruchtbare, früh gealterte Frau konnte sie keine Ansprüche mehr auf die Zukunft erheben. Kraft des unbestreitbaren Rechtes, das die Hoffnung des Volkes bedeutet, gehörte die Zukunft Elisabeth. Die bösen Kommentare, mit denen die Verhaftung Kate Ashleys und ihrer Freunde begleitet wurde, ließen die Königin erkennen, daß die Zeiten anders geworden waren; sie mußte sich wohl oder übel bei ihrer Schwester entschuldigen und fügte ihrem Schreiben einen kostbaren Ring bei. Wie zur Zeit Wyatts wollte sie Elisabeth wieder an den Hof holen, mußte jetzt aber die lahme Entschuldigung gelten lassen, mit der ihre Einladung abgelehnt wurde. Vielleicht dachte sie in ihrem Ärger wieder daran, sie in den Tower zu sperren, aber sie war ohnmächtig. Offiziell war Elisabeth das Opfer unverantwortlicher Schurken, die ihren Namen mißbraucht hatten. ‚Sie war viel zu klug, ehrliebend, aufrichtig und hatte zuviel Achtung vor Pflicht und Ehrlichkeit', als daß sie an einer Verschwörung hätte teilnehmen können.

Elisabeth wurde einer dreimonatigen Beaufsichtigung unterstellt, aber diese war durchaus ehrenvoll und ohne jede Härte. Sir Thomas Pope, der Gründer des Trinity College in Oxford, wurde als Major-Domus nach Hatfield entsandt, und Elisabeth ertrug froh diese würdige Obhut, die alle Verantwortung von ihr nahm. Der Vorteil wurde sehr deutlich, als im Juli dieses Jahres in Essex ein Mann als Courtenay auftrat, der ‚Lady Elisabeth als Königin und ihren geliebten Bettgenossen Lord Courtenay als König' ausrief. Pope erhielt den Auftrag, Elisabeth von dem Vorfall in gebührender Rede in Kenntnis zu setzen, worauf seine Schutzbefohlene, die diese Gelegenheit nicht verpassen wollte, an Maria in ihrem eindrucksvollsten Stil und ihrer schönsten Handschrift einen ergebenen Brief schrieb. „Wenn ich, alleredelste Königin", so begann sie, „die alte Liebe heidnischer Menschen zu ihrem Fürsten und die demütige Furcht der Römer vor ihrem Senat in meinem Geiste bewege, so kann ich für mein Teil nur nachdenklich werden und erröten, wenn ich sehe, wie rebellisch das Herz und wie teuflisch der Sinn von Menschen, die sich Christen nennen, aber nach ihren Taten zu urteilen Juden sind, gegen ihren gesalbten König handelt." Sie beschloß den Brief mit dem Wunsche, es möchten sich ebenso gute Anatomen für die Seele finden, wie es erfahrene Ärzte für den Körper gibt, „denn dann würden, je dichter solche Nebelwolken das helle Licht meiner Wahrheit verdunkeln, desto leuchtender meine treu befundenen Gedanken strahlen durch das Dunkel ihrer versteckten Bosheit."

Die Nebelwolken, von denen Elisabeth sprach, machten ihr keine große Sorge. Es war kaum noch zu bezweifeln, daß sie bei einiger Vorsicht den Sturm meistern würde, den politische und religiöse Unzufriedenheit entfacht hatten. Nur in einem durfte sie nicht enttäuschen: ihrer Heirat. Vielleicht bedeutete

Courtenays Tod, der im September 1556 in Padua erfolgte, schon eine Gefahr für sie, weil sie damit den Gatten verlor, den die Stimme des Volkes für sie ausgewählt hatte. Philipp, der die Verbindung mit England, auch falls Maria sterben sollte, aufrechtzuerhalten gedachte, wünschte sehr, sie mit seinem Verwandten, dem Herzog von Savoyen, zu vermählen, und wirkte auf seine Gemahlin in diesem Sinne ein. Aber Maria wollte davon nichts wissen, denn diese Ehe würde die Anerkennung ihrer Schwester als Thronfolgerin bedeuten. Zu Philipps Beichtvater sagte sie, Elisabeth sei weder ihre Schwester noch Heinrichs VIII. Tochter, sondern das Kind eines schamlosen Weibes, das ihre Mutter, Katharina von Aragon, und sie selbst schwer beleidigt habe. Aber bei der liebestollen Maria, die, wie der französische Gesandte behauptete, Philipp zuliebe vor keiner Beleidigung gegen Gott oder Mensch zurückschreckte, konnte der Streit zwischen Mann und Frau nur ein Ende haben. Im November ging sie augenscheinlich auf seine Wünsche ein; Elisabeth wurde an den Hof befohlen, und man setzte ihr zu, den Herzog von Savoyen zu heiraten. Sie weigerte sich und wurde nach einer peinlichen Szene in Ungnade nach Hatfield zurückgeschickt. In ihrer Wut spielte Maria wieder einmal mit dem Gedanken, das Parlament zu veranlassen, Elisabeth von der Thronfolge auszuschließen. Die Gefahr war noch immer nicht gebannt. Im folgenden April benachrichtigte der französische Gesandte Elisabeth von einem neuen Plan, sie zu verheiraten und nach Flandern zu bringen. Sie antwortete ihm, sie werde lieber sterben als sich unterwerfen. Unterdessen wurde mit jedem Monat die Zukunft des Reiches heller, die Zahl ihrer Anhänger wuchs stetig, und selbst Mitglieder des Staatsrats bekannten sich zu ihr; Elisabeth wurde immer mehr die Herrin ihres Geschicks.

Marias Leben neigte sich dem Ende zu. Nach einer Abwesenheit von neunzehn Monaten kehrte Philipp im März 1557 nach England zurück. Für Maria waren es Monate qualvollen Kummers und bangen Wartens gewesen. Im November hatte es geheißen, daß ‚an nichts anderes gedacht, nichts anderes erwartet wird, als die glückliche Rückkehr des Königs'. Und nun blieb Philipp nur dreieinhalb Monate bei der Königin; aber diese kurze Zeit genügte, England in einen Krieg mit Frankreich zu verwickeln. Damit wurde durch ihre Liebestollheit Ereignis, was alle Gegner der Heirat prophezeit und ihre Anhänger zu verhüten versucht hatten: England verlor Calais. Das gab Marias Tragödie noch dunklere Schatten. Nichts war ihr geglückt. Englisches Blut war vergossen worden, vergossen in einem Wahnsinn religiöser und ehelicher Treue, für den das Volk kein oder nur wenig Verständnis hatte, und der nur den Zusammenbruch alles dessen beschleunigte, was Maria am Herzen lag. Anfang 1558 war ihre Sehnsucht nach einem Erben, der ihr Werk einst schützen sollte, so groß, daß sie wieder glaubte, sie sei schwanger. Aber es war wieder Täuschung. Sie mußte den Sorgenbecher bis zur Neige leeren. Am 6. November erkannte sie unter dem Druck ihrer Staatsräte Elisabeth als Nachfolgerin an, aber sie machte diese Anerkennung davon abhängig, daß Elisabeth katholisch bliebe. Am 17. November, gegen 7 Uhr morgens starb Maria. Und als ob ein unglückliches Kapitel endgültig seinen Abschluß finden sollte, starb Kardinal Pole zwölf Stunden später.

Elisabeth, Königin von England

Während Maria im St. James-Palast im Sterben lag, hatte sich die Nation in aller Ruhe für ihre Schwester in Hatfield entschieden. Schon gegen Ende Oktober zeigte sich Elisabeth für Hilfeangebote erkenntlich; bald stellte sich der ganze Adel auf ihre Seite. Alles strömte ihr zu: „Wie aus dem Grabe stehen auf einmal alle Ketzer und Verräter wieder auf", schrieb ein Spanier, „und eilen voller Freude zu ihr." Die alte Ordnung verging – verging mit der gleichen unerbittlichen Sicherheit, mit der sich der Königin der Tod nahte. Selbst viele von denen, deren Schicksal eng mit der alten Ordnung verbunden war, verschlossen sich nicht der vorherrschenden Stimmung: ‚Laßt die Toten die Toten begraben'; und Marias Staatsräte empfingen einen von Philipps Abgesandten, als brächte er die Bulle eines verstorbenen Papstes.

Dieser Abgesandte war der Graf Feria. Während der aufregenden Tage vor Marias Tod gehörte auch er zu den Besuchern Elisabeths. Er war England nicht fremd; seine Hochzeit mit einer von Marias Hofdamen stand unmittelbar bevor. Philipp rechnete damit, daß der Graf bald persona grata bei der neuen Herrscherin sein würde. Aber Feria war der typische spanische Grande, stolz, herablassend, ohne jeden Humor. Einem anderen, taktvolleren Abgesandten gegenüber war Elisabeth sehr huldvoll gewesen; sie hatte Philipps gute Dienste in der Vergangenheit durchaus anerkannt und für die Zukunft eine wohlwollende Haltung versprochen. Ihr Ton aber änderte sich, als jetzt Feria seine Rede großspurig damit begann, sie verdanke den Thron einzig und allein seinem Herrn. Sie war nicht geneigt, die Puppe irgend jemandes zu sein, am allerwenigsten die Philipps. Nicht der König von Spanien, entgegnete sie, und auch nicht der Adel habe sie auf den Thron erhoben, sondern das Volk. „Sie fühlt sich dem Volke eng verbunden", schrieb Feria, „und ist fest davon überzeugt, daß alle auf ihrer Seite stehen; und das ist auch der Fall." Nach der Audienz war er – mit Recht – voll böser Ahnungen.

Es bedurfte keiner Sehergabe, um die großen Linien der zukünftigen Politik Elisabeths vorauszusagen. Ihre Herkunft und Erziehung, die Rolle, die sie während Marias Regierung gespielt hatte, die religiösen Neigungen ihrer Hofhaltung und der vertrauten Freunde, die sie jetzt umgaben, ließen kaum Zweifel hierüber zu. Trotzdem ging sie mit äußerster Vorsicht vor. Es fehlte ihr nicht an Ratgebern. Nicholas Throckmorton, der nach Wyatts Aufstand von einem Londoner Gericht freigesprochen worden war, schickte ihr ausgearbeitete Vorschläge für all das, was sie als erstes tun sollte, sobald sie im Besitz der Krone sei. Er wies vor allem darauf hin, daß nur ein vorsichtiger Beginn glücklichen Erfolg verheißen könnte. Im Verlauf der nächsten Wochen erhielt sie noch mehrere derartige Denkschriften; alle rieten zur Vorsicht.

Den Kern der neuen Regierung bildeten bald jene hervorragenden Männer aus Cambridge, mit denen Elisabeth durch ihre Erziehung und ihr bisheriges Leben so eng verbunden war. Das bedeutete für sie ein großes Glück, ein noch größeres Glück aber war es, daß einer von ihnen, Sir William Cecil, in ihrer Nähe war und sie mit Rat und Tat unterstützte. Er war ein Mann von achtunddreißig Jahren und stammte aus dem Mittelstand, dem die Tudors ihre treuesten Diener verdankten. Er war der Privatsekretär des Protektors Somerset gewesen und hatte nicht nur dessen Sturz überlebt, sondern unter Northumberlands Regierung das Amt eines Staatssekretärs bekleidet. Für seine kluge Vorsicht spricht vor allem der Umstand, daß er die gefährlichen Tage der widerrechtlichen Inbesitznahme des Thrones durch Lady Jane Grey mit keiner schwereren Strafe als dem Verlust seines Amtes überstand. Wie seine Cambridger Freunde war er überzeugter Protestant, doch hatte er sich unter Maria der Staatskirche angeschlossen. Er war ein Mensch, der sich ganz vom Verstand und nicht von Gefühlen leiten ließ; selbst in der Ehe suchte er in erster Linie geistige Gemeinschaft: seine erste Frau war eine Schwester Chekes, seine zweite Frau eine der geistreichen Töchter des Sir Anthony Cooke, die Ascham neben Lady Jane Grey als die gelehrteste Frau Englands bezeichnete. Seine Arbeitskraft, seine Gewissenhaftigkeit, die Art und Weise, wie er aller Schwierigkeiten Herr wurde, waren geradezu genial; und wenn es je einen vollkommenen Minister gab, so war er es. Daß Elisabeth ihn gleich zu Beginn ihrer Regierung zum ersten Staatssekretär ernannte, war ein besonders glücklicher Griff.

Am 20. November, dem ersten Geschäftstag nach der herkömmlichen Trauerfrist, wurde Cecil von Elisabeth als Mitglied des Staatsrats vereidigt. „Ich habe zu Ihnen das Vertrauen", sagte sie zu ihm, „daß Sie sich durch keinerlei Gabe bestechen lassen, daß Sie ferner dem Staate treu dienen und mir ohne Rücksicht auf meine Wünsche den Rat geben, den Sie als den besten erkannt haben." Am gleichen Tage hielt sie ihre erste Ansprache an mehrere Staatsräte Marias, die nach Hatfield gekommen waren: „Das Gesetz der Natur", so sagte sie, „treibt mich dazu, um meine Schwester zu trauern; das schwere Amt, das mir zugefallen ist, verwirrt mich; und doch will ich es in Anbetracht dessen, daß ich als Gottes Geschöpf Seinem Willen gehorchen muß, übernehmen, wobei ich von ganzem Herzen wünsche, daß Gott der Herr mir in Seiner Gnade hilft, der Diener Seines göttlichen Willens in dem mir jetzt übertragenen Amt zu sein."

Die Zuhörer beschäftigte vor allem ein Gedanke: wie wird der neue Staatsrat aussehen? Das war ein delikates und wichtiges Problem. Elisabeth wollte weder schwach noch unvorsichtig handeln; sie konnte weder einen schwerfälligen noch einen altmodischen Staatsrat brauchen. Sie wollte sich aber auch die nicht entfremden, die aus ihm ausscheiden mußten. Deshalb bat sie alle, auf deren weitere Dienste sie vielleicht verzichten müsse, in ihrer Entlassung nicht etwa ein Urteil über ihre bisherige Tätigkeit zu erblicken, sondern darin lediglich den Ausdruck der Überzeugung zu sehen, daß ein Staatsrat mit vielen Mitgliedern eher Zwietracht und Verwirrung als guten Rat zutage fördere. Wer die Unglücklichen waren, sagte sie vorläufig nicht. An diesem Tage vollzog sie auch die ersten Ernennungen zu Beamten und Staatsräten; ihren treuen, jetzt wohlbeleibten Schatzmeister Thomas Parry erhob sie in den Ritterstand und machte ihn zum Haushofmeister. Aber sie war für den Augenblick mit neuen Ernennungen sehr sparsam, denn es war klüger, nicht zu früh die Hoffnungen gar vieler zu enttäuschen.

Mit der gleichen Umsicht wurde die religiöse Frage behandelt. In dem ersten öffentlichen Regierungsdokument folgte auf die Titel der Königin an der Stelle, wo während der Regierung ihres Vaters und Bruders der Titel ‚Oberhaupt der Kirche' gestanden hatte, ein ‚&c'. Das war ein zugleich kühner und vorsichtiger Schritt; kühn, weil auf diese Weise die Theorie der englischen Reformation, nach der die Suprematie des Papsttums eine widerrechtliche Aneigung alter Kronrechte bedeutete und es keines Parlamentsbeschlusses bedurfte, dem Monarchen die Leitung der Kirche zu übertragen, aufrechterhalten wurde; vorsichtig, weil die Worte ‚et cetera' der katholischen Welt für die Zukunft Vermutungen und Hoffnungen ließen. Diese Hoffnungen förderte Elisabeth noch in ihren Gesprächen mit Feria in glänzender, aber unaufrichtiger Weise; sie würde schon rechtzeitig eingreifen, vielleicht früher als einige ihrer vorsichtigen Staatsräte es für möglich hielten. Augenblicklich mußte vor allem verhindert werden, daß die katholischen Bischöfe und ihre Geistlichkeit versuchten, Unruhe zu stiften, bevor das Land sich an ihre Autorität gewöhnt hatte.

Gleichzeitig aber mußte in Rom jede Feindseligkeit lahmgelegt werden. Papst Paul IV. war ein alter, reizbarer Herr, von dem man alles andere eher als Mäßigung erwarten durfte; außerdem hatte er in Maria von Schottland, der Urenkelin Heinrichs VII., eine mögliche katholische Kandidatin für den englischen Thron. Wäre die Thronfolge im Erbgang geregelt worden, dann war, genau genommen, Maria die nächste Erbin, denn nicht nur nach katholischem Kirchenrecht war Elisabeth illegitim, sondern auch, bis zum Zusammentritt des Parlaments, nach englischem Gesetz. Es war also durchaus keine eitle oder eingebildete Gefahr. Marias Schwiegervater, der König von Frankreich, konnte sehr wohl den Papst veranlassen, sich gegen Elisabeth und für Maria zu erklären oder sogar sie abzusetzen und die Vollstreckung seines Urteils den französischen Waffen zu übertragen. Unternahm aber Elisabeth keine offenen Schritte gegen den Katholizismus, so durfte sie damit rechnen, daß Philipp II. in Rom seinen großen Einfluß zu ihren Gunsten geltend machte. Wenn Philipp auch ein guter Katholik war, konnte er es doch unter keinen Umständen dulden, daß England von Frankreich erobert wurde.

Diese Gedanken leiteten Elisabeths Politik; mit vollendetem Geschick ging sie ihren Weg weiter. Sie täuschte den Papst dadurch, daß sie den bisherigen englischen Gesandten als Geschäftsträger in Rom beließ und versprach, bald eine angemessene diplomatische Vertretung zu senden. In ihrer Schloßkapelle ließ sie weiter die Messe lesen und verbot in ihrer ersten Regierungserklärung jegliche Änderung auf religiösem Gebiet. Sie wollte vor allem Zeit gewinnen; Zeit, um ihren Thron fest auf das Volk zu stützen. Am 23. November zog sie von Hatfield nach London in der ausgesprochenen Absicht, das Volk, ‚dem keine Musik so angenehm ist, wie die Leutseligkeit seines Fürsten', für sich zu gewinnen.

In Begleitung von mehr als tausend Angehörigen des hohen und niederen Adels und deren Frauen erreichte Elisabeth das Charterhouse, in dem sie fünf Tage blieb. Am 28. ritt sie, in purpurfarbenen Samt gekleidet, mit einem Tuch um den Hals, in öffentlichem Zuge durch die mit dichten Volksmengen besetzten Straßen nach dem Tower. Kinder bewillkommneten sie unterwegs mit Gedichten, Gesängen und Musik auf Fiedelorgeln; es wurden ‚so viele Gewehrschüsse abgefeuert, wie man es noch nie zuvor gehört hatte'. Am 5. Dezember fuhr sie auf der Themse ‚unter Trompetenklang und Gesang zur großen Freude aller wahren Engländer und Engländerinnen' vom Tower nach dem Somerset House. Hier blieb sie bis zum 23. Dezember und begab sich dann zum Weihnachtsfeste nach Whitehall.

In diesen wenigen Wochen gewann sich Elisabeth die treue Ergebenheit der Stadt. „Wenn je ein Mensch", so heißt es bei einem Chronisten, „die Gabe oder Fähigkeit besaß, das Herz des Volkes zu gewinnen, dann war es diese Königin, und wenn sie von diesen Gaben je Gebrauch machte, dann bei dieser Gelegenheit, bei der sie Milde mit Majestät verband und trotz ihrer Würde auch für den Allerniedrigsten ein freundliches Wort hatte. Alle ihre Fähigkeiten traten in Aktion, und jede Bewegung schien wohl überlegt: ihr Auge sah den einen an, ihr Ohr hörte einem andern zu, ihre Kritik galt einem Dritten, einen Vierten redete sie an; ihr Geist schien überall zu sein und doch so ganz in ihr selbst zu ruhen, daß er eigentlich nirgendwo sonst sein konnte. Den einen bedauerte sie, den andern lobte sie, den einen dankte sie, mit andern scherzte sie lustig und witzig, niemanden verachtete sie, keine Pflicht versäumte sie und verteilte ihr Lächeln, ihre Blicke und ihre Anmut so kunstvoll, daß daraufhin das Volk seine Freude noch stürmischer äußerte und später in den höchsten Tönen das Lob seiner Fürstin sang." Einer der Hauptreize Elisabeths war diese köstliche Ungezwungenheit. Als sie bei einem ihrer Züge durch die Stadt am Fenster Katharina Parrs Bruder, den Marquis von Northampton, erblickte, der am Viertagefieber erkrankt war, hielt sie ihren Zelter an und erkundigte sich herzlich nach seinem Befinden. Der streitsüchtige Feria teilte Philipp mit, zu diesem Verhalten veranlasse sie einzig die Tatsache, daß Northampton an ihrer Schwester gemeinen Verrat verübt habe.

Als Elisabeth merkte, daß sie mit jeder Woche fester auf dem Thron saß, entfaltete sie langsam ihre Politik auf religiösem Gebiet. Ihr Augenmerk galt den Führern der katholischen Kirche, vor allem den Bischöfen. In seiner Leichenrede auf Maria, am 14. Dezember, hatte White, der Bischof von Winchester, alle Bischöfe, Geistlichen und auch Laienbeamten aufgefordert, dem Wolf der Ketzerei Widerstand zu leisten, sobald er in die Herde einbrechen wolle. Er erinnerte sie daran, daß Trajan seinem obersten Beamten befohlen habe, das Schwert der Gerechtigkeit nur so lange zu seinen Gunsten zu führen, als er gerecht herrsche, es aber gegen ihn zu wenden, sobald er ungerecht handele. Ein ganzes Kollegium derartiger Bischöfe wäre für die Neuordnung der Dinge ein gefährliches Hindernis gewesen. Aber das Schicksal hatte Elisabeth in die Hände gearbeitet. Als Maria starb, waren fünf Bistümer verwaist. Poles Tod machte ein sechstes frei, und noch bevor das Jahr zu Ende ging, starben weitere vier Bischöfe. Das bedeutete ebenso viele mögliche Führer des Widerstands weniger. „Dieser verfluchte Kardinal", jammerte Feria, „ließ zwölf Bischofsitze unbesetzt, die man jetzt ebenso vielen Dienern Luzifers geben wird." Seine Zahl war falsch, seine Prophezeiung aber stimmte.

In Gestalt von Verbannten aus der Zeit Marias eilten die Diener Luzifers nach England, sobald sie ihre Bindungen auf dem Kontinent gelöst hatten. „Die Wölfe“, rief Bischof White, „kommen aus Genf und anderen Städten Deutschlands, und vor sich her haben sie ihre Bücher voll stinkender Lehren, Lästerungen und Ketzereien gesandt, um das Volk zu vergiften.“ Die ersten großen Gottesgelehrten, die das neue Vordringen der Protestanten anführen sollten, trafen noch vor Ende des Jahres in England ein. Die Nachricht von Marias Tod und Elisabeths Thronbesteigung hatte bei ihnen und ihren Gastgebern auf dem Kontinent jubelnde Freude ausgelöst. „Der Herr hat einen neuen Stern aufgehen lassen“. „Jetzt ist die Zeit gekommen, die Mauern Jerusalems in diesem Reich neu zu errichten, damit das Blut so vieler Märtyrer nicht umsonst vergossen sei.“ Peter Martyr und Bullinger befanden sich unter den berühmten Reformatoren, die die neue Königin schriftlich begrüßten; Elisabeth weinte, als sie ihre Briefe las. Alle, die noch infolge der marianischen Verfolgung im Gefängnis saßen, wurden nach und nach freigelassen, und bald wagten sich in London Ketzervereinigungen ans Tageslicht. Am 9. Januar 1559 wurde ein Standbild des heiligen Thomas, dem man in einem Monat des Jahres 1555 zweimal den Kopf abgeschlagen hatte, zum drittenmal geköpft und auf die Straße geworfen. Über das religiöse Gesicht Londons konnte es keinen Zweifel geben, und bereits Anfang Januar planten die Stadtväter für die Krönungsfeier allegorische Darstellungen, die an Freimütigkeit nicht zu übertreffen waren.

Aber Elisabeth wollte nichts übereilen. Es bedeutete eine Botschaft an die Welt, als sie am Weihnachtstag dem Bischof, der in ihrer Kapelle die Messe zelebrieren sollte, befahl, die Hostie nicht emporzuheben. Als er sich weigerte, verließ sie sofort nach der Verlesung des Evangeliums den Gottesdienst. Zwei Tage später erging eine Verordnung, nach der gewisse Teile des Gottesdienstes englisch abgehalten werden durften, aber jede Predigt und Belehrung untersagt war. Dieses Verbot schien darauf abzuzielen, protestantischen Hitzköpfen Zurückhaltung aufzuerlegen, brachte aber auch die katholischen Prediger zum Schweigen und nahm ihnen die Möglichkeit, Unheil zu stiften. Langsam kam der Tag, der 25. Januar, näher, an dem sie an der Eröffnung eines neuen Reformations-Parlamentes teilnehmen sollte. Auf ihrem Wege dorthin begegneten ihr an hellichtem Tage der Abt und die Mönche von Westminster mit brennenden Wachskerzen. Dramatisch befahl sie ihnen: „Fort mit den Fackeln, wir können auch so genug sehen."

Bevor noch dieser Tag kam, hatte Elisabeth ihrem Werben um das Volk im Krönungszug durch London höchsten Ausdruck verliehen. Wahrscheinlich haben der ganze Charakter und der beispiellose Erfolg dieses Festes sie in ihrem Plan, die katholische Kirche sofort zu stürzen, bestärkt.

Die eigentliche Krönungsfeier fand am Sonntag, 15. Januar 1559, statt. Am vorhergehenden Donnerstag begab sich Elisabeth auf dem Wasserweg von Whitehall nach dem Tower; ein italienischer Zuschauer verglich dieses Schauspiel mit den Festlichkeiten am Himmelfahrtstag in Venedig, an dem die Signoria den Dogen in feierlicher Fahrt auf das Meer hinaus begleitete, wo er dann, einen Ring hinabwerfend, sich der Adria vermählte. Am Samstag fand der prächtige Krönungszug statt; es war der große Tag der City. Am Morgen versammelte sich der ganze Hof im Tower; es schneite ein wenig, aber die funkelnden Juwelen und goldenen Ordensketten der Hofleute schienen die Luft zu erhellen. Am Nachmittag bewegte sich der Zug, der tausend Reiter zählte, langsam durch die Straßen nach Westminster. Die Königin war in ein herrliches Gewand aus reichem Goldtuch gekleidet, sie trug die Fürstinnenkrone, aber nicht die Herrscherembleme, sie saß in einer offenen Sänfte, die von oben bis unten mit Goldbrokat ausgeschlagen war und von zwei feinen Maultieren mit Schabracken aus dem gleichen Stoff getragen wurde. Rechts und links von ihr schritten die Ehrenpensionäre in rotem Damast, mit vergoldeten Streitäxten, während eine Menge Diener in roten Samtkollern folgten, die auf Brust und Rücken mit einer weißen und roten Rose und den Buchstaben E. R. geziert waren. Ein Zeitgenosse bemerkte: „In pomphaften Feiern liegt zum großen Teil das Geheimnis des Erfolges einer Regierung."

Von der Fenchurch Street bis nach Cheapside waren die Straßen mit Holzgeländern eingefaßt, die mit Tuch, Samt, Damast, Satin und Seide drapiert und mit Tapisserien behangen waren. Hinter ihnen standen in ihrer Tracht und in kostbaren Pelzen die Mitglieder der Stadtzünfte. Reiche Banner und Fahnen wehten aus den Fenstern, und überall drängte sich das Volk.

Gar manche, deren Geduld unerschöpflich war, hatten stundenlang auf ihren Plätzen ausgeharrt. Und sie wurden reichlich belohnt, nicht nur durch ein Schauspiel, sondern durch hundert Kleinigkeiten, die sie in ihrer Treue bestärkten und veranlaßten, später in Schänken und zu Hause lang und breit das Geschehen des Tages zu berichten und ihre Zuhörer aufs neue zu begeistern. Ein alter Mann drehte sich um und weinte. „Ich wette, er weint vor Freude", rief Elisabeth; und so war es auch. Sie lächelte; man fragte sie, warum; sie antwortete, sie habe jemanden sagen hören: „Denke an den alten König Heinrich VIII." Manch einfacher Mann trat vor, um mit ihr zu sprechen, und sie ließ die Sänfte halten. Sie nahm ungezählte Blumensträuße von armen Frauen entgegen, und als sie Westminster erreichte, lag ein Zweig Rosmarin in ihrer Sänfte, der ihr in der Nähe der Fleet Bridge zusammen mit einer Bittschrift von einer armen Frau überreicht worden war.

An verschiedenen Stellen des Weges durch die City hatten die Stadtbehörden Schaugerüste aufgestellt, auf denen ‚laute und geräuschvolle Kapellen' köstlich spielten. An den Schaugerüsten prangten lateinische Inschriften, deren Übersetzung in Knittelversen ein Knabe von einer Plattform herab vortrug. Sie brachten Londons religiöse Neigungen und sein Vertrauen zu der neuen Königin zum Ausdruck. Die erste allegorische Schau war in Gracechurch aufgebaut; auf einer dreistöckigen Bühne waren Einigkeit und Eintracht dargestellt. Unten auf der Bühne stand Heinrich VII. mit seiner Gemahlin; auf dem nächsten Absatz – ein herrlicher Anblick nach zweiundzwanzig Jahren – Heinrich VIII. und Anna Boleyn; auf dem obersten Absatz aber stand Elisabeth. Die zweite Schau war in Cornhill aufgebaut. Ein Kind, welches Elisabeth darstellte, saß auf dem Stuhl würdiger Lebensführung, der Stuhl wurde von vier Personen getragen, die Tugenden darstellten, die die entsprechenden Laster unter die Füße traten. Reiner Glaube hieß eine der Tugenden: sie zertrat Aberglauben und Unwissenheit. Sehr lustig gings in Cheapside zu, hier ‚lärmten die Trompeten', dort spielten die Stadtmusikanten. Der Stadtschöffe überreichte der Königin tausend Mark in Gold in einer reich verzierten Börse aus rotem Satin. Voller Anerkennung sagte Elisabeth: „Ich danke dem Herrn Bürgermeister, seinen Amtsgenossen und euch allen.

Und da ihr alle wünscht, daß ich weiterhin eure gute Königin sein soll, so seid versichert, daß ich so gut zu euch sein werde, wie je eine Königin zu ihrem Volke war. Hierzu fehlt es mir weder an Willen, noch, wie ich überzeugt bin, an Macht. Und seid überzeugt, daß ich um eurer Sicherheit und Ruhe willen selbst mein Blut hinzugeben bereit bin, falls dieses von mir verlangt würde. Euch allen Dank in Gott." „Wenn dies lautes Freudengeschrei auslöste", sagt ein Chronist, „so ist das nicht verwunderlich, denn die Herzlichkeit ihrer Worte war groß und die Worte selbst wohlgefügt."

Die vierte Schau erreichte der Zug bei Little Conduit. Vater Zeit war ihre Hauptfigur. „Zeit!" rief Elisabeth; „die Zeit hat mich hierher gebracht." Das Bild zeigte zwei Hügel. Der eine war grün und fruchtbar, und auf seinem Gipfel stand ein hübscher Jüngling in lustigen Kleidern und wohlgemut unter einem grünen Lorbeerbaum: das bedeutete ein blühendes Staatswesen. Der andere Hügel aber war welk und tot, und ein Jüngling in dunkler Kleidung saß traurig unter einem verdorrten Baum: das bedeutete das verfallene Staatswesen. Zwischen beiden Hügeln befand sich eine Höhle, aus der Vater Zeit auftauchte; er führte seine Tochter Wahrheit, die eine englische Bibel in der Hand hielt. Ein Kind gab die Erklärung:

Der Alte, der die Sense trägt, wird Vater Zeit genannt.
Die Wahrheit neben ihm, sein Kind, ‚das Buch' hält in der Hand.
Er führt sie aus der Felsenkluft zum Segen für uns all,
Die sie so lange Jahr' verließ kein einzig Mal.

Die Bibel, so fuhr der Erklärer fort, lehre, wie man ein in Verfall geratenes Staatswesen wieder zur Blüte bringen könne. Jeder begriff die Anspielung, die sich auf die eben beendete Regierung bezog. ‚Wahrheit' überreichte der Königin ihr Buch, die es entgegennahm und küßte, es mit beiden Händen hochhob, dann an die Brust hielt und der Stadt herzlich dankte.

Bei der St. Pauls-Kirche hielt ein Schulknabe eine lateinische Rede, in der er Elisabeths Tugenden und Kenntnisse lobte und schmeichelhaft an Platos Lobrede auf den König-Philosophen erinnerte. Dann erreichte sie durch Ludgate, dessen Tor geschmückt war und wo Musik sie begrüßte, die Fleet Street und damit die fünfte und letzte Schau. Sie bedeutete eine zarte Anspielung auf ihr Geschlecht und ihre Aufgabe. Sie zeigte Deborah, ‚die Richterin und Wiederherstellerin des Hauses Israel', die in der Staatsrobe, die Elisabeth im Parlament trug, auf dem Thron saß und mit den drei Ständen beriet, wie Israel zu regieren sei! Temple Bar war ‚herrlich geschmückt mit den Bildern von Gogmagog, dem Albion, und Corineus, dem Briten, zwei Riesen an Gestalt, die dementsprechend ausgerüstet waren'. Hier verabschiedete sich die City von ihrer Königin durch eine Reihe von Versen, in denen die Lehren der verschiedenen Schaubilder zusammengefaßt waren. Das Abschiedsgedicht sagte ein als Dichter verkleidetes Kind auf:

> Leb wohl, o edle Königin, und da wir wissen fest,
> Daß dort, wo Irrtum war, Du nun die Wahrheit setzt,
> So hoffen wir, Du wirst als Königin uns bleiben
> Und güt'ge Herrin jetzt und lange, lange Zeiten.

„Seid alle versichert, daß ich euch eine gute Königin sein werde", rief Elisabeth. Zehn Tage später wurde ein Flugblatt verkauft, das die Ereignisse des Tages noch einmal schilderte: „So zog die Hoheit der Königin", heißt es dort rühmend, „durch die City, die bar aller Fremden im eigenen Schmuck erstrahlte."

Am folgenden Tag wurde Elisabeth in der Westminster-Abtei mit der ganzen traditionellen und symbolhaften Feierlichkeit gekrönt. Als man sie dem Volke zeigte, damit dieses sie als Herrscherin annähme, brach ein solcher Jubel und ein derartiger Lärm von Orgeln, Pfeifen, Trompeten und Zymbeln los, daß man hätte glauben können, wie ein Zuschauer meinte, der Untergang der Welt sei da. Dann begab sich der Zug nach der Westminster-Halle, wo das lange und prunkvolle Festmahl stattfand. Elisabeth trug jetzt die Zeichen ihrer königlichen Würde, Zepter und Reichsapfel. Sie war sehr fröhlich und hatte für jeden ein Lächeln und einen Gruß. „Nach meiner Meinung", sagt ein Gesandter aus Mantua, der ebenso wie der stolze Feria die Ungezwungenheit mißbilligte, mit der Elisabeth gern Pomp und Zeremoniell milderte, „überschritt sie die Grenzen der Würde und königlichen Haltung."

Ihre Majestät hatte mit dem ganzen Zauber einer fesselnden Frauenstimme gesprochen und wie jede anziehende junge Frau ihre Künste spielen lassen. Aber Bezaubern und Regieren waren zweierlei, und für das letztere bedeutete ihr Geschlecht eine arge Behinderung. Schon einmal hatte das Land es mit einer Herrscherin versucht, und dieser erste Versuch ermutigte durchaus nicht zu einer Wiederholung. „Ich bin der felsenfesten Überzeugung", hatte John Knox[11] in seinem bekannten ‚Ersten Trompetenstoß gegen das ungeheuerliche Weiberregiment' geschrieben, „daß Gott manchem in unserm Zeitalter offenbart hat, daß es wider alle Natur ist, wenn eine Frau regiert und über den Mann herrscht." Frauen, so sagte er, seien von der Natur zur Schwachheit, Gebrechlichkeit, Ungeduld und Torheit verdammt; sie seien die Tür und das Tor des Teufels; ihre Lüsternheit sei unersättlich wie der Rachen der Hölle. Wenn der Schwache den Starken ernähre, der Tor den Klugen regiere, kurz, wenn die Frau über den Mann herrsche, so sei das eine Beleidigung Gottes und eine Umkehrung aller guten Ordnung und Gerechtigkeit. Die Bibel und die Kirchenväter, Aristoteles und die antike Welt seien hierüber einer Meinung; und die Männer, meinte Knox weiter, seien geringer als die Tiere, wenn sie eine solche Verkehrung der göttlichen Ordnung zugäben.

Knox hatte die Absicht gehabt, ‚dreimal die Trompete in der gleichen Weise ertönen zu lassen, wenn Gott es gestattete'; aber Gott gestattete es nicht, denn einige Monate nach dem ersten Trompetenstoß kam Elisabeth auf den Thron. Natürlich rückten die meisten von Knox' protestantischen Freunden, die ein solcher ‚contretemps' aus der Fassung brachte, von seinem Buche ab. Aber nicht etwa, weil sie über die Frau grundsätzlich anderer Meinung gewesen wären. John Aylmer, der im Jahre 1559 eine höfliche Antwort an Knox veröffentlichte, gab seinen Gefühlen einen ziemlich milden Ausdruck, wenn er sagte, „der Trompetenstoß ist zur Unzeit erfolgt". Auch die Art, wie Calvin sich in einem Brief an Cecil entschuldigte, war befremdlich. „Vor zwei Jahren", so schrieb er, „fragte mich John Knox in einem Privatgespräch, wie ich über die Frauenherrschaft dächte. Ich antwortete offen und ehrlich, daß sie als eine Abweichung von der ursprünglichen und eigentlichen Ordnung der Natur genau wie die Sklaverei unter die Strafen zu rechnen sei, die als Folge des Sündenfalls den Menschen träfen." Doch „gäbe es manchmal so begabte Frauen, daß ihre besonders guten Eigenschaften es augenscheinlich machten, daß Gott sie erhöht habe; vielleicht wolle Gott durch solche Beispiele die Tatenlosigkeit der Männer verurteilen oder aber Seinen eigenen Ruhm erhöhen."

Die protestantische Brüderschaft und mit ihr Knox, war durchaus bereit, jetzt wo eine Deborah auf dem englischen Thron saß, mit den Trompetenstößen aufzuhören; und da die Katholiken, wenn sie ihre Gunst einem andern Herrscher zuwenden wollten, auch mit einer Frau rechnen mußten, war es kaum wahrscheinlich, daß Elisabeth durch weitere Theorien über die Zulässigkeit der Frau als Herrscherin behelligt wurde. Nicht die Theorie beschäftigte sie, sondern die Mentalität, die hinter ihr stand, und die praktischen Schwierigkeiten, die sie als Königin erwarteten.

Regieren galt als Männersache, entsprechend war auch die Struktur des Hofes ganz auf einen König abgestellt, und es schien kaum möglich, hier wesentliche Änderungen vorzunehmen. Man konnte die Zahl der Hof- und Kammerherrn verringern, konnte ein paar Pagen entlassen und sie durch weibliche Kräfte ersetzen. Das hätte vielleicht mit Einschluß der Hofdamen und vornehmen Mädchen, deren Erziehung bei Hofe vollendet wurde, zwanzig Damen ergeben. Auch dann blieb der königliche Hofhalt immer noch eine große Männergemeinschaft, die vom höchsten Beamten bis zum Küchenjungen ungefähr fünfzehnhundert Personen umfaßte. Der Hof war zum größten Teil eine Wohngemeinschaft. Die höchsten Beamten wohnten am Hofe, während die niedrigeren nur am Tisch des einen oder anderen hohen Beamten speisten. Für die Gesellschaft des 16. Jahrhunderts war der Dienst in einem vornehmen, adligen oder königlichen Haushalt ein ebenso angesehener Beruf, wie es für die moderne Gesellschaft der Dienst im Heere oder in der Marine ist. Der königliche Hofhalt bot Männern von hoher Geburt neben einem glanzvollen Dasein vornehmste Gesellschaft, glänzende Karriere und unvergleichliche Protektion. Wer Berufshöfling werden wollte, mußte am Hofe irgendeine Stellung finden, was zur Folge hatte, daß einst niedrige Hofämter ehrenvoll wurden; und die Inhaber all dieser Ämter bevölkerten den Hof mit ihrem Gefolge persönlicher Dienerschaft.

Der Herrscher, die Sonne, um die sich diese Welt drehte, war die Quelle des Wohlergehens für den ganzen Hof; sein Leben mußte harmonisch aufgeteilt sein in die Zurückgezogenheit seiner Privatgemächer, die Halböffentlichkeit des Geheimkabinetts, zu dem nur Auserwählte Zutritt hatten, und die größere Öffentlichkeit des Audienzzimmers, zu dem man verhältnismäßig leicht zugelassen wurde. Für eine Frau, und besonders für eine junge, unverheiratete Frau, bedeutete die Frage, wie sie sich verhalten sollte, eine Aufgabe, die noch nie praktisch geworden war. Sie mußte sich die Treue und Ergebenheit des Hofes gewinnen und sichern; davon hing Erfolg oder Mißerfolg ihrer Regierung ab. Sie mußte ferner den Glanz und die Hochgemutheit des Hofes aufrechterhalten, um Männer an ihn zu ziehen, denn ohne eine ‚Umgebung', die jeden Besucher erstaunte und beeindruckte, war ein Herrscher immer armselig und kümmerlich. Dazu kam noch, daß der Adel, infolge des Friedens im Lande vom Glanz des Hofes angezogen wie die Falter vom Licht, gern seinen Reichtum in der wenig anstrengenden aber teuren Lebensführung des Hofes verschwendete.

Die Höflinge selbst fanden den Ausweg; denn in ihre Schmeichelei, die einem König gegolten hätte, mischten sich einer jungen, anziehenden Frau gegenüber ganz unbewußt Bewunderung, Gefallsucht und Komplimente. So löste paradoxerweise gerade das Geschlecht der Herrscherin das Problem, das es aufgeworfen hatte, und die Regierung wurde ein Idyll, eine feine, aber künstliche Komödie, in der verliebte junge und alte Männer die Hauptrollen spielten. Da es ein solches Spiel noch nicht gegeben hatte, war es für die Phantasielosen, damals wie heute, etwas anstößig; aber es sicherte Dienstwilligkeit, worauf der Monarch bedacht sein mußte, und gab dieser Dienstwilligkeit einen Gefühlsinhalt, und das erstrebte Elisabeth bewußt. Sie war diesem Spiel in jeder Hinsicht gewachsen. Ihr königlicher Sinn, ihr Temperament, ihr schneller Verstand und ihre Schlagfertigkeit gestalteten es so, daß es ungefährlich blieb. Ihre tiefe Menschlichkeit aber ließ es nie in Einfältigkeit versinken.

Eine zweite Aufgabe war die Disziplin. Es war eine Zeit der Parteiungen, und die Streitigkeiten zwischen den großen Familien schlugen oft ihre Wogen bis an den Hof. Dazu kannte der Hof selbst einen zähen Kampf um königliche Gunst, um Amt, Stellung und Protektion. Hoch und niedrig, Staatsmänner und Geistliche, Höflinge und Außenstehende, alle waren in diesen Kampf verwickelt. Der Hof war ein Monte Carlo, wo Männer das Wechselspiel des Glücks kennenlernten:

Sehr wenig weiß nur der, der nie erfuhr,
Welch' Höllenqual es ist, auf das zu warten, was von Herzen man ersehnt;
Mit eitlem Tand die Tage zu vertun,
Und seine Nächte dann in unzufried'nem Grübeln zu verbringen;
Heut etwas zu erreichen, um es gleich morgen wieder zu verlieren;
Die Gunst der Fürstin zu besitzen und der des Peers besonders zu bedürfen;
Immer zu bitten und auf Erfüllung jahrelang zu warten;
Immer zu fühlen, wie Kummer dir und Sorgen an der Seele fressen,
Und wie Verzweiflung dann all' deinen Mut ertötet;
Zu schmeicheln, zu kriechen, zu warten, zu reiten, zu laufen,
Zu schenken, zu geben, zu wünschen,
Um doch nie etwas zu erreichen.

Dauernd stießen Ehrgeiz und Interessen aufeinander, und war einer zufrieden, so waren viele andere vielleicht verletzt. Immer und überall Parteien, und die Streitigkeiten waren oft so ernst, daß sie den Frieden des Landes bedrohten. Alles in allem war der Hof eine unruhige Gemeinschaft. Die Gehälter der Beamten waren niedrig, seit Jahrzehnten oder gar Jahrhunderten die gleichen; sie wurden durch Lehen, Sporteln, Geschenke, Hoffnungen und Schulden ergänzt. Wer die ihm in die Hand gegebene Macht skrupellos benutzte, konnte unberechenbare Gewinne erzielen. In einem Briefe aus jener Zeit versucht der Schreiber, für seinen Freund den wirklichen Wert der hohen Staatsämter, die alle mit festem Gehalt verbunden waren, zu errechnen. Für jedes Amt stellte er eine dreifache Berechnung auf, je nachdem sein Inhaber auf die ewige Seligkeit hoffte, mit dem Fegefeuer zufrieden war oder sich den Teufel um sein Seelenheil kümmerte. In einem Fall stand unter der letzten Kategorie: „Das weiß kein Mensch."

Es war für eine Frau ungeheuer schwer, dafür zu sorgen, daß die Korruption nicht alle Grenzen des Anstands überschritt, und zu verhindern, daß ihr stolzer, knabenhafter Adel den Hof in eine lärmende Versammlung verwandelte. Man fürchtete sie eben nicht, wie man einen König gefürchtet hätte; auch lag es dem weiblichen Empfinden Elisabeths, die außerdem so gern mit der Liebe spielte, durchaus fern, Furcht zu erregen. Sie verließ sich ganz auf ihre bedeutenden Charaktereigenschaften und ihre Intelligenz. Sie war schon immer eigenwillig gewesen und wußte, wie man sich durchsetzt. Beides konnte sie jetzt brauchen.

Die Staatsmänner hielten mit ihrer Ansicht, nach der Regieren ein Geheimnis war, das sich nur Männern offenbart, zurück. Sie hatten weniger Zutrauen zu Deborah als John Knox und waren gefährlicher, da sie vernünftiger waren. Als Cecil schon zwei Jahre in Elisabeths Diensten stand, tadelte er den Boten eines Gesandten, weil er ein besonderes Thema mit der Königin besprochen hatte. „Eine derart wichtige Angelegenheit", sagte er, „ist für den Verstand einer Frau zu schwierig." Einer solchen Mentalität gegenüber bedurfte es großer Umsicht und eines unbeugsamen Willens, wenn verhindert werden sollte, daß die Monarchie in Abhängigkeit geriet. Hätte Elisabeth ihre Probleme dem Staatsrat regelmäßig in offiziellen Sitzungen vorgelegt, so wäre es ihr bestimmt schwer geworden, der lähmenden Anmaßung männlicher Überlegenheit auf die Dauer zu widerstehen; hätte sie andrerseits, wozu sie nach der Verfassung durchaus berechtigt war, auf die Mitarbeit des Staatsrats verzichtet, so wäre die Verantwortung für jedes Mißgeschick ihr allein aufgebürdet worden. Und bei Fehlern, die eine Frau macht, schimpft man immer doppelt: erstens auf die Fehler selbst und zweitens auf die Frau.

Elisabeth hatte nicht die Absicht, ihre Macht aufzugeben oder sich mit der Ansicht der Männer über die Frauen abzufinden. Sie hatte große Sehnsucht, wie sie sagte, etwas zu tun, das zu ihren Lebzeiten überall ihren Ruhm verbreitete und nach ihrem Tode ihr Gedächtnis immer wachhielte. „Sie scheint mir", schrieb Feria, „unvergleichlich gefürchteter als ihre

Schwester, sie erteilt ihre Befehle und ist in ihrem Wesen genau so absolut wie ihr Vater." Sie behielt die Staatsangelegenheiten weitestgehend in der Hand und befragte ihre Staatsräte gewöhnlich einzeln, nach dem Prinzip ‚divide et impera'. Hierbei kam ihr der Umstand, daß sie eine Frau der Renaissance war, in glücklichster Weise zustatten. Wäre sie nicht eine so gute Sprachkennerin gewesen, dann hätte sie einen wichtigen Zweig der Staatskunst – die diplomatischen Beziehungen – ihrem Staatsrat überlassen müssen, denn englisch sprach kein ausländischer Gesandter. Englisch gehörte nicht zu den Diplomatensprachen. Die Handbücher dieser Zeit fordern von dem vollkommenen Gesandten die Kenntnis des Lateinischen, Italienischen, Französischen, Spanischen und Deutschen; ein Italiener fügte sogar das Türkische hinzu. Von Englisch war nirgendwo die Rede. Elisabeth konnte ohne Schwierigkeit eine lateinische, französische und italienische Unterhaltung führen. Sie tat es gern, es schmeichelte ihrer Eitelkeit. Sie sprach gut und war dem schlauesten Diplomaten bei diesem Spiel gegenseitiger Täuschung vielleicht gerade deshalb überlegen, weil sie eine Frau war. Für diesen Teil ihrer Arbeit hatte sie eine natürliche Begabung, und kein Herrscher ihrer Zeit konnte ihr darin das Wasser reichen.

Aber damals schenkte kaum jemand dem Phänomen der ‚modernen Frau' als Herrscherin einen ernsthaften Gedanken, weil eben jeder glaubte, daß Elisabeth heiraten würde. Hatte sich nicht die achtunddreißigjährige Maria bei ihrer Thronbesteigung ohne weiteres mit dieser Notwendigkeit abgefunden? Wie Philipp schrieb, mußte Elisabeth heiraten, schon damit ihr der Gatte die Arbeiten abnähme, die nur für Männer taugten. Feria war das Echo dieses Gedankens: „Schließlich hängt alles vom Gatten ab, den sie wählt; denn hier gilt nur, was der König will." Politische Machtlosigkeit führt die Herrscherin zur Ehe, die wiederum eine Form der Machtlosigkeit ist.

Liebe, Heiratspläne, Politik

Elisabeth war weit und breit in Europa die beste Partie; das wußte jeder in Frage kommende Junggeselle und Witwer. Auch Philipp II. hatte es erkannt, und zu den Obliegenheiten, die Feria kurz vor Elisabeths Thronbesteigung nach England brachten, gehörte es, das Terrain in dieser Hinsicht zu sondieren. Philipp war sich noch nicht klar darüber, ob er selbst sie heiraten sollte; vorläufig sollte Feria dafür sorgen, daß, wer immer den Leckerbissen erhielt, ihn nur aus der Hand seines Herrn in Empfang nahm. Der Gesandte fühlte sich ganz in der Rolle, die Simon Renard zur Zeit von Marias Thronbesteigung gespielt hatte. Seine Erwartung war durchaus berechtigt. Während der Regierung ihrer Schwester war Elisabeth – damals der Brennpunkt aller Unzufriedenheit – natürlich Frankreich freundlich gesinnt gewesen; aber die Zeiten hatten sich geändert; wollte sie nicht Marias Fehler wiederholen, so mußte sie ganz in der Gegenwart und nicht in der Vergangenheit leben. Die Gegenwart aber verlangte Feindschaft gegen Frankreich, wo die Frau des Dauphin Ansprüche auf den englischen Thron erhob. Sie forderte Freundschaft mit Spanien, – ja, sogar enge Verbindung mit Spanien, denn England befand sich in einer sehr gefährlichen Lage. Seine Finanzen waren zerrüttet, seine Befestigungen wertlos, seine militärische Macht ohne jede Bedeutung; und wollte es bei den Friedensverhandlungen, die Marias unglücklichen Krieg mit Frankreich liquidierten, ehrenvoll abschneiden, so brauchte es Philipps Hilfe.

Kein Wunder also, daß Feria den Gönner spielte. Zu seiner Überraschung sah aber Elisabeth die Situation nicht so wie er. „Aber was kann man auch“, bemerkte er, „von einem Lande erwarten, das von einer jungen Königin regiert wird, die zwar begabt, aber ohne jeden Weitblick ist.“ Er ärgerte sich über die Zurückhaltung, mit der er behandelt wurde. Anstatt ein

Zimmer bei Hofe zu erhalten und in jeder Sache um Rat gefragt zu werden, wie er es erwartet hatte, wurde er in beschämender Unkenntnis alles dessen gehalten, was vorging. „Man läuft vor mir davon, als wäre ich der Teufel", schrieb er, und das glatte, zu nichts verpflichtende Gerede machte ihn fast wahnsinnig. Anfangs waren seine Berichte voll anmaßender Zuversicht. Am 21. November glaubte er, sein Herr brauchte nur die Hand nach Elisabeth auszustrecken und er hätte sie. „Wenn sie sich entschließt, außerhalb ihres Landes den Gatten zu wählen, so werden sich ihre Augen sofort auf Eure Majestät richten." Einen Monat später war seine Sicherheit verflogen: „Ich befürchte, daß eines schönen Tages diese Frau verheiratet ist, ohne daß ich auch nur das geringste darüber erfahren habe."

Diese Warnung veranlaßte Philipp, seinen langsamen Geist etwas anzutreiben. Am 10. Januar schrieb er an Feria, er habe doch manche Zweifel bezüglich einer Ehe mit Elisabeth: er könne wegen seiner andern Reiche sich nur wenig in England aufhalten, Elisabeth sei in religiösen Dingen nicht aufrichtig, eine Ehe mit ihr bedeute wegen der Ansprüche Marias von Schottland auf den Thron dauernden Krieg mit Frankreich; außerdem sei die Hofhaltung in England sehr kostspielig, was seinen Staatsschatz zu sehr belaste; dazu kämen noch mancherlei andere, nicht weniger ernste Schwierigkeiten. Aber schließlich sei es wichtig, daß England nicht wieder in seine alten religiösen Irrtümer verfalle, und aus diesen Gründen sei er bereit, alle Bedenken beiseitezustellen und Elisabeth, als Dienst gegen Gott, zu heiraten. Aber das könne er nur unter gewissen Bedingungen tun: sie müsse sich zu seinem Glauben bekennen und diesen auch in ihrem Lande durchsetzen; sie müsse ferner vom Papste geheime Absolution erhalten. So werde die Welt erkennen, daß er nur Gott diene, wenn er sie heirate, und daß Elisabeth durch seine Tat bekehrt sei.

Rührende Illusion! Diesen Überlegungen sprach die Wirklichkeit in jeder Hinsicht Hohn. Wenn im Jahre 1553 schon die Engländer von einer Ehe mit einem Spanier nichts wissen wollten, wieviel weniger erst nach den tragischen Erfahrungen während Marias Regierung! Schon der Verdacht, daß Elisabeth unschlüssig sei, veranlaßte ihre Staatsräte, dringend abzuraten. Das war ganz unnötig. Die Lehren der jüngsten Vergangenheit standen noch lebendig vor Elisabeths Geist. Rühmte sie sich nicht, daß „sie durch Vater und Mutter rein englischen und nicht spanischen Blutes sei, wie ihre verstorbene Schwester“? Aber es wäre unklug gewesen, Philipps Angebot rundweg abzulehnen, denn die Friedensverhandlungen mit Frankreich waren noch nicht abgeschlossen, und mit Philipp als Werber um ihre Hand war ihre Stellung bei den Verhandlungen bedeutend stärker; außerdem stand die Einberufung des Parlaments bevor, das die religiösen Verordnungen der Regierung Marias aufheben sollte; Philipp konnte doppelt dienlich sein. Er konnte den Papst beruhigen und so verhindern, daß die katholische Opposition in England eine feste Führung erhielt.

Deshalb wurde Feria freundlich aufgenommen, als er das Thema anschnitt. Sie müsse ihr Parlament befragen, antwortete Elisabeth, doch solle Philipp ganz beruhigt sein, denn wenn sie überhaupt heirate, werde sie ihm den Vorzug geben. Durch diese Lüge gewann sie eine einmonatige Atempause, um dann wieder eine ausweichende Antwort zu geben. Anfang März war ein weiteres Ausweichen unmöglich; da sagte sie, sie habe keine Lust zu heiraten. Die Vorteile einer Heirat zwischen beiden Herrschern, so meinte sie, könnten auch durch Fortsetzung der guten Freundschaft erreicht werden. Boshaft fragte sie Feria, wie sie denn überhaupt ihrer Schwester Mann heiraten könnte, ohne das Andenken ihres Vaters zu entehren, der seine erste Frau, weil sie die Witwe seines Bruders war, verstoßen habe. Einige ihrer Bemerkungen erinnerten so sehr an Philipps selbstzufriedenen Brief vom 10. Januar, daß der Gesandte sich fragte, ob seine Briefe etwa geöffnet wurden, und dieser Verdacht verstärkte sich noch, als Elisabeth bei der nächsten Besprechung den Spieß umdrehte und erklärte, sie wolle Philipp nicht heiraten, da er Ketzer sei. Das war das Ende dieser Werbung. Philipp heiratete die Tochter des französischen Königs – ein diplomatischer Mißerfolg für Elisabeth, der aber kaum zu vermeiden gewesen war. Sie nahm die Nachricht leicht auf und seufzte dann und wann, aber dieses Seufzen klang wie Lachen. Philipp, so bemerkte sie, habe einen glückbringenden Namen. Feria versuchte, ihr die ganze Schwere ihres Fehlers klarzumachen; sie erwiderte, Philipp allein treffe die Schuld, denn sie habe noch keine Antwort gegeben, und er sei sicher nicht sehr in sie verliebt gewesen, da er nicht einmal vier Monate habe warten können.

Elisabeth war ihren Interessen gegenüber durchaus nicht so blind, wie Feria glaubte. Sie wußte genau so gut wie er, daß sie Philipps Hilfe brauchte. Sie wußte aber auch, daß Philipp in seiner Handlungsfreiheit behindert war; denn als Nebenbuhler Frankreichs und Beherrscher der Niederlande war er auf dem Gebiet des Handels und der Wirtschaft von England abhängig und konnte es sich einfach nicht leisten, sie fallen zu lassen. Sie konnte Philipp ausnutzen, wie er sie ausnutzte, und wer schließlich dabei den kürzeren zog, hing ganz davon ab, wer von beiden sich als der Temperamentvollere, Klügere und Schlauere erwies. Philipp befahl seinem Gesandten, Elisabeth Angst zu machen und ihr zu Gemüte zu führen, daß sie ohne seine Hilfe und seinen Schutz ruiniert sei; dann sollte er sie beruhigen und ihr erklären, er werde sie nie im Stich lassen, sowohl wegen seiner großen Liebe und Zuneigung, die sein Ehebündnis mit Frankreich nicht vermindere, als auch wegen seiner eigenen Interessen, die sehr geschädigt würden, wenn, was Gott verhüten möge, ihr Königreich in andere Hände fiele. Das war der Gipfel der Naivität! Weder Herr noch Diener war der jungen Frau im diplomatischen Spiel gewachsen. „Ich versuche alles, sie fröhlich und bei guter Laune zu erhalten", schrieb Feria, „und wenn ich auch manchmal sehr deutlich mit ihr spreche, was ich ja unbesorgt kann, da ich das Recht und die Wahrheit auf meiner Seite habe, glaube ich, daß sie gerade aus diesem Grunde meiner nicht überdrüssig wird, sondern die Angelegenheiten gern mit mir bespricht." Das tat sie bestimmt sehr gern! Sie schwatzte Unsinn und ließ ihren Geist funkeln, änderte ihren Standpunkt und ihre Gefühle, so daß er manchmal von seinem großen Einfluß überzeugt war, um schon bald ärgerlich das Gegenteil zu erkennen. Als er sich wieder einmal hiervon hatte überzeugen müssen, schrieb er: „Kurzum, ich kann Eurer Majestät nur mitteilen, daß dieses Land in die Hände einer Frau, die eine Tochter des Teufels ist, und in die der größten Halunken und Ketzer im Lande geraten ist."

Philipp war nur einer, und zwar der flüchtigste und deshalb glücklichste von Elisabeths Bewerbern. Der Gesandte des Königs von Schweden war in England und bot den ältesten Sohn seines Herrn, Erich, an, wie er es schon im Jahre vorher getan hatte; er überreichte den Damen und Herrn des Hofes kostbare Geschenke; man nahm seine Geschenke an und lachte über sein seltsames Benehmen. Auch der Kaiser warb für seine beiden jüngsten Söhne, die Erzherzöge Ferdinand und Karl. Da Philipp nicht mehr in Betracht kam, vereinten sich der kaiserliche und spanische Gesandte in ihren Bemühungen, eine weitere glückliche Heirat für das Haus Habsburg zustande zu bringen. Feria rechnete bestimmt mit einem Erfolg; nur sollten der Kaiser und seine Söhne begreifen, was sie aber augenscheinlich nicht wollten, daß diese Ehe allein durch Philipp zustande kommen konnte. Zuerst wurde von beiden Söhnen gesprochen, dann wurde Ferdinand, der ältere, zurückgezogen: er blieb in seinem Katholizismus unerschütterlich, und sein Vater wußte, daß Elisabeth in religiösen Dingen nicht verlässig war. Daß nun der jugendliche Karl, der religiös weniger streng dachte, angeboten werden mußte, war recht peinlich. Der Kaiser gestand seinem Gesandten, daß er ohne gewichtige politische Gründe nie daran gedacht hätte, seinen Sohn der Gefahr auszusetzen, sich die ewige Seligkeit zu verscherzen.

Bei den Engländern selbst standen zwei Namen im Vordergrund des Interesses: Graf Arundel und Sir William Pickering. Arundel hatte als einzige Empfehlung seinen Rang und seine Familie. Er war ungefähr siebenundvierzig Jahre alt, nicht hübsch, dazu ziemlich albern und tölpelhaft. Er war zweimal verheiratet gewesen und hatte zwei verheiratete Töchter. Aber solche Mängel hätten in dieser Zeit, in der glühende Liebeslyrik neben der allgemein geübten Geldheirat gedieh, kaum eine Rolle gespielt, wenn der Rangunterschied umgekehrt gewesen wäre. Pickering war etwa zweiundvierzig Jahre alt, groß, hübsch, ein Liebling der Frauen und hatte, wie erzählt wurde, die Gunst gar mancher genossen. Diese Eigenschaften, nicht Rang oder Vermögen, gaben ihm Hoffnung; vielleicht bestanden auch alte freundschaftliche Beziehungen zwischen der Königin und ihm. Die Londoner sprachen ihm die größeren Chancen zu und wetteten sogar schon auf ihn. Er aber, begünstigt vom Staatsrat und andern, die an die Zukunft dachten, verlor den Kopf und stürzte sich in ein ausschweifendes

Leben; so versuchte er, sich dadurch ein Air zu geben, daß er allein aß, während eine Kapelle spielte. Eines Tages wurde erzählt, er habe den Grafen Bedford zum Zweikampf gefordert, weil er schlecht über ihn gesprochen habe. Sechs oder sieben Wochen später bekam er Streit mit Arundel, der ihn auf dem Wege zur Kapelle in den Gemächern der Königin traf und mit der Bemerkung zur Rede stellte, ob er nicht wisse, daß ein Mann seines Ranges nicht das Recht habe, hier zu sein. Sein Platz sei im Audienzzimmer. Pickering erwiderte, das sei ihm durchaus bekannt, er wisse sogar noch mehr: daß Arundel ein ganz frecher, unverschämter Grobian sei.

Die Bewerber, die Staatsmänner, alle sprachen über die Heirat. Sie hielten es für selbstverständlich, daß Elisabeth heiraten würde. Das taten doch alle Frauen, die es konnten; und die politischen Gründe schienen in Elisabeths Fall geradezu überwältigend. Als Ende Januar 1559 das Parlament zusammentrat, verlangte das Unterhaus nachdrücklich diesen Schritt von ihr. Sie antwortete, sie habe sich, seit sie das Alter der Einsicht erreicht habe, zum Leben einer Jungfrau entschlossen, und wenn Ehrgeiz, Not oder gar Lebensgefahr sie in die Ehe geführt hätten, dann würde sie jetzt nicht in der Lebensarbeit stehen, die ihr so vertraut sei, und in der Gott sie erhalten habe. Sie könnten überzeugt sein, fuhr sie fort, daß, wenn es Gott gefiele, ihr Herz zur Ehe geneigt zu machen, ihre Wahl auf jemanden fallen würde, der um die Erhaltung des Reiches ebenso besorgt wäre, wie sie selbst es sei. Sollte der Herr sie aber weiterhin in ihrem Willen, unverheiratet zu bleiben, erhalten, so würde die Thronfolge unter allen Umständen geregelt werden. „Und dann“, so schloß sie, „soll es mir genügen, wenn ein Marmorstein dereinst verkündet: eine Königin, die soundso lange regierte, hat als Jungfrau gelebt und ist als Jungfrau gestorben.“

Als erfahrene Männer nahmen die Mitglieder des Unterhauses dieses Gerede über Jungfräulichkeit nicht weiter tragisch. Politische Erwägungen oder die Liebe brauchten ihr nur irgendeinen Mann näherzubringen, und wieder würde eine protestierende Jungfer den Weg allen Fleisches gehen. Ihr jungfräulicher Zustand, in dem Elisabeth eine göttliche Berufung sah, konnte mit mehr Recht als Folge der Politik betrachtet werden, denn sie hatte bisher einfach nicht heiraten können, weil sie weder für Northumberland noch für Philipp eine Schachfigur werden durfte. Auch waren die bisherigen Lebenserfahrungen nicht spurlos an ihr vorübergegangen. Die Seymour-Affäre – sie war damals fünfzehn Jahre alt – war für sie eine ernste Warnung gewesen; und da die vielen Gefahren, die sie bisher bedroht hatten, ihrer impulsiven Natur einen Schuß Vorsicht beigemengt hatten, konnte sie sich nicht so ohne weiteres zur Ehe entschließen. Unter vielem anderen, was sie zu diesem Thema äußerte, wovon manches falsch, manches richtig und manches keins von beiden war, sagte sie, die Ehe sei für sie eine sehr ernste Angelegenheit, und sie könne nicht so einfach heiraten, wie andere es täten. Andrerseits aber gab sie zu, daß auch sie nur ein Mensch und gegen menschliche Gefühle und Triebe nicht unempfindlich sei; es sei ganz gut möglich, daß sich ihr Herz und Sinn änderten, falls von der Lösung dieser Frage das Wohl ihres Reiches abhinge. Auch andere Gründe könnten sie zur Aufgabe ihrer Haltung bestimmen.

Das ‚Wohl des Reiches' oder ‚andere Gründe': diese konnten erst mit einer Liebe und ihren seelischen Erregungen kommen, jenes stand gebieterisch vor ihr. Rein theoretisch verlangte das öffentliche Wohl ihre Verheiratung, aber praktisch hing alles von der Person des Gatten ab, und besonders wichtig war die Frage, ob er Untertan oder Ausländer sein sollte. Bei der Betrachtung des Problems ließ Elisabeth natürlich die Lehren aus Marias Regierungszeit nicht außer acht. Damals hatte das Land Courtenay als König gefordert, den Maria dank seiner Abstammung aus dem Hause York ohne die Gefahr, die Eifersucht ihres Adels zu erwecken, hätte heiraten können. Aber die Ironie des Schicksals hatte es gewollt, daß England damals eine Königin besaß, die keine innere Fühlung mit dem Volke hatte, während heute, bei gerade umgekehrter Lage, ein Courtenay fehlte. Vielleicht sollte das Fieber in Padua, das ihn hinweggraffte, England eine jungfräuliche Königin geben. Diese Gefahr schien tatsächlich zu bestehen; denn welcher Engländer hätte wohl Courtenay ersetzen können? Pickering, mit dem in Ermangelung eines besseren viele einverstanden gewesen wären, stand mit einem Teil des Adels auf Hauen und Stechen. Ein anderer aber, den Elisabeth hätte heiraten können, ohne die großen Adelsfamilien gegeneinander zu hetzen, war nicht vorhanden. Ehelosigkeit war vielleicht doch das kleinere von zwei Übeln.

Ein Ausländer bot kaum bessere Aussichten. Elisabeth hatte wenig Neigung zu einer solchen Heirat, denn sie wußte, daß Marias Ehe ihr Hauptfehler gewesen war, und fühlte, daß die Ehe mit einem Ausländer wenig im Sinne des Volkes war. Ihre Zweifel wären vielleicht zerstreut worden, wenn Hof und Staatsrat zusammen einen konkreten Vorschlag gemacht hätten; aber die einen waren für diesen und die andern für jenen Kandidaten. Das Resultat war, daß sie weiter zögerte, sich bei jeder Gelegenheit über die Vorzüge eines jungfräulichen Lebens äußerte und alle durch ihre Schlagfertigkeit, ihren Witz und ihre Koketterie verwirrte. Sie habe nie die Absicht gehabt, nicht zu heiraten, sagte sie zu ihnen; aber man mußte ihr auch glauben, als sie sagte, sie habe nie Lust gehabt, zu heiraten.

Die Gesandten gaben das Spiel noch nicht verloren. Im Oktober 1559 warben zehn bis zwölf Fürsten um Elisabeths Gunst und sahen einander mit scheelen Blicken an. Cecil wußte genau so wenig Bescheid wie sie: „Ob es ihm gelingt", sagte er von einem Gesandten, „das weiß nur Gott und nicht ich." Ferias Nachfolger, Bischof Quadra, posaunte jeden Stimmungswechsel aus: heute verstand er sie nicht; dann wieder war er überzeugt, daß der Erzherzog sie bekäme; dann mußte er seine Hoffnungen um ein paar Löcher zurückstecken, und dann packten ihn Verzweiflung und Ärger. „Euer Gnaden", berichtete er Feria, „wird erkennen, welch ‚angenehme' Arbeit es ist, mit dieser Frau verhandeln zu müssen, die, wie ich glaube, hunderttausend Teufel im Leibe hat, obwohl sie mir dauernd erzählt, sie wäre unendlich gern Nonne, um in einer Zelle ihre Zeit mit Beten zu verbringen." In einer besonders trüben Stimmung verlor er alle Hoffnung, je mit dieser Frau fertig zu werden: „Alles an ihr ist Falschheit und Eitelkeit."

Aber Elisabeth traf nicht allein die Schuld, wenn man weiter um sie warb. Sie stellte einen kostbaren Preis dar, und Hoffnung ist beharrlich. Unglaublich beharrlich in seiner Hoffnung war Erich von Schweden. Nachdem er im Mai 1559 in aller Form abgelehnt worden war, verkündete er im Juli, sie brauche nur zu rufen, und er werde im Vertrauen darauf, daß sie seine Treue und seinen Eifer nicht tadele, über Meere und durch Gefahren und Feinde zu ihr eilen. Er wurde ein zweites, drittes, viertes Mal und noch öfter abgewiesen; er ließ den Mut nicht sinken. Sein Bruder weilte vom Herbst 1559 bis zum nächsten Frühling in England, hatte aber trotz seiner Freigebigkeit keinen Erfolg. Im August machte Erich sich selbst auf den Weg; widrige Winde zwangen ihn zur Rückkehr; er fuhr wieder los und gab die Fahrt erst angesichts eines Sturmes auf, der seine Flotte zerstreute und beschädigte. Das Schicksal, so schrieb er an Elisabeth, sei härter als Stahl und grausamer als Mars gewesen; aber wie er versucht habe, über stürmische Meere zu ihr zu gelangen, so werde er auf ihre erste Aufforderung hin durch Heere von Feinden zu ihr stürmen.

Selbst Elisabeth fand die vielen Werbungen zuweilen lästig. Aber sie hatten doch auch ihre gute Seite, denn während des Jahres 1559, als das nach Ferias Ansicht schwache und arme England eine Politik verfolgte, die das Papsttum ärgerte, Philipp beunruhigte und zu Feindseligkeiten mit Frankreich zu führen drohte, war es kein geringer Vorteil, eine Anzahl fürstlicher Bewerber zu haben. Ihre Hoffnungen wurden ein Schutz für Elisabeths Thron, und da von allen Bewerbern Erzherzog Karl politisch gesehen die beste Verbindung bedeutete, gab sie sich alle Mühe, ihn, in dem sie eine Art Versicherung sah, nicht zu verlieren. Wenn die Hoffnungen des kaiserlichen Gesandten einen Tiefstand erreicht hatten, bemühte sie sich, sie wieder zu beleben. Eines Abends im Juni begegnete sie ihm auf der Themse, sie bot ihm einen Platz im Boot des Schatzmeisters an, ließ ihr Boot längsseit fahren, plauderte mit ihm und spielte ihm auf der Laute vor. Am nächsten Tag lud sie ihn an den Hof, für den Morgen darauf bat sie ihn zum Frühstück und fuhr am Abend mit ihm in ihrem Boot auf dem Fluß, überließ ihm das Steuer und war sehr gesprächig und fröhlich.

Einer Ehe mit Karl standen zwei Hindernisse entgegen. Sein Glaube war das erste. Wenn Elisabeth vielleicht auch tolerant genug gewesen wäre, dem Erzherzog und seinem Gefolge die Ausübung des katholischen Glaubens am Hofe zu gestatten, so war und blieb doch der Grundsatz ‚Ein König, ein Glaube' das Alpha und Omega aller politischen Stabilität; deshalb konnte sie es weder wagen, die Erbitterung ihrer protestantischen Untertanen über das Schauspiel der Messe heraufzubeschwören, noch einen Gatten zu nehmen, der vielleicht der Brennpunkt katholischer Unzufriedenheit wurde. Das zweite Hindernis war rein persönlicher Natur. Immer wieder hatte Elisabeth erklärt, sie werde niemanden heiraten, den sie nicht vorher gesehen habe. Sie wisse nur zu gut, sagte sie, wie Philipp auf die Maler und Abgesandten geflucht habe, als er Königin Maria zum erstenmal sah, und sie werde nie, wie sie sich höflich ausdrückte, dem Erzherzog Grund zu einem solchen Ausbruch geben. Der kaiserliche und der spanische Gesandte bemühten sich, Karl inkognito nach England zu bringen, aber hiervon wollte der Kaiser nichts wissen. Das sei gegen alle Würde; so werbe kein Prinz; wenn die Sache zu nichts führe, so werde man ihn und seinen Sohn weidlich auslachen; Elisabeths Launen seien doch zur Genüge bekannt. Elisabeth aber war nicht gewillt, auch nur den kleinsten Bruchteil ihrer Entschlußfreiheit dadurch einzubüßen, daß sie Karl zum Besuch in England aufforderte. Ebenso wenig aber wollte sie ihn heiraten, ohne ihn vorher gesehen zu haben. Der Widerwille gegen den Unbekannten wurde umso größer, weil Lord Robert Dudley, einer ihrer Höflinge, augenblicklich ihrem Herzen besonders nahestand. Für die Dauer der Dudley-Episode drängten sich die ‚anderen Gründe' vor, während das ‚Wohl des Reiches' langsam versank.

Der Name Dudley war ein schlechtes Omen. Lord Roberts Vater war der Graf von Northumberland, sein Großvater der aus der Regierung Heinrichs VII. bekannte und berüchtigte Edmund Dudley[12]; beide hatten auf dem Schafott geendet. Seine Feinde höhnten über sein verunehrtes Blut, aber bei Elisabeth kam es einzig auf den Mann selbst an. In den prächtigen Kleidern der Zeit sah er herrlich, fürstlich aus, er war groß, würdevoll und gut gebaut; er hatte ein gut geschnittenes Gesicht und lange, schlanke Finger, wie die Königin sie so liebte. Er war ein vollendeter Hofmann, plauderte angenehm und verfügte über eine gewisse Bildung, obwohl er, sehr zu Aschams Bedauern, der ihn darauf aufmerksam gemacht hatte, daß Sprachenkenntnis den Weg in die Politik öffne, Euklids Punkten und Linien vor Cicero den Vorzug gegeben hatte. Wie Thomas Seymour, Somersets unglücklicher Bruder, war er ein ausgezeichneter Turnierstreiter; er war ganz der Mann, wie

Elisabeth ihn sich als Gatten wünschte; sie wollte, wie sie sagte, niemanden als Mann, der den Tag zu Hause hinter dem Ofen säße. Die Königin und er waren fast gleichaltrig und haben sich in ihrer Jugend sicher oft gesehen. Während Marias Regierung war er Elisabeths Anhänger gewesen und hatte einige seiner Ländereien verkauft, um ihr aus der Verlegenheit zu helfen. Als sie dann den Thron bestieg, war er einer der ersten, dem ein Amt übertragen wurde, er wurde Oberhofstallmeister, eine ebenso ehrenvolle wie gut dotierte Stellung, mit der Wohnung am Hofe verbunden war.

Daß eine lebhafte, junge, fünfundzwanzigjährige, unverheiratete Frau, die sozusagen die Wirtin eines exklusiven Männerklubs – des Hofes – war, an der Gesellschaft eines seiner glänzendsten Mitglieder Gefallen fand, ist ebensowenig verwunderlich, wie der Umstand, daß ihre Gefühle auf seine Männlichkeit reagierten. Andrerseits aber war das nicht sehr vorsichtig. „Eine junge Fürstin", schrieb einer ihrer Gesandten, „kann nie genug auf ihr Verhalten und Benehmen dem einen oder andern gegenüber achten." Und wenn dieser eine gar noch verheiratet war, mußte mit Gerede unbedingt gerechnet werden. Schon im Jahre 1550 hatte Dudley Amy Robsart geheiratet. Wahrscheinlich war er kein schlechter Ehemann, aber seine Liebe zu ihr war erstorben; Kinder, die zwischen ihnen als vereinigendes Band oder der Frau als Trost hätten dienen können, waren nicht vorhanden. Wie die Frauen anderer Hofleute mußte auch Amy Robsart einen großen Teil ihrer Zeit getrennt von ihrem Mann auf dem Lande verbringen, während er bei Hofe im Gefolge der Königin war; sie hat sich über das Gerede und die bösen Gerüchte, die ihres Gatten Namen mit dem der Königin zusammenbrachten, sicher sehr gegrämt.

Die Vertraulichkeit zwischen den beiden wurde zuerst im April 1559 bemerkt. „Während der letzten Tage", schrieb Feria, „steht Lord Robert so hoch in Gunst, daß eigentlich er alles erledigt und zwar so, wie er es für richtig hält. Es wird sogar behauptet, Ihre Majestät besuche ihn bei Tag und Nacht in seinem Zimmer. Man redet so offen hierüber, daß sogar behauptet wird, seine Frau habe eine kranke Brust, und die Königin warte nur auf ihren Tod, um Lord Robert zu heiraten." Im August war das Gerede bereits so schlimm, daß Kate Ashley ihre Herrin auf den Knien und in Gottes Namen anflehte, den ehrenrührigen Gerüchten durch eine Heirat ein Ende zu machen, denn ihre Zuneigung zu Dudley drohe ihre Ehre zu besudeln und bei ihren Untertanen Unzufriedenheit zu erwecken. Elisabeth nahm den versteckten Tadel gut auf. Wenn sie Dudley gegenüber huldvoll sei, so geschehe das nur deshalb, weil sein ehrenwerter Charakter und seine Taten es verdienten. Sie verstehe gar nicht, daß jemand ihr Verhalten mißbilligen könne: sie sei doch immer von ihren Hof- und Ehrendamen umgeben; und temperamentvoll fügte sie hinzu: „Wenn ich je die Absicht zu einem so unehrenhaften Leben gehabt oder Freude an ihm gefunden hätte – wovor Gott mich behüten möge! – ich wüßte keinen, der es mir verbieten könnte."

Der Skandal war inzwischen so groß geworden, daß der kaiserliche Gesandte es zur Beruhigung seines Herrn für nötig erachtete, sich bei denen, die Elisabeth erzogen hatten, nach ihrer Tugend zu erkundigen. Sie schworen bei allem, was ihnen heilig war, daß sie bestimmt noch nie ihre Ehre vergessen habe. Aber was kümmerte sich das Gerede um Wahrheit! Im Dezember fühlte sich der englische Gesandte in Brüssel veranlaßt, seiner Herrin und Cecil über die dort kursierenden Gerüchte zu berichten, die so schlimm waren, daß er sie nicht einmal in einem nur für Cecil bestimmten Brief niederzulegen wagte. Viele Adlige und einige Staatsräte teilten durchaus Cecils Befürchtungen, andere dürsteten nach Dudleys Blut. Quadra berichtete über die Vorbereitungen zu einem Anschlag auf Dudleys Leben, auch sollte jemand gefragt haben, ob denn England so arm sei, daß sich niemand fände, der ihn mit dem Dolche erstäche. Der kaiserliche Gesandte meinte, daß die Königin, falls sie Dudley heiratete, sich eines Abends als Königin von England zu Bett legen würde, um am nächsten Morgen als einfache Frau Elisabeth wieder aufzustehen. Quadra hörte die Leute sagen, sie hätten genug von einer Herrscherin. Es habe wenig zu bedeuten, wenn sich ein König von seiner Leidenschaft hinreißen lasse, aber eine Königin müsse, wie Cäsars Frau, über jeden Verdacht erhaben sein. Im Sommer des Jahres 1560 erzählte die alte Mutter Dowe aus Brentford ihren Bekannten, Dudley und die Königin hätten ‚allerlei Kunststücke miteinander gemacht', und sie habe nun ein Kind von ihm. Ein ähnliches Gerücht kursierte auch in Hertfordshire. Aber in Hinblick auf spätere Ereignisse war es viel schlimmer, daß das Gerücht, Dudley beabsichtige, sich durch Giftmord von seiner Frau zu befreien, nicht verstummen wollte.

Am 11. September hatte der spanische Gesandte Quadra einen ganzen Sack voll Neuigkeiten. Wahrscheinlich hatte er drei Tage vorher, nach einer flüchtigen Besprechung mit Elisabeth, deren Thema die Heirat war, Cecil in düsterer Stimmung getroffen. Cecil war den Sommer über nicht am Hofe gewesen, er hatte in Schottland wegen eines Vertrages verhandelt; bei seiner Rückkehr hatte er Dudley in höchster Gunst und die Königin sehr launisch gefunden. Er behandelte Elisabeth immer noch gern als junge Frau, deren eigentliches Geschäft die Ehe und das Kinderkriegen und nicht die Politik war, und ihre Weigerung, seinen Rat zu befolgen, war für den eifersüchtigen, verärgerten, überarbeiteten Staatsmann mehr, als er ertragen konnte. Seltsamerweise machte er Quadra zu seinem Vertrauten, äußerte ihm gegenüber, daß er trotz der Gefahr, in den Tower gesperrt zu werden, daran dächte, zurückzutreten. Der wäre ein schlechter Seemann, fügte er hinzu, der nicht in den Hafen einführe, wenn er einen Sturm aufkommen sähe, und er sähe ganz klar voraus, daß Dudleys Vertraulichkeit mit der Königin zum Ruin des Landes führen werde. Seiner Überzeugung nach wolle Elisabeth ihn heiraten. Sie überließe ihm jetzt schon die Regierung und verbrächte ihre Tage mit Jagen, was eine große Gefahr für ihr Leben und ihre Gesundheit sei. Zweimal wiederholte er, Lord Robert wäre besser im Paradies als auf Erden, und bat Quadra, Elisabeth doch um Gottes willen auf die Wirkung ihres falschen Verhaltens aufmerksam zu machen und sie zu überreden, etwas mehr auf ihre Pflichten zu achten. Zum Schluß erwähnte er dann Dudleys Absicht, seine Frau umzubringen. Sie solle krank sein, wäre aber in Wirklichkeit ganz gesund und würde sich vor jedem Gift zu hüten wissen.

Diese Unterhaltung ging wahrscheinlich am 8. September 1560 vor sich. Am selben Tage fand man Amy Robsart tot am Fuße der Treppe von Cumnor Place, in der Nähe von Oxford. Cecil hatte von der Tragödie, die seinen ärgerlichen Auslassungen eine so furchtbare Bedeutung geben sollte, keine Ahnung, und Dudley selbst erreichte die Nachricht erst am folgenden Tage. Als Elisabeth von der Jagd zurückkam, teilte sie Quadra vertraulich mit, Dudleys Frau sei tot oder liege im Sterben. Das tragische Geschehen wurde geheimgehalten, bis man nähere Einzelheiten wußte. Am 11. informierte die Königin den Hof. „Sie hat das Genick gebrochen“, sagte sie italienisch; Quadra fügte seinem Briefe die Nachricht als Postscriptum bei.

Die Totenschaukommission, die die Tatsachen untersuchte, kam zu dem Wahrspruch, es läge Tod durch Unfall vor. Nach so langer Zeit ist es heute sehr schwer, sich zu dem Fall abschließend zu äußern, doch scheint alles für einen Selbstmord zu sprechen. Verschiedentlich hatte man Amy Robsart zu Gott beten hören, er möge sie doch aus ihrer Not erlösen; ferner hatte sie an jenem verhängnisvollen Tag, es war ein Sonntag, trotz der Einwendungen einiger ihrer Diener darauf bestanden, daß alle zum Jahrmarkt nach Abingdon gingen. Augenscheinlich hatten Vernachlässigung und die skandalösen Gerüchte, die über die Königin und ihren Gatten im Umlauf waren, sie so zermürbt, daß schließlich, trotz aller Gebete, die Verzweiflung sie überwältigt hatte.

Die Fama hatte schon zu lange Mord prophezeit, als daß man nun eine andere Lösung auch nur für möglich hielt. Am 17. September teilte Thomas Lever, der Rektor von Coventry, zwei Staatsräten die Gerüchte mit, die in seiner Nachbarschaft im Umlauf waren, und empfahl dringend eine ernstliche Untersuchung, damit die Wahrheit ans Tageslicht käme. Elisabeths Gesandte im Ausland traf die Nachricht wie ein Blitz aus heiterem Himmel. Schon bei dem maßlosen Gerede hatten sie sich nicht sonderlich wohl gefühlt. Ihre Herrin schien jetzt am Rande des Abgrunds zu stehen. Die Tragödie „packt mich derart“, schrieb Randolph aus Schottland, „daß kein bisher empfundener Kummer meiner jetzigen Erregung gleicht“. Throckmorton in Frankreich wünschte sich den Tod. Man erzähle Dinge, schrieb er, „bei denen sich mir jedes Haar auf dem Kopfe sträubt und mir die Ohren glühen“. „Der eine lacht über uns, der andere droht und wieder ein anderer schmäht die Königin. Immer wieder höre ich: Das muß ja eine herrliche Religion sein, die gestattet, daß ein Untertan seine Frau ermordet, und duldet, daß die Fürstin nicht nur damit einverstanden ist, sondern den Mörder sogar heiraten will." Er könne nur zu Gott beten, daß dieses furchtbare Ereignis nicht der Vorbote eines größeren Unglücks sei, nämlich der Heirat Elisabeths und Dudleys.

Für Elisabeth selbst kamen Schweigen und Zurückhaltung gar nicht in Frage. Sie glaubte fest an Dudleys Unschuld. Selbst wenn sie ihm nicht so zugetan gewesen wäre, hätten sich wahrscheinlich ihr Stolz, ihr Mut und ihre Loyalität gegen den Gedanken empört, daß seine Feinde als Abschluß der Tragödie ihn auch noch vom Hofe und aus ihrer Gunst verdrängen sollten. Sie wollte ihn tatsächlich heiraten, denn sie war überzeugt, daß eine Ehe mit einem Engländer den Wünschen des Volkes am meisten entgegenkam. Es war für sie keine Kleinigkeit, sich zu der Erkenntnis durchzuringen, daß der mit Amy Robsart verbundene Skandal und die Eifersucht des Staatsrats und Adels gerade die Ehe, die ihr zusagte, unmöglich machten. Nur wenige waren so klug und duldsam wie der Graf Sussex, der im Oktober an Cecil schrieb und vorschlug, Elisabeth ihrer Neigung folgen zu lassen, denn wähle sie einen Mann, bei dessen Anblick ihr ganzes Wesen vor Begierde entbrenne, so sei das der beste Weg, schnell zu einem Thronerben zu kommen. Elisabeth selbst war in ihren Äußerungen so widerspruchsvoll, daß sie alle verwirrte. Sie dachte daran, jedem Widerstand zu trotzen und sich durchzusetzen; im tiefsten Innern aber mahnte eine Stimme sie zur Vorsicht. In ihrem Trotz kümmerte sie sich kaum noch um die Gegner ihrer Ehe, unter denen sich auch Cecil befand. Dadurch kamen die Staatsgeschäfte fast zum Stillstand, und es sah aus, als sollte alles vor die Hunde gehen.

Im November ging das Gerücht, Elisabeth und Dudley hätten sich heimlich im Schloß des Grafen Pembroke trauen lassen; als die Damen der Königin die beiden von Pembrokes Schloß hatten zurückkommen sehen, waren sie sofort zu diesem Schluß gekommen. Aber Elisabeths Stimmung schlug plötzlich um: als ihr das Patent vorgelegt wurde, das Dudley die Peerwürde verlieh, nahm sie ein Messer und zerschnitt es. Dann änderte sich ihre Stimmung zum zweitenmal. Im Januar geriet Kate Ashleys Mann in Schwierigkeiten, weil er sich zu freimütig über die Sache geäußert hatte. Zur selben Zeit schrieben Cecil und ein Freund an Throckmorton, er möge seine Meinungsäußerungen etwas mäßigen, denn sie richteten bei seiner Herrin eher Schaden an, als daß sie Gutes täten. „Nur Gott allein weiß, wozu die Königin sich entschließt", fügte Cecil hinzu.

So ging die Sache weiter mit all ihrem Hin und Her, und die Gerüchtemacher waren eifrig an der Arbeit. Im Februar erzählte in Totnes der Trunkenbold Burley seinen Freunden, ‚Lord Robert schlafe mit der Königin'. Im März schrieb Graf Bedford an Throckmorton die erfreuliche Nachricht, die große Sache, von der die ganze Welt so gern spreche, sei jetzt eingeschlafen und Cecil habe das Heft wieder in Händen. Es ist durchaus typisch für die Lage, daß die ‚große Sache' wieder auflebte und lustig weiterblühte, ehe er noch seinen Brief versiegelt hatte. Elisabeth wurde die Ernennung Dudleys zum Peer erneut vorgelegt; wieder lehnte sie ab und bemerkte dabei, sie würde diesen Titel nie einem Hause verleihen, das in drei Generationen Hochverräter hervorgebracht hätte. Dudley schmollte, und wieder schlug ihre Stimmung um. Robert wurde die Backe getätschelt: „Nein, nein, so leicht sollst Du mir nicht gestürzt werden!" Er stand bei ihr wieder in höchster Gunst. Einige ihrer Höflinge, die Dudley wohlgesinnt waren, erlaubten es sich, seine Werbung zu unterstützen, aber sie ‚verzog den Mund' und sagte, sie hätte keine Lust mit der Herzogin von Norfolk zusammen zu rangieren, denn wenn sie verheiratet wären, würde man ihren Gatten nur mit ‚Euer Gnaden' anreden. Vergeblich wiesen die Höflinge darauf hin, daß dem leicht abzuhelfen sei, sie brauche Dudley doch nur den Königstitel zu verleihen. Von diesem Vorschlag wollte sie nichts wissen.

Wenn auch im Sommer 1561 dieser Liebesroman noch nicht zu Ende war und Cecil und anderen noch Jahre hindurch viel Kopfzerbrechen verursachte, so war die Krise doch glücklich überstanden, und Elisabeth lieferte den Beweis, daß ihr Verstand ihre Gefühle zu meistern vermochte. Das war die tiefste Bedeutung dieser Episode. Kurze Zeit hatte es ausgesehen, als wolle die zweite Herrscherin wie die erste sich von ihren Leidenschaften zugrunde richten lassen. Elisabeth war nicht unweiblich und durchaus den Reizen des Eros zugänglich; aber sie war ein weniger vom Gefühl bestimmter Mensch als ihre Schwester. Durch Erfahrung hatte ihr lebhafter und tätiger Geist gelernt, was Vorsicht ist, und in ihr brannte der Ehrgeiz, eine große, volkstümliche Herrscherin zu werden, wie ihr Vater einst ein großer Herrscher gewesen war. Wenn sie für kurze Zeit ihren guten Namen und ihre Volkstümlichkeit aufs Spiel gesetzt hatte, so beweist das nur, wie sehr sie Dudley zugetan war. Aber letzten Endes bestimmten doch nur das ‚Wohl des Reiches' und eine vernünftige, praktische Politik ihr Urteil.

Wenn sie jemals heiraten sollte, bemerkte sie ein paar Jahre später, dann nur als Königin und nicht als Elisabeth. Im Jahre 1561 hatte sie noch nicht alle Hoffnung aufgegeben, als Königin und Elisabeth zu heiraten – d. h. Dudley mit Zustimmung des Adels und des Volkes zu ehelichen. Selbst wenn Dudley weniger beneidet und verhaßt gewesen wäre, so war die Tragödie der Amy Robsart doch ein zu großer Flecken auf seinem Ruf, als daß man in England eine Ehe mit ihm hätte gutheißen können. So entschloß sich Elisabeth darauf zu verzichten, als Elisabeth zu heiraten; es stand jetzt für sie fest, daß sie, wenn nicht noch ein anderer Mann ihre Liebe weckte, nur noch als Königin heiraten würde. Dazu aber würde sie, nach ihren eigenen Worten, nur die bitterste Notwendigkeit veranlassen.

Als Elisabeth den Thron bestieg, waren die Friedensverhandlungen mit Frankreich noch nicht abgeschlossen. Sie mußte sie zu Ende führen und dabei mit einer endgültigen Abtretung von Calais rechnen. Als Verstandesmensch zog Cecil die Bilanz und bezweifelte, daß der Besitz der Stadt die Kosten aufwog, die er verursachte. Seine Herrin aber sah die Sache mit ganz anderen Augen an. Vor ihrem Nationalstolz hielt kein Argument stand. Daß sie sich von dem letzten Rest des einst so großen englischen Besitzes in Frankreich trennen sollte, empfand sie als tiefe Demütigung, nannte sie sich doch, wie es seit Generationen ihre Vorgänger auch getan hatten, Königin von Frankreich! Sie wußte, daß nicht die geringste Aussicht bestand, die Stadt zu behalten, und doch feilschte sie mit großer Unverfrorenheit, nutzte Philipps II. Freundschaft und sein Mißtrauen gegen Frankreich aus und trieb die Verhandlungen fast zum Abbruch, bis sie schließlich das Äußerste, was zu erreichen war, annahm – ein den Schein wahrender Kompromiß. Durch den am 2. April 1559 abgeschlossenen Frieden von Cateau-Cambrésis blieb Calais dem Namen nach englischer Besitz unter einstweiliger Verwaltung durch Frankreich; in Wirklichkeit wurde es zum Preise von einer halben Million Kronen verkauft, die in acht Jahren zahlbar waren, wenn nicht bis dahin Frankreich Mittel und Wege gefunden hatte, sich seiner Zahlungsverpflichtung zu entziehen oder Elisabeth einen Vorwand für einen neuen Krieg brauchte.

Es war weder ein ehrenvoller noch ein ehrloser Friede, und doch trotz des unentschiedenen Ausgangs ein Erfolg! Ein englischer Zeitgenosse schreibt über die auswärtige Lage, wie sie der Friede für England schuf: „Der französische König steht mit dem einen Fuß in Calais, mit dem andern in Schottland. Im Ausland nur unentwegte Feindschaft, nicht eine unerschütterliche Freundschaft." Frankreich war der Feind par excellence; ,wenn der Äthiopier weiß wird, werden Franzosen und Engländer Freunde', lautete eine Redensart. Gern und selbstgefällig verglichen die Engländer ihr Land und seine Sitten mit Frankreich, und dabei wogen dann zwei Franzosen kaum einen Engländer auf. Die alte Nebenbuhlerschaft wurde durch die Trauer um Calais noch größer; viel beunruhigender aber waren die Ansprüche, die Maria von Schottland, die Frau des Dauphin, auf den englischen Thron erhob. Marias Anspruch war während der Friedensverhandlungen schon zur Sprache gebracht worden. Wem sollen wir Calais abtreten, wenn es je dazu kommt, sagten die Franzosen zu den Spaniern, denn die Frau des Dauphin ist doch die rechtmäßige Königin von England? Nach dem Frieden trug Maria offen das Wappen Englands auf ihrem Wappenschild, und wenn die englischen Gesandten eingeladen wurden, aßen sie von Geschirr, das Marias Anspruch prunkvoll zum Ausdruck brachte.

Der Anspruch wäre an sich harmlos gewesen – nichts weiter als eine Mahnung, daß Maria ein Recht auf den Thron besaß, falls Elisabeth kinderlos starb –, wenn nicht Religion und Politik miteinander verkoppelt gewesen wären. Früher oder später mußte der Papst Elisabeth exkommunizieren und sich nach einem katholischen Fürsten umsehen, der bereit war, sie abzusetzen; sie war die mächtigste protestantische Fürstin in Europa, und um eine Gegenreformation in Gang zu bringen, war ein Vorgehen gegen sie das beste und sicherste Mittel. Elisabeth mochte tun, was sie wollte; sie konnte die Werbung des Erzherzogs Karl als Schutz benutzen oder Philipp zur Intervention in Rom drängen, sie konnte in der königlichen Kapelle Kruzifix, Kerzen und Meßgewänder zeigen, zum großen Kummer der aus dem Exil zurückkehrenden frommen Engländer, denen das neue Jerusalem mit seinen Resten an Götzendienerei tiefe Sorge bereitete; sie konnte, wenn Wolken am politischen Himmel aufzogen, bei den Gesandten den Eindruck zu erwecken versuchen, sie sei nicht halb so protestantisch wie ihre radikalen jungen Staatsräte und habe deren Forderungen auf religiösem Gebiet nur widerstrebend nachgegeben – sie mußte doch immer damit rechnen, daß der Schlag nicht lange auf sich warten ließ.

Es sah ganz so aus, als sollten sich die Ereignisse der letzten Regierung wiederholen; wie Elisabeth damals der Brennpunkt der protestantischen Hoffnungen gegen den Katholizismus ihrer Schwester gewesen war, so wurde Maria von Schottland jetzt der Brennpunkt der katholischen Hoffnungen. Ein Unterschied bestand allerdings: Elisabeths Hilfsmittel waren damals, verglichen mit denen ihrer Schwester, nur sehr gering gewesen, während Maria von Schottland jetzt auf den Segen und die Unterstützung des Papstes rechnen konnte und bestimmt die Macht und den Ehrgeiz Frankreichs hinter sich hatte. Schottland würde ihre Basis sein, und zwischen ihm und dem katholischen Norden Englands lag nur die ungenügend befestigte Stadt Berwick.

Die Situation war ernst, aber es sollte noch schlimmer kommen. Am 10. Juli 1559 starb der französische König Heinrich II. an einer Wunde, die er im Turnier empfangen hatte, Marias Gatte Franz II., ein Schwächling von fünfzehneinhalb Jahren, wurde König. Die Regierung Frankreichs übernahmen die beiden ehrgeizigen Onkel Maria Stuarts, der Kardinal von Lothringen und der Herzog von Guise. Sie in erster Linie waren für ihre Heirat verantwortlich, und es war fast mit Bestimmtheit damit zu rechnen, daß sie mit Hilfe ihrer Schwester Maria von Guise, die Maria Stuarts Mutter und Regentin von Schottland war, die vereinten Kräfte Frankreichs und Schottlands gegen Elisabeth einsetzen würden.

Zum Glück hatte die Familie Guise nicht alle Trümpfe in der Hand. In Schottland hatten sich Protestantismus und Nationalgefühl gegen eine katholische und ausländische Regierung vereint, genau so, wie sie im England Marias der Katholischen eine gemeinsame Front gegen Philipp und die Spanier gebildet hatten. Die Kirche war korrupt; beredte protestantische Prediger waren eifrig an der Arbeit, während der Adel es auf den Kirchenbesitz abgesehen hatte und sich über den Einbruch der Franzosen in Ämter und Einfluß ärgerte. Elisabeths Thronbesteigung in England fiel in eine Zeit, in der die schottische Regentin den katholischen und französischen Charakter ihrer Politik besonders nachhaltig betonte. Die Opposition faßte neuen Mut, so daß der unerschrockene Reformator John Knox im Jahre 1559 bei seiner Rückkehr aus der Verbannung ein Schottland vorfand, das dicht vor dem Aufruhr stand. Als er in Perth predigte, begeisterten seine Worte einen frechen Burschen derart, daß er einen Bischof ohrfeigte und mit einem Stein nach dem Tabernakel auf dem Altar der Kirche warf. Die Menge lief sofort Amok, schlug alles in Stücke und legte Feuer an. Der Aufstand war losgebrochen.

Die ‚Kongregation', wie sich der aufständische protestantische Adel und die Prediger nannten, wandte sich natürlich um Hilfe an Elisabeth. Sie erkannten, daß bei dem Streit Elisabeths Interessen genau so auf dem Spiele standen wie ihre eigenen, denn Frankreich würde der Regentin sicher eine starke Armee zur Hilfe schicken. Wurden die Aufständischen besiegt, so konnte nichts die französische Armee daran hindern, in England einzumarschieren, um durch Elisabeths Absetzung die ehrgeizigen Hoffnungen der Familie Guise zu verwirklichen. War aber der Aufstand erfolgreich, so konnten sie die Franzosen aus Schottland vertreiben, die katholische Kirche niederringen und selbst das Land in Maria Stuarts Namen regieren; dann war Elisabeth verhältnismäßig sicher und ihrer schlimmsten Befürchtungen ledig. England und Schottland würden eine einheitliche politische Linie haben. Es bestand sogar die Möglichkeit einer Personalunion beider Reiche, wenn Elisabeth den jungen Grafen Arran heiratete; denn Maria konnte, wie viele vermuteten, ohne Kinder zu hinterlassen, sterben; vielleicht waren die Aufständischen aber auch gezwungen, sie abzusetzen; und Arrans Familie, die Hamiltons, waren dann die nächsten Thronerben. Immer wieder verlangte man von Elisabeth Vorsicht bei der Wahl ihres Gatten; dieser Forderung kam sie um so bereitwilliger nach, als die Liste der Bewerber um ihre Hand politisch so wertvollen Zuwachs erhielt. Als bekannt wurde, Franz II. wolle sich zum König von Schottland, England und Irland ausrufen lassen, bemerkte sie mit grimmiger Zufriedenheit, er ahne gar nicht, welchen Schlag sie ihm versetzen könne; sie werde einen Gatten nehmen, der ihm viel Kopfzerbrechen bereiten werde. Arran war damals gerade auf dem Kontinent, und die Franzosen setzten alles daran, seiner habhaft zu werden; aber mit Hilfe ihres vorzüglich arbeitenden Geheimdienstes leitete Elisabeth ihn sicher nach England, besah ihn sich und schickte ihn nach Schottland, wo er dem Aufstand

Macht und Ansehen geben sollte. Er war voller Dankbarkeit: „Wenn ich mir“, schrieb er einige Monate später an Cecil, „überlege, weshalb ich so oft an Ihre Gnaden denke, dann befinde ich mich in einer solchen Verwirrung, daß ich glaube, ich hätte den Verstand verloren.“ Ein prophetisches Wort, denn der arme Mann verlor tatsächlich den Verstand. Aber bevor das geschah, wurde auch er, wie andere Bewerber um Elisabeths Hand, in ihre Politik als Schachfigur eingereiht.

Jede Unterstützung der Schotten war ein gefährliches Unternehmen und eine Verletzung des Vertrags von Cateau-Cambrésis; aber Elisabeth war immer großzügig und konnte es sich einfach nicht leisten, skrupelhafter als ihre Feinde zu sein. Sie und Cecil erkannten klar, daß sie die vom Schicksal gebotene Gelegenheit beim Schopf ergreifen mußten. Dabei legte aber Elisabeth allergrößten Wert darauf, nach außen korrekt vorzugehen, um so Frankreich und jeder anderen Macht die Möglichkeit zu nehmen, offen gegen sie Stellung zu nehmen. Deshalb vermied Cecil in seiner Korrespondenz ihren Namen und antwortete auf die ersten Vorschläge der Aufständischen mit einem Brief, der seinem Adressaten nur gezeigt, nicht ausgeliefert wurde. Die Ziele der englischen Politik konnten nicht zweifelhaft sein. „Sagen Sie den Schotten“, bemerkte Cecil zu Sir James Croft in Berwick, „daß England nicht dulden wird, daß sie vernichtet werden. Schüren Sie das Feuer auf jede nur mögliche Weise, denn sollte es erlöschen, so verlören wir damit eine Gelegenheit, wie sie sich uns in unserm ganzen Leben nicht zum zweiten Male bietet.“

Die Situation verlangte Vorsicht, Verschwiegenheit und tapferes Lügen, sie war so ganz nach Elisabeths Herzen. Kein Schreiber wurde zur Erledigung der Korrespondenz benutzt, alle irgendwie wichtigen Depeschen schrieb, chiffrierte und entzifferte Cecil selbst. Die Königin, Sir Thomas Parry und er bildeten einen engeren geheimen Rat mit dem Ergebnis, daß ältere und konservativere Staatsräte, die in Unkenntnis gehalten wurden, gegen die jungen Emporkömmlinge loswetterten. Jeder wußte ungefähr, was vorging. Das war ganz natürlich, denn dauernd wurde verhandelt, Vertreter kamen über die Grenze, und Geld wurde nach Schottland geschickt. Die Regentin, Maria von Guise, hatte ihre Spione, die Schotten hielten nicht dicht, und John Knox war nicht der Mann, der einen Besuch in England hätte geheimhalten können. Den äußeren Schein zu wahren, wurde noch schwerer, als die Kongregation ihre Truppen in englischer und flämischer Münze bezahlte und einmal sogar tausend Pfund, die auf dem Wege zu ihnen waren, abgefangen wurden.

Je größer die Schwierigkeiten wurden, desto verwegener log Elisabeth. Anfang August erhob die Regentin gegen die Tätigkeit an der Grenze Einspruch. Elisabeth entgegnete, es wundere sie sehr, daß sich Untertanen ihrer Person, die zudem öffentliche Beamte seien und als solche genau wissen müßten, wie wenig die Königin mit ihrem Tun einverstanden wäre, mit Menschen wie den schottischen Aufständischen eingelassen hätten. Sie selbst wisse von nichts; die Regentin möge Einzelheiten angeben, dann werde sie die Schuldigen bestrafen. Ende des Monats mehrten sich die Beschwerden. Es sei durchaus möglich, sagte Elisabeth zu dem französischen Gesandten, daß sich einige ihrer Diener unklug verhalten hätten, es gebe Narren unter ihnen. Sie habe sofort die notwendigen Nachforschungen angeordnet; sie wolle ihm nur sagen, daß die Kongregation sich gewaltig irre, wenn sie von ihr irgendwelche Unterstützung ihres törichten Unternehmens erwarte. Sie habe weder an sie geschrieben noch irgend etwas versprochen, was leicht bewiesen oder widerlegt werden könne, denn ihre Unterschrift sei unverkennbar: man möge sie ihr zeigen. Die Audienz fand in Hampton Court statt; als sie beendet war, lud sie den Gesandten ein, ihr in die Galerie zu folgen, in der das Bild der Regentin hing. Sie lobte ihre Ehrlichkeit, Güte und Aufrichtigkeit und trug ihm die herzlichsten Grüße an sie auf. „Wenn man nach dem Äußeren urteilen darf", berichtete er der Regentin, „so scheint sie, Madame, nach ihren Worten und anderen Beweisen, nur die besten Absichten zu haben, die Freundschaft und den Frieden zwischen Ihren Majestäten zu erhalten." Er hatte keine Ahnung davon, daß Arran gerade in England angekommen und ein Staatsrat nach der Grenze unterwegs war, um mit dem Beauftragten der Regentin verschiedene Fragen zu bereinigen – und um geheim mit der Kongregation zu verhandeln und ihr dreitausend Pfund auszuhändigen.

Ende September wurde eine neuerliche Beschwerde ebenso

dreist abgeleugnet, doch waren diesmal die Beteuerungen fadenscheinig, und während der Audienz lächelte Elisabeth, als freue sie sich über einen gelungenen Scherz. Sie versicherte dem Gesandten, was die Regentin höre, sei nichts als böswilliges Geschwätz, und ihre Ehre verbiete ihr, anders zu sprechen, als sie handele. Lachend beauftragte sie ihn, ihre Worte genau zu berichten und wiederholte sie am Schluß der Audienz noch einmal, damit jeder Irrtum ausgeschlossen sei. Das Urteil des Gesandten über sie lautete jetzt ganz anders: „In ihr ist mehr Verstellung als Ehrlichkeit und gute Absicht. Sie vor allem hat die Hand im Spiel."

Cecil war mit seiner Herrin durchaus zufrieden. „Gott gebe ihr eine Gesundheit, die ihrem Mut gleichkommt", schrieb er. Aber sie mußte vorsichtig behandelt werden; in manchen Dingen war sie sehr empfindlich. Das galt besonders für John Knox. Wohl nie hat es größere Gegensätze gegeben. Schade, daß sie sich nie persönlich begegneten! Angesichts der Notwendigkeit von Elisabeths Hilfe hatte sich Knox im Juli bei ihr wegen seines ‚Ersten Trompetenstoßes' sozusagen entschuldigt und sie seiner aufrichtigen Liebe und Verehrung versichert. Der Brief war für den Mann typisch: „Ich kann nicht leugnen, daß ich ein Buch gegen die angemaßte Autorität und das ungerechte Weiberregiment geschrieben habe; noch habe ich die Absicht, irgendeinen prinzipiellen Punkt oder eine Behauptung des Buches zurückzunehmen oder zu widerrufen, es sei denn, man belehre mich eines Besseren." So lautete sein wohlüberlegtes Urteil über sein Buch! Warum Elisabeth böse auf ihn sei, verstehe er nicht. Das Buch richte sich doch gar nicht gegen sie persönlich und sei ihrer Herrschertätigkeit in keiner Hinsicht abträglich. Sie regiere, so schrieb er, durch einen besonderen Gnadenakt Gottes, der ihr gewährt habe, was Natur und Gesetz allen andern Frauen versagten. Und wenn sie sich vor Gott demütige, so sei er, John Knox, bereit, ihre Autorität und ihr Regiment in Wort und Schrift zu verteidigen, wie der Heilige Geist beides auch bei Deborah, die ebenso der besonderen Gnade Gottes teilhaftig gewesen sei, verteidigt habe. „Vergessen Sie Ihre hohe Geburt", beschwor er sie, „und alles, was damit an Rang und Ehre verbunden ist; vergessen Sie aber nicht, daß Sie, aus Furcht um

Ihr Leben, von Gott sich abwandten und dem Götzendienst anhingen. Tun Sie das alles nicht als leichte Sünde ab." „Wer nicht hören will den Rat des Gläubigen, und sei er auch noch so schwer zu befolgen, der muß zu seiner eigenen Verdammnis dem Trug der Schmeichler folgen." Es ist kein Wunder, daß Cecil seine Freunde an der Grenze bat, Knox' Namen in ihren Briefen nicht zu erwähnen: er sei bei Hofe der bestgehaßte Mann. Sie mußten jede Mitteilung, die sie von ihm erhielten, schicken, aber gewöhnlich wurden sie von Cecil gleich vernichtet: „sie wirken hier nichts Gutes." „Gott behüte uns", betete Erzbischof Parker, „vor einer Heimsuchung, wie Knox sie für Schottland bedeutet, wo das Volk alles selbst in die Hand nimmt." Was Elisabeth mit einem entschiedenen ‚Amen' bekräftigt hätte.

Das Glück war der Kongregation nicht hold. Ihre Truppen wurden in fast jedem Kampf von denen der Regentin besiegt, und gegen Ende 1559 war deutlich zu erkennen, daß ihnen außer den Mitteln auch der feste Wille fehlte, die französischen Streitkräfte, die sich schon im Lande befanden, aus Schottland zu vertreiben; wie viel weniger würden sie imstande sein, der Flotte und dem Heer, die in Frankreich ausgerüstet wurden, erfolgreich zu begegnen. Stärkere und offenere Hilfe mußte von England kommen. Dazu aber würde Elisabeth kaum zu bewegen sein. Außer zu offenen Feindseligkeiten, war sie zu allem bereit. So wurde William Winter eine Flotte anvertraut mit dem Befehl, nach Berwick und von dort nach dem Firth of Forth zu fahren, wo er jede Hilfe für die Regentin in Form von Lebensmitteln oder Menschen unterbinden und jedem französischen Schiff auf See oder im Firth jeden nur möglichen Schaden zufügen sollte. Die ganze Unternehmung sollte aber offiziell ohne Wissen der Königin durchgeführt werden; sie durfte für nichts verantwortlich gemacht werden! Gleichzeitig wurde ein Heer von viertausend Fußsoldaten und tausend Reitern ausgehoben, das unter dem Oberbefehl des Herzogs von Norfolk nach Berwick gelegt werden sollte. Cecil wollte, daß dieses Heer nach Schottland einrücke und die Franzosen in ihrer Festung Leith belagere; mit anderen Worten: er verlangte einen Schritt, der offenen Krieg mit Frankreich bedeutet hätte.

Ein derart entscheidender Schritt konnte ohne vorherige Befragung des ganzen Staatsrats nicht unternommen werden. Der Wortkampf soll acht Tage gedauert haben. Anfänglich war Sir Nicholas Bacon, der Großsiegelbewahrer und Cecils Schwiegersohn, gegen das Vorhaben. England, so sagte er, hätte weder Geld noch Leute, auch fehlten ihm die Freunde, die ein derartiges Unternehmen erfordere. Die Einkünfte genügten kaum, die laufenden Ausgaben zu decken, und eine Tilgung der inneren und äußeren Schuld, die sich im November 1559 auf mehr als die Einkünfte eines ganzen Jahres beliefe, sei ohne Prolongation eines Teiles der Schuld zu hohen Zinsen nicht möglich. Der Adel sei arm und bedürftig, die Bischöfe und die Geistlichkeit seien ausgepreßt, und Bürger und Volk nicht imstande, die Lasten zu tragen. Pest und Hungersnot hätten so viele Männer hinweggerafft, daß es an Feldarbeitern fehle; wie wolle man da eine Armee aufstellen! Es sei kein Geld da, ausländische Söldner anzuwerben, zudem sei es wenig tunlich, Ausländer ins Land zu holen. Außer den schottischen Aufständischen hätte England keine Freunde, und die hätten doch gerade bewiesen, daß sie keine dreitausend Franzosen aus dem Lande jagen könnten; nur mit gemieteten Söldnern könnten sie das Feld vielleicht dreißig Tage behaupten. Es dürfe ferner nicht vergessen werden, so fügte er hinzu, daß es in England viele Unzufriedene gebe, die die religiöse Haltung der Regierung nicht billigten – und das seien bestimmt nicht wenige oder gar Dummköpfe; – dazu kämen dann alle, die ihr Amt als Staatsrat oder einen anderen Posten verloren hätten. Es werde sich schon sehr bald herausstellen, daß der größte Teil der Bevölkerung gegen einen Eroberungskrieg sei. Das Ausland werde vor allem darauf hinweisen, wie unvereinbar es mit jedem Gerechtigkeitsgefühl sei, wenn man Untertanen gegen ihre Herrscherin unterstütze und einen Vertrag ohne weiteres breche. Frankreich sei viermal so groß wie England, habe viermal so viel Geld und Menschen, besitze erfahrene Heerführer und erprobte Soldaten und sei mit den meisten Fürsten Europas befreundet. Höchstwahrscheinlich werde sich Philipp II. auf Frankreichs Seite stellen. Außer seinem Glauben drängten ihn dazu sicher die Erfahrungen, die er während der Regierung Marias der Katholischen gesammelt hätte. Damals habe er doch wohl erkannt, daß Spanien keinen Grund habe, die Engländer zu lieben. Sollte er wider Erwarten die Franzosen nicht unterstützen, so werde es bestimmt der Papst tun.

Bacon schloß seine Rede mit dem positiven Rat, während des kommenden Sommers den Schotten auf alle nur mögliche Weise heimlich zu helfen, wodurch die Franzosen geschwächt würden, England aber seine Kräfte schone. Im nächsten Sommer könnten dann die Schotten und Engländer vereint die Franzosen für immer aus dem Lande verjagen. Schottland könne innerhalb eines Jahres nicht erobert werden, und niemand wisse, was in der Zwischenzeit sich ereigne. Vielleicht sterbe Maria von Schottland, denn sie sei sehr kränklich, vielleicht verliere das Haus Guise in Frankreich seine Macht, vielleicht aber gehe Elisabeth eine Ehe ein, was das ganze Problem auf einmal lösen würde. Bacon stand mit seiner Ansicht nicht allein. Granvella und Feria in den Niederlanden sprachen mit dem englischen Gesandten und wiesen noch nachdrücklicher darauf hin, wie töricht es von Elisabeth sei, sich Frankreich feindlich gegenüberzustellen. Nach ihrer und vieler anderer Meinung bedeute das sicheren und schnellen Untergang.

Cecil aber war anderer Ansicht. Sein Freund Throckmorton, ein Meister des Ränkespiels und eine Art Tausendkünstler, war von seinem Gesandtenposten in Frankreich zurückgekehrt. Es hieß, er wolle seine kranke Frau besuchen – die aber ganz gesund war. Höchstwahrscheinlich wollte er Elisabeth über eine Verschwörung gegen die Partei der Guisen in Frankreich berichten, bei der er selbst die Hand im Spiel hatte. Er war durchaus für energisches Handeln. Jetzt sei es Zeit, loszuschlagen. Seine Anwesenheit stärkte Cecils Stellung. Schließlich wurden Bacon und vier andere ins Gebet genommen, und mit einer Stimmenthaltung riet der Staatsrat der Königin, eine Intervention, auch auf die Gefahr eines offenen Krieges, ins Auge zu fassen. Dieser Rat wurde am 24. Dezember erteilt. Vier Tage später tat sie genau das Gegenteil.

Da Elisabeth niemandem verantwortlich war, brauchte sie sich auch nicht, wie ihre Staatsräte, schriftlich zu erklären, was in der Regel die Gründe für ihre Entschlüsse nur vermuten läßt. Ganz abgesehen von seelischen Unterschieden zwischen ihr und Cecil – diese Unterschiede bestanden tatsächlich – gebot ihr schon ihre Stellung größere Vorsicht. Sie befand sich in der Lage eines Richters, der beide Parteien anhören muß, während Cecil, der bis auf wenige Ausnahmen einfach das pro und contra einer Situation herausstellte, die Rolle des Anwalts spielte. Dazu kam, daß ihr Wort allein ausschlaggebend war. Sie faßte die Entschlüsse, ihre Staatsräte berieten sie eben nur; und trotz des ungeheuer starken Verantwortungsgefühls Cecils zeigten die Rollen der beiden doch einen feinen psychologischen Unterschied. Elisabeth hat sicher von der anfänglichen Meinungsverschiedenheit im Staatsrat Kenntnis gehabt, und in einer so wichtigen Sache genügte es nicht, daß Cecil seine Gegner umgestimmt hatte. Es genügte bestimmt nicht, wenn sie, was sehr wahrscheinlich ist, Bacons ursprüngliche Ansicht teilte. Sie konnte sich nur zu gut vorstellen, was ein Krieg an Menschen und Geld kostete, und da alles letzten Endes ein Glücksspiel war, zog sie es vor, auf geheimen Schleichwegen den Erfolg zu erringen, was sie geradezu genial verstand, und wovon sie sich mehr versprach als Cecil. Man war nicht einstimmig für den Krieg, es gab Zweifel. Wo es aber Zweifel gab, zog sie es vor, sich vorläufig nicht zu entscheiden.

So war Cecils Sieg im Staatsrat bedeutungslos geworden, und er griff zu dem einzigen Mittel, durch das er seine Herrin zwingen konnte: er bat, ihn aus seinem Amt zu entlassen. Was sich in Wirklichkeit ereignete, wissen wir nicht; auch kann nicht mit Bestimmtheit gesagt werden, was Cecil schließlich erreichte. Wahrscheinlich stimmte Elisabeth im Prinzip einer offenen Intervention zu. Dieser Schritt bedeutete noch keine letzte Entscheidung, denn das Vorgehen selbst hing ganz von ihrem Willen ab, und diesen zu bestimmen, konnte sie den weiteren Ereignissen überlassen.

Die weiteren Ereignisse sprachen jedoch durchaus für Cecils Politik. Am 27. Dezember 1559 segelte Winter nach dem Firth of Forth. Wind und Sturm unterbrachen die Fahrt, aber wenn er auch seine Beiboote verlor, so blieb die Flotte selbst doch unversehrt und fuhr am 23. Januar mit der Flut in den Firth ein. Hier fand er zwei Kriegsschiffe, ein Leichterschiff mit Munition und mehrere Barken; als er erfuhr, daß sie die französische Armee versorgten, die durch die Grafschaft Fife gegen St. Andrews vorrückte, kaperte er alle Schiffe bis auf einige Barken, die er an

Land trieb, wo sie von den Schotten zerstört wurden. Als die Regentin einen Herold mit Trompeter sandte und nähere Erklärungen verlangte, erzählte Winter eine lange Geschichte und versicherte, seinen Instruktionen gemäß, er handle nicht auf Befehl seiner Königin. „Die Verstellung ist zu durchsichtig", schrieb die Regentin, „als ob ein einfacher Untertan und Offizier die Neigung und mehr noch die Macht hätte, ohne den Willen und die ausdrücklichen Befehle der Königin Krieg zu führen!" Sie hatte recht. Die Ausrede war zu durchsichtig. Solange aber die Franzosen aus Winters Aktion keinen casus belli machten, und vorläufig taten sie das noch nicht, hatte diese Ausrede das hohe Verdienst, nominell den Friedenszustand zu erhalten. Elisabeth war ebensowenig wie Winter um eine Antwort verlegen, als sie ihrerseits um eine Erklärung gebeten wurde. Der Herzog von Norfolk, sagte sie, sei von ihr beauftragt, die Angelegenheit zu untersuchen und den Übeltäter als Gefangenen nach London zu bringen; sie könne aber unter keinen Umständen Winter, einen glaubwürdigen Mann und hohen Offizier, verurteilen, ohne ihn gehört zu haben, das würde sie nicht einmal bei einem Juden tun. Daß der junge Admiral im Firth of Forth blieb und hier die Blockade weiter durchführte, braucht kaum besonders erwähnt zu werden.

Die elisabethanische Flotte hatte unter ihrem jungen Führer ihre erste Aufgabe durchaus wirkungsvoll und ohne viel Umstände zu Ende geführt. Den Franzosen erging es anders. Anfang Dezember hatten sie vier Schiffe und tausend Mann verloren, und nun vernichtete der gleiche Sturm, der Winters Schiffe überrascht und in ihrer Fahrt gehemmt hatte, ihre Hauptflotte, die an Bord die sehnlichst erwartete Armee hatte. Vier Schiffe und zweitausend Mann sollen dabei umgekommen sein, während der Rest zur Rückkehr in den Hafen gezwungen wurde.

Das war so gut wie eine gewonnene Schlacht und gab Elisabeth eine willkommene Atempause. Cecil aber ging alles nicht schnell genug: „Wir suchen den Frieden so lange zu erhalten, bis es zu spät ist!" Wenn seine Herrin fragte, ob die Schotten denn die Franzosen nicht allein aus dem Lande treiben könnten, wurde ihr mit überzeugender Sicherheit geantwortet: das könnten sie nicht. Anfang Februar 1560 wurde überall im

Lande eifrig zum Kriege gerüstet, und jeden Tag sah man die Königin – ein herrlicher Anblick – auf einem neapolitanischen Pferd beim Exerzieren der Miliz. Gresham, ihr Berater in Finanzangelegenheiten, brachte in den Niederlanden eine große Anleihe unter und kaufte heimlich große Mengen Pulver und Munition für England auf; in seinen Briefen sprach er von beiden als von Samt und rotem Satin. Es gelang ihm sogar, sich aus der königlichen Waffenschmiede zu Mecheln zweitausend Brustharnische zu verschaffen; es gab große Aufregung, als man ihr Fehlen feststellte. Am 27. Februar erhielt die Situation durch den Vertrag von Berwick ein ganz neues Gesicht. Elisabeth nahm Schottland unter ihren Schutz, um seine Freiheit und seine Privilegien zu retten, und erklärte sich zu einer offenen Intervention bereit; die aufständischen Schotten ihrerseits verpflichteten sich, Hilfe zu senden, falls die Franzosen in England einfallen sollten. Einen Monat später rückte die englische Armee über die schottische Grenze.

Jetzt griff Philipp II. ein. Der arme Mann befand sich in arger Verlegenheit. Er wollte nicht, daß Elisabeth Schottland – und noch weniger, daß Frankreich England annektierte. Ferner mußte er verhindern, daß der Aufstand in Schottland größere Ausmaße annahm und dadurch ganz Schottland dem Katholizismus verlorenging. Denn wenn das geschah, dann würde jene Frau durch ihre Unterstützung der Ketzer ganz Europa gegeneinander hetzen, und seine eigenen Besitzungen, die Niederlande, würden bald in wildem Aufruhr sein. Wenn es zwischen England und Frankreich zum Kriege kam, konnte er sich aus ihm nicht heraushalten: die Franzosen würden sicher siegreich sein, und dann geboten ihm seine Interessen, ihnen den Sieg streitig zu machen. Er sah nur einen Ausweg: er mußte Elisabeth dazu bestimmen, ihre Hilfe zurückzuziehen; er wollte dann aus den Niederlanden ein spanisches Heer schikken, das zusammen mit geringen französischen Streitkräften die Aufständischen strafte. Sollten jedoch die Franzosen nach Niederwerfung der Schotten versuchen, in England einzufallen, würde sein Heer Elisabeth helfen. Sie sollte also die Kongregation fallen lassen, und dafür wollte er ihre Sicherheit gewährleisten.

Die Lage verlangte äußerste Vorsicht, denn Philipp konnte

durch einen einzigen falschen Schritt zum Handeln getrieben werden. Bei dieser Gelegenheit zeigte sich, wie ungeheuer wertvoll Elisabeths zögernde Politik und ihre verwirrende Rednergabe waren. Cecil drängte ungeachtet aller eventuellen Folgen zum Handeln; sie aber wollte lieber alles so verwirren, daß niemand mehr sagen konnte, ob der von ihr unternommene Schritt gerecht oder ungerecht war. Alles klappte großartig, wenn auch Cecil, der gegen die privaten Zweifel und Befürchtungen seiner Herrin anzukämpfen hatte, kaum Ruhe fand. Zum Glück waren Philipps Ratgeber von seinem herrlichen Plan nicht begeistert. Sie waren davon überzeugt, daß die Franzosen nie auf ihn eingehen, sondern viel eher mit Elisabeth zu einer Vereinbarung auf Philipps Kosten kommen würden. Einige von ihnen waren so anti-französisch, daß sie fast schon pro-englisch waren.

Der Abgesandte Philipps, der Elisabeth im April seinen Vorschlag überbrachte und sie darauf hinwies, daß sie die Wahl zwischen Rückzug oder Krieg mit Spanien und Frankreich habe, war ein flämischer Edelmann; die ganze Bevölkerung der Niederlande aber war voll des Lobes über Elisabeth. Ein Mönch, der gegen sie gepredigt hatte, durfte sich nicht vor die Tür wagen, weil er fürchten mußte, gelyncht zu werden; auch sollten die spanischen Soldaten sich geweigert haben, gegen sie zu marschieren. In seiner Sympathie für England nahm der Abgesandte seinem Auftrag alle Schärfe, indem er Cecil und dem Großadmiral unter dem Siegel der Verschwiegenheit riet, den Krieg fortzusetzen. Auch der spanische Gesandte in Paris gab Throckmorton gegenüber sehr beruhigende Versicherungen ab. Im Mai – es wurde Juni, bis der Bericht des Gesandten Elisabeth erreichte – erwähnte der Herzog Alba dem englischen Gesandten gegenüber ein spanisches Sprichwort: „Wenn der Feind bis zum Gürtel im Wasser steht, reiche ihm die Hand, um ihm herauszuhelfen; reicht ihm das Wasser aber bis an die Schultern, dann packe ihn und tauche ihn ganz unter." Mit andern Worten: Konnte Elisabeth die Franzosen ohne Gefahr für sich selbst aus Schottland treiben, dann sollte sie es, ohne lange zu reden, tun.

Die Armee marschierte tatsächlich los, doch waren ihre Erfolge nicht so leicht und groß wie die der Flotte. Am 7. Mai wurde ein

Angriff auf Leith abgeschlagen, die Verluste betrugen tausend Mann an Toten und Verwundeten. Äußerlich ließ Elisabeth sich nichts anmerken; schnell wurden neue Truppen ausgehoben, die Armee wurde durch das Versprechen von Hilfe und Verstärkungen beruhigt. Innerlich aber quälten sie bald wieder ihre alten Sorgen, die durch Korruption im Heere, Disziplinlosigkeit, Unfähigkeit und hochverräterische Umtriebe noch vergrößert wurden; dazu kam weiter die Furcht vor einem Kriege mit Spanien, wenn sie nicht bald siegte. Wie einst Kassandra, prophezeite sie Unglück, und die Kleinmütigen und Schmeichler am Hofe leisteten dieser Stimmung noch Vorschub. „Gott sucht uns mit vielen Schwierigkeiten heim", schrieb Cecil an Throckmorton. „Ihre Majestät die Königin hat für das schottische Unternehmen nichts übrig." „Die Sache hat mich mehr mitgenommen als fünf Fieberanfälle."

Aber die Franzosen hatten keine Aussicht auf Sieg. Die Verschwörung von Amboise, über die Throckmorton gelegentlich seines Aufenthalts in England im Dezember berichtet hatte, war im März zusammengebrochen; die Guisen-Partei war durch sie in derartige Schwierigkeiten geraten, daß vor Ende August keine Hilfe nach Leith gesandt werden konnte; bis dahin aber waren die Belagerten wahrscheinlich ausgehungert. Außerdem war Maria von Guise sehr krank, sie lag im Sterben. Man mußte möglichst schnell zu einem Frieden kommen, und trotz der für sie so günstigen Nachrichten aus Schottland waren die Franzosen verhandlungsbereit. Elisabeth drängte auf die Eröffnung der Verhandlungen und setzte es mit Hilfe des Staatsrats gegen Cecil durch, daß er als einer der englischen Kommissare nach Edinburgh ging. Er und seine Freunde sahen dem, was sich wahrscheinlich während seiner Abwesenheit vom Hofe ereignen würde, mit den düstersten Ahnungen entgegen. „Wer kann oder wird sich den Argumenten und zweifelhaften Einfällen der Königin entgegenstellen?" fragten sie. „Wer der Unentschiedenheit und dem Zögern ein Ende machen?" „Wer wird tatkräftig durchgreifen?" „Wir lieben unser Land so, wie nur irgend jemand sein Land lieben kann. Ich wollte, der Königin Majestät stände darin hinter niemand von uns zurück!"

Nur widerwillig und ohne jedes Vertrauen zu den Verhandlungen verließ Cecil den Hof. Als er aber am Verhandlungstisch saß, wo er seine meisterhafte Geschicklichkeit und Schlauheit spielen ließ, wurde er bald erpichter auf den Frieden als seine Herrin, denn er hatte sich davon überzeugt, daß Leith nicht so leicht zu nehmen war. Während der Besprechungen verschob sich die politische Lage noch weiter zu Englands Gunsten. Maria von Guise starb, die spanischen Truppen hatten in Tripolis eine furchtbare Niederlage erlitten, damit war die letzte Angst vor Philipp beseitigt, und die Wirren in Frankreich nahmen immer größeren Umfang an. Elisabeth war obenauf. Sie befand sich jetzt in einer Lage, die, wie Gresham begeistert erklärte, „die stolzesten Fürsten der ganzen Christenheit zwang, sich zu beugen und das zu tun, was ihre edle Person wollte." Und sie war durchaus willens, nicht nur auf der Rückgabe von Calais zu bestehen, sondern außerdem die Zahlung einer halben Million Kronen als Entschädigung für den Gebrauch ihres Wappens und Titels zu verlangen. Die Schotten hatten ihr Ziel erreicht; nun wollte auch sie ihr Pfund Fleisch haben. Voller Freude sah sie dem Abbruch der Verhandlungen entgegen und war zu allem bereit. Seltsame Ironie! Jetzt predigte Cecil vorsichtige Zurückhaltung und versuchte, aus dem Geist seiner Herrin die Saat zu reißen, die er selbst gesät hatte. Er hatte sicher recht. Aber ebenso zweifellos steht fest, daß es überhaupt nicht zu Friedensverhandlungen gekommen wäre, wenn er früher seine Ansicht durchgesetzt hätte. Tatsache ist jedenfalls, daß beider Geist und Temperament in glücklicher, wenn auch manchmal gegensätzlicher Verbindung nötig waren, um diese Angelegenheit zu einem guten Ende zu führen. In der letzten Minute – zum Glück kam der Brief zu spät an – sandte Elisabeth einen eigenhändig chiffrierten Brief an Cecil, in dem sie ihm den ganz geheimen, vorerst nur für ihn bestimmten Vorschlag machte, zur Entlastung der Aufständischen in Frankreich einzufallen und als Pfand für Calais eine französische Stadt zu besetzen. Es war offenbar ein Plan, mit dem Cecil auch einmal gespielt hatte; aber seitdem hatten Cecil und seine Herrin die Rollen vertauscht.

Am 6. Juli 1560 wurde der Vertrag von Edinburgh abgeschlossen. Er bedeutete einen Triumph für Englands Prestige und Ehre, denn er bestätigte Elisabeths Recht auf den Thron ausdrücklich und verbot Franz und Maria die weitere Führung des englischen Wappens und Titels. Er enthielt noch andere Zugeständnisse; aber auch vom englischen Standpunkt aus war das Wesentliche des Vertrages, daß die französischen Truppen bis auf einen verschwindend kleinen Rest aus Schottland zurückgezogen, die Festung Leith geschleift und die Regierung einem Staatsrat aus schottischen Adligen übertragen werden sollten. Welches auch das Schicksal des Vertrages sein mochte, ob Franz und Maria ihn ratifizierten oder nicht, die Hauptbedingungen waren von vornherein sichergestellt: die Truppen mußten sofort zurückgezogen werden – „Wir befördern sie, während die Schotten sie verfluchen" –, die Befestigungen mußten zerstört werden, und innerhalb einer bis zwei Wochen fiel dem aufständischen Adel von selbst die Verwaltung des Landes zu. Elisabeth war voll berechtigter Freude. Ihr Prestige im Ausland, bei Katholiken und Protestanten, stieg ganz gewaltig. Trotz der düsteren Prophezeiungen gönnerhafter Spanier hatte sie viel erreicht, hatte es zu Anfang ihrer Regierung und, wie Cecil sich ausdrückte, noch als Jungfer erreicht.

Es war eine Freude, während der nächsten Wochen in Schottland zu leben, wenigstens glaubte das Elisabeths Bevollmächtigter Thomas Randolph. Alle Adligen vertrugen sich, und ihrer aller Dankbarkeit galt dem ‚leuchtenden Vorbild der Zeit', dessen Güte ihrem Lande gegenüber sie nie wieder gutmachen konnten. Sie sehnten sich darnach, England zu besuchen, Elisabeth zu sehen und ihr die Hand zu küssen. Im Parlament, das sie im August einberiefen, begannen sie, durch nichts und niemand behindert, den Staat nach Herzenslust umzuformen. Die Macht des Papstes wurde abgeschafft, das Lesen der Messe verboten und nach dreimaligem Verstoß gegen das Verbot mit dem Tode bestraft, ein protestantisches Glaubensbekenntnis wurde angenommen. Der Vertrag von Berwick wurde bestätigt, und um die beiden Länder in unlösbarer Union zu vereinen, beschlossen sie, Elisabeth zu bitten, den Grafen Arran zu heiraten, dessen Thronfolge sie gesetzlich festlegten. Niemand war gegen den Vorschlag. Selbst die Papisten, so hieß es, könnten sich hierin getrost vom Papste, ihrem Gott, lossagen. Alle waren bereit, diese Heirat mit ‚Zähnen und Nägeln' zu fördern. Täglich, nächtlich, stündlich redete man nur von der Heirat, und besorgt wog man Arrans Chancen gegen die der anderen Bewerber Elisabeths ab. Man sprach vom Sohne des Königs von Schweden und erkannte die große Bedeutung seines Reichtums an, legte aber größeres Gewicht auf die Anmut, die Glaubensstärke und die anderen guten Eigenschaften seiner Person. „So ist er", schrieb Randolph, „und dieser Mann hat uns in unserem Lager schon viel Sorge bereitet. Er stört unsern Schlaf und bindet unsere Zungen." All diesem aber hofften sie mit Arrans Tugenden und anderen Vorzügen begegnen zu können. Für ein wollendes, kühnes Herz war nichts unmöglich. Und Arran wollte bestimmt.

Unterdessen kehrte Cecil nach Hause zurück; er war mit sich verdientermaßen zufrieden und bereit, überall reiche Geschenke zu verteilen, um ein so glücklich verlaufenes Geschäft würdig zu beschließen. Er fand Dudley bei Hof in hoher Gunst – es war kurz vor Amy Robsarts Tod – und die Königin vom Sparteufel besessen. Wahrscheinlich schrieb er Dudleys schlechtem Einfluß zu, was Elisabeths eigenwilliger Entschluß war, ärgerte sich über das ihm zugefügte Unrecht, worin ihn seine Freunde noch bestärkten, und dachte binnen weniger als einem Monat wieder einmal an Rücktritt. Was könne er erwarten, so fragte er, wenn sich sogar der Herzog von Norfolk, ein untadeliger Edelmann und Verwandter der Königin, mit ein paar Dankesworten für seine Dienste zufrieden geben müsse und ohne Belohnung oder ein Versprechen auf Belohnung nach Hause geschickt würde. Er selbst, sagte er weiter, würde mindestens sieben Jahre an seinen Ausgaben zu tragen haben. Dagegen hätte er Elisabeth durch schnelle Entlassung der Truppen mit einem Schlage £ 15000 erspart. Er wünsche nur, daß sie um der Politik willen ein Herz habe für die Armut der schottischen Lords. Das sei bestimmt eine gute Kapitalsanlage. Er mache sich anheischig, mit tausend Pfund in fünf Jahren zwanzig und mit zweitausend Pfund vierzigtausend zu sparen. Graf Glencairn sei arm, anständig, zuverlässig und klug; Maxwell sehr klug und fromm; Hume sei mit ein paar Dukaten einzufangen; Maitland besitze alle guten Eigenschaften wie nur selten ein Mensch; Lord James werde sich freuen, auch Kircaldy verdiene es, nicht vergessen zu werden.

Die alte, ewig gleiche Geschichte! Leicht ist es nachzugeben, schwer zu widerstehen. Breit ist die Straße, die zur Zahlungsunfähigkeit führt. Englands große Nachbarn, Frankreich und Spanien, gingen beide diese Straße. Elisabeth hatte, wie das nicht anders möglich war, ihren Krieg mit fremdem Geld geführt; es war ein kurzfristiger Kredit, der nur schwer zu tragbaren Bedingungen verlängert werden konnte. Das Heer allein hatte £ 132000 gekostet, Gresham hatte für £ 109000 Rüstungen und Munition gekauft, die Gesamtsumme des im Ausland geliehenen Geldes belief sich auf £ 247000. Elisabeth stand vor der Aufgabe, eine Schuld abzutragen, die dem ordentlichen Aufkommen eines ganzen Jahres gleichkam. Während des nächsten Jahres schlugen sie und Gresham sich verzweifelt mit dieser Aufgabe herum und versuchten auf alle nur denkbare Weise, ihren Kredit zu retten, denn davon hing die Möglichkeit einer eventuell später notwendig werdenden neuen Anleihe ab. Eins lehrte die Vergangenheit ganz eindeutig: weder Geschenke noch Pensionen verbürgten Treue. Nur gemeinsame Interessen, und nicht schwankende Gefühle, wie etwa Dankbarkeit, waren von bleibendem Wert. Elisabeth hatte sich dadurch, daß sie die Franzosen vertrieben und den schottischen Adel mit der Regierung des Landes gegen den Willen der Herrscherin betraut hatte, eine denkbar starke Verbindung mit Schottland geschaffen. Noch mehr tun hieß, Wohltätigkeit üben; das aber ist ein Vorrecht des Reichen; und auch ‚Wohltätigkeit beginnt zu Hause'. Was Cecil betrifft, so kam er vielleicht im Augenblick schlecht weg, aber schließlich wurde er doch reichlich belohnt. Er erkannte leider noch nicht, daß gerade in dieser Finanzgebarung, in dieser entschlossenen, aufreizenden Sparsamkeit das Geheimnis von Elisabeths Größe lag.

Dem jungen König Franz II. erschien der Vertrag von Edinburgh hart und unannehmbar. Daß sich ein großer Fürst von seinen eigenen Untertanen Vorschriften machen lassen sollte, war für ihn, wie er erklärte, unerträglich; und obwohl er und Maria ihr Königswort gegeben hatten, die Bedingungen des Vertrages zu ratifizieren, lehnten sie es jetzt unter allerlei Vorwänden ab. Sie scheuten sich sogar nicht, weiterhin das englische Wappen zu führen. Man war in einer Sackgasse. Ehe noch etwas unternommen werden konnte, starb Franz am 5. Dezember 1560. Sein minderjähriger Bruder Karl folgte ihm als Karl IX.; die Regierung Frankreichs aber übernahm die Königin-Mutter Katharina von Medici. Langsam erlosch der Ruhm des Hauses Guise, und trotz ihrer großen Liebe zu Frankreich mußte Maria in ihr fremdes, herbes und ungastliches Königreich Schottland zurückkehren, das sie vor zwölf Jahren als Kind verlassen hatte.

Das vielverzweigte Drama, das Elisabeths Regierung darstellt, entwickelte sich weiter: bald schon galt alles Interesse den persönlichen Beziehungen zwischen ihr und Maria, zwei jungen Königinnen, die Kusinen und Nachbarn waren. Konnte man aber etwas anderes als grausame Feindschaft erwarten? Elisabeth hatte Maria sozusagen die Treue ihrer Untertanen geraubt und in Schottland eine religiöse und politische Herrschaft errichtet, die ihr selbst ergeben war. Maria ihrerseits hatte sich geweigert, den Vertrag von Edinburgh zu ratifizieren, und konnte, Wille und Macht vorausgesetzt, Gleiches mit Gleichem vergelten, die Unzufriedenheit der Katholiken in England schüren und sich um den englischen Thron bemühen. Schon ihre Witwenschaft bedeutete Herausforderung und Gefahr, denn sie konnte es mit ihrer Kusine, die bisher die beste Partie in Europa war, durchaus aufnehmen. Männer, die für

Elisabeth Geld, Zeit und Gemütsruhe geopfert hatten, warben jetzt um eine weniger jungfräuliche und spröde Frau, und schon nach wenigen Wochen waren die Namen des Don Carlos von Spanien, des Erzherzogs Karl, des Königs von Schweden und des Königs von Dänemark in aller Mund. Aus politischer Notwendigkeit – vielleicht auch aus Instinkt – mußte Elisabeth ihre halb oder ganz abgewiesenen Bewerber einer andern mißgönnen. Für jeden dieser Fürsten war, falls er Maria heiratete, der englische Thron ein verlockender Bissen, und hinter Don Carlos und Erzherzog Karl stand die starke Hilfe der Katholiken. Die Grenze zwischen England und Schottland konnte verschwinden, die beiden Völker konnten in einen Religionskrieg verwickelt werden, in den der größere Teil des Kontinents hineingezogen wurde; dann mußte in der ganzen Christenheit ein Kampf der Katholiken gegen die Protestanten entbrennen. Vielleicht waren diese Befürchtungen übertrieben; aber möglich waren sie immerhin. Europa war reif für einen derartigen Wahnsinn. Knox und seinesgleichen waren vor allem Protestanten und dann erst Schotten, Franzosen und Deutsche, und das gleiche galt von der immer wachsenden Zahl der glaubenseifrigen Katholiken. Selbst wenn der Zukunft das Glück beschieden war, dieser Gefahr zu entgehen, hing vorläufig das Wohlergehen der Christenheit von den Beziehungen dieser beiden Königinnen zueinander ab.

Der Anfang war wenig verheißungsvoll. Elisabeth forderte die Ratifikation des Vertrags von Edinburgh; Maria lehnte ab. Die Folge war, daß Elisabeth das erbetene sichere Geleit für Marias Reise durch England mit den Worten verweigerte: „Ohne Ratifikation kein sicheres Geleit." Sie beauftragte ihren Gesandten Throckmorton mit der Erklärung ihrer Weigerung. Als Maria ihn in Audienz empfing, befahl sie ihren Höflingen, sich zurückzuziehen, damit ihre Wut sich austoben könne; sie habe keine Lust, sagte sie, wie Elisabeth aus ihrem Zorn eine öffentliche Schaustellung zu machen. Nichts bedauere sie so sehr, erklärte sie Throckmorton, als daß sie sich so weit vergessen habe, um eine Gunst zu bitten. Sie könne auch, ohne England zu berühren, nach Schottland zurückkehren, wie sie ja auch auf dem Seewege nach Frankreich gekommen sei; und sollten die Winde sie an die englische Küste werfen, dann könne Elisabeth sie ganz nach ihrem Belieben zum Opfer ihrer Rache machen. Vielleicht, fügte sie hinzu, sei es sogar besser für sie, zu sterben als weiterzuleben; aber Gottes Wille solle geschehen. Elisabeth habe gesagt, sie sei jung und ermangele jeder Erfahrung; auf alle Fälle sei ihr Mut nicht geringer als der Elisabeths.

Trotz dieser bitteren Worte saß Marias Zorn nicht wirklich tief. Wie Elisabeth sah auch sie ihre politische Haltung ganz im Lichte der neuen Lage und suchte wie sie nach einem modus vivendi. Beide hatten zu fordern, beide mußten aber auch zu Konzessionen bereit sein. Elisabeth wollte eine Rückkehr Schottlands in das alte Bündnis mit Frankreich verhindern; was sich aber in jenem Lande infolge von Marias Sympathien und Glauben noch ereignen würde, das mochte der Himmel wissen. „Hier steht die Welt bald auf dem Kopf", schrieb Randolph; „nie wird sie für unsere strenge und einzigartige Glaubensauffassung Verständnis aufbringen." Die protestantische, anglophile Partei Schottlands schien stark; wer aber vermochte zu sagen, was eine kluge, anziehende Herrscherin nicht alles tun konnte, um sie zu unterminieren. Schon ließen sich weniger weitblickende Männer als der fähige Staatssekretär Maitland of Lethington und weniger aufrichtige Männer als John Knox durch ein Gefühl der Sicherheit einlullen und zu einer gewissen Ergebenheit erwärmen. „Viele einfache Leute", schrieb Maitland, „sollen durch eitle Hoffnungen betrogen und mit schönen Worten beruhigt werden." In einer solchen Situation wäre es von Elisabeth sehr kurzsichtig gewesen, hätte sie im Vertrauen auf die Hilfe der Kongregation Maria getrotzt. Viel richtiger war es, nach Möglichkeit zu einer freundschaftlichen Einigung mit ihr zu kommen.

Auch Maria war, trotzdem sie in Augenblicken des Zornes sagte, sie wolle jeden Engländer aus Schottland herausjagen, einer Einigung nicht abgeneigt. Ein Bündnis mit Frankreich hatte für sie viel von seinem Reiz verloren, seit die Guisen, ihre Verwandten, nicht mehr die Macht in Händen hatten. Außerdem konnte sie, der keine starke und organisierte Partei in Schottland zur Seite stand, ihre Politik nicht in diametralem Gegensatz zur Kongregation führen. Sie mußte einfach zu der Erkenntnis kommen, daß in Zukunft ihr Geschick mit dem der britischen Inseln eng verbunden war. Das erkannte sie auch. Nur weil die Klausel im Vertrag von Edinburgh, nach der sie verpflichtet war, auf Titel und Wappen Englands zu verzichten, so unklar abgefaßt war und vielleicht als Verzicht auf ihre späteren Ansprüche auf den englischen Thron ausgelegt werden konnte, wollte sie jetzt den Vertrag nicht ratifizieren. Aber war denn nicht ein Kompromiß möglich? Maitland und Marias illegitimer Bruder Graf Murray, die beide englandfreundlich waren, schlugen ihr vor, unter der Bedingung auf den englischen Thron zugunsten Elisabeths und ihrer Nachkommen zu verzichten, daß Elisabeth sie als Präsumptiverbin anerkannte, falls sie selbst keine Kinder hinterließe. Dieser Vorschlag wurde Elisabeth unterbreitet, bevor noch Maria Frankreich verließ. Cecil berichtete Throckmorton von dem Vorschlag als einer Geheimsache, die „für Schwache zu groß und für Einfältige zu tief" sei. In seinem Ärger über Elisabeths Benehmen Dudley gegenüber, das zur Katastrophe zu führen drohte, fügte er hinzu, daß er zu diesem Kompromiß seine Hand nicht reichen werde. Er habe von Herrscherinnen in England genug. „Möchte doch Gott", so schloß er, „unserer Herrin einen Gatten und nach gebührender Zeit einen Sohn schenken, so daß wir für unsere Nachkommen eine männliche Thronfolge erhoffen können."

In elfter Stunde noch gab Elisabeth nach und sandte Maria den Geleitbrief. Das konnte nur bedeuten, daß sie willens war, Maria auf ihrer Reise durch England zu empfangen und die Bedingungen für eine Einigung mit ihr zu besprechen, was gegenseitiges Verstehen und spätere Freundschaft gefördert hätte. Aber ach! Maria war schon zu Schiff nach Schottland unterwegs. So war die erste Gelegenheit zu einer persönlichen Begegnung verpaßt. Die Parzen hatten sich unerbittlich gezeigt.

Am Morgen des 19. August 1561 kam Maria in Leith an. Das Wetter war niederdrückend: es war feucht, und dichter, dunkler Nebel herrschte. Schon seit zwei Tagen hatte man die Sonne nicht mehr gesehen, und auch während der nächsten zwei Tage zeigte sie sich nicht; John Knox meinte, „sogar das Gesicht des Himmels verrät, welche Art Labsal mit ihr ins Land gekommen ist: Sorge, Schmerz, Dunkelheit und alle Gottlosigkeit". Sie kam ganz unerwartet; als aber ihre Galeeren

Kanonenschüsse abfeuerten, eilte die Menge herbei, um sie zu sehen. Das Schloß Holyrood wurde in aller Eile hergerichtet, und überall herrschte Freude und Begeisterung. Am Abend brachten ihr die sehr ehrbaren Bürger unter dem Fenster ihres Gemaches ein Ständchen. So schildert es wenigstens John Knox; aber für die verfeinerten Ohren eines Herrn aus ihrem Gefolge, Brantômes, des bekannten Erzählers französischer Liebesabenteuer, waren es „fünf- bis sechshundert Kerle, die mit ihren Geigen und Stockfiedeln und den falsch gesungenen Psalmen den Schlaf mordeten".

Maria war mit der Absicht gekommen, zu gefallen. Sie war noch keine neunzehn Jahre, aber viel älter an Lebenserfahrung und kannte die Welt. Sie war groß wie ihre Mutter, hatte eine blasse Gesichtsfarbe, dunkelbraune Augen und dunkles, kastanienfarbenes Haar. Ihr Gesicht war vielleicht nicht auffallend schön, doch machte ihre Lebhaftigkeit sie fast unwiderstehlich. Auf Männer übte sie den stärksten Reiz aus, und obwohl sie Königin war, erlaubte sich mehr als einer ihr gegenüber Freiheiten. Sie war klug und hatte, wie das zu erwarten war, im Renaissance-Frankreich eine gute Erziehung genossen. Musik, Tanz und Reiten lagen ihr mehr als die Wissenschaften. Sie war, wie Knox sagte, in „Freudigkeit" aufgewachsen; so nannte sie selbst ihr Tanzen, während Knox es als „Springen" bezeichnete, „das sich für eine anständige Frau nicht schickt." Sie war ein anderer Typ als ihre Kusine in England. Auch sie hatte Sprachen gelernt, beherrschte sie aber in keiner Weise; sie konnte lateinische Bücher lesen und beschäftigte sich unter George Buchanans [13] Leitung weiter mit Latein, brachte es aber nie zu einer Sprachfertigkeit. Während Elisabeth an nichts größere Freude hatte als an theologischen Gesprächen, schnitt Maria eine solche Unterhaltung mit den Worten ab, „sie könne durch Gründe nicht überzeugen, doch wisse sie, was sie glauben müsse". Zu Knox sagte sie einmal: „Sie sind mir zu schwer, wenn aber die hier wären, die ich gehört habe, so würden sie Ihnen schon antworten." Geduldig saß sie in ihrem Staatsrat und nähte, während die Räte redeten; Elisabeth hielt sich meist ihrem Staatsrat fern, um nicht von ihm beherrscht zu werden, und war sie einmal anwesend, griff sie in die Erörterung ein und brachte durch ihre Gründe ihre Minister zum

Schweigen. Maitland äußerte sich Randolph gegenüber, er habe bei Maria weder die Überlegenheit des Urteils noch die Erfahrung in wichtigen Dingen gefunden, die Elisabeth auszeichneten, die von Natur und durch ihre Lebenserfahrungen an Reife viele übertreffe, die älter seien als sie. Maria weinte leicht, sehr leicht. Sie war eine Frau, bei der das Gefühl stärker ausgeprägt war als der Intellekt; eine Frau, die geduldig ertrug und schon viel ertragen hatte, die aber an einer Krise der Leidenschaft, wie Elisabeth sie mit Dudley erlebte, leicht zugrundegehen konnte.

Von dem Dienstag, an dem Maria angekommen war, bis zum folgenden Sonntag herrschten Friede und eitel Freude, aber schon an diesem Sonntage schwand die sorglose Begeisterung, als Vorbereitungen für die Messe in ihrer Kapelle getroffen wurden. Die Gläubigen riefen empört: „Sollen wir diese Götzendienerei wieder in unserm Reich dulden? Nein, unter keinen Umständen!" Sie verlangten den Tod des götzendienerischen Priesters, wie ihn das Gesetz Gottes befahl, so daß der arme Mann, wie Randolph es ausdrückte, zu seinem Gott „mehr aus Furcht als aus Verehrung inbrünstig betete". Zum Glück war Murray anwesend. Er stellte sich an die Tür der Kapelle, und außer daß die Kerzen geraubt und zerstört wurden, richtete die Menge keinen Schaden an. Neun Tage später konnte dann Edinburgh seinen frommen Eifer zeigen. Die Gelegenheit hierzu bot Marias feierlicher Einzug in die Stadt, bei dem sie Schaustellungen begrüßten, wie vor drei Jahren beim Empfang Elisabeths in London. Man zeigte ein hübsches Kind, das aus dem Himmel, der durch eine Kugel dargestellt wurde, zur Erde herabstieg und der Königin eine Bibel, einen Psalter und die Schlüssel der Stadt überreichte. An anderer Stelle, wie Korah, Dathan und Abiram während ihrer Götzenopfer verbrannt werden, – ein schreckliches Zeichen göttlichen Strafvollzugs an Götzendienern. Die Bürger hatten zuerst sogar die Absicht gehabt, das hölzerne Abbild eines Priesters, wie er im Ornat vor dem Altar steht und die Hostie hebt, zu verbrennen. Graf Huntly verhinderte aber dies Schauspiel.

Unterdessen wetterte John Knox von seiner Kanzel herab, und Randolph befürchtete, daß er eines Tages alles verderben würde. „Er beherrscht die Menge, und alle haben Angst vor ihm – gäbe Gott, Sie wüßten nur, wie sehr.“ Eine Messe, so erklärte Knox am zweiten Sonntag nach Marias Ankunft, sei ihm schrecklicher, als wenn tausend Feinde landeten, um ihren Glauben zu unterdrücken. Maria beschloß, den unerschrockenen Prediger kennenzulernen. Umsonst, ihre Künste und Reize, selbst ihre Macht vermochten nichts über ihn. ‚Er hämmerte so heftig auf ihre Seele‘, daß sie vor Ärger und Kummer anfing zu weinen. Die Meinung, die er sich bei dieser Zusammenkunft von ihr bildete, war ebenso klar und selbstsicher wie die Worte, in die er sie zusammenfaßte: „Wenn in ihr nicht ein stolzer Sinn und ein schlauer Verstand lebt, wenn ihr Herz nicht gegen Gott und seine Wahrheit verhärtet ist, dann habe ich mein Urteilsvermögen verloren.“

Der Weg, den Maria gehen mußte, war mit Sorgen, Demütigungen und Ärger gepflastert. Doch hatte sie den Vorteil, daß Zeit und Geduld auf ihrer Seite standen. Knox bemerkte, daß zwar jeder protestantische Lord, wenn er zum erstenmal an den Hof kam, sich gegen das Schauspiel der Messe auflehnte, aber bald wieder beruhigte, wie andere vor ihm das auch getan hatten. Ein frommer Mann sagte zu einem Herrn, der eben erst an den Hof gekommen war: „Mein Lord, jetzt sind Sie da und fast als Letzter von allen; und Ihr Ärger läßt mich erkennen, daß der heilige Eifer in Ihnen noch nicht erloschen ist. Aber ich befürchte, daß auch Sie, sobald Sie mit dem geweihten Wasser des Hofes besprengt sind, diesen Eifer verlieren wie alle andern; seit fünf Tagen bin ich jetzt hier, und immer wieder heißt es zuerst: wir wollen den Priester aufhängen; aber nach zwei- oder dreimaliger Anwesenheit in der Abtei ist dieser Feuereifer erloschen. Ich glaube, irgendein Zauber ist dabei im Spiel, durch den die Menschen behext werden.“

Maria zeigte sich ebenso gemäßigt, wie sie anziehend war. Sie behielt die Messe bei, verließ sich aber in politischen Fragen ganz auf Murray und Maitland und griff das Projekt einer Freundschaft mit Elisabeth an dem Punkte wieder auf, an dem es durch die verspätete Ankunft des Geleitbriefes liegengeblieben war. Innerhalb von vierzehn Tagen war Maitland, ‚die Blüte des Geistes in Schottland‘, ‚ein ehrenwerter Mann, der mehr Sinn für Politik als für die Predigten des Herrn Knox hat‘, mit Marias herzlichsten Grüßen nach England unterwegs.

Elisabeth empfing den Abgesandten sehr freundlich. Über seinen Vorschlag, sie solle Maria als Präsumptiverbin ihres Thrones anerkennen, heuchelte sie große Überrrachung. „Ich erwartete von der Königin, Ihrer Herrscherin, eine ganz andere Botschaft", entgegnete sie und erinnerte ihn ausdrücklich daran, daß Maria sich ehrenwörtlich verpflichtet habe, den Vertrag von Edinburgh zu ratifizieren. Das solle sie zunächst einmal tun, dann erst komme die Zeit für Konzessionen. „Ich bin lange genug mit schönen Worten abgespeist worden." Maitland gab ihr darauf zu verstehen, daß ihre zweifellos unanfechtbare Haltung auf die Schotten keinen Eindruck machen werde, denn deren Interessen seien hinfort mit denen ihrer Königin und dadurch mit ihrem Anspruch auf die englische Thronfolge eng verbunden. Elisabeth antwortete, die Thronfolge sei eine Sache, in die sie nicht eingreifen werde; die sei wie Pech, und wer das anfasse, besudele sich, oder – um ein anderes Gleichnis zu gebrauchen – „wie die Lehre vom Sakrament, über die die einen das, die andern jenes denken, und nur Gott allein weiß, wessen Urteil richtig ist."

Elisabeth sprach erregt. Erst im vorhergehenden Monat war diese Frage wieder akut geworden, als sie entdeckt hatte, daß Katharina Grey, die nach Heinrichs VIII. Testament die nächste Thronerbin sein sollte, schwanger war. Es wurde festgestellt, daß sie heimlich den Grafen Hertford, den ältesten Sohn des Protektors Somerset, geheiratet hatte. Schon einmal war Katharina Grey eine Gefahr gewesen. Zu Beginn der Regierung hatte man versucht, sie nach Flandern zu entführen und für die Interessen der Katholiken zu benutzen. Elisabeth hielt es für sicher, daß gewisse Kreise des Adels hinter der heimlichen und hochverräterischen Ehe standen. Wenn man dem unzuverlässigen Quadra Glauben schenken darf, so handelte es sich bei dieser Ehe tatsächlich um eine Verschwörung, die von Dudleys Feinden gefördert wurde, als man glaubte, er würde die Königin heiraten. Da sich weder der Priester, der die Ehe vollzogen hatte, noch die verantwortlichen Zeugen meldeten, ließ Elisabeth die Ehe für ungültig erklären und schickte Hertford und Katharina in den Tower. Hier bekam sie nach gebührender Zeit, zu Elisabeths unbeschreiblichem Ärger und Abscheu, noch ein zweites erschlichenes Kind.

Die Thronfolge war ein sehr schwieriges Problem, aber Elisabeth sagte zu Maitland, es genüge vollständig zu wissen, daß sie, solange sie lebe, Königin von England sein werde. „Wenn ich tot bin", fuhr sie fort, „folgt der auf dem Thron, der das größte Recht hat. Sollte das die Königin, Ihre Herrscherin, sein, so würde ich nie etwas gegen sie unternehmen. Hat aber ein anderer begründetere Ansprüche, so wäre es gegen alle Vernunft, von mir ein offenbares Unrecht zu verlangen." Sie ging sogar noch weiter und hielt mit ihrer Meinung nicht hinter dem Berge, nach der niemand größere Ansprüche habe als Maria, deren Rechte sie denen aller anderen vorziehe. Auch sei keiner der anderen Anwärter stark genug, Maria den Thron streitig zu machen. „Sie kennen sie alle", sagte sie, „was vermögen sie denn, die armen Kerle?" Allerdings hätten einige von ihnen, fügte sie bissig hinzu, durch ihre Fruchtbarkeit der Welt zu verstehen gegeben, daß sie des Thrones würdiger seien als sie selbst oder Maria. Arme Katharina Grey!

Als Maitland darauf hinwies, daß sein Plan ein Weg zur Freundschaft sei, entgegnete Elisabeth: „Glauben Sie denn, ich könnte mein Leichentuch lieben, wenn, wie Beispiele beweisen, Fürsten nicht einmal ihre Kinder lieben können, die ihnen nachfolgen?" Sie sah vor allem die drohende Gefahr. Sie kannte die Unbeständigkeit ihres Volkes und wußte, daß es die aufgehende Sonne der untergehenden vorzog. „Ich habe zur Zeit meiner Schwester am eigenen Leibe erfahren, wie gern man mich an ihrer Stelle gesehen hätte, und wie sehr man sich bemüht hat, mich für einen solchen Plan zu gewinnen. Hätte ich meine Zustimmung gegeben, so wäre nichts unversucht geblieben, das Ziel zu erreichen." Jetzt, so fuhr sie fort, dächten manche vielleicht anders. Wie Kinder, die im Schlafe von Äpfeln träumen und am Morgen, wenn sie erwachen, anfangen zu weinen, weil sie sie nicht vorfinden, so habe jeder, der ihr zugetan war, als sie noch Lady Elisabeth war, geglaubt, er würde gleich nach ihrer Thronbesteigung nach seinem Ermessen belohnt werden; und da er nun habe feststellen müssen, daß der Erfolg seinen Erwartungen nicht entspreche, sei es durchaus möglich, daß er mit einer Änderung, bei der er besser zu fahren hoffe, einverstanden sei. „Keines Fürsten Einkünfte sind so groß", – eine weise Erkenntnis! – „als daß sie die unersättliche Gier der Menschen befriedigen könnten." Außerdem dürfe das religiöse Problem nicht vergessen werden, das für das Reich ein großes Gefahrenmoment darstelle. Erkenne sie eine katholische Maria als ihre Nachfolgerin an, eine mächtige Fürstin und ihre nächste Nachbarin, so schärfe sie vielleicht das Messer, mit dem ihr Reich einst in zwei Teile geschnitten würde. Auf Versprechungen, erklärte sie, könne man sich nicht verlassen, Beweis hierfür sei Marias Weigerung, den Vertrag von Edinburgh zu ratifizieren. „Sobald Aussicht auf ein Königreich vorhanden ist, wird es schwer, Fürsten durch einen Vertrag zu binden." Wüßte man, wer ihr Nachfolger sei, würde sie sich immer bedroht fühlen.

Und so „blieb die Sache", wie Maitland berichtete, „vorläufig res integra"; nichts sei endgültig beschlossen. Aber Elisabeth sei mehr als freundlich, sie sei entgegenkommend gewesen. Sie war zu einer wohlwollenden Neutralität bereit, die ihr Marias Freundschaft garantierte und so eine Art politischer Versicherung darstellte. Die Zukunft dieser Neutralität – ob sie etwas mehr oder aber weniger bedeutete – hing ganz von Marias Verhalten ab. Elisabeths Absichten waren ebenso ehrlich, wie ihre Staatskunst meisterhaft war.

Der Form halber und um ihre günstige Stellung in dem diplomatischen Spiel nicht zu verlieren, verlangte Elisabeth noch einmal die Ratifizierung des Edinburgher Vertrages, doch hatte sie Maitland gesagt, sie sei bereit, den Vertrag zu revidieren und zu mildern, und in einem Briefe an Maria leitete sie ein, was sie vor allem erreichen wollte: eine Begegnung mit Maria. Sie könne keinen Vertreter mit ihren Absichten betrauen, wohingegen durch eine persönliche Aussprache der beiden Königinnen leicht eine Verständigung herbeigeführt werden könne, die viel mehr wert sei als die formalen Worte eines Vertrages. Es ist kein Zweifel, daß Elisabeth wirklich bereit war, Maria die Thronfolge zu sichern, d. h. unter Bedingungen, die nicht schwer zu erraten sind: kein Bündnis mit Frankreich, Freundschaft mit England, eine annehmbare Ehe und wahrscheinlich Bekehrung zum Protestantismus. Der Weg war voller Schwierigkeiten, doch waren selbst diese scheinbar unüberwindlichen Schwierigkeiten aus dem Wege zu räumen, sobald die beiden sich kennenlernten und Vertrauen zueinander faßten. Maitland glaubte nicht, daß seine Herrin unbedingt auf der Messe bestehen würde. „Ich erkenne in ihr ganz sicher große Bereitwilligkeit“, sagte er zu Cecil, „und glaube, daß die Königin, Ihre Herrscherin, auf religiösem Gebiet viel bei ihr erreichen wird, sobald die beiden miteinander vertraut geworden sind.“

Elisabeth sagte zu Maitland und Cecil, beide sollten sich in ihrem Briefwechsel, der mit Kenntnis ihrer Herrinnen zu führen sei, ganz frei und offen geben, damit ein Weg zur Verständigung gefunden würde, bevor die Welt etwas von der Absicht erführe. In dem weiteren Briefwechsel war Maitland der offenere, er verheimlichte nichts, er kontrollierte Maria und nicht sie ihn. Einmal hielt er sogar Marias Antwort auf einen Brief Elisabeths zurück, um sich vorher bei Cecil zu erkundigen, was sie schreiben sollte! Cecil ignorierte aber dieses Ansinnen.

Cecil war in dieser Zeit in einer seltsamen Verfassung. Er hatte viel von seinem Einfluß und seiner Tatkraft eingebüßt, denn die Dudley-Episode hatte das alte gute Einvernehmen zwischen ihm und der Königin sehr getrübt. Er war wie ein Schiff ohne Fahrt. Im Dezember 1561 sagte er zu seinem Freunde Throckmorton: „Was nützt mir meine Stellung? Rein äußerlich betrachtet, scheint sie, wegen meines häufigen Zusammenseins mit Ihrer Majestät, einflußreich. Doch davon kann keine Rede mehr sein. Mir bleibt einfach nichts anderes übrig als zurückzutreten, wobei mich nur der Gedanke mit Sorge erfüllt, daß meine Nachfolger wahrscheinlich das, was ich aufgebaut habe, zerstören werden oder gar zerstören wollen.“ „Nirgendwo sehe ich ein Ergebnis all meiner Plackerei, weil Ihre Majestät sie nicht anerkennt. Ich lasse nun alles laufen, wie es will.“ Scheinbar arbeite er weiter, sagte er, aber er sei nicht mit dem Herzen bei der Arbeit, „ich lasse die Dinge gehen wie eine Uhr, wenn sie aufgezogen ist.“ Er fürchtete sich, für diese schottische Angelegenheit die Verantwortung zu übernehmen. Er war nicht mit dem Herzen dabei, vielleicht erschien ihm die Aussicht auf noch eine Herrscherin unerträglich. Maitland machte dauernd ernste Vorstellungen: „Wir zwei können vieles erörtern“, schrieb er, „was weder Maria noch Elisabeth vorläufig zu schreiben vermögen.“ „Lassen Sie uns bitte alles tun, diese Begegnung zustande zu bringen, denn ich bin überzeugt, daß die eine die andere so leiten wird, daß danach kein Vermittler mehr nötig ist. Erst dann werde ich sagen: Nunc dimittis servum tuum, domine." „Wir schießen beide nach dem gleichen Ziel – der Einheit dieser Insel." Er beklagte sich darüber, daß Cecil ihm dauernd in Parabeln, in kurzen und dunklen Sätzen schrieb; darauf antwortete Cecil, er könne als Minister in Sachen seiner Herrscherin nicht anders schreiben, als es ihr beliebe.

Aber trotz dieser Befürchtungen, trotz dieser dunklen Sätze, für die es eine durchaus vernünftige Erklärung gab, drängte alles auf eine Begegnung hin. Marias Verwandte in Frankreich, die nun nicht mehr die Träger der französischen Politik waren, wünschten sie sehr, und zwischen ihrem Hause und Elisabeth entstand – bedeutsame Tatsache! – etwas wie Herzlichkeit. Auch Throckmorton war für die Begegnung. Maria war begeistert, und ebenso Elisabeth.

Von Frankreich her grollte der Donner. Der unsichere religiöse Friede, der mit der Thronbesteigung Karls IX. über dieses Land gekommen war, wurde am 1. März 1562 durch die Ermordung einer protestantischen Kongregation in Vassy, für die Anhänger des Herzogs von Guise verantwortlich waren, gebrochen. Katholiken und Hugenotten griffen zu den Waffen und lagen im nächsten Monat miteinander im Krieg. Sofort verlangte Throckmorton von Elisabeth, sie solle die Begegnung mit Maria aufgeben. Sie müsse dem Fürsten von Condé und seinen hugenottischen Anhängern helfen; da Spanien, Savoyen und andere sich wahrscheinlich auf die Seite der Katholiken stellten, wodurch der Krieg zu einem großen Gebalge um Beute werde, müsse auch sie dabei sein. Sie könne, sagte Throckmorton, von den Hugenotten Calais, Dieppe oder Le Havre, ja sogar alle drei Städte verlangen.

Das waren kümmerliche Aussichten für eine Begegnung! Das wußte auch Maria, die vor Sorge um ihren Onkel Guise und die wahrscheinliche Wirkung seines Vorgehens auf ihre Beziehungen zu Elisabeth nicht mehr zur Ruhe kam. Sie weinte über ihr Mißgeschick. „Bei Gott, es ist wahr", schrieb Randolph. Aber noch war die Lage nicht verzweifelt. Elisabeth hatte wenig Lust, sich auf Spekulationen in Frankreich einzulassen; und obwohl sie das, was Throckmorton sagte, nicht kurzerhand ablehnte und zum Handeln bereit war, falls die Umstände sie zwangen, zog sie es vorläufig doch vor, einen

Frieden durch Vermittlung zustande zu bringen. Sie gab den Gedanken an eine Begegnung mit Maria noch nicht auf. Anfang Juni trat ihr Staatsrat zusammen, um sich mit dieser Frage zu befassen: er sah überall nur Schwierigkeiten. Aber trotzdem wollte Elisabeth nicht verzichten und gab ihre Befehle für die notwendigen Vorbereitungen.

Maitland kam mit einem ernsten Brief Marias nach London. Der Staatsrat mußte die Frage noch einmal prüfen, und als Elisabeth erkannte, daß wenig Hoffnung auf ein günstigeres Ergebnis bestand, nahm sie selbst an der Sitzung teil. Es war eine Vollsitzung. Jedes Mitglied des Staatsrats sprach; die Rede des Sir Nicholas Bacon ist auf uns gekommen. Zuerst machte er geltend, daß Maria mit dem Hause Guise identisch sei, und ging dann dazu über, ihre bisherige feindselige Haltung England gegenüber zu kritisieren. Maria, so legte er dar, habe mannigfache Gründe, Elisabeth nicht zu lieben, und wenn es eines Beweises bedürfe, daß sie sich innerlich nicht geändert habe, so finde man ihn leicht in ihrer wiederholten Weigerung, den Vertrag von Edinburgh zu ratifizieren. Worte und Taten seien zweierlei; auf gefällige und angenehme Reden, die von schönen Versprechungen begleitet seien, könne sich niemand, der über politische Klugheit verfüge, verlassen. Begegnungen zwischen Fürsten seien eine große Seltenheit; sie seien immer das Zeichen besonderer Freundschaft; diese Begegnung aber werde nur das Haus Guise stärken, und zwar in einem Augenblick, wo es für den Katholizismus gegen den Protestantismus kämpfe. Hätten die Guisen erst wieder die Macht in Frankreich, dann werde sehr bald eine Liga der katholischen Fürsten zustande kommen, die vor nichts zurückschrecke, um den Protestantismus in England zu vernichten. Bei einem solchen Ereignis dürfe Elisabeth aber nicht auf die Hilfe anderer protestantischer Fürsten hoffen, wenn sie die französischen Protestanten in ihrer augenblicklichen Not im Stiche lasse. Wer könne außerdem bezweifeln, daß die Guisen, sobald sie wieder die Herren Frankreichs seien, Maria Stuart beim Sturz der gegenwärtigen Regierung und bei der Ausrottung des protestantischen Glaubens in Schottland helfen würden? Die Begegnung mit Maria, so schloß er, lasse nichts Gutes erhoffen, sondern nur Schlimmes befürchten, und deshalb könne er ihr nicht zustimmen.

Alle Staatsräte waren der gleichen Ansicht. Elisabeth hörte sich die Redner ruhig an, die mit überwältigender Einmütigkeit von der Begegnung abrieten. Dann antwortete sie mit einer ‚Feinheit des Geistes und des Ausdrucks', die allgemein bewundert wurde. Eine Erwiderung ließ sie nicht zu. Wenn nicht, so erklärte sie herausfordernd, Nachrichten von Throckmorton aus Frankreich sie zum Bleiben zwängen, werde sie doch zu der Begegnung gehen. „Hierüber stöhnen und jammern die meisten und die klügsten", schrieb Sir Henry Sidney an Throckmorton. Er fuhr fort, nur Throckmorton könne noch hoffen, Elisabeth zu beeinflussen, und bat ihn, mit aller List zu verhindern, daß diese Begegnung zustande käme; außerdem würde er dem Adel und der Gentry Englands über vierzigtausend Pfund sparen.

Selbst die Sterne in ihrem Lauf schienen gegen die Begegnung zu kämpfen. Das Wetter war unglaublich schlecht gewesen und hatte die Wege für einen langen Zug von Wagen und Pferden unpassierbar gemacht. „Weder die Sonne noch der Mond, weder Winter noch Frühling, noch Sommer oder Herbst haben die ihnen zukommende Aufgabe erfüllt", schrieb im August 1562 Bischof Jewel – und erlaubte sich dabei die dichterische Freiheit, auch den Herbst in seiner Liste mit aufzuführen. „Es hat so heftig und fast ohne Unterbrechung geregnet, als könne der Himmel kaum etwas anderes tun." Auch viele Mißgeburten wirkten als böses Omen: Kinder mit scheußlich entstellten Körpern – am 24. Mai wurde in Chichester ein männliches Kind geboren, dessen Kopf, Arme und Beine ‚das reinste Gerippe waren', ‚Brust und Bauch hingen ungeheuer dick an einer langen Nabelschnur; um den Hals trug es einen großen Kragen aus Fleisch und Haut, der an die Krause eines Hemdes oder Halstuches erinnerte und dessen Falten bis an die Ohren reichten'; ähnliche Mißgeburten sollen bei Schweinen, Pferden und anderen Tieren aufgetreten sein. Man sprach von einem zweiköpfigen Fohlen, dem ein langer Schwanz zwischen den Köpfen hervorwuchs; einem Schwein mit menschenähnlichen Armen, Händen und Fingern, einem anderen mit zwei Rümpfen, acht Beinen und nur einem Kopf.

Aber Elisabeth kümmerte sich nicht um Zeichen, böse Vorbedeutungen und Schwierigkeiten. Die Mißgeburten überließ sie den Geistlichen, Chronisten und Nachrichtenkrämern, die Beschaffenheit der Wege ihren Beamten und die Kosten des standesgemäßen Auftretens bei Hofe dem Adel und der Gentry. Nur die Vorgänge in Frankreich interessierten sie. Am 25. Juni kam es dort zum Frieden; am 6. Juli setzte Elisabeth mit Maitland die Bedingungen für ihre Begegnung mit Maria fest. Einer der Artikel gestand ihr ausdrücklich den Anspruch auf Ratifizierung des Edinburgher Vertrages zu; das war der Lohn für ihre Hartnäckigkeit. Zwischen dem 20. August und 20. September sollten sich die beiden Königinnen in York oder einem andern passenden Ort treffen.

Aber es sollte nicht sein! Am 12. Juli brach der französische Friede wieder zusammen, und der Krieg tobte bald von neuem. Elisabeth konnte nicht länger Zuschauerin bleiben und dulden, daß Condé besiegt wurde. Einige Monate später sagte sie zu Maria: „Als ich sah, daß meine Staatsräte und Untertanen mich für kurzsichtig, schwerhörig und dumm hielten, raffte ich mich aus meiner Schläfrigkeit auf. Ich fühlte mich unwürdig, ein Königreich, wie dieses, zu regieren, wenn ich nicht einmal meine eigenen Angelegenheiten geschickt erledigen könnte." Am 15. Juli sandte sie Sir Henry Sidney nach Schottland mit dem Bescheid, daß die Begegnung bis zum folgenden Sommer zurückgestellt werden müßte. Maria war sehr niedergeschlagen und blieb den ganzen Tag zu Bett; als sie dann aber Sidney selbst sprach und von Elisabeths Freundlichkeit hörte, belebten sich ihre Geister wieder. Schließlich war die Begegnung ja nur um weniger als ein Jahr verschoben. Rührender Optimismus! Die Parzen kennen kein Erbarmen.

Elisabeth war auf dem Wege in ihr zweites militärisches Abenteuer. Äußerlich gesehen, klappte alles tadellos: ohne Verzug wurde befohlen, Truppen auszuheben und eine Kriegs- und Transportflotte auszurüsten, während Gresham den Auftrag bekam, auf dem Geldmarkt in Antwerpen die alten Schulden zu prolongieren und neue Gelder aufzunehmen. Aber hinter den Kulissen kämpften Cecil und andere voller Sorge gegen die Zweifel ihrer Herrin und bemühten sich, sie von ihrer Friedensneigung abzubringen und in Geist und Gemüt auf das kostspielige und widerwärtige Kriegsgeschäft einzustellen. Sie hatten alles, was für den Krieg sprach, in überzeugenden Denkschriften niedergelegt, und Throckmorton in Frankreich erhielt den Wink, nachdrücklich auf die Gefahren hinzuweisen, die ein Sieg der Guisen bedeuten würde.

Die Situation war durchaus klar. Instinkt und Erfahrung warnten Elisabeth davor, sich in Gefahren zu stürzen: viel lieber hätte sie gewartet, bis die Gefahren wirklich vor ihr standen, denn sie wußte, daß das Schicksal oft alle Propheten Lügen straft. Begeisterung für einen Kreuzzug war ihr fremd. In politischen Dingen dachte sie skeptisch oder besser realistisch und hatte nur die Interessen Englands im Auge; nach den schweren Unkosten, die vor zwei Jahren das Unternehmen in Schottland verursachte, hätte sie am liebsten auf jedes weitere militärische Abenteuer verzichtet, um Ordnung in ihre Finanzen zu bringen. Bei dieser Einstellung ist es nicht verwunderlich, daß sie dem Fürsten von Condé und den Hugenotten schwere Bedingungen stellte: sie verlangte die Übergabe von Le Havre, das sie so lange behalten wollte, bis Frankreich Calais zurückgab. Daß sie die verbündeten Hugenotten zwang, als Franzosen ehrlos zu handeln, war politisch bestimmt unklug und mußte sich rächen, sobald Frankreich wieder befriedet war.

Aber der Friede lag noch in weiter Ferne. Glaubenseifer artete in unglaubliche Barbarei aus; weder vor Geschlecht noch Alter machten Folter, Gewalttat und Mord halt. In Paris genügte es, daß ein Junge schrie: „Da ist ein Hugenotte!" – sofort bewarfen müßige Vagabunden und Lastträger das unglückliche Opfer mit Steinen; aus ihren Werkstätten kamen Handwerker und Lehrjungen, fielen über den Ärmsten her und brachten ihm tausend Wunden bei; die Straßenjungen beraubten den Leichnam seiner Kleider, schleppten ihn an den Fluß und warfen ihn hinein. Jedem Betrüger stand die Sympathie und die Wut des Volkes dienstbar zu Gebote. Als ein gerissener Mörder schon auf der Leiter stand und gehenkt werden sollte, rief er: „Ach, liebe Leute, nun muß ich sterben, weil ich einen Hugenotten erschlug, der die Heilige Jungfrau verachtete, und dabei habe ich ihr immer treu gedient und mein ganzes Vertrauen auf sie gesetzt, und so hoffe ich auch jetzt, daß sie für mich ein Wunder tut." Das Volk murrte, lief an den Galgen, schlug den Henker und befreite den Schurken. Daß die Geschichten über katholische Greuel die Erregung der Protestanten in England zur Siedehitze trieb, ist selbstverständlich.

Anfang Oktober 1562 wurde der Vertrag mit Condé abgeschlossen. Die englischen Truppen standen bereit. Sie besetzten Le Havre. Abgesehen von einer kleinen Abteilung, die bei der Verteidigung von Rouen eine hervorragende Rolle spielte, merkten sie kaum etwas vom Krieg. Mit dem Frieden kam erst die Gefahr. Nach der Gefangennahme Condés und der Ermordung Guises beendete Katharina von Medici am 25. März 1563 den Krieg; wie zu erwarten war, bildeten sofort Katholiken und Hugenotten eine gemeinsame Front gegen die Engländer. Man machte Elisabeth verschiedene Vorschläge für einen Friedensvertrag; sie aber bestand auf der Rückgabe von Calais, da sie überzeugt war, daß ihre Truppen Le Havre halten würden; so blieb nichts anderes übrig, als den Kampf entscheiden zu lassen. Wahrscheinlich hätte sie ihn gewonnen, wenn nicht ein neuer und furchtbarer Feind – die Pest – aufgetreten wäre. Sie dezimierte das Heer; nun war Elisabeth zu Verhandlungen bereit, aber jetzt war es zu spät. Bald starben wöchentlich fünfhundert Mann der Besatzung, dann hundert täglich, während doppelt soviel krank waren; die Mauern konnten nicht mehr genügend bemannt und die Toten nicht beerdigt werden; schnell wurden Verstärkungen geschickt, aber der Tod war schneller als sie; Ersatz an geübten Soldaten war nicht vorhanden. In der Heimat fehlte es nicht an Eifer, im Heere nicht an Mut – alles umsonst: am 29. Juli mußte Le Havre übergeben werden. Nach vielem Hin und Her kam es dann zum Frieden. Wie im Jahre 1559 bei Cateau-Cambrésis wurde auch diesmal die Ehre gerettet, wenn auch unter schwersten Opfern. Calais war unwiederbringlich verloren, ebenso die im Vertrag von 1559 versprochenen Kompensationen.

Es war ein glückloses, kostspieliges Abenteuer gewesen. Wieder wurde das alte Vorurteil gegen eine Frau auf dem Thron laut. „Gott helfe England und sende ihm einen König", hieß es in einem Brief an den Gesandten in Spanien, „denn in der Zeit des Weiberregiments haben wir nur wenig erreicht." Dieses Urteil war ungerecht; Elisabeth hatte sich im Unglück von ihrer besten Seite gezeigt; sie war voller Mut, für den Fehlschlag war niemand anders verantwortlich als die hugenottischen Führer. Sie duldete es nicht, daß die Heimat den Soldaten wegen des Verlustes von Le Havre Vorwürfe machte; im Gegenteil, und wenn man es ihr nicht verwehrt hätte, wäre sie trotz der drohenden Ansteckungsgefahr nach Portsmouth gegangen, um die Soldaten bei ihrer Rückkehr zu begrüßen und ihnen für ihre Tapferkeit zu danken.

Aber mit dem Fall von Le Havre hatte das Unglück noch nicht sein Ende erreicht; mit der verseuchten Besatzung kam die Pest ins Land und wütete dort bis in die Monate Oktober und November, die kaltes und feuchtes Wetter brachten. In London allein stieg die Zahl der Todesfälle schnell von hundert auf dreitausend wöchentlich; in der Stadt und den umliegenden Gemeinden kamen etwa zwanzigtausend Menschen ums Leben. Unter den Opfern befand sich auch der spanische Gesandte Quadra. Er starb in den Sielen: er intrigierte bis ans Ende. „Nun kann ich nichts mehr tun", waren seine letzten Worte. Durch seine böswilligen Berichte und die Förderung religiöser und politischer Unzufriedenheit hatte er sein möglichstes getan, Spanien und England einander zu entfremden und Elisabeths Autorität zu untergraben; für diesen schlechten Dienst war er in der letzten Zeit vom englischen Staatsrat nicht gerade freundlich behandelt worden. Nach seiner Auffassung aber war er ein treuer Diener gewesen, dessen geldliche Entlohnung, wie die der meisten Gesandten der damaligen Zeit, zu dem Geleisteten in keinem Verhältnis stand. Er starb derart verschuldet – Lieferanten und Personal waren seit Jahren nicht bezahlt –, daß seine Testamentvollstrecker es anderthalb Jahre lang nicht wagten, seine Leiche zur Beisetzung in die Heimat bringen zu lassen, weil sie fürchteten, seine Gläubiger, die auf der Lauer lagen, würden sie beschlagnahmen, um auf diese Weise Zahlung zu erzwingen.

Als das französische Abenteuer beendet war, konzentrierte sich das Interesse wieder auf die Beziehungen zwischen Elisabeth und Maria. Während des Krieges hatte Maria einen durchaus anerkennenswerten Kurs zwischen Sympathie für ‚ihre liebe Schwester, zärtliche Kusine und Freundin' und Sympathie für ihre nicht minder lieben Onkel gesteuert; sie beklagte ihr Los; denn wem der Sieg auch zufiel, für sie bedeutete er auf jeden Fall Kummer; aber sie weigerte sich, ihre Neutralität aufzugeben und in das alte Bündnis mit Frankreich einzutreten. Sie vergoß bittere Tränen über den Tod ihrer drei Onkel und war Elisabeth für ihre zärtlichen Briefe rührend dankbar. Trotzdem war der Krieg ein tragisches Hindernis auf dem Wege zur Verständigung und festen Freundschaft. Das Haus Guise hatte seine feindselige Haltung Elisabeth gegenüber wieder eingenommen und tat alles, um Maria davon zu überzeugen, daß ihre Kusine ein falsches Spiel mit ihr spiele.

Im Frühjahr 1562, als beide Königinnen eifrig bemüht waren, eine Begegnung zustande zu bringen, hatten sich die Engländer über die Thronfolge nicht weiter den Kopf zerbrochen. Aber diese gleichgültige Haltung schwand im Oktober dieses Jahres, als sie nachdrücklich an die ‚blinde Furie mit der furchtbaren Schere' erinnert wurden. Elisabeth war an den Blattern erkrankt. Die Krankheit grassierte schon zwei bis drei Jahre im Lande und trat besonders häufig bei Damen von Stand auf. Die Gräfin Bedford und viele andere waren ihr zum Opfer gefallen. Elisabeth hatte sich nicht wohl gefühlt und, um sich zu erfrischen, ein Bad genommen. Dann war sie – ungeduldig, wie alle tätigen Menschen, wenn sie krank sind – ohne Rücksicht auf die Folgen ins Freie gegangen und hatte sich erkältet.

Mit hohem Fieber legte sie sich zu Bett. Eine Zeitlang kam die eigentliche Krankheit nicht zum Ausbruch, am Tage der Krisis aber war sie mehrere Stunden lang bewußtlos. Der Tod säße ihr, wie sie sagte, in allen Gliedern; der Hof trauerte schon um eine Sterbende. Mitten in der Nacht vorher war Cecil in aller Eile von London nach Hampton Court geholt worden, wo der Staatsrat angesichts des nach seiner Meinung bevorstehenden Todes der Königin über ihren Nachfolger beriet. Man war geteilter Ansicht. Die einen waren für Katharina Grey, die andern für den Grafen Huntingdon; für Maria von Schottland war niemand, wenigstens nicht offen.

Als Elisabeth das Bewußtsein wiedererlangte, galten, wie als sicher berichtet wird, ihre Gedanken England und Dudley. In ihrer wirren, unkritischen Geistesverfassung war es ihr instinktiver Wunsch, ihr geliebtes, vom Unglück verfolgtes Land der Sorge des Mannes anzuvertrauen, zu dem sie das größte Vertrauen hatte. Sie bat den Staatsrat, Dudley zum Protektor Englands zu ernennen, ihm einen Lordstitel und ein Einkommen von zwanzigtausend Pfund zu geben. Sie liebe ihn, habe ihn immer zärtlich geliebt, sagte sie, aber Gott sei ihr Zeuge, daß nie etwas Ungehöriges zwischen ihnen vorgekommen sei. Ob dieser Bericht wahr ist oder nicht, steht dahin, jedenfalls beschäftigte sich ihr Geist damals mit Dudley, denn drei Tage später, als sie auf dem Weg der Besserung war, ernannte sie ihn zum Staatsrat. Als sie das tat, war sie wieder im Vollbesitz ihrer geistigen Kräfte, und ihr Weitblick veranlaßte sie, gleichzeitig den Herzog von Norfolk zum Staatsrat zu ernennen, um von vornherein aller Eifersucht zu begegnen.

Natürlich wurde die Thronfolgefrage nach dieser Krankheit wieder akut, und die Meinungsverschiedenheiten, die im Staatsrat zutage getreten waren, zeigten sich bald auch in der Öffentlichkeit. Jeder Engländer erkannte, an welch dünnem Faden – dem Leben einer Frau – die Ruhe ihres Landes hing, und Ehrgeiz, Selbstsucht, religiöse Neigungen oder auch nur die Sorge um eine klare und sichere Zukunft veranlaßten sie, sich auf die Seite dieses oder jenes Anwärters zu stellen.

Ganz im Banne dieser Sorge trat im Januar 1563 das zweite Parlament der Regierung zusammen. Es wurde einberufen, um bei der Finanzierung des französischen Krieges zu helfen, aber überall wurde erzählt, man wolle versuchen, die Thronfolge endgültig zu regeln. Kaum hatten die Verhandlungen begonnen, als sich im Unterhaus ein Abgeordneter zum Wort meldete und des längeren zu diesem Thema sprach. Man wählte einen Ausschuß, der eine Petition an die Königin aufsetzen sollte, dann trat man an das Oberhaus heran. Das Oberhaus, zu jeder Hilfe gern bereit, beschloß ebenfalls eine Petition. Augenscheinlich waren alle der gleichen Meinung. Cecil, der mit dem geplanten Schritt durchaus einverstanden war, hielt sich vorsichtig schweigend im Hintergrund; er kannte die Ansichten der Königin und vergaß auch nicht, daß die Unterstützung eines erfolglosen Anwärters eines Tages seinem Glück verhängnisvoll werden konnte. „Die Sache ist so umfassend, daß ich sie nicht bis in alle Einzelheiten erkenne. Gott gebe ihr einen guten Ausgang", schrieb er an einen Freund.

Die Petition des Unterhauses war ein einziger Ausdruck liebevoller Zuneigung; sie enthielt außerdem das Ersuchen, Elisabeth möge heiraten. Aber das alles verbrämte nur die wirkliche Forderung, die die Thronfolge betraf. Elisabeths kürzliche Krankheit und die Angst, die sie auslöste, seien Warnung genug. Die Petition entwarf ein Schreckensbild von dem unaussprechlichen Elend mit Bürgerkrieg und feindlichen Einfällen, mit Untergang edler Geschlechter und Hinmordung des Volkes, mit Hinrichtung und Verrat, mit Unsicherheit für Gut und Blut, mit vielem anderen Unglück, falls England bei Elisabeths Tode der Zankapfel gegnerischer Anwärter würde. Es brauche nur an das Reich Alexanders des Großen oder an Englands Kriege der beiden Rosen erinnert zu werden; diese und viele andere Ereignisse in der Vergangenheit seien Beweis für die Richtigkeit ihrer Prophezeiung. Der protestantische Glaube stünde auf dem Spiel: „Wir fürchten eine Ketzerpartei in Ihrem Reich", hieß es in der Petition, „wir fürchten die streitsüchtigen und böswilligen Papisten."

Elisabeth beantwortete die Petition in einer vorzüglichen, kurzen und verhältnismäßig einfachen Rede. Sie bat, man möge doch nicht glauben, daß sie, die in andern Dingen so sehr für sie alle eintrete, in dieser Sache, die sowohl ihre eigene als auch die Sicherheit des Landes betreffe, sorglos handeln werde. Für sie selbst stehe doch viel mehr auf dem Spiel; ihnen drohe schlimmstenfalls Verlust des Lebens, sie selbst aber laufe Gefahr, Leib und Seele zu verlieren, sollte sich ihre Politik als unheilvoll erweisen. Sie kenne einen Philosophen, der auf eine schwierige akademische Frage nie geantwortet habe, bevor er nicht das Alphabet aufgesagt habe. Ähnlich werde auch sie ihre Antwort auf die Petition auf einen späteren Zeitpunkt verschieben, denn eine so wichtige Angelegenheit wolle sie nicht oberflächlich behandeln. „Ich gebe Euch allen die Versicherung", schloß sie, „daß, wenn Ihr auch nach meinem Tode vielleicht noch viele Stiefmütter haben werdet, Ihr doch nie eine bessere Mutter haben sollt, als ich Euch allen sein will."

Einige Tage später kamen die Lords mit ihrer Petition. Sie waren vorsichtiger und stellten die weniger heikle Forderung nach baldiger Verheiratung in den Vordergrund; trotzdem ärgerte sich Elisabeth über sie. Für das Vorgehen des Unterhauses habe sie Verständnis, in ihm säßen, wie sie sich ausdrückte, „unruhige Köpfe, deren Hirn vergeblich nach klarer Einsicht strebt". Von den Lords aber verlange sie ein weniger ungestümes und kurzsichtiges Verhalten. Dadurch, daß die Lords mit dem Unterhaus gemeinsame Sache machten, hätten sie ihre Königin isoliert. Wenn sie einen Nachfolger ernenne, warnte sie, so werde das England viel Blut kosten. Mit einiger Bitterkeit fügte sie hinzu, die Narben, die sie auf ihrem Gesicht sähen, seien keine Runzeln, sondern Blatternarben. Und selbst wenn sie alt wäre, könne Gott ihr Kinder schenken, wie er der Heiligen Elisabeth welche beschert habe.

Ungeduldig wartete das Unterhaus auf die Antwort, die Elisabeth ihm versprochen hatte. Von einer Seite wurde der Vorschlag gemacht, die geldlichen Unterstützungen zu sperren, bis die Thronfolge geregelt sei; aber dazu fehlte den meisten der Mut. Vielleicht aber wäre ihre Einstellung eine ganz andere gewesen, wenn sie gewußt hätten, daß Elisabeth nur wartete, bis ihr Antrag auf Geldbewilligung glücklich unter Dach und Fach war, um dann das Parlament mit einer ihrer ‚Entgegnungen ohne Erwiderung' nach Hause zu schicken.

Als Unter- und Oberhaus in feierlicher Schlußsitzung versammelt waren, gab Elisabeth Sir Nicholas Bacon ihre Antwort zum Verlesen. Sie hatte sie selbst geschrieben und noch einmal sorgfältig durchgearbeitet, hier ein Wort, dort einen Satz verbessert, bis das Ganze ein Meisterstück ihres künstlichen und geschraubten Stils war. Ironisch wies sie darauf hin, das Parlament habe früher einmal den lebhaften Wunsch geäußert, nur unter ihr und ihrer Nachkommenschaft zu leben; sie habe diesen Wunsch immer dahingehend aufgefaßt, daß ‚keines andern Baumes Blüte' in Betracht komme, bevor nicht alle Hoffnung auf Frucht von ihr erloschen sei. Wenn man glaube, sie sei entschlossen, nicht zu heiraten, so müsse man sich eben umstellen, denn es sei ein Irrglaube. Vielleicht halte sie für eine Privatperson ein jungfräuliches Leben für das beste, doch bemühe sie sich, bei Fürstinnen anderer Meinung zu sein. Ihre Rede war voller Wohlwollen, Unbestimmtheit und dunkler Sätze. Zum Schluß hieß es: „Hoffentlich sterbe ich einst ruhig mit dem ‚Nunc dimittis', aber das kann ich nicht, wenn ich nicht die Hoffnung habe, daß Ihr in Sicherheit weiterlebt, nachdem meine Gebeine dem Grabe übergeben sind."

Das Parlament wurde vertagt, und bis Geldsorgen oder andere Nöte Elisabeth zwangen, es wieder einzuberufen, konnte sie freier atmen. Das Vorgehen des Parlaments hatte trotz seiner Erfolglosigkeit die öffentliche Meinung zugunsten gewisser Anwärter mobilgemacht, und ein Jahr später erfuhr Elisabeth, daß während seiner Tagung eine Schrift verfaßt worden war, in der Marias Anspruch widerlegt und der Katharina Greys unterstützt wurde. Der Verfasser war ein Parlamentsmitglied namens John Hales, einer von Aschams protestantischen Freunden und Beamter in der Kanzlei. Er hatte nicht allein gehandelt; Nachforschungen ergaben, daß der Großsiegelbewahrer Sir Nicholas Bacon in die Sache verwickelt war. Auch Cecil war eine Zeitlang verdächtig. Elisabeth, die Katharina Grey verachtete und an Maria als Nachfolgerin dachte, war sehr aufgebracht. Sie verbannte Bacon vom Hof und warf Hales ins Gefängnis.

Das alles war nicht dazu angetan, eine Annäherung zwischen Elisabeth und Maria zu fördern. Elisabeth konnte nicht einfach die Thronfolge an Maria verschenken, um sie ihr später wieder abzunehmen, falls sie eine ihr feindliche Politik betrieb. Es handelte sich um einen Rechtsanspruch. War Marias Thronfolge einmal ausgesprochen, konnte sie mit keinem Schein von Recht widerrufen werden, auch war nicht damit zu rechnen, daß ein Widerruf anerkannt wurde. Selbst wenn Elisabeth es gewünscht hätte – was sie aber nicht tat –, hätte sie von keinem Parlament die Anerkennung von Marias Ansprüchen erreicht, falls nicht der eindeutige Beweis erbracht wurde, daß Maria sich mit den Interessen Englands und seinen protestantischen Einrichtungen eng verbunden fühlte.

Der Angelpunkt dieses Problems war Marias eventuelle Heirat. Sie durfte keinen ausländischen, katholischen Fürsten, wie etwa Don Carlos von Spanien, den Erzherzog Karl oder den König von Frankreich heiraten. Vom Standpunkt Englands aus wäre ein englischer Edelmann, zu dessen Treue ihr selbst und dem Lande gegenüber Elisabeth unbedingtes Vertrauen gehabt hätte, der ideale Gatte gewesen. Die Situation glich der im Oktober, als Elisabeth glaubte, sie würde an den Blattern sterben; und wieder kam sie zu der Lösung, an die sie damals schon gedacht haben soll. Nur zu einem Menschen, zu Dudley, hatte sie dieses Vertrauen; ob es gerechtfertigt war oder nicht, spielt dabei keine Rolle. Da sie sich überzeugt hatte, daß sie selbst ihn nicht heiraten konnte, beschloß sie, ihn Maria anzubieten. So würde in einer andern Frau ihre Liebe befriedigt werden, und sie selbst sich mit der Ehelosigkeit und ihrer Rolle als Königin abfinden. Für eine Frau ihrer Art bedeutete das kein allzu großes Opfer. Ein schottischer Gesandter sagte zu ihr: „Madame, ich kenne Ihren großen Appetit. Sie denken so: Wenn Sie verheiratet wären, würden Sie nur Königin von England sein, jetzt aber sind Sie König und Königin zugleich; Sie dulden niemanden über sich."

Elisabeths Vorschlag bereicherte die Komödie in der Weltgeschichte; aber teilte man nur ihren Glauben an den unvergleichlichen Dudley, so war der Vorschlag weder staatsmännisch unklug noch eine Unfreundlichkeit gegen Maria. Natürlich konnte man kaum erwarten, daß andere Dudley mit den gleichen verzauberten Augen sahen. Als Elisabeth Maitland, der während des Parlaments von 1563 in London war, ihren verblüffenden Entschluß mitteilte, entzog er sich einer so heiklen Unterredung mit einer schlagfertigen Bemerkung und schlug vor, sie solle Dudley doch selbst heiraten und nach ihrem Tode Maria sowohl den Gatten als auch das Reich hinterlassen. So könne sie bestimmt damit rechnen, daß Dudley aus einer der beiden Ehen Kinder habe, die ihr dann später auf dem Thron folgen würden. Diese Aussicht müsse sie doch glücklich stimmen!

Ob nun Maitland seiner Herrin über diese Unterhaltung Mitteilung gemacht hat oder nicht, jedenfalls kursierte das Gerücht bald in Frankreich und dann auch in Schottland. Elisabeth jedoch war viel zu klug, als daß sie den Vorschlag gemacht hätte, ohne vorher ihre Fühler auszustrecken. Als die Beendigung des Le Havre-Abenteuers ihr wieder freie Hand ließ, erhielt ihr Gesandter Randolph den Auftrag, Maria von sich aus und nicht etwa in Elisabeths Namen zu sagen, nach seiner Meinung könne als Marias Gatte niemand der englischen Königin angenehmer sein als ein Engländer vornehmer Geburt, dessen Vermögenslage und Charaktereigenschaften so hohem Rang entsprächen. „Ja, vielleicht jemand, von dem sie kaum glauben würde, daß er unsere Zustimmung fände", fügte Elisabeth eigenhändig in Randolphs Instruktionen ein. Erst im März 1564 wurde der Name des ‚Unübertrefflichen' bekannt. Maria tat, als sei sie stumm vor Staunen.

So willfährig wie früher war Maria durchaus nicht mehr. Sie war älter geworden, ihre Stellung im Königreich hatte sich gefestigt, und sie wollte jetzt ihre eigene Politik verfolgen. Sie neigte dazu, und von ihrem Standpunkt aus nicht ganz ohne Recht, Elisabeth mit Mißtrauen zu begegnen. „Von all ihren Fehlern", schrieb Randolph, „ist der größte der, daß sie oft da Böses vermutet, wo es nicht beabsichtigt ist." Als Frau von Geist war sie der Bevormundung überdrüssig. Wenn sie auch nicht beabsichtigte, eine katholisch orientierte Politik zu befolgen, „denn sie hängt nicht so sehr an ihrer Messe, daß sie ihretwegen ein Königreich aufgäbe", fielen ihr die protestantischen Zeloten doch sehr auf die Nerven. John Knox war bei weitem der Schlimmste, immer noch mißtraute er allem, was sie tat oder sagte, als gehöre er, wie Randolph witzig sagte, zum Geheimen Rat Gottes und wüßte, was der Allmächtige vom Anfang her für Maria bestimmt habe. Im Frühjahr 1563 verbreitete er sich in einer Predigt vor dem Adel über ihre Heirat, was sie in rasende Wut versetzte. „Und nun, Ihr Lords", rief er aus, „höre ich von der Heirat der Königin. Herzöge, Brüder von Kaisern, und Könige bemühen sich um den hohen Preis. Aber eins will ich sagen, Ihr Lords: wenn jemals der Adel Schottlands, der sich zum Herrn Jesus bekennt, seine Zustimmung dazu gibt, daß ein Ungläubiger – und alle Papisten sind Ungläubige – der Gatte und Herr unserer Königin wird, dann tut Ihr damit alles, was Ihr nur vermögt, um Jesus Christus aus diesem Reich zu verbannen."

Knox wurde an den Hof befohlen, wo die Königin laut und zornig ihn anfuhr, noch nie sei eine Fürstin so behandelt worden. „Alles habe ich", so rief sie aus, „mir von Ihnen in Ihren wilden Reden gegen mich und meine Onkel gefallen lassen. Ja, ich habe mich sogar bemüht, durch alle nur möglichen Mittel Ihre Gunst zu gewinnen. Ich habe Sie empfangen und Ihnen Audienz gewährt, wann immer Sie mir Vorhaltungen machen wollten, und doch lassen Sie mich nicht in Ruhe. Ich schwöre bei Gott, daß ich einst gerächt werde." Und bei diesen Worten, so berichtet Knox, mußte sie so weinen, daß Marmock, ihr Kammerjunker, kaum genug Tücher, die Tränen abzuwischen, herbeischaffen konnte; vor Schluchzen konnte sie kein Wort mehr sagen.

Knox wartete geduldig, bis der erste Zorn verraucht war, dann antwortete er, sobald er zu Wort kommen konnte: „Gewiß, Madame, Euer Gnaden und ich haben uns oft gestritten, doch habe ich nie bemerkt, daß Euer Gnaden böse auf mich waren. Sollte es Gott gefallen, Sie aus der Knechtschaft der Dunkelheit und des Irrtums zu befreien, in der Sie groß geworden sind, weil Ihnen die wahre Lehre nicht gebracht wurde, dann wird Eure Majestät erkennen, daß die Offenheit meiner Sprache in keiner Weise beleidigend ist."

„Was geht Sie meine Heirat an?" rief Maria. „Was sind Sie denn in diesem Staatswesen?"

„Ein Untertan, der in ihm geboren wurde, Madame", antwortete er. „Und wenn ich auch weder Graf, noch Lord oder Baron bin, Gott hat mich doch, so verworfen ich auch in Ihren Augen sein mag, als ein nützliches Mitglied dieses Staates geschaffen."

Alle Sorgen Marias, ob deren Grund nun dieser unbeugsame Prediger und sein Anhang oder ihre herausfordernde, ältere Kusine in England war, schienen nur durch eine Heirat behoben werden zu können; eine glänzende Heirat, – denn in Erinnerung an das, was sie gewesen, die Frau eines Königs, und in Gedanken an das, was sie noch war, eine Königin, stellte sie hohe Ansprüche. Ebenso wenig wie ein Adler Fliegen fängt, heiratete sie einen Dudley, der nicht aus altem Geschlecht stammte, und dessen Blut durch Verrat entehrt war. Als Maitland Anfang 1563 in London war, sprach der spanische Gesandte mit ihm über eine Ehe mit Philipps II. Sohn, Don Carlos. Maitland berichtete Maria diese Unterhaltung. Wäre sie über die persönlichen Qualitäten ihrer Bewerber ebenso genau unterrichtet gewesen wie Elisabeth, so hätte sie gewußt, daß Don Carlos ein kranker, gefräßiger, charakterloser Epileptiker war. Ihr aber genügte es, daß er eine glänzende Partie war, durch die ihre Thronfolge in England, sei es nun mit oder ohne Zustimmung Elisabeths, sichergestellt wurde. Welcher gegnerische Anwärter hätte denn bei Elisabeths Tod hoffen können, der vereinten Macht Spaniens und Schottlands zu widerstehen? Sie stellte sich ganz auf diese Ehe ein. Dem spanischen Gesandten aber eröffneten sich noch glänzendere Aussichten: er träumte schon von Elisabeths Absetzung, der Wiederherstellung des Katholizismus und der Vereinigung der britischen Inseln mit dem großen spanischen Reich. Begeistert schrieb er an seinen Herrn und drängte ihn zur Einwilligung. Auch der ruhige Philipp erkannte alle Vorteile und stimmte zu; aber von dem fernen, sonnigen Spanien aus erschien alles nicht so dringlich, und seine ewige Vorsicht flüsterte ihm zu: „Morgen, morgen, morgen!"

Für die Annahme, daß Maria beabsichtigte, Elisabeth vom Thron zu verdrängen, liegt kein Grund vor. Doch ließen ihre Verhandlungen, die Elisabeth zu Ohren kamen, diese unheilvolle Auslegung durchaus zu, besonders weil der Vertrag von Edinburgh, der ihre Ansprüche auf den englischen Thron verwarf, noch nicht ratifiziert war. Kein Heiratsplan hätte beunruhigender wirken können. Trotzdem aber hielten beide nach außen hin die alte Freundschaft aufrecht. Dauernd gingen Botschaften hin und her, ‚sie schrieben sich eigenhändig seitenlange Briefe'. Randolph stand nach wie vor an Marias Hof in hoher Gunst und hatte mehr als einmal lustige Gespräche mit der Königin, wenn sie sich einen Tag Bettruhe gönnte – was Elisabeth nie tat. Das alles spielte sich an der Oberfläche ab.

Die grundlegende Verschiedenheit der beiderseitigen Interessen trat aber in Erscheinung, als Elisabeth im Frühjahr 1564 vorschlug, die so lange hinausgeschobene Begegnung zwischen ihr und Maria im Sommer endlich Tatsache werden zu lassen. Das kam Maria, die heimlich ihre spanischen Pläne verfolgte, von denen sie sich mehr versprach als von einer Einigung mit Elisabeth, sehr ungelegen. Sie lehnte die Einladung ab.

So wurde die Gelegenheit zu einer Begegnung ein drittes Mal verpaßt. Und doch war bei diesen beiden mißtrauischen Königinnen, – und Mißtrauen tötet – ein solches Zusammenkommen die einzige Hoffnung auf gegenseitiges Verstehen. War eine Tragödie unvermeidlich?

Die Beziehungen wurden merklich kühler; im September entsandte Maria in James Melville einen geschickten jungen Höfling, den Elisabeth kannte und gern mochte. Er sollte die Beziehungen neu beleben. Elisabeth äußerte sich ihm gegenüber sehr ärgerlich über einige ungezogene Wendungen in einem Brief Marias und zog eine Antwort aus ihrer Tasche, die sie nur deshalb noch nicht abgesandt habe, weil sie nicht scharf genug sei. Sie ließ sich aber leicht versöhnen und zerriß schließlich beide Briefe.

Während seines ganzen neuntägigen Aufenthalts wurde Melville täglich, oft sogar dreimal an einem Tage, zur Königin befohlen. Er hatte viele Jahre an ausländischen Höfen verbracht, und Elisabeth konnte bei dieser Gelegenheit einmal ihre französischen, italienischen und deutschen Kenntnisse – letztere waren nicht groß – zeigen und mit ihm über die Sitten anderer Länder sprechen. Man sprach über Frauenmoden, und jeden Tag zog sie ein anderes Kleid an; heute ein englisches, morgen ein französisches, dann wieder ein italienisches. Sie war hocherfreut, als Melville behauptete, der italienische Stil stehe ihr am besten, da er ihr goldenes Haar besonders vorteilhaft betone. Sie wollte wissen, welche Haarfarbe als die schönste gelte, und wie ihr Haar im Vergleich zu dem Marias wirke. Noch mehr Vergleiche wurden angestellt. Wer schöner sei, fragte sie, Maria oder sie. Melville versuchte, dieser Frage durch die Erklärung auszuweichen, sie sei die schönste Königin in England und Maria die schönste Königin in Schottland. Als sich Elisabeth mit dieser Antwort nicht zufrieden gab, erklärte er, beide seien die schönsten Frauen ihres Hofes, doch sei die Königin von England bleicher, die schottische Königin sei sehr ‚dunkel'. Dann wollte sie wissen, wer größer sei. Das sei Maria, antwortete Melville. „Dann ist sie übergroß", entgegnete Elisabeth; sie selbst sei weder übergroß noch zu klein. Wie sich Maria die Zeit vertreibe, ob sie gut Laute und Spinett spiele? „Für eine Königin ganz gut", antwortete Melville. Dieser Vergleich forderte zu einer Feststellung geradezu heraus. An diesem Abend führte Lord Hunsdon, ein Vetter der Königin, Melville heimlich in Elisabeths Zimmer, wo diese ‚ungewöhnlich gut' auf dem Spinett spielte. Als sie ihn erblickte und ihn ausschalt, weil er ohne Erlaubnis hier sei, antwortete er schlagfertig: „Ich hörte eine Melodie, die mich entzückte und irgendwie in dieses Zimmer lockte." Seine Abreise wurde um einen Tag verschoben, so daß er sie auch noch tanzen sehen und einen letzten Vergleich ziehen konnte. Maria, sagte er, tanze ‚nicht so gut und gemessen' wie sie.

Während seines Aufenthaltes hatte Melville die Ernennung Dudleys zum Baron von Denbigh und Grafen von Leicester miterlebt. Diese neuen Würden sollten eine Heirat mit Maria erleichtern. Die Ernennung wurde mit großer Feierlichkeit vollzogen; als der neue Graf ernst vor Elisabeth niederkniete, packte sie der Spaßteufel, und sie kitzelte ihn am Hals.

Melville hatte sich bewundernswert auf das Tun und Treiben an Elisabeths Hof eingestellt, dessen wahres Wesen aber wohl kaum erkannt. Seiner Meinung nach war Elisabeth auf Maria eifersüchtig, und sein späterer Bericht, in dem es hieß, Elisabeth sei ihr gegenüber weder ehrlich noch aufrecht, sondern voller Verstellung, gab dem Verdacht seiner Herrin neue Nahrung. Er hatte einfach zu bereitwillig und zu viel auf Elisabeths Kritiker und Feinde gehört.

Eine von Melvilles geheimen Aufgaben in London hatte darin bestanden, einen letzten – aber wie sich herausstellte, erfolglosen – Versuch zu machen, das spanische Heiratsprojekt, das sich als Fehlschlag erwiesen hatte, neu zu beleben. Maria wollte sich einem neuen Plan erst dann zuwenden, wenn sie genau wußte, daß der alte hoffnungslos gescheitert sei. Der neue Plan betraf eine Ehe mit ihrem Vetter, dem jungen Lord Darnley, dessen Mutter, Gräfin Lennox, die Tochter der Margarete Tudor von ihrem zweiten Gatten und dadurch die Enkelin Heinrichs VII. war. Durch die erste Ehe stammte auch Maria von Margarete Tudor ab, und wenn diese Abstammung ihren Anspruch auf den englischen Thron stärkte, so schwächte ihn der Umstand, daß sie nicht in England geboren war. Sowohl Darnley als auch seine Mutter aber waren in England geboren, wo Graf Lennox seit der Regierung Heinrichs VIII. als zum Tode verurteilter schottischer Verbannter gelebt hatte. Die Heirat bot dreifachen Vorteil; sie verschmolz die beiden Ansprüche, schaltete jede Nebenbuhlerschaft aus und brachte sowohl die Lennox als auch die katholische Partei in England auf Marias Seite. Die phantastischen Berichte über Zahl und Stärke dieser Partei lauteten so verheißungsvoll, daß Maria glaubte, sie könne mit Darnley genau so gut wie mit Don Carlos der ewig zögernden Elisabeth ein Schnippchen schlagen. Eine Ehe mit ihm war vielleicht nicht so glänzend wie die mit Don Carlos, aber auf jeden Fall stammte er aus königlichem Blut und war dem Emporkömmling, dem Grafen Leicester, in jeder Weise vorzuziehen, der nichts als Abhängigkeit von Elisabeth mit in die Ehe brachte.

Darnleys Mutter, eine herrische, ehrgeizige Frau, in der der alte Tudorgeist lebendig war, hatte schon seit Franz' II. Tode nach dieser Heirat getrachtet, und im Frühjahr 1562 waren sie und ihr Gatte wegen der von ihnen gesponnenen Intrige in eine schwierige Lage gekommen. Anfang 1563 wurden sie in Gnaden wieder aufgenommen und veranlaßten Elisabeth, an Maria zu schreiben und ihr Gesuch auf Aufhebung des Todesurteils und Wiedereinsetzung in Titel und Besitz in Schottland zu befürworten. Elisabeths Brief bedeutete damals, als er geschrieben wurde – Juni 1563 – nichts weiter als einen Akt der Gutmütigkeit, der an sich ganz belanglos und ungefährlich war. Aber ein Jahr später, als Maria an eine Ehe mit Darnley dachte, wurde dieser alte Brief für sie eine wahre Gottesgabe, denn er bot die Lösung des schwierigen Problems: wie konnte sie es erreichen, daß Darnley nach Schottland kam? Ganz offensichtlich auf Elisabeths Bitte hin konnte sie zuerst Lennox nach Schottland kommen lassen und ihn rehabilitieren. Eine Ausrede für das Nachfolgen Darnleys würde dann leicht zu finden sein.

Das war sehr schlau. Wenn Elisabeth es nicht auf eine offene und grobe Beleidigung Marias und der Lennox-Familie ankommen lassen wollte, mußte der Plan gelingen. Elisabeth wußte natürlich, woher der Wind wehte. Als Dudley zum Grafen von Leicester ernannt wurde, wandte sie sich mit der Frage an Melville, wie er ihm gefiele. „Doch mögen Sie natürlich den langen Burschen lieber“, sagte sie und zeigte auf Darnley; worauf der nie verlegene Melville antwortete „Keine Frau von Geist wird einen solchen Mann wählen, der eher wie eine Frau als wie ein Mann aussieht.“

Wahrscheinlich war Elisabeth nicht grundsätzlich gegen die Heirat. Wenn Maria Leicester endgültig verwarf, war Darnley vielleicht kein ‚pis aller‘; auf jeden Fall war er einem katholischen ausländischen Fürsten vorzuziehen. Im November 1564 sagte Cecil zu einem Vertrauten, seiner Meinung nach habe keine Ehe mehr Aussicht auf Erfolg als diese, doch müsse sie von Maria ehrlich in Vorschlag gebracht werden. Diese Bedingung war entscheidend. Für Elisabeths Politik war es wesentlich, daß Marias Heirat von einer Vereinbarung begleitet wurde, die Englands Gegenwart und Zukunft sicherstellte.

Wenn Elisabeth sich das Ergebnis von Lennox' Reise nach Schottland, die im Sommer 1564 erfolgen sollte, vorstellte, war ihr nicht sonderlich wohl zumute. Sie versuchte zwar die Reise durch einen geheimen Brief an Maria zu verhindern, konnte ihren Wunsch aber nicht durchsetzen, ohne zu beleidigen, was sie unbedingt vermeiden wollte. Im September 1564 kam Lennox nach Schottland, und bald darauf erhielt Elisabeth Darnleys Gesuch, seinem Vater folgen zu dürfen.

Zuerst lehnte Elisabeth rundweg ab. Ihre Beauftragten waren im Begriff, mit Murray und Maitland die Bedingungen zu besprechen, die sie zugleich mit Leicester anbot, und unter keinen Umständen wollte sie ihren Lieblingsplan gefährden. Die Verhandlungen schlugen fehl. Randolph schrieb nach wie vor optimistische Briefe. Er war wie der blinde Bayard, ‚dem der Mut gute Dienste leistete, dem aber das Augenlicht fehlte, ihn auf seinem Wege zu leiten‘. Cecil und Leicester selbst erkannten, daß Elisabeths Plan gescheitert war. Vielleicht sahen sie auch, daß sie persönlich durch die Förderung des Mannes, der wahrscheinlich ihr zukünftiger König war, nur gewinnen konnten. Wie dem auch sei, sie drängten Elisabeth, Darnley nach Schottland reisen zu lassen. Schließlich erreichten sie ihr Ziel. Elisabeth aber wußte bestimmt, daß ihr Nachgeben das Ende ihres Lieblingsplanes bedeutete. Am 13. Februar 1565 kam Darnley in Edinburgh an, wo ein neues und furchtbares Omen alle erregte. Während der drei vorhergehenden Nächte hatte man um Mitternacht Geschrei und Waffenlärm geisterhafter Krieger vernommen, die in den leeren Straßen kämpften. Aber diese Prophezeiung kommenden Unheils kümmerte weder die Königin noch den Hof. Sie vergnügten sich: ein Fest folgte dem andern.

Vielleicht – wer kann das mit Bestimmtheit sagen – zögerte Maria noch. Kurz vor und gleich nach Darnleys Ankunft verlangte sie von Elisabeth wieder die Anerkennung ihrer Ansprüche auf die Thronfolge. Murray und Maitland halfen mit eindringlicher Überredung nach. Beide befanden sich in einer peinlichen Lage. Sie gaben Leicester vor Darnley den Vorzug, wagten es aber nicht, Maria zu drängen, ohne daß die Thronfolge vorher gesichert war. Hoffnung hatten sie nicht; auch wußten sie, daß sie sich Maria und ihren zukünftigen Gatten zu erbitterten Feinden machen würden.

Am 5. März sandte Elisabeth ihre Antwort, die Randolph am 16. März Maria mitteilte. Sollte Maria Leicester heiraten, so hieß es in der Antwort, würde Elisabeth ihn zu allen ihr zu Gebote stehenden Ehren erheben; sie würde ferner Marias Anspruch in jeder nur möglichen Weise fördern, falls sie auf eine formale Untersuchung ihres Anspruchs und eine Veröffentlichung desselben verzichte, bis Elisabeth selbst verheiratet sei oder bekanntgegeben habe, daß sie nicht heiraten wolle; zu dem einen oder andern würde sie sich in aller Kürze entschließen. Von Elisabeths Standpunkt aus war das sehr vernünftig; von dem Marias, deren Argwohn und Mißtrauen nie zur Ruhe gekommen waren, bedeutete der Vorschlag eine Herausforderung und glatte Unmöglichkeit. Tragisch begann sich zu rächen, daß man dreimal die Gelegenheit zu einer Begegnung versäumt hatte. Voll Bitterkeit und Ärger behauptete Maria, Elisabeth betrüge sie und vergeude ihre Zeit.

Verletztes Selbstgefühl trieb Maria Darnley in die Arme. Aber noch ein anderes spielte dabei eine Rolle – die Sehnsucht nach diesem Mann, dem alle Frische und Anziehungskraft der Jugend eigen war. Neunzehn Jahre alt, genau drei Jahre jünger als Maria, war er so groß wie sie, hatte lange, schlanke Beine und ein offenes Knabengesicht, umrahmt von dichtem blonden Haar; er war bartlos und ‚mädchengesichtig'. Maria fand, er sei ‚der fröhlichste und bestproportionierte große Mann, den sie je gesehen hatte'. Von seiner ehrgeizigen Mutter war er sorgfältig erzogen worden, spielte vorzüglich Laute und war ein Meister im männlichen, athletischen Zeitvertreib. Wenn seine Intelligenz auch nur gering und sein Charakter, wie die Zukunft zeigen sollte, minderwertig war, so verbargen seine körperlichen Vorzüge vorläufig noch diese Mängel den verzauberten Augen einer Frau. Für Marias Nachsicht war seine unerträgliche, alberne Arroganz nichts als Geist; gleich und gleich gesellt sich gern. Sie war bereit, sich und ihre Politik ihm zu opfern, – bis der Glanz verblaßte und sie erkannte, in welches Unglück sie gerannt war.

Hätte Maria Darnley nach England zurückkehren und die Verhandlungen über die Heirat durch Elisabeth führen lassen, – was angesichts des Umstandes, daß Darnley englischer Untertan war, der passende und angemessene Weg gewesen wäre – so hätte nichts die Beziehungen zwischen den beiden Königinnen getrübt. Sie aber schickte Maitland mit dem Auftrag, um Elisabeths Zustimmung zu bitten; die Antwort konnte nur eine Ablehnung sein, solange Darnley in Schottland blieb. Elisabeth hatte Grund zu der Annahme, daß Maria ihn heiraten würde, ganz einerlei wie ihre Antwort ausfiel. Es ging sogar das Gerücht, beide seien schon verheiratet. Vielleicht spielte Maitland falsches Spiel mit seiner Herrin und riet heimlich Elisabeth, gegen die Heirat Einspruch zu erheben; während er Leicester als Gatten für Maria ablehnte, schlug er den Herzog von Norfolk vor, der diese Ehre aber in aller Bescheidenheit ablehnte. Elisabeth berief ihren Staatsrat. Einmütig riet er zum Widerstand; die Krise wurde immer schlimmer, Elisabeths Freundlichkeit schwand, und es zeigte sich bald eine Feindseligkeit Maria gegenüber, die für die Zukunft Schweres befürchten ließ.

Elisabeth sandte Throckmorton nach Schottland mit dem Auftrag, gegen die Ehe Einspruch zu erheben. Er sollte ferner ihre Einwilligung in eine Ehe mit dem Fürsten von Condé oder irgendeinem englischen Untertan außer Darnley anbieten; doch sei sie nur für den Fall, daß Maria Leicester heirate, bereit, das Risiko zu übernehmen, das mit der Erklärung Marias zu ihrer Nachfolgerin verbunden sei. Es war eine hoffnungslose Mission. Frei von der klugen Führung Maitlands, der in England war, ließ sich Maria ganz von zwei Unverantwortlichen leiten, von Darnley und ihrem Lieblingssekretär, dem Musiker David Riccio, die Busenfreunde geworden waren. Maitland bedauerte nur, daß Throckmorton keine Kriegsdrohung brachte, um sie zur Vernunft zu bringen. An dem Tage, an dem der englische Gesandte den Hof in Stirling erreichte, wurde Darnley zum Grafen von Roß ernannt; er nahm diesen Titel ohne Elisabeths Einwilligung an, und legte trotz seiner englischen Lehensverpflichtung den Lehnstreueid ab. Das war eine unerträgliche Herausforderung. Lady Lennox wurde in den Tower geschickt; Graf Lennox und Darnley wurde bei ihrem Lehnseid befohlen, nach England zurückzukehren. Vergeblich. Am 29. Juli 1565 heiratete Darnley die Königin der Schotten.

Maria hatte England herausgefordert. Sie hatte außerdem gerade den Fehler gemacht, den Elisabeth beinahe mit Robert Dudley gemacht hätte: sie hatte den bösen Geist der Parteiung heraufbeschworen. Obwohl englische Untertanen, waren Darnley und seine Familie schottisch und hatten ihren Besitz in diesem von den Clans beherrschten Lande. Die Wiedereinsetzung seines Vaters in Titel und Güter hatte alte Streitigkeiten neu aufleben lassen, und die Hamiltons erblickten in seinem und seines Sohnes Glück ihren Untergang. Darnleys ruhmredige Äußerung, er werde dem Herzog Hamilton noch den Schädel einschlagen, war auch nicht dazu angetan, ihre Befürchtungen zu beruhigen. Selbst Murray hielt seinen Einfluß und Reichtum für gefährdet. Wieder zeigte sich Darnley in seiner ganzen Dummheit, als er bei Betrachtung einer Karte, auf der Murrays Besitz eingezeichnet war, äußerte, der sei zu groß. Für Knox und seine Anhänger endlich genügte es, daß die Familie Lennox die Hoffnung der katholischen Partei in England war. Unerschrocken sahen sie einem Angriff auf ihr gottgefälliges Werk entgegen und ließen sich durch Darnleys diplomatische Anwesenheit bei den protestantischen Predigten nicht täuschen. So seltsam es auch scheinen mag, es wäre besser gewesen, Maria hätte Leicester geheiratet, denn er hätte ein weniger unheilvolles Erbe mitgebracht.

Maria mußte bald feststellen, daß die Ehe mit Darnley sie die offene Empörung Murrays und anderer schottischer Lords kostete. Diese wurden durch Versprechen englischer Hilfe ermutigt, und eine Zeitlang sah es ganz so aus, als stünde ein Krieg zwischen den beiden Königinnen vor der Tür. Aber Maria war mutig und handelte schnell, während Elisabeth zwar den Aufständischen Geld sandte, aber zögerte, den Frieden zu brechen. Angesichts des entschlossenen Handelns der schottischen Herrscherin schmolz die Anhängerschaft der Aufständischen zusammen, und die Führer mußten sich durch die Flucht über die Grenze in Sicherheit bringen. Der englische Staatsrat trat zusammen, um die Lage zu besprechen, konnte sich aber über die Frage, ob Krieg oder Frieden, nicht einigen, und ihrer eigenen Neigung folgend, entschied sich Elisabeth für den Frieden.

Maria hatte triumphiert. Sie hatte ihre Kusine erfolgreich überlistet und herausgefordert, die Gegner ihrer Heirat niedergeworfen und sich die Zustimmung Frankreichs, Spaniens und des Papstes zu ihrer Ehe gesichert und damit auch die Unterstützung dieser Mächte gewonnen. Aber um welchen Preis! Schon im Herbst 1565, als ihr Sieg vollkommen war, ließen das arrogante Betragen, die Trunksucht und die lasterhaften Gewohnheiten ihres verächtlichen Mannes sie ahnen, in welches Unglück sie gerannt war. „Wehe treffe die Zeit", hatte Randolph geschrieben, „daß je Lord Darnley seinen Fuß in dieses Land setzte!" „Was soll aus ihr werden, welches Leben soll sie mit ihm führen? Das auszudenken, überlasse ich andern."

Heiratsprojekte und kein Ende

Während der durch die Heirat mit Darnley heraufbeschworenen Krise fand der französische Gesandte eines Tages Elisabeth in ihrem Privatgemach beim Schachspiel. Bei dem Spiel gehe es oft zu wie im menschlichen Leben, bemerkte er; man verliere einen Bauern, ohne sich weiter darüber aufzuregen, und oft entscheide gerade dieser Verlust das ganze Spiel. „Ja", antwortete Elisabeth, die gleich wußte, worauf er anspielte, „Darnley ist nur ein solcher Bauer, aber passe ich nicht auf, kann ich leicht mattgesetzt werden."

Es sah wirklich danach aus. Elisabeth war zuerst entschlossen gewesen, Murray und seine Anhänger in ihrem Widerstand gegen Marias Heirat zu unterstützen. Als ihr aber klar wurde, daß die Durchführung dieses Entschlusses eine Armee verlangte und zum Kriege führte, gab sie ihn wieder auf. Die Gefahren waren zu groß. Sie würde Maria nur Frankreich in die Arme treiben, und gerade diese Gefahr hatte sie bisher immer zu vermeiden gesucht. Vielleicht drängte sie sogar die katholischen Mächte in ein Bündnis gegen England und verhalf so einer katholischen Liga zum Leben, die in den Träumen der Protestanten schon lange spukte. Frankreich verlangte klipp und klar, daß sie jede Einmischung in die schottischen Angelegenheiten unterließe. Es stellte diese Forderung, obwohl Katharina von Medici, die Elisabeth gern mit ihrem Sohn Karl IX. verheiratet hätte, ihr freundlich gesinnt war. Philipp II. bewies Maria durch Übersendung einiger Hilfsgelder sein Wohlwollen. Das Geld ging mit seinem Überbringer bei einem Schiffbruch in der Höhe der northumbrischen Küste verloren, das Wohlwollen aber blieb. Endlich sandte der Papst einen Nuntius und Gelder nach Frankreich, die von dort später auf besonderen Befehl nach Schottland gebracht werden sollten. Was blieb Elisabeth in einer solchen Lage anders übrig, als falsches Spiel mit ihren Aufrührerfreunden zu spielen? Als Murray gegen ihren Befehl nach Süden eilte, um Hilfe von ihr zu erbitten, setzte sie eines jener abgeschmackten Scheinmanöver in Szene, die in der damaligen Diplomatie üblich waren. Ganz in Schwarz gekleidet mußte Murray in Gegenwart von zwei französischen Gesandten vor ihr niederknien. Er sprach schottisch, während sie französisch sprach. Wie ein Schuljunge mußte er sich wegen des Aufstandes abkanzeln lassen. Wahrscheinlich war diese Farce am Abend vorher sorgfältig geprobt worden.

Maria nahm ihren Vorteil durchaus wahr. Als Preis für ihre Freundschaft erhob sie für die englische Thronfolge Forderungen, die im Ton, wenn nicht in den Bedingungen, alle früheren in den Schatten stellten. Sie hatte beinahe Erfolg. Elisabeth spielte tatsächlich mit dem Gedanken, durch ihre Gesandten das anbieten zu lassen, wozu sie vor einigen Monaten nur bereit gewesen war, wenn Maria Leicester heiratete. Nach reiflicher Überlegung aber gab sie diesen Plan wieder auf, weil er ihrer Ehre Abbruch tue und nur Maria in ihrer anmaßenden Haltung bestärke. Immerhin bleibt die Tatsache zu verzeichnen, daß sie einige Tage lang bereit war, so viel zu bewilligen. Hieß das etwa, daß sie schachmatt war?

Als Maria sich von der Bevormundung durch die protestantische Partei befreite und einen elenden Schwächling wie Darnley heiratete, lief sie Gefahr, an ihren Charakterfehlern zugrunde zu gehen. Ihr leidenschaftlicher Mut war gewiß viel wert; während eines wilden Sturms ritt sie an der Spitze ihrer Truppen durch einen kleinen Bach, den der dauernde Regen in einen Strom verwandelt hatte; das machte sogar auf John Knox tiefen Eindruck. Ihr männlicher Mut hatte ihr den ersten Sieg gewonnen; aber Mut war kein Ersatz für Staatskunst, ohne die eine dauernde Befestigung des Friedens unmöglich war. Ihre alten Ratgeber hatten seit dem Zusammenbruch ihrer Politik allen Einfluß verloren. Murray war in der Verbannung, und Maria dachte nur daran, ihn zu vernichten; Maitland war immer noch Staatssekretär, aber er war zu sehr kompromittiert, als daß sie ihm noch getraut hätte; so hatte er reichlich Muße, sich ganz der Liebe zu einer schönen Frau hinzugeben. Das war ein Unglück; aber vielleicht war es unvermeidlich; die größte Torheit aber war es, daß Maria einen Mann wie

Maitland durch einen Emporkömmling, den italienischen Musiker David Riccio, den Seigneur Davie, wie er spöttisch genannt wurde, ersetzte.

Dieser Mann, der Sohn eines Musikers, war 1561 im Alter von achtundzwanzig Jahren im Gefolge des Gesandten des Herzogs von Savoyen nach Schottland gekommen. Maria brauchte damals gerade zur Vervollständigung eines Quartetts einen Bassisten und überredete Riccio, im Lande zu bleiben. Später wurde er von der bescheidenen Stellung eines Musikers zu der eines Sekretärs befördert, der ihre französische Korrespondenz erledigte. Das war eine Stellung, die ihrem Charakter nach literarisch und nicht politisch war. Der Umfang und die Wichtigkeit von Marias französischer Korrespondenz gaben aber dem Inhaber dieser Stellung die Möglichkeit, politischen Einfluß zu gewinnen. Als Darnley nach Schottland kam, wurden er und Riccio bald Busenfreunde, und Riccio stieg in Gunst und Macht, als Murray und Lethington sich zurückzogen. Und dieses Spiel wiederholte sich, als Darnley seinen Einfluß auf Maria verlor: Riccio trat an seine Stelle. Auf Macht folgte Reichtum; über Riccio allein führte der Weg zur Gunst der Königin, und wer etwas von ihr wollte, mußte erst ihm seinen Zoll bezahlen.

Daß ein Ausländer niederer Herkunft und, was noch schlimmer war, ein Italiener, über die ein zeitgenössischer Engländer sagt, „sie dienen allen Fürsten zugleich und erreichen mit ihren parfümierten Handschuhen und arglistigen Geschenken und, wenn nötig, durch reichliche Geldgaben alles, was sie wollen, und lecken uns sogar das Fett von den Bärten", – daß ein solcher Mann sich eine solche Stellung im Staate gegen alles Recht aneignete, mußte natürlich das Standesgefühl des Adels jener Zeit gröblichst verletzen. Wenn der Adel auch, wie Cecil zu seinem Sohne sagte, nichts anderes bedeutete, als daß seine Träger seit langer Zeit über Reichtümer verfügten, so verlangte doch der Eintritt in Regierung und Herrschaft in jenen Tagen eine gewisse Ahnenreihe. Allerdings stammt von Maria ein durchaus demokratisch gehaltener Brief, in dem sie einen Fürsten verteidigt, der einem Mann niederer Geburt, der keine irdischen Güter besitze, aber edlen Geistes sei, seine Gunst schenke. Diese Äußerung überrascht um so mehr, als sie von einer Monarchin stammt, deren Hochmut den Grafen Leicester als Emporkömmling verachtet hatte! Wahrscheinlich wurde der genannte Brief zu dieser Zeit und in bezug auf Riccio geschrieben; sollte das der Fall sein, so zeugt er von blinder, alles verzeihender Zuneigung.

Törichter konnte Maria sich nicht benehmen. Ihr Verhalten erregte nicht nur die öffentliche Meinung; wie ein Magnet zog es eine furchtbare Opposition zusammen. Die verbannten Lords und ihre nicht verbannten Freunde, kurzum die ganze protestantische Partei, waren bereit, den Sturz Riccios zu betreiben, weil sie in ihm das Symbol der neuen Politik Marias sahen; Männer wie Maitland, die er ihres Einflusses beraubt hatte, verfolgten ihn außerdem mit persönlichem Haß. Das tat auch Darnley. Maria hatte ihrem Gatten den Königstitel gegeben, aber damit war er nicht zufrieden. Er begehrte die unabhängige Stellung eines König-Gemahls, mit Garantie des Parlaments für seine Macht, zu Lebzeiten der Königin und nachher. Es war bitter für ihn, daß er jetzt einen leeren Titel, den er nur der Gunst der Königin verdankte, vereinen mußte mit vollständiger Machtlosigkeit, denn Marias frühere unbedingte Unterordnung unter seinen Willen hatte sich nach einer Zeit dauernden Streites in geringschätzige Nichtbeachtung verwandelt. Riccio, und nicht er, besaß jetzt das Ohr der Königin; früh und spät war dieser Emporkömmling in ihrer Nähe; und als dann das unvermeidliche Gerede über die Beziehungen der beiden anfing, fand es leicht Glauben bei dem verärgerten und neidischen Darnley. Ein machtloser König und ein betrogener Ehemann obendrein! So sah er sich. Maria war schwanger, und es ging das Gerede, es wäre Davids Kind. „Euretwegen tut es mir leid", schrieb Randolph, „wenn Davids Sohn König von England werden sollte." Später soll Heinrich IV. von Frankreich bemerkt haben, wenn Jakob I. der moderne Salomo genannt werde, dann nur deswegen, weil er der Sohn Davids sei, der die Harfe spielte.

So kam eine Verschwörung zwischen Darnley und den protestantischen Lords zustande, deren Ziel die Beseitigung Riccios war. Darnley sollte Stellung und Rechte des König-Gemahls bekommen, Murray und seine Mitverbannten sollten amnestiert und wieder in ihren Besitz eingesetzt werden. Randolph, der Graf Bedford in Berwick, Cecil, Leicester und Elisabeth wurden in das Geheimnis, das für die englischen Interessen so erfreuliche Aussichten bot, eingeweiht. Wahrscheinlich aber erfuhr Elisabeth von alledem erst, als die Tat schon begangen war.

Am Samstagabend, es war der 9. März 1566, saß Riccio, die Mütze auf dem Kopf, mit Maria und Lady Argyll beim Abendessen, als Darnley in das Zimmer trat; ihm folgte der hagere, kranke Ruthven in voller Rüstung. Das erschreckte Opfer klammerte sich an das Kleid der Königin und schrie, sie solle ihn retten; er wurde aber aus dem Zimmer gezerrt und in einem andern Raum durch sechsundfünfzig Wunden getötet. „Mein Gott", klagte Maria zu Darnley, „warum hast Du mir diese Schändlichkeit antun lassen, wo ich Dich doch so erhöht und zu meinem Gatten gemacht habe?" „Dazu habe ich guten Grund", antwortete Darnley, „denn seit jener Bursche David zu Ansehen und vertrautem Umgang mit Eurer Majestät kam, haben Sie mich weder angesehen noch sich mit mir unterhalten, noch mir wie sonst vertraut; früher kamen Sie jeden Tag vor dem Essen in mein Zimmer und vertrieben sich die Zeit mit mir; das haben Sie die ganze Zeit über nicht mehr getan; und kam ich in das Zimmer Eurer Majestät, so leisteten Sie mir nur wenig Gesellschaft, es sei denn, David war die dritte Person; nach dem Abendessen saß Eure Majestät immer zusammen mit besagtem David beim Kartenspiel, das bis ein oder zwei Uhr nach Mitternacht dauerte." Vielleicht sagte er ihr auch in seiner eifersüchtigen Wut, wie Bedford gehört haben will, „David habe seit zwei Monaten mehr Gesellschaft ihres Leibes gehabt als er".

So erschütternd und gefährlich das Erlebnis auch für eine Frau war, die im sechsten Monat schwanger ging, Maria hatte sich doch bald wieder in der Hand. „Keine Tränen mehr", soll sie gesagt haben, als man ihr meldete, Riccio sei tot; „ich will nur noch an Rache denken." Sie überredete ihren schwachen und feigen Gatten, sich von seinen Mitverschworenen zu trennen, was er in seiner Gemeinheit und Torheit auch tat; mit einer erstaunlichen Entfaltung von Mut, Energie und Ausdauer bewerkstelligte sie dann ihre Flucht aus Holyrood mit Darnley zusammen und entkam so der Gefangenschaft. Dann zog sie Murray auf ihre Seite und trennte ihn von den Verschwörern; schon bald hatte sie ihr Reich wieder in der Hand, während ein anderer Schub von Verbannten über die Grenze nach England ging. In der Erregung über ihre zerstörte Liebe beging sie aber eine oder besser zwei Torheiten; sie ließ Riccios Leiche aus dem armseligen Grab herausholen und in der königlichen Kapelle beisetzen, und sie übertrug sein Amt seinem Bruder, einem achtzehnjährigen Jüngling, der etwa einen Monat nach dem Mord nach Schottland kam. Mit Murray an ihrer Seite begann eine neue Ära der Mäßigung und Vernunft, und als sie am 19. Juni 1566 einen Sohn gebar, schienen sich die Wolken des vergangenen Jahres zu zerstreuen und ihr eine heitere Zukunft beschieden zu sein. In jenen Tagen, in denen ein kinderloser Herrscher wegen der Wichtigkeit der Thronfolge ein Symbol kommenden Unglücks zu sein schien, konnte einer Königin viel verziehen werden, die einen Sohn gebar, dessen Kinderaugen sich eine Perspektive eröffnete, die den Thron Schottlands und Englands umfaßte.

Als James Melville im Alter seine Memoiren schrieb und seiner schweifenden Erinnerung die Zügel schießen ließ, erzählte er auch, wie Cecil eines Abends, als Elisabeth nach dem Essen tanzte, ihr die Nachricht von dieser Geburt zuflüsterte. Alle Fröhlichkeit, so sagt er, schwand für diesen Abend; die Königin setzte sich, stützte den Kopf in die Hand und sagte zu einigen ihrer Damen: „Die Königin von Schottland ist von einem Sohn entbunden, und ich bin nichts als ein verdorrter Ast." Das ist eine ganz hübsche Geschichte; mehr aber auch wahrscheinlich nicht.

Zu dieser Zeit beschäftigte sich Elisabeth, eigentlich seit dem Parlament von 1563 ununterbrochen, mit Heiratsgedanken. Heiraten Sie, wo Sie wollen, wen Sie wollen und sobald Sie wollen – aber heiraten Sie, hatte die Forderung des Adels im Parlament gelautet, und darin kam die Ungeduld und das Drängen der Nation zum Ausdruck. Das alles konnte Elisabeth nicht ignorieren. Dazu kam aber noch, daß sie im Jahre 1563 dreißig Jahre alt war. Einmal hatte sie schon dem Tod ins Antlitz gesehen. Und schließlich hat jedes Menschenleben seine Grenzen. Mit dreißig Jahren noch unverheiratet zu sein, verursachte Unbehagen. Sie beteuerte zwar immer, sie ziehe ein jungfräuliches Leben vor; aber sie beteuerte das zu stark. Kurz, die Zeit war einer Heirat günstig. Es fehlte nur der Mann.

Von den Bewerbern der letzten Jahre war Erzherzog Karl entschieden die beste Partie. Er brachte Würde, aber kein Königreich mit in die Ehe, eine nützliche politische Verbindung ohne die Gefahr, daß England eines Tages in einem andern Reich aufging. Es fragte sich nur, wie man die Werbung wieder in Gang brachte, ohne dabei den Vorteil zu verlieren, der Gebetene anstatt der Bittende zu sein. Denn in königlichen Kreisen bedeutete eine Heirat einen Vertrag, um dessen Bedingungen genau so gefeilscht wurde wie um die eines Friedensvertrages. Bei den neuen Verhandlungen spielten Sprödigkeit und Verschleppung als Schachzüge geschickter Diplomatie eine große Rolle. Darauf verstand Elisabeth sich meisterhaft. Sie hatte nur ein Ziel: ihre eigenen Bedingungen gegen die des Erzherzogs durchzusetzen.

Im Herbst des Jahres 1563 brachte Cecil die Verhandlungen in Gang, indem er an Elisabeths Bevollmächtigten in Deutschland schrieb. Dieser wandte sich an den Herzog von Württemberg, der sich seinerseits mit dem Kaiser in Verbindung setzte und gleichzeitig einen Abgesandten an Elisabeth schickte, der ihr offiziell Bücher als Geschenk überreichen sollte. Als der Abgesandte ankam, bat Cecil ihn, behutsam vorzugehen, denn die Königin habe sich der Ehelosigkeit verschrieben. Elisabeth ihrerseits bemerkte: „Wenn ich Ihnen verraten soll, was ich meiner innersten Neigung nach vorziehen würde: lieber eine ledige Bettlerin, als eine verheiratete Königin!“ Ein seltsamer, aber ein diplomatischer Anfang! Noch seltsamer, aber nicht minder diplomatisch waren die weiteren Verhandlungen. Sie machte den Kaiser dafür verantwortlich, daß die Ehe bisher nicht zustande gekommen sei; sie rühmte sich ihrer vielen und hervorragenden Bewerber, sie erweckte Hoffnung, vernichtete sie wieder, war heute vorsichtig, dann wieder inkonsequent, gierte nach Komplimenten, indem sie ihr eigenes Latein und Französisch herabsetzte; sagte alles und nichts. Der Abgesandte erklärte Cecil, weiteres Bleiben sei ganz zwecklos. „Aber bitte“, antwortete dieser überrascht, „die Königin lobte Ihre französische Unterhaltung sehr und sagte, sie sei ihr ein Genuß gewesen.“ Tatsächlich schickte sie dem Herzog einen Brief, in dem sie sich zur Heirat bereiterklärte.

Der Tod des Kaisers Ferdinand im Sommer 1564 brachte die

Verhandlungen vorläufig zum Stillstand, aber schon im folgenden Frühjahr schickte der neue Kaiser, Karls Bruder Maximilian, einen Abgesandten, der die alten Verhandlungen wieder aufnehmen sollte, falls er auf Grund sorgfältiger Nachforschungen zu der Überzeugung käme, daß Elisabeths Tugend unberührt und unbeschädigt sei. Der Gesandte kam zu dem Schluß, daß alle Verleumdungen Ausgeburten des Neides, der Bosheit und des Hasses seien, und befaßte sich also weiter mit seiner Mission. Zuerst erging es ihm nicht besser als dem Abgesandten des Herzogs, und er glaubte in ihrem vielen Gerede eine Weigerung erblicken zu müssen; aber nach zwei negativ verlaufenen Audienzen, die wahrscheinlich seine Zuversichtlichkeit etwas dämpfen und ihn bezüglich der Bedingungen zugänglicher machen sollten, nahm alles einen erfolgverheißenden Verlauf. In der Annahme, Elisabeth könnte heimlich jemanden nach dem Kontinent schicken, um sich über die äußere Erscheinung des Erzherzogs zu orientieren, schrieb der Gesandte an den Kaiser, man solle darauf achten, daß Karl gut gearbeitete und schöne Anzüge trage. „Von nun an muß auf die Kleidung Seiner Fürstlichen Hoheit großer Wert gelegt werden; auch sollte er nicht länger gewöhnliche Pferde oder Zelter, sondern feurige Streitrosse reiten. Er sollte sich in der Öffentlichkeit zeigen und zu allen freundlich sein, so daß, sollte unerwartet ein Bote der Königin kommen, was sehr bald der Fall sein kann, er dieses alles sieht. Seine Fürstliche Hoheit sollte das um so bereitwilliger tun, als er eine zweite solche Königin nirgendwo in der Welt findet."

Nach langen Beratungen über die Bedingungen einigten sich die Parteien über einige Fragen. Wie früher schon, bestand Elisabeth darauf, den Erzherzog zu sehen, bevor sie sich entschlösse, ihn zu heiraten. Sie wollte niemandes Augen trauen: ‚tot capita, tot sensus'. Sie war in dieser Forderung umso unnachgiebiger, als sie offenbar den Verdacht hatte, ihr Bewerber sei körperlich mißgebildet, was weiter nicht verwunderlich ist, falls sie einen Brief ihres deutschen Bevollmächtigten an Cecil gelesen hat. „Alexander der Große", so schrieb er, „soll einen schiefen Hals gehabt haben; gebe Gott, daß unser Erzherzog ihm in Großmut und Tapferkeit nacheifert." Ein Jahr später berichtete Cecils Schwager, der nach Wien gesandt worden war, daß „man ihn für etwas rundschultrig halten könnte"; Cecil strich diese Stelle als wichtig am Rande an; eine Nachschrift im gleichen Bericht besagt: „Er war von so gerader Gestalt, wie nur irgendein lebendiger Mensch." Er sei mittelgroß und von frischer Gesichtsfarbe, „für einen Mann ist er schön und hat ein hübsches Gesicht, er ist gut gebaut, schmal in der Taille und hat eine breite Brust", trotz der Kleidung könne man erkennen, daß er „schöne Schenkel und schlanke Beine hat, die ein ganz klein wenig gebogen sind"; so lautete die Körperbeschreibung, die Elisabeth erhielt. Was sein Wesen betrifft, so sei er „höflich, liebenswürdig, gerecht und klug, auch verfügt er über ein gutes Gedächtnis". Aber trotzdem wollte sie selbst urteilen.

Der Kaiser, der anfangs ungehalten war, gab unter der Voraussetzung seine Zustimmung zu Karls Reise nach England, daß vorher die Bedingungen des Ehevertrags zufriedenstellend geregelt seien. Einer der strittigen Punkte war der Unterhalt der erzherzoglichen Hofhaltung. Elisabeth verlangte, daß er ihn aus seinen österreichischen Einkünften bestritte; der Kaiser vertrat die Ansicht, daß England dafür aufkommen müsse. Über diesen Punkt wurde hartnäckig verhandelt, bis er schließlich für nebensächlich erklärt wurde. Viel wichtiger war eine andere, eine alte Frage – die Religion. Elisabeth appellierte an des Kaisers eigenes Urteil und wies ihn auf die tausend Unzuträglichkeiten hin, die sich aus einer Glaubensverschiedenheit zwischen Mann und Frau ergäben. Wohl in Anspielung auf Darnley und Maria von Schottland fragte sie, ob ein Reich von einem schlimmeren Schicksal betroffen werden könne, als wenn es sich in zwei Parteien spalte, von denen die eine auf der Seite der Frau, die andere auf der des Mannes stehe. Es sei genau so, als würden zwei Tiere, deren Gangart nicht zusammen passe, in dasselbe Joch gespannt: sie könnten nie gleichmäßig ziehen. Wo nur ein Wille sein sollte, würde sich gegenseitiger Haß entwickeln. Der Kaiser aber forderte, daß Karl und seinen ausländischen Höflingen ein öffentliches Gebäude für die Abhaltung des katholischen Gottesdienstes zur Verfügung gestellt würde. Die Verhandlungen kamen damit wieder auf ihren Ausgangspunkt zurück.

Die Gegner dieser Ehe schöpften neue Hoffnung. Unter ihnen

befanden sich die Franzosen. Katharina von Medici, die der Gedanke an eine weitere englische Verbindung mit den Habsburgern sehr beunruhigte, warf ihren Köder aus und trat in der Person des französischen Königs, Karls IX., mit einem neuen Bewerber auf den Plan. Er war ein vierzehnjähriger Knabe, im Juni 1550 geboren und somit siebzehn Jahre jünger als Elisabeth. Der englische Gesandte in Frankreich, ein Freund Cecils und der österreichischen Heirat, schrieb über ihn einen zweideutigen Bericht: ‚wahrscheinlich werde er einmal groß, denn er habe dicke Knie und Fußgelenke; seine Beine ständen noch in keinem richtigen Verhältnis dazu; er spreche etwas schnell und undeutlich; aber das beweise nur, daß er feuriger Natur sei, ein Mensch, der mehr zum Handeln als zum Reden neige; er lispele und stammele nicht, er spreche nur seine eigene Sprache'. Elisabeths Narr riet ihr in Gegenwart des kaiserlichen Abgesandten, für den die Königin die Worte ins Italienische übersetzte, ihn nicht zu heiraten: er sei nur ein kleiner Junge: sie solle den Erzherzog nehmen, dann werde sie bald selbst einen kleinen Jungen haben. „Kinder und Narren sprechen die Wahrheit", sagte der Abgesandte, und Elisabeth lachte. Sie hatte nicht die Absicht, Karl IX. zu heiraten, hielt aber die Verhandlungen mit Katharina möglichst lange in der Schwebe, um sowohl eine Annäherung zwischen Frankreich und Schottland zu verhindern, als auch ihre Position in den Verhandlungen über die österreichische Heirat zu stärken.

Leicester hatte, solange er hoffen konnte, in der Person der Königin von Schottland entschädigt zu werden, die Bemühungen des Erzherzogs ehrlich unterstützt; als aber der schottische Plan fehlschlug und der österreichische nicht zustande kommen wollte, warb er wieder um Elisabeth, wozu ihn seine Freunde ermutigten, die schon von einem Leben voller Lust und Freude und großem Lohn träumten. Marias Ehe mit Darnley ließ hoffen, daß auch Elisabeth, deren Beispiel folgend, der Stimme des Herzens gehorche. Aber aus vielen Gründen und nicht zuletzt, weil ihm Ruin drohte, falls er aus diesem Kampf mit dem zukünftigen König von England nicht als Sieger hervorging, mußte Leicester vorsichtig sein und eine Zeitlang seine Absichten verbergen, indem er seinen Einfluß zugunsten der ganz unmöglichen französischen Heirat geltend machte, um auf diese Weise die österreichische zu hintertreiben. Als die Franzosen sahen, daß ihr Plan keine Aussicht auf Erfolg hatte, verbreiteten sie schädigende Gerüchte in Deutschland und England, um die Verhandlungen zwischen Elisabeth und dem Kaiser zum Scheitern zu bringen, und taten alles, was Leicesters Interessen fördern konnte. Nach Meinung des spanischen Gesandten standen die Aussichten durchaus eins zu eins, so daß er nicht recht wußte, was er tun sollte. Gern hätte er die Werbung des Erzherzogs weiter unterstützt, fürchtete aber, sich Leicester zu entfremden, der schließlich doch noch Elisabeths Gatte werden konnte.

Leicesters Aussichten standen heute so, morgen so. Im Sommer des Jahres 1565 begann Elisabeth, vielleicht um dem Hofklatsch einmal neuen Stoff zu geben, Thomas Heneage, einem hübschen, klugen aber verheirateten Höfling ihre Gunst zu zeigen. Leicester bekam Streit mit ihm, begann mit einer schönen Dame zu flirten, um Elisabeths Zuneigung auf die Probe zu stellen, und fiel vorübergehend in Ungnade. „Ihre Majestät die Königin schrieb in Windsor einen mysteriösen Satz in ein Buch", notierte Cecil in sein Tagebuch. Ganz offen sagte sie, es täte ihr leid um die Zeit, die sie mit Leicester vertan habe; worauf Cecil zu seinem Freunde bemerkte: „Ebenso geht es jedem guten Untertan." Im folgenden Januar wurde Heneage zum ‚Bohnenkönig' für die Festlichkeiten am Dreikönigsabend gewählt und zwang in einem Frage- und Antwortspiel Leicester, Elisabeth zu fragen, was schwerer aus der Seele zu bannen sei, Eifersucht oder eine schlechte Meinung, die ein böser Freund eingeflüstert habe. Der Scherz schien eine vergiftete Spitze zu enthalten, und Leicester sandte einen Freund zu Heneage und ließ ihm sagen, er werde ihn für seine Unverschämtheit züchtigen. Dieser erwiderte, sollte Leicester ihn auf diese Weise beleidigen, so werde er bald erfahren, daß sein Schwert schlagen und stechen könne. Als Elisabeth von dem Zwischenfall hörte, schwur sie, daß Leicester, falls ihre Gunst ihn unverschämt mache, sich bald wieder anders betragen werde, sonst müsse sie ihn erniedrigen, wie sie ihn erhöht habe. Vier Tage lang blieb er traurig in seinen Gemächern, bis die Königin endlich Mitleid mit ihm hatte.

Wie sich in Schottland die Kluft zwischen den Parteien durch die Darnley-Heirat immer mehr vergrößerte, so flammte jetzt auch in England der Parteihaß auf. Der Herzog von Norfolk und sein Schwager, Graf Sussex, waren die Führer der Anti-Leicester Partei. Vermögen und Einfluß, möglicherweise sogar das Leben konnten gefährdet sein, wenn Leicester König wurde; deshalb war ihre Opposition scharf und erbittert. Im Juni 1565 und ebenso ein Jahr später, lagen Sussex und Leicester in offener Fehde miteinander, und keiner wagte sich ohne bewaffnete Begleiter auf die Straße. Immer wieder mußte Elisabeth eingreifen und sie zur Versöhnung zwingen. Am Neujahrsfest 1566 veranlaßte Leicester seine Anhänger, in Anzügen mit blauen Litzen und Schnüren zu erscheinen, um zu zeigen, wer seine Freunde seien, und um mit seiner Macht zu prunken. Sofort gab der Herzog von Norfolk seinen Leuten gelbe Litzen. Elisabeth erteilte offenbar beiden eine Rüge. Während der folgenden Monate verließ Leicester zweimal für kurze Zeit den Hof, teils auf Rat seiner Freunde, vor allem aber wohl infolge des gewalttätigen Auftretens seiner Feinde. Man scheint sogar erwogen zu haben, ihn zu vernichten, denn um diese Zeit trat jemand an Amy Robsarts Halbbruder heran, der in seinem Ärger darüber, daß er nicht alles von Leicester erhielt, was er wollte, gesagt hatte, er habe „um des Grafen willen den Mord an seiner Schwester nicht verraten“. Man bot ihm viel Geld, wenn er jetzt Leicester des Mordes anklagte oder, wie man sich ihm gegenüber ausdrückte, sich denen – Norfolk, Sussex, Heneage und anderen – anschlösse, „die beabsichtigen, ihn gewisser Dinge zu bezichtigen“.

Der vorsichtige Cecil hielt sich diesem Parteihader fern und verkehrte nach außen hin freundschaftlich mit Leicester, denn schon einmal hatte er sich in dieser Sache die Finger verbrannt. Aber im April 1566, zu derselben Zeit, als der Angriff auf Leicester vorbereitet wurde, stellte er in der Ruhe seines Arbeitszimmers Tabellen zusammen, in denen er die Gegensätze zwischen dem Erzherzog und Leicester aufzeigte. Bei Leicester fügte er in der Rubrik: ‚Geburt‘ neben „geboren als Sohn eines Ritters“ hinzu; „sein Großvater war ein einfacher Squire.“ In der Rubrik: ‚Reichtum‘ heißt es: „Alles von der Königin, und dazu verschuldet.“ In der Rubrik: ‚Sind Kinder zu erwarten?‘ „Kinderlose Ehe. Keiner der Brüder hatte Kinder;

die Frauen aber später mehrere." „Selbst verheiratet gewesen und keine Kinder." In der Rubrik: ‚Wird er seine Frau lieben?' „Eine sinnliche Ehe beginnt mit Vergnügen und endet mit Sorgen." In der Rubrik ‚Ruf' stand beim Erzherzog „von allen hochgeehrt", bei Leicester aber „von vielen gehaßt" und „in schlechtem Ruf wegen des Todes seiner Frau". Weiter heißt es an anderer Stelle: „Jeder wird glauben, daß die schändlichen Gerüchte über die Königin und den Grafen auf Wahrheit beruhen"; gemeint sind Äußerungen wie die des Trunkenbolds Burley oder der alten Dowe, oder in jüngerer Zeit die des Mannes aus Suffolk, der sagte, die Königin sei ein böses Weib und könne das Reich nicht regieren, sie sei „wirklich in jeder Hinsicht in den Händen von Lord Robert", oder die Bemerkung des französischen Gesandten, Leicester habe in der Neujahrsnacht bei Elisabeth geschlafen. „Er ist nur darauf bedacht", schreibt Cecil weiter, „seinen eigenen Freunden Reichtum, Ämter, Ländereien zu verschaffen und andere zu kränken."

Es war eine schwierige Situation, die aber Elisabeth augenscheinlich mit Geschick meisterte, wenn auch nur wenige mit dem, was sie tat, zufrieden waren. Vielleicht rief sie Leicester an den Hof zurück, um den geplanten Angriff auf ihn zu vereiteln. Auf jeden Fall war ihr Benehmen, wie Cecil einem Freunde gegenüber äußerte, über jeden Einwand erhaben. Sie nähme die Werbung des Erzherzogs sehr ernst, sagte er weiter, obwohl ihr allerlei Hindernisse entgegenstünden. Er bete, daß Gott sie zur Ehe leiten möge, denn sonst würde sich ihre Regierung als sehr unruhig, ja stürmisch erweisen.

Als im Jahre 1566 das Parlament wieder zusammentrat, waren die Verhandlungen mit dem Kaiser noch im Gange. Es stand der gleichen Situation gegenüber wie im Jahre 1563: die Königin war noch immer unverheiratet und die Thronfolge nicht geregelt. Elisabeth hatte das letzte Parlament nur vertagt, nicht aufgelöst. Wie die weitere Entwicklung der Dinge bewies, war das sehr unklug gewesen, denn in den Mitgliedern des Unterhauses des Jahres 1563 lebte immer noch die Überzeugung, daß sie vor drei Jahren betrogen und zum Narren gehalten worden seien. Die ‚unruhigen Köpfe' brauchten sich nicht erst den Kopf darüber zu zerbrechen, auf wessen Unterstützung sie rechnen konnten; sie kannten die Stimmung des

Hauses ganz genau. Auch über ihre Taktik konnte kein Zweifel bestehen. Schon wollte das Gerücht wissen, daß kein Geld bewilligt würde, falls die Königin nicht heiratete oder einen Nachfolger ernannte. Und wie zu erwarten war, gab es eine Debatte über die Thronfolge, sobald der Antrag auf Geldbewilligung einem besonderen Ausschuß überwiesen war. Zwei Vormittage lang wurde geredet, und es kam am ersten Tag zu einer Schlägerei, als einige gemäßigtere Abgeordnete versuchten, die Debatte abzubrechen und nach Hause zu gehen, während die andern die Türen abschlossen und sie zwingen wollten, weiter zu verhandeln. Auf Elisabeths Befehl versuchte ein Staatsrat nach dem andern, das Haus davon zu überzeugen, daß die Königin wirklich die Absicht habe, zu heiraten. Schließlich wurde doch wieder ein Ausschuß ernannt, der eine Petition aufsetzen sollte, und es wurde beschlossen, an das Oberhaus heranzutreten, das sich nach einigem Zögern bereit erklärte, gemeinsam mit dem Unterhaus vorzugehen.

Elisabeth war auf ihre Adligen so wütend, daß sie heftig auf sie schalt. Als ersten traf ihr Zorn den Herzog von Norfolk. Pembroke, der versuchte, ihn zu verteidigen, mußte sich sagen lassen, er schwadroniere wie ein betrunkener Soldat. Dann wandte sie sich an Leicester und sagte, sie hätte nie und nimmer geglaubt, daß er sie im Stich lasse, wenn auch die ganze Welt gegen sie sei. Er schwur, er sei ihr ergeben bis in den Tod. „Was hat das mit der Sache zu tun?“ entgegnete sie. Dann wandte sie sich an Northampton und sagte ihm, anstatt mit ihr über Heirat und Ehe gekünstelte Unterhaltungen zu führen, hätte er sie lieber über die Gründe unterrichten sollen, die zu seiner skandalösen Scheidung und Wiederverheiratung geführt hätten. Dann verließ sie das Zimmer. Einige Lords – unter ihnen Pembroke und Leicester – durften das Audienzzimmer nicht mehr betreten. Was das Unterhaus betreffe, sagte sie zu dem spanischen Gesandten, so wisse sie nicht, was diese Burschen eigentlich wollten.

Der Anfang dieser Sitzungsperiode war vielversprechend! Ein gemeinsamer Ausschuß der beiden Häuser begann die Petition auszuarbeiten, aber Elisabeth war fest entschlossen, sich um nichts, und seien die Gründe noch so zwingend, zu kümmern. Man sollte vor allem ihre eigenen Gründe anhören. Dementsprechend befahl sie eine Deputation aus Mitgliedern des Unter- und Oberhauses zu sich. In ihren Ausführungen wandte sie sich zuerst scharf gegen jene „ungezügelten Menschen, deren Maul noch nie die Trense gefühlt habe" und die sich im Unterhaus Hals über Kopf in diese Sache gestürzt hätten; dort erklärten dann Leute wie Bell und Genossen, sie seien Engländer und ihrem Lande verpflichtet; und dieses Land müßte nach ihrer Ansicht unbedingt untergehen, wenn – so fügte die Königin ironisch hinzu – die Thronfolge nicht geregelt würde. Im Oberhaus hätten die Bischöfe den Abgeordneten lang und breit auseinandergesetzt, was vorher niemand gewußt habe, daß die Königin tot sei, wenn sie nicht mehr atme, und darin liege eine Gefahr für den Staat! Das Ziel dieser Widersacher sei leicht zu erkennen, nämlich „gemeinsame Sache gegen sie zu machen".

„Wurde ich nicht in diesem Reiche geboren?" rief sie. „Wurden das nicht auch meine Eltern? Ist dies nicht mein Königreich? Wen habe ich unterdrückt? Wen habe ich reich gemacht zum Schaden anderer? Habe ich Unruhen in diesem Staatswesen hervorgerufen, stehe ich im Verdacht, nicht einzugreifen, wo sich solche zeigen? Wie habe ich, seit ich den Thron bestieg, regiert? Vor dem Urteil selbst der Neidischen kann ich bestehen. Ich brauche nicht viele Worte zu machen, denn meine Taten sprechen für mich."

Die Petition solle, so sei ihr berichtet, nur zwei Punkte, Heirat und Thronfolge, behandeln, und aus Gründen des Anstandes sei ihre Heirat der erste Punkt. Was diese betreffe, so habe sie bereits gesagt, daß sie heiraten wolle, und nie werde sie ihr Königswort brechen, das in aller Öffentlichkeit gegeben sei. Sie hoffe auch, Kinder zu bekommen, denn sonst würde sie nie heiraten. Sie habe aber den wohlbegründeten Verdacht, daß die Rädelsführer nachher ebenso leichtfertig ihren Gatten mißbilligen würden, wie sie jetzt leichtfertig auf ihre Heirat drängten. „Und dann wird sich herausstellen, daß sie es gar nicht so gemeint haben." „Denn", fügte sie hinzu, „auch für den allergrößten Verrat hat es immer noch einen guten Vorwand gegeben."

Was aber die Thronfolge betreffe, fuhr sie fort, so habe niemand von ihnen wie sie selbst an zweiter Stelle im Reiche gestanden, und niemand habe die Praktiken kennengelernt, denen ihre Schwester – „gebe Gott, daß sie noch lebte“ – ausgesetzt gewesen sei. ‚Wenn die Freundschaft bricht, kommt die Wahrheit ans Licht‘, sage ein altes Sprichwort, und unter den Abgeordneten des Unterhauses befänden sich einige, die zur Zeit der Regierung ihrer Schwester versucht hätten, sie selbst in Verschwörungen zu verwickeln. Dächte sie nicht an ihre eigene Ehre, so würde sie diese Schurkerei bekanntgeben. Nie werde sie ihren Nachfolger in eine derartige Lage bringen. Die Frage der Thronfolge, sagte sie, sei nicht so einfach zu lösen, sie sei voller Gefahren für sie und das Reich, wenn sich ihre Zuhörer in ihrer Einfalt auch einbildeten, „die Sache müsse doch schnell zu erledigen sein, wenn nur alle am selben Strange zögen“. Könige wären gewohnt, Philosophen zu ehren, aber sie würde jeden wie einen Engel verehren, der so fromm sei, daß er nicht, wäre er Zweiter im Reich, versuchte, Erster – und wäre er Dritter, Zweiter zu werden.

Sie hoffe, so fuhr sie fort, daß die Rädelsführer in dieser Angelegenheit noch vor ihrem Tode Reue zeigten und ihre Fehler offen bekennten, so daß jeder die räudigen Schafe erkennen könnte. „Was mich betrifft, so mache ich mir nichts aus dem Tod, denn alle Menschen müssen sterben, und wenn ich auch nur eine Frau bin, so ist mein Mut, wie es meiner hohen Stellung ziemt, ebenso groß, wie nur je der Mut meines Vaters war. Ich bin Eure gesalbte Königin. Ich werde mich nie zu etwas zwingen lassen. Ich preise Gott, daß ich solche Eigenschaften besitze, dank deren ich, sollte ich im Unterrock aus dem Reiche vertrieben werden, doch überall in der Christenheit leben kann.“

Cecil wurde beauftragt, dem Hause die Rede bekanntzugeben. Er änderte sie dreimal ab, bevor er alle Härten so weit gemildert hatte, daß er sie verlesen konnte. Unheilvolles Schweigen füllte das Haus, als er seinen Platz wieder einnahm. Zwei Tage später schlug ein Mitglied vor, man solle trotz der Rede der Königin an der Petition weiterarbeiten. Sofort verbot Elisabeth jede weitere Behandlung der Frage. Darauf verstrickte Paul Wentworth, der eine des unruhigen Brüderpaars, das Haus in eine Diskussion über dessen Rechte. Man redete von 8 Uhr vormittags bis 2 Uhr nachmittags – in jenen Tagen trat das Haus meist um 8 Uhr zusammen und schloß die Sitzung gewöhnlich um Mittag; – schließlich wurde die Fortsetzung der

Debatte auf den nächsten Tag verschoben. Die dem Parlament angehörenden Staatsräte drängten Elisabeth, nachzugeben und dem Unterhause freie Diskussion zu gestatten, aber das wollte sie nicht. Statt dessen ließ sie noch vor der nächsten Sitzung den Sprecher zu sich kommen und durch ihn ein unbedingtes, drohendes Veto einlegen. An diesem Tage geschah weiter nichts, aber schon bald arbeitete ein neuer Ausschuß an einer Adresse an die Königin, in der die drei wichtigen Fragen behandelt wurden: ihre Heirat, die Thronfolge und die Rechte des Unterhauses.

Überall war Hochspannung, und die Zungen lockerten sich. Ein Abgeordneter sah in der Hand eines anderen ein kürzlich erschienenes Gedicht, das ein Schotte in Frankreich zur Geburt des Sohnes der Königin Maria von Schottland verfaßt hatte. „Was sagen Sie dazu", fragte er das Haus, „daß kürzlich ein Libell gedruckt wurde, das den schottischen Thronfolger ‚Prinz von Schottland, England und Irland' nennt?" „‚Prinz von England' – das Kind der schottischen Königin?" „‚Prinz von Schottland und England' – Schottland wird vor England genannt? Welches echt englische Herz kann eine solche Schurkerei ertragen?" – „Durch diese Unverfrorenheit gleichsam entflammt", gestand er später vor dem Staatsrat, „trieb mich die Wut, ich weiß nicht wohin, aber ich vermute, daß mir allerlei entfuhr." – Und so war es zweifellos – er hatte sich gegen die Thronfolge Marias ausgesprochen und damit wahrscheinlich die öffentliche Meinung zum Ausdruck gebracht.

Die ganze Zeit über ruhte der Antrag auf Bewilligung weiterer Geldmittel. Elisabeth und das Unterhaus kamen nicht weiter, und es sah so aus, als sollte das Parlament ein ‚Faules Parlament' werden. Aber die Königin war klug und geschmeidig und wußte genau, wann und wie sie nachgeben mußte. Sie hob ihr Veto bezüglich der freien Aussprache auf und gab drei Tage später bekannt, sie wolle auf ein Drittel des Geldes, das man ihr bewilligen sollte, verzichten, denn sie höre lieber von der Treue und dem pflichtgemäßen Handeln der Abgeordneten und halte sie, angesichts ihrer von Herzen kommenden guten Absichten, für ihre besten Schatzmeister. Sie hatte nachgegeben und dadurch gesiegt. In ihrer Freude kamen die Abgeordneten überein, das verhaßte Thema der Thronfolge fallen zu lassen, und sie beschäftigten sich wieder mit dem Antrag auf Bewilligung von Geldmitteln.

Aber ein findiger Abgeordneter schlug vor, das in Elisabeths Rede gegebene Versprechen, zu heiraten und einen Nachfolger zu ernennen, sobald es die Umstände erlaubten, in die Einleitung zum Bewilligungsgesetz aufzunehmen, um es so gedruckt im Lande zu verbreiten.

Wieder einmal gingen die Wogen hoch. Unter den Entwurf der Einleitung, den ein Staatsrat Elisabeth zeigte, schrieb sie ihren flammenden Protest: „Andere mögen sich doch nicht für so heilig halten, daß für mich keine Nische mehr übrigbleibt. Die Abgeordneten des Unterhauses sollen wissen, es ist mir wohl bekannt, wenn ich mich auch nicht weiter darum gekümmert habe, daß einige von ihnen den Wunsch hatten, ich solle lieber nur meinem Gewissen folgen, als mich von solchen gemeinen Praktiken beeinflussen lassen. Ich sehe keinen Grund, der dafür spräche, daß eine meiner inoffiziellen Äußerungen an das Reich als Vorwort zu einem Bewilligungsgesetz dient; auch ist es mir unbegreiflich, wie man sich erkühnen kann, ohne meine ausdrückliche Erlaubnis meine Worte in ein Gesetz aufzunehmen. Sind meine Worte denn wie die Schriftsätze der Juristen, mit deren Hilfe heutzutage Rechtsverdreher unehrliche Handlungen in ehrliche umfälschen? Ist denn so wenig Verlaß auf meine Worte, daß ein Gesetz mich zu ihrer Bestätigung zwingen muß? Das mag vorläufig genügen; erhielten diese Burschen die richtige Antwort und würden sie belohnt, wie das Gesetz es vorsieht, so würde es im Unterhaus bald weniger Heuchler geben."

Die Sitzungsperiode schloß mit einer weiteren, allerdings liebevolleren Rüge an die Abgeordneten des Unterhauses: „Möge diese meine Verwarnung und nicht erst ein härterer Streich Sie alle veranlassen, die Geduld einer Fürstin nicht zu sehr auf die Probe zu stellen, und möge mein Zuspruch Sie aufrütteln aus Ihrer Sorge und Sie alle fest daran glauben lassen, daß . . . Ihre Fürstin Sie wieder in Gnaden aufnimmt, deren Sorge um Sie immer so sein wird, daß sie keiner Erinnerung an Ihr Wohl bedarf."

Als Elisabeth dem Parlament mitteilte, sie beabsichtige zu heiraten, hielt sie es nicht zum Narren. Im Mai des vorhergehenden Jahres hatte sie einen Abgesandten nach Wien geschickt und zu ihm gesagt, daß, falls der Erzherzog nach England komme und körperlich nicht gar zu mißgebildet sei, ihre Heirat nicht an Kleinigkeiten scheitern solle. Aber diesmal hatte der Kaiser unmögliche Bedingungen gestellt. Daraufhin schob Elisabeth die Verleihung des Hosenbandordens an den Kaiser hinaus, um ihn auf diese Weise vielleicht gefügiger zu machen. Eine spätere Verleihung bot außerdem den Vorteil, die ins Stocken geratenen Verhandlungen wieder in Gang zu bringen. Für diese Mission wurde dann Graf Sussex ausersehen, eine vielverheißende Wahl. Er machte sich reisefertig, aber ein Monat verging nach dem andern, ohne daß er den Befehl zur Abreise erhielt. Im Juni 1567 begab er sich endlich auf den Weg und nahm ein Bild der Königin mit. Sein Bericht über den Erzherzog ließ nichts zu wünschen übrig. Von einer Mißbildung oder einem Gebrechen sei bei ihm nicht die Rede. Seine Hände und Füße seien sogar alles Lobes wert. In dieser Beziehung konnte Elisabeth also beruhigt sein. Die Schwierigkeiten auf religiösem Gebiet wären nicht so leicht zu beheben. Falls Elisabeth ihm die heimliche Ausübung seines Glaubens in seinen Privaträumen gestatte, während er sie öffentlich zum anglikanischen Gottesdienst begleite, werde er sofort nach England kommen, und die Ehe könne vollzogen werden.

Diese Forderung bedeutete ein Entgegenkommen, das sich von völliger Aufgabe des Glaubens nur wenig unterschied; mehr konnte der Erzherzog kaum tun. Sollte Elisabeth zustimmen und ihn nach England kommen lassen oder nicht? Im November berief sie ihren Staatsrat, damit er sie in dieser Frage berate. Ein letzter, heißer Kampf begann. Es handelte sich nicht nur um die Heirat der Königin. Eng damit verbunden war das Schicksal Leicesters. Denn wurde der Erzherzog König, so bedeutete das ganz bestimmt einen Triumph der Feinde Leicesters und seinen eigenen Sturz.

Er und seine Partei waren verzweifelt an der Arbeit: ‚so etwas hatte man noch nie gesehen'. Sie entfachten die religiösen Leidenschaften, wobei ihnen sehr zustatten kam, daß in Frankreich ein neuer Religionskrieg wütete, daß Alba in den Niederlanden die Ketzer grausam verfolgte, und daß religiöse Flüchtlinge nach England strömten. Am St. Pauls-Kreuz predigte Bischof Jewel über den Text: ‚Verflucht sei der Mann vor dem Herrn, der sich aufmachet und diese Stadt Jericho wieder bauet' – mit andern Worten: der den katholischen Glauben wieder nach England bringen will. Und von Wien kamen – vielleicht von einem Mitverschworenen – übertriebene Berichte über den Katholizismus des Erzherzogs nach England, während derselbe Berichterstatter in Wien die Lage in England bewußt falsch darstellte. Leider war der Herzog von Norfolk, der sich immer warm für die Heirat eingesetzt hatte, wegen Krankheit vom Hofe abwesend. Die Königin bat ihn schriftlich um seinen Rat. Er riet ihr dringend, dem Erzherzog das geforderte Zugeständnis zu machen und ihn zu heiraten. Den gleichen Rat gaben ihr auch Cecil und andere. Aber Leicester und seine Partei blieben stark in ihrem Widerstand. Der Staatsrat war geteilter Meinung und konnte der Königin keinen positiven Rat geben.

Elisabeth mußte nun selbst entscheiden. Nach reiflicher Überlegung kam sie zu dem Schluß, daß sie die Forderung des Erzherzogs ablehnen müsse. Dabei aber legte sie immer noch großen Wert darauf, daß er nach England kam, denn sie hoffte, daß dadurch vielleicht doch noch die Schwierigkeiten zu beheben seien; aber er wollte nicht kommen. Sussex, Norfolk, Cecil waren ganz niedergeschlagen. Sie verfluchten Leicester und seine Anhänger, die ihre selbstsüchtigen Ziele mit dem Vorwande der Gewissensnot stützten: „Wenn die Protestanten doch ehrliche Protestanten sein wollten", schrieb Sussex; „wenn aber einige von ihnen noch andere Ziele haben, die sie mit der Religion bemänteln, und wenn man auf ihren Rat hört, dann nehme Gott die Königin in den Schutz seiner starken Hand."

Nie war Elisabeths staatsmännische Begabung deutlicher erkennbar als gerade jetzt; sie hätte nur auf Schottland zu verweisen brauchen, wo wenige Monate vorher Marias tragischer Mißgriff in der Wahl des Gatten Entsetzen und Verderben heraufbeschworen hatte. Das Wichtigste für das Land war nicht, wie Cecil und andere glaubten, die Geburt eines Kindes, durch die sich die vielumstrittene und gefahrdrohende Frage der Thronfolge erledigte, sondern die Bewahrung des Landes vor Bürger- und Religionskrieg. Parteiung im Adel und Glaubensverschiedenheit im Volk aber mußten zu einem solchen Kriege treiben.

Selbst wenn der Erzherzog als protestantischer König ins Land einzog, würde er wahrscheinlich die Kluft zwischen den Parteien nur vergrößern. Kam er nun gar als Katholik, dann stand der Aufruhr vor der Tür. Dann mußten sich die Glaubensstarken wie in Schottland erheben mit dem Rufe: „Soll der Götzendienst wieder im Reiche geduldet werden?" Noch vor kaum einem Monat war während des Gottesdienstes in der Kapelle der Königin ein Mann an den Altar gegangen, hatte Kruzifix und Altarleuchter auf den Boden geworfen, darauf getreten und beide mit bösen Worten bedacht. Vielleicht war er wahnsinnig – aus diesem Grunde wurde ihm tatsächlich verziehen – er aber wiederholte seinen Frevel; vom gleichen Wahnsinn waren hundert andere auch befallen. Andererseits würden die Katholiken bestimmt zum Erzherzog halten, sie würden versuchen, ihn zuerst gegen die ihm und dann auch gegen die seinen Glaubensgenossen auferlegten Beschränkungen aufzuhetzen. Und so würden allmählich Thron, Hof und Land in zwei Parteien gespalten, und England würde seinen Nachbarn – Frankreich, Schottland und den Niederlanden – ‚diesen lebendigen Beispielen vor seinen Augen' folgen; um das zu verhindern, müsse sie, wie Elisabeth dem Kaiser mitteilte, die Forderung des Erzherzogs ablehnen.

Sicher hat die stete Gegenwart Leicesters während all der Verhandlungen dieser vier Jahre in Elisabeth immer wieder die Frau beunruhigt. Nur als Königin hatte sie sich zur Heirat entschlossen, und als Königin verwarf sie jetzt die mit der Heirat verbundenen Bedingungen. „Heirat", sagte Cecil zu seinem Sohn, „ist einer Kriegslist vergleichbar, hier wie dort kann man sich nur einmal irren." Damit brachte er durchaus die Ansicht seiner Herrin zum Ausdruck. Elisabeth hat sich bestimmt die Frage vorgelegt, ob für sie als Herrscherin die Ehe etwas anderes als ein Irrweg sein könne; ob sie nicht, um als Königin erfolgreich zu sein, unverheiratet bleiben müsse. Die Ehe ihrer Schwester war ein schwerer Fehler gewesen; und augenblicklich stand ganz Europa unter dem Eindruck der tragischen, leidenschaftlichen Geschichte Marias von Schottland, die, nach den Worten eines venezianischen Gesandten, aller Welt eindeutig gezeigt hatte, daß ‚Politik kein Geschäft für Frauen ist'.

Die Ermordung Darnleys

Nach der Ermordung Riccios wurden die Beziehungen zwischen Elisabeth und Maria wieder angemessen und freundlich. Im April 1566 sah der spanische Gesandte bei Elisabeth ein Bild Marias, das an einer goldenen Kette von ihrem Gürtel hing. Über Riccios Ermordung äußerte sie sich ihm gegenüber, sie hätte an Marias Stelle den Dolch ihres Mannes ergriffen und ihn damit niedergestochen. Doch, fügte sie schnell hinzu, Philipp II. dürfe nicht glauben, daß sie so mit dem Erzherzog Karl verfahren werde, wenn er nach England komme! Der freundschaftliche Briefwechsel zwischen den beiden Königinnen begann von neuem; Elisabeth übernahm wieder die Rolle der älteren Schwester und ließ es an weisen Ermahnungen nicht fehlen: „Schaffe alles Gesträuch aus dem Wege, damit kein Dorn Deine Ferse steche". „Der Stein trifft oft den Kopf dessen, der ihn wirft". „Was sollen Deine Untertanen denken, wenn sie sehen, wie süß Deine Worte und wie giftig Deine Taten sind?" Sie bete zu Gott, er möge Maria ein möglichst schmerzloses Kindbett und alles Glück bescheren; sie könne das frohe Ereignis kaum abwarten. Maria bat sie daraufhin, Patenstelle bei ihrem Kinde zu übernehmen, und als im Dezember 1566 die Taufe stattfand, begab sich Graf Bedford mit einem kostbar gearbeiteten, massiv goldenen und emaillierten Taufbecken nach dem Norden. Zum Glück entging er in der Nähe von Doncaster einem Hinterhalt, in dem Räuber ihm auflauerten, um ihm das Geschenk abzunehmen.

Alles ging seinen ruhigen Gang. Maria dankte ihrer „vielgeliebten Schwester" für die wohlwollende Haltung, die sie gegenüber ihrem Anspruch auf den englischen Thron wieder eingenommen habe. Sie billige durchaus Elisabeths Absicht, den Erzherzog zu heiraten. Sie erklärte sich sogar bereit, den Vertrag von Edinburgh zu ratifizieren. Das war ein erstaunliches Angebot, denn hierdurch begab sich Maria des Haupttrumpfes ihrer Diplomatie. War es Arglist? Jedenfalls ist es bedeutsam, daß der Überbringer dieser Nachricht Edinburgh am 8. oder 9. Februar 1567 verließ, und daß sich in weniger als achtundvierzig Stunden eine Tragödie abspielte, die Elisabeths freundliche Haltung mehr als erschütterte.

In Schottland stand nicht alles zum Besten; der Unruhestifter war Darnley. Nach Riccios Ermordung war er noch weniger als vorher König. Dieser arme, geistlose Mann war fast ein Verfemter, von allen wurde er verachtet, von vielen gehaßt. An seinen Freunden war er zum Verräter geworden; er hatte sich vor seiner Frau gebeugt, einer Frau von Geist, die er in ihren Gefühlen tief verletzt hatte; ihm fehlte die männliche Kraft, eine verzweifelte Situation zu retten. Durch allen äußeren Schein hindurch waren Marias Abscheu und Verachtung bald deutlich zu erkennen. „Die Königin und ihr Gatte", berichtete Bedford im August 1566, „vertragen sich in der alten Weise, oder gar noch schlechter. Sie speist nur sehr selten mit ihm; sie schläft nicht bei ihm und hat keine Gemeinschaft mit ihm, noch liebt sie die, die ihn lieben.... Aus Anstand und um der Ehre der Königin willen kann ich nicht berichten, was sie über ihn sagte." Sie war Melville gegenüber ‚unglaublich ausfallend', weil er dem König einen Wasserspaniel schenkte, den er gern haben wollte; sie nannte ihn Heuchler und Schmeichler und sagte, sie könne niemandem trauen, der dem, den sie nicht liebe, etwas schenke.

In dieser unerträglichen Lage dachte Darnley daran, zu Schiff das Land zu verlassen. Maria versuchte vergeblich, ihn zur Vernunft zu bringen. Die Bemühungen des Staatsrats waren ebenso erfolglos. „Adieu, Madame", rief er, „lange Zeit werden Sie mein Gesicht nicht sehen." Der törichte Mensch drohte immer wieder damit, diese Schande über das Land zu bringen. Er war einfach unmöglich. „Der Gedanke, daß er ihr Gatte ist, und daß sie keinen Weg sieht, sich von ihm zu befreien, ist für die Königin ein großes Herzeleid", schrieb Maitland im Oktober 1566. Im folgenden Monat besprachen einige ihrer Staatsräte die Frage mit ihr. Scheidung konnte nicht in Frage kommen, weil dadurch ihr Kind zum Bastard wurde. Wahrscheinlich wurde vorgeschlagen, Darnley wegen Hochverrats zu verhaften und ihn zu töten, wenn er sich widersetzte. Aber die Taufe ihres Kindes stand bevor, und man durfte in Gegenwart der ausländischen Gesandten einen derartigen Gewaltakt nicht wagen.

Es ist schwer zu sagen, was sich ereignet hätte, wenn das der einzige störende Faktor gewesen wäre. Viele der führenden Staatsräte und Adligen hätten sich gern Darnleys auf jede Weise entledigt, falls nur Maria damit einverstanden war; und um die Zahl der Feinde des Königs noch zu vermehren, wurden am Ende des Jahres die Riccio-Verbannten begnadigt.

Aber das Darnley-Drama hatte leidenschaftlich begonnen und sollte ebenso leidenschaftlich enden. Maria hatte in dem Grafen Bothwell den herrischen Geliebten gefunden, nach dem sie sich mit jeder Fiber sehnte; er war ein ‚herrlicher, wagemutiger, tollkühner Mann‘ von ungefähr dreißig Jahren und verfügte über eine oberflächliche französische Bildung, die er sich während einer bewegten Laufbahn angeeignet hatte. Wahrscheinlich war Maria von ihm vergewaltigt worden, bevor sie sich in ihn verliebte: jedenfalls lassen dies die französischen ‚Sonette‘ unter den ‚Kassetten-Briefen‘ durchaus vermuten:

> Gar manche Träne ich um ihn vergieße,
> Da er sich diesen Körper nahm,
> Bevor er noch mein Herz gewann.

Bothwell war, wie erzählt wurde, in bezug auf Frauen unersättlich. Seine Moral war ebenso locker wie seine Zunge. Im vergangenen Jahre hatte er von Maria als der Hure des Kardinals – ihres Onkels – gesprochen. Sie und Elisabeth, sagte er, ergäben zusammen noch keine anständige Frau. Obwohl Protestant, war er der Gegner Murrays und der protestantischen Partei gewesen und hatte treu zu Marias Mutter gehalten. Der politische Umschwung nach der Darnley-Heirat hatte ihn daher wieder in hohe Gunst gebracht, in der er verblieb. „Bothwell ist nach wie vor der bestgehaßte Mann im Lande“, berichtete Bedford im August 1566, „und seine Unverschämtheit soll derartig sein, daß er jetzt mehr verabscheut wird als jemals David.“ Die große Leidenschaft der Königin hatte eine unglückliche Wahl getroffen! Außerdem war er erst seit kurzem mit einer Frau verheiratet, die er Maria vorzog, wenn auch nicht der Königin von Schottland.

Ein Gatte, den Maria verachtete, der als König so ganz unmöglich war, daß ihre Staatsräte jeden verzweifelten Plan, der zu seiner Vernichtung führte, stillschweigend dulden oder sogar unterstützen wollten, eine irrsinnige Vernarrtheit in den bedenkenlosesten Edelmann des Reiches – man kann sich kaum eine gefährlichere Verkettung von Umständen vorstellen. Bothwell plante die Ermordung des Königs; Marias Aufgabe war es, das Opfer an einen Ort zu locken, an dem der Mord geschehen konnte.

Im Januar 1567 lag Darnley in Glasgow, wo er sich von den Blattern erholte. Maria besuchte ihn, scheinbar, um eine Versöhnung herbeizuführen, in Wirklichkeit aber, um die ihr in dieser Verschwörung zufallende Aufgabe zu erfüllen. Nachdem sie am Abend ihrer Ankunft mit Darnley gesprochen hatte, kritzelte sie eine Seite nach der andern an ihren Geliebten, und breitete vor ihm Nachrichten und ihr Herz aus. Es ist ein beachtenswerter Brief; er ist impulsiv, ohne gedankliche Zucht, das Spiegelbild der verschiedensten Stimmungen. Bald klingt es wie Gewissensbisse: „Hätte ich nicht den Beweis dafür, daß sein Herz weich ist wie Wachs, und wäre meines nicht hart wie Diamant, so daß nur der Pfeil, der von Deiner Hand kommt, es durchbohren kann, so hätte ich wohl Mitleid haben können.“ Dann flackert die Eifersucht auf Bothwells Frau auf, und sie ist voller Hohn. Dann wieder stehen Darnley und Lady Bothwell ihrem Glück im Wege: „Wir sind an zwei falsche Menschen gefesselt; der Teufel trenne uns, und Gott füge uns für immer zusammen als das treueste Paar, das je verbunden wurde. Dies ist mein Glaube. In ihm will ich sterben.“ Sie fühle sich wohl, so sagt sie, doch freue sie sich, daß sie schreibe, während andere schliefen, denn sie könne ja doch nicht schlafen, wie sie es sich wünsche, d. h. „in Deinen Armen, mein treuer Geliebter“. „Verflucht sei der pockige Kerl, der mir soviel Kummer macht.“ In der nächsten Nacht beendete sie den Brief, ihre Stimmung war wieder voller Schwankungen: „Deinetwegen spiele ich fast die Rolle eines Verräters. Vergiß nie, daß ich, wäre es nicht um Dir zu gehorchen, lieber stürbe, als daß ich es täte. Mir blutet dabei das Herz.“ „Ach! und dabei habe ich doch nie jemanden verraten; aber ich füge mich ganz Deinem Willen". „Und jetzt, da mir, wenn ich nur Dir, mein Liebster, gehorche, Ehre, Gewissen, Gefahr oder Größe ganz gleichgültig sind, nimm es gut auf." „Denke nicht an sie (Lady Bothwell), deren falsche Tränen man nicht so hoch schätzen und achten sollte wie die wahre und echte Qual, die ich ertrage, um ihren Platz zu verdienen." „Es ist spät; am liebsten schriebe ich Dir ohne Ende weiter; aber ich will jetzt Deine Hände küssen und dann meinen Brief schließen."

Gegen Ende des Monats brachte Maria ihren Gatten nach Edinburgh. Seine Befürchtungen hatte sie eingeschläfert und ihm versprochen, nach seiner Genesung wieder Bett und Tisch mit ihm zu teilen. Er sollte jetzt in einem bescheidenen Hause in Kirk o'Field außerhalb der Stadtmauern wohnen. Hier hatte sie ein Bett in dem Zimmer unter dem seinen; und sie verbrachte viel Zeit mit ihm. So kam der Sonntagabend, der 9. Februar; sie hatte eigentlich in Kirk o'Field übernachten sollen, erinnerte sich aber plötzlich eines Versprechens, nach dem sie an einem Maskenfeste in Holyrood teilnehmen wollte. Sie schenkte Darnley als Pfand ihrer Liebe einen Ring und verließ in Begleitung von Fackelträgern das Haus. Gegen zwei Uhr morgens versetzte eine heftige Explosion die Stadt in Aufregung. Darnleys Haus war in die Luft gesprengt worden; er selbst wurde in einem angrenzenden Garten tot aufgefunden – erwürgt, wie man sich erzählte.

Als Katharina von Medici von dem Ereignis hörte, erklärte sie, Maria könne sich freuen, den jungen Narren endlich los zu sein. So hätten viele andere auch gedacht, wenn alles offen und ehrlich zugegangen wäre; aber trotz Marias Versicherung, nur das Maskenfest in Holyrood habe sie davor bewahrt, Darnleys Schicksal zu teilen, besaßen viele – und unter ihnen mehrere Gesandte – entweder genaue Kenntnis von dem Vorgefallenen oder einen starken Verdacht; Elisabeth brachte die öffentliche Meinung richtig zum Ausdruck: „O, Madame", schrieb sie, „ich verstieße gegen die Pflichten einer treuen Cousine und liebevollen Freundin, wenn ich mehr daran dächte, Ihren Ohren zu gefallen als Ihre Ehre zu wahren. Ich will Ihnen nicht verhehlen, was die meisten Leute sagen: daß Sie diese Tat ungerächt lassen und die nicht zur Rechenschaft ziehen wollen, die Ihnen diese Freude bereiteten; denn die Tat wäre nie begangen worden, wenn die Mörder nicht gewußt hätten, daß ihnen keine Strafe drohte." „Ich ermahne Sie, ich rate Ihnen, ich bitte Sie, sich dieses Ereignis so zu Herzen zu nehmen, daß Sie sich nicht scheuen, selbst gegen Ihre nächsten Freunde vorzugehen." Vierzehn Tage später schrieb Marias Gesandter in Frankreich, der ihr treu ergeben war, noch deutlicher. Es werde erzählt, so berichtete er, daß ‚sie selbst die Haupttriebfeder' gewesen und alles auf ihren Befehl geschehen sei; wenn sie die Tat nicht mit aller Strenge sühnte, wäre es besser, sie hätte alles und das Leben verloren.

In Schottland bezeichnete das gemeine Volk den Mord als eine Schande für die Nation, die Geistlichen verlangten Gebet und Reue. In Edinburgh erschienen Schmähschriften, die Bothwell als den Mörder bezeichneten, und nächtlicherweile schrien Stimmen den Mord durch die Straßen; Anfang April jammerte ein Mann in die Nacht hinaus: „Rache über die, die mich zwangen, unschuldiges Blut zu vergießen. O, Herr, öffne die Himmel und gieße Rache herab auf mich und jene, die den Unschuldigen vernichtet haben!" Alles Böse, das Darnley getan hatte, war offenbar mit seinen Gebeinen begraben worden.

Obwohl Bothwell öffentlich als der Schuldige bezeichnet wurde, unternahm Maria nichts gegen ihn, im Gegenteil, sie überschüttete ihn mit Gunstbezeugungen. Es blieb Darnleys Vater, Lennox, überlassen, Anklage zu erheben, aber die Verhandlung wurde von vornherein so aufgezogen, daß es für den Ankläger das klügste war, ihr fernzubleiben. Das Urteil erfolgte in Abwesenheit des Beklagten. „Bothwell wurde von dem Verbrechen nicht gereinigt, sondern gleichsam mit Schusterschwärze gewaschen." Eine Woche später gab er ein Fest und veranlaßte einige Lords, ein Schriftstück zu unterschreiben, in dem sie erklärten, sie glaubten an seine Unschuld und wären bereit, seine Heirat mit der Königin Maria zu fördern. Von Maria selbst wurde eine Äußerung berichtet, nach der sie seinetwegen Frankreich, England und ihr eigenes Land gern hingäbe und lieber mit ihm in einem weißen Unterrock bis ans Ende der Welt ginge, als daß sie ihn verließe. Als sie am 24. April mit einer kleinen Eskorte von Stirling nach Edinburgh ritt, überfiel Bothwell sie und brachte sie nach Dunbar. „Ob mit ihrem Einverständnis oder gegen ihren Willen, das mag jeder für sich entscheiden." Die Ehescheidung wurde nun eingeleitet, um ihn von seiner Frau zu befreien; und nach zwölf Tagen kehrte Maria mit ihrem Entführer nach Edinburgh zurück, wo sie am 15. Mai 1567 nach protestantischem Ritus getraut wurden. Einige Tage vorher hatte dieselbe Kirche Bothwell ausdrücklich zum Ehebrecher erklärt und seiner Frau aus diesem Grunde die Scheidung bewilligt.

Ihr Eheleben – es sollte nur von kurzer Dauer sein – war bittersüß. Bothwell, über die Maßen argwöhnisch, nahm ihr jede andern Männern erwiesene Gunst übel und tadelte obendrein ihre Vergnügungssucht. Maria war anscheinend noch immer auf Lady Bothwell eifersüchtig. Zwei Tage nach der Hochzeit fand der französische Gesandte sie in tiefe Traurigkeit versunken, sie wünschte sich den Tod. Sie verlangte laut nach einem Messer, um sich zu entleiben. Aber alle Tränen und Klagen vermochten ihre Leidenschaft nicht zu ersticken.

Vorsicht war in alle Winde verflogen. Ein großer Teil des Adels war bereit gewesen, den Darnley-Mord zu verzeihen; mancher hatte zweifellos mit seinem Tode gerechnet; ob jedoch Nichtangehörige des Bothwell-Kreises an ihm beteiligt waren, ist ungewiß. Aber die Lords waren nicht willens, ruhig beiseite zu stehen, während einer der Ihren, und dazu noch der unverschämte Bothwell, der so viele Feinde und kaum einen Freund hatte, die Königin und das Reich als Lohn für sich nahm. Sie empörten sich, wobei ihnen ihr gerechtes und volkstümliches Ziel, Befreiung des Reiches vom Mörder des Königs, eine sehr wirksame, wenn auch unverdiente Hilfe war. Genau einen Monat nach der Hochzeit war Bothwell schon auf der Flucht, während Maria als Gefangene nach Edinburgh gebracht wurde. „Verbrennt die Hure!" schrien die Soldaten. „Verbrennt sie, verbrennt sie! Sie ist es nicht wert zu leben. Tötet sie, ersäuft sie!" schrien die Bürger. ‚Die Frauen', so wurde berichtet, ‚sind besonders wütend und schamlos gegen die Königin, und doch sind die Männer schon verrückt genug.'

Wie die Vergangenheit gezeigt hatte, war es schwer, eine Person von Marias Mut und Erfindungsgabe gefangenzuhalten; deshalb sperrte man sie in einem Inselschloß des Loch Leven ein.

Wäre sie reumütig gewesen und hätte sie in die Scheidung eingewilligt, oder wäre es den Lords gelungen, Bothwell gefangenzunehmen und ihn wegen Darnleys Ermordung vor Gericht zu bringen und die Ehe durch seine Hinrichtung zu lösen, so wäre der Weg in die Freiheit und auf den Thron wieder offen gewesen. Mit Rücksicht auf die Gefühle des Volkes hätte man vielleicht nur ihre Macht etwas beschneiden müssen. Aber trotz ihrer Gefangenschaft wollte Maria in nichts nachgeben; sie hatte für viele sehr bittere Worte und wollte von Scheidung nichts wissen. Sie sei schwanger – tatsächlich hatte sie im folgenden Juli eine Zwillingsfehlgeburt – und könne keinen Bastard zur Welt bringen. Ihre Treue zu Bothwell war unerschütterlich; sie verlangte nichts anderes, als daß man sie mit ihm zusammen auf ein Schiff brächte und fahren ließe, wohin sie das Schicksal führe. Es war offenbar, daß sie, sobald sie frei war, ihn zurückrufen würde, und da er schließlich seinen Verfolgern nach Norwegen entkommen war, befanden sich die Lords in großer Verlegenheit. Sie absetzen war das Wenigste, was sie tun konnten; sie töten, die einzig sichere Politik, denn nur ‚Wer tot wie Stein, ist ewig allein'. Durch Zureden und Drohungen – sie drohten ihr, sie des Mordes an Darnley anzuklagen, wobei kompromittierende Briefe an Bothwell, die in einer Kassette gefunden und am 20. Juni in den Besitz der Lords gekommen waren, als Beweis dienten – erreichten sie, daß Maria am 24. Juli zugunsten ihres unmündigen Sohnes auf den Thron verzichtete und Murray zum Regenten ernannte, der, als er das Unwetter aufziehen sah, als vorsichtiger Mann nach dem Kontinent gegangen war.

Elisabeth verfolgte diese Ereignisse mit wachsender Sorge und Unruhe. Ihre Politik war zuerst einfach gewesen: die Mörder mußten bestraft und Maria daran gehindert werden, Bothwell zu heiraten, der immer ein Feind der englischen Interessen gewesen war. Dabei sollte jeder schottische Adlige, ‚der geneigt war, für die Aufrechterhaltung der Ehre Gottes einzustehen', geschützt werden. Als aber einen Monat später diese löbliche Absicht offenen Aufstand und die Verfolgung von Marias Gatten mit sich brachte, fragte sie sich, ob ihr Eingreifen nicht mehr schade als nütze. Ihre Ziele waren klar. Sie wollte Maria von Bothwell lösen, doch sollte sie Königin bleiben; die protestantischen Lords sollten die politische Führung übernehmen; jedes

Eingreifen des Auslandes, besonders der Franzosen, die immer gern im Trüben fischten, mußte ausgeschaltet werden. Als man sie darauf hinwies, daß die Lords daran dächten, den unmündigen Jakob zu krönen, wenn Maria Bothwell heiratete, warnte sie mit der Bemerkung, dieser Schritt sei weder für sie noch für irgendeinen andern Monarchen tragbar. Aber Frankreich war in dieser Beziehung robuster als sie. Die Franzosen boten den Lords ihre Hilfe an, wenn sie Jakob nach Frankreich schickten. Maria parierte dadurch, daß sie sich bereit erklärte, Jakob auszuliefern – der ihrer Aufsicht gar nicht unterstand – falls Frankreich ihr und nicht den Lords seine Unterstützung leihen würde. Elisabeth forderte die Lords auf, den Prinzen nach England zu bringen, bot jedoch als Anreiz keine Hilfe, sondern laue Versprechungen und kräftige Zweifel! Ihr Vorschlag war nicht ganz offen, aber auch nicht voller Arglist.

Graf Bedford, in Berwick, der Elisabeths Brief an die Lords weiterbeförderte, beruhigte deren Zweifel durch einige aufmunternde Zusätze. Cecil wußte das, veranlaßte es vielleicht sogar. Elisabeth kannte ihre Minister und zweifelte nicht, daß, wenn sie wie ein Löwe brüllte, die Minister als ihr Echo je nach den Umständen das Girren einer Taube oder den Gesang einer Nachtigall vernehmen ließen. Und sie brüllte wirklich, als die Lords Maria gefangennahmen und davon sprachen, sie absetzen und sogar töten zu wollen. Das war ein Schlag gegen Elisabeths politische Philosophie, gegen ihre königliche Würde und gegen ihre Freundschaft zu Maria. „Weder nach dem Gesetz Gottes noch nach dem der Menschen haben sie die Befugnis oder das Recht", schrieb sie, „sich als Vorgesetzte, Richter und Rächer ihrer Fürstin und Herrscherin zu gebärden, ganz einerlei, welche Vorwürfe sie gegen sie sammeln oder ersinnen."

Elisabeth wandte sich von der politischen Theorie dem zu, was politisch klug war. Es sei angebracht, warnte sie die Lords, vor jedem weiteren Schritt zu überlegen, wie man das Erreichte sicherstelle. Eine Verständigung mit Maria sei für sie der einzig sichere Weg. Wenn Maria auch Gefangene sei, so nähmen doch viele Partei für sie, teils weil sie Gewinn erhofften, teils weil Mitleid sie dazu triebe; die unvermeidliche Spaltung des eifersüchtigen Adels sei ihr nur förderlich; und die Franzosen seien ebenso bereit, Maria wie den Adel zu unterstützen. Maria sei eine Königin; was sie getan habe, werde im Laufe der Zeit mit dem Mantel des Zweifels und des Vergessens zugedeckt. Wie könnten sie hoffen, da Maria doch noch keine 25 Jahre alt sei, sie ihr ganzes Leben lang gefangenzuhalten? – Ein vernünftiges, aber zweischneidiges Argument! Denn es sprach ebensosehr für die Hinrichtung Marias. Und dafür sprach noch weiter, daß die Lords mit dem Übertritt der Hamiltons auf ihre Seite rechnen konnten, wenn sie Maria hinrichteten.

Cecil, Leicester, Bedford, Throckmorton und andere brachte Elisabeths Haltung zur Verzweiflung. Die Privatbriefe dieser Männer könnten die Klagelieder Jeremiae ersetzen. Sie verlangten eindeutige Unterstützung der schottischen Lords und waren in Todesängsten, diese könnten Frankreich in die Arme getrieben werden. „Wenn die Lords nicht englisch sprechen dürfen, was sie am liebsten täten, dann werden sie eben bald französisch sprechen." Aber Elisabeth ließ sich durch nichts beirren. Sie sandte Throckmorton, den schärfsten ihrer Kritiker, nach Schottland, um Maria zu trösten und ihr zu raten, sich mit den Lords zu verständigen. Voller Sorge erfüllte er seine Pflicht. Er war in einem einzigartigen Spiel eine ebenso stolze Figur wie John Knox, der der ganzen Nation ‚die große Pest Gottes' androhte, wenn Maria der gerechten Strafe entginge; trotzdem aber betete er täglich für die Weiterdauer der alten Freundschaft mit England, tobte gegen das französische Bündnis und ermahnte seine Zuhörer, es zu meiden, „wie sie die Fleischtöpfe Ägyptens meiden würden, die ihnen nichts anderes brächten als gezuckertes Gift".

Hätte Elisabeth den Lords bei dem Versuch, Maria vor Gericht zu bringen, um sie wegen des Darnley-Mordes hinrichten zu lassen, ihre Hilfe versprochen, oder hätte sie sich nur gleichgültig verhalten, dann wäre Marias Schicksal besiegelt gewesen. Aber im Gegenteil, sie tobte weiter. Am 11. August, gegen 5 Uhr nachmittags, ließ sie Cecil holen und machte ihm die schwersten Vorwürfe, daß ihr niemand riete, wie sie die Gefangennahme der Königin von Schottland rächen und Maria befreien könnte. Cecil antwortete sehr vorsichtig; aber sie wurde immer wütender und erwog allen Ernstes, durch einen Krieg die Schande zu rächen. Nichts von dem, was Cecil sagte, befriedigte sie; sie befahl ihm, in aller Eile an Throckmorton einen Brief zu schreiben, der die Botschaft an die Lords enthielt, daß, falls sie Maria noch länger gefangen hielten oder ihr Leben und ihre Person bedrohten, Elisabeth in ihrer Eigenschaft als Monarchin die schärfsten Maßnahmen ergreifen würde; sie verlangte von Cecil, daß er die Botschaft genau so klar, scharf und eindeutig abfasse, wie sie sie eben gesagt habe. Cecil wagte darauf hinzuweisen, daß ein solches Eingreifen die Lords zur Verzweiflung treiben könnte, und wenn sie in dieser Verfassung Maria töteten, so würden böswillige Leute sagen, das hätte Elisabeth einzig und allein beabsichtigt. Der Zufall wollte es, daß gerade in dem Augenblick, als Cecil mit dem zur Unterschrift fertigen Brief das Zimmer betrat, mehrere Briefe von Throckmorton ankamen, die das eben angeführte Argument in den Vordergrund stellten. Elisabeth zögerte. Neun Tage später bedauerte Cecil, daß durch die Wut der Königin, die durch nichts zu besänftigen sei, wahrscheinlich die Früchte einer sieben- bis achtjährigen Verhandlung mit Schottland verlorengingen. Nach seiner Meinung wurde ihre Haltung durch den Wunsch bestimmt, in den Augen der Welt nicht voreingenommen gegen Maria zu erscheinen, aber auch ihre eigenen Untertanen nicht durch das schottische Beispiel zu ermutigen.

Am 2. Mai 1568 trat das Unvermeidliche ein; nach einer Gefangenschaft von zehneinhalb Monaten entfloh Maria. Elisabeths Politik begegnete geschickt diesem Ereignis. Sie schrieb eigenhändig an Maria; das war bedeutungsvoll, denn seit der Bothwell-Heirat hatte sie Cecil als Amanuensis eingeschaltet – damals ließ sie Maria mitteilen: „Wir sind so bestürzt, daß wir den alten Weg nicht mehr finden können, den zu gehen wir gewohnt waren, Ihnen eigenhändig zu schreiben". – Nun hatte sie ihn wiedergefunden und beglückwünschte Maria zu der erfreulichen Nachricht von ihrer Flucht, jedoch nicht ohne eine leichte Zurechtweisung, die auf ihre lose Vergangenheit anspielte. Der Überbringer des Briefes sollte Elisabeths Vermittlung in der Beilegung der Differenzen zwischen ihr und ihren Untertanen anbieten. Wenn sie diese Vermittlung annehme, so werde Elisabeth mit allen Mitteln Marias Untertanen überreden oder auch zwingen, das gleiche zu tun. Wenn Maria dagegen Frankreich zur Hilfe rufe, so müsse sie das als Kriegsdrohung auffassen. „Wer zwei Sehnen auf seinem Bogen hat“, erinnerte sie Maria, „schießt vielleicht mit mehr Wucht, trifft aber selten.“

Der Bote kam nicht dazu, diesen Brief abzugeben. Kurz vor seiner Abreise, am 13. Mai, wurde Marias Heer in die Flucht geschlagen, und drei Tage später floh sie selbst in wilder Hast – denn Gefangennahme bedeutete Tod; ihre Helfer, die Hamiltons, waren unzuverlässig; und Warten auf ein Schiff nach Frankreich brachte gefährliche Verzögerung mit sich – so floh sie über den Solway nach England. Elend kam sie dort an, sie hatte nun nichts mehr als das nackte Leben.

Was sollte Elisabeth tun? Ein Jahr lang hatte sie um Marias Leben, Thron und Freiheit gekämpft, und jetzt kam Maria als Flüchtling und Bittstellerin in ihr Land. „Ich fürchte“, schrieb Erzbischof Parker, „unsere gute Königin sitzt sehr in der Klemme.“ „Außenpolitisch war Ihre Majestät noch nie in einer solchen Lage, wo alles auf ihre Vorsicht und Klugheit ankommen wird; was Gott zu Seinem Ruhm und ihrem Schutz zum Guten lenken möge.“ Ihre erste großmütige Regung war, Maria an den Hof zu bringen und dort mit allen Ehren aufzunehmen. Aber ihre Staatsräte taten alles, diese Torheit eines guten Herzens zu verhindern, und überzeugten sie nach einer erregten Auseinandersetzung von der Gefahr. „Für persönliche Gefühle ist nun einmal in der Regierung eines großen Reiches kein Platz!“ lautete die treffende Äußerung des französischen Gesandten. „Und wäre das doch der Fall“, fuhr er fort, „dann würden sich innerhalb von acht Tagen die beiden Königinnen in den Haaren liegen und ihre Freundschaft sich in Neid und Eifersucht wandeln.“

Alle Gefühle wurden also ausgeschaltet, und die Politik trat auf den Plan. Elisabeths Politik zielte immer noch auf eine Beilegung der Differenzen zwischen Maria und ihren Untertanen. Mit einem Erfolg war nur zu rechnen, wenn beide Parteien verhandlungsbereit waren; das aber war von vornherein ausgeschlossen, falls Maria an den Hof kam. Schon nach einigen Tagen Sicherheit war ihre Furcht verschwunden. Während ihr erster Brief an Elisabeth lang und breit ihren jämmerlichen Zustand schilderte, hieß es im zweiten, sie sei nach England gekommen, um sich über ihre Untertanen bei Elisabeth zu beklagen; aber sie müsse doch auch ganz offen und ohne jede böse

Absicht aussprechen, daß in Wirklichkeit Elisabeth für ihr Unglück verantwortlich sei: sie bedaure nur, daß sie das nicht schon in ihrem ersten Brief getan habe. Sollte Elisabeth den von ihr angerichteten Schaden nicht wiedergutmachen, so bitte sie um die Erlaubnis, Hilfe bei anderen Verbündeten suchen zu dürfen, die ihr, Gott sei Dank, nicht fehlten. Ihr Zorn äußerte sich in bitterer Beschimpfung der Aufständischen. Ihr Wächter schrieb, sie denke nur an Rache, sie wolle lieber, daß alle ihre Anhänger gehenkt würden, als daß sie sich Murray unterwürfen, während sie selbst lieber beim Sultan um Hilfe bitten wolle, als auf die Rache verzichten. „Am meisten aber dürstet sie nach Sieg, und es scheint ihr ganz gleichgültig zu sein, ob ihre Feinde durch das Schwert ihrer Freunde oder durch große Versprechungen und Belohnungen aus ihrer Börse oder durch Parteiung und Streit, die man unter ihnen anfacht, vermindert werden; um des Sieges willen sind ihr Qual und Gefahr eine Freude, um des Sieges willen erscheinen ihr Reichtum und alles andere wertlos und verächtlich." „Was soll man nur mit einer solchen Dame und Fürstin anfangen!"

Aber noch etwas anderes spielte eine Rolle. Jahrelang hatte Maria eine Partei in England unterstützt, und als sie ins Land kam, begrüßte sie im katholischen Norden ein spontaner Freudenausbruch. Bevor noch Elisabeth die Situation klar erkannte, eilten viele Herren aus den umliegenden Grafschaften herbei, um Maria ihre Ehrerbietung zu erweisen, hörten ihr zu, wenn sie immer wieder ihr Verhalten verteidigte, ihre Unschuld beteuerte und über ihre Feinde herfiel. Ihre lockende Anmut, ihr hübscher schottischer Akzent, ihr scharfer Witz, der nie verletzte, eroberten die Herzen aller. Sie schmeichelte, sprach gern viel, war keck, lustig und sehr zutraulich. „Kein offenes Wort", sagte ihr tugendhafter Wächter, „scheint sie zu beleidigen, wenn sie den Sprecher für anständig hält, und obwohl sie ihrer Wut unbedingt Luft machen muß, ist sie doch bald wieder friedlich und sucht auf angenehme Weise Versöhnung." Eine seltene und fesselnde Frau, deren Reiz noch erhöht wurde durch ihren theoretischen Anspruch auf den englischen Thron und die begründetere Anwartschaft auf die Nachfolge Elisabeths.

Diese Frau an den Hof bringen, hieß, wie Cecil sagte, die schlechten Elemente unter den Untertanen in ihrer aufsässigen

Haltung bestärken. England, das jetzt das ganze schottische Reich in seiner Hand habe, dürfe seine Hilfe nicht einseitig Maria und ihrer Partei gewähren und dadurch wahrscheinlich Murray und die Lords veranlassen, daß sie Jakob nach Frankreich schickten und mit diesem Lande irgendwelche Abmachungen träfen. Angenommen, Maria käme an den Hof und zeigte sich, was bestimmt zu erwarten war, halsstarrig, dann müßte Elisabeth, wollte sie nicht eine Schlange an ihrem Busen nähren und wollte sie „den aufrührerischen und murrenden Untertanen das Maul stopfen", sie als Königin wiedereinsetzen. Und eine halsstarrige Maria konnte nur über die Trümmer der protestantischen, englandfreundlichen Partei in Schottland auf den Thron zurückkehren. Es war also heller Wahnsinn, diesen Weg zu beschreiten. Aber ebenso wahnsinnig wäre es, sie nach Frankreich gehen zu lassen.

Folglich wurde Maria in ehrenvoller Haft gehalten; alles, was an Gefangenschaft hätte erinnern können, wurde peinlichst vermieden, sie durfte sogar ihrer Leidenschaft für Jagd und Beize frönen. Bis Mitte Juli war sie in dem unsicheren Carlisle, in der Nähe der Grenze. Von dort konnte jemand, der über so viel körperliche Behendigkeit und so viel Schlauheit verfügte wie sie, leicht während der Nacht, ‚mit Hilfe von Handtüchern oder Stricken am Fensterkreuz' entfliehen. Außerdem ging sie selten vor ein Uhr morgens zu Bett und blieb länger auf als ihr Wächter. Sie wurde deshalb nach Bolton Castle in Wensleydale gebracht. „Wollte ich alle Schwierigkeiten schildern, die wir zu überwinden hatten, bis sie in den Umzug einwilligte", schrieb ihr Wächter, „so müßte ich statt eines Briefes eine ganze Geschichte, und zwar eine ziemlich tragische Geschichte schreiben." Elisabeths Vetter, Sir Francis Knollys, wurde mit der unerfreulichen Aufgabe betraut, den Wirt eines unwilligen, ungestümen und tränenreichen Gastes zu spielen. Er berichtete von nichts als Sorgen und Schwierigkeiten.

Es mußte eine Formel gefunden werden, die diese Behandlung Marias rechtfertigte, und sie wurde schnell gefunden. Es sei für Elisabeth als unverheiratete Königin, wie als nahe Verwandte und ehemalige Souveränin Darnleys untragbar – so hieß es –, Maria zu empfangen, solange sie im Verdacht der Mittäterschaft am Morde ihres Gatten stehe. Diese Formel hatte den

Vorzug, ganz zwanglos zu dem wichtigen Vermittlungsplan überzuleiten. Als Maria verlangte, sich vor Elisabeth rechtfertigen zu dürfen, antwortete diese: „O, Madame! Kein Mensch wünscht eine solche Erklärung mehr als ich, und niemand wird bereitwilliger als ich eine Rechenschaft hören, die Ihre Ehre rettet." Sie kündigte ihr weiter an, sie wolle als Richter zwischen ihr und ihren Untertanen fungieren – Maria war aber weit davon entfernt, das zu verlangen – sei sie dann in allen Ehren freigesprochen, würde sie sie empfangen. Es liege durchaus in ihrem Interesse, versicherte sie Maria weiter, vorläufig nicht vor ihr zu erscheinen, denn ihre Feinde würden sonst sagen, sie könnten die Königin von England nicht als befugten oder tauglichen Richter anerkennen. Um ihre Unparteilichkeit zum Ausdruck zu bringen, befahl sie Murray, jede Beunruhigung der Anhänger Marias zu unterlassen, da sie die Angelegenheit durch ihren Spruch beizulegen gedenke. Der Bote machte einen Umweg und besuchte Maria, während Cecil und andere auf dem schnellsten Wege Murray rieten, sich durch nichts behindern zu lassen.

Nicht ohne leidenschaftliche Ausbrüche, Tränen und Klagen über schlechte Behandlung stimmte Maria endlich dem Plan zu. Sie sei eine absolute Fürstin, erklärte sie, und habe keinen andern Richter über sich als Gott. Lord Murray und seine Anhänger seien nur Untertanen und obendrein Verräter. Wie könnten sie ihre Gegenpartei sein, da keine Gleichheit zwischen ihr und ihnen bestünde? In anderer Stimmung schrieb sie: „Liebe Schwester, sei anderen Geistes, gewinne mein Herz, und alles gehört Dir und gehorcht Deinem Gebot. Ich dachte, Dich ganz zufriedenzustellen, wenn ich Dich hätte sehen können. Ach! handele nicht wie die Schlange, die nichts mehr hören will, denn ich bin kein Beschwörer, sondern Deine Schwester und natürliche Cousine."

In einer Besprechung mit Marias Gesandten tat Elisabeth ihr möglichstes, seinen Einwänden zu begegnen. Es handele sich nicht um eine Gerichtsverhandlung, so sagte sie, sondern um eine von englischen Kommissaren durchgeführte Untersuchung über das Verhalten Murrays und seiner Partei gegenüber Maria, und demzufolge auch nicht um ein Urteil, es sei denn gegen die Lords. Sollten sie sich nicht rechtfertigen können, wie sie erwarte – oder zu erwarten vorgab –, dann werde sie Maria mit all ihren Befugnissen wieder auf den Thron setzen. „Und was geschieht, Madame", fragte der Gesandte, „wenn das Ergebnis der Untersuchung anders aussieht, was Gott verhüten möge?" Dann, so antwortete sie, werde sie zwischen Maria und ihren Untertanen einen möglichst günstigen Vergleich schließen. Elisabeths Lohn für ihren Spruch sollte die Wahrung der Interessen Englands sein: der Vertrag von Edinburgh müsse ratifiziert werden, ein Staatsvertrag mit England den mit Frankreich ablösen, Maria sollte auf die Messe verzichten und sie durch den gemäßigten Gottesdienst nach dem englischen Common Prayer Book ersetzen.

Maria blieb kaum etwas anderes übrig als nachzugeben, denn ihre Freunde im Ausland hatten ihre eigenen Sorgen. Frankreich hatte gerade einen Religionskrieg hinter sich und ‚erfreute' sich sechs Monate lang eines nominellen Friedens voller Gewalttätigkeiten, um dann wieder in die alten Unruhen zu stürzen. Spanien hatte genug mit dem Aufstand in den Niederlanden zu tun. Der französische Gesandte konnte Maria nur wenig Hoffnung machen; er war der Ansicht, sie sei in England sicherer und werde hier besser behandelt als im Schloß zu Edinburgh inmitten ihrer sogenannten Anhänger; sie solle Geduld haben, riet er ihr, bis die Christenheit wieder ruhiger geworden sei.

Und so tat denn Maria das Beste, was sie tun konnte. Sie befaßte sich mit dem Common Prayer Book, lauschte aufmerksam und – wie Knollys sagt – zufrieden dem Prediger, der gegen Auswüchse des Papsttums loszog, und schien fast einverstanden mit dem ‚Hauptartikel der Religion des Evangeliums', der Rechtfertigung allein durch den Glauben. Aber wenn sie auch den Versuch machte, Elisabeth gegenüber als hoffnungsvolle Konvertitin zu erscheinen, so blieb sie doch in ihren geheimen Briefen an den spanischen Gesandten, an Philipp II. und an den Papst eine gute Katholikin. Sie schrieb ihnen, man habe ihr den Priester verweigert; das ist wahrscheinlich richtig. Sie versicherte, sie wolle lieber sterben als den Glauben wechseln. Ende September hörte sie von einem Gerücht, das in der Nachbarschaft umlief, sie sei Protestantin geworden; da das ihre katholischen Anhänger sehr beunruhigen mußte, bekannte sie sich öffentlich vor ihrem Gefolge als Katholikin. Knollys war sehr erregt. „Was wollen Sie", sagte sie zu ihm, „soll ich Frankreich, Spanien und alle meine sonstigen Freunde verlieren, nur weil das Gerücht geht, ich hätte meinen Glauben geändert? Und dabei weiß ich nicht einmal, ob die Königin, meine gute Schwester, mir eine sichere Freundin ist." An die Königin von Spanien schrieb sie sogar, das ganze Land ringsum sei dem Katholizismus treu; sie habe seit ihrer Ankunft in England die Bekanntschaft dieser Leute gemacht; mit deren Hilfe, so erklärte sie, und mit ihrem eigenen Recht auf den englischen Thron werde sie, trotz der geringen Hoffnung auf Unterstützung von anderer Seite, den neuen Glauben in England vernichten oder bei diesem Versuch sterben. Ein ander Mal sagte sie erregt zu Knollys: „Ich habe in Schottland große Kriege geführt, gebe Gott, daß ich in andern Reichen nicht auch Unruhe stifte."

Maria kann man kaum Vorwürfe machen. Als Herrscherin war sie, wie jeder Gesandte, berechtigt im Ausland zu lügen und rücksichtslos Ränke zu schmieden, wenn sie sich Erfolg davon versprach. Aber der Lohn aller Doppelzüngigkeit ist Mißtrauen; sie hätte auch einen Lieblingssatz zeitgenössischer Staatsmänner nicht vergessen dürfen: ‚littera scripta manet', dessen freie Übersetzung lautete: Deine Briefe können in unbefugte Hände fallen. In jenen Tagen reichte die Korruption bis hinauf in den Staatsrat, und Behörden, die gelernt hatten, Briefe von Gefangenen abzufangen, die stellenweise mit Zwiebeln geschrieben waren und in Flaschenstopfen oder im Hosenlatz der Gefangenen verborgen befördert wurden, konnten auch – mit Murrays Hilfe – Marias Briefe öffnen und so ihre Unaufrichtigkeit entdecken. Das Resultat zeigte sich bei einer Vollsitzung des Staatsrats am 20. Juni, als die Anwesenden Elisabeth einmütig rieten, von einer Wiedereinsetzung Marias auf den Thron, selbst mit beschränkten Befugnissen, abzusehen, denn sie werde bestimmt keine Einschränkung beachten, und es gehe über Menschenverstand, die hier notwendigen Garantien zu ersinnen. Aber Elisabeth hielt immer noch an ihrem Plan fest; es war ihr ganz gleichgültig, ob Cecil und andere kluge Männer über ihre Torheit die Köpfe schüttelten und für ihre Nachgiebigkeit und ihre übergroße Zuneigung zu Maria verständnislos blieben. Sie hatte versprochen, die Untersuchung nicht mit einem ausdrücklichen Wahrspruch gegen Maria zu beenden, und war entschlossen, ihr Versprechen zu halten; sie hoffte immer noch, Maria wieder auf den Thron zu setzen.

In York begann die Untersuchung Anfang Oktober 1568. Elisabeths Kommissare Norfolk, Sussex und Sir Ralph Sadler hatten den Auftrag, auf eine beschränkte Königsherrschaft Marias, auf einen Vertrag zwischen den drei Parteien – Elisabeth, Maria, Jakob – hinzuarbeiten, der die nötigen Sicherungen gegen jeden Vertragsbruch enthielt und Elisabeth als Garant besondere Befugnisse zusprach; aber dazu kam es nicht. Das Verfahren verlief ganz anders, als man erwartet hatte. Murray wollte Maria der Mittäterschaft bei der Ermordung Darnleys anklagen und forderte – für den Fall, daß er den Beweis für seine Anklage erbrächte – von Elisabeth die Verpflichtung, seine Regierung mit Jakob als König nicht nur anzuerkennen, sondern auch zu unterstützen und Maria an ihn auszuliefern oder aber sie in England zu behalten und dafür zu sorgen, daß sie nie wieder eine Gefahr werden könne. Elisabeth lehnte das ab. Wahrscheinlich hoffte sie, daß diese äußersten Maßnahmen nicht nötig seien, daß vielmehr ihre Androhung genügte, Maria gefügig zu machen. Ob die Anklage wegen Mordes nun erhoben wurde oder nicht, sie wollte, daß Maria unter den in ihren Instruktionen enthaltenen Bedingungen auf den Thron zurückkehrte.

Konnte Murray die Politik, die seinen Interessen am besten diente – das tat die Anklage wegen Mordes und nicht ein Vergleich mit Maria – nicht durchsetzen, dann war er entschlossen, sich ohne fremde Vermittlung mit seiner Königin zu versöhnen. So wurde die Untersuchung in York ein Tummelplatz für Intrigen. Sussex schrieb, die beiden Parteien – die Marias und die Murrays – trieben mit der Krone und den öffentlichen Angelegenheiten Schottlands ein frevelhaftes Spiel, sie kümmerten sich nur insoweit um Maria oder Jakob, als beide ihnen von Nutzen wären. Wenn die feindlichen schottischen Parteien sich über ihre Privatinteressen einigten, so konnte man auf alles gefaßt sein; vielleicht ließ man Elisabeth links liegen und ging nach Hause, Maria blieb dann entweder als gestürzte Königin in England, oder aber man erklärte sie für unschuldig und verlangte ihre Rückkehr, die Elisabeth einer unschuldigen Königin nicht versagen konnte. Aber noch viel schlimmer war es, daß Norfolk kein ehrliches Spiel spielte. Irgendjemand – wahrscheinlich war es Maitland – schlug vor, Elisabeths früheren Plan, Maria mit einem Engländer zu verheiraten, wieder aufzunehmen; Norfolk, der Witwer war, wurde genannt, und Norfolk war nicht abgeneigt, obwohl er und seine Mitkommissare Einblick in die Kassettenbriefe getan und ihrer Herrin gegenüber dem Abscheu Ausdruck verliehen hatten, den diese Briefe jedem guten und frommen Menschen einflößen müßten. Aber selbst der aufrichtige und zweifellos fromme Knollys betrachtete, als er von diesem Plan hörte, ohne zu wissen, wer als Kandidat genannt wurde, seinen Vetter als gute Partie für Maria. So sah also in Wirklichkeit die Entrüstung über Marias Anteil an Darnleys Ermordung aus! Daß ihre kleine Hand eine Krone hielt, genügte, den Mord vergessen zu machen!

Angesichts der drohenden Gefahr, durch die eine oder andere dieser Intrigen übervorteilt zu werden, brach Elisabeth die Untersuchung in York ab und verlegte sie nach Westminster, wo sie selbst, da sie in Hampton Court residierte, immer zur Hand war, während Cecil und die übrigen Staatsräte dem Gerichtshof zugeteilt werden konnten. Ihre nachsichtigeren Pläne waren gescheitert, und unter dem Druck des Staatsrats übernahm sie jetzt Murray gegenüber die Verpflichtung, die er verlangt hatte. Nun mußte Murray die Anklage wegen Mordes erheben; als Beweis sollten die berühmten Briefe Marias an Bothwell vorgelegt werden, die man am 20. Juni 1567 in einer silbernen Kassette einem der Diener Bothwells abgenommen hatte. Es war ein ernster Entschluß. „Gott erhalte Ihre Majestät die Königin in dem Geist, in dem sie sich, wie Sie schreiben, jetzt befindet", sagte Sussex. Um von vornherein jeden Anschein eines parteiischen Urteils zu vermeiden und um zu zeigen, wem als Königin manche Engländer vor ihr den Vorzug gäben, befahl Elisabeth sechs Grafen nach London. Sie sollten die Anklage hören und die Beweise prüfen, nachdem sich vorher die Staatsräte damit befaßt hatten.

Ende November begannen die Sitzungen in Westminster. Tagelang lauschte man Murrays Anklagen und prüfte mit peinlichster Genauigkeit seine Beweise. Marias Kommissare nahmen an der Untersuchung nicht teil, sie hatten sich zurückgezogen, nachdem die Bitte ihrer Herrin, persönlich in Elisabeths Gegenwart auf die Anklage antworten zu dürfen, abgelehnt worden war. Maria bat immer wieder um diese Erlaubnis, und zwar umso dringender, sagte Cecil, je überzeugter sie war, daß sie nicht gewährt wurde. Sie behauptete nachdrücklich, die Kassettenbriefe seien Fälschungen. Das war natürlich zu erwarten gewesen. Dadurch, daß sie die Briefe ableugnete, erschwerte sie, wie Sussex sagte, ihre Verwendung als rechtsgültigen Beweis.

Die ganze Situation war irgendwie grotesk und fern aller Wirklichkeit. Nicht ihre Mittäterschaft bei der Ermordung Darnleys, sondern ihre Treue zu Bothwell hatte über Maria Unglück gebracht. In der Freude über die gelungene Flucht aus Loch Leven war ihre Leidenschaft noch einmal aufgeflammt wie ein Strohfeuer und dann erloschen. Die große Illusion einer romantischen Liebe war tot, und Bothwell, für den sie einst freudig die ganze Welt hingeben wollte, wenn sie ihr gehört hätte, mochte jetzt in seinem dänischen Gefängnis schmachten. Ihre Ankläger hatten sich zwar gescheut, gewaltsam gegen Darnley vorzugehen, waren aber nachher bereit gewesen, beide Augen zuzudrücken. Im Tode wie im Leben war dieser jämmerliche König nichts als der Anlaß politischer Parteiung, und außer dem einfachen Volk waren nur wenige über den Mord wirklich entsetzt. Um das zynische Bild zu vervollständigen, scheinen Marias eigene Kommissare, wenn sie auch anders sprechen mußten, an ihre Schuld geglaubt zu haben. Drei Jahre später sagte einer von ihnen, der Bischof von Roß, der damals ihr Gesandter war, zu einem von Elisabeths Dienern, Maria sei zur Ehe untauglich: „Denn zuerst vergiftete sie ihren Gatten, den französischen König, wie ich glaubhaft gehört habe; dann hat sie in die Ermordung ihres zweiten Gatten, Lord Darnley, eingewilligt; drittens heiratete sie den Mörder und setzte ihn dann der Gefahr aus, auch wieder ermordet zu werden!“ „Mein Gott, was sind das für Menschen! Was für eine Königin und was für ein Gesandter!“ rief der Engländer aus.

Obwohl sich Marias Kommissare von der Untersuchung zurückgezogen hatten, versuchten sie im Geheimen doch – um Marias Ehre zu schützen, wie Cecil sagte – zu einer Lösung zu kommen. Drei Pläne wurden besprochen: Maria sollte den Verzicht auf den Thron bestätigen und in England bleiben; oder ihr Anspruch sollte mit dem ihres Sohnes verbunden werden, während Murray Regent blieb; oder drittens sollte sie dem Titel nach Königin bleiben, aber in England zurückgezogen leben, während Murray die Regentschaft weiterführte. Diese Forderungen waren gleichbedeutend mit Unterwerfung und im Vergleich zu denen, die Elisabeth in York empfohlen hatte, sehr hart. Murray war für den ersten Plan und lehnte den dritten ab; kurz vor Weihnachten bat Elisabeth Knollys, er solle Maria zu überreden suchen, dem ersten Plan zuzustimmen. Knollys rechnete mit Erfolg, wenn der Hof ihn kräftig unterstützte; aber diese kräftige Unterstützung blieb aus. Der Staatsrat, obwohl er einmütig an Murrays Beweise glaubte, war sich über die Behandlung Marias nicht einig. Graf Arundel schrieb an Elisabeth: „Wer eine Krone hat, kann einen andern kaum überreden, die Krone aufzugeben, weil die Untertanen nicht gehorchen wollen. Das mag in Schottland eine neue Lehre sein, aber es ist nicht gut, sie in England zu verbreiten." Elisabeth war so unvorsichtig, gegenüber dem Bischof von Roß etwas von Mitgefühl für Maria anzudeuten; sobald diese davon erfuhr, war Knollys' Hoffnung zerschlagen. „Um ganz offen zu Eurer Majestät zu sein", schrieb er, „die Königin von Schottland scheint zu glauben, Gott habe Ihnen eine solche Zuneigung für sie gegeben, daß Eure Majestät sie nicht offen in Ungnade fallen läßt, noch den Grafen Murray gegen sie unterstützt."

Die Untersuchung mußte abgebrochen werden, weil Murrays Anwesenheit in Schottland dringend erforderlich war. Deshalb erließ Elisabeth am 10. Januar 1569 ein Zwischenurteil. Bisher, so sagte sie, sei nichts gegen Murray und seine Anhänger vorgebracht worden, was ihre Ehre und Lehnstreue verdächtigen könne: eine entscheidende Feststellung in Anbetracht des Umstandes, daß die ‚Form' der Untersuchung einer Anklage Marias gegen ihre aufständischen Untertanen gleichkam. Zweitens sei gegen Maria bisher nichts vorgebracht oder aufgezeigt worden, was Elisabeth veranlassen könne, von ihrer guten Schwester eine schlechte Meinung zu haben: eine vorsichtige Feststellung in Anbetracht des Umstandes, daß Maria auf die Anklage bisher nichts erwidert hatte und Elisabeth noch immer versuchte, eine Antwort zu erhalten. Vorsichtig auch, weil sie den Weg für eine Klärung offen ließ.

Aber Marias Stimmung war umgeschlagen. Am 9. Januar schrieb sie, daß sie lieber sterben wolle als auf die Krone verzichten; das letzte Wort in ihrem Leben werde sie als Königin von Schottland sprechen. Ihre Aussichten waren tatsächlich besser geworden. Vierzehn Tage oder drei Wochen vorher hatte Elisabeth eine Menge ungemünzten Goldes, das für Alba in den Niederlanden unterwegs war, beschlagnahmt, nachdem die Galeeren mit der kostbaren Fracht vor den Kanalpiraten in englische Häfen geflüchtet waren. Alba beantwortete diese Maßnahme dadurch, daß er in den Niederlanden Engländer gefangennahm und englische Schiffe und Waren beschlagnahmte, was Elisabeth wieder durch gleiche Maßnahmen gegen die Spanier in England vergalt. Marias Lebensgeister wurden wieder lebendig. Das führte sicher zum Krieg zwischen Spanien und England! Vor März erwartete sie die Hilfe von mindestens zehntausend Mann aus Frankreich und Spanien. Und – Gipfel der Freude! – Engländer planten zu ihren Gunsten einen Aufstand. „Sagen Sie dem spanischen Gesandten", trug sie seinem Untergebenen auf, „daß ich innerhalb von drei Monaten Königin von England bin, wenn sein Herr mir hilft; dann soll im ganzen Lande die Messe gelesen werden." „Sie hat Mut genug", schrieb Knollys über sie, „so lange auszuhalten, als ihr noch ein Funke Hoffnung bleibt." Hoffnung! Dieses Irrlicht!

Der Aufstand im Norden

Drei Monate vergingen. Es wurde April. Maria war nicht Königin von England geworden, sondern befand sich in sicherer Haft etwa hundert Meilen südlich von Bolton Castle, fern von ihren katholischen Freunden im Norden. Graf Shrewsbury war ihr Wächter. Die Nachrichten über das Schicksal ihrer Partei in Schottland lauteten so ungünstig, daß sie den Mut verlor. Sie jammerte viel und wollte nichts essen; vom häufigen Weinen waren ihre Lippen und ihr Gesicht geschwollen.

Elisabeth hoffte jetzt wieder, einen Ausgleich herbeiführen zu können. Sie hatte den Wunsch, Maria möglichst bald außer Landes zu sehen. Den nächstliegenden Schritt jedoch, sie an Murray auszuliefern, verbot ihr das Gewissen, solange sie keine Garantien für Marias Leben hatte. Andrerseits wollte sie es auf eine abermalige Flucht Marias nicht ankommen lassen, die leicht anders als die erste ausgehen und eine ernste Schädigung der englischen Interessen in Schottland nach sich ziehen konnte. Elisabeth mußte versuchen, die Gegensätze auszugleichen; durchführbar war aber nur eine Lösung, der Maria ausdrücklich zustimmte. Deshalb ging Elisabeth – trotz Cecil und trotz ihrer Verpflichtung gegenüber Murray – immer noch darauf aus, Maria wieder als Königin einzusetzen, und zwar unter Bedingungen, die Murrays und Englands Interessen gleicherweise wahrnahmen und von vornherein allen böswilligen Vermutungen die Spitze abbogen. Im April 1569 sandte sie Murray ihre Vorschläge. Seine Antwort ließ auf sich warten; und dann ging die Entscheidung seiner Partei dahin, daß nur eine Anerkennung der Abdankung Marias als Verhandlungsgrundlage angenommen werden könne. Elisabeth kochte vor Wut. Sie drohte mit Gewalt; dann werde Murray eine Regelung erleben! Ehe aber noch etwas unternommen werden konnte, war man den Intrigen auf die Spur gekommen, die schon lange in England um Maria gesponnen wurden und sie im Januar so siegesgewiß gestimmt hatten. Nun machte sich auch Elisabeth ernste Sorgen.

Zehn Jahre waren seit Elisabeths Thronbesteigung vergangen; und während ihre Nachbarn einer nach dem andern in den Strudel der Bürger- und Religionskriege geraten waren, hatte England sich des Friedens erfreut. Es war nicht ein Friede der Erschöpfung wie in Deutschland und Italien, die infolge langer Kriegswirren ohnmächtig am Boden lagen. Elisabeth hatte unter Gefahren regiert; ihr Ruhm wuchs über die weite Erde wie die Reiche Philipps II. Die Protestanten in ganz Europa sahen in ihr das Bollwerk ihres Glaubens, eine triumphierende Judith, eine treue und tatkräftige Deborah; für die Katholiken aber war sie ‚das böse Weib', ‚die Dienerin der Schande', ‚der Hort aller Gottlosen'. Es sah aus, als sei ihre Herrschaft geheimnisvoll von Gott gewollt. ‚Wie wunderbar und gegen alle Erwartung hat der Gott aller Güte und der Herr des Ruhmes alles in diesem Lande wohl und gesund erhalten.' Sie war tatsächlich ‚ein Kind Gottes'. Selbst Cecil, der um diese Zeit die allgemeine Lage in einer Denkschrift untersuchte und überall Gefahren drohen sah, konnte sich die glückliche Vergangenheit nur als ein Spiel des Zufalls erklären und bat seine Herrin dringend, auch mit Rückschlägen zu rechnen. „Das Glück kann Sie im Stich lassen, dann muß Politik weiterhelfen. Der liebe Gott hat auch noch anderes zu tun, als nur an seine Engländer zu denken."

In gewissem Maße war Elisabeth sicher vom Glück begünstigt worden. Der Kanal verhinderte jeden direkten Kontakt Englands mit dem unruhigen Westen Europas. Hätte aber Elisabeths Politik nicht die politische Insularität noch verstärkt, indem sie die Franzosen aus Schottland vertrieb und die Reformation dort unterstützte, so wäre bestimmt auch ihr Land das Opfer eines Religionskrieges geworden. Glück und Politik hatten England außerdem eine wirksame, einheitliche und zentralisierte Verfassung gegeben, wie seine Nachbarn sie nicht kannten. Hier gab es nicht, wie in Frankreich, Fürsten von Geblüt, die sich gegen die Macht der Krone auflehnten und jeden Aufstand durch ihre Teilnahme sanktionierten; alle lehnsherrlichen Freiheiten hatte die nimmersatte Monarchie verschlungen. Familienstreitigkeiten, die in Schottland zu chronischer Parteiung führten, fanden ihre Erledigung in vielen, oft scharfen Auseinandersetzungen, die dem Staat aber weiter nicht gefährlich waren. Anstatt ihre Kraft in Privatkriegen zu vertun, gaben sich die Engländer den Vergnügungen hin, als müßten sie morgen sterben, und bauten, als sollten sie ewig leben. Die vornehmsten unter den Adligen und viele andere hatten ihre Häuser in London und kamen an den Hof, wo sie mit ihrem Geist, oder falls sie keinen hatten, mit ihrer glänzenden, ausländischen Kleidung prunkten. Viele standen vor dem Ruin und suchten eine reiche Erbin, – so daß eine vermögende Witwe der elisabethanischen Gesellschaft immer wieder, bis zum Überdruß oder bis an den Rand des Grabes, heiraten konnte.

Im großen und ganzen war die Gesellschaft fest gefügt, doch gab es sowohl offene wie geheime Spannungen; und wie in Frankreich Condé Hugenotte wurde, weil Guise katholisch war, oder in Schottland die Hamiltons für Maria eintraten, weil Lennox und Murray gegen sie standen, so war es auch in England durchaus möglich, daß eines Tages Zwietracht und Unzufriedenheit gefährliche Ausmaße annahmen. Stellenweise hatten sich die Reformbestrebungen und die damit verbundene Vereinheitlichung nur wenig oder gar nicht durchgesetzt. Das galt besonders für den Norden mit seinen wilden Mooren und einsamen Tälern. Hier stand die Zeit still, jeder Versuch des Südens, sie vorwärtszutreiben, wurde kategorisch abgelehnt. Hier lebten noch die alten Sitten, der alte Glaube und die alte Treue, hier kannte man keinen anderen Fürsten als einen Percy oder Neville, hier gab es noch Privatkriege in Form von Plänkeleien mit den Schotten an der Grenze.

Als Elisabeth den Thron bestieg, hatte sie zu Gott gebetet, er möge ihr ein gnädiges Regiment ohne Blutvergießen bescheren. Die Einheit ihres Volkes war ihr großes Ziel. „Spräche ich die schönsten Worte mit der beredtesten Zunge, die je einem Menschen gegeben war“, sagte sie zu einem ihrer Parlamente, „so wäre ich doch nicht imstande, zum Ausdruck zu bringen, wie mich immerwährend die Sorge bewegt, zu Euer aller Wohl zu regieren.“ Sie konnte sich über einen königstreuen Katholiken mehr freuen, als über neunundneunzig Glaubenseiferer, deren Treue keines Beweises bedurfte. „Dieser gute Mann ist ein Geistlicher des alten Glaubens“, sagte sie zu dem spanischen Gesandten, als sich während einer Fahrt durch das Land ein Untertan ihrem offenen Wagen näherte und rief: „Vivat regina! Honi soit qui mal y pense!“ Zweifellos sollte ihr Reich protestantisch werden, und in Zeiten der Gefahr durften Cecil und ihre forscheren Staatsräte ungehorsame Katholiken verfolgen. Aber sie lehnte inquisitorische Methoden, die auch in die Seele der Menschen eindringen wollten, grundsätzlich ab. Äußere Fügsamkeit genügte; das Gewissen war des Menschen ureigenste Angelegenheit und ging den Staat nichts an. Sie hoffte, durch den ständigen Druck einer auf breiter Grundlage aufgebauten Kirche die Mentalität ihrer katholischen Untertanen allmählich umzuformen.

An Elisabeths Hof lebten neben heimlichen Katholiken glühende Glaubenseiferer; Männer, die mit beiden Beinen in ihrer Zeit standen, und Männer, die hinterherhinkten. Um sie alle bei der Stange zu halten, mußte die Königin über den Parteien stehen und eine Politik verfolgen, die trotz allem, was sie den Ratschlägen anderer verdankte, doch immer nur ihre eigene war. „Unsere Aufgabe ist es“, schrieb Cecil, „zu raten und dem Befehlshaber zu gehorchen.“ Seine ständigen Klagen in Denkschriften und Briefen an Freunde sind zwingender Beweis für die Lebendigkeit, mit der Elisabeth den Vorschlägen ihres fähigsten Staatsrats lauschte, dem sie das größte Vertrauen entgegenbrachte. Ihr starrer Eigensinn war nur zu bekannt. Sir Francis Knollys, der von dem Vorrecht, das er als Verwandter und Staatsrat genoß, mit der furchtlosen Offenheit eines gottesfürchtigen Mannes Gebrauch machte, sagte zu ihr, sie könne in der Stunde der Not von ihren treuen Ratgebern – er meinte Cecil und die streitbaren Protestanten – kaum Hilfe erwarten, wenn sie diese weiter dadurch entmutige, daß sie ihren Rat verwerfe, bis alle Leidenschaften ihres eigenen Geistes befriedigt seien. Diese Aussicht erfülle ihn mit großer Sorge. An Cecil schrieb er verächtlich: anstatt darauf bedacht zu sein, ihr gesunkenes Ansehen zu stärken, den Mut ihrer Untertanen neu zu beleben, und dadurch Gefahren zu entgehen, daß sie in aller Bescheidenheit täte, was ihre Ratgeber ihr rieten, wolle sie immer nur selbst der ‚Herrscher oder Halbherrscher‘ sein. Der Ton von Knollys' Ermahnung läßt deutlich erkennen, daß ihr Geschlecht für die Männer ihrer Umgebung ein Stein des Anstoßes war.

In der Art und Weise, wie sie ihre Rechte schützte, lag eine leichte Betonung des Frauenstandpunktes. Ein französischer Gesandter bat einmal um eine Audienz, bei der ihr Staatsrat zugegen sein sollte. Sie entgegnete ihm, er befände sich in einem großen Irrtum, wenn er glaube, sie könne ihm ohne die Hilfe ihres Staatsrats nicht auf seine Botschaft antworten; sein Ansinnen sei vielleicht in Frankreich, dessen König ein Jüngling sei, angebracht; sie aber regiere ihr Reich besser als die Franzosen das ihre.

Eine Politik des Ausgleichs und der Einigung fand natürlich nur bei wenigen Anklang. Den eifrigsten und lautesten Anhängern der neuen Kirche wurde verweigert, was sie ‚eine wahre Priesterschaft und das wahre Regiment der Kirche nach dem Worte Gottes' nannten. Elisabeth wollte eine Reform der Kirche nach dem Genfer Vorbild oder im Sinne der Presbyterianer nicht dulden. Eine solche Reform hätte die Säuberung des Common Prayer Book, ‚dieses unvollkommenen Buches, das aus dem päpstlichen Misthaufen herausgesucht und zusammengetragen und nichts anderes als ein Meßbuch voller Scheußlichkeiten ist', bedingt. Sie hätte ferner die Abschaffung der Erzbischöfe, Erzdiakone und der Bischöfe mit Sitz im Oberhaus, deren Namen und Ämter aus ‚dem Laden des Papstes stammen', mit sich gebracht und vor allem die Auflösung ihrer Gerichtshöfe und besonders die des ‚kleinlichen, stinkenden Rinnsals – gemeint ist das Gericht des bischöflichen Kommissars – das noch aus dem großen Sumpf herausfließt', verlangt. Elisabeth hatte eine starke persönliche Abneigung gegen die Genfer Lehre, die in ihrer lutherischen Erziehung und ihrem Charakter begründet liegt; aber sie hätte auch ihre Politik der Einigung preisgegeben und ihre katholischen Untertanen vielleicht in offenen Aufstand getrieben, wenn sie der Partei der Glaubenseiferer nachgegeben hätte. Daher kommt es, daß diese gottesfürchtigen Männer zuweilen glaubten, sie sei den Katholiken mehr zugetan als ihnen; laut protestierten sie gegen Chorrock, Chorhemd und das ganze Ritual, nach dem der Gottesdienst in ihrer Hauskapelle zelebriert wurde. Auch in der weltlichen Politik zeigte Elisabeth die gleiche Haltung. Meist gab sie weniger klaren Entscheidungen und weniger eindeutigen Handlungen, als Cecil und seine Gruppe sie rieten, den Vorzug. Vielleicht sah sie im streitbaren Protestantismus ganz gern den geistigen Ausdruck für das England ihrer Zeit, doch wollte sie aus finanziellen Gründen und aus Rücksicht auf altmodische Menschen, die auch ein Recht auf ein erträgliches Leben hatten, ihre kluge und feste Zurückhaltung nicht aufgeben.

Mit dieser Regierungsweise aber waren konservative Staatsräte und ihre Freunde aus dem alten Adel nicht mehr einverstanden. Schon lange empörte es sie, daß Cecil, von Sir Nicholas Bacon und anderen Emporkömmlingen unterstützt, den Staatsrat kontrollierte, infolge seiner großen Kenntnisse immer größeren Einfluß gewann und bei der Königin aus- und einging. Da nach ihrer Ansicht Elisabeth als Herrscherin und als Frau ohne Verantwortung war, hielten sie ihn für den einzig Verantwortlichen, wenn etwas schief ging.

Und nach ihrer Ansicht ging augenblicklich wirklich alles schief. Erstens war die alte Freundschaft mit Spanien brüchig geworden. Sicher lag das an der neuen Zeit, doch hatten kürzliche Ereignisse, die mehr zufälligen Charakters waren, ihr Teil dazu beigetragen. Im Frühjahr 1566 war Dr. John Man, der Dechant von Gloucester und Rektor des Merton College als Gesandter nach Spanien geschickt worden. Aus rein formalen Gründen mußte England eine Gesandtschaft in diesem Lande, wo es nichts zu tun gab, unterhalten, während es in den Niederlanden, an denen es ungleich mehr interessiert war, keine Vertretung hatte. Infolgedessen jammerte jeder englische Gesandte, der nach Spanien geschickt wurde, über diese Jahre einer unwürdigen Verbannung in die Ferne, während derer seine Regierung sich nicht um ihn kümmerte. Es war nicht so leicht, für diesen Posten jemand zu finden. So verfiel man auf Dr. Man. Er bedeutete für die Spanier und das diplomatische Corps in Madrid wirklich eine Zumutung. Er war ein Dechant, er war verheiratet, und er gehörte nicht zum grundbesitzenden Kleinadel – er lebte nur von seinem Einkommen. Was aber allem die Krone aufsetzte: er ließ es an Diskretion fehlen. Zwei Jahre lang behandelte man ihn mit Nichtachtung, dann schickte ihn Philipp in Ungnade nach Hause. Eine Beleidigung, die Elisabeth rasch ausnutzte. Sie zog den Gesandtenposten in Spanien ein, was für alle, die hierfür vielleicht in Frage gekommen wären, ein Segen und für sie eine Ersparnis war.

Zur selben Zeit besetzte Philipp den spanischen Gesandtenposten in England neu und belastete dadurch, wenn auch unbeabsichtigt, die Beziehungen der beiden Länder noch mehr; denn während der bisherige Gesandte den traditionellen Hochmut des eingefleischten Spaniers Lügen gestraft hatte, war der neue anmaßend, witzlos und dumm. Außerdem war er ein geborener Ränkeschmied, der sich nur dann wohlfühlte, wenn er die Finger in einer Verschwörung hatte. Ein solcher Mann war zu diesem Zeitpunkt für England geradezu verhängnisvoll und für eine leidenschaftliche Intrigantin wie Maria eine gefährliche Verlockung. Die Berichte nach Spanien bekamen jetzt einen ganz anderen Ton. Als Cecil seinerzeit dem jetzt scheidenden Gesandten ärgerlich Vorhaltungen wegen der Behandlung des Dr. Man gemacht hatte, berichtete dieser: „Ich ließ ihn ruhig reden, und als er fertig war, wartete ich noch ein wenig, damit seine Wut sich legte; dann ging ich lachend auf ihn zu, umarmte ihn und sagte, es mache mir ordentlich Spaß, ihn so in Harnisch zu sehen.“ Die Haltung des neuen Gesandten dagegen erhellt aus seiner Beschreibung der Staatsräte Elisabeths: „Cecil, ein Mann geringen Standes, aber sehr schlau, falsch, verlogen und tückisch, ein großer Ketzer und ungeschliffener Engländer; Leicester, ein leichtsinniger und ehrgeiziger Mensch; Bacon, ein halsstarriger und sehr bösartiger Ketzer; der Großadmiral, ein ganz schamloser Dieb, ohne jede Religion; Graf Bedford, eine Ungeheuerlichkeit als Mensch und in seinem Benehmen, obendrein ein großer Ketzer“ und so weiter. Er machte Philipp den Vorschlag, Frankreich und Spanien sollten sich, nach Beilegung der Unruhen in den Niederlanden, zu einer Wirtschaftsblockade gegen England zusammenschließen und alle katholischen Fürsten ihren Gesandten eine démarche befehlen, durch die Elisabeth gezwungen würde, zum Katholizismus zurückzukehren. Seinem Brief legte er den Entwurf der feierlichen Ansprache bei, die er bei dieser Gelegenheit zu halten gedachte. Der Entwurf wurde den Archiven einverleibt und gewann im Verlauf von drei bis vier Jahrhunderten die Blume eines reifen, würzigen Humors.

Als im Dezember 1568 der spanische Goldschatz beschlagnahmt wurde, stieg die Erregung des Gesandten ins Ungemessene. Dabei war dieses Vorgehen im Grunde weder so unerhört, wie es uns heute scheint, noch so großartig, wie Elisabeths Beamte in den Kanal-Häfen es gern darstellten. Als sture Engländer und stramme Protestanten, von denen mehr als einer mit den Kaperkapitänen eng befreundet war, hatten diese Männer die günstige Gelegenheit als eine Gottesgabe betrachtet. Einer war sogar bereit gewesen, den Schatz auf eigene Verantwortung zu beschlagnahmen, wenn er nur nach dem ersten, vorgetäuschten Entrüstungssturm Elisabeths mit ihrer nachträglichen Billigung rechnen könne. Er war der Meinung, alles, was dieser bösen Nation der Spanier abgenommen würde, sei dem Gemeinwohl nützlich. Diese Ansicht teilte auch Cecil. Elisabeth selbst konnte das Gold gut brauchen: der Geldmarkt in Antwerpen war wegen der dort herrschenden Unruhen nur schwach, und sie stand, wie so mancher Herrscher, vor der Frage: woher bekomme ich bares Geld? Denn vom Geld hing alles ab. Nur mit dem grobschlächtigen Verfahren ihrer Hafenbeamten konnte sie sich nicht gut einverstanden erklären.

Wenn die Spanier und die Kapitäne der beschlagnahmten Schiffe auch das Gegenteil behaupteten, so wurde doch das Gold, das ein Darlehen genuesischer Bankiers an Alba in den Niederlanden darstellte, erst spanisches Eigentum, wenn es am Bestimmungsort angekommen war; bis dahin trugen die Eigentümer das Transportrisiko. Das verriet zum größten Ärger des spanischen Gesandten ihr Londoner Agent der englischen Regierung, und es ist nicht ausgeschlossen, daß er ein Geheimabkommen mit Elisabeth traf, nach dem sie das Darlehen übernahm, wobei die Eigentümer nur gewinnen konnten, denn Begleitschiffe oder Transport über Land nach anderen Häfen und Umladung auf neue Schiffe hätten große Kosten verursacht; nur auf diese Weise aber war es möglich, den Piraten zu entgehen, die wie Haie vor den Häfen auf der Lauer lagen, in denen die Goldschiffe vertäut waren. Auf alle Fälle nahm Elisabeth das Gold als Darlehen, was damals augenscheinlich in keiner Weise gegen die guten Sitten verstieß.

Ihr Vorgehen war bestimmt nicht freundlich gegen Spanien. Aber Elisabeth war gerade in einer Stimmung, aus der heraus sie Philipp gern ein Schnippchen schlug und das nahm, was eine gütige Vorsehung ihr in den Schoß fallen ließ; zu dieser herausfordernden Haltung bestimmte sie aber auch Spaniens unerträgliche Arroganz – die Behandlung Dr. Mans, die vielen Willkürakte gegen englische Schiffe in spanischen Häfen und der Überfall auf Hawkins und Drake, während sie sich auf einer Fahrt nach der spanischen Neuen Welt befanden, um Sklavenhandel zu treiben; die Nachricht von diesem Überfall hatte gerade England erreicht. Das englische Volk sympathisierte mit den aufständischen Niederländern; Elisabeth selbst dachte an die allgemein erwartete große katholische Liga, deren Ziel die Ausrottung des Protestantismus in Europa war, und fürchtete, Albas Truppen könnten nach Niederwerfung des Aufstandes auf ihrem Heimwege in England einfallen. Spanien und England gingen ihre eigenen Wege, und die Niederlande, das lebendige Glied zwischen ihnen, bildeten schon rein gefühlsmäßig ein Hindernis für irgendwelche Gemeinsamkeit. Philipp bot katholischen Verbannten und Aufständischen aus England, die nur von bewaffneter Rückkehr träumten, Zuflucht und Unterstützung, während Elisabeth Philipps Verbannten und Aufständischen die Tore ihres Landes öffnete. England und Spanien machten sich immer mehr zu Vorkämpfern des protestantischen und des katholischen Glaubenslagers.

Was sich ereignet hätte, wenn der frühere spanische Gesandte in England gewesen wäre, ist schwer zu sagen. Sein Nachfolger, dem die Wirtschaftsblockade immer noch im Kopfe spukte, riet Alba, englische Schiffe und Waren zu beschlagnahmen, noch bevor er wußte, daß Elisabeth die Absicht hatte, den Goldschatz nicht wieder herauszurücken. Auf diese Weise gab er ihr die Möglichkeit, als Angegriffene aufzutreten, was sie weidlich ausnutzte. Er war derart außer sich, daß sie ihn mit Hausarrest bedachte; so erfuhr er am eigenen Leibe die Schande, die man Dr. Man angetan hatte. In den ersten Monaten des Jahres 1569 schien der Krieg unvermeidlich.

Aber die Tatsachen straften den Schein in geradezu lächerlicher Weise Lügen. Elisabeth hatte alle Trümpfe in der Hand. In dem Spiel der Beschlagnahmen schnitt sie, ganz abgesehen von dem Goldschatz, bedeutend besser ab als Spanien; und während Englands Kaufleute und Industrielle, wenn auch nicht ohne Schaden, sofort einen leidlich befriedigenden Markt in Hamburg fanden, wirkte sich für die Kaufleute in den Niederlanden und Spanien das Aufhören jeglichen Handels katastrophal aus. Alba hielt einen Krieg für untunlich, auch Philipp und sein Staatsrat waren dagegen; sie beteten zu Gott, daß Elisabeth verborgen blieb, wie sehr Spanien zu einer Regelung bereit sei, und daß sie keine neue schwere Beleidigung beging, die Philipp nicht übersehen könne. Elisabeth mußte sehr vorsichtig behandelt werden. Der Gesandte wurde angewiesen, sein Kreuz geduldig zu tragen, und Alba, der in ihm nur einen verächtlichen Narren sah, befahl ihm kurzerhand, mit seinen Ränken endlich Schluß zu machen.

Aber außer Elisabeth selbst und Cecil erkannten nur wenige, wie weit man gehen konnte, ohne in den Abgrund zu stürzen. Die wirtschaftlichen und politischen Beziehungen zu Frankreich waren fast so gespannt wie die zu Spanien; das Problem Maria von Schottland war noch nicht gelöst, weil Murrays Partei begünstigt wurde. Ist es da überraschend, daß englische Konservative glaubten, der Höhepunkt der Torheiten Cecils sei nun endlich erreicht?

Bisher war noch nirgendwo Unzufriedenheit offen zutage getreten, weil noch keine Partei wirklich zur Verzweiflung getrieben war; auch fehlte es an einer hervorragenden Persönlichkeit vom Schlage der Condé oder Guise in Frankreich, um die sich die Unzufriedenen hätten scharen und eine Empörung entfachen können. Aber Maria, die ‚Tochter des Streites, die obendrein Zwietracht sät‘, war jetzt in England. Die Geschichte wiederholte sich und entwickelte das gleiche Schauspiel, wie unter Maria der Katholischen, sogar bis zur Gefangenschaft in Woodstock; nur spielte Elisabeth jetzt die Rolle ihrer Schwester, während Maria Stuart die ihre übernommen hatte. Vorsicht und Volkstümlichkeit hatten damals Elisabeth gerettet. Vorsicht aber kannte Maria gewiß nicht, und die Zeit mußte lehren, ob das englische Volk geneigt war, seine Königin Elisabeth gegen Maria Stuart zu tauschen.

Um Maria fand sich eine seltsame Gesellschaft von Unzufriedenen zusammen. ‚Seltsam‘ durch den Plan, sie mit dem Herzog von Norfolk zu verheiraten; dieser Plan war im Oktober 1568 gelegentlich der Konferenz in York gefaßt worden. In mancher Beziehung war der Gedanke durchaus gut, denn die Hauptschwierigkeit des Problems Maria bestand darin, daß niemand ihr traute; es war viel leichter, sie wieder in Amt und Würden einzusetzen, wenn sie der Aufsicht eines Gatten unterstellt war, auf den Murray und Elisabeth sich verlassen konnten. Aber trotz aller Aussichten auf Erfolg scheiterte der Plan an Geheimniskrämerei und Verschleppung. So kam es zu einer weitverzweigten Verschwörung. Die konservativen Peers beschlossen, diese Heirat durchzusetzen, Maria als Elisabeths Nachfolgerin anzuerkennen, durch Rückerstattung des Goldschatzes die Freundschaft mit Spanien zu erneuern und den Hugenotten in Frankreich jede Unterstützung und Hilfe zu entziehen. Mit anderen Worten, sie wollten England vor dem Unglück eines Krieges mit Spanien und Frankreich bewahren und alle Probleme durch eine politische Umstellung lösen. Daß das den Sturz Cecils und seiner Partei der neuen Männer bedeutete, machte ihnen wenig Sorge, im Gegenteil, es freute sie. Nach alter guter Sitte würde Cecil, genau wie einst Thomas Cromwell, der Macht mit dem Verlust des Kopfes seine Schuld bezahlen. Zuerst wollten sie auch Leicester stürzen, aber er schloß sich ihnen an; dasselbe tat sein Anhänger Throckmorton, der aus einem Freund zu einem Feind Cecils geworden war und es trotz seines Protestantismus wahrscheinlich für klüger hielt, den Plan der Norfolk-Heirat zu unterstützen, zumal Elisabeth geneigt schien, Maria wieder in ihre Rechte einzusetzen.

Der Widersinn, daß Throckmorton sich in solcher Gesellschaft befand, wurde von den Katholiken im Norden unbesehen hingenommen; unter ihnen befanden sich die Grafen von Northumberland und Westmorland und Leonard Dacres, die alle einen persönlichen Groll gegen die Regierung hatten. Diese und andere Katholiken im Süden paktierten schon seit langem mit dem spanischen Gesandten. Maria hatte sie durch schmeichelhafte Briefe, ermutigende Botschaften und allerlei Geschenke – einen Diamantring, Perlen oder Parfüm für die Gräfin von Northumberland, einen Edelstein in goldener Fassung – für sich gewonnen. Wenn sie auch nicht offen sagten, daß sie eine andere Königin wollten, so war doch die Wiederherstellung des Katholizismus mit fremder Hilfe ihr Ziel; wurde diese erreicht, so war die Absetzung Elisabeths die notwendige Folge. Wie hätten sie auch sonst zu Geld kommen sollen! Einige waren verarmt, andere, unter ihnen der Graf Arundel, vollständig ruiniert; und die Einkünfte Schottlands wären für derart gierige Burschen ein mageres Mahl gewesen.

Im März und April dieses ereignisreichen Jahres 1569 brach von allen Seiten der Sturm gegen Cecil los. Unter den verschiedenartigsten Entschuldigungen blieben die verärgerten Mitglieder des Staatsrats seinen Sitzungen fern; Aschermittwoch – so wird berichtet – wagte es Leicester, der Königin zu sagen, nach Meinung der meisten, und zwar der besten ihrer Untertanen, seien Regierung und Verwaltung so schlecht, daß sich ihr Staat in allergrößter Gefahr befände; er forderte Cecils Kopf. Während Leicester der Königin gegenüberstand und von seiner zornigen Herrin einen gründlichen Verweis einstecken mußte, äußerte Norfolk in einer andern Ecke des Zimmers laut und tapfer seine Meinung einem andern Ratsmitglied gegenüber. Da dieser Schritt der Verbündeten erfolglos geblieben war – es handelt sich allerdings um Gerüchte, die einer Bestätigung bedürfen –, beschlossen sie einen ‚coup de main' zu versuchen und Cecil zu verhaften. Dreimal standen sie im April dicht vor der Ausführung ihres Planes, aber Leicesters Königstreue oder Vorsicht war letzten Endes immer stärker als sie. Er war unschlüssig und drohte, alles der Königin zu verraten. Dann hängte Cecil sein Mäntelchen nach dem Winde, schloß mit Norfolk Freundschaft und gab sich viel gemäßigter. Auf jeden Fall war unter Elisabeth ein Ministersturz, ähnlich dem Thomas Cromwells unter Heinrich VIII., nicht mehr möglich. Sie ließ sich nicht einschüchtern; sie war nachsichtig und ihren Ministern gegenüber erstaunlich loyal.

Die Kabale beschäftigte sich nun mit der Heirat zwischen Maria und Norfolk. Schon im vergangenen Herbst, als dieser Plan kaum aufgetaucht war, hatte Elisabeth von ihm erfahren. Sie hatte Norfolk mit ein paar scharfen Worten bedacht, auf die er nur zu antworten wußte: „Was! Ich sollte die Absicht haben, Maria Stuart zu heiraten, dieses böse Weib, eine notorische Ehebrecherin und Mörderin? Ich schlafe lieber ruhig. Durch die Gunst Eurer Majestät bin ich auf meinem Landsitz in Norwich nicht minder Fürst als Maria, und wäre sie auch mitten in ihrem Königreich. Ich weiß doch, daß sie behauptet, einen Anspruch auf Eurer Majestät Krone zu haben; wenn ich sie trotzdem heiraten wollte, dann könnte Eure Majestät mich mit Recht des Versuchs beschuldigen, nach Eurer Krone zu greifen." Diese Worte hatten Elisabeth beruhigt; Norfolk aber hatte sich durch sie so festgelegt, daß er bei Wiederaufnahme des Planes mit den größten Schwierigkeiten rechnen mußte.

Leicester übernahm die Führung der Kabale; er gefiel sich im voraus in der Rolle eines ‚Königsmachers' und wollte seinen Lohn einstreichen, falls Elisabeth jung starb. Gegen Ostern schrieben er und Graf Pembroke, sein Verwandter, an Maria. Während Elisabeth sich bemühte, ihren eigenen Plan, die Wiedereinsetzung Marias, zu verwirklichen, verhandelten diese beiden und ihre Freunde heimlich auf eigene Faust. Sie hatten die besten Absichten: abgesehen davon, daß sie Elisabeth vor vollendete Tatsachen stellen wollten, war ihr Vorgehen durchaus loyal; für sie als Männer schien dies der einzig mögliche Weg einer irregeleiteten Frau gegenüber. Norfolk, der von Maria schon Liebesbriefe erhielt und fühlte, daß er in eine gefährliche Lage geriet, war es bei dem Gedanken, daß man Elisabeth geflissentlich mied, nicht gerade behaglich zumute. Keiner dieser Erzverschwörer wagte es, vor sie hinzutreten, und Leicester, der mit Entschuldigungen ebenso schnell bei der Hand war wie mit Versprechungen, wartete immer noch auf ‚eine günstige Gelegenheit'. Im Juli hatten sie sich festgefahren und machten in ihrer Angst Cecil zum Mitwisser ihres Geheimnisses. Er schwieg. Höchstwahrscheinlich legte er ihrem Plan keine Bedeutung bei und hielt es für ausgeschlossen, daß Elisabeth ihm zustimmte.

Aber schon bald bekam Elisabeth Wind von dem, was vorging. Sie bot Norfolk Gelegenheit, alles einzugestehen. Sie befahl ihn eines Tages zu sich und fragte ihn, was es Neues gäbe. Er wisse nichts, antwortete Norfolk. „So?" sagte sie. „Sie kommen von London und wissen mir nichts über eine Heirat zu berichten?" Norfolk folgte dem unzuverlässigen Leicester und schob Cecils Rat, alles zu gestehen, beiseite: er gab sein kompromittierendes Schweigen nicht auf. Elisabeth lud ihn ein, mit ihr zu speisen; nach der Mahlzeit sagte sie spöttisch zu ihm, er solle nicht vergessen, daß er gern ‚ruhig schlafe'. Es vergingen drei Wochen. Er schwieg immer noch. Sie befahl ihn wieder zu sich und fragte, ob das, was ihr berichtet werde, wahr sei. Als er erwiderte, sie hätte allerdings die

Wahrheit, aber leider von anderer Seite gehört, antwortete sie, sie hörte sie nun auch gern von ihm. Da bequemte er sich zu einem Teilgeständnis. Sie befahl ihm, bei seinem Treueid, in dieser Sache nichts mehr zu unternehmen.

Jetzt begannen die Höflinge, Norfolk zu meiden, und er wurde die Beute wechselnder Gefühle: Furcht, Stolz und Wut. Er hatte sich mit Maria zu weit eingelassen, als daß er sich ehrenvoll hätte zurückziehen können. Außerdem aber hatte er, was Leicester und einige andere vermieden hatten, mit Verrat gespielt und war in die katholische Aufstandsbewegung hineingeraten. Ohne Erlaubnis verließ er den Hof, der gerade auf Reisen war, und zog sich in sein Londoner Haus zurück. Elisabeth schickte hinter ihm her und befahl ihm, zurückzukehren. Er antwortete, er hätte Fieberfrost, würde aber in vier Tagen erscheinen; statt dessen aber floh er noch in derselben Nacht auf seine Güter in Norfolk. Dieser Schritt stellte ihn, wie beabsichtigt, vor die schwierige Entscheidung, ob er sich mit den Katholiken des Nordens gemeinsam empören sollte oder nicht. Maria und ihre Freunde redeten ihm zu; der spanische Gesandte, der schon glaubte, ‚Gott öffne dem herrlichen Gut der Christenheit die Tore weit', vertrat die Ansicht, Kleinmut werde ihn vernichten. Norfolk versuchte, an Alba einen Boten zu senden, aber alle Häfen waren streng bewacht; der Adel seiner Grafschaft schloß sich ihm nicht an, nur die Papisten traten auf seine Seite, während die Protestanten von sich aus Vorsichtsmaßnahmen ergriffen, bevor noch ein Schreiben Elisabeths sie hierzu aufforderte. Um Maria strenger abzuriegeln, waren ungefähr vierzehn Tage vorher dem nachsichtigen Shrewsbury zwei zuverlässige Lords als Helfer zugeteilt worden. Elisabeth war auf der Hut. Sie befahl Norfolk, bei seinem Treueid, zurückzukommen, und als er wieder Fieber vorschützte, befahl sie ihm, wenn nötig, in einer Sänfte zu reisen. Da verlor er den Mut. Er sandte einen Boten an den Grafen von Westmorland und bat ihn, nichts zu unternehmen, sonst wäre sein Kopf in Gefahr; dann machte er sich auf die Reise an den Hof. Am 11. Oktober wurde er in den Tower eingeliefert. Drei weitere Lords und Throckmorton wurden verhaftet. Leicester gestand alles – oder behauptete das wenigstens zu tun – und erhielt Verzeihung.

Cecil und die meisten mit ihm glaubten unerschütterlich an Norfolks Loyalität. Nicht aber Elisabeth, die für Verschwörungen einen sechsten Sinn besaß. Sie schwur, die Wahrheit zu erzwingen. Aber Norfolks Freunde am Hofe und anderswo sorgten dafür, daß er alles, was vorging, erfuhr und so auf die heikelsten Fragen vorbereitet war. Sie richteten eine geheime Flaschenpost ein, ließen ihm durch ein Loch von einem Nachbarhause mündliche Botschaft zukommen, während einer seiner Leute, der unter Bewachung das Zimmer seines Herrn betrat, Briefe, die in schwarzes Papier gewickelt waren, in einen kleinen dunklen Abort warf, von wo sie dann geholt wurden. Für Elisabeth war das, was Norfolk getan hatte, Hochverrat, und sie hielt mit dieser Ansicht nicht hinterm Berge. Cecil aber sandte ihr die Hauptbestimmungen aus dem Statut Eduards III., um ihr zu beweisen, daß sie nicht recht habe; er riet ihr, Norfolk anderweitig zu verheiraten und dadurch diesen Heiratsplan endgültig aus der Welt zu schaffen.

Inzwischen kamen aus dem Norden beunruhigende Nachrichten: die wildesten Gerüchte kursierten dort; man hörte sie auf den Jahrmärkten, einer erzählte sie dem andern; sie durchdrangen alles wie der Wind und waren wie dieser nie zu fassen. Wer sie aufbrachte und wieviel Wahrheit in ihnen steckte, konnten die Behörden nicht feststellen. Man befaßte sich mit dem Schicksal des Herzogs von Norfolk, behauptete, die Ernennung eines Thronfolgers stünde vor der Tür, der Herzog und andere Adlige wären wieder in den Grafschaften, und bald werde im Reich alles drunter und drüber gehen. In einer der kommenden Nächte werde man sich zugunsten Marias und des Glaubens erheben. Die Protestanten wurden von ihren Freunden gewarnt, auf der Hut zu sein. Graf Sussex, der Präsident des Staatsrats des Nordens, ließ die Grafen von Northumberland und Westmorland zu sich kommen. Sie äußerten sich ihm gegenüber ehrlich; und plötzlich verstummten alle Gerüchte ebenso geheimnisvoll, wie sie entstanden waren. Die Pläne der Verbündeten waren nämlich durch Norfolks Rückkehr an den Hof und durch Botschaften von ihm, von Maria und vom spanischen Gesandten, die alle vor einem Aufstand warnten, arg in Verwirrung geraten.

Sussex riet, die Angelegenheit auf sich beruhen zu lassen,

aber Elisabeth konnte unter keinen Umständen dulden, daß der Aufstand weitergärte, und daß man aus ihrem passiven Verhalten falsche Schlüsse zog. Wenn Unruhen ausbrechen sollten, dann schon lieber jetzt als zu einer späteren Zeit, die dem Feinde vielleicht größere Aussichten auf Erfolg bot. Deshalb befahl sie die beiden Grafen aus dem Norden an den Hof. Als der Bote nach Überbringung von Elisabeths Befehl an Northumberland Topcliff wieder verließ, wurden die Glocken des Dorfes in umgekehrter Reihenfolge geläutet, und als er sich nach dem Grunde hierfür erkundigte, seufzte sein Führer und antwortete, er befürchte, es sei das Zeichen zum Aufstand. Hochverrat war für Männer von Stand und Besitz ein furchtbares Wort, und am liebsten hätten die beiden Grafen sich jetzt noch aus dem Unternehmen zurückgezogen. Aber ihre hitzköpfigen Freunde und Anhänger überredeten, nein, zwangen sie; und ihre Frauen taten ein Gleiches. „Wir und unser Land müßten uns ewig schämen", rief Lady Westmorland unter bitteren Tränen aus, „wenn wir jetzt nach Löchern suchten, um uns darin zu verkriechen!" Einer seiner Anhänger sagte zu Northumberland, es bliebe ihm keine andere Wahl, als zu handeln. „Wenn dem so ist", antwortete der, „dann behalte es wenigstens für dich!" Unter seinen Anhängern befand sich auch der einundsiebzigjährige greise Richard Norton, der Sheriff von Yorkshire, Mitglied des Staatsrats des Nordens und Verwalter von Norham Castle. Er trug das Kreuz und ein Banner mit den fünf Wunden Christi – ein Echo aus längst vergangenen Tagen, als man die Gnadenpilgerfahrt unternahm. Sieben seiner Söhne erhoben sich mit ihm.

> ... heimlich arbeitet der Nord'
> Tausende schickt er jetzt fort,
> Eine Macht stark im Gefecht
> Für Percys und für Nevilles Recht.

Am 14. November drangen die Rebellen in die Kathedrale von Durham ein, zerrissen die Bibel und andere Bücher, warfen den Abendmahlstisch um und errichteten zwei Altäre, die man die ganzen Jahre über versteckt hatte; dann setzten sie feierlich die Messe wieder ein. Anderswo geschah dasselbe. Altäre und Weihwasserbecken kamen aus Misthaufen und anderen Verstecken zum Vorschein, und protestantische Bücher wurden verbrannt: „Seht, wie die Homilien zum Teufel fliegen!“

Sie verfügten über etwa tausend schlecht bewaffnete Fußsoldaten und mindestens fünfzehnhundert gut ausgerüstete und gefährliche Reiter. Eine Zeitlang beherrschten sie den Norden. Sussex wagte nicht, es zur Schlacht kommen zu lassen, da er befürchten mußte, daß seine in Yorkshire ausgehobenen Soldaten, deren Väter und Brüder zum Teil in den Reihen der Rebellen standen, überliefen, wie es ein Teil der Besatzung des Barnard Castle getan hatte; die Leute waren über die Mauer gesprungen und hatten sich den Belagerern angeschlossen. Die moralische Wirkung einer Niederlage wäre furchtbar gewesen. Die Rebellen marschierten nach Süden, wo Maria in Tutbury gefangen gehalten wurde. In allergrößter Eile wurde sie nach Coventry geschafft. Die Rebellen wagten aber weder über York hinaus vorzudringen noch die Stadt anzugreifen und kehrten wieder nach dem Norden zurück. Langsam erlosch die Kampfeslust in ihren Reihen. Eine Abteilung nahm Hartlepool, nachdem der geschwätzige spanische Gesandte ihnen Hoffnung auf Hilfe durch Alba gemacht hatte; andere belagerten Barnard Castle, das auch genommen wurde.

Inzwischen waren überall in den Midlands und im Süden schnell Truppen ausgehoben worden, von denen ein Teil als königliche Leibwache an den Hof geschickt wurde, während der Rest über morastige Wege in beschwerlichen Märschen nach Norden zog. In London konnten sich die Besucher von St. Paul über Mangel an Gerüchten nicht beklagen, und die Gäste der „Papists' Corner“ und „Liars' Bench“ machten vergnügte Gesichter, denn es wurde erzählt, Alba habe versprochen, er werde herüberkommen, seinen Soldaten in Cheapside den Sold auszahlen und Elisabeth zwingen, am kommenden Lichtmeßtag in der St. Pauls-Kirche die Messe zu hören. Ein anderes Gerücht wollte wissen, daß zehntausend Schotten, die der Königin zu Hilfe kommen wollten, von den Rebellen derart zugerichtet worden seien, daß es für sie besser gewesen wäre, zu Hause zu bleiben. Aber abgesehen vom Norden stand das Land, ohne Rücksicht auf den Glauben, treu zu Elisabeth, und die Rebellen hatten angesichts der Zahl und Bewaffnung der vorrückenden Armee nicht die geringste Aussicht auf Erfolg. Sie wurden zersprengt und flohen, noch ehe es zu einer Schlacht gekommen war. Am 20. Dezember 1569 gingen ihre Führer über die Grenze, um bei den schottischen Anhängern Marias Schutz zu suchen.

Die kleinen Übeltäter traf schwere Strafe. In jedem Dorf, das den Grafen Unterstützung geschickt hatte, forderte das Standrecht seine Opfer. Etwa sechshundert wurden gehenkt. Sie verfluchten ihre Anführer, denen das Glück holder war als ihnen. Denn diese Führer waren nach Schottland geflohen oder hatten Freunde gefunden, die sich für ihr Leben einsetzten; so kamen sie vor das ordentliche Gericht und büßten für ihre Sünden nur mit dem Verlust ihres Eigentums. Elisabeth war empört über diese Ungerechtigkeit, die die Reichen schonte, aber das ist ja nun einmal der Lauf der Welt. Und der Lauf ihrer eigenen Welt brachte es mit sich, daß Hof und Heer, anstatt sich in stiller Dankbarkeit des Sieges zu freuen, über die eingezogenen Güter der Aufständischen und die Habseligkeiten armer Dörfler herfielen. Voller Eifersucht schielte ein Führer nach dem andern. Leicesters Bruder befehligte die südlichen Streitkräfte, und seine Partei am Hofe vergiftete den Geist der Königin gegen Sussex. Um Cecil und seine Freunde aber kümmerte sich niemand, denn ‚treue Staatsräte' standen nicht hoch im Kurs, und die Königin dachte nur an ihre Geldsäcke, die leer waren, und an die deshalb unbedingt notwendige Entlassung ihres Heeres.

Solange Leonhard Dacres noch frei war und die gleiche Auffassung von Lehnstreue vertrat wie Percy und Neville, war mit Ruhe im Norden nicht zu rechnen. Er war an der Verschwörung stark beteiligt gewesen, hatte sich aber aus dem eigentlichen Aufstand, hauptsächlich wegen eines Erbstreites mit Norfolk, herausgehalten. Die Nachforschungen ergaben seine Schuld, und Elisabeth befahl, ihn an den Hof zu bringen. Als ihre Beamten im Norden zögerten, den Befehl auszuführen, erklärte sich Lord Hunsdon, ihr Vetter, hierzu bereit. Auf dem Wege zu Lord Scrope, mit dessen Streitkräften er sich vereinen wollte, wurde er am 19. Februar von Dacres und seinen Leuten überrascht. Es entspann sich ein heißer Kampf, und obwohl Hunsdons Truppen nur halb so stark waren wie die seiner Gegner, gewannen sie einen glänzenden und entscheidenden Sieg. Dacres floh über die Grenze zu den andern Führern aus dem Norden. Monatelang zogen die Verbannten umher. Northumberland wurde vom schottischen Regenten gefangengenommen und schließlich an Elisabeth ausgeliefert und hingerichtet. Als der Stern der übrigen in Schottland zu sinken begann, fuhren sie nach den Niederlanden, wo sie als Pensionäre Spaniens ein abhängiges Leben fristeten. Dauernd zettelten sie Verschwörungen an, hofften ewig, wurden immer wieder enttäuscht – und hatten nie Geld.

Hell war der Sonne Schein und süß der Vögel Sang,
Als wir das Nordland verließen,
Doch scharf ist der Hagel und kalt ist der Wind
In der Fremde, an deren Ufer wir stießen.

Elisabeth war voller Freude über Hunsdons Sieg und fügte ihrem offiziellen Dankesbrief an ihn ein begeistertes Postskriptum bei: „Ich weiß nicht recht, mein lieber Harry, was mich mehr freut, daß mir der Sieg beschert wurde oder daß Du von Gott als Werkzeug meines Ruhmes ausersehen wurdest; ich versichere Dir, daß um meines Landes willen ersterer mir genügen könnte, daß mir für die Zufriedenheit meines Herzens aber das zweite mehr bedeutet. Und damit Du nicht glaubst, Du habest das alles ohne Nutzen für Dich getan, wenn Du auch sicher in erster Linie um der Ehre willen gestritten hast, so will ich diese ‚Reise' irgendwie doch so gestalten, daß sie Dein Auskommen vermehrt, so daß Du nicht zu sagen brauchst: ‚perditur quod factum est ingrato'. In herzlicher Zuneigung, lieber Vetter, Elisabeth R." Hunsdon, der noch vor einem Monat mit Cecil eine Auseinandersetzung gehabt hatte, war sehr glücklich.

Die Ridolfi-Verschwörung

Von jenseits der Grenze erklang die Stimme eines Mannes, der wenigen einer, der in all diesen Jahren Marias Zauber nicht erlegen war: „Legt man die Axt nicht an die Wurzel, so werden die Zweige, die gebrochen scheinen, wieder knospen – und das schneller als Menschen zu glauben vermögen ... Ihr gehorsamer Diener in Gott John Knox, der mit einem Fuß im Grabe steht.“

Als wollte Rom Knox' Warnung bestätigen, benutzte es die günstige Gelegenheit des Aufstandes im Norden, um mit vielen und zum Teil schmähenden Worten die lange hinausgeschobene Exkommunizierung zu vollziehen, durch die Elisabeth ihres ‚angemaßten Anspruchs‘ auf das Königreich England für verlustig erklärt und ihre Untertanen vom Treueid entbunden wurden. Jeder Gehorsam ihren Gesetzen gegenüber wurde verboten. In mehr als einer Hinsicht offenbarte die Bulle in geradezu rührender Weise die päpstliche Ohnmacht. Philipp II. und Alba waren genau wie der Kaiser mit ihr nicht einverstanden, und Frankreich weigerte sich kategorisch, sie bekanntzugeben. Im Februar 1570 wurde die Bulle erlassen, in England aber erst im Mai ‚veröffentlicht‘, und zwar dadurch, daß sie heimlich an die Tür des Londoner Bischofspalastes in St. Paul's Churchyard angeschlagen wurde. Sie kam also zu einer Zeit, als der Aufstand längst zusammengebrochen war. Und wenn sie zum Ungehorsam aufforderte, so suchten die englischen Katholiken doch diese Vorschrift durch allerlei sophistische Argumente zu umgehen. Obwohl Elisabeth aufrichtig wünschte, ihre Politik der Einigung weiter fortzuführen, verstärkte dieser Schritt Roms durch die Empörung, die er erregte, den protestantischen und streitbaren Charakter der Regierung.

Durch die pästliche Bulle wurde das drängende und verwirrende Problem ‚Maria von Schottland‘ noch schärfer in den

Vordergrund gerückt. Im letzten Jahr war Murrays Partei in Schottland zerfallen, und der kluge Maitland hatte vorläufig eine Zwischenstellung bezogen, bevor er endgültig zu Maria überging. Dann kam im Januar 1570 ein schweres Unglück: Murray wurde ermordet. Elisabeth war tief ergriffen. Das Drängen Frankreichs und Spaniens, Maria wieder auf ihren Thron zu setzen, und die offene Drohung Karls IX. im Februar, seine ganzen Streitkräfte für die Erreichung dieses Ziels mobilzumachen, vergrößerten ihre Sorgen. Elisabeth antwortete unerschrocken, aber es war ihr nicht wohl dabei. Da sie vieles über Marias Verschwörungen wußte und noch mehr ahnte, gab sie sich keinen Illusionen über ihr verderbliches Doppelspiel hin und hätte sie gern aus dem Land gehabt, wo sie ihr die Liebe der Engländer stahl und Einheit und Eintracht gefährdete, auf die Elisabeth so großen Wert legte. Sie verlieh ihren Gefühlen folgenden Ausdruck:

Nie soll ein fremder Wicht in diesem Hafen ankern,
Denn unser Reich braucht keines Fremden Macht;
Sie sollen anderswo ihr Glück versuchen.

Das Schwert, das rostig ist von Ruh, soll seine Schärfe
All denen zeigen, die gierig sind nach solchem Wechsel,
Und freudig ihre Köpf' vom Leibe trennen!

Elisabeths Gefühl für das Richtige und ihre Vorsicht veranlaßten sie immer noch, eine Wiedereinsetzung Marias auf den Thron im Auge zu behalten; aber eine Fortführung dieser Politik wäre Wahnsinn gewesen, wenn sie nicht vorher die zwischen den Parteien Schottlands nach Murrays Tode ausgebrochenen Streitigkeiten beilegen konnte. Ein Grund zum Eingreifen war durchaus gegeben, denn die Führer des Aufstandes im Norden fanden sich mit Marias Anhängern an der Grenze zusammen, um Einfälle nach England zu machen. Sie warteten nur auf die Gelegenheit, einen neuen Aufstand anzuzetteln. Elisabeth beschloß, diesen schottischen Grenzbewohnern eine heilsame Lehre zu erteilen. Sussex erhielt den Auftrag, mit seinem Heer eine Strafexpedition zu unternehmen, und im April ging man gleichzeitig von den Ost-, Mittel- und Westmarken aus über die Grenze. Viele Feinde wurden erschlagen und gefangengenommen, Hunderte von Dörfern wurden angezündet und manches Schloß zerstört. Es war die ‚ehrenvollste Reise, die je nach Schottland mit so wenig Mann und so sicherer Rückkehr unternommen wurde'. Trotz Maitlands Schwur, er wolle sie auf den „Hintern zwingen und zum Weinen bringen", hatte Elisabeth die Königspartei mit neuem Mut erfüllt. Cecil hatte Freude an seiner Herrin. Ja! wie munter war sie auf einmal geworden!

Am 29. April berief Elisabeth ihren Staatsrat. Sie habe noch keinen festen Entschluß gefaßt, sagte sie, und sei bereit, das zu tun, was ihre Ehre ihr gebiete. Cecil und seine Anhänger – sie waren die Mehrheit im Staatsrat – rieten ihr, die Partei des unmündigen Königs mit Geld und Soldaten zu unterstützen; wenn sie Maria wieder auf den Thron setze, so sei ihre eigene Sicherheit gefährdet. Sussex drängte sie in einem Brief, irgend etwas zu unternehmen: „Wenn Sie auf der Seite der Königin stehen, dann regeln Sie die Sache zwischen ihr und ihren Untertanen schnell. Stehen Sie auf der andern Seite, dann setzen Sie ihre Kräfte sofort für diese Lösung ein. Zögern Sie länger, so weiß ich nicht, wie Sie auch nur einer Partei weiterhin sicher sein können."

Elisabeth, die immer noch an ihrer alten Politik festhielt, entschloß sich, mit Maria zu verhandeln. Die Bedingungen waren härter denn je, ein Zeichen für das immer größer werdende Mißtrauen; der junge Jakob sollte als Geisel ausgeliefert und nach England gebracht werden. Im Juni überreichte ihr Marias Gesandter, der Bischof von Roß, einige Geschenke seiner Herrin, darunter ein Schreibgerät, auf dem die Chiffre eingraviert war, die die beiden Königinnen während der Tage ihrer Freundschaft verwendet hatten. „Gäbe Gott, Herr Bischof", bemerkte sie, „alles wäre noch so wie damals, als diese Chiffre zwischen uns beiden ausgemacht wurde."

Nach den nötigen Vorbereitungen beschloß Elisabeth, zwei ihrer Staatsräte zu Maria zu schicken, um die Vertragsbedingungen festzusetzen; mit charakteristischer Klugheit wählte sie nicht Leicester oder irgendeinen von Marias Freunden, sondern Cecil und noch einen seiner Partei. Cecil war ‚starr vor Staunen'. „Gott sei unser Führer", schrieb er, „denn keiner von uns ist über diesen Auftrag erfreut." In den Besprechungen mit Maria wurde um die Bedingungen gefeilscht. Sie schlug vor, in die Klausel, die sie verpflichtete, auf ihren Anspruch auf den englischen Thron zugunsten Elisabeths und deren Nachkommenschaft zu verzichten, die Fassung ‚rechtmäßige Nachkommenschaft' aufzunehmen. Elisabeth schnaubte vor Wut. „Sie schließt wohl von sich auf andere", sagte sie zu Cecil; aber sie war zu dem Kompromiß bereit, daß dem Worte: ‚Gatte' das Wort: ‚rechtmäßig' beigefügt wurde, da es ja immerhin möglich wäre, jemanden, der schon heimlich eine andere Ehe eingegangen war, in gutem Glauben noch einmal zu heiraten. Dafür aber verlangte sie ihrerseits, daß das Wort ‚angeblich' vor ‚Recht auf die Thronfolge' eingefügt würde. Cecil kam zurück und hatte große Hoffnung, daß Maria in den zwei bis drei Punkten, über die bisher keine Einigung erzielt war, doch noch nachgeben würde.

Ende Oktober waren die vorbereitenden Verhandlungen soweit gediehen, daß man daran dachte, Kommissare der beiden schottischen Adelsparteien, der Partei Marias und der des Königs, hinzuzuziehen. So weit war man auch schon im Jahre 1569 gewesen; da sich aber Elisabeth in der Zwischenzeit mehr auf die Seite der Partei des Königs gestellt hatte, war damit zu rechnen, daß die Verhandlungen bald wieder einen toten Punkt erreichen würden. Das war auch der Fall. Im Februar 1571 kamen die Kommissare des Königs und erklärten sich, wie schon 1569, gegen eine Wiedereinsetzung Marias. Ihre Opposition führte im englischen Staatsrat zu einer letzten scharfen Auseinandersetzung um Maria. Aber Elisabeth wollte nicht nachgeben, sondern die Sache trotz Cecil und seiner ‚Brüder in Christo' endgültig erledigen. Es blieb den Kommissaren nichts anderes übrig, als ihren letzten Trumpf auszuspielen. Sie erklärten, sie hätten keine Vollmacht, einen Vertrag abzuschließen, und zwangen auf diese Weise Elisabeth, die Verhandlungen bis zur Einberufung des Parlaments im Mai zu verschieben.

Wäre Maria nicht so selbstsicher und etwas geduldiger gewesen, hätte sie über das nachgedacht, was die Vergangenheit sie lehrte, und hätte sie, anstatt zu intrigieren und zu lügen, folgerichtig gehandelt, kurzum, wäre sie bei diesen Verhandlungen ehrlich vorgegangen, so hätte Elisabeth sie zweifellos, wenn auch vielleicht mit beschränkten Machtbefugnissen, wieder als Königin auf den Thron gesetzt. Statt dessen aber konspirierte sie hier und dort und überall; heute flüsterte sie Spanien dies und morgen Frankreich das Gegenteil ins Ohr; sie schrieb Liebesbriefe an Norfolk und war durchaus bereit, den Herzog von Anjou und Don Juan de Austria mit den gleichen Episteln zu beglücken; sie sandte den Aufständischen in England ermutigende Botschaft; plante Flucht; zog eine bis ins kleinste organisierte Verschwörung auf, die Elisabeth vom Thron jagen sollte. Im Jahre 1569 waren die Verhandlungen, die ihre Wiedereinsetzung bezweckten, an der Aufdeckung der Intrige um die Norfolk-Heirat gescheitert. Die Verhandlungen der Jahre 1570/71 sollten durch die Ridolfi-Verschwörung zerschlagen werden.

Ridolfi war ein Bankier aus Florenz, einer dieser ‚kriechenden Italiener', die in London lebten und hier ihre Geschäfte machten. Der Papst benutzte ihn als Geheimagenten, und an ihn waren Abschriften der Exkommunizierungs-Bulle geschickt worden. Sein Geschäft bot einen passenden Vorwand für einen Verkehr mit dem spanischen Gesandten, dem Bischof von Roß und andern; wie der Gesandte war auch er ein hoffnungsseliger, schwachköpfiger Intrigant, der mit geradezu kindlicher Unverantwortlichkeit eine Liste aufstellte, in der die Namen vieler Adliger und sonstiger bedeutender Männer verzeichnet waren, die für einen eventuellen Aufstand in Frage kamen. Ebenso einfältig war die zahlenmäßige Zusammenstellung der Anhänger der Genannten. Wenn diese Männer mit Marias Hilfe nicht eine große Rebellion – auf dem Papier inszenieren konnten, dann konnte es niemand. September 1570 sandte Ridolfi dem Papst eine Abschrift seines Machwerks: nur ein kräftiger Stoß, und Elisabeths Thron lag am Boden! Der Papst war begeistert: er schrieb an Maria, er wolle sie und die Ihren unter seine Flügel nehmen wie eine Henne ihre Küchlein; wer an dem Aufstand teilnahm, konnte mit Dispens rechnen.

Von Maria überredet, von Ridolfi gedrängt, schloß sich der Herzog von Norfolk halb widerstrebend, halb auch bereit der geplanten Verschwörung an. Dank seiner großen Beliebtheit bei Hofe war er im August 1570 aus dem Tower entlassen worden und befand sich seitdem in seinem eigenen Hause in Haft. Eine zwiefache Verpflichtung hätte ihm verbieten müssen, wieder in seine alten Praktiken zu verfallen: der ihm von Elisabeth vor einem Jahr gegebene Befehl und sein schriftliches Versprechen, nie wieder, bei seinem Treueid, den Heiratsplan aufzunehmen oder sich irgendwie für Maria zu verwenden. Aber seine feierlichsten Versprechungen waren das Papier nicht wert, auf das sie geschrieben waren. Bevor er damals seine Verpflichtung unterzeichnete, legte er sie Maria zur Genehmigung vor; er wechselte weiter Briefe und Geschenke mit ihr, lieh ihr Geld, gab ihr Ratschläge bezüglich einer eventuellen Flucht, ja sogar bezüglich des Vertrags, der die Wiedereinsetzung regeln sollte; er riet ihr, gewisse Forderungen Elisabeths nicht anzunehmen. Und das alles, obwohl er Elisabeth den Staatsratseid geschworen hatte! Er war ein weicher Mensch, der zu seinem Unglück die Würde des einzigen englischen Herzogs trug; sein Ehrgeiz verführte ihn, und er war zu willensschwach, als daß er sich aus dem Verrat hätte retten können, bevor es zu spät war.

Nach Besprechungen mit dem spanischen Gesandten und Marias Anhängern sollte die Verschwörung folgenden Verlauf nehmen: Alba sollte gebeten werden, sechstausend oder besser noch zehntausend Mann und dazu Geld und Waffen für die englischen Aufständischen zu senden. Sie sollten in Harwich oder Portsmouth landen und auf London marschieren, worauf sich dann Norfolk und seine adligen, aber mittellosen Freunde erheben würden. Norfolk sollte Maria befreien oder Elisabeth als Geisel für Marias Sicherheit gefangennehmen. Der katholische Glaube sollte wiederhergestellt werden, und zweifellos bestand die Absicht, Maria und Norfolk zu Herrschern über England und Schottland zu machen.

Ende März 1571 machte Ridolfi sich auf die Reise, um den Herzog von Alba, den Papst und Philipp II. zu besuchen. Ausführliche Instruktionen von Maria und Norfolk, die er aber selbst aufgesetzt hatte, enthielten genaue Angaben über den Verlauf der Verschwörung: dabei verlegte er Harwich in die Grafschaft Norfolk! Die Hauptpunkte waren dem Herzog bestimmt bekannt, und er gab seine Zustimmung. Bei Ausstellung der Beglaubigungsschreiben war Norfolk wieder einmal sehr vorsichtig gewesen; er hatte sich geweigert, sie zu unterschreiben, sich aber bereit erklärt, sie von einem seiner Anhänger und dem Bischof von Roß, dem Vertreter Marias, vor dem spanischen Gesandten ausdrücklich anerkennen zu lassen. Ridolfi besuchte zuerst Alba. Als Soldat und Realpolitiker schrieb Alba an Philipp, falls Norfolk und seine Freunde losschlügen und vierzig Tage lang das Feld behaupteten, wäre es politisch durchaus zu vertreten, daß ein Heer nach England geschickt würde: er werde dementsprechend handeln. Aber sofort das Heer hinübersenden, wie Ridolfi es verlangte, sei Wahnsinn. Er machte aus seiner Verachtung für Ridolfi kein Hehl und warnte Philipp vor dem Mann als einem gefährlichen Schwätzer. In Rom und Madrid aber hatte Ridolfi mehr Erfolg. Hier war man von der Verschwörung begeistert; vor allem, als er mit lebhafter Phantasie Sturz und Tod Elisabeths ausmalte.

Ridolfi war tatsächlich ein Schwätzer. Kaum war er bei Alba gewesen, als er gleich an seine Freunde in England, an Norfolk und andere Adlige schreiben mußte, alles ginge großartig; dabei war diese Nachricht das Absenden nicht wert, besonders da die englische Regierung unter den Verbannten in den Niederlanden Spione hatte. Als sein Bote, ein Untergebener des Bischofs von Roß, in England landete, wurde er verhaftet. Der Beamte, der ihn abfing, machte sich unwissentlich zum Mitverräter; er war Norfolk freundlich gesinnt und ließ, ohne sich über die Folgen klar zu sein, nur Auszüge aus den belastenden Briefen machen und die Briefe dann an den Bischof von Roß weitergehen. Aber Cecil, der inzwischen zum Lord Burghley erhoben worden war, sperrte den Boten ein; ein Spion machte sich an den Gefangenen heran, gewann sein Vertrauen und spielte bald den Mittelsmann in einer Geheimkorrespondenz zwischen ihm und seinem Herrn, dem Bischof von Roß; auf diese Weise erfuhr Burghley, was im Gange war. Ganz klar sah er aber immer noch nicht. Ridolfis Briefe waren chiffriert und an ‚40‘ oder ‚30‘ adressiert. Cecil entdeckte, daß es sich um zwei Adlige handelte, aber ihre Namen konnte er nicht feststellen.

Ein glücklicher Zufall lieferte Burghley den Schlüssel. Ende August versuchte Norfolk, £ 600, die vom französischen Gesandten stammten, an Marias Anhänger in Schottland weiterzubefördern. Ein Kaufmann aus Shrewsbury wurde veranlaßt, das Geld zu Norfolks Agenten im Norden Englands zu bringen. Der Kaufmann aber schöpfte Verdacht, denn das Gewicht des Sacks war mit dem, was man ihm über seinen Inhalt erzählt hatte, nicht in Einklang zu bringen. Er übergab ihn den Behörden. Norfolks Diener wurden verhaftet; das Ergebnis ihres Verhörs, die Entdeckung von Chiffren, die unter den Dachziegeln seines Hauses versteckt waren, und von Briefen, die man in andern Verstecken fand, ermöglichten es Burghley, nicht nur die ganze Verschwörung, sondern vieles, was in den letzten zwei Jahren vor sich gegangen war, aufzudecken. Da sich herausstellte, daß der spanische Gesandte überall seine Finger im Spiel hatte, wurde seinem Intrigieren und seiner nicht mehr zu ertragenden Unverschämtheit ein wenig ruhmvolles Ende bereitet. Er wurde vor den Staatsrat geladen, der ihm seine Sünden vorhielt und ihm den Befehl erteilte, das Land sofort zu verlassen, da der Königin seine Gegenwart nicht länger zugemutet werden könne. Anfang Januar 1572 reiste er ab, was Alba im Grunde begrüßte.

Am 16. dieses Monats stand der Herzog von Norfolk unter der Anklage des Hochverrats in der Westminster-Halle vor seinen Standesgenossen. Die Anklage enthielt viele Punkte, das schriftliche Beweismaterial war sehr umfangreich, und es wurde ihm eine ungewöhnlich lange Redezeit gewährt, so daß die Verhandlung von acht Uhr morgens bis acht Uhr abends dauerte, ‚was bisher noch nie vorgekommen war'. Er wurde für schuldig befunden; und die Schneide des Beils wurde ihm zugewandt, als der Lord High Steward das furchtbare Urteil wegen Hochverrats verkündete.

Der Herzog war sehr beliebt. Er war der erste Edelmann des Reiches, und da während dieser besonders gnädigen Regierung bisher noch kein Peer auf dem Schafott geendet hatte, löste sein Schicksal bei vielen Mitleid aus. Zwei verwegene, aber nicht ganz ernst zu nehmende Burschen planten die Ermordung Burghleys und der Königin, um ihn zu retten. Trotzdem konnte Elisabeth sich nicht entschließen, Norfolks Todesurteil zu unterzeichnen, sie war innerlich zu ergriffen, um nur an ihre Sicherheit zu denken. Man rechnete mit dem 21. Januar als

Tag der Hinrichtung. Sie wurde verschoben. „Der Königin Majestät", schrieb Burghley, „ist immer sehr gnädig gewesen; ihre Gnade hat mehr Leid über sie gebracht als alle gerechte Strenge. Immer noch glaubt sie, daß sie sich Liebe gewinnt, wenn sie sich selbst Leid zufügt. Gott erhalte sie uns lange zu seiner Ehre." Wenn Elisabeth an ihre Sicherheit dachte, war sie bereit, der Gerechtigkeit ihren Lauf zu lassen; vergegenwärtigte sie sich aber Norfolk, der doch ihr Verwandter war, und seinen Rang, dann zögerte sie wieder. An einem Samstag, Anfang Februar, unterzeichnete sie einen Befehl, der seine Hinrichtung für Montag festsetzte. Spät in der Nacht des Sonntags ließ sie in ihrer Verzweiflung Burghley holen und verlangte sofortige Ausfertigung einer Gegenorder, durch die die Hinrichtung wieder verschoben wurde. „Gottes Wille geschehe", schrieb Burghley, „und helfe Ihrer Majestät, daß sie nichts tut, was ihr schadet." Auch seine Freunde waren außer Fassung. Hunsdon verstand einfach nicht, wie wenig die Königin auf ihre Sicherheit bedacht war. „Die Welt weiß, daß sie klug ist; und es gibt sicher nichts Klügeres als sorgsam über sein Tun und Lassen zu wachen und besonders die Erhaltung des eigenen Lebens zu sichern. Wieviel mehr muß hieran Ihre Majestät denken, von deren Leben ein ganzes Gemeinwesen, das Wohl des Landes und die Erhaltung des Glaubens abhängt. Sollte Lässigkeit oder schwächliches Mitleid Unglück über das Land bringen, so muß sie selbst wissen, wie sie sich vor Gott verantwortet." Ende Februar neuer Befehl und Widerruf. Am 9. April bestimmte sie nochmals einen Tag zur Vollstreckung des Urteils. Am 11., um 2 Uhr morgens, erhielt Burghley einen von ihr selbst geschriebenen Brief, in dem es hieß, ihr Kleinhirn – in dem das Gemüt wohne – mißtraue der Stirne. Die Hinrichtung mußte wieder verschoben werden. Sie schauderte zurück vor dem Streich, der unwiderruflich den Tod brachte.

Durch diese Verschwörung änderte sich natürlich Elisabeths Verhalten Maria gegenüber. Ridolfis Bote wurde verhaftet, als sie gerade die schottischen Kommissare in ihre Heimat zurückgesandt hatte, um die für den Abschluß des Wiedereinsetzungsvertrages notwendigen Vollmachten zu holen. Nun wurden die Verhandlungen abgebrochen; und als Elisabeth die ganze Größe der Verschwörung erkannte, gab sie ihre Politik endgültig auf.

Sie würde fortan, so erklärte sie, über eine Wiedereinsetzung Marias, über eine selbständige Herrschaft oder eine Herrschaft, die sie mit ihrem Sohne teilte, kein Wort mehr verlieren. Nie würde sie zugeben, daß Maria ihre Freiheit wiedererlange, solange sie derartige Praktiken gegen sich befürchten müsse. Schritt für Schritt hatte Elisabeth die politische Theorie der christlichen Glaubenslehre aufgeben müssen. Dieser Theorie hatte kürzlich noch der Bischof von Galloway, der Marias Anhänger war, in einer bemerkenswerten Predigt beredtesten Ausdruck verliehen: „Sankt David war ein Sünder, und das ist auch sie. Sankt David war ein Ehebrecher, und das ist auch sie. David beging Mord, indem er Uriah seines Weibes wegen erschlug, das tat auch sie. Aber Ihr seid bestimmt der Ansicht, daß kein geringerer Untertan die Macht hat, seine rechtmäßigen Herren abzusetzen, selbst wenn sie Hurerei, Mord, Blutschande oder jedes andere Verbrechen begehen."

Bisher war Elisabeth immer auf Marias Ehre bedacht gewesen; jedenfalls behauptete sie das und wohl mit einer gewissen Berechtigung. Nach der Untersuchung in Westminster im Jahre 1568 hatte sie sich jeglichen Urteils gegen sie enthalten und weder die Anklage noch die Beweise, die Murray beibrachte, der Öffentlichkeit bekanntgegeben. Sie wollte damals Maria wieder auf den Thron setzen und sie nicht öffentlich diffamieren. Vielleicht ist für die Wandlung ihrer Gefühle nach der Ridolfi-Verschwörung nichts bezeichnender als die Tatsache, daß sie Burghley jetzt erlaubte, Buchanan's ‚Detection' übersetzen und in anglisiertem Schottisch und in Lateinisch erscheinen zu lassen, damit die ganze Welt sie läse. Diese Schrift erzählte die Geschichte Marias, Darnleys und Bothwells, wie Murray und seine Partei sie sahen. Der neuen Veröffentlichung sollten die Kassetten-Briefe als Anhang beigegeben werden.

Elisabeth teilte Marias Partei in Schottland ihre veränderte politische Haltung mit, um ein für allemal jede Hoffnung auf Marias Rückkehr aus ihren Herzen zu bannen. Gleichzeitig aber unternahm sie die notwendigen Schritte, um in Schottland Frieden und Eintracht auf folgender Basis zu sichern: Anerkennung des Königs und des Regenten, Vergessen aller bisherigen Streitigkeiten. Aber ihr Versuch erwies sich von vornherein als hoffnungslos, denn Maria und Jakob waren nur Aushängeschilder für persönliche und Familienstreitigkeiten schlimmster Art. Burghley und seine Freunde rieten, dem Schritt durch gewaltsames Vorgehen gegen Marias Partei den nötigen Nachdruck zu verleihen; aus irgendeinem Grunde jedoch zog Elisabeth den unabsehbaren, aber friedlichen Weg der Verhandlung vor.

Zuerst hatte Maria wegen der strengen Haft, in der sie gehalten wurde, und der Entlassung vieler ihrer Diener für ihr Leben gefürchtet. Als aber der Tod nicht kam, kehrte ihre alte Selbstsicherheit bald zurück und mit ihr ein Gebaren, als wäre sie die unschuldigste, wohlgesinnteste Frau, die man betrogen und deren Vertrauen man gröblich mißbraucht habe. Sie schrieb viele Briefe an Elisabeth, schließlich einen, der sich in ‚unziemlichen, leidenschaftlichen, zornigen und rachsüchtigen Reden' erging. Die ersten Briefe ließ Elisabeth unerwidert, den letzten aber beantwortete sie in einer langen Denkschrift, die Shrewsbury Maria vorlesen sollte. Diese Denkschrift gab eine genaue Darstellung von ihrem und Marias Verhalten. Sie sparte nicht mit heftigen Worten. Aber auch diese Vorwürfe hatten ein Für und Wider; spöttisch und mit vielen wohlgezielten Seitenhieben antwortete Maria in noch längeren Ausführungen. Der Streit war da!

Es war kaum zu befürchten, daß die Frau, die vor der Hinrichtung des Herzogs von Norfolk zurückgeschreckt war, von sich aus Maria vernichten würde. Marias Geschick hing letzten Endes von der öffentlichen Meinung ab, genau wie das Elisabeths zur Zeit ihrer Schwester; nicht von der Meinung einer Handvoll Adliger, deren Namen sich in einer Verschwörung ganz gut ausnahmen, in Wirklichkeit aber nichts als tönendes Erz waren, sondern von der Volksmeinung, die ohne irgendwelchen nennenswerten Einfluß von seiten der Regierung im elisabethanischen Unterhaus ihren überwältigenden Ausdruck fand.

Im Frühjahr 1571 war das Parlament zusammengetreten, um über einen Strafbeschluß gegen die Führer des Aufstandes im Norden zu beraten, die durch die Niederschlagung des Aufstandes verursachten Kosten nachträglich zu bewilligen und Gesetze, einschließlich eines neuen Gesetzes gegen Hochverrat, zum Schutz gegen die Gefahren der Zeit, zu genehmigen. Wie das Haus zu Maria stand, wurde sehr deutlich. Einer der Abgeordneten des Unterhauses war Thomas Norton, der vor einigen Jahren an der bekannten Tragödie ‚Gorboduc' mitgearbeitet hatte, deren fünfter Akt eigentlich nur eine zeitnahe Abhandlung über die Thronfolge war und Marias Ansprüche unverhohlen angriff. Als die Regierung dem Parlament das Gesetz gegen Hochverrat vorlegte, hatte Norton von sich aus einen Gesetzentwurf vorbereitet, der, ohne Marias Namen zu nennen, ihr und ihren Erben jeden Anspruch auf die Thronfolge glatt bestritt. Da Norton aber vermutete, daß Elisabeth ihr Veto einlegen würde, schlug er vor, seinen Entwurf mit der Regierungsvorlage zu verschmelzen. Staatsräte boten ihren ganzen Einfluß gegen ihn auf und ließen nichts unversucht. Marias Freunde halfen ihnen; aber sie wurden überstimmt und mußten sich an das nachgiebigere Oberhaus wenden, in dem Maria zahlreiche Freunde hatte, damit es an ihrer Stelle dem Gesetz den Giftstachel ausziehe.

So war die Stimmung des Hauses vor der Ridolfi-Verschwörung. Wie mochte sie erst aussehen, als das Parlament nach der Verschwörung im Mai 1572 wieder zusammentrat? Bezeichnend war schon ein Satz in der Rede des neugewählten Sprechers: „Der Irrtum, daß eine gewisse Person in diesem Land für jedes Gesetz unerreichbar sei, hat sich in gar manchen Kopf eingeschlichen." Die Hauptarbeit des Parlaments in dieser Sitzungsperiode bestand darin, für die Sicherheit der Königin zu sorgen, und die leutseligen Worte Elisabeths – sie wünsche nur, die Wohltaten ihrer Herrschaft, die der Sprecher so lobe, wären doppelt, drei-, ja viermal so groß – klangen noch nach in den Herzen der Abgeordneten, als sie jetzt dem Bericht über Marias unziemliches Tun und Treiben lauschten, das mit dem Anspruch auf den englischen Thron in den Jahren 1558/59 begann und mit der Ridolfi-Verschwörung endete. Der Bericht war sehr lang und die Zeit schon weit vorgeschritten, als er beendet war: die Debatte wurde auf den nächsten Tag verschoben. Der erste Redner – wohl der älteste an Jahren, an Geist aber, wie er bescheiden meinte, der geringste von allen – sagte, er könnte nach dem gestrigen Bericht erst dann wieder ruhig schlafen, wenn durchgreifende Maßnahmen ergriffen würden. Maria habe ihren Mann ermordet, sie sei eine Ehebrecherin und stifte in England nur Unruhe. Sein Rat gehe dahin, „ihr den Kopf abzuschlagen und nicht mehr von ihr zu reden". Man solle sie und den Herzog köpfen, schlug der nächste Redner vor. „Eine Warnung ist ihr schon einmal zuteil geworden", erklärte der dritte, „und deshalb muß jetzt das Beil die nächste Warnung sein." „Sollen wir uns denn sagen müssen, daß unser Gesetz nicht imstande ist, eine solche Untat zu sühnen? Das würde bedeuten, daß es im höchsten Grade unzulänglich ist."

Ein Ausschuß wurde eingesetzt, der gemeinsam mit einem Ausschuß des Oberhauses beraten sollte, was zu tun sei; aber trotzdem verlangte das Haus immer wieder Marias und Norfolks Kopf. Norton hielt eine lange Rede. Würde der Herzog nicht hingerichtet, sagte er zu seinen Hörern, dann könnte man Maria auch nicht das Leben nehmen. Es wäre sinnlos, wenn Elisabeth glaubte, sie könne sich auf des Herzogs Treue verlassen. „Gnade ist ihm bezeigt worden, und nichts Gutes folgte daraus; Verpflichtungen, Unterschriften, Schwüre, Beteuerungen und Verwahrungen – alles umsonst." Niemand würde in Zukunft einen Verrat anzeigen, wenn man jetzt den Verrätern das Leben schenkte, damit sie sich an denen rächen könnten, die ihren Verrat aufdeckten. Was Maria betreffe, so „ist ihre Hinrichtung eine Notwendigkeit; sie möge von Gesetzes wegen vollzogen werden!" „Eine allgemeine Straffreiheit für Verrat hat es noch niemals gegeben." Der aufrechte Peter Wentworth erklärte an diesem oder einem der folgenden Tage, Maria sei die schlimmste Hure in der ganzen Welt.

Der Ausschuß faßte das Ergebnis seiner Beratungen dahin zusammen, daß gegen Maria auf zweierlei Weise vorgegangen werden könne: entweder Strafbeschluß auf Tod wegen Hochverrats oder Ausschluß von der Thronfolge mit der Maßgabe, daß jedes neue Unternehmen gegen Elisabeth mit dem Tode zu ahnden sei. Das Haus entschied sich für den Beschluß auf Tod, wofür auch das Oberhaus gestimmt hatte. Elisabeth griff ein und sagte, sie ziehe den zweiten Vorschlag vor, denn ihre Ehre verbiete ihr, Maria zum Tode zu verurteilen, ohne ihr vorher Gelegenheit gegeben zu haben, sich zu der Anklage zu äußern; das Parlament aber so lange zusammenzuhalten, bis ein besonderer Ausschuß beider Häuser Marias Antwort brächte, sei für die Abgeordneten nur mit Kosten verbunden und außerdem gefährlich, denn der Sommer und die Pest ständen vor der Tür. Die Abgeordneten des Unterhauses antworteten, Gefahr und Kosten spielten keine Rolle, wenn es sich um die Sicherheit der Königin handelte. Einstimmig wurde beschlossen, nach dem ersten Vorschlag zu verfahren; der zweite fand keine Zustimmung. Und das Oberhaus, das nicht zurückstehen wollte, tat das gleiche. Aus allen Quellen der Weisheit und der Autorität – aus Bibel, Gesetz und Geschichte – holten sich die Abgeordneten in Präzedenzfällen, Texten und Gründen ihre Waffen.

Die Konvokation, die parlamentarische Kirchenversammlung der beiden Kirchenprovinzen Canterbury und York, übermittelte der Königin durch ihre Bischöfe eine Menge frommer Argumente: „Die letzte Königin der Schotten hat alle Sünden der ausschweifenden Söhne Davids: Ehebruch, Mord, Verschwörung, Verrat und Gotteslästerung begangen.“ In ihrer Eigenschaft als geistliche Berater gäben sie sich der Hoffnung hin, das Gewissen der Königin bringe es über sich, Marias Hinrichtung zu befehlen. Die beiden Häuser des Parlaments dagegen wandten sich an ihre Vernunft. Ihre Petition war ‚überzeugend und zwingend‘. Wohl würdigten sie Elisabeths Gefühle und ihre Meinung, Maria sei vor der Gewalt anderer zu ihr geflohen und habe wie ein vom Falken verfolgter Vogel zu ihren Füßen Schutz gesucht; wohl würdigten sie ihr Gefühl für die Ehre einer Schwester und geborenen Königin. Aber alle ‚drohenden Worte des Gesetzes‘ würden Maria nie von ihrer bösen Absicht, die Königin zu stürzen, abbringen; ebensowenig würden sie die Verräter davon abhalten, ihr zu helfen, denn „jene, die sich nicht auf Kleinigkeiten einlassen, wagen viel, wenn es sich um ein Königreich handelt, weil großer Lohn sie nach getaner Arbeit erwartet“. Sie bezeichneten ihre Petition als den Ruf und Schrei aller guten Untertanen zu Gott gegen die Barmherzigkeit ihrer Königin.

Am 28. Mai, 8 Uhr morgens, empfing Elisabeth die Ausschüsse beider Häuser am Hofe. Ein Bericht über das, was sie sagte, existiert nicht mehr; doch muß ihre Rede in Klugheit, Takt und Beredsamkeit bemerkenswert gewesen sein, denn obwohl sie ihre Petition ablehnen und ihnen eine grausame Enttäuschung bereiten mußte, tat sie das in so liebevollen und dankbaren Worten, daß zwei Abgeordnete in ihrer Ergriffenheit vorschlugen, ihr für die gute Meinung, die sie von ihnen habe, den Dank auszusprechen. Peter Wentworth aber stand auf und erklärte, sie verdiene keinen Dank!

Das Unterhaus, dessen Haltung durch große Liebe zur Königin und helle Wut gegen ihre Feinde bestimmt war, wollte nicht nachgeben. Verweigerte man ihm den Kopf der Königin von Schottland, ‚dieses ungeheuerlichen und großen Drachen‘, dann wollten sie wenigstens den des Herzogs von Norfolk, des ‚brüllenden Löwen‘. Sie waren kaum zu überreden, ein paar Tage zu warten, damit Elisabeth ohne jeden Zwang handeln könnte. Ein Opfer mußte man ihnen geben. Am 2. Juni wurde Norfolk auf den Tower Hill geführt, wo er den Tod erlitt. Er starb tapfer und voller Reue, wenn er auch in Erwartung einer Begnadigung bis zum Schluß kein volles Geständnis ablegte. Er war bestimmt kein schlechter Mensch. Wenige Dokumente sind ergreifender als der Abschiedsbrief an seine Kinder. So endete der einzige Herzog Englands während dieser Regierung; er war das erste Opfer aus den Reihen des hohen Adels. Den ganzen Tag über war Elisabeth sehr niedergeschlagen.

Maria hätte das gleiche Schicksal erlitten, wäre Elisabeth nicht so voll Mitleid und so willensstark gewesen. Der französische Gesandte verwandte sich eifrig für ihr Leben, aber von Paris aus berichtete der englische Gesandte seiner Herrin, der einzige Grund für Karls IX. Haltung sei seine Furcht, Maria könnte, falls sie lebte und eines Tages auf den englischen Thron käme, sich mit Spanien verbünden, wenn er nicht vorher ihre Freundschaft gewänne. Trotz aller schönen Worte jedoch würde sich der französische König von Herzen freuen, wenn sie hingerichtet würde. „Ach“, rief Karl aus, als man ihm Einzelheiten über Marias Ränkespiel berichtete, „die arme Närrin wird nicht eher aufhören, bis sie den Kopf verliert. Und man wird sie bestimmt noch hinrichten. Aber das ist ihre eigene Schuld und das Resultat ihrer Torheit. Ich sehe keine Abhilfe.“ Zweifellos hätte Elisabeth Maria ungestraft auf das Schafott schicken können, und ebenso zweifellos hatten Parlament und Staatsräte recht, wenn sie in Marias Hinrichtung die stärkste Garantie für Elisabeths Sicherheit und die Ruhe des Reiches sahen. Selbst der stärkste Herrscher hätte vielleicht so zwingenden Argumenten und derart starkem Druck von seiten der Untertanen und Staatsmänner alle Gewissensbedenken geopfert. Aber Elisabeth konnte und wollte das nicht.

Nur widerwillig entschloß sich das Parlament, dem es nicht gelungen war, seinen ersten Vorschlag durchzudrücken, zum zweiten, der auch noch drastisch genug war. In dem Antrag wurden Marias Verbrechen noch einmal aufgeführt und Elisabeth ermahnt, das Schwert der Gerechtigkeit nicht umsonst zu tragen, sondern Maria, sobald sich nur die Gelegenheit dazu biete, zu bestrafen, wie sie es verdiene. Er räumte ein für allemal mit Marias angeblichem Anspruch auf den englischen Thron auf, erklärte jede weitere Befürwortung desselben als Hochverrat und sah für den Fall, daß Maria in Zukunft wieder gegen Elisabeth Verschwörungen anzettelte, ein Gerichtsverfahren durch englische Peers vor. Er ging sogar noch weiter: er machte Maria für jeden Aufstand zu ihren Gunsten verantwortlich und legalisierte für einen derartigen Fall jede Volksjustiz. Gegen diesen Passus erhob ein Abgeordneter Bedenken. Ob der Antrag daraufhin abgeändert wurde, wissen wir nicht.

Das Gesetz ging durch beide Häuser. Diese mildere Fassung war nur in Rücksicht auf Elisabeths Gefühle angenommen worden. Als sie am letzten Tage der Sitzungsperiode durch ihre Unterschrift die königliche Genehmigung erteilen sollte, legte sie ihr Veto ein. Um aber die Gemüter der Abgeordneten zu beruhigen, fügte sie ihren leutseligen Worten die Bitte hinzu, ihr Veto, das in der traditionellen Form – La royne s'advisera – erfolgt sei, wörtlich aufzufassen; sie stimme weder zu, noch lehne sie ab. Das war gewiß kein starker Trost. Man erkannte, daß sich Elisabeth nicht einmal zu diesem Maß von Strenge gegen Maria aufraffen konnte. Dem ‚ungeheuerlichen und großen Drachen' sollte kein Leids geschehen.

Leutselige Politik

Die Wut des Parlaments gegen Maria von Schottland war zwar ein Ausdruck protestantischer Gefühle, zeigte aber auch, wie volkstümlich Elisabeth war. Kein Fürst hat je dem Volke mehr den Hof gemacht als sie, und nie hat es eine Schauspielerin besser verstanden, Liebe und Bewunderung bei ihrer Zuhörerschaft zu erregen. Abgesehen von den Schwankungen der Dudley-Krisis, trachtete Elisabeth immer nach der Gunst des Volkes; sie gewinnen, bedeutete für sie zuerst nur eine Regierungskunst, später aber gewährte es ihre tiefste innere Befriedigung.

Es fehlte nicht an Gelegenheiten, bei denen sie sich dem Volke zeigen konnte, denn der Hof war ständig unterwegs. Greenwich, Whitehall, Richmond, Hampton Court, Windsor: in jedem Jahr sah man die Königin mit ihrem Gefolge als durchaus menschliche und nicht unnahbare Göttin auf dem Wasser- oder Landwege von einem dieser Paläste nach dem andern ziehen oder andere königliche Häuser und Privathäuser in der Nähe Londons besuchen. Jeden Herbst erlebte die Stadt ein großes Schauspiel, wenn der Hof nach Whitehall zurückkehrte, wo gewöhnlich das Weihnachtsfest gefeiert wurde. Es war ein besonders feierlicher Augenblick, wenn Bürgermeister, Aldermänner und Bürger in ihrer reichen Kleidung dem glänzenden königlichen Zug entgegengingen und nach wechselseitiger Begrüßung: „Gott schütze Euer Gnaden", „Gott schütze mein Volk" ihre Herrscherin wieder in der Stadt bewillkommneten. Im Jahre 1570 – der Aufstand im Norden war eben niedergeschlagen – wurde der 17. November, der Jahrestag von Elisabeths Thronbesteigung, der bisher nur durch Glockengeläute gefeiert worden war, als nationaler Dank- und Feiertag festlich begangen und während ihrer ganzen Regierung als einer der hohen Feiertage des Jahres beibehalten. Er wurde dann unter der Regierung Jakobs I. als Festtag wieder aufgenommen, als Elisabeths Name den Gipfel nationaler Größe bedeutete, und hatte hundert Jahre später noch seinen Gefühlswert, dessen Spuren selbst das folgende Jahrhundert überdauerten. An diesem Tage zeigten vor Tausenden von Zuschauern junge Höflinge ihre Mannhaftigkeit und ihren Geist, sie brachen Lanzen im Turniergarten in Westminster und wirkten mit in den oft überspannten allegorischen Darstellungen, die auch eine der romantischen Bindungen zwischen ihnen und ihrer Königin darstellten. Kurz danach begannen dann die Vorbereitungen der Spiele und Maskenfeste für die Hauptfestzeit des Jahres, die zwölf Tage von Weihnachten an umfaßte.

Die Einwohner Londons hatten natürlich den Löwenanteil an Elisabeths Gunst. Und sie hielt sie fest in ihrem Zauber, denn wer diesen Schlüssel zum Königreich in der Hand hatte, besaß eins der Geheimnisse der Macht. Die Vielen, die nicht in die Stadt oder an den Hof kommen konnten, entschädigten die jährlichen Reisen der Königin. Das waren ihre Sommerferien. Sie fuhr, Arbeit mit Vergnügen verbindend, in Begleitung des ganzen Hofs einen oder zwei Monate lang durch das Land, verweilte in einem königlichen Schloß oder nahm die Gastfreundschaft des Adels und der Städte in Anspruch. Sie liebte diese Reisen, die ihren berechtigten Wunsch nach Betätigung, Luftwechsel und anderer Umgebung befriedigten und ihr die allerbeste Gelegenheit boten, die Herzen des Volkes zu gewinnen. Wenn sie sich während dieser Reisen auch nur wenig oder gar nicht von ihrer Arbeit als Herrscherin ausruhte, so war das kein Nachteil, denn Arbeit war der Inhalt ihres Lebens, an ihrer Arbeit schien sie immer Freude zu haben.

Die Beamten aber teilten diese Begeisterung nicht. Reisen verlangten umfassende Vorbereitungen. Mit dem Personal des Hofhalts waren Hunderte von Gepäckwagen unterwegs, die außer dem eigentlichen Gepäck auch Möbel für die leeren Häuser enthielten, die oft erst hergerichtet werden mußten; und es war alles andere als ein Vergnügen, bei schlechtem Wetter und schlechten Wegen einem solchen Vortrab zu folgen. Zehn bis zwölf Meilen legte der lange königliche Zug an einem Tage zurück. Außerdem war es oft schwer, geeignete Unterkunft zu finden, wozu noch kam, daß Elisabeth immer mehr dazu neigte, ihre Entschlüsse zu ändern und in der letzten Minute alle Pläne umzuwerfen. Da gab es manche Klagen, und nichts wurde unversucht gelassen, die Reise zu verhindern. Doch meist hatten diese Bemühungen keinen Erfolg. Im Jahre 1571, während der Aufdeckung der Ridolfi-Verschwörung, riet der Staatsrat Elisabeth, ihrer Sicherheit wegen auf die Reise zu verzichten. Aber das wollte sie nicht. Selbst im letzten Jahre ihres Lebens blieb sie der alten Gewohnheit treu; als zwei Jahre vorher, in ihrem 67. Lebensjahr, die Höflinge über eine ‚lange Reise' murrten, befahl sie, „die Alten sollten zu Hause bleiben, die Jungen aber und die Rüstigen ihre Königin begleiten".

Elisabeth machte die Reise entweder zu Pferde oder in einer offenen Sänfte, damit das Volk, das vom Lande herbeiströmte und die Wege säumte, sie sehen konnte. An jeder Grafschaftsgrenze kamen ihr der Sheriff und die landeingessenen Herren entgegen, die ihr während ihres Aufenthaltes aufwarteten. Während einer Reise nach Suffolk und Norfolk kaufte die Gentry von Suffolk zu jedem Preis alle nur erreichbaren Vorräte an Samt und Seide auf, und als der Sheriff die Königin empfing, begleiteten ihn zweihundert junge Herren in weißem Samt und dreihundert gesetzteren Alters in schwarzen Samtröcken und schönen Ketten mit fünfzehnhundert Dienstmannen, alle wohlberitten, ‚was sicherlich eine schöne Truppe und ein herrlicher Anblick war'. Um nicht zurückzustehen, kam ihr die Gentry von Norfolk in ‚prächtigstem Aufzuge mit fünfundzwanzighundert Reitern entgegen'.

Während der Reise ging es ganz ungezwungen zu; Elisabeth machte von Zeit zu Zeit halt, wenn die Leute kamen, ihr Bittschriften überreichen oder ein Wort mit ihr sprechen wollten. „Halte mal deinen Wagen an, lieber Freund", rief der Gerichtsherr Bendlowes aus Huntingdonshire dem Kutscher der Königin zu, „halte mal den Wagen an, damit ich mit der Königin sprechen kann!" ‚Worauf die Königin lachte, als hätte man sie gekitzelt. Dann dankte sie ihm sehr leutselig, wie das ihre Gewohnheit ist, und reichte ihm die Hand zum Kuß.' Der spanische Gesandte beschreibt eine Szene während der Reise im Jahre 1568: „Überall wurde sie mit Beifall und Freude empfangen, wie das in diesem Lande so üblich ist; worüber sie sich sehr freute, wie sie mir selbst sagte; sie gab mir auch zu verstehen, wie sehr sie bei ihren Untertanen beliebt sei und wie sie das schätze, wozu noch komme, daß die Engländer friedlich und zufrieden seien, während ihre Nachbarn ringsherum nur Unruhen kennten. Sie schrieb das alles der wunderbaren Güte Gottes zu. Oft ließ sie ihren Wagen dahin fahren, wo die Menge am dichtesten war, stand dann auf und winkte dem Volk."

Jede Stadt, die besucht wurde, traf große Vorbereitungen zu ihrem Empfang.

Kaum wurde ihr Name genannt,
Da kamen sie alle gerannt,
Die Reichen und Armen, die Jungen und Alten
Und bald alle Straßen widerhallten:
Gesegnet die Stunde,
Die uns brachte die Kunde,
Daß die Königin kommt in unsere Stadt
Mit großem Gefolge und herrlicher Macht!

Man schaffte den Kehricht fort, die Straßen wurden gesäubert, die Häuser schön geschmückt, Reden memoriert und Festzüge vorbereitet. Der Stadtrat kaufte einen vergoldeten Silberbecher, um ihn mit einem Geldgeschenk, das zwischen zwanzig und hundert Pfund, je nach dem Reichtum der Stadt, schwankte, der Königin zu überreichen. Worcesters silberner Becher mit seiner doppelten Vergoldung, ‚der schönste, der in London zu finden war', kostete £ 10 17s. 2d. und enthielt £ 40 in halben Sovereigns. Coventry legte £ 100 in seinen Becher, und Elisabeth ‚machte es Freude, als sie ihren Lords sagte: „Es war ein gutes Geschenk, £ 100 in Gold; solche Geschenke habe ich nur wenige erhalten." Worauf der Bürgermeister kühn antwortete: „Verzeihung, Euer Gnaden, es ist noch viel mehr darin." „Was denn?" fragte sie. „Die Herzen all Eurer Untertanen, die Euch lieben", erwiderte er. „Wir danken Ihnen, Herr Bürgermeister, das ist wirklich viel mehr".'

Nachdem in Warwick der Stadtschöffe seine Willkommensrede gehalten hatte, reichte Elisabeth ihm mit den Worten: „Kommen Sie näher, mein lieber Schöffe!" die Hand zum Kuß. „Man hat mir berichtet, Sie hätten Angst, mich anzusehen und frei zu reden. Aber Sie hatten nicht so viel Angst vor mir wie ich vor Ihnen; ich danke Ihnen, daß Sie mich an meine Pflicht erinnert haben." In Norwich sollte der Lehrer eine lateinische Rede halten. Er schien aufgeregt zu sein. Sie sagte leutselig zu ihm: „Haben Sie keine Angst!" und durch eine kleine Lüge gewann sie sich nachher ein treues Herz, indem sie erklärte: „Es ist die beste Rede, die ich je gehört habe; Sie dürfen mir die Hand küssen." Als sie weiterfuhr, ließ sie sich auch noch seinen Namen sagen. Ebenso geschickt und schmeichelhaft war ihr Verhalten in Sandwich. Hier hatten die Frauen der Beamten für die Königin und ihre Begleitung ein Bankett aus hundertachtzig Gerichten auf einem achtundzwanzig Fuß langen Tisch zubereitet. Elisabeth aß ohne vorher kosten oder schmekken zu lassen, was als Vorsichtsmaßnahme gegen Vergiftung sonst immer geschah, und ließ sich sogar einige der Speisen später ins Haus bringen – beides unübertreffliche Komplimente. Ihre Abschiedsworte an die Stadt Norwich waren typisch: „Ich habe mir fest vorgenommen, Norwich niemals zu vergessen", und als sie dann weiterritt, schwenkte sie die Reitgerte und rief: „Lebe wohl, Norwich!", und dabei standen ihr die Tränen in den Augen.

Elisabeth stattete auch beiden Universitäten Besuche ab. In Oxford war sie zweimal, in Cambridge einmal, und lauschte vielen lateinischen und griechischen Ansprachen, Disputationen, Predigten und Aufführungen, die für weniger gebildete Höflinge unendlich langweilig gewesen sein müssen, während die Königin ihnen geduldig, ja sogar mit Freude folgte und es sich nicht nehmen ließ, den Universitäten in den beiden Gelehrtensprachen zu antworten. Als ein Redner ihre vielen und seltenen Tugenden pries, schüttelte sie bescheiden den Kopf, biß sich auf Lippen und Finger und unterbrach ihn durch ablehnende Zwischenrufe; als er dann aber die Jungfräulichkeit lobte, rief sie: „Gottes Segen fülle Ihr Herz, fahren Sie fort!" Nur ganz selten ereignete sich ein Zwischenfall; nach dem Besuch in Cambridge im Jahre 1564 begleiteten einige Studenten sie bis zum nächsten Hoflager, um eine Posse aufzuführen, für die keine Zeit mehr gewesen war. Sie erwies sich als eine skandalöse Satire auf den Katholizismus; ein Spieler stellte Bischof Bonner dar, ein anderer war als Hund verkleidet, der die Hostie im Maule hatte. Elisabeth stand auf, verließ empört das Zimmer und machte ihrem Unmut in nicht mißzuverstehenden Worten Luft. Und da die Fackelträger ihr folgten, bereitete Dunkelheit der Posse ein schmähliches Ende.

Elisabeths Aufenthalt in Privathäusern war ebenso begehrt wie gefürchtet; begehrt wegen der damit verbundenen Ehre, gefürchtet, weil immerhin etwas vorkommen konnte oder die Aufnahme vielleicht den Erwartungen nicht ganz entsprach. Augenscheinlich ging die Verpflichtung nur so weit, daß man der Königin das ganze Haus zur Verfügung stellte: die Kosten für Nahrung und Ausstattung trug offiziell der Hof. Beschränkte man sich jedoch auf diese Pflichtleistung, so konnte das als Geiz ausgelegt werden, was bei Gelegenheit auch sicher geschah, wenigstens von seiten der Höflinge. Manche Vorfälle deuten darauf hin, daß Elisabeth es nicht gern sah, wenn weniger begüterte Leute sich ihretwegen in Unkosten stürzten. Aber die übertriebenen Vorbereitungen, die reichere Gastgeber oder Höflinge trafen, um sich gegenseitig zu überbieten, machten die Besuche der Königin zu einer sehr kostspieligen Ehre. Im Jahre 1577 kostete Sir Nicholas Bacon ein viertägiger Besuch der Königin £577. Ein zehntägiger Besuch bei Burghley 1591 verschlang über £1000 und ein dreitägiger beim Großsiegelbewahrer Egerton im Jahre 1602 sogar £2000.

Aber damit, daß der Gastgeber Ernährung und Unterkunft für Königin und Gefolge stellte, war es noch nicht getan. Irgendein Geschenk oder gar Geschenke und festliche Veranstaltungen zur Unterhaltung seiner Gäste wurden von ihm erwartet. Die Geschenke waren oft sehr kostspielig. Gelegentlich eines Besuches bei Egerton im Jahre 1595 wurde Elisabeth, als sie ihren Wagen verließ, ein kostbarer Fächer überreicht, dessen Griff mit Diamanten besetzt war. Bevor sie das Haus betrat, kam ihr ein Mann entgegen und übergab ihr mit einer passenden Ansprache einen Blumenstrauß, in dem ein reiches Geschmeide mit Ohrgehängen aus Diamanten im Werte von £400 verborgen war. Nach dem Essen erhielt sie ein herrliches Spinett, während in ihrem Schlafgemach ein kostbares Gewand und ein Kleid auf sie warteten. Aber das war noch nicht alles. ‚Zur großen Freude seiner Lordschaft bat sie ihn, ihr doch ein Salzfaß, einen Löffel und eine Gabel aus schönem Achat, die ihr auf der Tafel besonders gefallen hatten, zu schenken.' Egerton konnte sich solche Verschwendung leisten, denn die Einkünfte und Sporteln aus seinem Amte waren sehr hoch.

Während der ganzen Regierung war und blieb die gelungenste ‚Unterhaltung', ‚die fürstliche Festveranstaltung' in Kenilworth, bei der Leicester seinen Reichtum verschwendete und an die Phantasie der Berufsdichter die größten Ansprüche stellte, um der Königin während ihres dreiwöchigen Aufenthaltes im Jahre 1575 die Zeit angenehm zu vertreiben. Andere ‚Unterhaltungen' verliefen, wenn auch nicht ganz so großartig, doch in ähnlichem Stil. Im Jahre 1591 empfing Graf Hertford die Königin in Elvetham. Obwohl der Besuch nur drei Tage dauerte, mußten vorher dreihundert Arbeiter das Haus umbauen, Nebengebäude für das königliche Gefolge errichten, einen halbmondförmigen Teich auswerfen, der drei Inseln in der Form eines Flosses, einer Festung und einer Schnecke enthielt. Bei ihrer Ankunft wurde Elisabeth von einem Dichter mit lateinischen Versen begrüßt. Der Poet war grün gekleidet, was seine frohen Gedanken anzeigen sollte. Er trug einen Lorbeerkranz auf dem Kopf und einen Olivenzweig in der Hand. Die hohen Reitstiefel, die er anhatte, sollten dartun, daß er ‚kein liederlicher, kriecherischer Prophet' sei, denn dafür hielten viele in ihrer Unwissenheit jeden Dichter. Während er sprach, räumten sechs Jungfrauen Steinblöcke aus dem Wege der Königin, die ‚Neid' dorthin gelegt hatte; dann gingen sie vor ihr her auf das Haus zu, bestreuten den Weg mit Blumen und sangen ein mehrstimmiges Lied. Am nächsten Tage machte das englische Wetter, der Regen, einen Strich durch die Veranstaltungen. Aber am Nachmittag kam die Königin an den Teich, wo Nereus, der alte Meergott, vor fünf Tritonen herschwamm, ‚die alle graue Köpfe und Bärte von verschiedener Farbe und Form hatten' und lustig ihre Muschelhörner erklingen ließen. Nach den Tritonen erschienen Neptun und Okeanos. Sie zogen ein Boot hinter sich her, in dem außer den Gaben für die Königin – zwei Schmuckstücken – drei flötenspielende Jungfrauen, eine Nymphe mit Namen Neaera und drei Sänger sich befanden – ihnen antwortete aus zwei anderen Booten das Echo. Auf ein Zeichen kamen Silvanus und sein Gefolge aus einem Wald und erfreuten die Gäste wieder durch eine Ansprache und ein lustiges Spiel.

Als Elisabeth am nächsten Morgen die Fensterflügel öffnete, wurde sie von drei Musikanten in alter Landestracht mit dem schönen Lied von Coridon und Phillida begrüßt:

Im schönen Monat Mai
Wenn Feld und Wiesen prangen,
Bin ich in aller Früh
Zum Walde hingegangen.
In Einsamkeit, wen fand ich da?
Coridon und Phillida.
Er ging mit ihr scharf ins Gericht.
Denn er wollt' lieben, sie aber nicht.

Abends prasselte dann auf den drei Inseln im Teich ein Feuerwerk ab. ‚Zunächst gingen mit lautem Getöse auf dem Schnekkenberg die Böller los, worauf ebensoviel Kanonenschüsse und ebensoviel Böller von der Floßinsel antworteten. Darauf setzte ein großes Feuerwerk auf der Insel mit der Festung ein. Der Schneckenberg antwortete mit dem gleichen Aufwand. Dann wurden zwischen den beiden Inseln Raketen hin und her geschossen. Gleichzeitig brannten überall auf dem Wasser Feuerräder und Feuerkugeln ab.' Unterdessen trugen zweihundert edle Herren eine kostbare Mahlzeit auf; das ganze Geschirr war aus Glas und Silber.

Als die Königin am nächsten Morgen aufstand, begrüßte sie die Feenkönigin und ihr Gefolge. Beim Abschied sangen alle das Lied: ‚Komme bald wieder.'

Komme bald wieder, herrlichster Schatz der Natur.
Unsere Herzen füllest mit Freude Du nur.

Komme bald wieder, edelste Himmelspracht,
Hellem Tage dann weichet die finsterste Nacht.

Komme bald wieder, Du strahlender Stern,
All unsere Sehnsucht, wenn Du uns fern.

Komme bald wieder, lachender Schönheit Sonne,
Wenn Du entschwindest, verblaßt und stirbt alle Wonne.

Die Wonne des Grafen aber bestand darin, daß er die Rechnungen bezahlen, das Silberzeug, Geschirr und sonstige bewegliche Dinge nachzählen durfte, denn das große Gefolge der

Königin richtete wie ein Heuschreckenschwarm gewaltige Verheerungen an.

Elisabeth konnte nicht weit reisen, denn der königliche Zug bewegte sich nur langsam und beschwerlich durch das Land. Außerdem erforderte die dauernde innen- und außenpolitische Unsicherheit, daß die Königin in der Nähe der Hauptstadt blieb. Sie besuchte Dover, Southampton, Bristol, Worcester, Stafford, Norwich; ein Kreis durch diese Orte umgrenzt den von ihr bereisten Teil des Landes. Es bestand die Absicht, Shrewsbury einen Besuch zu machen: aber es wurde nichts daraus. Schon 1562 wollte sie Maria in York treffen, und 1570 wollte sie wieder diese Stadt besuchen; aber der ‚heimlich arbeitende Norden' legte auf Elisabeths Anwesenheit keinen Wert. Ihn kümmerten nur seine eigenen Verhältnisse, romantisch fühlte er sich verbunden mit Elisabeths Nebenbuhlerin, der gefangenen Königin. Das war bedauerlich, aber nicht zu ändern. Viele Berichte gab es über diese Reisen, über die Festlichkeiten mit ihren Gedichten, über Elisabeths unnachahmbar königliches Verhalten, über unvorhergesehene Zwischenfälle, wie den in Kenilworth; dort wurde ein Irrer in Elisabeths Gegenwart überwältigt, zum Zeichen der Unterwerfung brach er einen Baum durch, den er trug, und warf die Krone fort; diese traf beinahe Elisabeths Pferd, das darauf scheute und hochging; die Königin aber rief sofort: „Es ist nichts passiert, nichts passiert!" – Solche Berichte wurden als Flugschriften gedruckt, so daß ein großer Teil des Volkes alles nachträglich miterlebte und immer eine Königin vor Augen hatte, auf die jeder Engländer stolz sein, die er lieben mußte. Druckerpresse und planmäßige Werbetätigkeit spielten bei der Verbreitung dieser ‚Romanze' eine große Rolle.

Am Hofe fanden regelmäßig Schaustellungen statt, zu denen jeder Gentleman leicht Zutritt erhalten konnte. Sonntags bewegte man sich in feierlichem Zug durch die Räume des Palastes nach der Kapelle, und das Audienzzimmer war meist voller Zuschauer, an die Elisabeth gern einige leutselige Worte richtete. Gegen Ende der Regierung kam der junge Lord Herbert von Cherbury bei einer solchen Gelegenheit an den Hof: „Sobald sie mich sah", so erzählte er, „blieb sie stehen, und nach ihrem üblichen Fluch: ‚Tod und Teufel' fragte sie: ‚Wer ist denn das?' Alle Anwesenden sahen zu mir hin, aber niemand kannte mich; schließlich ging der Ehrenpensionär Sir James Croft auf die Königin zu und sagte ihr, wer ich sei, und daß ich die Tochter von Sir William Herbert of St. Julian geheiratet hätte. Darauf sah mich die Königin aufmerksam an, fluchte wieder und sagte: ‚Schade, daß er so jung geheiratet hat.' Dann reichte sie mir die Hand zweimal zum Kuß und tätschelte mir die Backe."

Während die Königin dem Gottesdienst in der Kapelle beiwohnte, durften die Besucher zusehen, wie bei Trompetenklang und dem Schlag von Kesselpauken im Audienzzimmer feierlich der Tisch gedeckt wurde. Tischzeug, Tischtuch, Salz, Speisen wurden von Dienern hereingebracht, denen ein Türhüter mit dem Stabe voranging; alle beugten vor dem Thronhimmel dreimal das Knie, wenn sie das Zimmer betraten oder verließen. Eine Lady Vorkosterin gab jedem Diener etwas von dem Gericht, das er hereinbrachte, zu essen, das war die Schmeckprobe; wenn dann alles fertig war, erschienen mehrere Damen der Königin und trugen die Speisen feierlich ins Privatgemach, denn nur selten und nur bei großen Festen oder ganz besonderen Gelegenheiten speiste Elisabeth vor Zuschauern im Audienzzimmer. Sie war im Essen und Trinken sehr mäßig.

Bei den verschiedensten Unterhaltungen, zu denen auch der Tanz gehörte, den sie sehr liebte, beglückte Elisabeth ihre Höflinge mit ihrer Gegenwart im Audienzzimmer. Im Privatkabinett plauderte sie mit den Staatsräten und den Bevorzugten, die hier Zutritt hatten, oder spielte mit ihnen Karten und Schach. In ihren Wohngemächern aber war sie nach Möglichkeit ganz Privatperson und vertrieb sich die Zeit außer mit ihren Damen mit einem kleinen Kreise vertrauter Freunde, die von den andern, denen der Zutritt verwehrt war, ‚Günstlinge' genannt wurden. Alle Monarchen hatten ‚Günstlinge'. Wie konnte das auch anders sein? Das Ungewöhnliche in Elisabeths Regierung war nur, daß eine Frau ‚Günstlinge' hatte, was durch die romantische Note in ihren Privatgesprächen noch besonders unterstrichen wurde. Dieser romantische Zug aber war weder ein Zeichen für besondere Sinnlichkeit noch für Unempfänglichkeit in diesen Dingen; und wenn die verliebte Art und Weise, in der die Männer mit ihr sprachen, sehr verdächtig erscheint, so spricht Elisabeths ewig schwankende Haltung in der ‚Liebe' diesem törichten Verdacht Hohn. Sir Thomas Heneage sandte ihr einen Haarpfeil und Ohrringe und schrieb dazu: Amat iste sine fine – „Dieser Mann liebt Sie ohne Ende." Elisabeth ging auf dieses Wortspiel ein und antwortete: „Ich liebe sine fine", wobei sie ihm ‚zehntausendmillionenmal' dankte und versprach, seinen Ohrring in dem Ohr zu tragen, „das nie etwas von dem hören soll, was seinen Geber irgendwie herabsetzen" könnte. Da sie wisse, daß ihr ‚Heißblut' – wahrscheinlich ein Spitzname – im kalten Norden weile, wo es keine Schmetterlinge gebe, sandte sie ihm einen Schmetterling aus Perlmutter, mit dem er spielen könne. Die Art dieser ‚Liebe' erhellt besonders daraus, daß sie ihm riet, zu seiner Frau zu eilen und sie an den Hof zu bringen.

Alle guten Freunde Elisabeths scheinen Spitznamen gehabt zu haben. Leicester war ihr ‚Auge' und zierte seine Briefe mit zwei Augen. Christopher Hatton, der spät in den sechziger Jahren in den bevorzugten Kreis der intimen Freunde aufgenommen wurde, war ihr ‚Augenlid' und verwandte eine Chiffre, die vielleicht an ein Augenlid erinnert. „Adieu, allersüßeste Herrin", heißt es in einem seiner Briefe, der in seiner Schlußformel ein Spiel mit den Anfangsbuchstaben von Elisabeth Regina versucht: „Ganz und immer EueR glücklichster Untertan, EueR Augenlid." Später wurde er ihr ‚Hammel' oder ‚Leithammel'. Als er einmal glaubte, befürchten zu müssen, Sir Walter Raleigh, der den Spitznamen ‚Wasser' hatte, verdränge ihn aus Elisabeths Gunst, schickte er ihr mit einigen Geschenken, unter denen sich in Anspielung auf Raleigh auch ein Wassereimer befand, einen vorwurfsvollen Liebesbrief. Sie sandte ihm mündlich Antwort: „Wenn Fürsten wie die Götter wären, was sie eigentlich sein sollten, so würden sie nie dulden, daß ein Element derart überhand nähme, daß es Verwirrung anstiften könnte." Die Tiere des Feldes „sind mir so lieb, daß ich die Ufer so befestigt habe, daß kein Wasser und keine Flut je imstande sind, sie zu zerstören"; und damit er sich beruhige und weiterhin keine Angst vor dem Ertrinken habe, sandte sie ihm eine Taube, „die zusammen mit dem Regenbogen die gute Botschaft und die Verheißung bringt, daß fürderhin nichts mehr durch Wasser zerstört werde". Er möge doch auch daran denken, daß sie eine Hirtin sei, dann werde er wissen, „wie lieb mir meine Schafe sind". Der dunkelgesichtige Walsingham war ihr ‚Mohr'. Burghley war ihr ‚Guter Geist'. Als er wieder einmal schlechter Laune war, schrieb sie scherzend an ihn: „Mein ‚Guter Geist', ich zweifle fast, ob dies noch ein Spitzname ist, denn Leuten Ihres Schlages gebricht es, wie man sagt, an Witz. Wie mit einem Fingerzeig ist mir neulich aufgegangen, wie leicht Sie sich getroffen fühlen, wenn irgendein Esel Ihnen einen Tritt versetzt. Sie sollen nicht länger mein ‚Guter Geist' sein, wenn ich je wieder beobachte, daß Sie über solche Empfindlichkeit nicht erhaben sind. Dienen Sie Gott, fürchten Sie den König und seien Sie im übrigen ein guter Kerl." „Seien Sie nicht so albern", fuhr sie fort, „nicht erkennen zu wollen, wer Ihnen ihr Vertrauen schenkt. Gott segne Sie und schenke Ihnen ein langes Leben! Omnino E. R."

Es ist sehr schwierig, dieser erstaunlichen Königin, die so klug, so überschäumend und lieb, so gebieterisch und königlich war, bis ins kleinste gerecht zu werden. Hof und Land, das ganze Reich durchdrang sie mit ihrem hochgespannten Geist. Das konnte nur eine Frau; und nur eine Frau mit Elisabeths großen Geistesgaben durfte das versuchen, ohne Unglück anzurichten. Zum Teil handelte sie instinktiv, zum Teil aber auch ganz bewußt und überlegt. „Ihr Wesen", schrieb ihr kluges Patenkind Sir John Harington, „war oft wie lauer Westwind an einem schönen Sommermorgen: süß und erfrischend für jedermann. Ihre Rede gewann ihr die Zuneigung aller, und ihre Untertanen versuchten wirklich, aus Liebe zu tun, was sie befahl; sie sagte: ihr Amt lege ihr die Pflicht auf zu befehlen, aber sie wisse, daß ihr Volk aus Liebe zu seiner Königin willig gehorchen werde ... Gewiß war es sehr klug von ihr, sich auf diese Weise ohne Zwang Gehorsam zu verschaffen. Aber wenn es an Gehorsam fehlte, konnte sie auch so böse werden, daß jeder erkannte, wessen Tochter sie war." Harington berichtet weiter, wie sie heimlich versuchte, die Gesinnung ihrer Staatsräte zu erforschen, indem sie bis spät in die Nacht mit Burghley sprach und dann noch andere Staatsräte einzeln zu sich kommen ließ; nachher verglich sie deren wirkliche Ansichten mit dem, was sie im Staatsrat äußerten. Sir Christopher Hatton sagte mehr als einmal: „Die Königin angelt Männerseelen, und ihr Köder ist so verlockend, daß niemand ihrer Angel entgeht.

Ich habe sie lächeln sehen – und das Lächeln war so süß und scheinbar so liebevoll, daß ihr jeder seine geheimsten Gedanken offenbarte. Über das, was sie gehört hatte, dachte sie gern in der Stille nach und schrieb es auf, und wenn es die Umstände verlangten, holte sie es hervor und sagte mehr als einem ins Gesicht, er habe sich vor kurzem noch ganz anders geäußert ... Sie fing viele arme Fische, die kaum ahnten, in welches Netz sie sich verstrickt hatten."

Elisabeth war sehr menschlich; keiner Etikette unterwarf sie ihre Gefühle, denn nach ihrer Meinung war die Etikette ihretwegen und sie nicht der Etikette wegen da. Herzlich gehaltene Nachschriften unter offizielle Briefe gaben einem fernen Diener ihre Dankbarkeit und Zuneigung zu erkennen. Viele Beispiele dieser Art sind bekannt, und man weiß, daß solche Äußerungen oft Wunder wirkten. Oder sie schrieb einen Brief politischen Inhalts, von dem ihre Beamten nichts wußten, wie im Jahre 1565 an Sir Henry Sidney in Irland. „Harry", begann der Brief, dann orakelte sie in ihrem gespreizten Stil darauflos und schloß: „Übergebt dieses Schriftstück nur Vulkans falscher Hut ohne längeren Aufenthalt als die Zeit, ihn vorher zu lesen, ja, und ohne ihn einem andern Menschen gegenüber zu erwähnen. Ich verpflichte Euch hierzu, wie ich es Euch auch befehlen könnte. Tut so, als habet Ihr nie einen Privatbrief von mir erhalten. Eure wohlgeneigte Herrin Elisabeth R." Zum Glück nahm Penshurst und nicht Vulkan den Brief in seine Hut. Oder sie unterbrach eine Rede oder Predigt. Als am Schluß einer Parlamentssitzung der Sprecher noch eine lange und gewundene Rede hielt und der Großsiegelbewahrer Bacon es ihm in seiner Antwort gleichtun wollte, sagte Elisabeth zu diesem, er solle aufhören. Im gedruckten Text der Rede schreibt Bacon: „Nun folgt, was ich noch gesagt hätte, wenn ich nicht unterbrochen worden wäre." Als sie ein anderes Mal zu Beginn einer Parlamentssitzung die Wahl des neuen Sprechers bestätigt und seiner guten und beredten Ansprache gelauscht hatte, zog sie, als sie vorbeiging, einen Handschuh aus, reichte ihm die Hand zum Kuß und äußerte, als ob sie sich auf dem Schießstand befände: „Sie sind ein ausgezeichneter Schütze, mein Herr" und dabei legte sie ihm beide Hände um den Hals, blieb so eine ganze Weile stehen und ging dann huldvoll fort. In ihrem Privatgemach sagte sie später zu ihren Damen, sie bedauere, „ihn nicht früher kennengelernt zu haben".

Geistliche, die in ihren Predigten zu weit gingen, wurden oft scharf zurechtgewiesen. Nowell, der Dechant der St. Pauls-Kirche, hielt im Jahre 1565 vor einer großen Gemeinde am Hof eine Fastenpredigt und wandte sich dabei gegen ein der Königin gewidmetes, kürzlich erschienenes katholisches Buch, griff dann Bilder und Götzenwerk an, womit er, für jeden erkennbar, das Kruzifix in der königlichen Kapelle meinte. „Reden Sie darüber nicht!" rief Elisabeth, und als er dennoch fortfuhr und nicht auf sie hörte, rief sie lauter: „Unterlassen Sie das, es hat mit Ihrem Thema nichts zu tun und ist zu abgedroschen!" Im Jahre 1596 – Elisabeth stand im 63. Lebensjahr, das man damals für besonders kritisch hielt – wählte Bischof Rudd, ermutigt durch allerlei Gerüchte und Whitgifts Bericht, „die Königin sei der Eitelkeiten des Geistes und der Beredsamkeit, denen sie in der Jugend so zugetan gewesen, müde, und jetzt gefielen ihr einfache Predigten am besten, die zu Herzen sprächen", als Text für seine Fastenpredigt: ‚Lehre uns unsere Tage zählen, auf daß unsere Herzen klug werden.' Nachdem er eine Zeitlang über heilige und mystische Zahlen gesprochen hatte, über die 3 der Trinität, die 3 × 3 der himmlischen Hierarchie, die 7 des Sabbats und die 7 × 7 für das Jubeljahr, kam er mit der 7 × 9 auf das kritische Jahr, und Elisabeth, die merkte, worauf er hinauswollte, wurde unruhig. Der Bischof, der das sah, versuchte sich dadurch zu retten, daß er von einigen unverfänglicheren Zahlen sprach, z. B. von der 666 des Latinus, „durch die er beweisen könne, daß der Papst der Antichrist sei", und von der verhängnisvollen Zahl 88. Am Schluß des Gottesdienstes öffnete die Königin das Fenster ihres Kirchenstuhls und sagte ihm ganz unverblümt, er hätte „lieber seine Arithmetik für sich behalten sollen!" „Ich sehe", sagte sie, „daß die größten Kleriker nicht die weisesten Männer sind!" – eine sehr treffende Äußerung, denn es war der Gipfel der Torheit, mit den Befürchtungen, die man wegen ihres Ablebens hegte, sein Spiel zu treiben.

An den Sorgen anderer nahm die Königin echt weiblichen Anteil. Als die Frau des Grafen von Huntingdon ihr den Tod ihres Mannes mitteilte, begab sie sich sofort nach Whitehall, um den schweren Schicksalsschlag durch ihren Trost zu mildern. Als Lady Norris in Irland einen Sohn verlor, schrieb sie ihr: „Meine liebe Crow, grämen Sie sich nicht, wo doch niemand helfen kann, sondern trösten Sie Ihren schmerzerfüllten Lebensgefährten durch Ihre Tapferkeit.“ Und als zwei Jahre später der gleiche Dienst zwei weiteren Söhnen das Leben kostete, schrieb sie an Vater und Mutter: „Wir verbinden Sie beide in dem Wunsche, daß unser Trost Sie gemeinsam in diesem schweren Unglück erreicht. Wir wollten Ihnen zuerst überhaupt nicht schreiben, damit unser Brief Ihren Schmerz nicht erneuere, entschlossen uns dann aber doch dazu, da wir wußten, wie tapfer Sie ein ähnliches Unglück schon einmal ertragen haben, und uns bekannt war, daß Sie fromm die Prüfungen Gottes hinnehmen, denen niemand entgehen kann. Denken Sie auch ein wenig an uns, denn unser Verlust ist nicht geringer als der Ihre.“ Als im Jahre 1595 Graf Hertford Schritte unternahm, damit die Nichtigkeitserklärung seiner Ehe mit Katharina Grey aufgehoben würde, ließ Elisabeth ihn wegen dieses gefährlichen Vorhabens in den Tower sperren. Gleichzeitig aber richtete sie an seine zweite Frau, die vor Angst umkam, einen Brief. „Liebe Franziska“, begann sie, und bat dann, in dem Vorgefallenen „kein böswilliges und gefährliches Verbrechen, sondern nur einen Akt ungehöriger und stolzer Mißachtung unseres Gebots“ zu sehen. „Es liegt uns durchaus fern, bei einem Menschen, wie er einer ist, nach einer Schuld zu suchen. Da wir uns nur schwer zu einem Vorgehen selbst gegen die Gemeinsten entschließen können, werden wir nur die Strenge in Anwendung bringen, die als Warnung für andere erforderlich ist, womit dann der Ehre und Notwendigkeit Genüge geschieht.... Zum Schluß noch folgender Rat: Wenn uns Kummer und Sorge unversehens im reichen Maße befallen, gibt es nichts Törichteres als Gefahren zu fürchten, die gar nicht existieren, oder sich grundlos zu grämen, denn dadurch werden Leib und Seele krank.“

Für die Menschlichkeit der Königin legt auch der Brief Zeugnis ab, den sie mit der Abschrift ihrer Parlamentsrede im Jahre 1576 an ihren damals noch kleinen Patensohn Harington schickte. „Lieber kleiner Jack, ich habe von einem Schreiber meine armseligen Worte für dich aufzeichnen lassen, da ja ein Bürschchen wie Du noch keinen Zutritt zu den Parlamentsversammlungen hat. Überdenke sie in Deinen Mußestunden und spiele mit ihnen, bis Du sie ganz verstehst; so wirst Du später vielleicht einige gute Früchte ernten, wenn an Deine Patin kein Mensch mehr denkt; ich tue das, weil Dein Vater uns immer in Sorge und Not geliebt und treu gedient hat." Damit spielt sie auf die Ereignisse während der Regierung ihrer Schwester Maria an.

Elisabeths Höflinge und Ratgeber hatten viel mit ihren Launen zu kämpfen. Sie hatte ihre schwachen Seiten: vor allem, was ihre Gesundheit betraf. Während des größten Teiles ihres Lebens erfreute sie sich einer bemerkenswerten Gesundheit und haßte es, krank zu sein oder für krank gehalten zu werden. Im Jahre 1577 befahl sie Leicester des öfteren, an Burghley, der damals in Buxton war, zu schreiben, er solle ihr einige Flaschen des heilkräftigen Wassers von dort schicken. Als es dann kam, hatte sie Bedenken: „Hier hat es nicht die gleiche gute Wirkung wie dort." Der wahre Grund für die Ablehnung war ein ganz anderer: Sie hatte erfahren, daß überall erzählt wurde, ‚Ihre Majestät habe ein offenes Bein'. Jetzt machte sie Leicester Vorwürfe, daß er an Burghley geschrieben hatte. Im Jahre 1578 plagten sie Zahnschmerzen, eigentlich mußte ein Zahn gezogen werden, „da aber die Königin nicht daran denkt oder nicht daran denken will", fürchteten ihre Ärzte, es ihr zu sagen. Im Jahre 1597 störten sie ‚rasende Schmerzen' im rechten Daumen, aber Gicht konnte es nicht sein, durfte es einfach nicht sein; sie hatte auch keine Schmerzen – aber Briefe wollte sie nicht unterschreiben.

Ein derart lebhafter und eigenwilliger Mensch war natürlich manchmal schwierig. Sie sah alles; jeden der zahlreichen Fehler nagelte sie fest und jedem Versagen ging sie auf den Grund. Und gerade die Ungezwungenheit ihres Verkehrs mit ihrer Umgebung erforderte gelegentlich ein scharfes Anziehen der Zügel, um daran zu erinnern, daß sie die Herrin war. Als ihr Vetter Lord Hunsdon es sich erlaubte – wie übrigens andere auch – seinen Urlaub fern von seinem Posten in Berwick zu überschreiten, schrieb ihm sein Sohn, Elisabeth sei „sehr wütend geworden, sie hat geflucht: Tod und Teufel! und dann weiter gesagt, sie wolle Dich schon kriegen und Deinen Posten einem andern geben, wenn Du ein solches Spiel mit ihr triebest, denn sie sei nicht gewillt, sich etwas Derartiges bieten zu lassen". Aber im Grunde waren ihre leidenschaftlichen Ausbrüche kaum etwas anderes als sommerliches Wetterleuchten. Sir John Harington, dessen Erinnerungen ihre letzten Jahre betreffen, als viele Sorgen sie griesgrämig machten, sagt: „Wenn sie lächelte, so war es hellster Sonnenschein, in dem jeder sich wärmte, wenn er Gelegenheit dazu hatte; dann aber ballten sich plötzlich die Wolken zusammen, der Sturm brach los, Blitze zuckten, und niemanden verschonte das Unwetter."

In den zahllosen Denkschriften Burghleys, mit denen er die Politik seiner Herrin kritisierte, fehlt selten ein Hinweis auf ihre Ehelosigkeit. Es ist nicht verwunderlich, daß die öffentliche Meinung, die sich leidenschaftlich mit dieser seltsamen und beunruhigenden Tatsache befaßte, sie schließlich dadurch zu erklären versuchte, daß sie behauptete, Elisabeth könne keine Kinder gebären, während man sie andererseits ebenso bereitwillig mit einem oder zwei Kindern von Leicester beschenkte. Die Zunge ist ein unruhig Ding. Um diesem Gerede einen Anstrich von Wahrheit zu geben, erfand Ben Jonson bei einem Trinkgelage mit dem schottischen Dichter Drummond einige saftige Einzelheiten hinzu, die er ebensowenig verantworten konnte, wie die Gelegenheit, bei der er dies unternahm. Als der französische König im Jahre 1566 um Elisabeths Hand warb, erkundigte sich sein Gesandter bei ihrem Arzt, ob das Gerede über ihre Unfruchtbarkeit auf Wahrheit beruhe. Der Arzt tat seine Frage mit den Worten ab: „Wenn der König sie heiratet, so garantiere ich zehn Kinder; niemand in der ganzen Welt kennt ihre Konstitution besser als ich." Burghley und anderen genügte ein Zehntel von dem, was der Arzt prophezeite. Sie wollten einen Thronerben und waren überzeugt, daß eine Ehe ihn bringen würde.

Die Entscheidung in der Ehefrage bedeutete Wahl zwischen zwei Übeln. Unterschiede in Charakter und Denkweise, wie in der politischen Haltung ließen Elisabeth und ihre Minister die entgegengesetzte Wahl treffen. Infolgedessen wurde die Werbung des Erzherzogs Karl nicht weiter verfolgt. Aber seit Maria Stuart in England weilte, war die Ehefrage wieder sehr brennend geworden, denn niemand konnte leugnen, daß Marias Anspruch auf die Thronfolge ihre Stellung ungeheuer stärkte. Elisabeth brauchte nur einen Erben zu gebären, und mit der Anziehungskraft ihrer Nebenbuhlerin war es vorbei. Selbst ausländische Fürsten wären dann weniger an ihr interessiert gewesen. Wie die Dinge jetzt lagen, fürchtete aber jeder, die zukünftige Herrscherin von England zu beleidigen. Auch Leicester war nach der Ridolfi-Verschwörung für Marias Hinrichtung, wollte es jedoch unbedingt vermeiden, daß ihr diese feindliche Haltung bekannt würde. Wo so viel auf dem Spiele stand, erforderte unverbrüchliche Treue zu Elisabeth persönlichen Mut aus innerster Überzeugung. „Seht ihr denn nicht“, hieß es in einem katholischen Manifest an die Iren, „daß sie ohne gesetzlichen Leibeserben ist, der später entweder ihre Freunde belohnen oder sich an ihren Feinden rächen könnte?“ Man brauchte sie nur aus dem Wege zu räumen, und die meisten würden schnell Frieden mit Maria schließen. Ein Kind war Elisabeths Schutz und Schirm, ein Kind allein konnte ihr die Treue ihres Volkes erhalten und sie vor dem Streich des Mörders bewahren.

Nach dem Aufstand im Norden war es jedem klar, daß die Ehefrage gelöst werden mußte, zumal ein durch die Ehe bedingtes Bündnis für England nur vorteilhaft sein konnte, da Spanien, Frankreich und der Papst dem Lande nicht freundlich gesinnt waren. Als im August 1570 der dritte Bürgerkrieg in Frankreich beendet war und dadurch Frankreich wieder freie Hand gegen England bekam, schickte Elisabeth einen Sondergesandten nach Wien, der erreichen sollte, daß Erzherzog Karl seine Werbung wieder aufnahm. Immer noch war er frei, wollte aber nicht noch einmal auf den Köder hereinfallen; er schloß auch bald eine andere Ehe und wurde ein Verfolger der Protestanten. Diese Chance war also endgültig verpaßt. Andererseits hatte Katharina von Medici noch immer drei Söhne. Einer von ihnen, der König, hatte sich früher um Elisabeths Hand beworben. Auch er war eine verpaßte Chance, denn er hatte inzwischen geheiratet. Der zweite, der Herzog von Anjou, war noch nicht neunzehn Jahre alt, und Elisabeth war schon siebenunddreißig. Aber der Altersunterschied wurde reichlich durch eine Krone wettgemacht – eine Krone, die nicht zu verachten war! Katharina hatte den Ehrgeiz, jedes ihrer Kinder auf einem Thron zu sehen, denn diese Tochter aus einem italienischen Bankhause war im Grunde ein großer Parvenu. Außerdem war die Heirat vom politischen Standpunkt aus für Frankreich vorteilhaft; ein Bündnis zwischen England und Spanien war für Frankreich ebenso gefährlich wie für Spanien ein Bündnis zwischen England und Frankreich. Auch war die Zeit für eine Verbindung mit England sehr günstig. Durch den Frieden waren nicht die Guisen, die Feinde Elisabeths und haßerfüllten Gegner der Hugenotten, an die Macht gekommen, sondern die ‚Politiques', die gemäßigten Katholiken, die auf eine Einigung der religiösen Parteien und eine nationale, antispanische Politik bedacht waren.

So begannen im Herbst des Jahres 1570 Verhandlungen wegen einer Ehe zwischen Elisabeth und dem Herzog von Anjou. Offenbar wurde Elisabeths Entschluß durch keine Reste ihrer alten Leidenschaft für Leicester behindert. Diese Liebe hatte sich in gefühlvolle Freundschaft gewandelt – eine zarte Erinnerung an die Vergangenheit, mehr nicht. Elisabeth war bei dieser Werbung nur Königin. Wahrscheinlich war ihr Entschluß zu heiraten durchaus ehrlich, wahrscheinlich hatten auch sie die Gründe, die eine Ehe gebieterisch verlangten, überzeugt. Aber schon bald stand das erste Hindernis, der Glaube, wieder vor ihr, und abermals wog sie die Gefahren, die ihre Kinderlosigkeit mit sich brachte, ab gegen die Gefahren eines Bürgerkrieges, mit dem zu rechnen war, falls ihr zukünftiger Mann seinen Glauben beibehielt. Sie kam zu demselben Entschluß wie früher, Burghley und andere waren unglücklich. Die Verhandlungen kamen über die Anfänge nicht hinaus.

Katharina von Medici war über Anjous starrköpfige Haltung in Glaubenssachen empört, und zwar um so mehr, als er ihr Lieblingssohn war. Aber wozu die Aufregung, hatte sie doch noch einen Sohn, den Herzog von Alençon. Dieser war drei Jahre jünger als sein Bruder und folglich über zwanzig Jahre jünger als Elisabeth. Katharina bot ihn als Gatten für Elisabeth an und machte den Gesandten auf seinen sprießenden Bart aufmerksam. Sie erwähnte auch die Zahl ihrer Kinder: zwei Söhne, selbst wenn noch einer sterben sollte, und zwei Töchter, mit denen man Bündnisse stiften könne. Alençon war keine Schönheit. „Die Pockennarben", schrieb ein englischer Gesandter, „entstellen sein Gesicht nicht erheblich, denn sie sind eher dicht als groß. Nur auf der Nasenspitze sind sie groß und tief – in welchem Grade das abstoßend wirkt, mag davon abhängen, wie

Gott in seiner Gnade das Herz des Beschauers rührt." „Als ich ihn bei meiner letzten Audienz sah, schien es mir, als würde er täglich schöner." Gottes Gnade rührte Elisabeths Herz, auch ohne daß sie ihn sah. Sie schrieb kurzerhand, der Altersunterschied sei zu groß: der wirkliche Grund aber war „die Zartheit des Auges ihrer Majestät", und, wie sie vertraulich bemerkte, „die Furcht vor der Verblüffung der öffentlichen Meinung in der ganzen Welt", wenn sie diesen häßlichen, pockennarbigen Jungen heiraten würde, nachdem sie so viele glänzende Bewerber ausgeschlagen hatte. Sie brach die Verhandlungen nicht vollständig ab, in Wirklichkeit aber war Alençon wenigstens vorläufig erledigt; nun mochte er seinen Bart wachsen lassen, täglich schöner werden und den Schlag dieser Ablehnung verwinden.

Ob mit oder ohne Heirat, Katharina und Elisabeth wünschten beide ein Bündnis, und nach vielen Verhandlungen, bei denen Elisabeth besser abschnitt, wurde im April 1572 der Vertrag von Blois geschlossen. Er war ursprünglich ein Defensivvertrag gegen Spanien und darf vielleicht eine ‚diplomatische Revolution' genannt werden, mag dieser Ausdruck auch unzulänglich sein und Elisabeths Art nicht treffend kennzeichnen. Es war jedenfalls bedeutsam, daß England mit Frankreich ein Bündnis gegen den Beherrscher der Niederlande abschloß; die Herausforderung an Spanien zeigte sich allmählich immer unverhohlener. Aber der Wert des Vertrages bestand für Elisabeth darin, daß sie ihrer gefährlichen Isolierung ein Ende machte und das Eingreifen Frankreichs in ihren Streit mit Maria von Schottland für die Zukunft ausschloß. Nach ihrer Meinung verhinderte dieser Vertrag jedoch durchaus nicht eine Bereinigung ihrer Differenzen mit Spanien, und während der letzten Stadien der Verhandlungen gab Burghley dem spanischen Geschäftsträger eine durchaus beruhigende Erklärung ab. Als dieser Mann eines Tages dann im Boot nach Hause fuhr, begegnete er der Königin, die sich ihrem Palast in einer Barke näherte, in der sie bei dem herrlichen Wetter in Gesellschaft von Leicester und anderen Herren auf dem Fluß war. Er schloß sich einer großen Anzahl von Booten an, die der königlichen Barke folgten, und verbeugte sich vor der Königin wie die andern. Sie sah ihn und erkannte sofort, wer er war; zur Überraschung aller, ‚da er doch ein so niedriger Mann war', sprach sie ihn italienisch an und fragte ihn leutselig, ob er vom Hofe komme und dort Burghley gesehen habe. Sie sagte noch ein paar Worte und verabschiedete sich dann von ihm mit freundlichem Winken.

In dem Monat, als der Vertrag von Blois abgeschlossen wurde, brach in den Niederlanden der Aufstand von neuem aus, den Albas grausame Hand mehr oder weniger unterdrückt hatte. Elisabeth half heimlich den Flüchtlingen, die in den letzten vier Jahren zu Hunderten nach England geflohen waren, in ihr Land zurückzukehren, um bei der Wiedererlangung seiner Freiheit zu helfen. Auf diese Gelegenheit warteten die Hugenotten und die ‚Politiques' in Frankreich schon lange, um ihr Land in einen Krieg mit Spanien hineinzuziehen und die Grenzen des französischen Gebiets zu erweitern. Der Widerstand des Königs war umsonst. Jetzt zeigte sich, wie begrenzt Elisabeths Freundschaft war. Sie konnte Frankreich in den Niederlanden nicht dulden, denn von dort aus hätte es den englischen Handel kontrolliert und ihre Herrschaft zur See bedroht. Dann schon lieber den Spanier! Sir Humphrey Gilbert fuhr mit einer Kompanie aus Freiwilligen zur Unterstützung der Aufständischen hinüber, angeblich ohne Kenntnis und gegen den Willen der Königin, in Wirklichkeit aber mit der geheimen Weisung, sich in Vlissingen festzusetzen und die Franzosen, koste es was es wolle, aus diesem Hafen fernzuhalten.

Die Situation beunruhigte Katharina von Medici sehr. Frankreich schien vor einer Katastrophe zu stehen: Krieg mit Spanien und bestenfalls unfreundliche Neutralität von seiten Englands. Der Fehler kam einzig auf das Konto ihres Sohnes, Karls IX., der sich ihrer Bevormundung entzogen hatte und ganz unter dem Einfluß des großen Hugenottenführers Coligny stand. Ihre Eifersucht führte im kommenden August zu einer furchtbaren Tragödie. In jenem Monat war fast der ganze hugenottische Adel mit der übrigen französischen Nobilität in Paris versammelt, um Zeuge der Heirat ihres Führers, des jungen Königs Heinrich von Navarra, mit Katharinas jüngster Tochter zu sein. Bei der herrschenden religiösen und politischen Hochspannung bedeutete diese Versammlung des gesamten Adels eine ungeheuer große Gefahr, und doch war Katharina in ihrer Machtgier töricht genug, gerade für diese Gelegenheit die Ermordung Colignys mit der Guisen-Partei zu vereinbaren. Angst und Verzweiflung ergriffen sie, als er nicht getötet, sondern nur verwundet wurde. Der ganze hugenottische Adel war hier versammelt und schrie nach Rache. Er konnte mit einem Schlage unschädlich gemacht werden. Diese günstige Gelegenheit war sicher mit Absicht herbeigeführt worden. Der Gedanke lag in der Luft, und Katharina griff ihn auf als einzigen Ausweg aus ihrer verzweifelten Lage.

Coligny wurde am 22. August verwundet. In der Nacht vom 23. zum 24., der Nacht vor dem Bartholomäustag, hatte Katharina mit Guise und andern beraten und den König umgestimmt. In der Morgendämmerung begann das Morden. Die Sturmglocke wurde geläutet, und der Pöbel beteiligte sich an dem Blutbad. Jeder Hugenotte, ob Adliger oder einfacher Bürger, Mann, Frau oder Kind, wurde ermordet und manch alter Groll dabei befriedigt. Die Straßen schwammen im Blut, im Fluß trieben die nackten, furchtbar zugerichteten Leichen. Ein Mann, seines Zeichens ein Metzger, rühmte sich, er habe an jenem Tage vierhundert getötet. Gegen Mittag waren schon zweitausend Menschen erschlagen; das Morden aber ging noch zwei Tage weiter. Als sich die Kunde im Lande verbreitete, erhoben sich die Katholiken in vielen Städten und folgten dem Beispiel von Paris. In Lyon wurden etwa sieben- bis achthundert und in Orleans fünfhundert getötet. Im ganzen kamen wahrscheinlich in Paris drei- bis viertausend und im übrigen Frankreich ebensoviel Menschen ums Leben.

Die Protestanten kochten vor Wut. Kaum hatte England von den Geschehnissen erfahren, als auch schon die ersten der vielen hundert Flüchtlinge, die der Terror aus der Heimat vertrieb, eintrafen und die Leidenschaften noch mehr anfachten. Selbst Frankreichs Freunde wurden für kurze Zeit seine wilden Hasser. Ein Wort der Beschönigung, und schon flogen die Schwerter aus der Scheide. Die Einwohner Londons hielten Versammlungen ab und verlangten unter der Leitung von weniger verantwortlichen Predigern Vergeltung an den Papisten im eigenen Lande. Die ruhigeren Bischöfe aber teilten ihre Befürchtungen und ihre Ratschläge in vielen Briefen Burghley mit: man solle den Katholiken die Waffen fortnehmen, schlugen sie vor, sie aus der Umgebung der Königin entfernen, Elisabeth mit einer starken Garde aus Protestanten umgeben, Stadt und Tower bewachen, mit den Protestanten in Schottland und Deutschland ein festes Bündnis schließen. „Gott der Allmächtige hat uns schon oft seiner Gnade teilhaftig werden lassen, und wir haben seinen Ratschlag sorglos in den Wind geschlagen. Gott gebe der Majestät der Königin Ohren, damit sie höre, und ein belehrbares Herz, damit sie verstehe!" Die Vermutung, daß die Katholiken sich zu einer Liga zusammenschlössen, um den Protestantismus auszurotten, befestigte sich nun wieder in erschreckendem Maße. Es war nur zu natürlich, daß die Protestanten glaubten, das Blutbad sei von langer Hand vorbereitet und der Papst und Spanien hätten die Finger dabei im Spiel gehabt. Die englische Küste wurde in Verteidigungszustand versetzt, die Flotte lief aus, und alles war in höchster Bereitschaft.

Als der französische Gesandte um eine Audienz bat, in der er eine offizielle Erklärung über das Blutbad abgeben wollte, ließ Elisabeth ihn drei Tage warten; darauf empfing sie ihn in Gegenwart vieler ihrer Staatsräte und Hofdamen mit eisigem Schweigen. Mit traurigem und ernstem, aber nicht unfreundlichem Gesicht ging sie ihm dann ein paar Schritte entgegen, ließ sich von ihm begrüßen und führte ihn in eine Fensternische, wo sie seinen geradezu rührenden, diplomatischen Lügen lauschte, durch die das Vorgehen des Königs vertuscht werden sollte. Die Antwort war würdevoll, Elisabeth nahm die Erklärung an, wie sie die Erklärung eines Königs eben annehmen mußte, aber keins ihrer Worte bedeutete auch nur die geringste Beschönigung der verruchten Tat. Einen Bruch mit Frankreich wagte sie nicht, aber sie vermochte auch nicht das Blutbad zu verzeihen.

In der allgemeinen Aufregung wetterte alles gegen ‚die gefährliche Verräterin und Pest der Christenheit' Maria Stuart; dazu kam jetzt noch, daß durch das Blutbad ihre Verwandten, die Guisen, wieder an die Macht gekommen waren, und der Name Guise war gleichbedeutend mit Gefahr. Der Bischof von London riet Burghley dringend, „der schottischen Königin sofort den Kopf abzuschlagen". Erzbischof Parker gab, wenn auch weniger unverblümt, denselben Rat. In einem anonymen Brief an Leicester wird auf sechs eng beschriebenen, beredten Seiten ‚die Stimme des Volkes, das Klagen und die Angst aller guten

Untertanen' enthüllt: „Um Gottes willen, mein Lord, sorgen Sie dafür, daß Ihre Majestät bei all diesen großen Sorgen nicht die größte Gefahr vergißt. Sorgen Sie dafür, daß Ihre Hoheit sich ihres Gewissens und der Ewigkeit erinnert. Möge sie verhindern, daß Mord und Raub, Gewalt und barbarisches Gemetzel über das Land hereinbrechen, und daß ewige Verdammnis so viele durch ein weiteres Vordringen des Papsttums verführte Seelen treffe. Das alles droht, weil sie aus schwächlichem Mitleid und Erbarmen eine einzige furchtbare Frau schont, die, wohin sie geht, den Zorn Gottes mitbringt. Gewiß verdiente nie ein Fürst so sehr die Liebe der Untertanen wie unsere Königin. Dürfen wir denn nicht das Vertrauen haben, daß Ihre Majestät, unsere Mutter, endlich den Befehl erteilt, eine Kröte, eine Schlange, einen tollen Hund zu töten, der sie vergiftet, die Kehlen ihrer Kinder zerbeißt, und jetzt sie selbst mit dem gleichen Schicksal bedroht?"

Wie stark der Druck von seiten der einflußreichsten Staatsräte auf Elisabeth war, können wir nur vermuten. Die Krise drängte Elisabeth, die sich noch immer nicht entschließen konnte, Maria selbst hinrichten zu lassen, wenigstens zu der Erklärung, sie sei bereit, Maria nach Schottland zu schicken, falls genügend Sicherheiten dafür geboten würden, daß sie dort wegen ihrer Teilnahme an der Ermordung Darnleys hingerichtet würde. Burghleys Schwager wurde in geheimer Mission nach Schottland gesandt, über deren Zweck und Ziel nur die Königin, Burghley, Leicester und später noch Bacon unterrichtet waren. Der Vorschlag sollte als von gewissen Staatsräten stammend bezeichnet und Elisabeths Name unter keinen Umständen genannt werden; offenbar deshalb nicht, weil die Sache ja fehlschlagen konnte. Der Regent und die, mit denen er den Vorschlag besprach, waren bereit, aber nur unter gewissen Bedingungen; unter anderm wurde verlangt, daß englische Truppen bei der Hinrichtung zugegen wären und später den Rest von Marias Anhängern aus Edinburgh Castle verjagten.

Da aber nach der Bartholomäus-Nacht nun schon zwei Monate vergangen waren, ohne daß der Himmel über ihr eingestürzt war, hat Elisabeth anscheinend wieder der Gnade zugeneigt und neue Schwierigkeiten gemacht. Die Frage selbst entschied sich übrigens zu ihren Gunsten, denn mit der Nachricht von den Bedingungen des Regenten, die unannehmbar waren, traf auch die Nachricht von seinem Tode ein. Damit war vorläufig wenigstens die Sache erledigt. Burghley öffnete Leicester sein Herz: „Gott sende Ihrer Majestät Seelenstärke, die Sache Gottes, ihr eigenes Leben und das Leben von Millionen guter Untertanen zu schützen! Gott sei uns gnädig!" Im nächsten April beruhigte er sich wieder langsam, denn Elisabeth entsandte Truppen, die Edinburgh Castle einnehmen sollten; mit dessen Fall war dann Marias Partei in Schottland erledigt.

Alles schien darauf hinzuarbeiten, Elisabeths Regierung zu einem Kreuzzug zu machen. Die Erinnerung an die Bartholomäus-Nacht verband sich nun mit der Erinnerung an die Märtyrer aus der Regierungszeit Marias der Katholischen. Die vielen Holzschnitte und der Text von Foxe's ‚Book of Martyrs' hatten diese Märtyrer für die elisabethanische Zeit lebendig erhalten. Die Wut englischer Protestanten gegen den Katholizismus und die Treue zu ihrer Königin, deren Leben noch der einzig sichere Hort ihres Glaubens zu sein schien, wurden immer tiefer und leidenschaftlicher. Die Tage waren vorbei, als in Schenken und Dörfern straflos gemeine Geschichten verbreitet wurden, und in Doncaster hätte man, wäre die Behörde nicht eingeschritten, einen Verleumder beinahe in Stücke gerissen.

Diese starken Gefühle, die für die nächsten Jahrzehnte Englands Haltung bestimmten, sollten schon bald ihren vollendeten Ausdruck im Staatsrat finden. Das wurde Tatsache bei den politischen Veränderungen, die Elisabeth vornahm, als im März 1572 der Oberschatzmeister, der Marquis von Winchester, starb. Winchester war mit seinen siebenundachtzig Jahren der älteste Politiker Englands gewesen und hatte ‚zu seinen Lebzeiten die Zahl der Kinder seiner Kindeskinder auf einhundertdrei anwachsen sehen, für Männer seines Ranges ein seltener Segen Gottes'. Jetzt wurde Burghley mit seinem Amte betraut, wodurch das bisher von ihm verwaltete Staatssekretariat frei wurde, das man wieder wie früher doppelt besetzte. Zum zweiten dieser Staatssekretäre wurde im Dezember 1573 Francis Walsingham ernannt; er stand ungefähr im gleichen Alter wie die Königin und war durch seinen Stiefvater mit ihr verwandt. Er war in Cambridge von dem dortigen entschiedenen Protestantenkreis erzogen worden und während der Regierung Marias der Katholischen ins Ausland geflohen. Von dort kehrte er mit der für den religiösen Flüchtling typischen Mentalität zurück, die sich in einem Gefühl ewigen Kampfes gegen die Mächte der Finsternis ausprägte. Die Bartholomäus-Nacht, die er als Gesandter in Paris miterlebt hatte, bestärkte ihn noch in dieser Haltung. Er war die Verkörperung des Kreuzfahrergeistes, ein ernster und düster dreinschauender Mann. „Zwischen Spanien und uns", so schrieb er, „wird es kaum eine restlose Versöhnung geben, solange wir nicht eines Glaubens sind, denn zwischen Christus und Belial besteht keine Gemeinschaft." „Welch gerechteren Grund zum Kriege gibt es für einen Fürsten, der an das Evangelium glaubt, als die Tatsache, daß Bündnisse geschlossen werden, um das Evangelium und den Glauben, dem er selbst anhängt, auszurotten? Alle Kreaturen werden zur Erhöhung des Ruhmes Gottes geschaffen, und handelt es sich um Seinen Ruhm, so kann kein Bündnis und keine Politik für den Fürsten als Entschuldigung gelten, wenn er nicht mit allen Mitteln, ja, mit dem Leben für ihn einsteht." Wenn Walsingham es auch nicht ausdrücklich sagte, rechnete er doch wohl sehr mit Gottes Hilfe, denn ohne diese hätte seine Politik den Staat unfehlbar an den Rand des Abgrunds geführt.

Walsingham begann seine politische Laufbahn als Burghleys Schützling, schloß sich aber schon bald eng an Leicester an, der sich immer mehr als Führer der Radikalen entpuppte. Walsingham wurde sein Vertrauter. Infolge der Neigung dieser neuen Partei nach links schwenkte Burghley ein wenig nach rechts. Immer noch war er ‚Bruder in Christo' und beklagte sich mit vielen andern über die Königin, aber als ein älterer Bruder – er war über fünfzig – und nicht mehr so scharf wie seine jüngeren Mitbrüder. Alter hatte ihm viel von seiner inneren Dynamik genommen, und sein neues Amt als Oberschatzmeister ließ ihn Elisabeths Sparsamkeitspolitik besser würdigen als früher. Vermutlich gewann er auch langsam Hochachtung vor dem gesunden Urteil der Königin. Auf alle Fälle entwickelte sich zwischen den beiden trotz manchen Streites, den Launen oder politisch gegensätzliche Anschauungen hervorriefen, ein wundervolles Vertrauensverhältnis. „Kein Fürst in Europa hat einen solchen Ratgeber wie ich an ihm", erklärte Elisabeth. Verhinderte einer seiner häufigen Gichtanfälle seine Anwesenheit am Hofe, wurde nur selten etwas erledigt, denn Elisabeth war immer für ganze Arbeit und traute niemandem so sehr wie ihm. Im Herbst und Winter 1572 war der Staatssekretär Sir Thomas Smith der Verzweiflung nahe, weil er während Burghleys Abwesenheit weder die Unterzeichnung von Dokumenten noch wichtige Entscheidungen durchsetzen konnte. Leicester hatte kaum mehr Glück. Wohl war Elisabeth bereit, seine Meinung anzuhören und mit ihm zu überlegen, was am besten zu tun sei; sie hörte auch geduldig zu, wenn er sich lang und breit darüber ausließ, daß jede Fürstin, ‚auch die weiseste', ihren treuen Ratgebern vertrauen müsse; hätte sie ihm geglaubt, so wäre ihr all das Unglück, das jetzt zu drohen schien, erspart geblieben. Aber selbst wenn nach Leicesters Ansicht eine Frage gar keinen Aufschub mehr duldete, entschied sie nicht, ohne Burghleys Rat einzuholen. Und lag ihr dieser vor, tat sie doch, was sie wollte; „wenn wir bei der Königin etwas erreichen, dann immer nur durch ein Wunder", sagte einer ihrer Staatsräte.

Für Elisabeths Toleranz, Scharfsinn und Charakter ist nichts bezeichnender als die Wahl eines Ministers wie Walsingham. Sie wählte ihre Minister allein nach deren Fähigkeiten, ihrer Ehrlichkeit und ihrer unerschütterlichen Treue aus. Solche Männer waren der Ausdruck eines Englands, wie es Elisabeth ersehnte, und wenn diese Vollblüter auch schwer parierten, so war Elisabeth doch eine ausgezeichnete Reiterin. Wie diese Männer, trachtete auch sie nach Ruhm; aber nur eines konnte nach ihrer Ansicht wahren Ruhm bedeuten: die Erhaltung des Standes der Freibauern, die in gesunden Verhältnissen zwischen Wohlstand und Bedürftigkeit lebten, die grobe Kleider trugen, aber mit Gold bezahlten, Knöpfe aus Zinn besaßen, aber Silber in den Taschen hatten. Da sie die Grenzen der wirtschaftlichen Kräfte Englands klar durchschaute, zog sie es vor, die Segel des Staatsschiffes jeweils nach dem Wind zu setzen oder zu reffen, anstatt alle auf einmal zu spannen, um einem drohenden Sturm zu entgehen, der vielleicht gar nicht kam.

Bei den herrschenden trüben Aussichten war es nicht verwunderlich, daß Elisabeths Staatsmänner über ihre ‚Torheit' die Hände rangen. In den Niederlanden, in Rom und in Spanien lebten katholische Flüchtlinge, die während Elisabeths Regierungszeit um des Glaubens willen die Heimat verlassen hatten. Ihnen schlossen sich diejenigen an, die nach dem Aufstand im Norden flüchten mußten. Unter ihrem Einfluß entstand bald eine Verschwörerbande, die nur eins im Sinne hatte: ‚das Unternehmen gegen England'. Sehnsüchtig warteten sie auf den Tag, an dem der Papst und Philipp von Spanien ein Heer schickten, ‚das böse Weib', die ‚Teufelin von England' vom Thron zu verjagen, die fromme Maria an ihre Stelle zu setzen, ihnen selbst ihr Vermögen wiederzugeben und dem katholischen Glauben in England zum Siege zu verhelfen. Diese Männer züchteten den revolutionären ‚Emigrantengeist'. Der Wunsch war der Vater des Gedankens; ihr Urteil aber parteiisch, ihre Vorstellung von Regierung und Volk in England geradezu phantastisch. Eine Absetzung Elisabeths erschien ihnen ebenso leicht wie früher dem törichten Ridolfi. In Rom waren ihre Ränke natürlich sehr willkommen, denn die Bulle von 1570, die Elisabeth abgesetzt hatte, wartete immer noch auf Vollstreckung. Seit der Bartholomäus-Nacht versuchte das Papsttum dauernd, Philipp II. zu dem ‚Unternehmen' zu veranlassen und eine Invasion ‚vom Stapel zu lassen'. Elisabeth hätte sich durchaus auf den Standpunkt stellen können, daß der katholische Glaube mit der Treue zum Staat unvereinbar sei, weil die Katholiken einen gefährlichen Staatsfeind als ihr Oberhaupt ansähen. Wäre sie mit solcher Begründung rücksichtslos gegen die Katholiken vorgegangen, die Machenschaften des Papstes hätten das vollauf gerechtfertigt. Nicht nur Walsingham und andere protestantische Eiferer waren der Meinung, daß es sich hier, politisch gesehen, um eine Schlacht zwischen Christ und Antichrist handele.

Philipp sympathisierte aus vielen Gründen mit dem ‚Unternehmen', wie er mit der Ridolfi-Verschwörung sympathisiert hatte. Wenn er die unzufriedenen und rebellischen Untertanen Elisabeths schützte, so vergalt sie Gleiches mit Gleichem. Sie ermöglichte seinen Untertanen die Rückkehr in die Niederlande, wo sie das Heer der Aufständischen verstärkten, war ihnen bei Geldtransporten behilflich und gab ihnen ihre Häfen frei. Auf dem Kontinent wurde ganz allgemein erzählt, ihre Unterstützung der Parteien in andern Reichen sei allein die Ursache aller Unruhe. Sie war die bekannteste Fürstin Europas, in gleichem Maße geehrt von denen, die Philipp verabscheute, wie gefürchtet von allen, mit denen er sympathisierte. Wie viele andere beunruhigte es auch ihn, daß offenbar, solange sie auf dem englischen Thron saß, wenig Aussicht auf einen dauerhaften Frieden in den Niederlanden bestand. Gleichzeitig aber hatte Philipp großen Respekt vor Elisabeths Fähigkeiten und befürchtete vor allem, daß sie sofort ein Bündnis mit Frankreich schließen würde, wenn er etwas gegen sie unternähme. Es war ein Dilemma, aus dem es jedoch in der Person Marias von Schottland einen Ausweg gab. Frankreich würde wahrscheinlich gegen einen spanischen Angriff auf England nichts unternehmen, falls durch ihn bezweckt wurde, Maria zur Königin zu machen. Kein Wunder also, daß Elisabeths Untertanen ihre Nachsicht Maria gegenüber für eine höchst gefährliche Sentimentalität hielten. Hätte sie, wie Staatsmänner und Parlament es verlangten, Maria im Jahre 1572 hingerichtet, dann wäre das ‚Unternehmen' für die nächsten zehn Jahre oder länger leeres Geschwätz etlicher Verbannter und der fromme Wunsch einiger Geistlicher gewesen; sogar die Hoffnung auf einen Sympathieaufstand in England, der einen bedeutsamen Teil des ‚Unternehmens' darstellte, wäre geschwunden.

Elisabeths auswärtige Politik kann nur im Lichte von Philipps Vorgehen beurteilt werden. Wenn er auch bereit war, einen Einfall in England finanziell zu unterstützen, und die Hälfte seiner Subvention nach Rom schickte, so befielen ihn schon bald Zweifel und Angst; er riet zum Aufschub und zog sich schließlich ganz zurück. Alle Vorteile, die sich für England aus seiner Langsamkeit, Vorsicht und Unentschlossenheit, aus der lähmenden Nebenbuhlerschaft zwischen Spanien und Frankreich ergaben, wären durch eine aggressive Politik verloren gegangen. Philipp wäre in einen Krieg hineingetrieben worden, dessen Ausgang nicht abzusehen war: bestimmt hätte ein Krieg damals für England finanziellen und wirtschaftlichen Ruin bedeutet. Die ganze Situation verlangte geradezu die Opportunitätspolitik, zu der Elisabeth schon immer sehr neigte. Durch sie hatte England bisher wie durch ein Wunder sein Glück gemacht. „Der Herr im Himmel läßt die Seinen nicht verderben", schrieb Burghleys Schwager; und in einem glaubensstarken Zeitalter war man mit dieser Erklärung durchaus zufrieden.

In den Jahren nach 1572 nahm diese Opportunitätspolitik einen geradezu verwirrenden Verlauf. Elisabeth fürchtete, in die Isolierung, aus der sie der Vertrag von Blois befreit hatte, zurückgedrängt zu werden. Deshalb entsprach sie, wenn auch in Anbetracht der Bartholomäus-Nacht mit der nötigen Kühle und Zurückhaltung, Katharinas Wunsch nach Fortsetzung der Freundschaft. Sie erklärte sich – mit einigen ironischen Bemerkungen – bereit, Patenstelle bei Karls IX. Tochter zu übernehmen, und war auch mit einer weiteren Werbung des Herzogs von Alençon einverstanden, um eine Option auf eine engere Verbindung immer in Händen zu haben. Gleichzeitig aber unterstützte sie heimlich die Hugenotten, die sich wieder empört hatten, denn sie hielt es für wesentlich, das Gleichgewicht der Parteien in Frankreich aufrechtzuerhalten und zu verhindern, daß die Guisen allein die Macht besaßen. Kein Mensch wußte, welche Entwicklung die französische Politik nach der Mordnacht nahm, und deshalb schloß sie sich nach dem Grundsatz: ‚Wenn Dir von einem Staate Gefahr droht, spiele den anderen gegen ihn aus!' enger an Spanien an, eröffnete Verhandlungen zur Beilegung der Differenzen und Wiederaufnahme der Handelsbeziehungen, die seit der Beschlagnahme des Goldschatzes im Dezember 1568 ruhten. Hierbei kam ihr Herzog Alba sogar über die Hälfte des Weges entgegen und tat sein möglichstes, Philipp zu überzeugen, wie töricht es sei, auf Ratgeber zu hören, die in ihrer Kreuzfahrer-Gesinnung nur das Gegenstück zu Walsingham wären. Was hätte er denn erreicht, so fragte Alba, wenn er durch Unterstützung der englischen Katholiken schließlich noch die Niederlande verlöre? Es sei durchaus möglich, daß, wie Philipp befürchtete, englische Piraten, ob ein Vertrag bestand oder nicht, weiter den spanischen Handel schädigten und englische Protestanten die Aufständischen in den Niederlanden heimlich unterstützten: das bringe jedoch weit weniger Gefahr als offene Hilfe. Drake sei zwar im März 1572 auf Kaperfahrt in die spanischen Gewässer Mittelamerikas gefahren: aber das sei die Vergeltung für die Ridolfi-Verschwörung. Kurzum, er zerstreute die Bedenken des Königs gegen einen Vertrag, betonte die Gefahr eines Krieges oder auch nur der Aussicht auf einen Krieg mit England. Im Frühjahr 1573 wurden die Vertragsbedingungen festgesetzt und die Handelsbeziehungen zwischen den beiden Ländern wieder aufgenommen.

Wenn Elisabeths Haltung gegenüber dem Aufstand in den Niederlanden auch seltsame Stimmungen und eine wechselnde Taktik zeigte, wußte sie doch genau, worauf sie hinauswollte. Für Wilhelm von Oranien und seine Anhänger, die in ihren Augen nichts anderes als Rebellen waren, hatte sie keine Sympathie. Als Protestanten waren sie ihr nicht gleichgültig, aber das allein konnte sie nicht zu einer Unterstützung bewegen, denn gerade die beiden Provinzen, die das Zentrum des Aufstandes bildeten, wiesen eine katholische Majorität auf, und nach dem damaligen Grundsatz ‚cuius regio eius religio' war es Sache des Prinzen, den Glauben seiner Untertanen zu bestimmen. Gegen die Verfolgung spanischer oder italienischer Ketzer zu protestieren, kam ihr nicht in den Sinn: daran dachten selbst Walsingham und seine Freunde nicht. Elisabeth konnte also das Problem als rein politisches behandeln, ohne daß irgendwelche religiösen Rücksichten ihr Urteil trübten. Was kümmere es Philipp, fragte sie einen seiner Gesandten, „wenn die Niederlande auf ihre eigene Façon selig werden?"

Politisch gesehen berührte der Aufstand Englands Interessen in zwiefacher Weise. Erstens war damit zu rechnen, daß sich Philipp, sobald er des Aufstandes Herr wurde, zur Unterstützung des katholischen ‚Unternehmens' gegen Elisabeth wenden und von den Niederlanden aus losschlagen würde. Zweitens bestand die Gefahr, daß Frankreich, falls es seine eigenen religiösen Wirren beizulegen vermochte, der Bitte der Aufständischen um Hilfe entsprach, um dann später die Niederlande zu annektieren. Es war eine Politik nötig, die beiden Gefahren begegnete. Trotz allem augenscheinlichen Opportunismus verfolgte Elisabeth mit großer Stetigkeit eine Politik, die durchaus der glich, die sie zu Beginn ihrer Regierung dem schottischen Problem gegenüber vertreten hatte. Sie wollte Spaniens Souveränität in den Niederlanden aufrechterhalten, wodurch die Franzosen aus dem Lande ferngehalten wurden. Dabei aber sollten der einheimische Adel und die Freiheiten des Landes so stark bleiben, daß Spanien das Land unmöglich als Basis gegen England benutzen konnte. Sie hatte ihren Feinden das Hintertürchen über Schottland verschlossen. Jetzt wollte sie ihnen das strategisch wichtige Seetor Flandern verriegeln.

Es kam natürlich darauf an, den Aufstand so lange weiterzuschüren, bis Philipp seiner leid und verhandlungsbereit wurde. Vorläufig genügte es Elisabeth, daß ihr Volk aus Lust am Abenteuer und aus Sympathie die Aufständischen mit Freiwilligen und Geldmitteln versorgte. Die Niederlande wurden eine Art Kriegsakademie, in der die Engländer die Kriegskunst erlernten, wie die Kaperfahrten im Kanal und im Karibischen Meer eine hervorragende Schule für Seeleute waren. Auf diese Weise erntete England die Vorteile des Krieges, ohne Kosten davon zu haben; außerdem konnte die Königin ihren Vertrag mit Philipp strikt innehalten. Als im November 1573 Alba durch einen milderen Gouverneur ersetzt wurde, der, wenn auch ohne die notwendigen Zugeständnisse, Frieden schließen sollte, bot sie sich als Vermittlerin an.

Im Frühling 1574 bezog sich der Himmel infolge des Todes Karls IX. mit dunklen Wolken. Diesem glücklosen Jüngling, der sich nur einmal vom Gängelband seiner Mutter freigemacht hatte, war die nominelle Verantwortung für die Bartholomäus-Nacht zugeschoben worden. Die Volksphantasie, die allem so gern eine Moral anhängt, füllte die Nächte und Tage seines Sterbelagers mit furchtbaren Träumen von verstümmelten Leichen, die ihn mit blutigen Gesichtern höhnisch angrinsten. Ihm folgte auf dem Thron sein Bruder Heinrich III., der Herzog von Anjou, der einst um Elisabeth warb und als der Liebling der Guisen-Partei galt. Elisabeth befürchtete von einem solchen König das Allerschlimmste und förderte dementsprechend die spanische Freundschaft mit Hochdruck: „Sie wissen ja: alten Wein, altes Brot und alte Freunde sollte man immer hochhalten, und wäre es nur, um diesen Franzosen, die darum streiten, ob unsere Freundschaft fest ist oder nicht, zu beweisen, daß wir guten Grund haben, auch nach außen hin die freundlichen Gefühle zu zeigen, die wir im Innern hegen." Aber ihr Ton wurde ganz anders, als sich zeigte, daß Heinrich III. die gemäßigte Politik seiner Mutter fortführte. Elisabeth konnte nun ihre Versuche, zu einer Vermittlung in den Niederlanden zu kommen, wieder aufnehmen, sie konnte sogar drohen. Einem Gesandten Philipps gegenüber äußerte sie,

sie werde nie zugeben, daß sich die Spanier als Herren in diesem Lande niederließen. Sie wisse genau, was für Nachbarn die Spanier seien. Sie gäben sich der Hoffnung hin, sie einkreisen zu können; sie hätten es ja nur mit einer Frau und einer ,Nation von Weibern' zu tun, die von einer Handvoll Spanier zu besiegen seien. Ihr Vater würde es nie zugelassen haben, daß die Spanier in Gedanken und Worten so weit gingen; und wenn sie auch nur eine Frau sei, so wisse sie doch, was sie zu tun habe. Vier Wochen nach diesen Drohungen versuchte sie es andersherum: sie bat den Gesandten Platz zu nehmen, überschüttete ihn mit Komplimenten und forderte ihn auf, sich ganz offen auszusprechen; niemand und nichts, nicht einmal ihr eigenes Hemd solle erfahren, was er sage; sie sei zwar nur eine Frau und könne deshalb leicht für eine Schwätzerin gehalten werden, aber sie sei vor allem Königin, und als solche habe sie die Tugend der Verschwiegenheit gelernt.

Philipp war des Aufstandes, der seine Kassen immer mehr leerte, überdrüssig und wollte Frieden, wenn er sich vorläufig auch noch weigerte, den Aufständischen Religionsfreiheit zu gewähren. Aber der Friede war noch in weiter Ferne, als im März 1576 der neue Gouverneur starb und Philipp seinen illegitimen Halbbruder Don Juan de Austria zum Nachfolger bestimmte. Don Juan war noch jung, fünf Jahre vorher hatte er als Vierundzwanzigjähriger bei Lepanto über die Türken in einer Seeschlacht, die damals ebenso berühmt war wie in neuerer Zeit Trafalgar, gesiegt und großen Ruhm erworben. Später hatte er in Kämpfen gegen die Mauren neue Lorbeeren gewonnen. Er war die romantischste Gestalt dieser Zeit, Träumer und Held zugleich, dem eine große Heldentat zu Kopf gestiegen war, ein fahrender Ritter und Bastard eines Kaisers, ein Mann, der sich ein Königreich suchte. Schon 1569 war er als eventueller Gatte Marias von Schottland genannt worden, und wie viele andere hielt auch er sich für den idealen Führer des ,Unternehmens' gegen England. Er kam nach den Niederlanden mit dem Auftrag, Zugeständnisse zu machen und Frieden zu schließen. Aber dieser Auftrag interessierte ihn nicht, denn Philipp hatte ihm zugesagt, er solle gleich nach Friedensschluß mit einem Heer nach England fahren, Maria befreien und sich so eine Königin und ein Reich erobern.

Die Niederlande erwiesen sich jedoch wie Irland als ein Grab des Ruhmes. Während Don Juan noch in Italien und Spanien weilte, meuterten die spanischen Truppen in den Niederlanden, liefen Amok und plünderten schließlich Antwerpen. Ihre Ausschreitungen trieben alle Provinzen in ein Bündnis, so daß Don Juan bei seiner Ankunft nicht zwei einzelne Provinzen, sondern das ganze Land in Aufruhr vorfand. Die neue Situation verlangte von Elisabeth eine aktivere Politik. Sie ahnte Don Juans geheime Pläne; deshalb lieh sie den Aufständischen sofort £ 20000 und versprach ihnen, eine Anleihe von £ 100000 zu garantieren – die Hälfte ihrer ordentlichen Einnahmen im Jahr – falls sie für Entlohnung und Heimsendung der spanischen Truppen benötigt würden; doch sollten diese auf dem Landwege und nicht auf dem Seewege nach Hause geschickt werden, weil sie sonst zu leicht einen Abstecher nach England machen könnten. Schon wenige Monate nach seiner Ankunft im Lande mußte Don Juan sehen, daß seine Truppen abzogen, wie Eisabeth es wollte. Die erste Runde endete zu ihren Gunsten; wären die Führer der Aufständischen über ihre Ziele einig gewesen, so hätte Spanien in die Bedingungen eines dauerhaften Frieden einwilligen müssen.

Aber einig über die Ziele waren die Führer der Aufständischen leider nicht; es kam nur ein Teilfriede zustande, der nicht von Dauer sein konnte; Don Juan rief seine Truppen aus Italien heran und beschäftigte sich wieder mit dem ‚Unternehmen' gegen England. Der Papst ermutigte ihn und ließ seinen Plänen alle nur mögliche Hilfe angedeihen, der Herzog von Guise wollte sich ihm sogar anschließen. Elisabeths Feinde scharten sich zusammen. Die Beendigung eines weiteren Religionskrieges in Frankreich, im September 1577, ermöglichte es nicht nur dem Herzog von Guise, jedes Unternehmen gegen sie zu unterstützen, sondern gab auch dem König von Frankreich – was sie ebenso beunruhigte – seine Handlungsfreiheit zurück. Die Situation wurde besonders gefährlich, als nach Neujahr Don Juans Truppen über die Aufständischen einen bemerkenswerten Sieg davontrugen. „Dies alles sind Zeichen, die auf das Ende der Welt deuten", schrieb ein englischer Glaubenseiferer an einen ausländischen Bruder. „Satan brüllt wie ein Löwe, Wahnsinn hat die Welt befallen, der Antichrist schreitet zum Äußersten, damit er wie ein wilder Wolf die Schafe Christi zerreiße." Elisabeth wurde von ihren Staatsräten gedrängt, Geld und Truppen in die Niederlande zu entsenden. Sie war zu geldlicher Hilfe, zu tapferen Worten und, falls nötig, auch zu tapferen Taten bereit. Aber wer sich in einen Krieg einläßt, vertraut sein Schicksal dem Glück an. Elisabeths Instinkt riet ihr, mit möglichst niedrigem Einsatz zu spielen. Als sie vor der Wahl stand, zur Unterstützung der Aufständischen entweder Söldner unter Führung eines deutschen Fürsten anzuwerben oder ihr eigenes Land in den Krieg zu verwickeln, wählte sie, zur großen Sorge ihres Staatsrats, den ersten Weg.

Die Ereignisse gaben Elisabeth recht. Die Situation war nicht so verzweifelt, wie es den Anschein hatte, und es wäre Wahnsinn gewesen, einen Krieg zu provozieren, der vielleicht Frankreich, das Elisabeths Absichten fürchtete, dazu trieb, Don Juan zu unterstützen. Philipp brauchte Frieden. Seine Finanzen waren nach dem Staatsbankrott vom September 1575 noch nicht wieder in Ordnung. Er wollte jetzt von dem ‚Unternehmen gegegen England' nichts mehr wissen und mißtraute sogar seinem Bruder. Anfang 1578 schickte er Bernadino de Mendoza als Gesandten nach England. Seit der Vertreibung seines Gesandten im Januar 1572 hatte Spanien keine offizielle Vertretung mehr in England gehabt. Don Juan war sehr niedergeschlagen. Nichts war ihm geglückt. Er hatte in den Niederlanden Ruhm und Ansehen verloren; sein vertrautester Sekretär war in Spanien ermordet worden, und zwar – das konnte er nicht wissen – mit stillschweigender Billigung des Königs; man hatte ihm Geld und Verstärkungen vorenthalten, man mißtraute ihm. Bei einer derartig mißlichen Lage konnte er kaum an einen Sieg, geschweige denn an die Eroberung Englands denken. Als dann im August 1578 seine Truppen eine Niederlage erlitten, war es endgültig mit ihm aus. Seine schlechte körperliche Verfassung wurde eines Fiebers, das ihn befiel, nicht Herr; er starb am 1. Oktober. Zwei Monate vorher hatte Leicester an Walsingham – eine gequälte Seele an die andere – über ihre Herrin geschrieben: „Jetzt kann nur noch Gott unsere einzige Königin schützen; er muß sie durch ein Wunder retten." Don Juans Tod war das Wunder. „Gott verfährt voller Liebe mit Ihrer Majestät", schrieb Walsingham, „indem er ihre Feinde hinwegnimmt."

Letzte Anstrengung zu heiraten

Je mehr Elisabeth mit den Aufständischen in den Niederlanden zu tun hatte, desto weniger Gefallen fand sie an ihnen. Das betrübte ihre Hauptratgeber sehr. Sie lieh den Rebellen Geld: ans Rückzahlen aber dachte niemand. Sie bot an, ihnen durch ihren eigenen großen Kredit auf dem Geldmarkt Anleihen zu ermöglichen; man hielt sich nicht an die Bedingungen ihres Angebots und versuchte, sie zu übervorteilen. Nach ihrer Meinung war eine Partnerschaft mit einer durch Parteiungen zerrissenen, unzuverlässigen Gesellschaft wenig verlockend, einer Gesellschaft, die von Philipp so unsinnige Friedensbedingungen verlangte, daß diesen Krieg nur ein überwältigender Sieg zu beenden vermochte; den aber konnte im Jahre 1578 nur Gott oder ein Narr vorhersagen. Diesen Aufständischen helfen hieß weiter nichts als zahlen und immer wieder zahlen.

Während der Monate vor Don Juans Tod war Elisabeth in einer Stimmung, die ihren Staatsräten jede Arbeit mit ihr unmöglich machte. Sie besprach mit ihnen nur das Allernötigste. Leicester jedoch ließ sich nicht zurückschrecken. Offen, kühn und ehrlich redete er mit ihr. Sie hörte geduldig zu und tat dann, was sie wollte, während er verzweifelt die Hände rang: „Jetzt kann nur Gott ihr und uns noch helfen!" Burghley klagte über ihr gemeinsames Los, das ihnen allen auferlegte, „das Unheil kommen zu sehen, ohne etwas dagegen unternehmen zu können". „Sie müssen sich dreinschicken", schrieb der Staatssekretär Wilson, „und aus der Not eine Tugend machen und sich sagen, daß eben nicht Weisheit und Politik diese Welt regieren, sondern ein verborgener Ratschluß und das unvermeidliche Geschick." „Das Lamm soll dem Wolf überliefert werden, und was dann kommt, ist Verderben und Vernichtung für dieses Land." Walsingham verstärkte den Chor. „Nur Gebet kann uns noch helfen, eine andere Hilfe sehe ich nicht."

Während ihre Minister Unglück prophezeiten, drehte Elisabeth schon bei und steuerte einen neuen Kurs an. Der Herzog von Alençon schien ihr ein Ausweg aus ihren Nöten. Dieser rastlose junge Mann mit dem unseligen Hang, in Frankreich Unruhe zu stiften, war seinem Bruder schon lange ein Dorn im Auge. Nachdem durch den Friedensschluß seiner Tätigkeit in der Heimat vorläufig ein Ende gesetzt war, hatte er sich dem neuen Gedanken zugewandt, sich in den Niederlanden irgendwie ein eigenes Reich zu schaffen. Für die bettelarmen Führer der Aufständischen bedeuteten die Vorschläge dieses verantwortungslosen Abenteurers im Spiel gegen Elisabeth keinen geringen Trumpf. Er verlangte nur einen Titel und die Erlaubnis, auf seine Kosten Krieg zu führen. Eine Zeitlang beunruhigte sein Treiben Elisabeth so sehr, daß sie bereit war, selbst unter den größten finanziellen Opfern ein Heer nach den Niederlanden zu senden, falls sich herausstellen sollte, daß Frankreich hinter Alençon stand. Aber schon bald erkannte sie, daß er auf eigene Faust vorging. Sein Bruder Heinrich III. hatte mit diesem Abenteuer nichts zu tun, das ihn zwar vorläufig von einem lästigen Störenfried im eigenen Lande befreite, aber auf die Dauer doch die bösesten Folgen für ihn haben konnte. Dem König wäre es durchaus recht gewesen, wenn er Alençon und seine Seitensprünge durch eine Ehe mit Elisabeth losgeworden wäre. Auch Alençon erwog diese Heirat – auf jeden Fall die Werbung. Es wurde ihm klar, daß Elisabeths Befürchtungen sein Abenteuer nicht gerade förderten, daß außerdem seine Geldnot behoben und sein Kredit sehr steigen würde, falls er als voraussichtlicher König von England aufträte. Elisabeth hatte in Zeiten der Not schon häufiger eine Werbung zu ihrem Vorteil ausgenutzt, und hierzu war sie auch jetzt wieder bereit. Vermochte sie Alençon als Werber hinzuhalten, so lag es durchaus im Bereich des Möglichen, den Krieg mit Spanien aufzuschieben oder gar ganz zu vermeiden. Und sollte alles schiefgehen, so konnte sie ihn schlimmstenfalls heiraten. Umgekehrt aber konnte er als ihr Werber die Kastanien für sie aus dem Feuer holen.

In dieser ergötzlichen, wenn auch kaum Gutes verheißenden Weise begann Alençons zweite Werbung. Die erste war von Elisabeth ohne jede Begeisterung so lange hingezogen worden, bis sie 1576, vor zwei Jahren, vollends eingeschlafen war.

Alles deutete darauf hin, daß dieser zweiten Werbung dasselbe Schicksal beschieden war. Walsingham verlieh seinem Ekel vor diesem schalen und widerlichen Getue offen Ausdruck. „Gäbe doch Gott, Ihre Majestät unterließe das“, schrieb er, „nichts hat ihr im Ausland soviel Haß eingetragen, wie diese ewigen Heiratsprojekte.“ Aber bei dieser Werbung spielte ein neuer Faktor eine Rolle. Alençon trat selbst als Werber auf und ging mit einem Ungestüm vor, das Elisabeth den Atem nahm. Wenn sie ihn heirate, schrieb er, so übe sie die sieben Werke der Barmherzigkeit und fülle ein sehnsüchtiges Dasein mit Inhalt, das ganz aufgehen wolle im Dienst der vollendetsten Himmelsgöttin. Konnten glühende Worte und verliebtes Getue ein häßliches Gesicht und eine dicke, narbige Nase wegzaubern, so kapitulierte vielleicht die jungfräuliche Festung der Königin doch noch. Trotz ihres Altersunterschieds von zwanzig Jahren versprachen diese beiden temperamentvollen Menschen einen Bund, in dem die Leidenschaft nicht fehlte.

Im Januar 1579 sandte Alençon als Freiwerber seinen ‚liebsten Freund‘ Jean de Simier, Baron de St. Marc, ‚einen ausgezeichneten Hofmann, einen Meister in Liebesdingen, voll lustiger Einfälle und galanter Unterhaltung‘. Als er eines Morgens in Elisabeths Zimmer war, entwendete er ihre Nachthaube und schickte sie – ‚mit Verlaub' – an Alençon, der schon ein Taschentuch Elisabeths besaß. Wie der Herr, so 's Gescherr! Den glühenden Liebesbriefen des einen und den glühenden Worten des andern kam die Neigung der Königin durchaus entgegen, und alles zusammen schuf ein Liebesspiel in excelsis. Hof und Volk trauten ihren Augen nicht. Die einen erzählten, Simier gebrauche Liebestränke und andere unerlaubte Künste; schon waren die bösen Zungen wieder am Werk und flüsterten, er habe nicht nur den Weg zum Herzen, sondern auch zum Leibe der Königin gefunden. Die beiden waren ein Herz und eine Seele. Sie nannte ihn ‚mein Affe‘ und er unterzeichnete selbst: ‚à jamais le singe votre‘: er war ‚das treueste ihrer Tiere‘. Die Höflinge lasen es in Elisabeths Mienen, daß sie sich nie glücklicher fühlte, nie besser gelaunt war als in seiner Gesellschaft.

Die Werbung bekam ein immer ernsteres Aussehen; in den Monaten März und April versuchte der Staatsrat in langen Besprechungen seinen Rat an die Königin zu formulieren. Wie stets war man geteilter Meinung. Walsingham stand an der Spitze der glaubenseifrigen Opposition. Burghley und Sussex waren immer noch für Heirat. Die Opposition brachte zehn Einwände vor, ihre Gegner zeigten sieben Vorteile und elf Gefahren auf. Mehrere der Einwände waren weithergeholt, andere ganz bedeutungslos; so konnte der Hinweis, Elisabeths Geschmack sei so schwer zu befriedigen, mit der treffenden Bemerkung abgetan werden, die Herzen der Könige stünden in Gottes Schutz und nicht in dem der Staatsräte. Natürlich spielte auch der Glaubensunterschied wieder eine Rolle, er wog jedoch nicht mehr so schwer wie früher, denn Alençon war kein ‚dévot'; er hatte mit den Hugenotten zusammen gekämpft und stand jetzt auf seiten der niederländischen Rebellen, obwohl er als Präsumptiverbe des französischen Thrones Katholik bleiben mußte.

Ein neuer und bedeutsamer Einwand wurde nun erhoben: das Alter der Königin. Sie war fünfundvierzig Jahre alt und würde sechsundvierzig sein, bevor es zur Ehe kam. In diesem Alter das erste Kind zu bekommen, war nach Ansicht Walsinghams und seiner Freunde ungeheuer gefährlich. Ein Gesandter, der sonst als unzuverlässiger Schwätzer bekannt ist, hat in diesem Falle vielleicht recht, wenn er behauptet, Elisabeth habe ihre Ärzte befragt, ob sie noch auf Kinder hoffen dürfe, und diese hätten das bejaht. Burghley und seine Anhänger wiesen auf die bleiche und kränkliche Herzogin von Savoyen hin, der die Königin in jeder Beziehung überlegen sei; sie habe in noch höherem Alter geheiratet und einen netten kleinen Prinzen zur Welt gebracht. Es gebe viele andere derartige Fälle. Elisabeth, so sagten sie – und die Worte waren für ihr Ohr bestimmt –, habe eine gesunde Gesichtsfarbe, sie sei eine überaus stattliche und gutgebaute Frau mit ebenmäßigen Gliedern, kurzum sie sei nach Ansicht aller Männer eine Frau, die von der Natur ganz dazu geschaffen sei, ohne Gefahr Kinder zu empfangen und zu gebären. Auch der französische Gesandte hatte keine Bedenken. Elisabeth sei nie hübscher und schöner gewesen, schrieb er. Ihre Jahre seien das einzig Alte an ihr, wer unter ihrem Stern geboren werde, sei niemals unfruchtbar und sterbe selten ohne Erben. Er habe selbst in seinem Hause ein Weltwunder erlebt – eine sechsundfünfzigjährige Engländerin, seine Nachbarin, habe in acht Monaten ein Kind ausgetragen. Aber darüber wundere sich in England niemand, das sei bei den körperlich und seelisch gesunden Frauen dort ganz natürlich.

Die Besprechungen über die Bedingungen des Ehevertrags wurden weitergeführt und Alençon aufgefordert, zur Besichtigung zu erscheinen. In London standen die Wetten für sein Kommen 1:2, für seine Heirat sogar nur 1:3. Die Glaubenseiferer der Stadt, die wahrscheinlich von ihren Freunden am Hof ermutigt wurden, zogen eine starke Opposition auf. Im Januar schon hatte man Bücher gegen die Verbindung mit Frankreich im Zimmer der Königin gefunden. Jetzt wählten die Geistlichen Texte, die sich offen oder versteckt gegen die Heirat richteten. Sie nahmen dabei auch keine Rücksicht auf die Königin, so daß sie einmal während der Predigt aufstand und den Gottesdienst verließ. Sie mußte gewisse Texte, die sich für diese Art Predigten besonders eigneten, einfach verbieten. Simier aber war nach wie vor voller Hoffnung. Er erklärte, das alles würde sofort anders, sobald der Vorhang zugezogen, die Kerze ausgelöscht und sein Herr bei ihr im Bette sei. Schon bestellten sich englische Adlige für die Hochzeit prächtige Kleider in Mailand.

Alençon aber war, ganz im Gegensatz zu Erzherzog Karl, viel zu gerissen und temperamentvoll, um sich bei der Erreichung seines Ziels durch irgendwelche Fragen der Würde behindern oder durch Verhandlungen kostbare Zeit verstreichen zu lassen. Trotzdem sein Bruder ihn zur Vorsicht mahnte, begab er sich Mitte August in Verkleidung nach England. Außer Simier und der Königin – man nahm das wenigstens an – wußte niemand am Hofe, daß er gelandet war. Frühmorgens betrat er Simiers Zimmer, während Elisabeth noch schlief, und nur mit Mühe konnte man ihn davon zurückhalten, gleich zu ihr zu eilen und ihr die Hand zu küssen. Simier schrieb Elisabeth, er habe seinen ermüdeten Herrn ins Bett gebracht: „Gäbe doch Gott, er läge an Ihrer Seite!" Alençon hatte sicher seine Vorzüge. Mit den Jahren war er ansehnlicher geworden, und seine Lebhaftigkeit tat das übrige. Elisabeth sagte zu ihm, man habe ihn ihr als häßlich, bucklig und mißgestaltet beschrieben, aber sie stelle das Gegenteil fest, in ihren Augen sei er eine sehr stattliche Erscheinung. Es folgten nun dreizehn Tage und dreizehn Nächte mit Liebesgeplänkel, mit gegenseitigen Gelübden und schönen Versprechungen. Sie tauschten wertvolle Geschenke aus, Elisabeth setzte ihn auf die Liste ihrer Lieblingstiere und gab ihm den Spitznamen ‚Frosch'. Schnell vergingen die Tage; er verabschiedete sich. Simier schrieb, sein Herr habe die letzte Nacht mit Seufzen und Jammern verbracht und ihn in aller Frühe geweckt, um über die göttliche Lieblichkeit der Königin zu schwärmen und tausend Eide zu schwören, daß er ohne die Hoffnung, sie bald wiederzusehen, nicht mehr leben könne. Alençon selbst schrieb vier Briefe aus Dover, drei aus Boulogne und erklärte, er sei untröstlich, er wische nur immer seine Tränen ab, die ihm ununterbrochen aus den Augen strömten. Er sei der treueste und liebevollste Sklave der Welt, und als solcher küsse er Elisabeths Füße von der Küste des trostlosen Meeres.

Aber in London und weit darüber hinaus machte sich der Unwille immer stärker Luft. Die Stimmen, die früher gegen eine Ehe zwischen Maria und Philipp laut geworden waren, schienen sich wieder zu erheben. Der spanische Gesandte sah schon Revolution im Anzug. Im September wurde heimlich eine Flugschrift gedruckt und in Stadt und Land verteilt; sie trug den Titel: „Die Entdeckung eines gähnenden Abgrundes, der England zu verschlingen droht, wenn die französische Heirat zustande kommt und Gott der Herr das Aufgebot nicht dadurch verhindert, daß er Ihrer Majestät die sträfliche Sünde dieses Schrittes zeigt." Ihr Verfasser war John Stubbs, ein rechtskundiger Landedelmann, dessen Schwester mit dem führenden Geistlichen der Strenggläubigen verheiratet war. Die Heftigkeit eines hitzköpfigen Glaubensbekenners, das Vorurteil eines Engländers, die Sorge eines treuen Untertanen sprachen hier eine nicht mißzuverstehende Sprache. Alençon solle nur die Messe wieder nach England bringen, schrieb Stubbs, und ein Brand werde auflodern, den das tiefste Meer nicht löschen könne, so daß er im In- und Ausland die Kirche verheeren werde. Alençons Geschlecht sei durch Krankheit verdorben, wegen seiner offenkundigen Grausamkeiten trage es die sichtbaren Zeichen göttlicher Rache auf seinen Leibern. Wenn Frankreich gerade jetzt so eifrig auf eine Heirat Elisabeths bedacht sei, da Gebären doch die größte Gefahr für sie bedeute, so sei das nur eine böse List. Wenn Ihre Majestät doch nur ihre treuergebenen und klugen Ärzte zu sich beriefe und sie auf Ehre und Gewissen im Namen des ganzen Landes beschwöre, offen zu sprechen und ohne Rücksicht darauf, ob ihre Worte irgend jemand angenehm seien oder nicht, dann müßten sie ihr sagen, in welch furchtbare Todesgefahr sie sich begebe.

Elisabeth war ehrlich entrüstet. Und zwar mit Recht: man hatte eine Nation, mit der sie freundschaftliche Beziehungen unterhalten wollte, beleidigt, ihr Gast war geschmäht und ihr Volk zur Unzufriedenheit aufgerufen worden ‚wie durch eine Trompete des Aufruhrs, die heimlich hineinklingt in jedes Untertanen Ohr'. Sie erließ eine lange Proklamation, die die Behörden den städtischen Körperschaften und die Bischöfe ihren Geistlichen vorlesen sollten. In der St. Pauls-Kirche mußte ein Geistlicher die Regierung Elisabeths loben und seiner Zuhörerschaft versichern, die Königin wolle, wie sie in Christo erzogen und aufgewachsen und durch Christum zur Regierung berufen sei und in Christo regiert habe, so auch fürderhin in Christo leben und dereinst sterben. ‚Es sah aus, als wollten die Leute laut Gott danken' für diese Versicherung; ‚aber tief senkten sie die Stirn, als er sich in scharfen und bitteren Worten gegen den Verfasser jenes Buches wandte', der nach ihrer aller Meinung Gott fürchtete und Ihre Majestät sehr liebte. Ähnlich verhielt sich die Geistlichkeit des Bistums London. Als der Bischof die Königin lobte, weinten sie, und auch er konnte sich der Tränen nicht enthalten. Einige erklärten, sie seien entschlossen, ihre Herde zu Gebet und Fasten zu vereinigen, um die Gefahr zu beschwören, die der Königin drohe. Der Bischof trug schließlich Bedenken, seine Ermahnungen allzu vielen zu Gehör zu bringen, damit nicht etwa auf diese Weise die Londoner erführen, wie im Lande gemurrt wurde, und dadurch vielleicht alles noch schlimmer würde.

Stubbs, sein Drucker und sein Verleger wurden verhaftet. Es war bezeichnend, daß man sie auf Grund eines Sondergesetzes – erlassen zum Schutz Philipps II., als er König von England war – vor Gericht stellte und zum Verlust ihrer rechten Hand sowie zu Gefängnis verurteilte. Gemessen an dem Vergehen und der damaligen Zeit war es kein Fehlurteil, aber es war bestimmt sehr unklug und grausam. Viele hielten es für ungesetzlich; ein Richter, der sich dagegen aussprach, wurde zusammen mit einem Anwalt, der aus seinem Herzen keine Mördergrube machte – beide waren vor ein paar Jahren überlaute Mitglieder des Parlaments gewesen – mit Gefängnis bestraft. Alle guten Geister schienen jetzt Elisabeth verlassen zu haben. Sie begnadigte zwar den Drucker, die beiden andern aber mußten die Strafe erleiden. Auf dem Schafott hielt jeder eine königstreue Rede an das Volk. Stubbs endete mit einem Scherz: „Betet für mich", bat er, „mein Unglück liegt auf der Hand"; als ihm die rechte Hand abgehauen war, nahm er mit der linken den Hut ab und rief: „Gott schütze die Königin!" und brach dann ohnmächtig zusammen. Der Verleger hob den blutigen Stumpf: „Ich lasse die Hand eines echten Engländers hier zurück!" rief er und ging dann sehr stolz und tapfer davon. Tiefe Stille legte sich auf die Menge der Zuschauer.

Am 20. Oktober sollte das Parlament zusammentreten, um die Ehe endgültig zu beschließen, aber Elisabeth entschied sich, es um einen Monat zu vertagen, da die öffentliche Meinung erwarten ließ, daß das Unterhaus seine eigene Wege gehen und vielleicht alles verderben würde. Anfang Oktober forderte sie den Staatsrat auf, ihr zu raten; die Sitzungen erstreckten sich über mehrere Tage, einmal dauerte eine Sitzung ohne Unterbrechung von 8 Uhr morgens bis 7 Uhr abends. Walsingham fehlte, aber sieben Staatsräte, unter ihnen Leicester und Hatton, waren gegen die Heirat, fünf unter Burghleys unnachgiebiger Führung dafür. Zuerst beschloß man, der Königin nur das pro und contra vorzutragen und ihr selbst ‚mit Gottes Hilfe' die Entscheidung zu überlassen. Dann wurde, wahrscheinlich auf Burghleys Veranlassung, dieser Beschluß dahin geändert, die Königin zuerst zu fragen, wozu sie neige, um dann einen letzten Entschluß zu fassen.

Das bedeutete von vornherein das Scheitern des Heiratsprojekts, denn, wie Elisabeth auch zuerst reagieren mochte, ihr gesunder Instinkt warnte sie, angesichts eines nicht einmütigen Staatsrats und eines feindselig eingestellten Volkes etwas zu unternehmen. Als am Morgen eine vierköpfige Deputation ihr die Botschaft des Staatsrats vortrug, brach sie zusammen, vergoß Tränen und machte ihnen Vorwürfe, weil sie nicht erkennen wollten, daß es für sie und das Reich das beste sei, wenn sie heirate und ein Kind habe, das das Geschlecht Heinrichs VIII. erhalte. Sie verfluchte ihre Torheit, daß sie den Staatsrat das Thema überhaupt habe erörtern lassen; sie habe eine einmütige Aufforderung zu heiraten erwartet, und keine Zweifel. Zu aufgeregt, um jetzt irgend etwas entscheiden zu können, bat sie die Deputation, am Nachmittag wiederzukommen. Da war sie viel ruhiger und zur Aussprache bereit, sie schalt wacker auf die Gegner der Heirat und verteidigte das Eheprojekt lang und breit. Die Deputation zog sich zurück und erschien am nächsten Tag wieder, um ihr die Unterstützung des Staatsrats anzubieten, und zwar aus zwei Gründen: sie wolle augenscheinlich heiraten, um Nachkommen zu haben, und sie sei entschlossen keinen andern zu ehelichen als Alençon, der ihr nicht mißfalle. Auch diesmal schonte die Königin ihre Widersacher nicht, ließ aber über das, was sie zu tun gedachte, kein Wort über ihre Lippen kommen.

Elisabeth hatte den sehnsuchtsvollen Traum von Glück und Ehe schon ausgeträumt. Dies war ihre letzte, in gewissem Sinne ihre einzige wirkliche Chance gewesen. Sie hätte Leicester geheiratet, wenn die bösen Folgen dieses Schrittes nicht von vornherein klar gewesen wären. Sie zog ihm ihre Stellung vor. Den Erzherzog Karl hatte sie nie gesehen und konnte sich, entweder aus Gründen politischer Vorsicht oder aus persönlicher Abneigung, nicht entschließen, den Unbekannten zu ehelichen. Hätte er, wie Alençon, seine Würde aufs Spiel gesetzt und sie besucht, so spricht alles dafür, daß die königliche Vestalin damals ebensowenig geneigt gewesen wäre wie jetzt, ‚in mädchenhafter Betrachtung und frei aller Liebe' dahinzuleben. Ganz abgesehen davon, daß man aus zwingender Notwendigkeit sich mit manchem abfindet, ist es auch gar nicht so befremdend, daß die sechsundvierzigjährige Elisabeth, die sonst immer sehr auf das Äußere der Männer achtete, in Alençons Geist reichlichen Ersatz für seine körperlichen Mängel fand. Sie hatte wahrscheinlich mannigfache Beweggründe. Ausschlaggebend war für sie die politische Seite des Problems, wie Burghley und andere sie sahen, wenn sie sich auch gerade hierum vor Simiers und später Alençons Ankunft kaum gekümmert hatte. Bei Alençon spielte das Glaubensproblem, das sich bei den Verhandlungen mit dem Erzherzog als größtes Hindernis erwies, eine untergeordnete Rolle, und wahrscheinlich hatte Elisabeth durchaus recht mit ihrer Ansicht, daß von dieser Seite kaum Gefahr zu befürchten war. Aber politische Motive gaben nicht allein den Ausschlag. So schwer es auch ist, in das Herz dieser großen Täuscherin zu sehen, es scheint in ihr doch der ehrliche – und rührende – Wunsch nach Ehe und Kind gelebt zu haben. Sonst wäre ihr Zusammenbruch vor vier ihrer vertrautesten Staatsräte, den man nicht als Schauspielerei abtun kann, ein Rätsel. Was die Möglichkeit oder Gefahr einer ersten Geburt in ihrem Alter betrifft, so kommt es weniger auf die heute geltende Ansicht der Ärzte an, als auf Elisabeths Zuversicht, die ihr treuester Diener Burghley von ganzer Seele teilte.

Die Auseinandersetzung mit dem Staatsrat war in Wirklichkeit das Ende des Heiratsplans; Elisabeth befand sich in der gleichen zerrissenen Stimmung wie vor vielen Jahren, als sie Leicester heiraten wollte. Walsingham sprach mit ihr: sie sagte zu ihm, er solle sie in Ruhe lassen, er habe nichts anderes im Sinn als den Schutz der Glaubenseiferer. Sie spottete über den frommen Knollys: Dürfe sie sich denn nicht, wie andere auch, so fragte sie, Kinder wünschen? Auch Hatton bekam sein Teil. Sie wollte ihre Kritiker weder hören noch sehen. Walsingham und Leicester wurden zwei Monate lang nicht vorgelassen.

Über Leicester vor allem leerten sich die vollen Schalen ihres Zornes. In dieser kritischen Zeit erzählten ihr Simier und der französische Gesandte, was bisher niemand am Hofe ihr zu sagen gewagt hatte, daß Leicester verheiratet sei. Vor einem Jahr hatte er sich mit Sir Francis Knollys' Tochter, der verwitweten Gräfin von Essex vermählt, über die schon Ende 1575 in London erzählt wurde, sie habe während der Abwesenheit ihres Mannes in Irland zwei Kindern von Leicester das Leben geschenkt. Sie war nicht Leicesters einziges Liebesabenteuer. Im Jahre 1574 hatte er einen Sohn von Lady Sheffield gehabt, man erzählte sich auch, er habe sie im Jahre vorher heimlich geheiratet, sie aber dann verstoßen. Es ist vielleicht müßig, nach den Motiven für Elisabeths Wut zu suchen. Vielleicht waren ihr Leicesters Beziehungen zu Lady Sheffield nicht unbekannt; vielleicht hatte sie auch von dem Skandal um Lettice Knollys gehört; vielleicht quälte sie sogar eine unvernünftige Eifersucht. Auf alle Fälle empfand sie als Königin die heimliche Heirat Leicesters, der ihr von der Ehe abriet und sich selbst im geheimen ihrer erfreute, als grenzenlose Nichtachtung. Ihr Zorn tobte unbeherrscht. Voller Sorge beklagte sich Leicester bei Burghley: er habe Jugend, Freiheit, alles hingegeben und sein ganzes Glück ruhe allein in der Königin, der er, so schrieb er, „manches Jahr fast wie ein Leibeigener gedient habe, solange er noch einen Funken Hoffnung sah“. In gewissem Sinne hatte er recht; er hatte mit Fürsten konkurriert, hatte nach dem herrlichsten Gewinn gestrebt und das Spiel verloren. ‚Leere Worte, grinsender Hohn, schlaflose Nächte und Tage voller Schmeichelei‘, das Los derer, die den ‚Stolz des Lebens, die Eitelkeit des Hofes, des Ehrgeizes Spielball‘ lieben; das alles hatte er kennengelernt. Aber er hatte auch seinen Lohn: er war mächtig, einflußreich, besaß ein fürstliches Vermögen, und in der Liebe – hatte er sich anderweitig schadlos gehalten.

Der Kampf um Alençon dauerte fort. Elisabeth schien entschlossen, ihn zu heiraten. Mit Vogel-Strauß-Politik war hier nichts zu erreichen. Ihre Gegner vom Hofe verbannen, verstieß gegen alle Vorsicht, und schon lange wußte Elisabeth, wieviel Vorsicht wert war. Das Parlament wurde von November auf Januar vertagt; doch war ihre Unentschlossenheit so groß, daß sie an demselben Tage den Befehl gab, widerrief und dann doch endgültig ausfertigte. Schließlich wurde der Ehevertrag unterzeichnet; er enthielt eine Klausel, nach der ihr eine Frist von zwei Monaten gewährt wurde, in denen sie die Stimmung des Volkes für sich gewinnen sollte. Diese Klausel war besonders wertvoll, da sie eine bequeme Möglichkeit offen ließ, vom Vertrage zurückzutreten. Ende November reiste Simier ab, ließ viele süße Erinnerungen zurück, aber keine beredte Zunge, die weiter im Sinne Alençons wirkte, und schnell wandelten sich die Gefühle. Als der Januar 1580 herannahte, wurde das Parlament wieder vertagt, und gegen Ende des Monats mußte Burghley sich traurig eingestehen, daß die Schlacht verloren war. Das Geschlecht Heinrichs VIII. war zum Erlöschen verurteilt. Für die Zukunft gab es jetzt nur noch eine Hoffnung: daß der Königin ein langes Leben beschieden sei, und daß Maria Stuart vor ihr sterbe. In den Besprechungen über die Heirat hatten mehrere Staatsräte darauf hingewiesen, Elisabeths Gesundheit sei so ausgezeichnet, daß man diese Hoffnung sicher hegen dürfe: sie glaubten, sie werde sogar Alençon überleben. Und zwei Jahre später bemerkte ein ausländischer Besucher, der keinen Grund hatte, die Tatsachen zu beschönigen, Elisabeth sähe bedeutend jünger aus, als man nach ihrem Alter vermuten sollte.

Das Drängen zur Heirat ließ nach, aber die rein politischen Gesichtspunkte, die sowohl Alençon wie Elisabeth zu dieser zweiten Werbung veranlaßt hatten, verloren nichts von ihrer Wichtigkeit. Sie hielten das Spiel weiter im Gang. Für Elisabeth war diese Werbung immer noch ein Ausweg aus dem verwirrenden Problem, den Aufstand in den Niederlanden nicht einschlafen zu lassen, und gab ihr die Möglichkeit eines engen Bündnisses mit Frankreich für den Fall der Not. Im Laufe der nächsten Monate schon schien diese Not sehr nahezurücken. In den Niederlanden erwies sich Don Juans Tod als das Gegenteil einer göttlichen Fügung, denn auf ihn folgte der Prinz von Parma, ein ebenso fähiger Diplomat wie großer General. Binnen sieben Monaten gewann er für Philipp die südlichen, wallonischen Provinzen zurück, und sollte der Aufstand nicht in sich zusammenbrechen, so war fremde Hilfe nötiger denn je. Die Aufständischen gingen in ihrer Unnachgiebigkeit bis zum äußersten, sie lösten sich eigenmächtig von dem Philipp geleisteten Treueid und boten Alençon die Herrschaft über ihr Land an. Die Aussicht auf Frieden in den Niederlanden, worauf Elisabeth jahrelang hingearbeitet hatte, wurde von Tag zu Tag geringer, während Alençons neuer Titel ihr immer größere Sorge bereitete. Der Krieg stand vor der Tür. Unterdessen aber kehrte sie zu ihrer alten Politik zurück und ließ Alençon für sie die Kastanien aus dem Feuer holen; er glaubte immer noch, daß er dadurch seinen Wert als Bewerber um ihre Hand erhöhen könne.

Offen blieb nur die Frage, wie lange Elisabeth ungestraft überall Unruhen nähren konnte, ohne selbst in sie hineinzugeraten. Vermochte das Papsttum Philipp nur ein wenig von seinem eigenen Eifer für den Heiligen Krieg einzuflößen, dann lautete die Antwort: „Nicht lange."

Päpstlicher Eifer hatte schon zwei Expeditionen gegen Elisabeth ausgerüstet und nach Irland gesandt. Dort ließ die Vereinigung nationaler und katholischer Gefühle bei einem einfachen und rauhen Volke, in einem Lande voller Sümpfe und Wälder ein Problem entstehen, das vom finanziellen wie militärischen Standpunkte aus höchst beunruhigend war. Die erste Expedition des Papstes verließ Italien Anfang 1578 in einem kaum noch brauchbaren Schiff mit unzuverlässigen Soldaten. Sie wurde von einem übel beleumundeten Abenteurer und Renegaten mit Namen Thomas Stukely geführt, der als Bastard Heinrichs VIII. galt. In Portugal angekommen, unternahm Stukely mit seinen Leuten und dem jungen König des Landes eine tollkühne Fahrt nach Afrika, wo ihm bei der furchtbaren Niederlage von Alkazar beide Beine abgeschossen wurden; aus der Historie schied er damit aus, die Dichtung aber ließ ihn noch lange weiterleben in einer Rolle ähnlich der des berüchtigten Bandenführers Dick Turpin im 18. Jahrhundert. Die zweite Expedition erreichte Irland im Juli 1579. Sie wurde von dem Sproß einer irischen Adelsfamilie befehligt. Der Papst verlieh ihr ein heiliges Banner, und als päpstlicher Vertreter begleitete sie ein hochstehender englischer Priester, der ein erbitterter Feind seines Vaterlandes war. Sie bestand aus einer Handvoll Männer und war an sich ganz belanglos, doch reizte ihre Ankunft zu neuen Aufständen; zugleich konnte sie, da sie vom Ausland kam, als Beginn einer Intervention gedeutet werden, die am Ende aus Irland die zweiten Niederlande machte. Schon ein Jahr später, im September 1580, folgten ungefähr sechshundert Mann Verstärkungen, die reichlich Waffen für die Irländer mitbrachten. Es blieb ihnen aber nur eine kurze Gnadenfrist. Innerhalb von zwei Monaten vollendete sich ihr Schicksal: englische Truppen schlossen sie von allen Seiten ein, sie mußten sich bedingungslos ergeben und wurden bis auf den letzten Mann erschlagen. Im Namen des Papstes waren sie gekommen: der Vizekönig jedoch weigerte sich, das Recht, Krieg zu führen, jemandem zuzuerkennen, der weder von Gott noch Menschen dazu befugt, sondern nur ‚ein verabscheuungswürdiger Pfaffe, der wahre Antichrist und Beschützer der Lehre des Teufels sei‘!

Philipp II. war der Gedanke, Elisabeth auf diese Weise zu reizen, nicht angenehm, trotzdem hatte er gestattet, daß die Verstärkungen des Jahres 1580 in Spanien zusammengezogen wurden; auch befanden sich einige Spanier unter den Italienern, die an der Expedition teilnahmen. Vielleicht verleitete ihn zu dieser Unvorsichtigkeit die im Sommer 1579 nach Europa gelangte Nachricht von Drakes erfolgreicher Fahrt durch die Magellan-Straße und der ungeheuren Beute, die er an der Pazifikküste Südamerikas gemacht hatte. In England waren alle, die sich finanziell an dieser Fahrt beteiligt hatten, außer sich vor Freude, und die Londoner redeten in ihrer Gier und Erregung von nichts anderem, als selbst hinauszufahren und an dem großen Spiel der Ausplünderung teilzunehmen. Seeräuberei war keine ehrenrührige Beschäftigung, und für diese glaubenseifrigen Protestanten, die bunte Bilderbogen mit der Unterschrift ‚Die drei Tyrannen der Welt' und den Bildnissen des Papstes, Neros und des Sultans kauften, war Spanien Freiwild. Nur die Kaufleute trauerten, die mit Spanien Handel trieben.

Mit berechtigter Sorge sah Elisabeth der weiteren Entwicklung des Jahres 1580 entgegen. Eine ernste Schwierigkeit entstand aus der Thronfolge in Portugal. Wie Stukely war auch der junge König in der Schlacht bei Alkazar gefallen, und da er keine Kinder hinterließ, war sein Großonkel, ein alter Mann und Kardinal, auf den Thron gekommen. Er lag jetzt im Sterben; Philipp II. hatte als nächster Anspruch auf den Thron und rüstete ein Heer und eine Flotte aus, um sich die Krone zu sichern. Für Elisabeth war es schon schlimm genug, zusehen zu müssen, wie Philipp Portugal und seine Kolonien annektierte, sie fürchtete aber auch, daß die Schiffe, die er ausrüstete, gegen sie verwandt werden könnten. Vorsichtshalber wurden Anfang 1580 in England Truppen ausgehoben und die Flotte in Bereitschaft gesetzt; bei einer Audienz begrüßte die Königin den spanischen Gesandten Mendoza halb scherzend mit der Frage, ob er als Herold komme und den Krieg erklären wolle. Im Juli besetzte dann Philipps Heer Portugal. Kurz darauf trafen die spanischen Verstärkungen für die päpstliche Expedition in Irland ein. Im selben Monat kehrte Drake mit seiner phantastischen Beute heim, nachdem er rund um die Welt gesegelt war.

Wäre Elisabeth in diesem furchtbaren Augenblick, in dem es als reinster Wahnsinn erscheinen mußte, Spanien zu reizen, ängstlich geworden und hätte sie Drake geopfert, um Philipp zu beruhigen, so wäre dieser Schritt durchaus entschuldbar gewesen. Aber sie verließ sich auf Frankreich, dem die Annexion Portugals Sorge bereitete, und – sollten die Himmel über ihr zusammenstürzen, so hatte sie immer noch Alençon. Tapfer und herausfordernd trieb sie ihr Spiel weiter. Sie verlangte von Mendoza eine Erklärung über die Anwesenheit der Spanier in Irland und nahm ihm auf diese Weise in bezug auf Drake den Wind aus den Segeln; monatelang weigerte sie sich, den spanischen Gesandten zu empfangen, mit der Begründung, Philipp habe bisher noch kein Wort der Entschuldigung gefunden; dabei hatte sie selbst, wie Philipp ganz richtig bemerkte, jahrelang die niederländischen Rebellen unterstützt, ohne auch nur daran zu denken, sich deswegen zu entschuldigen. Wie Mendoza entrüstete sich auch Philipp über ihre skrupellose Taktik, die Drake zum Helden stempeln und nach Möglichkeit seine Beute retten wollte. Auf ihre ausdrückliche Anordnung hin durfte Drake einen Teil der Beute im Werte von £ 10000 für sich behalten, wobei aber ‚der Verbleib dieser Summe in seinen Händen ein Geheimnis bleiben mußte'. Sollte sie die Beute doch noch herausrücken müssen, so hatte Drake wenigstens seinen Lohn. Sie empfing ihn bei Hofe, hörte seinen Erzählungen gern zu und trug am Neujahrstag eine mit fünf herrlichen ‚erbeuteten' Smaragden besetzte Krone, die dieser ‚echte magnifico' ihr geschenkt hatte. Am 4. April begab sie sich nach Deptford, um sein Schiff, die ‚Golden Hind', zu besichtigen; an Bord sagte sie ihm scherzend, sie habe ein vergoldetes Schwert, mit dem sie ihm den Kopf abtrennen werde; den französischen Gesandten aber forderte sie auf, Drake zum Ritter zu schlagen. Bei dieser Gelegenheit sicherte sich der Gesandte eine Trophäe, die er später Alençon für seine Sammlung schickte: ein purpurn und goldfarbenes Strumpfband der Königin, das ihr vom Bein gerutscht und von ihm aufgehoben worden war. Sie legte es in seiner Gegenwart wieder an, gab es ihm aber später als Belohnung.

Im Jahre 1580 landeten auch die ersten Jesuitenmissionen in England, die das Volk dem alten Glauben zurückgewinnen wollten. Schon 1568 hatte einer der Verbannten in Douai in den Niederlanden ein Seminar gegründet, auf dem die englische katholische Jugend erzogen werden sollte; aus dieser Anstalt entwickelte sich im Laufe der Jahre eine Bildungsanstalt für Weltgeistliche. 1579 wurde eine zweite derartige Schule in Rom gegründet, deren Verwaltung in die Hände der Jesuiten überging. Ihre Schüler mußten sich verpflichten, nach England zurückzukehren, ‚um die Seelen zu retten', und ihre ganze Erziehung diente nur diesem einen Ziel. Als die weitere Entwicklung des Kampfes mit der englischen Regierung erkennen ließ, daß sie als Missionare in England der furchtbare Verrätertod erwartete, mußten sie sich in ihren geistlichen Übungen immer mit dem Märtyrertod beschäftigen, um auf diese Weise alle Demütigungen und Schrecken der Gefangenschaft, Untersuchung und Hinrichtung zu erleben, bis der Tod, auch der Verrätertod, seinen Stachel verloren hatte und sie ihn als den glorreichen Weg zur Märtyrerkrone geradezu erflehten. So wurden die besten dieser jungen Männer mit dem geläuterten Geist der Gegenreformation erfüllt und, wie die protestantischen Märtyrer zu Marias Zeiten, für eine große Sache bis zur Selbstaufgabe begeistert. Der heilige Philipp von Neri begrüßte sie auf der Straße stets mit den Worten: „Salvete flores martyrum", und ihre Schule erhielt den Namen ‚Seminar der Märtyrer'.

Seit 1574 hatte sich von Douai aus ein stetig wachsender Strom von Missionspriestern nach England ergossen, und als sie jetzt im Jahre 1580 erneut das Land überschwemmten, wuchs die Unruhe außerordentlich: Kein Zweifel mehr, eine Heilige Liga gegen England stand vor der Tür! Besorgniserregend war es auch, daß die Missionare direkt im Auftrage des ‚Hauptfeindes der Königin und des Reiches', des Papstes, kamen, der mit ihrem Orden in besonders enger Verbindung stand – und daß so bedeutende Männer wie Parsons und Campion sie führten. Campion war fromm und hochgebildet, während die Hauptstärke des reizbaren und schlagfertigen Parsons auf politischem und organisatorischem Gebiet lag. Ihr Auftrag ging dahin, ‚Seelen zu retten'. Man hatte ihnen jede Beschäftigung mit Politik verboten, ‚es sei denn in Gemeinschaft mit denen, deren Treue erprobt war' – ein Zugeständnis an die unverbesserlichen Verschwörer. Aber dieses Schlupfloch genügte für einen Mann wie Parsons durchaus. Bereits ein Jahr später mußte es verstopft werden, weil es sich als zu gefährlich erwies. Ein Hindernis jedoch versperrte den Weg ‚dieser frommen, friedfertigen und wohlgefälligen Bemühungen ordentlicher und guter Männer' – die päpstliche Bulle des Jahres 1570. Um der Mission von vornherein jeden politischen Anstrich zu nehmen, wurden die Jesuitenpatres ermächtigt, die Katholiken vom Gehorsam gegen die Bulle zu entbinden, ‚solange alles bleibt, wie es ist', d. h. die Bekehrten durften Elisabeth treu bleiben, bis sich jemand fand, der das Urteil des Papstes auf Thronentsetzung vollstreckte. Von Elisabeths Standpunkt aus aber sollten die Missionspriester ihre Untertanen dazu verleiten, ihrer Königin sobald wie möglich untreu zu werden.

Die Antwort der Regierung lautete: Vernichtung der Priester, denn sie sind Hochverräter. Der ‚Geist des Mitleids' schwebt über den Opfern, aber auch für die Gerechtigkeit muß Raum sein. Zweifellos hatten sich manche Priester mehr oder weniger hochverräterisch betätigt; die Mehrzahl beschäftigte sich jedoch nur mit der ‚Rettung von Seelen' und vermied peinlichst jede Vermischung von Religion und Politik. Das war in dem elisabethanischen England nicht einfach und stellte an ihre Klugheit und ihr Taktgefühl die höchsten Anforderungen. Die Tragik ihrer Stellung lag darin, daß auch der Papst und seine Geistlichen ebenso wie der Gründer des Seminars Douai und andere Führer der Kirche infolge ihrer mittelalterlichen Auffassung vom Heiligen Krieg diese Trennung zwischen Religion und Politik ganz unmöglich machten. In Wirklichkeit lag das Papsttum mit England im Kriege; es ging sogar noch weiter, es war bereit, seinen Anhängern im Falle der Ermordung Elisabeths alle Hilfe angedeihen zu lassen. Im Dezember 1580 antwortete der Staatssekretär des Papstes auf eine im Namen mehrerer englischer Jesuiten erfolgte Anfrage folgendermaßen: „Da diese schuldbeladene Frau über zwei so edle Reiche der Christenheit herrscht und so manchen Schaden, der dem katholischen Glauben zugefügt wird, und den Verlust so vieler Millionen Seelen verursacht, besteht kein Zweifel, daß, wer sie aus dieser Welt befördert in der frommen Absicht Gott einen Dienst zu erweisen, nicht nur keine Sünde begeht, sondern sich ein Verdienst erwirbt." Dauernd bemühte sich das Papsttum, das ‚Unternehmen gegen England' in Gang zu bringen, das zu ebendieser Zeit in der Expedition nach Irland einen kümmerlichen Ausdruck fand. Diese Bemühungen aber rechneten sehr stark mit einer Erhebung der Katholiken in England. Und es war die eigentliche Aufgabe der Missionare, in diesem Sinne an der Vernichtung Elisabeths mitzuarbeiten.

Das Wirken der Priester hatte großen Erfolg. Verkleidet zogen sie durch das Land, verbargen sich heute bei diesem, morgen bei jenem vornehmen Herrn, spionierten umher und begannen bald furchtlos überall ihr Werk. Sie teilten den Katholiken ihre eigene Glaubensinbrunst mit, erneuerten die kirchliche Zucht und räumten mit einer zwanzigjährigen Ungewißheit und allen Kompromissen auf. Ihr Treiben machte der Hoffnung, daß Elisabeths Politik zu einem friedlichen Aufgehen in der anglikanischen Kirche führe, ein jähes Ende. Es empörte die Protestanten, und der glaubenseifrige Nationalismus erhob sich dagegen. In dem Parlament, das Anfang 1581 zusammentrat, um sich hauptsächlich mit der Bedrohung durch den Katholizismus zu befassen, beseelte die Mitglieder des Unterhauses rachedurstiger Zorn und stolzes Vertrauen. Zorn gegen den Papst und alle, die er kürzlich ins Land geschickt hatte, „Heuchler, die sich Jesuiten nennen, eine neugegründete Bande von landstreicherischen Mönchen, die durch die Welt laufen, die Kirche Gottes zu verwirren"; Vertrauen, weil nach ihrer Meinung der Fluch des Papstes keinem wahren Engländer etwas anzuhaben vermöge und sein Segen keinen seiner Anhänger vor der Strafe schützen werde, mit der das Parlament sie durch seine Gesetze treffen könne und wolle. Sie seien zu allem bereit, wenn es gelte, ihren Glauben und ihre Königin zu schützen, „eine Fürstin", wie ein Redner sagte, „die wir aus langer Erfahrung als eine Hauptstütze des Evangeliums kennen; tugendhaft ist sie und treu, klug, gnädig und gerecht, makellos in Wort und Tat, dazu die Königin dieses edlen Reiches, unseres Heimatlandes, das in der ganzen Welt berühmt ist".

Es wäre leicht gewesen, diesen Geist, wie er sich in Staatsrat und Parlament offenbarte, in die Politik hineinzutragen; es war schwer, ihn aus ihr fernzuhalten. Die beschlossenen Gesetze waren drastisch und wurden in Krisenzeiten mehr oder weniger streng gehandhabt. Aus staatspolitischen Gründen aber wurde sorgfältig unterschieden zwischen Laien und Priestern, zwischen alten Katholiken, die nur treu zu ihrem Glauben hielten, und solchen, die sich jetzt erst bekehren ließen und übertraten; auch fehlte bei Anwendung des Gesetzes nicht die Milde. Das alles war zweifellos der Königin zu verdanken, die das Problem nicht vom religiösen Standpunkt aus sah; mit ihrem Widerwillen gegen alles Blutvergießen und ihrer Neigung zu maßvoller Toleranz bewies sie eine ausgesprochen moderne Haltung. Ihre Schwester Maria, die vor allem Katholikin und dann erst Engländerin gewesen war, hatte, ganz von ihren religiösen Überzeugungen beherrscht, den Protestantismus als Ketzerei bekämpft und sich bei diesem Kampf der geistlichen Gerichtshöfe und der Folter bedient. Elisabeth dagegen ging – wenn man das Wort hier gebrauchen darf – aus Vaterlandsliebe und nur durch die weltlichen Gerichte mit den weltlichen Strafen gegen ihre Gegner vor. Sie glaubte fest an die Treue ihres Volkes, und Selbstachtung bestimmte ihre Haltung. Die Staatsräte klagten andauernd über ihre Milde. „Nichts auf der Welt bekümmert mich mehr", schrieb Leicester an Walsingham im September 1582, „als der Glaube Ihrer Majestät, diese Zunahme der Papisten sei für sie ohne Gefahr. Duldet sie dieses Anwachsen nur noch ein Jahr, wie sie es die letzten zwei bis drei Jahre bereits getan hat, dann kommt jeder Rat, wie Abhilfe zu schaffen sei, zu spät."

Im eigenen Lande gefährdet, durch die neue Wendung der Dinge in Schottland beunruhigt und vom Auslande her bedroht, mußte Elisabeth sich an Frankreich und Alençon halten, um so zu verhindern, daß der katholische Ansturm sie vollständig einkreiste und überwältigte. Sie ging auch hierbei wieder ihre eigenen und unberechenbaren Wege, machte sogar Burghley irre an seiner Herrin und trieb Walsingham durch ihre Winkelzüge fast zu Verzweiflung. „Heute so und morgen so", schrieb er über die Heirat. Am liebsten hätte Elisabeth ein Bündnis mit Frankreich ohne die Ehe abgeschlossen und Alençon ganz der Sorge seines Bruders überlassen. Aber hiervon wollte weder der König noch Katharina von Medici etwas wissen. Sie gedachten die ewig ausweichende Elisabeth durch eine Ehe an Frankreich zu fesseln, sie mit Alençons Abenteuern zu belasten und die Kosten des Krieges mit Spanien tragen zu lassen; sie legten gar keinen Wert darauf, von ihr in einen Krieg getrieben zu werden und nachher alles allein ausbaden zu müssen. Dann wieder versuchte Katharina ihren Sohn zu überreden, England zugunsten von Spanien aufzugeben und eine spanische Prinzessin zu heiraten. Darauf betrieb Elisabeth die Werbung mit Hochdruck, denn ein Verzicht war in diesem Augenblick zu gefährlich.

Alençon selbst wollte die Heirat oder, wenn er sie nicht erreichen konnte, wenigstens Geld; der sicherste Weg zum Erfolg war für beide Fälle, einfach nach England zu fahren: wenn Elisabeth ihn nicht heiraten wollte, dann sollte sie wenigstens zahlen, um ihn loszuwerden. Im Mai 1581 ging er in Dieppe frohgemut an Bord; aber die See raste, er wurde sehr krank und das Schiff mußte in den Hafen zurück – eine solche Verkettung von Widrigkeiten, schrieb er, daß ihm die Worte fehlten, sein Mißgeschick zu schildern. Im Juli teilte Elisabeth ihm in einem liebevollen, zärtlichen Brief mit, sie könne ihn nicht heiraten, aber „wenn auch ihr Leib ihr allein gehöre, so sei doch ihre Seele ganz ihm geweiht". Einen Monat später sandte sie ihm ein Darlehen von £ 30000, damit er sein Abenteuer in den Niederlanden finanzieren könne; der Betrag genügte bei weitem nicht. Da sein Bruder ihm nicht helfen wollte, befand er sich in einer verzweifelten Lage. So machte er sich Ende Oktober wieder auf, die Königin zu besuchen, deren schönes Strumpfband er immer noch als Siegestalisman hütete, und der er so gern alle Trophäen zu Füßen gelegt hätte. Er wurde von den Wellen wieder gründlich durcheinandergerüttelt, erreichte aber diesmal England. Elisabeth schrieb an Burghley: „Sagen Sie mir doch, was ich tun soll."

Mit nüchternen Besprechungen und mit einschmeichelndem, einigermaßen lächerlichem Liebeswerben vergingen die Tage. Alençon verlangte von Elisabeth, sie solle sein niederländisches Abenteuer finanzieren. Sie verpflichtete sich hierzu in aller Form, vorausgesetzt daß auch sein Bruder ihn unterstütze. Diese Verpflichtung wurde ferner davon abhängig gemacht, daß Alençon, wieder mit Elisabeths Hilfe, die guisenfeindlichen Bestrebungen in Frankreich fördere. Das war ein sehr schlauer Schachzug. Durch nichts konnte der französische König einem Bündnis mit Elisabeths Feinden nachdrücklicher ferngehalten werden; denn als Thronerbe genoß Alençon bei den Franzosen ein ähnliches Ansehen – nur in viel höherem Grade – wie es Maria Stuart in England genossen hatte; und

Heinrich fürchtete das Eingreifen seines Bruders in die französische Politik. In dieser Abmachung mit Alençon hatte Elisabeth ein diplomatisches Meisterstück geliefert. Es war ihr gelungen, Heinrich III. und Katharina von Medici zu überlisten. Alle wesentlichen Vorteile eines Bündnisses mit Frankreich hatte sie erreicht – und war doch unverheiratet geblieben.

Wahrscheinlich erfüllte Elisabeth jetzt nur noch der eine Gedanke, der Heirat aus dem Wege zu gehen. Trotz Katharina von Medicis berechnendem Optimismus konnte sie nicht mehr auf Kinder hoffen; und die englischen Glaubenseiferer verkündeten unentwegt mit lauter Stimme ihre Opposition. Thomas Norton, ‚der große Parlamentarier', ließ sich in seiner Leidenschaft zu so scharfen Äußerungen über dieses Thema hinreißen, daß er in Ungelegenheiten geriet. Andrerseits wollte Elisabeth auch nicht die Gefahr laufen, daß Alençon gekränkt und verärgert abreiste. Und ‚Franz der Beständige' beteuerte immer noch, Tag und Nacht sehne er sich darnach, in dem großen Bett zu schlafen, um ihr zu zeigen, was für ein feiner Gefährte er sein könne. Als Elisabeth zusammen mit ihm, dem französischen Gesandten und einigen anderen Herrn am 27. November sich in der Galerie von Whitehall erging, küßte sie ihn, zog einen Ring vom Finger und sagte, sie wolle ihn heiraten. Ob ‚die Kraft ehrbarer Liebe inmitten verliebter Gespräche' sie hatte weiter gehen lassen, als sie beabsichtigte; ob sie, wie man sich nachher erzählte, die Nacht im Kreise ihrer weinenden und jammernden Damen mit Zweifeln und Sorgen verbrachte, das kann niemand sagen. Wahrscheinlich ist es nicht, denn das Heiratsversprechen war unter Bedingungen gegeben, von denen man annehmen konnte, daß der französische König sie ablehnen würde, und sollte Heinrich III. auf Elisabeths Bluff doch hereinfallen, so konnte sie die Bedingungen noch verschärfen. Ihre Äußerung in der Galerie wahrte Alençons Gesicht. Jetzt konnte er abreisen; er schien seinem Ziel, Elisabeths Gatte zu werden, einen Schritt näher gekommen zu sein, und das befestigte seinen Kredit auf dem Geldmarkt, genau wie heute ein günstiges Börsengerücht den gesunkenen Kurs einer Aktie wieder hebt.

Aber Alençon, der Elisabeth in eine unbequeme Situation manövriert hatte, war entschlossen, sich mit diesem Teilsieg nicht zu begnügen. Ein zäher, schlauer Kampf wurde in verliebten Worten ausgefochten. Elisabeth versprach Alençon ein Darlehen von £ 60000, dessen erste Hälfte vierzehn Tage nach seiner Abreise, die zweite fünfzig Tage später fällig sein würde. Mit diesem Trost sollte er eigentlich Mitte Dezember abfahren. Aber er blieb. Ende des Monats hatte er schon £ 10000 ausgezahlt erhalten. Er blieb immer noch. Endlich, am 1. Februar, reiste er ab. Die Königin und der ganze Hof begleiteten ihn bis Canterbury. In Rochester zeigte Elisabeth ihm ihre großen Schiffe, deren Anblick die französischen Herren zu dem Geständnis veranlaßte, „die Königin von England werde mit Recht die Herrin der Meere genannt". Drei Kriegsschiffe wurden beauftragt, ihn und die englische Ehrenbegleitung, die aus Leicester, Howard, Hunsdon, vielen hervorragenden Höflingen, aus hundert Edelleuten und dreihundert Dienstmannen bestand, von Sandwich aus nach den Niederlanden zu bringen. Wäre er wirklich König von England gewesen, Elisabeth hätte ihm nicht größere Ehren erweisen können. Nach Aussage des spanischen Gesandten war sie über seine Abreise traurig und erklärte, gern gäbe sie eine Million dafür, wenn ihr Frosch, anstatt in den Sümpfen der Niederlande, wieder in der Themse schwämme.

Die beiden wechselten weiter verliebte Briefe, in denen Alençon nicht nur auf Heirat, sondern auch auf Zahlung des restlichen Darlehens drängte. Eine Zeitlang hielt Elisabeth die Werbung noch in Gang und ermutigte Alençon, um ihn dann wieder zu enttäuschen. Schließlich löste sich alles sanft auf wie ein Abendrot. Es war Elisabeth gelungen, sich aus den Niederlanden herauszuhalten und Philipp durch die Aussicht auf ein anglo-französisches Bündnis zu täuschen. Im August 1581 hatte Philipp ihr noch in einem Schreiben mit Krieg gedroht, zwei Monate später bot er Verzeihung für alle Beleidigungen in der Vergangenheit und Erneuerung der alten Freundschaft an. Der Himmel klärte sich ein wenig auf. Die französische Politik wandte sich gegen Spanien, und der König sandte seinem Bruder Geld, worauf Elisabeth ihre Unterstützung einstellte. Auch in Schottland nahmen die Ereignisse eine günstigere Wendung.

Der Januar 1583 brachte einen Rückschlag, als Alençon den törichten Versuch machte, seinen niederländischen Verbündeten

Antwerpen abzunehmen; er wurde geschlagen und verließ in schmählicher Flucht das Land. Elisabeth, die immer noch ihre alte Politik verfolgte, versuchte den Streit beizulegen. Während dieser Bemühungen endeten Alençons Abenteuer am 10. Juni 1584 in Fieber und Tod. Wie ihre Staatsräte einst prophezeit hatten, überlebte sie ihren jugendlichen Bewerber. Drei volle Wochen verging kein Tag ohne Tränen. „Trauer beherrscht uns so", schrieb Walsingham, „daß öffentliche wie private Dinge für eine Zeit ruhen." Dem französischen Gesandten gegenüber nannte Elisabeth sich selbst eine einsame Witwe. „Sie ist eine Fürstin", bemerkte dieser, „die jede Rolle spielen kann, die sie will." Diesmal war sein Zynismus unangebracht. Wenn Elisabeth Alençon auch skrupellos ausgenutzt hatte, so mochte sie doch diesen häßlichen aber geistreichsten und treuesten ihrer Bewerber wirklich gern. Er war ihre letzte Hoffnung auf Kinder gewesen. Sie weinte um sich selbst.

Mehr als zehn Jahre waren vergangen, seit infolge der Ridolfi-Verschwörung und der Bartholomäus-Nacht die Wut der Protestanten aufflammte gegen Maria von Schottland, ‚die Schlange an unserm Busen', wie Walsingham sie nannte. Diese Jahre hatte sie unter Aufsicht des Grafen Shrewsbury fast ausschließlich im Sheffield Castle verbracht, das sie nur dann und wann für kurze Zeit verließ, wenn es von dem Schmutz und Unrat, den die schlechten sanitären Verhältnisse der damaligen Zeit mit sich brachten, gereinigt werden mußte. Ihr Dasein war schweren Beschränkungen unterworfen: der ganze Briefwechsel mußte durch Shrewsburys Hand gehen; wenn sie ausging, begleitete er sie mit einer Wache; jede Nacht bezogen Soldaten in und außer dem Hause ihre Posten, Wachen lagen sogar in den Dörfern der Umgegend; jeder Fremde, der sich in dem Bezirk sehen ließ, war verdächtig, und niemand durfte das Haus betreten oder ohne Erlaubnis und Beaufsichtigung mit ihr sprechen.

Aber innerhalb der Grenzen, die durch diese notwendigen Maßnahmen gegen Flucht und Verschwörung gezogen waren, wurde Maria mit Achtung und im allgemeinen auch mit Nachsicht behandelt. Sie saß beim Essen, wie es ihr als Königin zukam, unter einem Baldachin; sie hatte ihren eigenen Hofhalt mit Herren, Damen und Dienerschaft, die sie selbst auswählte und besoldete, und die ihr treu ergeben waren; die Kosten für die gesamte Verpflegung trug Elisabeth. Das belastete sie, zusammen mit den Ausgaben für Shrewsburys Haushalt, mit der nicht geringen Summe von £ 52 wöchentlich. Maria aber machte auf diese Weise Ersparnisse, die es ihr erlaubten, aus dem Witwengeld, das ihr als Königin-Witwe von Frankreich zustand, Zahlungen an die gefährlichsten unter den katholischen Verbannten Englands zu leisten, mit Elisabeths Feinden zu intrigieren und die einfachen Dorfbewohner ihrer Nachbarschaft durch reiche Almosen für sich zu gewinnen. Gesundheitlich ging es ihr nicht gut. Immer noch plagte sie ein altes Leiden, Schmerzen in der Seite; als sie dann älter wurde, stellte sich Rheumatismus ein, und sie verlor ihre gute Figur. Mehrere Male durfte sie zur Kur nach Buxton reisen. Wenn sie auch weiterhin eine leidenschaftliche Jägerin blieb, konnte sie doch oftmals kaum noch zu Pferde sitzen, ja nicht einmal gehen und verbrachte ihre Zeit mit Sticken und der Pflege ihrer kleinen Vögel und Schoßhunde. Sie bestürmte Elisabeths Herz mit eigenhändigen Stickereien und anderen Geschenken, die zuerst freundlich aufgenommen und erwidert wurden, bis Elisabeth es leid war und schrieb, daß „Leute, die anfangen alt zu werden, gern mit zwei Händen nehmen, während sie nur mit einem Finger geben".

Für eine geruhsamere Natur als Maria wäre das ein ganz erträgliches Leben gewesen. Sie aber hatte, wie sie selbst sagte, ein ‚großes Herz'; ihre Leidenschaft war unbezähmbar. Nach so vielen Enttäuschungen und so langer Gefangenschaft erklärte sie immer noch, sie werde ihr Gefängnis nur als Königin von England verlassen; trotz aller Gefahren, in die ihre Verschwörungen sie gebracht hatten, intrigierte sie weiter, überall und mit jedem, der ihren Interessen dienlich sein konnte, ging ganz skrupellos gegenüber dem Papst, Philipp II., dem König von Frankreich und Elisabeth gleichzeitig Verpflichtungen ein. Nach den Anschauungen jener Zeit war sie als Königin zu solchem Verhalten zweifellos berechtigt. Auf Moral kam es dabei nicht an, wohl aber auf Vorsicht. Sie schrieb viel zu viel und viel zu offen, vertraute ihr Schicksal den Gefahren einer geheimen Korrespondenz an, obwohl überall Spione auf der Lauer lagen, obwohl sie selbst durch die Gefangenschaft behindert und der englische Geheimdienst der findigste und wirksamste in der damaligen Zeit war. Ihre Bosheit und die flagranten Lügen in all den Briefen, die abgefangen oder von Spionen abgeschrieben wurden, wirkten auf Elisabeth als immer neue Herausforderungen. Sie rechtfertigten die deutlichste Zurückweisung ihrer ewigen Gesuche um bessere Behandlung.

Die kluge Bemerkung des Erzbischofs Parker: „Unsere gute Königin sitzt sehr in der Klemme" war jetzt womöglich noch treffender als zu der Zeit, da er sie machte. Elisabeth konnte nicht mehr auf ein Kind hoffen, und wenn auch Marias Gesundheit anfällig und ihre eigene gut war, so blieb das Leben doch letzten Endes immer ein gewagtes Spiel. Höflinge und Staatsmänner lebten in beständiger Furcht vor einem unerwarteten Hinscheiden der Königin und sahen nur mit größter Sorge in die Zukunft. Sir Christopher Hatton ließ Maria wissen, er werde gleich nach Elisabeths Tod mit der Wache kommen und sie befreien. Auch Burghley, der das Mäntelchen so oft nach dem Winde gehängt hatte, spielte den Gemäßigten. Selbst der harte und unnachgiebige Walsingham legte Wert darauf, Maria mitzuteilen, er sei nicht ihr Feind. Diese Männer waren nicht falsch. Sie hätten Maria von Herzen gern dem Henker überantwortet, wenn Elisabeth es nur zugelassen hätte. Auch Shrewsbury steuerte einen Kurs zwischen heute und morgen. Seine Familie, die der englischen Königin weniger ergeben war als er und Marias reizvollem Wesen ganz erlag, vertrieb dieser die Zeit mit allerlei höhnischen Bemerkungen über Elisabeth. Die Gräfin Shrewsbury, die bekannte Bess of Hardwick[14], war eine unverbesserliche Intrigantin und Giftspritze; sie erzählte die tollsten Geschichten über Elisabeth und würzte sie mit allen Gemeinheiten, die das Gerücht erfand: die Königin sei unersättlich in ihrer sinnlichen Begierde, der sie mit Leicester, Simier, Alençon, Hatton und noch anderen gefrönt habe; sie sei grausam, und durch ihre Eitelkeit mache sie sich lächerlich – so habe es sie maßlos gefreut, als ein Schmeichler zu ihr sagte, kein Mensch könne ihr voll ins Antlitz schauen, da es leuchte wie die Sonne!

Es ist nicht erstaunlich, daß Maria durch Angehörige von Shrewsburys Haushalt ohne Mühe Briefe befördern und empfangen konnte. Das zeigte sich in den Jahren 1581–82: die katholischen Verbannten waren eifrig dabei, das ‚Unternehmen gegen England' wieder auf die Beine zu bringen, sie verhandelten mit dem Papst, mit Philipp und dem Herzog von Guise, sie intrigierten in Schottland, um womöglich den Einfall durch dieses Land bewerkstelligen zu können; an dieser ganzen Verschwörung konnte Maria teilnehmen und mit den Hauptakteuren enge Verbindung halten. Sie fing wieder an zu hoffen, besonders auf Schottland, das sich endlich von England löste und sich damit auch gegen ihre Gefangenschaft aussprach. Selbst als dann der Einpeitscher dieser politischen Revolution, Esmé Stuart, wie ein Meteor, der durch den Himmelsraum saust und sich dabei selbst zerstört, im Jahre 1582 die Macht verlor, nach Frankreich zurückkehrte und dort starb, konnte sie das in ihrer Hoffnung nicht erschüttern; denn inmitten des Parteikampfes, der auf seinen Sturz folgte, tauchte eine neue Gestalt in der schottischen Politik auf – der junge König Jakob VI., der jetzt zwanzig Jahre alt war und danach trachtete, soweit seine Schüchternheit das erlaubte, dem Adel die Zügel der Macht zu entreißen.

Seit den verhängnisvollen Tagen ihrer Ehe mit Bothwell hatte Maria ihren Sohn nicht wiedergesehen; in ihm lebten keine Kindheitserinnerungen an seine Mutter, an die sie hätte appellieren können; erzogen hatte ihn George Buchanan, der Verfasser der berüchtigten Streitschrift ‚Detection', in der Maria des Mordes an seinem Vater bezichtigt wurde. Trotzdem aber setzte sie mütterliches Vertrauen in seine Sohnesliebe. Falls sich ihr Glaube als gerechtfertigt erwies, konnten sie und Jakob gemeinsam früher oder später ihre Freilassung von Elisabeth verlangen; der moralischen Kraft dieser Forderung würde sie nicht widerstehen können. So erschien am politischen Horizont Jakob, der für beide, Maria wie Elisabeth, vorläufig noch ein Rätsel war.

Nach dem ausführlichen Bericht über Jakob, den Maria damals von dem Bruder ihres französischen Sekretärs erhielt, war er ‚ein alter junger Mann'; man pries ihn als sehr gelehrt, von schneller Auffassungsgabe und als einen Freund des Argumentierens; er hatte eine hohe Meinung von sich, dachte geringschätzig über andere Fürsten und wußte dabei gar nicht, wie erbärmlich und unbedeutend er selbst war; es kränkte ihn, von irgend jemand, in was es auch sei, übertroffen zu werden; er wollte als tapfer gelten und gefürchtet werden, war aber in Wirklichkeit ein Feigling. Wie seine Mutter, liebte auch er die Jagd über alle Maßen, nur ungern kümmerte er sich um die Staatsgeschäfte, was er selbstgefällig damit entschuldigte, daß er in einer Stunde soviel erledige wie andere an einem ganzen Tag, denn er könne gleichzeitig zuhören, sprechen und beobachten; er sei imstande fünferlei auf einmal zu tun. Seine Stimme war laut und sein Körper schwach; rastlos ging er mit unsicheren, schleppenden Schritten auf und ab. Günstlinge behandelte er viel zu nachsichtig. Seine Manieren fielen diesem Franzosen als sehr roh und ‚unfein' auf. Kurzum, er war alles andere als das schlichte, liebevolle Kind, das Maria sich ausmalte.

Seltsamerweise glaubten Elisabeth und ihre Staatsmänner an Marias Einfluß auf ihren Sohn. Wahrscheinlich tat Maria das selbst; sie nährte diesen Glauben Elisabeths noch, indem sie – gelinde gesagt, übertreibend – behauptete, Jakob sei bereit, sich mit ihr in die Krone Schottlands zu teilen, wodurch er die Ungültigkeit ihrer Thronentsagung in Loch Leven anerkenne. Wenn das zutraf, so bedeutete es zwar eine Bedrohung Elisabeths, bot ihr aber gleichzeitig auch eine willkommene Handhabe für einen neuen Vermittlungsversuch.

In den angeblich guten Beziehungen zwischen Mutter und Sohn sah und begrüßte Elisabeth die Möglichkeit einer menschlichen Lösung des Problems Maria. Sie konnte Maria unter noch näher zu bestimmenden Bedingungen die Freiheit zurückgeben, vorausgesetzt daß Jakob sich der englischen Politik anschloß und daß Frankreich, dem Marias Wohlergehen immer am Herzen gelegen hatte, mit Jakob zusammen für ein gutes Verhalten Marias bürgte. War das zu erreichen – und Elisabeth hatte einen ausgezeichneten Köder in Form ihres Entgegenkommens in der englischen Thronfolge – so hatte diese Politik viel für sich; denn sie versprach, England und Schottland, vielleicht auch Frankreich, in einer gemeinsamen Front zu vereinen gegen Elisabeths Feinde, während sie diesen gleichzeitig den ‚einzigen und Hauptgrund', auf den sich ihre feindseligen Pläne stützten, die gefangene Maria nämlich, entzog. Vielleicht zwang eine derartige Kombination sogar Philipp zur Versöhnung mit den Niederlanden. Dieser Plan enthielt wirklich das Material für Tausende von Luftschlössern!

So begann in letzter Stunde noch ein Versuch, die Tragödie zu verhindern. Zwei Schwierigkeiten standen im Wege. Über die erste konnten die Engel im Himmel weinen: Marias ewige Unzuverlässigkeit trotz Eid und Versprechen; – wo gab es eine ausreichende Sicherheit für ihr Verhalten? Ohne irgendwelche Schwierigkeiten zu machen, stimmte sie allen Bedingungen zu. Sie war durchaus bereit, vorläufig unter leichter Bewachung in England zu bleiben, mit ihrem Sohne den Königstitel zu teilen und ihm die Regierung Schottlands zu überlassen. Ihre übergroße Bereitwilligkeit ist leicht zu erklären: der spanische Gesandte hatte ihr dringend geraten, England nicht zu verlassen, damit sie sich an die Spitze der katholischen Eroberungsarmee stellen könne, sobald diese erschiene. In dem neuen Vertrag erblickte er – vielleicht auch sie – nichts anderes als ein Mittel, Elisabeth mit um so größerer Sicherheit zu Boden schlagen zu können. Während der ganzen Verhandlungen gab Maria das Intrigieren nicht auf. In einer Hinsicht war das durchaus verständlich, denn der Papst, Philipp und andere Teilnehmer des ‚Unternehmens' hatten an ihrer Freiheit kein Interesse, wenn die Bedingungen für Elisabeth und den Protestantismus günstig waren; sie alle interessierte lediglich Elisabeths Sturz. Diese Mächte sich entfremden, wäre heller Wahnsinn gewesen, denn sie bedeuteten für Maria eine starke Reserve. Landete das katholische Heer in England, bevor der Vertrag mit Elisabeth abgeschlossen war, so entschied sich Maria bestimmt für das Heer. Wurde aber der Vertrag vorher abgeschlossen – wer kann sagen, ob ihre Intrigen dann aufhörten? Doch das deckt man besser mit dem Mantel der Liebe zu.

Die zweite Schwierigkeit ergab sich aus der Antwort Jakobs und Schottlands. Als „liebender Sohn", erklärte Jakob, habe er den Wunsch, seiner Mutter zur Freiheit zu verhelfen; aber schon bald war aus seinen Äußerungen zu erkennen, daß zuerst er selbst kam und Maria sich mit dem, was er ihr übrigließ, begnügen mußte. Sein Sinnen und Trachten war nur darauf gerichtet, Krone und Macht zu behalten, ja sogar seine Mutter von der englischen Thronfolge auszuschließen. Er bestritt ganz entschieden, je einem Abkommen zugestimmt zu haben, nach dem er sich mit ihr in die schottische Krone teilte. Wenn er ihr beruhigende Erklärungen gegeben habe, dann nur, um zu verhindern, daß das ‚Unternehmen' sich auch gegen ihn wie gegen Elisabeth richte. Die Regierung Schottlands lag damals in den Händen der anglophilen Adligen, die von Maria als Herrscherin nichts wissen wollten. Sie fürchteten, daß sie gleich nach ihrer Freilassung in Schottland wieder intrigieren und die alten Unruhen schüren würde. Es war bezeichnend, daß nach dem Sturz dieser anglophilen Partei die Männer der neuen Regierung, von denen Maria alle Hilfe erwartete, die Ansicht ihrer Vorgänger durchaus teilten und Maria nicht nur als eine Gefahr für Elisabeth, sondern auch für sich selbst betrachteten. Kurzum, Schottland wollte Maria nicht.

Gerade hatte Elisabeth die Bedingungen des Vertrags mit

Maria genau festgesetzt und sich über den Standpunkt Jakobs und seiner Hauptratgeber orientiert, als die anglophile Partei in Schottland gestürzt wurde. Um erkennen zu können, in welcher Richtung sich die schottische Politik weiter entwickelte, brach Elisabeth vorläufig die Verhandlungen ab. Maria verlor die Fassung. In ihrer hitzigen Art erklärte sie, dieses Verhalten bestätige nur das Mißtrauen, das sie schon lange empfunden habe. Das war im August 1583. Ehe noch die Verhandlungen wieder aufgenommen wurden, kam mit dramatischer Schicksalhaftigkeit eine neue Verschwörung ans Licht, die Throckmorton-Verschwörung. Immer näher rückte der Augenblick, in dem der furchtbare Zorn einer Nation eingreifen und diesen gordischen Knoten zerhauen sollte.

Im Mai 1582 war ein als Zahnarzt verkleideter Bote des spanischen Gesandten in der Nähe der englisch-schottischen Grenze angehalten worden. Es war ihm gelungen, seine Wächter zu bestechen und mit seinem Gepäck zu entfliehen; in der Eile hatte er seinen Spiegel liegen lassen, in dessen Rückseite man Briefe fand, die über das ‚Unternehmen' Aufschluß gaben. Walsingham nahm die Sache sofort in die Hand. Er fing Briefe des französischen Gesandten an einen seiner Agenten in Schottland ab, öffnete und schloß sie wieder, ohne die Siegel zu verletzen; dann bestach er den italienischen Kurier, der die Antworten zurückbrachte. In beiden Fällen zog er eine Niete, denn Frankreich war an dem ‚Unternehmen' nicht beteiligt. Trotzdem setzte Walsingham seine Bemühungen fort. Nach kurzer Zeit arbeitete ein Spion für ihn in der französischen Botschaft, durch den er dann den Sekretär des Botschafters bestechen ließ.

Bald gelang es Walsingham, eine regelmäßige Geheimkorrespondenz festzustellen, die Maria neben ihrem gewöhnlichen Briefwechsel, der durch Shrewsburys Hände ging, mit dem Gesandten führte. Wenn auch das ‚Unternehmen' in den Briefen nicht erwähnt wurde, weil es dabei ja vor allem auf Frankreichs Nebenbuhler Spanien ankam, so waren sie doch belastend. Im Leser erwachte sicher grimmiger Humor. Maria schlug in einem Brief dem Gesandten vor, er solle, wenn ein zuverlässiger Mitteilungsweg fehle, mit Alaun, der vierundzwanzig Stunden vorher in etwas klarem Wasser aufgelöst worden sei, auf Papier oder dünnes, weißes Tuch schreiben: die Schrift sei unsichtbar; würden Papier oder Tuch in Wasser getaucht, so komme sie weiß und gut lesbar zum Vorschein. Oder er könne zwischen die Zeilen von Büchern schreiben, wobei er nur jede vierte Seite benutzen und die Bände, in die er schrieb, durch grüne Fäden bezeichnen solle. Falls er Tuch benutze, möge er darauf achten, daß es stets etwa eine halbe englische Elle lang sei, damit man es gleich erkenne. Briefe könnten auch in den ausgehöhlten Absätzen von Schuhen oder in doppelten Wänden und Böden von Koffern und Kasten versteckt werden. Walsingham las diese Vorschläge. Ahnte er wohl, daß ihm Maria eines Tages infolge ihres Vertrauens auf derartige Tricks ins Netz gehen sollte?

Soweit das ‚Unternehmen' in Betracht kam, war Walsingham auf der falschen Spur; aber das Glück zeigte sich ihm hold. Er erfuhr, daß Francis Throckmorton, ein katholischer Neffe des Sir Nicholas, nachts die französische Botschaft besuchte und einer der Hauptagenten Marias war. Spione ließen diesen nun sechs Monate lang nicht aus den Augen, und im November 1583 sollte er in seinem Hause in London verhaftet werden. Es gelang ihm, die Treppe hinaufzueilen, einen Brief an Maria zu vernichten und noch schnell zu veranlassen, daß ein Kasten mit belastenden Briefen an den spanischen Gesandten befördert wurde; aber man fand unter anderen Papieren eine Liste mit den Namen katholischer Adliger und Herren und dazu ein Verzeichnis der Häfen, die für die Landung fremder Streitkräfte in Frage kamen. Trotz Kreuzverhörs und Folter gestand er anfänglich nichts. Dann aber brach er zusammen. „Nun habe ich", so stöhnte er, „die Geheimnisse der Frau verraten, die mir das Liebste auf der Erde war". Als er die Folterkammer verließ, murmelte er: ‚Chi a perso la fede, a perso l'honore': Treue gebrochen, Ehre verloren.

Throckmorton hatte das ‚Unternehmen' gefördert, wo und wie er konnte, hatte die Pläne mit dem spanischen Gesandten besprochen, hatte mit Maria korrespondiert und ihre Briefe weiterbefördert. Das alles gestand er. Die Verschwörung sah sehr gefährlich aus, zumal mehrere Adlige und Herren in sie verwickelt waren, die gleich nach Bekanntwerden seiner Verhaftung flohen oder gefangengenommen und in den Tower gesperrt wurden. Im Januar 1584 wurde der spanische Gesandte Mendoza vor den Staatsrat geladen, der ihm seine Vergehen vorhielt. Es wurde ihm befohlen, das Land innerhalb von fünfzehn Tagen zu verlassen. Er versuchte, allerdings erfolglos, zu bluffen; der letzte Vertreter Spaniens im elisabethanischen England erklärte bei seinem Abschied, es sei ihm nicht gelungen, als Diener des Friedens die Anerkennung der Königin zu erlangen, er müsse nun versuchen, ihr im Kriege Genüge zu leisten.

Ein Projekt wie das ‚Unternehmen' war nur langsam in Gang zu bringen; es hing ganz von dem guten Willen und der Finanzkraft der Fürsten ab und war ungeheuer schwer geheimzuhalten. Mord dagegen konnte in aller Stille vorbereitet und begangen werden und wurde als schnelles und nicht weniger wirksames Mittel von den Ungeduldigen und fast Verzweifelten jetzt bevorzugt. Es war eine alte Schulfrage der politischen Philosophie, ob Tyrannenmord ein Verbrechen sei oder nicht; Rom hatte sich kürzlich zu seinen Gunsten geäußert und dem seinen Segen versprochen, der Elisabeth beseitige. Es ist bekannt, daß große und schwere Verbrechen, einmal versucht, bald zur Nachahmung reizen. Das zeigte sich auch jetzt wieder. Im März 1582 wurde auf Wilhelm von Oranien geschossen, der nach Elisabeth das größte Hindernis für den katholischen Glauben war. Er schwebte lange zwischen Leben und Tod. Kurz vor Throckmortons Verhaftung erzählte ein junger katholischer Edelmann aus Warwickshire seinen Freunden, er gehe nach London, um die Königin mit seiner Pistole zu erschießen, und hoffe, „ihren Kopf bald auf der Stange zu sehen, denn sie ist eine Schlange und eine Viper". Er machte sich allein auf den Weg, redete unterwegs von seinem Vorhaben und landete im Tower anstatt im Palast. Wahrscheinlich war er nicht ganz bei Sinnen, aber wäre er nicht obendrein geschwätzig gewesen, hätte sein Plan gelingen können. Kurz darauf machte Throckmorton seine Enthüllungen, unter deren aufregendem Eindruck das ganze Land noch stand, als am 30. Juni 1584 ein zweites Attentat auf Wilhelm von Oranien verübt wurde, das ihn das Leben kostete.

Die Erregung erreichte ihren Höhepunkt, als zwei Monate später wieder eine weitverzweigte Verschwörung gegen Elisabeth aufgedeckt wurde. Wahrscheinlich auf Walsinghams Veranlassung hatten die holländischen Behörden ein nach Schottland fahrendes Schiff angehalten, an dessen Bord sich der Jesuit Creighton befand, der tief in die Verschwörung verwickelt war. Als man ihn verhaften wollte, zerriß er ein Schriftstück, in dem das ‚Unternehmen' bis ins kleinste beschrieben war, und warf die Fetzen über Bord. Aber der Wind wehte die Papierfetzen an Bord zurück, sie wurden gesammelt und sorgfältig zusammengesetzt. Creighton brachte man nach England, wo er alles gestand, was er wußte.

Ist es da noch verwunderlich, daß eine Woge tiefster Entrüstung über das protestantische England hinwegging? Als Elisabeth im Winter vorher von London nach Hampton Court zog, standen die Menschen in dichten Scharen an den Straßen, um sie zu sehen: sie knieten nieder, flehten den Segen des Himmels auf sie herab und beteten zu Gott, er möge doch alle entlarven, die Böses gegen sie im Schilde führten, damit sie die gerechte Strafe erhielten.

Das Erbitternde war nur, daß hochverräterische Katholiken wenig zu verlieren hatten, durch einen Gewaltakt aber alles gewinnen konnten, solange Elisabeth davor zurückscheute, Maria hinrichten zu lassen. Endete Elisabeth eines Tages durch Mörderhand, mußte das Chaos folgen. Dann gab es keinen Staatsrat, keine Richter, keine königlichen Beamten mehr, denn ihre Amtstätigkeit fand mit dem Leben der Monarchin ihr Ende; niemand war dann befugt, die Ermordung der Königin zu rächen; höchstwahrscheinlich würde Maria ungestraft den Thron besteigen. Im Oktober unternahm der Staatsrat Schritte, dieser furchtbaren Situation zu begegnen. Es wurde ein Eidbund geschaffen, dessen Mitglieder sich verpflichteten, im Falle eines Attentats auf Elisabeth, das darauf abzielte, eine gewisse Person auf den Thron zu bringen, nicht nur diese Nachfolge zu verhindern, sondern den Betreffenden – oder besser die Betreffende – unter allen Umständen zu töten. Elisabeth personifizierte die Sache der Protestanten, wie jene ungenannte Person – um wen es sich dabei handelte, wußte jeder – die Sache der Katholiken verkörperte. Gegen Gewalt gab es nur Gewalt. Lynchjustiz schien die einzig mögliche Antwort auf Roms Sanktionierung des Mordes. Abschriften der Bundesstatuten wurden an die Adligen und andere Männer in Stadt und Land mit der Aufforderung geschickt, dem Bund beizutreten. Dieser Appell wurde allgemein mit solcher Begeisterung aufgenommen, daß schon fast Mut dazu gehörte, dem Bund fernzubleiben. Trotzdem lehnte manch frommer Protestant, den dieses gesetzlose Vorgehen erschreckte, es ab, sich anzuschließen. In Yorkshire hatten bis Ende November mehr als 7000 Personen ihren Beitritt erklärt, denen noch viele, viele folgten. Die Bürger von Coventry sandten eine Ergebenheitsadresse mit 201 Unterschriften und Siegeln.

Bei der 1584 herrschenden Stimmung die Vertragsverhandlungen mit Maria wieder aufzunehmen, war ein erstaunliches Beginnen von seiten Elisabeths. Aber sie wurden wieder aufgenommen, zogen sich jedoch wegen der unklaren anglo-schottischen Beziehungen über Gebühr in die Länge. Verzweiflung, Wut und törichte Hemmungslosigkeit ergriffen die ungeduldige Maria. Wenn sie mit englischen Beamten sprach, rief sie immer wieder Gott als Zeugen an und beschwor mit heiligsten Eiden, sie wisse von keiner Verschwörung gegen Elisabeth und würde einer solchen auch nie zustimmen. Aber kaum hatte sie bei ihrem Seelenheil geschworen, da schrieb sie schon wieder an die Verschwörer, sie sollten ohne irgendwelche Rücksicht auf das Schicksal ihrer Königin den Einfall endlich wagen. Als sie von der Gründung des Eidbundes hörte, wollte auch sie ihm beitreten: trotzdem aber forderte sie zwei Tage später ihre Freunde auf, mit dem ‚Unternehmen' nicht mehr zu zögern, ganz einerlei, was aus ihr würde, ganz gleich auch, ob Elisabeth den Vertrag abschlösse oder nicht. Dieser Brief wurde Anfang November geschrieben, als die Aussichten des Vertrages gerade wieder gut standen und Marias Sekretär auf dem Wege an den Hof war, wo er mit einem Gesandten Jakobs zusammentreffen sollte.

Wäre Jakob ehrlich bereit und imstande gewesen, sich mit seiner Mutter in den Besitz der schottischen Krone zu teilen, und hätte er gleichzeitig ein Bündnis mit Elisabeth abgeschlossen, so wäre der Vertrag jetzt tatsächlich zustande gekommen. Nach Ansicht englischer Staatsmänner, die das Für und Wider abwogen, sprach mehr für als gegen den Abschluß. Elisabeth selbst brach ein Gelübde, das sie vor vierzehn Jahren getan hatte, und schrieb an Maria einen eigenhändigen Brief.

Maria glaubte an ihren Sohn. Sie traute auch seinem Gesandten, der zu ihrer Partei gehörte und tief in ihre gefährlichen Geheimnisse eingeweiht war. Aber Perfidie war nicht ihr Monopol. Sohn und Gesandter hintergingen sie beide. Jakob wollte ein Bündnis mit Elisabeth, dachte aber gar nicht daran, seine Krone mit irgend jemand zu teilen; in Wirklichkeit lag ihm an der Freiheit seiner Mutter nichts. Das war die erschütternde Wahrheit, die nicht länger verborgen bleiben konnte. So schändlich Jakobs Verhalten auch gewesen sein mag, politisch war es klug. Marias Wut kannte keine Grenzen. Sie drohte ihrem Sohn und schalt, sein Gesandter verdiene den Taufnamen „Lügenwicht". Ihre letzte Hoffnung auf Erlösung verlosch. Wehrlos hing sie in den Krallen der Verschwörung; schon fiel der Schatten des Richtblocks auf ihr Haupt.

Während die Vertragsverhandlungen noch im Gange waren, trat Ende November das Parlament zusammen. Die leidenschaftliche Hingabe, mit der das Unterhaus Mittel und Wege beriet, wie man am besten für die Sicherheit der Königin sorgen könne, zeigte deutlich, welch magische Gewalt Elisabeth über ihr Volk hatte. Man war fest entschlossen, jede Verschwörung zu Jakobs oder Marias Gunsten im Keim zu ersticken. Es wurde beantragt, den kurz zuvor gegründeten Eidbund mit seinem unverantwortlichen Mordparagraphen zu legalisieren. Damit wäre in die Sammlung der Parlamentsbeschlüsse eine Bestimmung aufgenommen worden, wie man sie sich gesetzloser nicht vorstellen kann. Das Parlament zielte auf Marias Tod, darüber konnte kein Zweifel mehr bestehen. Aber Maria selbst wollte die Gefahr nicht erkennen, sondern glaubte lieber, in den Fieberträumen von Verschwörern und Emigranten die wahre Stimme des Volkes zu hören.

Einige Abgeordnete, die schon gegen den Bund Bedenken gehabt hatten, beunruhigte dieser Antrag sehr. Das Gewissen und die Königstreue stritten um ihre Seele, traurig schweigend saßen sie da. Nein, das ging zu weit! Auch Elisabeth sah diese Entwicklung mit Sorge an. Sie griff ein, verlangte, daß alles unterbliebe, durch das die Grundprinzipien der Gerechtigkeit angetastet, das Gewissen auch nur eines ihrer guten Untertanen beschwert oder die Welt, Freunde und Feinde, in Erregung versetzt würden. Niemand solle für fremde Schuld büßen, mit andern Worten: erst müsse Maria die Teilnahme an einer Verschwörung nachgewiesen werden, bevor man Rache an ihr übe. Die neue Fassung, die man daraufhin dem Antrag gab, war zwar weniger gemäßigt als Elisabeth es wünschte, doch sah das Gesetz jetzt vor, daß Marias Fall vor einem Gericht verhandelt und abgeurteilt werden sollte, und verbot bis dahin jedermann jedes gewaltsame Vorgehen gegen Maria. Der Mordparagraph des Bundes wurde entsprechend abgeändert. Ein weiteres Gesetz richtete sich gegen jede katholische Mission. Jesuiten und im Ausland ordinierte Priester mußten innerhalb von vierzig Tagen das Land verlassen; nach Ablauf dieser Zeit wurde ihre Anwesenheit in England als Hochverrat angesehen. Man holte eine ganze Reihe von Geistlichen, obwohl einige von ihnen wegen Hochverrats bereits verurteilt waren, aus den Gefängnissen und schob sie nach Frankreich ab.

Ein Waffenstillstand mit den katholischen Mächten im Ausland kam nicht in Frage. Bevor das Parlament auseinanderging, bestätigte das Geständnis des Abgeordneten Dr. Parry, der einen Mordanschlag auf Elisabeth geplant hatte, wie weit mancher Kleriker in seinem Kampf gegen ‚die böse Jesabel von England' zu gehen bereit war. Parry war als Spion der englischen Regierung tätig gewesen, und es ist schwer zu entscheiden, ob er wirklich die Absicht hatte, die Königin zu töten, oder ob er nur eigenmächtig als agent provocateur handelte. Es steht jedenfalls fest, daß Rom seinen Plan billigte und segnete, und daß Marias Bevollmächtigter in Paris ihn ebenfalls zur Tat drängte. Die Wut des Unterhauses war furchtbar. Man hielt den Verrätertod, so grausam er auch war, in diesem Fall für zu milde und bat Elisabeth, es dem Hause zu überlassen, eine noch schrecklichere Todesart für Parry zu ersinnen, die dann durch Parlamentsbeschluß über ihn verhängt werden sollte. Einige Abgeordnete waren für die sofortige Wiederaufnahme des Hochverratsverfahrens gegen Maria, das während des Parlaments 1572 begonnen hatte. Aber beide Vorschläge wurden abgelehnt.

Für einige Zeit verebbte noch einmal die allgemeine Erregung über Meuchelmord und Verschwörung. Im Januar 1585 wurde Maria nach Tutbury Castle in Staffordshire gebracht, und im April erschien als ihr neuer Wächter der sittenstrenge und glaubenseifrige Sir Amias Paulet. Der Umgang mit Fürstlichkeiten war ihm vertraut, denn er war als Elisabeths Gesandter am französischen Hofe gewesen. Ein Mann, der sich weder durch Schmeichelei noch durch Geld bestechen ließ. Die laxen Zeiten Shrewsburys und seines Haushaltes waren nun vorbei; neue Besen kehren gut. Marias Geheimkorrespondenz wurde vollkommen unterbunden; und in London häuften sich die Briefe der Verschwörer aus dem Ausland, um auf den Augenblick zu warten, in dem sie Paulets nimmermüde Wachsamkeit hintergehen könnten. Unterdessen entlud sich Marias ruheloser Geist in einer Flut von lauten Klagen; sie schrie nach Rache an ihren Feinden.

Während des Jahres 1585 war Elisabeth vor allem durch die Verhandlungen über ein Bündnis mit Jakob in Anspruch genommen. Aber auch die Verhältnisse in den Niederlanden drängten zu einem Entschluß, denn mit Wilhelm von Oranien war der Mann aus dem Leben geschieden, der allein die durch Selbstsucht und Parteiung zerrissenen Provinzen zusammenhalten konnte. Wie immer sträubte Elisabeth sich auch jetzt, mit ‚einer undankbaren Menge, einem wahren Pöbel', wie sie die Niederländer einmal nannte, zusammenzugehen, und viel lieber hätte sie sich mit Frankreich zu gemeinsamem Eingreifen verbunden. Aber dort war nach Alençons Tode der Führer der Hugenotten, Heinrich von Navarra, Thronfolger geworden, und zum Schutz gegen diese Zukunftsbedrohung hatte die katholische Partei der Guisen eine Liga gebildet, der Spanien den Rücken deckte. Die Symptome der alten Bürgerkrieg-Krankheit traten wieder auf, und der französische König wagte es nicht, in die Niederlande auf Abenteuer zu ziehen. Elisabeth blieb keine Wahl. Im August 1585 schloß sie einen Vertrag mit den aufständischen Staaten und sandte ihre ersten Truppenabteilungen hinüber. Aber außer militärischer Hilfe war ein fähiger Kopf vonnöten, der wie Wilhelm von Oranien alle Kräfte zusammenhielt. Leicester hatte sich schon lange für diesen Posten in Vorschlag gebracht, mit vielen Bedenken gab Elisabeth jetzt ihre Zustimmung. Schon bald tat ihr diese Entscheidung wieder leid; sie fühlte sich gesundheitlich nicht wohl, das Klimakterium machte ihr wahrscheinlich viel zu schaffen. Eines Abends bat sie Leicester ‚mit flehentlichen Worten', sie doch nicht zu verlassen, denn sie fürchte, sie werde nicht mehr lange leben. Der Anfall ging vorüber, ihre Stimmung änderte sich: endlich, Anfang Dezember, machte sich Leicester auf die Reise. Der große Sprung war gewagt. Nach fast siebenundzwanzigjährigem Frieden hatte Elisabeth, wenn auch nicht offen oder gar vorsätzlich, den Weg des Krieges eingeschlagen.

Jetzt, da England der Krieg drohte, war es notwendiger denn je, die katholischen Verschwörungen nicht aus den Augen zu verlieren. Wieder einmal war das Glück hold. Gerade in diesem Dezember 1585 wurde ein gewisser Gilbert Gifford, der im Ausland als Priester ausgebildet worden war und eben die niederen Weihen erhalten hatte, von Marias Agenten nach England gesandt, wo er versuchen sollte, heimlich Verbindung mit der Königin der Schotten aufzunehmen. Seine verwandtschaftlichen Beziehungen – er stammte aus einer guten Familie Staffordshires, die in Marias Nähe ihren Wohnsitz hatte – ließen ihn für diese Aufgabe besonders geeignet erscheinen. Bei seiner Landung wurde er verhaftet, und da er ein schwacher und gemeiner Charakter war, erklärte er sich bereit, für Walsingham als Spion tätig zu sein, nicht der erste, und ebensowenig der letzte seiner Art. Unter dem Deckmantel seines ursprünglichen Auftrags sollte er für Marias Briefe einen Geheimweg ausfindig machen, und Walsingham wollte die Briefe dann abfangen. Es gab keine einfachere und bessere Methode, Verschwörungen auf die Spur zu kommen; und man durfte bestimmt damit rechnen, daß Maria in diese Falle ging.

Am 24. Dezember wurde Maria von Tutbury nach Chartley gebracht. Das Haus, das dem jungen Grafen Essex gehörte, war von einem Wassergraben umgeben und lag etwa zwölf Meilen von Tutbury entfernt. Hier stellte man ihr die Falle, eine sehr schlaue Falle, in die sie bei ihrem Zutrauen zu hohlen Absätzen und dergleichen bestimmt ging. Chartley erhielt seinen Biervorrat von einem Brauer in Burton; dieser Mann wurde, wahrscheinlich von Gifford, bewogen, Marias Briefe zu befördern. Die ankommenden und abgehenden Briefe wurden jedesmal, in einem wasserdichten Behälter verpackt, durch das Spundloch in die leeren oder vollen Fässer geschoben und gelangten auf diese Weise aus dem Haus und in das Haus. Zuerst handelte der Brauer nach seiner Kenntnis durchaus in gutem Glauben, von Giffords Verrat hat er wohl nie etwas erfahren. Aber Marias Wächter, Sir Amias Paulet, hielt es schon sehr bald für sicherer, ihn bewußt an dem falschen Spiel gegen Maria teilnehmen zu lassen, weil nur auf diese Weise jeder Mißbrauch der ‚Geheimpost' von vornherein unterbunden und eine wirksame Kontrolle Giffords ermöglicht wurde.

Nachdem alles organisiert war, arbeitete dieser Postdienst folgendermaßen: Briefe von Marias ausländischen Korrespondenten erreichten England in dem Kuriergepäck des französischen Gesandten – ein grober Mißbrauch eines diplomatischen Privilegs. Der Gesandte übergab sie Gifford oder einem seiner Leute. Dieser brachte sie Walsingham und reiste dann langsam nach Chartley weiter, wo ihm die Briefe wieder ausgehändigt wurden. Walsingham übergab sie inzwischen einem bemerkenswerten, wenn auch nicht gerade angenehmen Untergebenen, einem gewissen Thomas Phelippes, der ein kleiner, magerer, gelbhaariger, kurzsichtiger Mann mit pockennarbigem Gesicht, aber ein ausgezeichneter Sprachkenner war und vor allem geradezu genial Briefe dechiffrieren konnte. Phelippes entzifferte und kopierte die Briefe, dann wurden sie an Paulet gesandt. Paulet gab sie Gifford, der sie dem Brauer aushändigte. Der Brauer legte sie, ohne daß Gifford davon wußte, noch einmal Paulet vor, der sich überzeugte, daß das Paket unversehrt war, und es dann zurückgab. Mit der nächsten Biersendung erreichten sie Maria. Die Antworten Marias gingen denselben Weg in umgekehrter Reihenfolge. Der Brauer, der ‚Biedermann', wie er mit Spitznamen genannt wurde, ‚führte die Hure ganz gewaltig hinters Licht'. Von Maria reichlich bezahlt, steckte er wahrscheinlich auch einen Teil der Summen ein, die sie ihm für Gifford gab. Außerdem bekam er von Walsingham Geld und besaß dabei noch die Unverschämtheit, für sein Bier einen höheren Preis zu verlangen.

Maria erhielt auf diesem Wege die ersten Briefe am 16. Januar 1586. Sie war voller Freude. Ein ganzes Jahr lang war sie von aller Geheimkorrespondenz abgeschnitten gewesen und hatte, wie sie behauptete, seit Dezember 1584 keine Nachricht aus dem Auslande erhalten. Vollkommen in Sicherheit gewiegt, befahl sie, ihr alle Briefe zu senden, die seit den Tagen der

Throckmorton-Verschwörung bei dem französischen Botschafter lagerten. Es waren einundzwanzig große und kleine Pakete, die alle Geheimnisse des ‚Unternehmens' enthielten. Wochenlang beantwortete Maria die Briefe. „Herr Gesandter", sagte Elisabeth während dieser Zeit einmal zu dem Vertreter des französischen Königs, „Sie haben viel geheime Verbindung mit der Königin von Schottland, aber glauben Sie mir, ich weiß alles, was in meinem Königreich vorgeht. Ich selbst war in den Tagen der Königin Maria, meiner Schwester, gefangen und kenne die Schliche, deren Gefangene sich bedienen, um Diener für sich zu gewinnen und geheime Verbindungen herzustellen." War das eine Andeutung, eine Unvorsichtigkeit oder eine versteckte Herausforderung?

Schon bald nach der Eröffnung des geheimen Postdienstes wurde, wie das kaum anders zu erwarten war, Marias Umsicht auf eine schwere Probe gestellt. Eine Gruppe junger Männer plante als Auftakt des ‚Unternehmens' die Ermordung Elisabeths. Der führende Kopf war ein Priester namens Ballard, ein aufgeblasener, genußsüchtiger, überspannter Mensch ohne jedes Verantwortungsgefühl; im Auslande erklärte er, 60000 englische Katholiken seien zum Aufstand bereit; in England versprach er die Hilfe von 60000 Mann ausländischer Truppen; eins war so unsinnig wie das andere. Ballard gewann einen jungen, wohlhabenden Edelmann aus Derbyshire mit Namen Anthony Babington für die Verschwörung, der einst Page in Shrewsburys Haushalt gewesen war und Maria kannte. Er paßte allerdings besser zum Philosophen als zum Helden. Da er seine Unsterblichkeit voraussah, beauftragte er einen Maler, ihn und die andern ‚Helden', die die Königin ermorden wollten, ‚als Erinnerung an eine so edle Tat' im Bilde festzuhalten. Zu den Verschwörern gehörte auch John Savage, ein einfaches Gemüt, der sein Gelübde, Elisabeth zu töten, sehr ernst nahm. Schon seit acht Monaten trug er sich mit dem Plan. Als ein paar Wochen später Babington auf die Nachricht von der Aufdeckung der Verschwörung zu ihm kam und ihn fragte: „Was jetzt?" erwiderte er: „Sie sofort töten." „Gut", sagte Babington, „dann gehen Sie morgen an den Hof und vollbringen Sie die Tat." „Nein", antwortete Savage, „morgen kann ich leider nicht, da ist mein Anzug noch nicht fertig." Auch Gilbert Gifford war in die Verschwörung verwickelt und ermutigte Savage, sein Gelübde zu halten; welche Gründe Gifford zu diesem Eingreifen bewogen, ist nicht erkennbar – für die Annahme, daß Walsingham ihn als agent provocateur benutzte, liegt aber kein Beweis vor.

Ein dämonisches Schicksal schien bei allem, was Maria tat, seine Hand im Spiel zu haben. Am 25. Juni, als die Verschwörer unter Babingtons Führung nun endlich zur Tat bereit waren, schrieb Maria zufällig an Babington einen Brief, der mit der Verschwörung in keinerlei Zusammenhang stand. Babington antwortete. Er teilte ihr mit, was alles im Gange war: Sechs Edelleute sollten Elisabeth ermorden. Zu gleicher Zeit würden andere nach Chartley eilen, Maria zu befreien. Eine fremde Armee werde in das Land einfallen. Er bat sie um ihren Rat und um das Versprechen, die sechs Helden, die ‚diese tragische Hinrichtung' vollzögen, gebührend zu belohnen. Der Brief kam pünktlich in Walsinghams Hände. Die Falle arbeitete tadellos, ihr Mechanismus durfte jetzt nur nicht gestört werden. Der Entzifferer Phelippes wurde deshalb sofort mit dem Briefe nach Chartley gesandt, wo er auf Marias Erwiderung warten sollte. Zuerst kam nur eine kurze Bestätigung mit der Zusage, bald ausführlicher zu antworten. Phelippes schrieb: „Ihre wahre Gesinnung erfahren wir das nächste Mal." Er sollte recht behalten. Am 17. Juli wurde die Antwort geschrieben. In dem ungewöhnlich langen Brief begrüßte Maria warm die Verschwörung und die Ermordung Elisabeths, kargte auch nicht mit guten Ratschlägen. War dieses Schreiben schon an sich belastend, so war es das um so mehr in Verbindung mit Babingtons Brief. Falls Elisabeth keine Schwierigkeiten machte, war Marias Kopf so gut wie verloren. Phelippes entzifferte den Brief und schickte Walsingham eine Abschrift. Die Rückseite des Briefes trug das Zeichen für ‚Eilbestellung': den Galgen!

Walsingham hätte den Dingen nun ruhig ihren Lauf lassen können, denn eines weiteren Beweises gegen Maria bedurfte es nicht. Er aber fälschte noch eine Nachschrift zu Marias Brief, in der er Babington nach den Namen der sechs Edelleute fragte, die Elisabeth töten sollten. Sein Vorgehen war durchaus verständlich und entschuldbar. Er wollte einen unwiderlegbaren Beweis, auf Grund dessen er die Mörder überführen konnte. Wäre alles verlaufen, wie er es plante, so hätte er die Antwort mit den Namen erhalten, den Brief nicht weitergegeben und die Verschwörer sofort verhaftet. Aber die Antwort Babingtons verzögerte sich, und Walsingham mußte losschlagen, ehe diese letzten Vorbereitungen zu Ende geführt waren.

Am 2. August schrieb Maria in rührender Ahnungslosigkeit an einen Verbündeten im Ausland, die geheime Post funktioniere, Gott sei Dank, jetzt so tadellos, daß er ihr schreiben könne, wann er wolle. Zwei Tage später nahm Walsingham die erste Verhaftung vor, und wieder einige Tage später wurde Maria zur Jagd eingeladen; ein Trupp Reiter kam ihr entgegen und brachte sie in ein benachbartes Haus, während ihre beiden Sekretäre verhaftet und all ihre Papiere in Chartley beschlagnahmt wurden. Unter der Korrespondenz sollen sich auch Briefe gewisser englischer Edelleute befunden haben, die von Liebe und Verehrung nur so trieften. ‚Nach dem Motto, das sie oft brauchte: Video et taceo, das heißt: ich sehe und schweige', ließ Elisabeth diese Briefe still bei sich verschwinden.

Als die Verschwörer gefaßt waren, läuteten die Bürger Londons die Glocken und zündeten Freudenfeuer an. Man vergnügte sich auf den Straßen, die Leute sangen Psalmen und marschierten durch die Stadt mit Trommeln und Pfeifen unter vielen Hochrufen auf Elisabeth, ‚so daß die Luft widerhallte'; wenn je Untertanen ihre Herrscherin verehrten, so war das bei Königin Elisabeth der Fall. Tief ergriffen veröffentlichte sie eine Proklamation, in der ihre große Liebe zu ihrem Volk zum Ausdruck kam, was die allgemeine Freude und Erregung noch verdoppelte. Man hatte ein Gefühl, als sei England einer zweiten Bartholomäus-Nacht entgangen. „Diese höllischen Priester", heißt es in einem Brief an Walsingham, „vergiften und verpesten alle Minderwertigen in England. Vernichten Sie die Priester, sofort werden Verrat und treulose Anschläge jeden Anreiz verlieren." Am 20. September wurden Babington und sechs der Hauptverschwörer auf Weidengeflecht vom Tower Hill bis nach St. Giles's Fields gezogen, wo ein Schafott und ein Galgen ‚von der gleichen ungewöhnlichen Höhe errichtet war wie der, an dem der hochmütige Haman für seinen Ehrgeiz das Leben lassen mußte.' Sie erlitten den furchtbaren Verrätertod. Am nächsten Tage wurden viele andere Verschwörer hingerichtet, aber auf Elisabeths ausdrücklichen Befehl durften sie erst nach ihrem Tode verstümmelt werden. Reime, Lieder und Flugschriften überfluteten das Land. In Städten und Dörfern ‚wurden die Balladen ebenso eifrig und munter vorgetragen wie willig und voller Freude angehört, so daß bald ganz England diese furchtbare Verschwörung kannte'.

„Amias, mein treuester und sorgsamster Diener", schrieb Elisabeth an Paulet, „Gott belohne Sie doppelt und dreifach dafür, daß Sie Ihr schweres Amt so gut verwaltet haben." Dann fuhr sie mit Bezug auf die neuen, Maria aufzuerlegenden Beschränkungen fort: „Lassen Sie Ihre böse Mörderin wissen, daß ihre gemeinen Taten mich leider zu diesen Maßnahmen zwingen, und sagen Sie ihr in meinem Namen, sie solle Gott für ihr verräterisches Handeln um Vergebung bitten." Im ganzen Lande war man sich der drohenden Gefahr bewußt. Schon wurde die Nachricht verbreitet, Franzosen wären in Sussex gelandet; einen oder zwei Monate später hieß es, eine spanische Flotte läge bereits in einem französischen Hafen. Hawkins ging mit seinen Schiffen auf Patrouillenfahrt längs der Küste, in allen Grafschaften wurden Beamte bestellt, die Truppen ausmusterten, Leuchtfeuer vorbereiteten und die katholischen Priester verhafteten. Elisabeth hatte befohlen, daß bei der Verhandlung gegen Babington und Genossen, wenn möglich, Maria nicht genannt würde, denn sobald Marias Situation hoffnungslos erschien, war mit einem unbedachten Vorgehen ihrer Anhänger bestimmt zu rechnen.

Marias Situation war hoffnungslos. Vom Standpunkt der Rechts- und Staatstheorie aus war der Einwurf, Maria sei als souveräne Herrscherin, die zu sein sie beanspruchte, nur Gott verantwortlich und keinem Gesetz untertan, durchaus berechtigt. Elisabeths Rechtsgelehrte hatten sich lang und breit zu ihrer eigenen Befriedigung mit diesem Argument beschäftigt. Aber der Nachhall dieser theoretischen Erörterungen mag getrost mit dem Streit um den Kopf König Karls I. gespenstisch zusammenklingen; damals war nur eins wichtig: die politische Notwendigkeit eines Vorgehens gegen Maria zu erkennen und dieses Vorgehen legal zu gestalten, was nach dem vom letzten Parlament verabschiedeten ‚Gesetz zum Schutze der Königin' durchaus möglich war. Der Staatsrat schlug vor, sie in den Tower zu sperren. Elisabeth verweigerte ihre Zustimmung; Maria wurde nach Fotheringay Castle in der Grafschaft Northampton gebracht. Mit peinlichster Sorgfalt wurde der Prozeß gegen sie vorbereitet. Richter und Gelehrte berieten lange über den Wortlaut der Anklage, und Elisabeth erschöpfte jedermanns Geduld durch ihre immer neuen Einwände. „Gäbe Gott", schrieb Walsingham, „Ihre Majestät überließe diese Dinge ruhig denen, die sie am besten beurteilen können, wie es andere Fürsten auch tun." Die Abschrift der Anklage wurde, da sie ein ‚Dokument für spätere Zeiten' sein sollte, einem alten Schreiber anvertraut, der als einziger in dieser Zeit, die auf wahre Federkunst schon keinen Wert mehr legte, noch eine klare Handschrift schrieb.

Am 11. Oktober trafen die Kommissionsmitglieder in Fotheringay zur Gerichtsverhandlung ein. Sechsunddreißig Peers, Staatsräte und Richter versammelten sich, von denen manche Marias Freunde gewesen waren, deren Briefe sich vielleicht auch unter denen befanden, die man in Chartley beschlagnahmt hatte und in denen sie Maria ihrer Liebe und Verehrung versicherten. Maria bestand unerschütterlich auf dem Privileg der souveränen und gesalbten Königin; aber nach zwei Tagen dauernden Hin und Hers, bei dem Ereignisse vergangener Jahre und gegenseitige Beschuldigungen wieder aufgewärmt wurden, willigte sie endlich ein, vor dem Gerichtshof zu erscheinen, ohne sich jedoch seinem Spruch zu unterwerfen. Die Verhandlung würde einen modernen Juristen geradezu entsetzen; sie wurde aber streng nach der Prozeßordnung jener Zeit durchgeführt, und immerhin mit weniger Tendenz und mehr auf Tatsachen gestützten Beweisunterlagen, als es bei manchem anderen Verfahren dieser Art schon geschehen ist. Zweifellos hatte Maria von dem Mordanschlag auf die Königin Kenntnis gehabt, und ebenso zweifellos hatte sie ihm zugestimmt; auch wußte sie von dem Plan, eine fremde Armee nach England zu bringen. Sie jedoch leugnete immer wieder heftig und feierlich jede derartige Kenntnis ab, und das war ganz natürlich, denn es ging um ihr Leben. Aber all ihr Leugnen war und ist gegenüber den Aussagen Babingtons und ihrer beiden Sekretäre umsonst, ganz zu schweigen von der Geheimpost, die jedoch ebenso wie die gefälschte Nachschrift mit keinem Wort erwähnt wurde. In Übereinstimmung mit der allgemeinen Übung, von der nicht abgewichen werden konnte, wurde ihr kein Rechtsbeistand gestattet, aber sie verteidigte sich selbst klug, beredt und sehr geschickt. Trotz ihres Wortschwalls und ihrer Unbeherrschtheit zeigte sie große Würde. Nach dem aufgeregten Wortkampf schlug dann mit charakteristischer Plötzlichkeit ihre Stimmung um. Sie gelobte Elisabeth Ergebenheit und war den Kommissionsmitgliedern gegenüber nichts als Freundlichkeit und Verzeihung. Als sie an den Richtern und dem Ankläger vorbeiging, sagte sie lächelnd: „Gott vergebe Euch Rechtsgelehrten, Ihr seid so traurige Gesellen. Gott behüte mich und meine Sache vor Euren Gesetzen, die selbst die beste Sache in ihr Gegenteil verdrehen können."

Das Gericht wäre gern zum Urteilsspruch gekommen, aber Elisabeth, allein in London, wurde von Zweifeln und Sorgen gequält, während Burghley, Walsingham und andere Staatsräte in Fotheringay waren. Kurz vor Morgengrauen – es war die gleiche Stunde, in der sie 1572 ihren Entschluß über die Hinrichtung des Herzogs von Norfolk änderte – ließ sie ihren Staatssekretär holen und befahl ihm, der Kommission sofort mitzuteilen, das Urteil sei zu vertagen und die Kommissare sollten nach London zurückkehren. Als sie in London waren, wurde Elisabeth wieder fester in ihrer Entschlossenheit; die Kommission trat erneut zusammen, überprüfte das Beweismaterial und erkannte Maria einstimmig für schuldig.

Am 29. Oktober versammelte sich das Parlament. Da Elisabeth nur zu gut wußte, welchen Druck es auf sie ausüben würde, hatte sie sich lange geweigert, es einzuberufen, der Staatsrat aber hatte aus dem gleichen Grunde darauf bestanden. Es war alles in allem eine außergewöhnliche Sitzungsperiode: die Königin blieb fern, das Haus befaßte sich nur mit der einen ‚großen Sache' und ließ alles andere unerledigt. Wie im Jahre 1572 beschlossen Ober- und Unterhaus gemeinsames Vorgehen. Nachdem man von dem Beweismaterial Kenntnis genommen hatte, waren beide Häuser einstimmig dafür, die sofortige Hinrichtung Marias durch eine Petition zu verlangen; und am 12. November machte eine Deputation Elisabeth in Richmond ihre Aufwartung, um ihr die Petition zu überreichen, die sowohl der Lordkanzler als auch der Sprecher durch weitere Beweisgründe warm befürworteten.

Elisabeths Antwort trieb manchem die Tränen in die Augen. Unerschöpflich sei Gottes Güte ihr gegenüber, so sagte sie. Es sei ein Wunder, daß sie noch lebe; aber hierfür danke sie Gott nicht so sehr wie für die Liebe ihrer Untertanen, die in achtundzwanzig Jahren unwandelbar dieselbe geblieben sei. „Euretwegen", fuhr sie fort, „wünsche ich zu leben," „Ich habe keine so große Freude am Leben, daß ich besonders an ihm hinge, noch empfinde ich solche Angst vor dem Tode, daß ich ihn sehr fürchtete, womit ich aber nicht sagen will, daß, wenn der Tod dereinst ausholt zum Streiche, Fleisch und Blut nicht erschaudern und versuchen würden, ihn zu meiden. Ich habe diese Welt und ihre Mühen zu Genüge kennengelernt: ich weiß, was es heißt, Untertan zu sein, und was, im Herrscheramt zu stehen –, was es heißt, gute Nachbarn zu haben und was, sich immer wieder Böswilligen gegenüber zu sehen. Mein Vertrauen wurde oft verraten, mein Wohlwollen fast stets gering geachtet." Es sei für sie ein kummervoller Gedanke gewesen und sei es noch, so erklärte sie weiter, daß ein Mensch ihres eigenen Geschlechts und Standes, ja ihrer Verwandtschaft in ihren Tod gewilligt habe. Sie trüge aber keinen Haß gegen Maria. Nach der Aufdeckung der Verschwörung habe sie heimlich an sie geschrieben, um sie, falls sie alles gestände, vor Schande und Vorwürfen zu bewahren. Aber Maria habe hartnäckig jede Schuld geleugnet; selbst jetzt noch würde sie sehr gern verzeihen und alles vergessen, wenn Maria nur wahrhafte Reue empfände. Die Deputation wurde mit dem Versprechen entlassen, sie werde ihnen bald weitere Botschaft senden.

Diese Botschaft bestand in der Frage, ob kein anderer Weg als Marias Hinrichtung möglich sei. Wieder kamen beide Häuser einstimmig zu dem Schluß, daß Marias Tod der einzige Ausweg sei; am 24. November erschien eine neue Deputation in Richmond; sie war ‚ausgerüstet mit unwiderlegbaren Gründen' und wollte der Königin beweisen, daß weder durch Hoffnung auf eine Sinnesänderung Marias noch durch sichere Bewachung ihrer Person, weder durch feierliche Worte und Eide der Schottenkönigin, noch durch Geiseln von andern Fürsten, weder durch Marias Verbannung, noch durch Zurücknahme der Bulle Pius' V., weder durch die Verpflichtung und das Wort eines oder aller Fürsten, die ihre Verbündeten waren, noch durch irgendein anderes Mittel als einzig und allein Marias schnelle Hinrichtung die wahre Religion, das Leben Elisabeths und das Reich geschützt werden könnten. „Unendlich kummervoll ist der Weg“, antwortete Elisabeth, „daß ich, die ich zeit meines Lebens so manchem Rebellen verziehen, bei so manchem Verrat ein Auge zugedrückt habe, jetzt zu einem derartigen Vorgehen gegen eine Frau von solchem Rang gezwungen werde. Was werden meine Feinde“, so fragte sie, „nicht alles sagen, wenn bekannt wird, daß um ihrer eigenen Sicherheit willen eine jungfräuliche Königin das Blut einer Verwandten vergoß?“ Sie wollte den Abgeordneten keine Entscheidung geben; eigentlich müßten ja doch Taten und nicht Worte, die Antwort auf ihre Forderungen sein. Und so bat sie schließlich, die beiden Häuser möchten sich wieder einmal mit einer ‚Entgegnung ohne Erwiderung‘ zufrieden geben. Dieses Parlament, bemerkte Burghley bitter, wird später ‚das Parlament der Worte‘ genannt werden. Aber der Druck auf die Königin blieb stark; und als am 2. Dezember das Parlament bis zum nächsten Februar vertagt wurde, gab Elisabeth das Versprechen, sie werde jetzt das Urteil gegen Maria veröffentlichen. Und sie hielt dieses Versprechen sofort. Die Freude der Londoner war grenzenlos. Wieder wurden die Glocken geläutet, das Volk zündete Freudenfeuer an, und die Leute sangen Psalmen in den Straßen.

Unterdessen quälte Maria in Fotheringay Sir Amias mit ‚viel überflüssigen und müßigen Reden‘ und war ‚ohne alle Furcht vor der Zukunft‘. Am 16. November ließ Elisabeth sie über das Urteil und die Petition des Parlaments unterrichten und auf die Möglichkeit ihres Todes vorbereiten. Maria blieb ganz ruhig. Keine Reue, keine Unterwerfung, kein Eingeständnis ihrer Schuld, keine Bitte um Verzeihung kamen über ihre Lippen. In beredten und leidenschaftlichen Briefen richtete sie ihren Appell an die Menschheit und die Nachwelt. Auch diesen letzten Akt ihres Lebensdramas spielte sie gefaßt und noch immer ohne jeden Skrupel. Ihre Erklärungen an den Papst, geschrieben in der feierlichen, bekenntnisfreudigen Stimmung des nahen Todes, sind zum Teil klägliche Lügen. Und doch handelte sie aus gesundem Instinkt, wenn sie sich als Märtyrerin des katholischen Glaubens hinstellte. Der Kampf der Katholiken in England war in ihr personifiziert gewesen. In dieser Rolle wollte sie sterben. Als Paulet ihr den Thronhimmel wegnahm, da sie nach dem Gesetz bereits tot und aller Würde bar sei, hängte sie an derselben Stelle Bilder der Passion Christi und ein Kreuz auf.

Wie glücklich wäre Elisabeth gewesen, hätte sie in der Rolle, die sie spielen mußte, irgendwelche Befriedigung finden können. Sie fand sich zwar mit der Notwendigkeit ab, schreckte aber vor dem letzten Schritt und dem Makel, der auf sie selbst fallen mußte, zurück. „Wir Fürsten", so sagte sie zum Parlament, „sind aller Welt sichtbar, ein Flecken an unsern Kleidern wird bald entdeckt, ein Fehler in dem, was wir tun, sofort bemerkt." Marias Tod konnte keine rein englische Angelegenheit bleiben. Gesandte des französischen Königs und Jakobs von Schottland, die an ihrem Hof waren, erinnerten sie daran. Vor wenigen Monaten erst hatte Jakob endlich ein Bündnis mit Elisabeth abgeschlossen; sein tatkräftiges Eintreten für das Leben seiner Mutter schien anfangs dieses unschätzbare Bündnis zu bedrohen. Aber der junge Herr Jakob war immer noch vor allem an sich selbst interessiert; und sehr deutliche Hinweise auf die Gefährdung seiner Nachfolge auf dem englischen Thron veranlaßten einen bemerkenswerten Brief an Leicester, in dem es heißt: „Wie töricht und unbeständig ich sein würde, wollte ich meine Mutter dem Rechtstitel vorziehen, überlasse ich ruhig dem Urteil der Menschen. Mein Glaube drängte mich von jeher, ihren Kurs zu hassen, wenn mich meine Ehre auch zwingt, für ihr Leben einzutreten." Aber ebenso zwang ihn sein Volk, denn die Schotten, die einst gerufen hatten: „Verbrennt die Hure", empörte der Gedanke, daß die Engländer sie nun von ihrer verfemten Königin befreien sollten.

Im Januar wurde eine seltsame Verschwörung gegen das Leben der Königin Elisabeth aufgedeckt, in die der französische Gesandte und sein Sekretär verwickelt waren. Möglicherweise handelte es sich dabei nur um einen Trick, durch den der Einwirkung des Gesandten ein Ende gemacht und Elisabeth erschreckt werden sollte. Wie dem auch sei, das Warten wurde unerträglich und gefährlich. Gegen Ende des Monats und in den ersten Februartagen jagte das Gerücht wie ein Lauffeuer durch das Land, die Königin von Schottland sei aus dem Gefängnis entwichen, London stehe in Flammen, Tausende von

Spaniern landeten in Wales .... Verhaltungsmaßregeln wurden im ganzen Lande bekanntgegeben, vom Norden bis in den Süden und bis nach Cornwall. Jedermann ging in Waffen, die Wege wurden bewacht, das Land war voller Erwartung und hielt treu zu seiner Königin.

Elisabeth konnte nicht länger zögern. Am 1. Februar unterzeichnete sie das Todesurteil. Walsingham war krank, und der zweite Staatssekretär, William Davison, der erst am 30. September in sein Amt berufen war, führte die Geschäfte. Sie befahl ihm, Walsingham die Nachricht mitzuteilen: „Der Kummer hierüber wird ihn auf der Stelle töten."

Elisabeth hatte noch weitere Entscheidungen zu treffen. Es gab zwei Wege, Maria vom Leben zum Tode zu bringen: Hinrichtung von Gerichts wegen und Ermordung. Der schottische Gesandte, Leicester und andere hatten offenbar den zweiten Weg vorgeschlagen; ein gewisser Wingfield war auch zur Ausführung der Tat bereit. Der ‚Bundeseid' gab dieser Bereitwilligkeit die moralische Stütze, und ein Amnestie-Versprechen sollte den Konflikt mit dem Gesetz aufheben. Als Davison mit dem unterzeichneten Urteil abreisen wollte, klammerte Elisabeth sich plötzlich an diese zweite Möglichkeit; sie befahl Walsingham und Davison, an Paulet zu schreiben und bei ihm zu sondieren. „Gott verhüte", antwortete Paulet, „daß ich mein Gewissen so grauenvoll belaste." Diese edle Gesinnung hat eine nachsichtige Welt ganz vergessen lassen, daß auch Paulet den ‚Bundeseid' geschworen hatte. Elisabeth aber machte bissige Bemerkungen über ‚die Tüchtigkeit dieser korrekten Burschen', die geschworen hätten, Maria zu lynchen, und laut ihre Hinrichtung forderten, deren Odium aber auf ihre Königin abwälzen wollten, die Marias Tod nicht wünschte. Die Menschen jener Zeit ließen sich in ihrer geistigen Haltung entweder vom Glauben oder von der Politik bestimmen. Die vom Glauben abhängige Geisteshaltung ist uns durchaus verständlich, während die politisch orientierte sich ihrem Wesen nach so grundlegend geändert hat, daß wir sie heute nicht mehr ganz begreifen können. Die rein politisch eingestellten Menschen – und zu ihnen gehörten alle Herrscher – waren entsetzt über den Gedanken, daß eine gesalbte Fürstin sich einer Gerichtsverhandlung unterwerfen und mit Hinrichtung bestraft werden sollte: da war Mord bei weitem vorzuziehen. Graf Aremberg, der zu Parmas Umgebung gehörte, sagte später in einem Gespräch über Maria, „es wäre viel richtiger gewesen, man hätte sie vergiftet oder mit einem Kissen erstickt, als sie so öffentlich hinzurichten". Derselben Meinung waren auch der König von Frankreich und andere.

Mit der Unterzeichnung des Todesurteils hatte Elisabeth die Grenze dessen erreicht, was sie zu tun bereit war. Sie rechnete nun damit, daß andere die Verantwortung für seine Ausführung übernähmen. Da Davison fürchtete, er solle zum Sündenbock in dieser Sache gemacht werden, schob er Burghley und anderen Staatsräten die Verantwortung zu. Sie sandten den Vollstreckungsbefehl unauffällig ab.

Am Dienstag, dem 7. Februar 1587, wurde Maria verkündet, daß sie am nächsten Morgen sterben müsse. Sie verriet keine Angst. Sie leugnete jede Mittäterschaft an der Babington-Verschwörung, sagte, sie sterbe für ihren Glauben und verzieh ihren Feinden, in dem festen Vertrauen, daß Gott an ihnen Rache nehmen werde. Einen großen Teil der Nacht verbrachte sie im Gebet. Gegen acht Uhr morgens begleiteten der Sheriff und seine Leute sie in die Schloßhalle, wo für die Hinrichtung alles vorbereitet war. Maria ging ganz in Schwarz gekleidet, mit einem Schleier aus weißem Batist über dem Haar. In der Hand hielt sie ein Kruzifix, ihr Rosenkranz hing vom Gürtel herab. Sie war vierundvierzig Jahre alt; abgesehen von den schnell vergangenen Tagen nach ihrer Flucht aus Loch Leven war sie jetzt zwanzig Jahre gefangen gewesen. Der Reiz der Jugend war verschwunden, sie war korpulent geworden, hatte runde Schultern, ein dickes Gesicht und ein Doppelkinn; ihr kastanienbraunes Haar war falsch.

Sie weinte, als sie von ihrer Dienerschaft Abschied nahm, blieb aber angesichts des schwarz ausgeschlagenen Schafotts ganz ruhig. „Meine Liebe", sagte sie zu einer Dienerin, „du solltest dich lieber freuen als traurig sein, denn jetzt finden Maria Stuarts Sorgen ihr langersehntes Ende." Mit gutgemeintem Eifer ermahnte sie der Dechant von Peterborough, ihren Glauben zu wechseln und so ihre Seele zu retten: „Die Hand des Todes ist über Ihrem Haupt, und die Axt wird an die Wurzel des Baumes gelegt, der Thron des großen Richters im Himmel ist sichtbar, und weit geöffnet sind die Bücher Ihres ganzen Lebens; das Urteil ist gefällt." „Herr Dechant", unterbrach sie ihn, „stören Sie mich nicht! Ich will Sie nicht hören; ich stehe fest zum römisch-katholischen Glauben." Er wollte weitersprechen, aber sie rief heftig: „Ruhe, Herr Dechant; Sie haben nichts mit mir zu tun, noch ich mit Ihnen!" Während er betete, las sie laut ihre katholischen Gebete, wobei ihr die Tränen aus den Augen strömten. Die beiden Henker halfen sie entkleiden. Lächelnd sagte sie: „Ich war es bisher nicht gewöhnt, mir die Kleider von solchen Dienern abnehmen zu lassen." Ganz gefaßt legte sie den Kopf auf den Block, wiederholte: „In manus tuas, Domine", und erlitt mit ungebrochener Seelenstärke den Tod. Als der Henker ihr Haupt hochhob, fielen der Schleier und die Perücke ab; ihr Haar war grau und bis auf eine Locke über jedem Ohr kurzgeschoren. „Gott schütze die Königin", rief er. „Amen!" antwortete das Volk. „Mögen so alle Deine Feinde umkommen, o Herr!" fügte der Dechant hinzu. „Amen!" bestätigte wieder das Volk. „So sei das Ende aller Feinde des Evangeliums und der Königin!" sagte der Graf von Kent. „Amen!" erscholl die Antwort des Volkes. Einer ihrer kleinen Hunde war unter ihre Kleider gekrochen; er kam jetzt hervor und legte sich zwischen den abgetrennten Kopf und die Schultern in das Blut.

„Das schöne Wetter an diesem Tage", schrieb der Dechant von Peterborough, „zeigte gleichsam aller Welt die Freude des Himmels darüber, daß der Gerechtigkeit endlich Genüge getan war. Am achten Tage des Februar wurde an ihr vergolten, was sie am zehnten Tage des gleichen Monats vor zwanzig Jahren ihrem Gatten angetan hatte."

Als die Nachricht London erreichte, wurden sofort alle Glokken geläutet und Kanonenschüsse gelöst. Wieder entzündete man Holzstöße in den Straßen, und überall herrschte Freude und Jubel. Die Bürger baten den französischen Gesandten, ihnen Holz für ihre Freudenfeuer zu geben, und als er das ablehnte, brannten sie ein Riesenfeuer vor seiner Tür ab. Elisabeth dagegen war sehr bedrückt. Sie konnte weder essen noch schlafen. Schade, daß sie mit ihren weiblichen Ängsten der Tragödie auf ihrem Höhepunkt nicht gewachsen blieb. Aber sie mußte ihre politische Rolle spielen. Die Situation, in der sie sich befand, hatte viel Ähnlichkeit mit der Katharina von Medicis nach der Bartholomäus-Nacht: sie mußte zu elenden Ausflüchten greifen, um die Schande der Hinrichtung insoweit von sich abzuwälzen, daß ihre Bündnisse mit andern Herrschern nicht gefährdet wurden. „Nichts ist bei groß und klein, bei alt und jung, und bei Anhängern aller Bekenntnisse", schrieb der englische Gesandte in Frankreich, „verhaßter als der Tod der Königin von Schottland und besonders die Art desselben. Hätte Gott doch gegeben, daß er sich nicht zu dieser Zeit ereignete." In Schottland war das Volk furchtbar erregt, und viele verlangten Krieg. Auf den Straßen wurden Schmähschriften gegen Jakob und seine anglophilen Minister und gehässige Epigramme auf ‚Jesabel, die englische Hure' verteilt.

Aber weder Heinrich III. noch Jakob VI. hatten Lust, dem Volke zuliebe auf ihre Freundschaft mit Elisabeth zu verzichten; doch brauchten sie, um das Gesicht zu wahren, eine Erklärung Elisabeths, die ihre Unschuld dartat. Daran hatte Elisabeth wahrscheinlich schon gedacht, als sie die Absendung des Vollstreckungsbefehls andern überließ. Jetzt erklärte sie, nie habe sie die Absicht gehabt das Urteil vollstrecken zu lassen, Davison habe pflichtwidrig gehandelt, als er das Dokument den Staatsräten zeigte, und diese ebenso, als sie es absandten. Vielleicht glaubte sie sogar, was sie sagte; sie hatte immer Zweifel gehabt, und hätte man mit der Absendung des Vollstreckungsbefehls gewartet, bis sie es ausdrücklich anordnete, so hätte sie wahrscheinlich noch viele Male ihre Befehle widerrufen, wie sie es bei der Hinrichtung des Herzogs von Norfolk getan hatte. Vielleicht aber spielte Elisabeth auch nur Komödie; und sollte das stimmen, dann spielte sie ihre Rolle so gut, daß sich Burghley und ihre anderen Opfer täuschen ließen. Auf jeden Fall traf ihr gemachter oder echter Zorn die hohen Beamten, die den Vollstreckungsbefehl abgesandt hatten; – schwer traf er Burghley, viel schwerer noch Davison.

Mit solch kümmerlicher Ausrede versuchte Elisabeth sich zu entschuldigen, und sie schrieb entsprechend an Jakob. Alles ganz schön und gut, nur antwortete einer seiner Minister, ein Freund des Bündnisses mit England: „Wenn die Königin weiterhin sich entschuldigt und die Aufrichtigkeit dieser Entschuldigungen beweist, dann wird der König sie zweifellos schätzen und vor allen andern Fürsten ehren. Aber, ganz offen gesagt, zum Beweise ‚necesse est unum mori pro populo'; mit andern Worten: soll das Bündnis mit Schottland gerettet werden, muß ein Sündenbock gefunden werden." Das Opfer war Davison. Die Sternkammer verurteilte ihn zu Gefängnis, dessen Dauer in das Belieben der Königin gestellt wurde, und zu einer schweren Geldstrafe. Er blieb – wahrscheinlich mit großen Freiheiten – achtzehn Monate lang im Tower; unmittelbar nach der Vernichtung der Armada wurde er freigelassen, das heißt sobald Elisabeth Schottland gegenüber wieder freier auftreten konnte. Die Geldstrafe wurde ihm offenbar erlassen; er behielt sogar seine Bezüge als Staatssekretär bis an sein Lebensende und ging auch sonst nicht ohne Lohn aus.

So endet eine Historie, über der Verhängnis und Mitgefühl walten. Aus Marias Tragödie der Leidenschaft und Politik gab es keinen andern als den erschütternden Ausweg des Todes. Wie gerechtfertigt Elisabeths Vorgehen war, beweist die weitere Entwicklung der Dinge. Die katholische Sache verlor ihre Gefährlichkeit, da der Erbe des Thrones jetzt offenbar Jakob von Schottland war; so unsicher sein Protestantismus manchmal aussah, so beunruhigend sein politisches Ränkespiel sein mochte, er war nicht Maria. Parsons und andere Jesuiten setzten ihre Hoffnungen jetzt auf die Tochter Philipps II., aber gerade dadurch brachten sie Uneinigkeit in die katholischen Reihen. Jede einigermaßen begründete Hoffnung auf einen Aufstand der Katholiken in England schwand, denn wenn es zu einem Kampfe mit Spanien kam – und dazu sollte es kommen – gab es nur noch Engländer. Politik und Religion entwirrten sich ein wenig; zuerst vielleicht nur sehr wenig, aber die wohltätige Idee der Duldsamkeit erhob schüchtern ihr Haupt. Aus der Dunkelheit brach Licht.

Elisabeth war jetzt dreiundfünfzig Jahre alt und hatte achtundzwanzig Jahre regiert. Erbarmungslos war die Zeit am Werk gewesen. Viele ihrer Diener und Jugendfreunde hatte der Tod abberufen. Frau Ashley war vor vielen Jahren gestorben – ‚Was für eine Ketzerin war sie!' – und nur wenige der Cambridge-Humanisten weilten noch unter den Lebenden: Ascham war tot und viele andere, die sich um die Schülerin ihres Freundes Ascham gesammelt und ihre ganze Kraft dem Aufbau von Kirche und Staat im elisabethanischen England gewidmet hatten. Auch an den drei Männern, die der Königin geblieben waren und zusammen mit ihr der bevorstehenden, schwersten Krise der ganzen Regierungszeit trotzen sollten, war die Zeit nicht spurlos vorübergegangen. Leicester war dick geworden, sein aufgedunsenes Gesicht hatte den scharfen Schnitt der Züge verloren; Bart und Schnurrbart wurden dünn. Cecil, jetzt ein alter Graukopf, stöhnte über die Gicht und kam nur noch selten an den Hof; er blieb der alte Staatsmann, weise im Urteil, unermüdlich wie je in der Arbeit. Walsingham litt an Steinschmerzen; auch er konnte nicht dauernd am Hofe sein, aber er war immer noch der alte Feuerkopf, wie in früheren Jahren voller Tatkraft und nie um eine List verlegen.

Mit der Königin selbst war die Zeit gnädiger verfahren. Ihre Gesundheit war wieder ausgezeichnet; wenn es das Wetter nur irgend erlaubte, ging oder ritt sie spazieren. Sie war im Vollbesitz ihrer geistigen und körperlichen Kräfte, und ihr Geist blieb jung im Verkehr mit der Jugend, die immer neu an den Hof strömte und das Leben dort beherrschte. Elisabeth hatte keine Anlage zur Korpulenz, ihre Bewegungen waren immer noch voll Anmut, und wer sie sah, hatte den Eindruck, daß sie in ihrer Jugend eine Schönheit gewesen sein müsse. Das

Alter vermehrte die von ihr ausstrahlende Würde. Wenn sie weiß gekleidet in ihrer goldenen Staatskutsche saß, ‚erschien sie wie eine Göttin, so wie Maler sie gewöhnlich darstellen'. Ihre Regierung hatte die ‚Trompetenstöße gegen das Weiberregiment' verstummen lassen. Von ihren Feinden gehaßt, von ihren Untertanen gefürchtet oder geliebt, manchmal die Verzweiflung ihrer Staatsräte – alles das mochte auf Elisabeth zutreffen, niemand aber konnte ihren Erfolg leugnen. „Sie ist bestimmt eine große Königin", sagte der neue Papst Sixtus V., „und wäre sie nur katholisch, so würde sie uns herzlich lieb und wert sein. Seht doch nur, wie gut sie regiert. Sie ist nur eine Frau, nur die Herrin über die Hälfte einer Insel, und doch fürchten alle sie, Spanien, Frankreich und das Reich."

Das Mißverhältnis zwischen Elisabeths Mitteln und ihren Erfolgen, das auf Sixtus V. so großen Eindruck machte, war das Wunder ihrer Zeit. Daß sie so Unerhörtes leisten konnte, verdankte sie einer seltenen Vereinigung ererbter Fähigkeiten: vom Vater hatte sie die meisterliche Kunst der Volksgewinnung, vom Großvater die überlegene Finanzklugheit. Ohne erstere wäre sie nicht imstande gewesen, in ihren Untertanen jenes flammende Gefühl der Treue zu erwecken, das ihre Regierung fast zu einer Romanze machte. Ohne letztere hätte sie ihre Soldaten und Matrosen weder ernähren noch bezahlen können, und bei leerem Magen verfliegt die Romantik schnell.

In Elisabeths Finanzgebarung liegt eines der Geheimnisse ihres Erfolges. Ihre ordentlichen Einkünfte – aus Krongütern, Zöllen usw. – beliefen sich während der ersten zwölf Jahre ihrer Regierung auf ungefähr £ 200000 und während der letzten zehn Jahre auf etwa £ 300000 jährlich, eine Summe, die selbst unter Berücksichtigung des damaligen hohen Geldwertes lächerlich gering war und in keiner Weise an die Einkünfte ihrer Nebenbuhler, Spanien und Frankreich, heranreichte. Finanziell war England keine Großmacht. Aus den ordentlichen Einkünften mußte Elisabeth den Unterhalt für sich und den Hof, sowie den ganzen Regierungsapparat bestreiten. Bei außerordentlichen Ausgaben, besonders für Befestigungen und Krieg, hatte die Krone das Recht, sich an das Parlament zu wenden und Unterstützung durch Steuern zu verlangen; aber nur in diesen Fällen, denn die normalen Kosten der Regierung wurden als Privatangelegenheit des Herrschers betrachtet, genau so wie die Finanzierung des Haushaltes eines Adligen allein Sache des Adligen war. Besteuerung war nicht die Regel, sondern eine Ausnahme; und jeder Herrscher, der wie Elisabeth auf Popularität als die Quelle aller Kraft Wert legte, durfte das nicht vergessen. Während ihrer ganzen Regierung betrug die Besteuerung durch das Parlament durchschnittlich weniger als £ 80000 im Jahr; während der ersten dreißig Jahre sogar nur £ 50000. So hatte Elisabeth bis 1588 im Durchschnitt ein Gesamteinkommen aus ordentlichen und außerordentlichen Einkünften von nicht mehr als £ 250000 im Jahr, mit denen sie ihren Aufwand als Königin, die Kosten für die Regierung und ihre wenigen Schlachten bestreiten, aber auch den Geldgeber für das protestantische Europa spielen mußte.

Schon vor Beginn der Kriegsperiode waren die außerordentlichen Ausgaben erschreckend hoch. Aus Marias Regierung übernahm sie eine Schuld von zirka £ 200000; dazu kamen dann 1559/60 die Kosten für die Vertreibung der Franzosen aus Schottland und 1562 die für die unglückliche Expedition nach Frankreich. Die beiden Feldzüge ergaben zusammen mit der alten Schuld eine Summe von ungefähr £ 650000, und diese drei waren zwar die Hauptposten, aber nicht die einzigen. Mit andern Worten, allein die außerordentlichen Ausgaben der ersten vier Jahre erreichten beinahe die Höhe des Gesamteinkommens – eigene Einkünfte plus Bewilligungen durch das Parlament – von drei Jahren. Sie konnten natürlich nicht aus dem Einkommen allein und auch nicht, bei vorsichtigem Einsatz, aus dem Kapital voll gedeckt werden, wenn auch bedeutende Verkäufe von Krongut getätigt wurden.

Heute würde man einer solchen Schwierigkeit einfach durch die Staatsschuld begegnen. Aber Elisabeth stand dieser Weg nicht offen. England war – ein Geschenk der Vorsehung! – hierin weniger modern als Frankreich und Spanien. Zu derselben Zeit, als Heinrich VIII. durch den Nachlaß seines Vaters und später durch die Einziehung der Klöster trotz seiner Schwelgerei gegen Not einigermaßen gefeit war, verfielen der französische und spanische Monarch auf den Ausweg, sich durch ‚rentes', die eine Art Kronanleihe darstellten, Geld zu verschaffen. Hierdurch ließen sie ihre reichen Untertanen gewaltig zur Ader, hielten das Geld aus Wirtschaftsunternehmen fern und verpulverten es in Krieg und königlichem Aufwand, bis sie dann erklärten, die schuldigen Zinsen nicht zahlen und ihren Verpflichtungen nicht nachkommen zu können. Die Folge war allgemeiner Ruin. Da Elisabeth kein Rentensystem hatte wie jene Verschwender, mußte sie sich mit kurzfristigen Anleihen helfen, die sie in Antwerpen aufnahm. Das bedeutete ständige Sorge und Gefahr. Die Zinsen waren hoch, es bereitete jedesmal Schwierigkeiten, die Anleihen zu verlängern oder anderswo aufzunehmen, und da die Stadt London meist bürgte, drohte den Waren der englischen Kaufleute im Falle einer Nichtzahlung die Beschlagnahme. Daher die verzweifelten Anstrengungen, den Alp der Schuld loszuwerden.

Sparsamkeit war Elisabeth sowohl anerzogen wie angeboren. Vor der Thronbesteigung waren ihre Einkünfte nur gering gewesen, und die finanzielle Lage während der ersten Jahre als Königin zwang sie, ihre Ausgaben dauernd sorgfältig zu überwachen. Trotz des schnellen Absinkens des Geldwertes gelang es ihr, die ordentlichen Ausgaben auf ungefähr £ 135000 pro Jahr zu senken und so Mittel freizumachen für die Tilgung ihrer Schulden. Sie brachte das zustande, ohne daß die Leistungsfähigkeit des Regierungsapparates oder die glänzende Hofhaltung, die der Stolz der Nation und der Ausdruck der Würde des Monarchen war, beeinträchtigt wurden. Nachdem sie ihre Finanzen auf eine feste Grundlage gestellt hatte, gelang es ihr auch, sie gesund zu erhalten – trotz weiterer schwerer Lasten: £ 93000 für die Unterdrückung des Aufstandes im Norden, eine halbe Million für die Abwehr der beiden irischen Expeditionen in den Jahren 1573 und 1579 und dann die geringeren, wenn auch keineswegs unbedeutenden, Zahlungen an Alençon.

Dies war im großen und ganzen durchaus ihr eigenstes Verdienst. Die Finanzlage erforderte aber weiterhin ununterbrochene Wachsamkeit; zusätzlichen Ausgaben gegenüber verhielt sich Elisabeth so ablehnend, daß ihre Minister kaum wagten, das Wort ‚Kosten' in ihrer Gegenwart in den Mund zu nehmen, und über ihre Haltung oft verzweifelt die Hände rangen. Knauserigkeit ist nie beliebt gewesen. Wer gern gibt, ist Gott lieb – und wir alle sind Seine Kinder. Die Tatsachen aber redeten eine harte Sprache. Jede Nachgiebigkeit von seiten Elisabeths hätte eine Flut von Forderungen im Gefolge gehabt, und ihre Mittel wären im Handumdrehen erschöpft gewesen. Walsingham klagte, „die Königin verläßt sich zum großen Teil auf das Glück, das doch bekanntlich ein schlechter Baugrund ist. Ich wollte, sie baute und verließe sich auf Gott", das heißt auf Walsinghams eigene leichtfertige Ratschläge: heute sollte sie dem schottischen Adel Pensionen aussetzen und Jakob geben, was er verlangte, anstatt über seine Täuschungsmanöver zu schimpfen, was Elisabeth tat; morgen sollte sie Philipp, ohne Rücksicht auf Kosten und Schwierigkeiten, in den Niederlanden, dann wieder zur See vernichten; schließlich sollte sie Heinrich von Navarra ihre Hilfe uneingeschränkt zuteil werden lassen. Und Walsingham war nicht der einzige, der ihr solche Ratschläge gab. Selbst Burghley setzte ihr manchmal scharf zu.

Hof und Adel waren der reinste Bettelorden. Auf der einen Seite warfen die Herren das Geld zum Fenster hinaus, auf der andern bettelten sie unaufhörlich. Die Königin mußte dauernd mit Geschenken und Darlehen helfen, denn sie konnte den Adel nicht einfach dem Untergang preisgeben. Burghleys Schwiegersohn, dem Grafen Oxford, der in toller Jagd wie ein Fürst gelebt und sein ganzes Vermögen vertan hatte, mußte Elisabeth eine Jahrespension von £ 1000 aussetzen, die in vierteljährlichen Raten bezahlt wurde. Im Jahre 1579 schuldete ihr Leicester eine Summe von £ 21 000. Immer wieder wurde sie von begehrlichen Höflingen, Beamten und Gesandten um Darlehen angegangen. Sie gab, aber oft genug wurden die vom Schuldner eingegangenen Verpflichtungen nicht gehalten. Um Ehren, Landbesitz und Ämter wurde gebettelt. Sobald ein Posten frei wurde, nein, sobald es nur hieß, sein Inhaber könne vielleicht bald sterben, begann ein wilder Wettlauf. Ein Unglücklicher, der sein Mißgeschick ‚während der ersten zwei Triplizitäten oder Progressionen seines Lebens' dem widrigen Einfluß der Himmelskörper zuschrieb, klagte Burghley sein Leid: „Ich bewarb mich, aber die Tür war verschlossen; ich klopfte an, es war zu spät, und so mußte ich mit den fünf törichten Jungfrauen schlafen." Schon zu Anfang ihrer Regierung hatte Elisabeth einmal geäußert, die Menschen seien von unersättlicher Gier. Erfahrung bestärkte sie immer mehr in dieser Ansicht.

Bei den bestehenden Schwierigkeiten wäre ein Auskommen ganz unmöglich gewesen ohne jenes seltsame System, nach dem eigentlich alles, was getan und unternommen wurde – von den täglichen Regierungsgeschäften bis zu Drakes Expeditionen – finanziell auf das gemeinsame Risiko des Herrschers und der Untertanen ging. Wie das heute noch in vielen Hotels übliche Trinkgeldsystem unzureichende Löhne ausgleicht, so wurden auch damals geringe Gehälter durch Sporteln und ‚pourboires' ergänzt. Diese Unsitte, der auch in der Privatwirtschaft adliger Haushaltungen gefrönt wurde, wirkte demoralisierend. Die unerfreuliche Bettelei und die unausrottbare Korruption jener Zeit sind zum großen Teil auf sie zurückzuführen; Königin, Höflinge und Diener waren die Opfer eines verderblichen Systems, gegen das es kein wirksames Mittel gab. In der Zeit des Friedens und Wohlergehens war England reich geworden, aber die Monarchie, immer noch mehr eine persönliche als eine nationale Angelegenheit, war nicht entsprechend gestärkt worden. Sie hatte keine Möglichkeit, sich den neuen Reichtum in angemessener Weise nutzbar zu machen, teils weil nach altem Brauch eine Besteuerung die Ausnahme darstellte, teils weil bestimmte gesellschaftliche Mächte die Steuereinschätzung in eine Farce verwandelten: die Steuern wurden ungerecht verteilt, und deshalb empfand man sie als drückende Last.

Keine Staatsschuld; keine langfristigen Anleihen; ein jährliches Einkommen von nicht mehr als einer Viertelmillion, das im Notfall um sechzig Prozent erhöht werden konnte: das alles darf bei einer Würdigung der nun folgenden Kriegsperiode nicht vergessen werden.

Schon im Herbst 1585 war Elisabeth auf einen Krieg mit Spanien gefaßt gewesen. Sie hatte damals Leicester mit einem Heer in die Niederlande entsandt und Drake auf Kaperfahrt nach Westindien losgelassen, weil eine englische Kornflotte in spanischen Häfen beschlagnahmt worden war. Sie sah in beidem keine eigentlichen Kriegshandlungen; das erste war eine Vorsichtsmaßregel gegen eine unerträgliche Bedrohung Englands; und Drake, – „dem Gentleman ist es ganz einerlei, wenn ich ihn desavouiere", sagte sie. Philipp war überdies sehr langmütig; sie hoffte immer noch, er werde sich lieber mit den niederländischen Aufständischen vergleichen und die freundschaftlichen Beziehungen zu ihr wieder aufnehmen als sich durch einen Krieg mit England, der ihn den Verlust wichtiger Handelsbeziehungen kosten mußte, noch mehr belasten. Elisabeth wußte, daß es, sobald sie sich in einen Krieg einließ, nicht mehr in ihrer Macht lag, sich aus ihm zurückzuziehen, wann sie wollte. Sie war eine Frau. Sie hatte durchaus kein Verlangen darnach, kriegerischen Ruhm mit ihrem eigenen Ruin, mit Lahmlegung von Handel und Industrie und der Not des Volkes zu bezahlen. Als ihr die niederländischen Abgesandten die Herrschaft über die aufständischen Staaten anboten oder besser aufdrängten, lehnte sie daher glatt ab. Sie wollte den Krieg nicht unvermeidbar machen.

Das aber wollten Walsingham und Leicester. Und bald schon konnte man sagen: Elisabeth denkt und Leicester lenkt. Wenige Wochen nach seiner Ankunft in den Niederlanden verlieh Leicester sich, ohne der Königin auch nur mit einem Worte seine Absichten mitzuteilen, Titel und Amt des höchsten Zivil- und Militärbefehlshabers in den Niederlanden. Er handelte gegen seine Instruktion, setzte die Politik seiner Herrscherin aufs Spiel, und was das ärgerlichste war, er machte durch sein Vorgehen die in mehreren Sprachen veröffentlichte wortreiche Flugschrift zum Gespött, in der Elisabeth der Welt ihre Friedensliebe und die feste Absicht kundtat, in den Niederlanden weder nach Gebiet noch Macht zu streben. Wie ein Ungewitter brach ihr Zorn los. Es wurde noch schlimmer, als sie erfuhr, Lady Leicester, die sie haßte, sei im Begriff, ‚sich mit einem Gefolge von Damen und Kammerfrauen, mit Kutschen, Sänften und Damensätteln, wie sie Ihre Majestät nicht aufzuweisen hätte, zu ihrem Manne zu begeben, wo ihre Hofhaltung die Ihrer Majestät bei weitem übertreffen solle'. Unter kräftigen Flüchen rief Elisabeth aus: „In meinem Machtbereich werde ich neben meinem Hof keinen zweiten dulden".

Burghley, Walsingham, Hatton taten ihr möglichstes, die Königin zu beruhigen. Umsonst. Sie tobte weiter gegen „eine ihrer Kreaturen, gegen einen Mann", wie sie Leicester selbst schrieb, „der von uns erhöht und vor jedem andern Untertan des Landes begünstigt wurde", um sie nun mit solcher Verachtung zu behandeln. Sie befahl ihm ganz eindeutig, auf den Titel ebenso öffentlich zu verzichten, wie er ihn angenommen habe. Die Staatsräte hielten den Boten zurück, bis sich ihre Wut etwas gelegt hatte und seine Instruktionen geändert wurden. Als der Bote dann die Niederlande erreichte, wagte es der junge Diplomat, die geänderte Instruktion noch weiter abzuändern. „Lieber Gott", schrieb Elisabeth wütend an ihren Boten, „was nützt aller Verstand, wenn er den Eigentümer in dem Augenblick verläßt, da er ihn am nötigsten braucht? Tun Sie, was Ihnen befohlen wird, und kümmern Sie sich im übrigen nur um Ihre eigenen Angelegenheiten! Ich bin überzeugt, daß Sie glauben, Ihre Pflicht zu tun, aber ein derart kindisches Handeln empört mich im höchsten Maße." Ein Bote berichtete ihr, Leicester sei krank: sofort war ihr Zorn verraucht. Burghley setzte ihr weiter zu und drohte mit Rücktritt. Schließlich hatte sie sich soweit beruhigt, daß sie zugeben konnte, das Unglück sei nun einmal geschehen und ein öffentlicher Verzicht auf den Titel würde Bestürzung und Verwirrung in den aufständischen Staaten auslösen. Der Ärger ging vorüber. Sie verbot aber dem Staatsrat, die niederländische Angelegenheit ohne ihren besonderen Befehl zu diskutieren, und behielt sie von jetzt an selbst in der Hand.

Das war der traurige Anfang einer traurigen Geschichte. Geldsorgen waren der nächste Punkt. Der verhängnisvolle Verlauf des Kampfes in den Niederlanden zwang Elisabeth, sich zu einer umfangreicheren Hilfe zu verpflichten, als sie ursprünglich beabsichtigt hatte. Sie versprach ein Heer zu unterhalten, das einschließlich gewisser Garnisonen 6000 Fußsoldaten und 1000 Reiter umfaßte und jährlich £ 126000 kostete. Da sie angesichts der Armada einen Teil ihrer doch auch begrenzten Einnahmen schon für die Aufrüstung ihrer Flotte, die allein £ 161000 kostete, und für die Unterstützung der Hugenotten bereitstellen mußte, ist es ganz klar, daß sie über das, was sie versprochen hatte, einfach nicht hinausgehen konnte. Ihre Verpflichtung grenzte schon an Tollkühnheit. Sie bezahlte jeden Pfennig, den sie versprochen hatte, und sogar noch etwas mehr. Und doch mußte sie empört feststellen, daß ihre Truppen keinen Sold erhielten, ja daß sie ihnen noch beträchtliche Summen schuldete.

Hierfür gab es eine doppelte Erklärung. Außer ihrer eigenen Armee existierte ein zweites englisches Heer, das im Solde der Staaten stand. Nun waren die Staaten als schlechte Zahler bekannt. Ihre Verpflichtungen gingen über ihre Steuerkraft weit hinaus, – wenn auch kaum über ihren Reichtum, denn die patriotischen und kriegerischen Kaufleute verkauften ihre Waren zu überhöhten Preisen an alle Heere, selbst die des Feindes, und machten glänzende Geschäfte. Die in ihrem Sold stehenden Engländer aber litten Not, und um dieser Not zu steuern, gab Leicester ihnen einen Teil von Elisabeths Geld. Mit andern Worten: durch ihn als Gouverneur der Niederlande floß wie durch ein Leitungsrohr englisches Geld in den Abgrund des niederländischen Bankrotts. Ein tröstlicher Anblick für Elisabeth, die sich einbildete, nicht mehr auszugeben als sie konnte, und alles zu zahlen, was sie schuldete.

Das aber war noch nicht alles. Das ganze Heeressystem kam in verhängnisvoller Weise den korrupten Neigungen der damaligen Zeit entgegen, denn immer noch lebte die mittelalterliche Tradition des freien, geschäftlich aufgezogenen Kompanie-Betriebes, bei dem der Hauptmann für eine bestimmte Tagesquote als selbständiger Unternehmer Soldaten anwarb, bewaffnete, kleidete und ernährte. Die Bezahlung erfolgte nur an den Hauptmann, dessen einziger Gedanke es oft genug war, schnell reich zu werden, oder, wenn er ‚Hof-Hauptmann' war, seine Leute in der Winterzeit sich selbst zu überlassen, um am Hofe eine Rolle zu spielen. Vom Sold behielt er, soviel er nur konnte, zurück. Eigentlich sollten vom Nennbetrag der Soldsumme gewisse Abzüge gemacht werden: bei Verminderung der Heeresstärke, ebenso für Waffen, Kleider und Nahrung, falls sie teilweise oder ganz von der Königin gestellt wurden. Diesen Abzügen begegneten die Hauptleute mit den schlimmsten Kniffen. Ihre Leute schmolzen zusammen wie der Schnee im Frühling, aber am Besichtigungstag liehen sie sich ihre Leute gegenseitig aus, damit ihre Kompanien ungefähr volle Stärke aufwiesen. Alle scheinen an diesem Gewinnspiel beteiligt gewesen zu sein – selbst Leicester, der eine Reitertruppe hatte, aus der er Geld machen konnte. Er erhöhte von vornherein seine eigenen Bezüge von £ 6 auf £ 10 13 s. 4 d. pro Tag und setzte ebenfalls ganz allgemein den Sold der Offiziere herauf, wodurch er Elisabeths Berechnungen über den Haufen warf und nebenbei die Bedingungen ihres Vertrages brach. Das war, gelinde gesagt, unvorsichtig; aber Leicester pfiff auf Vorsicht, und sein Pflichtgefühl war nicht besonders stark entwickelt.

Elisabeth wetterte gegen diese laxe Auffassung und Korruption. „Dauernd heißt es", so schrieb sie, „große Summen wären noch zu zahlen, aber wie das kommt, oder an wen sie zu bezahlen sind, wer bezahlt ist und wer nicht..., für all das erhält man nicht einen Beleg." Jeder beschuldigte den andern, und Leicester beschuldigte alle. Elisabeth verlangte Abrechnungen, aber die kamen nicht. Sie weigerte sich, weiterhin Geld zu schicken. Herzzerreißende Berichte über die Leiden der Soldaten liefen ein. Sie wurde nur umso entschlossener, der Vergeudung ihres Geldes ein Ende zu machen und dafür zu sorgen, daß der einfache Soldat den ihm zustehenden Sold erhielt. Als sie erfuhr, daß irgendwelche entlassenen Truppen nicht bezahlt worden waren, obwohl ihre Hauptleute das Geld erhalten hatten, befahl sie sofort eine Untersuchung und setzte in jeder Grafschaft für die Leute einen Berufungs- und Schiedsausschuß ein.

Kein Herrscher konnte mehr auf Volkstümlichkeit bedacht sein; und schon begann das Volk gegen den Krieg zu murren. Vor allem war man empört über den Verbrauch an Menschen; dazu kamen die Rücksichtslosigkeit und Korruption, die bei den Aushebungen zutage traten. Der Friedensrichter und seine Gehilfen ‚preßten' die Leute zum Dienst. Sie ergriffen nur zu oft die Gelegenheit, ihr Mütchen zu kühlen und sich die Taschen zu füllen. Einige Jahre später wurde ein Parlamentskandidat, der unmittelbar vor seiner Wahl Leute ‚preßte', beschuldigt, er hebe nur die Anhänger seines Gegners aus; außerdem hebe er statt der zwölf Mann, zu denen der Bezirk nur verpflichtet sei, vierzig aus und entlasse nachher die achtundzwanzig Überzähligen gegen Entgelt. So kaufte sich ein Mann, der für tauglich befunden wurde, für zwanzig Schilling frei. Ein gewisser John Johnson dagegen, der lahm, krank und verkrüppelt war, mußte mit in den Krieg, weil er kein Geld hatte. Die Aushebungsszene in Shakespeares ‚Heinrich IV.' stellte eine gute Satire auf die Zeit dar.

Elisabeth war die ganze Sache gründlich leid. „Es ist wie ein Sieb;“ rief sie, „was man hineingießt, fließt davon, und niemand weiß wohin.“ Nirgends ein Lichtblick. Sie selbst gab her, was sie nur konnte, und die Staaten waren weit über ihre Verhältnisse engagiert. Das militärische Ergebnis aber lautete trotz gemeinsamer Anstrengung, die kaum durchgehalten werden konnte, bisher nur: schwere Verluste ohne nennenswerten Gewinn. Die Zukunft versprach nichts als Unglück; und da der englische Handel zum Erliegen gekommen war und Arbeitslosigkeit im Lande grassierte, streckte sie Friedensfühler aus. Tatsächlich waren Verhandlungen mit dem Prinzen von Parma im Gange, als die Armada auf hoher See war. Die Engländer glaubten, man hielte Elisabeth zum Narren; die Spanier fürchteten, das Friedensgerede ‚wäre eine List dieser ungewöhnlich schlauen Frau‘.

Philipp mußte sich endlich entschließen, die Wespe, die ihn dauernd stach, zu zerdrücken. Seine Vorsicht verließ ihn, als er zur Teilnahme an der Babington-Verschwörung aufgefordert wurde. „Da die Sache so sehr im Sinne Gottes ist“, schrieb er, „verdient sie sicher Unterstützung; wir müssen hoffen, daß der Herr sie fördert, falls unsere Sünden Ihn hieran nicht hindern. Vielleicht ist endlich die Zeit gekommen, wo Er um Seinetwillen losschlägt.“ Während er das schrieb, war die Verschwörung bereits aufgedeckt und ihre Führer zum Tode verurteilt. Aber immerhin – Spanien hatte sich in Bewegung gesetzt. In seinen Häfen wurde eine große Armada ausgerüstet.

Kluge Leute, wie Papst Sixtus V., waren nicht davon durchdrungen, daß Spaniens gewaltige Macht so ohne weiteres mit dem kleinen England fertig würde, das wie eine uneinnehmbare Festung mitten im Meere lag; aber auch sie erkannten nicht die Bedeutung des Kampfes, der vor der Tür stand. Es sollte ein Kampf werden zwischen Fortschritt und Tradition, zwischen einem Lande, das in der letzten berühmten Seeschlacht mit der Rudergaleere des Mittelmeeres Lorbeeren errang, und einem Lande, das zwar keine Tradition aber große Möglichkeiten besaß, das in der Vorhut des Zeitenwandels stand und die Kunst moderner Kriegführung zur See entdeckt hatte. Spanien war so vollständig auf das Mittelmeer eingestellt, daß Philipp zwar eine starke Galeerenflotte, aber keine Überseeschiffe besaß; diese erhielt er erst 1580 mit dem Erwerb der portugiesischen Flotte. Selbst dann noch bestimmte die alte Gefechtsweise, die hauptsächlich im Entern der feindlichen Schiffe bestand und aus der Seeschlacht eine Landschlacht zur See machte, nicht nur die Taktik seiner Kampfschiffe, sondern auch ihre plumpe Bauart und die Verwendung von Soldaten im Kampfe.

Der Gegensatz zu England war verblüffend. Hier hatte man allmählich die tonnenförmigen, ungelenken Galeeren, die für die englischen Gewässer ganz ungeeignet waren, durch einen schlankeren Typ ersetzt, und Heinrich VIII., der Begründer der modernen Flotte, war schon bald auf die umwälzende Idee gekommen, die Breitseite der Schiffe zu bestücken. Diese grundlegenden Veränderungen brachten eine ganz neue Art der Kriegführung mit sich, bei der die Schnelligkeit des Schiffes und die Reichweite der Geschütze ausschlaggebend waren. Eine besonders gute Schulung bedeutete der Kaperkrieg: da hing der Erfolg von der Schnelligkeit und der besseren Bestückung des Schiffes ab, und die Leute der Bemannung mußten aus purer Notwendigkeit ebenso gute Soldaten wie Seeleute sein. Langjährige Erfahrung hatte Männer wie Drake und Hawkins die erstaunlichen Möglichkeiten, die dieser moderne Schiffstyp und die neue Kriegsführung mit sich brachten, meisterhaft beherrschen gelehrt, und es war ein Glück für England, daß Elisabeth klug und anpassungsfähig genug war, diese Erfahrung zu benutzen. Im Jahre 1577 ernannte sie Hawkins zum Marine-Schatzmeister. Die Sorge für die Schiffe der Königin wurde ihm anvertraut, – mit allergrößtem Erfolg. Er rottete die Korruption aus und ließ neuen Ideen jede Förderung zuteil werden. Auch Drake stand bei Elisabeth in hoher Gunst, vor allem weil er als alter Freibeuter sich nichts daraus machte, wenn seine Taten aus Gründen der Diplomatie desavouiert werden mußten. Diese Männer zweifelten keinen Augenblick an einem Sieg über den Spanier, und niemand war zu einer solchen Prophezeiung berechtigter als sie.

Aber die Sache hatte einen Haken. Elisabeths finanzielle Lage war viel schwieriger als die Philipps. Die langsam sich hinziehenden Vorbereitungen Spaniens zwangen Elisabeth, vorzeitig die Flotte zu mobilisieren und das Volk zu bewaffnen; beides konnte sie sich eigentlich nicht leisten. Den Oberschatzmeister

Burghley brachte der Geldmangel zur Verzweiflung; an dem gleichen Tage, da die Armada in den englischen Kanal einlief, betete er, wenn der Friede doch nicht erhalten werden könne, dann möge der Feind endlich erscheinen! Vielleicht aber bedeutete die Geldnot gar nicht ausschließlich Unglück. Jedenfalls hatte sie Drake in seiner Ansicht bestärkt, daß der Angriff die beste Verteidigung sei, und ihm gestattet, ein strategisches Vorgehen zu versuchen, das dann für die Seekriege Englands lange Vorbild bleiben sollte.

Im April 1587 stach Drake mit einem kleinen aber ausgesuchten Geschwader in See mit dem Ziel, die spanische Flotte in ihren eigenen Häfen aufzusuchen, ihr jeden nur möglichen Schaden zuzufügen und zu verhindern, daß sich ihre verschiedenen Einheiten in Lissabon sammelten, von wo die Armada auslaufen sollte. Schneidig und geschickt wurde diese Expedition durchgeführt. Drake segelte nach Cadiz; gegen alle guten, alten Kriegsregeln drang er angesichts von Forts und Galeeren in den Hafen ein und vernichtete Tausende von Tonnen Schiffsraum mit ungeheuren Vorräten. Er hatte, wie er selbst sagte, dem König von Spanien den Bart angesengt. Es war bewiesen worden, daß selbst bei Windstille die weitreichenden Kanonen der englischen Schiffe jede Aktion der Galeeren wirkungslos machten. Nach Cadiz nahm er Kap St. Vincent; von diesem Stützpunkt aus wollte er verhindern, daß die spanische Flotte sich in Lissabon sammelte, und dadurch die Pläne des Feindes gründlich verwirren. Dann erschien er auf der Höhe von Lissabon; wenn er auch den stark befestigten Hafen nicht angreifen konnte, ging er doch außerhalb der Hafeneinfahrt vor Anker und forderte die Spanier mit ruhiger Unverschämtheit heraus. Seine letzte Heldentat vollbrachte er bei den Azoren, wo er eine reiche Karake kaperte, die mit Waren im Werte von £ 114000 auf der Heimreise von Ost-Indien war. Seine Rückfahrt nach England war ein strategisches Meisterstück; denn während er mit seiner Beute schon in Plymouth einfuhr, suchte ihn der Admiral der Armada immer noch in vergeblichen Kreuzfahrten bei den Azoren, um die spanische Schatzflotte aus Mittelamerika vor einer Gefahr zu retten, die gar nicht mehr existierte. Bis auf den heutigen Tag ist Drakes Expedition ‚das beste Beispiel dafür, daß eine kleine, gut geführte

Flotte die Mobilisierung einer überwältigenden Macht lähmen kann'.

„Seht euch nur den Drake an", sagte Sixtus V. voller Bewunderung. „Wer ist er? Über welche Streitkräfte verfügt er? Es tut uns leid, daß wir es sagen müssen, aber wir haben von der spanischen Armada keine große Meinung und fürchten ein Unglück." ‚El Draque', der Drache, war ein Wort des Schreckens für die Spanier. In ihren Augen war er ein Teufel und kein Mensch: er stand mit bösen Geistern in Verbindung; in seiner Kabine hing ein Zauberspiegel, in dem er die Schiffe des Feindes und alles, was an Bord vorging, sah; er konnte die Winde ganz nach seinem Belieben wehen lassen und ihnen Einhalt gebieten. „Unser König", sagten andere, „überlegt und plant, während die Königin von England handelt, und zwar ernsthaft handelt." Philipp war eine bemitleidenswerte Erscheinung: einundsechzig Jahre alt, war er schwer gichtkrank und hatte auf einem Auge den Star; Arbeit und Sorge beugten ihn nieder. Zwischen Gebet und Regierungspflichten war er nie müßig, versah Berichte mit Bemerkungen, unterzeichnete zahllose Dokumente, schrieb Entwürfe und Befehle. Wie Elisabeth war auch er Autokrat, doch fehlte ihm die Fähigkeit, andere in zweckmäßiger Weise für sich einzuspannen. Seine Minister waren nur Nummern, und in seinen langsamen Händen verlor die Politik alle Beweglichkeit. Der Angriff auf Cadiz rüttelte ihn wach. Er bestand darauf, daß die Armada noch in diesem Jahre in See ging. Aber das war unmöglich: Drake hatte den Einfall für das Jahr 1587 wirksam verhindert. Damit trafen die schweren finanziellen Lasten, die diese Verzögerung bedingte, nur Philipp, denn Elisabeth hatte vorsichtigerweise den größeren Teil ihrer Flotte immobil im Hafen zurückgehalten.

Schon lange wurde in England die Prophezeiung verbreitet, das Jahr 1588 sei ein Jahr großer Wunder. Es sollte das Jahr der ‚Unüberwindlichen Armada' werden. Philipp setzte seine Rüstungen ohne rechte Planmäßigkeit fort; da erlitt er im Februar durch den Tod seines fähigen, wenn auch betagten Admirals einen unersetzlichen Verlust. Ergeben sagte er, Gott habe ihm dadurch, daß er den Marquis jetzt sterben ließ und nicht erst, nachdem die Armada ausgefahren sei, eine große

Gnade erwiesen. Ein neuer Befehlshaber wurde ernannt. Der Augenblick war für Drake selten günstig, seine vorjährige Heldenfahrt mit dem gleichen Erfolg zu wiederholen. Aber Elisabeth sandte gerade ihre Friedensunterhändler an Parma, und so mußten die militärischen Erwägungen hinter den politischen zurückstehen, was in Rücksicht auf das Ganze sicher richtig war. Die Kriegspartei tobte. „Herr Staatssekretär", schrieb Admiral Lord Howard of Effingham an Walsingham, „seit England England ist, hat man noch nie versucht, uns durch eine solche List und Verschleierung, wie sie dieser Friedensvertrag darstellt, zu täuschen." „Ich bete zu Gott, daß wir deswegen nicht einen weißen Kopf mit langem, grauem Bart verfluchen müssen." Er meinte Burghley.

Als der Tag nahte, an dem die Armada auslaufen sollte, betete ganz Spanien; jeden Tag lag der König zwei bis drei Stunden vor dem Sakrament auf den Knieen. Mitte Mai stach die Flotte in See. Das Land war ‚voller Prozessionen und Andachten, voller Kasteiung und Fasten'. Philipp verbrachte Tag und Nacht im Gebet und kam dabei fast um vor Gichtschmerzen in der Hand. Dann trafen die ersten Nachrichten ein: die Armada war durch einen Sturm zerstreut und beschädigt worden, sie sammelte sich neu im Hafen von Coruña.

In England war man unterdessen nicht müßig gewesen; die Katholiken sperrte man ein – die Adligen in Privathäusern, andere in Gefängnissen; Soldaten wurden ausgehoben und einexerziert, das Volk bekam Waffen, damit es einer Landung Widerstand leisten könne; der Flotte ging der Mobilmachungsbefehl zu, und mehrere Seehäfen mußten auf Grund der Kriegsschiffsteuer neue Schiffe liefern. Drake wurde Lord Howards Vizeadmiral, während Hawkins und Frobisher Kapitänsrang erhielten; und da Howard sich als nachgiebig erwies, so beherrschte bald die neue Seekriegskunst die ganze Flotte. Am Hof war ein Kampf zwischen der alten und der neuen Auffassung ausgebrochen, aber die neue hatte den Sieg davongetragen, so daß der Hauptflotte, die in Plymouth lag, schließlich die Ermächtigung erteilt wurde, nach Spanien zu segeln, um die Armada in ihren eigenen Gewässern anzugreifen, – eine Strategie, die der alten Schule vollkommen verkehrt erschien, während sie für Drake und seine Freunde, ebenso wie für uns heute, eine Selbstverständlichkeit war. Leider hielten die widrigen Winde dieses ungewöhnlich stürmischen Jahres die Schiffe lange Wochen fahrtbereit im Hafen fest, und als am 19. Juli die Nachricht eintraf, die Armada sei auf der Höhe von Kap Lizard gesichtet, lagen sie immer noch dort. Einige Stunden lang bestand die Gefahr, daß die ganze Flotte wie in einer Falle gefangen wurde, doch die Engländer ließen mit echt seemännischer Verwegenheit ihre Schiffe auslaufen, während die Spanier nicht zuzupacken wagten. Man war der drohenden Gefahr entwischt.

In Größe und Zahl der Kampfeinheiten waren die beiden Flotten kaum wesentlich voneinander verschieden; aber die Engländer hatten weitertragende und in jeder Hinsicht überlegene Geschütze, und ihre Schiffe waren ungleich beweglicher. „Gott segne sie, es sind herrliche Schiffe!" schrieb einer der Admirale. Die englischen Mannschaften waren besser ausgebildet, und die ganze Flotte beherrschte die neue Taktik. Den Spaniern wurde keine Gelegenheit zum Festhaken und Entern gegeben. Das Gelingen des spanischen Plans hing ganz von Parma ab, der mit einem Heer und den nötigen Transportschiffen in den Niederlanden wartete; die Armada hatte den Befehl, mit ihm die Verbindung herzustellen, seine Überfahrt zu decken und ihre eigenen Truppen zusammen mit den seinen zu landen. Die Aufgabe der englischen Flotte mußte es also sein, diese Vereinigung mit Parma zu verhindern und dafür zu sorgen, daß die Spanier die Insel Wight nicht als Operationsbasis gewannen, was sie voraussichtlich versuchen würden. Die beiden Flotten nahmen am 21. Juli Fühlung, und nun begann im Kanal eine Jagd, bei der die Spanier mit zerzausten Federn an der Insel Wight vorbeigetrieben wurden. Am Abend des 27. ankerte die Armada auf der Höhe von Calais, sie war zwar als Flotte noch intakt, aber doch beschädigt und teilweise demoralisiert. In der nächsten Nacht vertrieben die Engländer sie durch Brander von ihrem Ankerplatz und zwangen sie am frühen Morgen in ziemlicher Verwirrung zur Schlacht. Trotz allen Heldenmuts wurden die Spanier besiegt und ostwärts aus dem Kanal gedrängt, wodurch jede Hoffnung auf Vereinigung mit Parma schwand. Wäre der Wind nicht plötzlich mit scharfer Bö umgesprungen, hätten die Engländer wahrscheinlich etwa fünfzehn Schiffe erbeutet und die übrigen auf die Sandbänke an der zeeländischen Küste, in Untergang und Verderben getrieben. Kurzum, mit schweren Verlusten und Beschädigungen, ohne Wasser und Lebensmittel in ausreichender Menge, jagten die Spanier vor dem Wind nach Norden und versuchten, Spanien in großem Bogen um Nordschottland und Westirland zu erreichen. Viele Schiffe gingen unter; die Leute der Besatzungen, soweit sie dem Ertrinken entkamen, wurden fast alle erschlagen. Kaum die Hälfte der großen Armada erreichte Spanien. Die Engländer aber hatten nicht das kleinste Beiboot verloren.

Unterdessen waren Burghley, Walsingham und andere unermüdlich an der Arbeit gewesen; sie hatten gerechnet und wieder gerechnet, und es war ihnen gelungen, eine unelastische Staatskasse überraschend zu dehnen. Die sichere Zusammenarbeit zwischen Heer und Flotte war ihnen zu danken; sie hatten für Vorräte gesorgt und überallhin ihre Befehle gegeben. Angesichts der geringen Hilfsmittel der Krone, der noch nie dagewesenen Größe der Flotte und der kaum geahnten Ausgaben für Pulver, waren die Ergebnisse aller Bewunderung wert und verdienten nicht den leisesten Tadel. Natürlich gab es Mängel, über die leidenschaftliche Kriegsleute und Staatsmänner murrten; aber kein anderes Land hätte einer derartigen Krise mit auch nur annähernd soviel Kraft, Entschlossenheit und Erfolg zu begegnen vermocht.

Als sich die Armada der englischen Küste näherte, hatte Elisabeth jegliches Zögern und alle Friedensgedanken aufgegeben und sich auf den Wogen volkstümlicher Begeisterung zu wahrer Größe erhoben. Burghleys Sohn Robert schrieb, mit wie vorbildlicher Haltung sie die Nachricht von der Begegnung der beiden Flotten aufnahm: „Es ist eine Freude zu sehen, welche Seelengröße Ihre Majestät an den Tag legt; sie ist nicht im geringsten bestürzt." Sie äußerte Leicester gegenüber so ergreifende Worte, daß er es nicht unterließ, diese überall als Trost für jedermann zu verbreiten. Zwei besondere Armeen waren gebildet worden; die eine lag in St. James zum Schutze der Königin, die andere in Tilbury, sie sollte sich dem Vordringen des Feindes gleich nach der Landung entgegenstellen. ‚Es war ein herrlicher Anblick, als die Soldaten nach Tilbury marschierten: nichts als strahlende Gesichter, mutige Worte und tapfere Haltung; wohin sie kamen, wurde getanzt und gesprungen.' Ein Dorset-Regiment soll £ 500 geboten haben, um zur Wache der Königin zu gehören. Wenn die Armada auch geschlagen war, rechnete man doch noch eine Zeitlang, in völliger Verkennung seiner schwierigen Lage, mit einem Einfall Parmas; selbst Drake, der berühmte Seekriegs-Stratege, teilte eine so irrige Ansicht.

In dieser Situation beschloß Elisabeth, obwohl man um ihre Sicherheit fürchtete, das Heer bei Tilbury zu besuchen, wo Leicester den Oberbefehl hatte. „Gute, liebe Königin", schrieb er, als sie ihm heimlich von ihrer Absicht Mitteilung machte, „ändern Sie, bitte, Ihren Plan nicht!" Am 8. August ritt sie ‚voll fürstlicher Entschlossenheit und mit mehr als weiblichem Mut ... wie eine Kaiserin der Amazonen durch ihr ganzes Heer'. „Der Herr segne Euch alle!" rief sie, als die Soldaten niederknieten und für sie beteten. Am folgenden Tag wohnte sie, auf einem herrlichen Schlachtroß sitzend, mit einem Feldherrnstab in der Hand, einer Manöverschlacht bei und besichtigte darauf die Truppen. Dabei hielt sie eine Ansprache, in der sie überaus glückliche Worte fand:

„Mein geliebtes Volk! Uns rieten einige, die um unsere Sicherheit besorgt sind und Verrat fürchten, wir sollten uns sehr in acht nehmen, wenn wir uns unter bewaffnete Mengen begeben. Aber ich versichere Euch, solange ich lebe, kenne ich kein Mißtrauen meinem geliebten und treuen Volk gegenüber. Mögen Tyrannen Angst haben, ich habe mich immer so betragen, daß ich, bei Gott, meine größte Stärke und meinen sichersten Schutz in den treuen Herzen und dem guten Willen meiner Untertanen gefunden habe; und deshalb bin ich auch jetzt zu Euch gekommen, nicht etwa zu meiner Zerstreuung und zu meinem Vergnügen, sondern weil ich entschlossen bin, inmitten der Hitze der Schlacht mit Euch allen zu leben oder zu sterben und für meinen Gott, für mein Reich, für mein Volk meine Ehre und mein Blut darzubringen und, wenn es sein muß, in den Staub zu legen. Ich weiß, ich habe nur den Körper einer schwachen, kraftlosen Frau, aber ich habe das Herz und den Mut eines Königs, und zwar eines Königs von England! Ich spotte der Vorstellung, daß Parma oder Spanien oder sonst ein Fürst von Europa es wagen sollte, die Grenzen meines Reiches zu überschreiten. Ehe denn durch meine Mitschuld solche Unehre über mein Land kommt, will ich lieber selbst die Waffen ergreifen und Euer General und Richter sein, und einen jeden belohnen nach den Tugenden, die er im Felde zeigt. Ich weiß, daß Ihr schon für Eure Bereitwilligkeit Lohn und Ehre verdient habt, und wir versprechen Euch auf Königswort, beides soll Euch gegeben werden!"

Die Soldaten jubelten. Als Elisabeth mit Leicester beim Mittagsmahl saß, kam die Nachricht, Parma beabsichtige zur Zeit der Springflut auszulaufen. Da meinte sie, unmöglich könne sie in Ehren nach London zurückkehren, solange mit der Ankunft des feindlichen Heeres zu rechnen sei. „So sieht man", schrieb Walsingham in einem Brief, „wie dieser Platz Mut gebiert."

Aber als die Königin wenige Tage später wieder in London war, schien plötzlich ihre Begeisterung der alten Knauserigkeit zu weichen. Die Demobilisierung von Flotte und Heer wurde mit rücksichtsloser Eile durchgeführt; besonders schmerzlich empfanden das die in Sold stehenden Truppen. Burghley verteidigte Elisabeth kurz mit folgenden Worten: „Zur rechten Zeit ausgeben, ist klug; ohne Grund weiter Lasten tragen, bringt nur Reue." Vielleicht hatte Elisabeth daran gedacht, daß ihr Vorgehen nicht ganz ungefährlich sei – in Wirklichkeit war es ganz ungefährlich – aber sie vertraute auf ihr Glück und wagte den Schritt, um sich und dem Volke die Mittel zu erhalten und ihre Schulden begleichen zu können. Es war kein eitles und leeres Gerede, als sie ihren Soldaten in Tilbury versprach, ihnen den vollen Sold zu zahlen. Sie kannte das chronische Leiden der Zeit, in der öffentlichen wie in der privaten Wirtschaft, Diener und besonders Soldaten unpünktlich und nicht voll zu bezahlen. Die holländischen Staaten glaubten genug getan zu haben, wenn sie von zwölf Monaten sechs bezahlten; in den Niederlanden und unter den deutschen Söldnern hielt man es für ein großes Glück, im Sold der Königin von England zu stehen. Daß Epidemien in der Flotte wüteten und Tausende von Opfern verlangten, ist um so trauriger, als man weiß, daß der eigentliche Kampf nur rund hundert Seeleuten das Leben gekostet hatte. Aber dieses Unglück traf England nicht allein; auch die Spanier wurden von Seuchen dezimiert.

In dem schweren Kampfe hatte Großes auf dem Spiel gestanden: das Schicksal des Protestantismus. In der ganzen Christenheit hatten Katholiken und Protestanten für die Streiter ihres Glaubens gebetet, gehofft und gefürchtet. Kurz vor dem Kampfe mit der Armada war die Exkommunizierung Elisabeths erneuert worden. Unter dem Namen ‚Allen, Kardinal von England und Gründer des Seminars Douai' erschien eine Schrift, die folgenden Titel hatte: ‚Eine Mahnung an Adel und Volk von England und Irland betreffend die gegenwärtigen Kriege, die geführt werden, um das Urteil Seiner Heiligkeit zu vollstrecken.' Einen Sieg vorwegnehmend, beschimpften die katholischen Verbannten in dieser Schrift mit zügellosen Schmähungen Elisabeth: „Ein blutschänderischer Bastard, gezeugt und geboren in Sünde von der verfluchten Buhlerin Anna Boleyn; sie hat den Auswurf aller Sterblichen, gemeine Apostaten und verhurte Ketzer, in alle geistlichen Würden eingesetzt; einen Erpresser hat sie vor allen erhöht, Leicester, den sie aufnahm, obwohl er ein Verräter und weniger als nichts war, nur um ihrer gemeinen Lust zu frönen; mit vorgenannter Person und vielen anderen hat sie ihren Leib geschändet in unsagbarer und unglaublicher Wollust, die näher zu schildern, das Feingefühl verbietet; auch darf vor keuschen Ohren nicht geäußert werden, wie schamlos sie ihre Person und das Land besudelte und gemein machte, wie sie durch die verdammungswürdige und abscheuliche Kunst, Unschuldige in Sünde zu verstricken, ihren Hof zu einer Falle für die jungen Herren des hohen Adels und der Gentry gestaltete und sie alle zugrunde richtete. Hierdurch wurde sie in der ganzen Welt berüchtigt, und überall spricht man frei und offen von ihrer Verworfenheit."

Die ersten Nachrichten, die der Kontinent über die Schlacht erhielt, waren von Mendoza – nunmehr Gesandter Spaniens in Paris – gesammelt und verbreitet worden. Sie sprachen von einem spanischen Sieg. Drake war nach diesen Meldungen besiegt, fünfzehn seiner Schiffe, darunter das Flaggschiff, gesunken. Große Freude herrschte in ganz Spanien. In ihren reichsten Kleidern ritten die Leute durch die Straßen und jubelten, ‚der große Hund Francis Drake' liege endlich gefesselt in Ketten; abends wurden Freudenfeuer angezündet und Elisabeth in lustigem Wettstreit verhöhnt. In Rom berichtete der spanische Gesandte dem Papst über den Sieg, aber Sixtus war skeptisch: „Zwei Berichte aus der gleichen Quelle sind noch lange keine Bestätigung", sagte er. Ein paar Tage später, als die Wahrheit noch nicht bekannt war, sang er Elisabeths und Drakes Lob. „Haben Sie gehört, wie Drake mit seiner Flotte der Armada die Schlacht anbot?" fragte er. „Mit welchem Mut! Glauben Sie, er habe auch nur eine Spur von Angst gezeigt? Er ist ein großer Seemann." Und anschließend erzählte er von Drakes früheren Heldentaten.

Als dann die Wahrheit langsam durchsickerte, ertrug Philipp die Enttäuschung mit frommer Ergebenheit. „Bei dem, was man für Gott tut", sagte er, „wird Ruhm weder verloren noch gewonnen. Das beste ist, nicht davon zu sprechen." Weitere falsche Nachrichten aus Paris machten ihm wieder Mut; dann war er über Parmas Berichte um so niedergeschlagener. Und schließlich kamen die Trümmer der Armada und verkündeten die unerwartete Größe des Unglücks. Philipp sagte nichts. Er schloß sich im Eskorial ein und gab sich ganz dem Gebet hin; niemand außer seinem Beichtvater wagte es, mit ihm zu sprechen. Das Volk ließ vor Scham und Trauer die Köpfe hängen.

In England aber jauchzte das Volk und dankte Gott. Hatte der Balladendichter nicht prophezeit?

Der Herr auf unserer Seite ficht
Und wird sie bald vernichten.

Die Inschrift auf der Armada-Medaille verkündete, wie Gott in Gestalt der Winde blies und die Spanier zerstreut wurden – eine durchaus irreführende Darstellung Seines Anteils an der Schlacht und der Rolle, die der Flotte zugefallen war. Am 20. August wohnten der Bürgermeister und die Gilden in Gala dem Dankgottesdienst für den Sieg in der St. Pauls-Kirche bei. Als am 8. September die erbeuteten Fahnen zur Schau gestellt wurden, fand ein besonderer Gottesdienst am St. Pauls-Kreuz statt. Ein neuer Freudentag war Sonntag, der 17. November, der Tag der Thronbesteigung Elisabeths. Auch den Dienstag feierte das ganze Reich mit Predigten, Psalm-Singen und Freudenfeuern, und am folgenden Sonntag begab sich die Königin in feierlichem Zuge, wie damals bei ihrer Krönung, nach der St. Pauls-Kirche. Die Stadtzünfte in ihren Trachten gingen mit im Zuge, Musikanten saßen über dem Tor von Temple Bar und spielten muntere Weisen. Lieder wurden verteilt, die von dem glorreichen Kampf und dem Besuch der Königin in Tilbury erzählten und von

> Den großen Taten, die unsere heil'ge Königin
> Vollbracht, seit Sol mit hellem Licht
> Den Tierkreis dreißigmal durchschritten.

Aber inmitten der Freude traf Elisabeth schwerer Kummer. Auf dem Wege nach Kenilworth war Leicester von ‚anhaltendem Fieber' befallen worden; er starb am 4. September. Noch am 29. August hatte er sich in einem Brief an Elisabeth nach ihrer Gesundheit erkundigt, für die er täglich bete, da sie ‚das Allerwichtigste in dieser Welt' sei. Sie schrieb auf den Brief: „Sein letzter Brief."

Das Unterhaus als Sorgenkind

Im Februar nach dem Sieg über die Armada trat das Parlament zusammen, um sich mit dem unvermeidlichen Antrag auf Bewilligung von Geldmitteln zu beschäftigen. Am Eröffnungstage stand rechts neben der Königin Sir Christopher Hatton. Im April 1587 war er Lord-Kanzler geworden; nur mit starken Bedenken hatte Elisabeth ihn hierzu ernannt, denn sie wußte, daß seine Bestallung zu unliebsamen Erörterungen Anlaß geben würde. Hatton hatte zwar an der Advokaten-Schule studiert, doch war er nie Anwalt gewesen, wie seine beiden Vorgänger. Er hatte sich in die königliche Gunst hineingetanzt, ‚eine reine Hofpflanze, die über Nacht aufging'. Und doch war er wie so viele andere Günstlinge ein hochbefähigter Mensch; Elisabeth hatte ihn zum Staatsrat gemacht und in die politische Laufbahn gelenkt; schon bald galt er infolge seiner Arbeit und seines Einflusses neben Leicester, Burghley und Walsingham als einer der wichtigsten Männer in der Regierung und hatte als solcher durchaus Anspruch auf ein hohes Amt. Die Ernennung war nicht unvernünftig, und wenn sie auch die politische Seite des Kanzleramtes betonte, so war der kluge und vorsichtige Hatton doch immer darauf bedacht, die rein juristischen Aufgaben seines Amtes nicht zu vernachlässigen.

Hatton fiel die Aufgabe zu, die Eröffnungsrede im Parlament zu halten. Ganz im Sinne der Zeit erging er sich in haßerfüllten Schmähworten gegen den Papst und all sein Tun. Er zog los gegen die gehässige Bulle Pius' V. und die ‚gemeinen Verleumdungen jenes Ungeheuers'; er wetterte gegen das Gesindel der Seminar-Priester, die in wilden Haufen und übergroßer Menge nach England geschickt worden seien, um unter dem Deckmantel, die Lehre des Papsttums zu verbreiten, die Zahl tatkräftiger Rebellen zu vergrößern; dann geißelte er die unchristliche Wut des Papstes, ‚dieses wolfsähnlichen Blutsaugers', und des Spaniers, ‚des unersättlichen Tyrannen', die sich gegen eine jungfräuliche Königin und berühmte Dame richte und gegen ein Land, das ohne Verderbtheit der Lehre des wahren und aufrichtigen Glaubens Christi anhinge; zuletzt goß er seinen Zorn aus über die Machinationen und Schriften ‚jenes schamlosen Atheisten und verfluchten Kardinals Allen, des wilden und barbarischen Priesters'. Er war empört darüber, daß Engländer, eben ‚jene verdammten Priester und falschen Verräter', sich gegen die eigene Heimat wandten: „Ich glaube, daß so etwas nicht einmal unter den Skythen vorkam. Es wird erzählt, daß in Syrien die Schlangen alle Leute, die dort geboren sind, weder beißen noch stechen; aber diese giftigsten Schlangen hier in unserem Lande wollen uns nicht nur beißen und stechen, sondern als grausame Vipern trachten sie danach, uns zu zerreißen und sich an unserm Blute zu laben." Dann pries er die Regierung der Königin und würdigte noch einmal ihr ganzes Leben, das der Gegenstand des Hasses aller Katholiken sei. Gott habe gesegnet, wo die Papisten verfluchten. Seine unzähligen Wohltaten England gegenüber hätten sich noch vervielfacht. Gott habe Elisabeth und ihr Reich beschützt, und gleichsam durch Stoßvögel aus der Luft – ein glückliches Bild für Walsingham – die Verschwörungen ihrer Feinde aufgedeckt. Zum Staunen von ganz Europa habe der König von Spanien große Verluste und viel Schande erlitten. Es sei unwahrscheinlich, daß er sich zum Spott der Nachwelt machen und die Niederlage ruhig einstecken werde. Deshalb müsse England auf seine Verteidigung bedacht sein. Ihre edlen Vorfahren seien, trotzdem ihnen die jetzigen Mittel fehlten, imstande gewesen, England zu verteidigen und hätten zu ihrer Zeit als tüchtige Krieger siegreich gekämpft. „Sollen wir denn nun", so fragte er, „dulden, daß wir selbst in Ehrlosigkeit besiegt werden? Bisher galt England wegen seiner Tapferkeit und Männlichkeit als das berühmteste Reich in der ganzen Christenheit; sollen wir jetzt diesen stolzen Ruf verlieren? Kommt es dazu, so wäre es besser für England, wir wären nie geboren."

Die Antwort sei aber nicht zweifelhaft. Unter den Tausenden von Armen, die nolens volens in die Kriege zu Wasser und zu Lande gezogen seien, gebe es Hunderte, die froh dem Tode ins Auge geschaut hätten und es jederzeit wieder tun würden.

„Wahrlich, es waren junge Edelleute, Freibauern mit ihren Söhnen und Handwerker der bravsten Art, und sie verachteten es, zu plündern und zu stehlen; nein, sie zogen freiwillig und freudigen, treuen Herzens aus! Solche Menschen sind die Kraft und die Blüte jedes Reiches.“ Unter- und Oberhaus waren gleichermaßen begeistert. Sie bewilligten eine außerordentliche, eine doppelte Steuer, und bei der Schlußzeremonie schlug der Sprecher im Namen beider Häuser vor, die Königin solle Spanien den offenen Angriffs- und Verteidigungskrieg erklären. Er stellte ‚unser Leben, unser Blut, unser Land und unser Gut‘ für diesen Kampf zur Verfügung.

Das Parlament meinte es leidenschaftlich aufrichtig. Aber Elisabeth wußte nur zu gut, daß es leichter war, Opfer des Lebens denn des Geldbeutels zu erhalten. Kurz bevor die Bewilligungsvorlage im Unterhaus durchging, wurde eine Stimme dagegen laut; sie begründete die Ablehnung mit der schweren Besteuerung der Gemeinden, die die Verteidigung des Landes im vorigen Jahr notwendig gemacht habe. Wahrscheinlich war es nur eine vereinzelte Stimme, und doch durfte man sie nicht überhören. Beachtung verdiente auch die Vorsicht, mit der das Parlament in die Präambel des Gesetzes einen Passus aufnahm, der sicherstellte, daß eine außergewöhnliche Steuer nicht etwa die Regel wurde. Ernste Sorgen mußte schließlich die Aufbringung verursachen: Ermahnungen, die auf eine gerechte Steuereinschätzung abzielten, trafen taube Ohren. In einer Grafschaft, in der viele wohlhabende Herren saßen, wurde das Einkommen keines einzigen auf mehr als £ 80 eingeschätzt! In London mit seinen reichen Kaufleuten, von denen fast der ganze hohe Adel abhängig war, wurde das Einkommen von nur vier oder fünf Personen mit £ 200 angesetzt; und ein höherer Satz kam überhaupt nicht vor! Der Ertrag der ersten Hälfte der Steuer ließ ein ständiges Absinken befürchten; er betrug nur $^4/_5$ des Ertrags von vor dreißig Jahren. Bei der zweiten Hälfte war es noch weniger. Die Erhebung der Steuer erstreckte sich über vier Jahre; das Gesamtaufkommen genügte kaum oder gerade eben zur Bestreitung der Kosten des einen Kriegsjahres 1588.

So erklärt sich auch, weshalb Elisabeth daran dachte, ihren Angriffskrieg zur See als ruhmreichen Kaperkrieg aufzuziehen.

Wie unwirksam oder beklagenswert diese Art der Kriegführung immer sein mochte, es gab keinen anderen Ausweg. Wohlhabende Untertanen wollten von Steuern nichts wissen, stimmten aber freudig jenem seltsamen Gemisch aus Patriotismus und Eigennutz zu, das ein derartiger Streifzug gegen den spanischen Reichtum darstellte; und die 4700 Prozent Gewinn bei Drakes Reise rund um die Welt hielten abenteuerlustige Gemüter noch immer in Bann. Rastlose Edelleute, jüngere Söhne, die ihr Glück machen wollten oder denen die Kampfeslust jener ungestümen Zeit, in der jeder die Waffen führen lernte, keine Ruhe ließ, schlossen sich derartigen Seefahrten an und nahmen ihre und ihrer Väter Gutspächter mit, soweit sie diese zur Teilnahme veranlassen oder zwingen konnten.

In der Freude über die Vernichtung der Armada war es leicht, eine große Armee und Flotte, eine richtige Anti-Armada, als Aktiengesellschaft aufzuziehen. Elisabeth selbst war außer mit einer Anzahl von Schiffen mit £ 20000 daran beteiligt. Aber Unternehmen dieser Art brachten für die Königin zusätzliche Kosten von unbestimmter Höhe mit sich, die Elisabeths Gefühl für klare Ordnung in allen Finanzdingen von jeher zuwider waren. In diesem Fall beliefen sich die unvorhergesehenen Ausgaben schließlich, zu ihrem größten Ärger, auf das Dreifache ihrer Einlage. Im April 1589 fuhr die Expedition los. Drake hatte den Oberbefehl über die Flotte, und Sir John Norris, ein bekannter General, befehligte das Heer. Nach Vernichtung der im Hafen liegenden spanischen Flotte sollte in Portugal gelandet und versucht werden, Philipp vom Thron zu verjagen. Bei den Engländern befand sich Don Antonio, der portugiesische Thronprätendent, ein Bastard aus der königlichen Familie, der seit 1580 als kläglicher Supplikant zwischen Frankreich und England hin und her zog, seine Juwelen verpfändete und alles verlor – bis auf die Hoffnung und das rührende Vertrauen, er brauche nur den portugiesischen Boden zu betreten und das Volk werde sich erheben und das spanische Joch abwerfen.

Die Expedition begann mit einem unliebsamen Zwischenfall. Einer von Elisabeths Beamten, der aufgehende Stern des Hofes, hatte sich heimlich auf und davon gemacht, um sich der Fahrt anzuschließen. Es war der Graf Essex. Er war ein junger

Mann von zweiundzwanzig Jahren, eine stattliche Erscheinung, mit einem auffallend hübschen, offenen Gesicht und weichen, verträumten Augen. Seele und Geist entsprachen seinem Äußeren. In ihm wurde Dichtung zur Wahrheit: ein junger Aristokrat von unwiderstehlichem Reiz, impulsiv und edelmütig, der ritterliche, höfische Held der Balladen. Er besaß alle Eigenschaften, die eine glänzende Laufbahn erforderte, nur mangelte es ihm an Urteil, Ausgeglichenheit und Bescheidenheit. Nachdem sein Stiefvater ihn für eine Lehrzeit im Kriegsdienst nach den Niederlanden mitgenommen hatte, kam er im Jahre 1587 an den Hof. Sein Erfolg stand von vornherein fest; denn abgesehen davon, daß jeder in ihm eine Zierde seiner Generation sah, war Sir Francis Knollys, der Vetter der Königin, sein Großvater, sein Stiefvater war Graf Leicester, während sein Vater in königlichen Diensten in Irland gestorben war. Als seine unverheiratete Tante sowie als Herrscherin hatte Elisabeth doppeltes Interesse an seiner Laufbahn. Als Herrscherin wollte sie einen jungen Edelmann an ihren Hof und Dienst fesseln; wenn die zwischen ihnen beiden übliche Sprache an Liebe erinnerte, so entsprach das nur jener Schmeichelei, die im nächsten Jahrhundert Ludwig XIV. so reichlich zuteil wurde; sie war ebenso gekünstelt, ebenso nützlich, nur weniger abstoßend.

Schon früh hatte sich Elisabeth ihr Urteil über Essex gebildet. Trotz ihrer Freude an seiner frohen, jugendlichen Gesellschaft, trotz ihres Wunsches, ihn ganz für sich zu gewinnen, bemühte sie sich dauernd, seinem Mutwillen und seiner Launenhaftigkeit zu steuern und einen nützlichen Diener aus ihm zu machen. Bei aller Offenheit und allem Edelmut war er doch kein Mensch, der lebte und leben ließ. Er war eifersüchtig, und an einem Hofe, an dem Eifersucht geradezu wie eine Krankheit grassierte, kam er bald mit dem hellen Stern der älteren Generation, Sir Walter Raleigh, in Konflikt. Er ärgerte sich über den Einfluß seines Gegners, nahm der Königin irgendeine Handlung übel und stahl sich fort, um seinen gekränkten Stolz durch Teilnahme an der Belagerung von Sluys zu beruhigen. Elisabeth rief ihn zurück. Er stieg in ihrer Gunst, folgte Ende 1587 Leicester als Oberstallmeister und bezog als solcher ein jährliches Einkommen von £ 1500. Außerdem gehörte er zur Hoftafel und hatte freien Unterhalt für seine Pferde. Die Vergabe einer ganzen Reihe niederer Ämter, die ihm übertragen war, brachte ihm weitere beträchtliche Einnahmen. Einige Monate später wurde er Ritter des Hosenbandordens. Ein langsamer Aufstieg wäre vielleicht besser für ihn gewesen. Über seine damalige Eifersucht wird folgendes erzählt: Sir Charles Blount, ein junger Edelmann von angenehmem Wesen, hatte im Turnier gut abgeschnitten und von Elisabeth eine goldene Schachkönigin als Geschenk erhalten. Am nächsten Tage erschien er bei Hofe und trug das Geschenk mit einem roten Band am Arm. Als Essex das sah, rief er: „Jetzt erkenne ich, daß jeder Narr ausgezeichnet wird." In dem darauf folgenden Duell wurde Essex verwundet. „Tod und Teufel!" rief Elisabeth ärgerlich, „es wäre an der Zeit, daß jemand ihn mal gründlich vornähme und ihm bessere Manieren beibrächte, sonst ist mit ihm nicht auszukommen!" Kurz darauf forderte Essex auch Raleigh, aber der Staatsrat griff ein und versuchte, den Vorfall vor Elisabeth geheimzuhalten. Es war die Frage, ob dieser temperamentvolle und rassige Vollblüter gezähmt werden konnte und im Dienst von Krone und Volk zu brauchen war, oder ob er bei dem Versuch, ihn zu bändigen, innerlich zerbrach. Das mußte die Zeit lehren.

Die Abenteuer und Gewinn verheißende Expedition von Drake und Norris trieb Essex in seine nächste Torheit. Er lebte, unbekümmert wie in allem, weit über seine Mittel und hatte ungefähr £ 23 000 Schulden. Als die Königin, trotz ihrer Güte, seine ewige Bettelei leid wurde, beschloß er, sich heimlich Drake anzuschließen. „Wenn ich Glück habe, kann ich reich werden; habe ich keins, so will ich das Ende meiner Armut nicht erleben!" schrieb er. Er ließ die Schlüssel zu seinem Schreibtisch, in dem etwa vierzig Briefe an seine Freunde lagen, zurück und ritt eines Nachts nach Plymouth, entschlossen, sich von nichts als dem Tod aufhalten zu lassen. Am nächsten Tage wurde Knollys hinter ihm hergesandt, und ihm folgte noch am selben Abend Lord Huntingdon. Aber Essex war sofort an Bord eines der königlichen Schiffe gegangen und fuhr im Einvernehmen und zusammen mit dem zweiten militärischen Befehlshaber, Sir Roger Williams, neun Tage eher als die Flotte los.

Wenn Elisabeth versuchte, den Ausreißer wieder einzufangen, so handelte sie nicht als verliebte, ältliche Frau, sondern als Königin, deren Beamter ohne Erlaubnis seinen Posten und seine Pflichten bei Hof im Stich gelassen hatte. Außerdem sollte an dieser Expedition kein Edelmann teilnehmen, der Urteil und Erfahrung durch hohe Geburt zu ersetzen versuchte: am allerwenigsten wünschte sie, daß Essex seine vorschnellen Finger in das Unternehmen steckte. Als sie erfuhr, daß er außer Reichweite war, daß Sir Roger Williams seinen Posten verlassen hatte und in einem königlichen Schiff losgefahren war – eine grobe Disziplinlosigkeit und Mißachtung ihrer Befehle, die für eine erfolgreiche Durchführung der Expedition nichts Gutes ahnen ließ – kannte ihre Empörung keine Grenzen. Sofort sandte sie einen Brief hinter Drake und Norris her und befahl ihnen, falls sie über Williams noch nicht die Todesstrafe verhängt hätten, die sein Handeln nach dem Gesetz durchaus verdiene, sollten sie ihn seines Kommandos sofort entheben und verhaften: „Da wir die Herrschergewalt haben, so wollen wir auch, daß man uns gehorcht." Essex aber sollte sofort nach Hause geschickt werden. „Es handelt sich hier nicht um jugendliche Unbesonnenheit", schrieb sie, „noch um Angelegenheiten, die durch schlaue Ausflüchte, wie die Anwälte sie lieben, beigelegt werden können." Walsingham bemerkte, milder hätte der Brief gar nicht sein können! Aber er traute Norris und Drake so viel Schneid zu, daß sie lieber der Königin nicht gehorchten, als daß sie durch zu hartes Vorgehen gegen einen so beliebten Kriegsmann wie Williams eine Meuterei hervorriefen. – Robert Carey, ein junger Verwandter der Königin, hatte die Absicht gehabt, sich mit Essex fortzustehlen, wurde aber zu seinem großen Kummer nicht mitgenommen. Um sich zu trösten, schloß er eine Wette ab, er könne in zwölf Tagen nach Berwick laufen; damit gewann er £ 2000. Wie sich noch erweisen sollte, war diese Wette eine viel bessere Kapitalsanlage als das Portugal-Unternehmen.

Die Expedition war ein Mißerfolg. Man fuhr nach Coruña, wo es ein einziges Armada-Schiff zu vernichten gab, während in einem andern Hafen eine Flotte von vierzig lag. Elisabeth beschuldigte die Führung – mit welcher Berechtigung, wissen wir nicht – sie suche nur Profit und denke nicht an ihren Dienst. Die Mannschaften betranken sich an dem Wein, den sie in der unteren Stadt erbeuteten, und schleppten dadurch die böse Krankheit ein, die später so furchtbare Verwüstungen auf den englischen Schiffen anrichtete. Das an sich glorreiche Unternehmen in Coruña beeinträchtigte doch wesentlich die Schlagkraft der Expedition. Lissabon war das nächste Ziel, und auf dem Wege dorthin stießen Essex und Williams endlich zur Flotte. Von nun an wollte nichts mehr glücken. Ein nutzlos langer Marsch auf Lissabon, eine tapfere aber ganz wirkungslose Demonstration vor der Stadt, Rückzug auf die Schiffe – das war alles. Kaum ein Mensch erklärte sich für Don Antonio; dafür sorgte schon mit unnachsichtiger Strenge der spanische Gouverneur. Die Flotte wollte vor der Heimkehr eigentlich noch nach den Azoren fahren, aber die Krankheit wütete an Bord, und widrige Winde wehten. So wurde der Befehl zur Rückfahrt nach England gegeben. Von 15 000 Mann waren mindestens 8000 tot; die meisten hatte die Krankheit hinweggerafft. Das stolze Gefühl, dem Spanier überlegen zu sein, war das einzige Ergebnis dieser Expedition. Drake und Norris wurden zur Rechenschaft gezogen; und Drake nahm seinen Abschied.

Dieser Mißerfolg war vielleicht der Grund dafür, daß andere große Pläne zur See aufgegeben wurden. Sicherlich schreckte er private Spekulanten von gemeinsamen Unternehmen mit dem Staate ab, die doch mehr den Charakter nationalen Kampfes annahmen, als daß sie einträglicher Seeräuberei dienten. Elisabeth selbst wurde durch rein finanzielle Erwägungen in ihrer Kriegsführung bestimmt: die Ereignisse in Frankreich drohten ihre letzten Mittel in ergebnislosen militärischen Unternehmungen zu verbrauchen. So blieb denn nichts anderes übrig, als den Seekrieg einer Schar großer und kleiner Kaperkapitäne zu überlassen und sie nur gelegentlich durch Einsatz der königlichen Flotte zu unterstützen.

Während Essex sich in seinen jugendlichen Streichen austobte und die Portugal-Fahrt, nach den Berichten zu urteilen, mit viel Schneid aber wenig Verstand weitergeführt wurde, stürzte in der Heimat der unstete Zeitgeist die Kirche in neue Unruhen. Die Glaubenseiferer wollten in Elisabeths Regierung immer mehr den Kreuzzug der Gott wohlgefälligen Engländer gegen die Söhne Belials sehen. So ist es kein Wunder, daß sich die kühnsten Köpfe aus den Reihen der Geistlichen und Laien zu der Partei hingezogen fühlten, die gründlichste Reformen verlangte und es unternehmen wollte, die Kirche von Jahrhunderte altem Zopf zu befreien, die Einfachheit und Reinheit apostolischer Zeiten wiederherzustellen und eine neue Kirche aufzubauen, wie sie allein Gottes Willen entsprach. Die Episkopal-Kirche Englands war weltlich orientiert und korrupt, in ihr spiegelten sich alle Mängel der Zeit wider. Keiner dieser Reformer bedachte, daß Calvin in Genf seine Theokratie mit ihrer inquisitorischen Disziplin in Moral und Religion nur mit Hilfe glaubensstarker Flüchtlinge aus Frankreich und den Niederlanden hatte aufbauen und erhalten können; all diese Männer sahen vielmehr in jener Gemeinschaft die Stadt Gottes auf Erden und wollten in Englands heiter grünender Flur ein gleiches, düsteres Jerusalem aufbauen.

Elisabeth äußerte sich sehr eindeutig über das Streben der Eiferer nach einer presbyterianischen Kirche: Wahl der Geistlichen, Ältesten und anderen Beamten durch das Kirchenvolk, Verwaltung der Kirche durch ein Presbyterium oder Konsistorium in jeder Gemeinde, Provinzial- und Nationalsynoden – für all das hatte sie nichts übrig. Eine solche Kirche war mit der Monarchie nicht in Einklang zu bringen; sie bedingte revolutionäre Änderungen im Aufbau der Gesellschaft und verstieß gegen die königlichen Vorrechte, indem sie die Herrschaft des Königs über die Kirche durch Unterwerfung unter sie ersetzte. Auch schien Elisabeth das Eindringen in das Privatleben der Menschen unerträglich. Als Realistin erkannte sie die endlosen Schwierigkeiten auf dem weiten Wege bis zum Abschluß dieser Reform und sah deutlich voraus, wie sich das Genfer System in der englischen Gesellschaft auswirken würde. Sie hatte deshalb für die einfältige Zuversicht seiner Verfechter nur ein mitleidiges Kopfschütteln. „Was die alles reden und vorhaben", erklärte sie, „ist barer Unsinn." Es führe zu untragbaren Neuerungen, ermangele der göttlichen Autorität, sei nichts als schlimmste Tyrannei und eine Gefahr für jede gute christliche Regierung. „Ich sehe viele", sagte sie zum Parlament, „die Gott dem Allmächtigen gegenüber zu vermessen sind und Seinen heiligen Willen mit spitzfindigen Künsten auslegen wie die Advokaten das Testament eines Menschen." Sie selbst sei belesen: „Man behauptet, ich hätte vor allem philosophische Bücher gelesen.

Das gebe ich gern zu, und ich glaube, daß nur wenige, sofern sie nicht an den Universitäten lehren, mehr gelesen haben"; von ihren vielen Büchern aber habe sie das Buch Gottes mit am häufigsten gelesen. Es liege kein Grund vor, sie in religiösen Dingen für gleichgültig zu halten: „Wäre ich nicht überzeugt, daß mein Weg der wahre nach Gottes Willen ist, dann möge Gott verhüten, daß ich weiterlebe und ihn euch vorschreibe."

Manches in der anglikanischen Kirche war nicht, wie es sein sollte: das wußte Elisabeth. „Aber wo ist Vollkommenheit?", fragte sie. Soweit wie möglich wollte sie die Mißstände abstellen. „Wenn Sie, meine edlen Herren vom Klerus", verkündete sie den Bischöfen, „keine Abhilfe schaffen, dann gedenke ich Sie abzusetzen. Verwalten Sie also ihr Amt gut." Sie machte ihnen Vorwürfe, weil sie Männer zu Geistlichen beförderten, die sich in keiner anständigen Gesellschaft sehen lassen könnten, und weil sie duldeten, daß „andere sich in ihrer Neugier mit Fragen befassen, die über ihren Horizont gehen, und in ihren Predigten Dinge sagen, die sie selbst nicht wissen, – daß es keine Hölle gebe, sondern nur Gewissensqual! – Ja", fuhr sie fort, „ich habe gehört, daß in einer Diözese alle sechs Pfarrer etwas anderes predigen. Ich will auch hier Einheitlichkeit!" Sie befahl, daß alle, die im Predigen versagten, gezwungen würden, die Homilien zu lesen: „Aus einer von ihnen kann man mehr lernen als aus zwanzig ihrer Predigten. Und wir verlangen von Ihnen, meine Herren Bischöfe", fuhr sie fort, „daß Sie solche Männer nicht etwa aus Mitleid schützen. Es könnte passieren, daß jene am Galgen hängen, ehe sie sich noch gebessert haben." – „Schade", fuhr sie fort, „daß der Herr Bischof von London nicht hier ist, der so wenig Bescheid weiß über das, was in unserer City vorgeht: jeder Kaufmann hat dort seine Lehrer und veranstaltet abendliche Konventikel, in denen die Schrift ausgelegt und den Gehilfen und Mägden Religionsunterricht erteilt wird. Das führt dann dazu, wie ich gehört habe, daß einige dieser Mägde sich nicht gescheut haben, gelehrte Pfarrer zu kontrollieren und ihnen einzuwenden: In unserm Hause lehrte ein Prediger aber anders!"

Der Erzbischof von Canterbury versuchte, sich und seine Kollegen zu entschuldigen, indem er darauf hinwies, es sei ganz ausgeschlossen, für dreizehntausend Pfarreien studierte Geistliche zu beschaffen. „Du lieber Gott“, fiel die Königin ein, „dreizehntausend! Darauf war ich nicht gefaßt! Immerhin“, fügte sie hinzu, „wenn sie nicht alle gelehrt sein können, so können sie wenigstens anständig, mäßig und fromm sein.“

Derartige Befehle waren schneller gegeben als ausgeführt. Aber im Jahre 1583 hatte Elisabeth einen wirklichen Zuchtmeister an die Spitze der Kirche gesetzt. Es war der Erzbischof Whitgift, ihr ‚schwarzer Herr und Gebieter‘, wie sie ihn scherzend nannte. Seine Ernennung konnte zu keiner kritischeren Zeit erfolgen, denn glaubenseifrige Geistliche waren gerade heimlich bei dem Versuch, ohne Rücksicht auf die Behörden die Anfänge einer presbyterianischen Kirchenordnung einzuführen. Wenn sich auch die Laien von ihren Versammlungen fernhalten mußten, denn Teilnahme bedeutete für sie Verstoß gegen das Verschwörergesetz, so hielten doch diese Geistlichen regelmäßige und häufige Bezirkskonferenzen unter sich ab und übten auf diese Weise eine inoffizielle Aufsicht über gewisse Kirchen aus. Außerdem erfaßten sie die ganze Bewegung in gelegentlichen allgemeinen Konferenzen, die zur Zeit der Parlamentstagung in London zusammenkamen und den Charakter einer nationalen Synode trugen. Ein derartiger Sprung in die moderne Welt der Parteiorganisation ist mehr als überraschend; und nur, wer den wahren Geist des Presbyterianismus klar erkannt hat, wird diese merkwürdige Erscheinung im England des sechzehnten Jahrhunderts begreifen.

Während diese bedenkliche Geheimorganisation noch im Aufbau war, eröffnete Whitgift Ende 1583 seinen großen Angriff auf die Mißstände der Kirche. Er versuchte dadurch eine eindeutige Zugehörigkeit zur anglikanischen Kirche zu erzwingen, daß er von jedem Geistlichen die Anerkennung dreier Artikel verlangte, von denen zwei für die Glaubenseiferer ein Anathema bedeuteten. Zur allgemeinen Bestürzung sah es so aus, als wolle das ganze Land sich erheben und ihn verfluchen. Whitgift hatte noch nicht erkannt, daß er nicht gegen Individuen kämpfte, die als solche vielleicht bald verzagt hätten, sondern gegen eine disziplinierte Partei.

Wie seltsam modern diese Verhältnisse waren, zeigte sich, als das Parlament Ende 1584 zusammentrat. Die Glaubenseiferer hatten eine ganze Flut von Petitionen vorbereitet, die von Priestern, Zünften, Friedensrichtern und der Gentry ganzer Grafschaften eingereicht wurden. Während der Tagung des Parlaments hielten sie noch zwei allgemeine Konferenzen in London ab und leiteten dem Unterhaus ihr reiches Material zu. – Sie schätzten diese Körperschaft sehr, weil sich in ihr der leidenschaftliche protestantische Nationalismus widerspiegelte. – Das Haus war nicht weniger erschüttert als die Staatsräte. Selbst Elisabeth kam etwas aus dem Gleichgewicht, sie bestand aber auf der Staatskirche und versicherte, sie werde einige der Abgeordneten zur Rechenschaft ziehen, weil sie sich abfällig über die Bischöfe geäußert und in Dinge gemischt hätten, von denen sie nichts verständen und die sie nichts angingen. „Wie wir hören", fügte sie ärgerlich hinzu, „werden diese Leute von einigen unserer Staatsräte unterstützt; das werden wir schon abstellen, vielleicht sogar einige Herren ihrer Ratswürde entkleiden!" Nur härteste Unnachgiebigkeit konnte die Kirche retten, denn selbst führende Staatsräte, unter andern Leicester, Walsingham und Burghley, sympathisierten mit den Glaubenseiferern und waren über Whitgifts Vorgehen empört. Burghley schrieb an den Erzbischof und verurteilte scharf sein ‚römisches' Verfahren, das, wie er sagte, ‚die Tücken der spanischen Inquisitoren beim Fang ihrer Opfer' noch überträfe. Aber Elisabeth erkannte – und das tat Burghley leider nicht –, eine wie ernste und bedrohliche Herausforderung die Haltung der Glaubenseiferer für ihren Staat war; sie begegnete aller Hetze gegen ihren Erzbischof dadurch, daß sie ihn zum Mitglied des Staatsrats machte; er war während ihrer Regierung der erste und einzige Geistliche, dem diese Ehrung zuteil wurde.

Zwischen den Parlamenten von 1584/85 und 1586/87 bereiteten die Glaubenseiferer einen parlamentarischen Feldzug vor, der den ersten weit in den Schatten stellte. Jede Bezirkskonferenz oder ‚Classis' untersuchte genau den Zustand der Kirche in ihrer Nachbarschaft mit dem Ziel, die Notwendigkeit einer Reform aufzuzeigen; besonders wertvoll war hierbei die Charakterisierung der Pfarrgeistlichen und Vikare: ‚Ein gemeiner Spieler und Saufbruder' – ‚der Papisterei sehr verdächtig' – ‚kommt nur sehr selten in die Kirche und ist ein Hurenwirt' – ‚noch sehr jung, ein Würfelspieler, sein Vater kaufte ihm die Pfründe für viel Geld' – ,fürchtet den Herrn aufrichtig'; so lauteten einige der Schilderungen. Die Berichte der einzelnen Bezirke wurden nach Grafschaften eingeteilt und geordnet und dann einer ,Allgemeinen Bittschrift' beigefügt, die dem Parlament übergeben werden sollte. Als die Wahlen näherkamen, veranstalteten sie Wahlkampagnen mit gleichgesinnten Angehörigen der Gentry. Dann bewogen sie eine Reihe von Abgeordneten, im Unterhaus eine Gruppe zu bilden und ihre Sache gemeinsam zu vertreten. Als Abschluß ihrer gründlichen Vorbereitungen hielten sie während der Parlamentstagung in London eine Synode ab, um von dort aus den Angriff zu leiten. In vieler Hinsicht ist diese ganze Kampagne das bedeutsamste Ereignis in der langen Geschichte der Regierung Elisabeths, denn diese glaubenseifrigen Geistlichen lehrten England das Geheimnis eines wirkungsvollen Vorgehens des Parlaments, durch das in späteren Zeiten der Monarchie die Gewalt aus der Hand gewunden werden sollte.

Zu der Gruppe, die im Unterhaus den Angriff der Glaubenseiferer vorbereitete, gehörte auch Peter Wentworth, ein Schwager Walsinghams; er war ,ein Mann scharfen und heftigen Geistes', eine wahre Kampfnatur. Noch heute fesselt uns seine Erscheinung, weil sich in ihm eine große Zeit lebhaft verkörpert. Als er zum erstenmal Abgeordneter war, wurde er in eine Kommission gewählt, die den Lords begründen sollte, weshalb das Unterhaus bei der Verabschiedung eines Gesetzes einige seiner neununddreißig Artikel zurückgestellt habe. Das Haus, so erklärte Peter Wentworth vor den Lords, habe nicht Zeit genug gehabt, festzustellen, ob die beanstandeten Artikel auch mit dem Worte Gottes übereinstimmten. „Was!" rief der Erzbischof Parker empört, „Sie haben sie einfach nicht verstanden. Verlassen Sie sich hierin ganz auf uns." „Nein, bei meinem Glauben an Gott", antwortete Wentworth tapfer, „wir genehmigen nichts, bevor wir nicht wissen, um was es sich handelt; gingen wir anders vor, so machten wir Sie ja zu Päpsten. Das mag tun, wen danach gelüstet! Wir werden Sie jedenfalls nicht dazu machen." Während der Tagungen des nächsten Parlaments geriet er einmal in helle Empörung, als ein Abgeordneter, um ihn einzuschüchtern, eine unvorsichtige Äußerung von ihm zitierte. Wentworth ließ sofort eine leidenschaftliche Rede zur Verteidigung des freien Wortes vom Stapel und schalt den Angeber mit den Worten Davids: ‚Du, o Herr, führst die Lügner und Schwätzer ins Verderben.' Gleichzeitig griff er Sir Humphrey Gilbert wegen seiner glatten Rede an und verglich ihn mit einem Chamäleon; wie dieses Tier alle Farben, nur nicht Weiß annehmen könne, so könne auch Gilbert sein Wesen dauernd ändern, nur ehrlich könne er nie sein.

Zu Hause in Lillingstone Lovell dachte Wentworth oft über diese und noch weitere Erfahrungen nach, die er während der folgenden Parlamentsperiode gemacht hatte. Da kamen ihm die Worte Elihus im Buch Hiob in den Sinn: ‚Siehe, mein Inneres ist wie der Most, der zugestopfet ist, der die neuen Schläuche zerreißet. Ich muß reden, daß ich mir Luft mache . . . Ich will niemandes Person ansehen und will keinem Menschen schmeicheln.' Diese Worte machte er zur Grundlage einer bedeutsamen Rede, in der er Königin, Staatsrat und Parlament angreifen wollte. Während er durch seine Felder ging, kamen ihm immer wieder Bedenken, und eine innere Stimme mahnte ihn, wie er selbst sagte, daß diese Rede ihn sicher ins Gefängnis bringen würde. Aber kaum war im neuen Parlament eine Vorlage verlesen, als er sich zum Wort meldete: „Herr Sprecher", begann er, „ich finde in einem kleinen Buch folgende Worte geschrieben: ‚Schon klingt das Wort Freiheit, sie selbst aber ist mehr wert als alle Schätze der Welt.'" Während er diesen Satz in seiner melodischen Sprache weiter ausführte, kam er auf zwei Dinge zu sprechen, deren Anrühren schmerzliches Aufsehen erregte: auf das Gerede über den Zorn der Königin und auf die Nachricht vom Verbot, religiöse Dinge zu besprechen. „Gäbe Gott, Herr Sprecher, beide, Gerede wie Nachricht, wären tief in der Hölle begraben! Ihr Urheber ist der Teufel, von dem nur Böses kommt. Hasset alle Gerüchtemacher und Zuträger! Ja, hasset sie, denn sie verderben und vergiften das Gemeinwesen! Schonet dabei niemanden, denn je höher er steht, desto mehr Unheil kann er anrichten!" Dann aber begann er der Königin Vorhaltungen zu machen, ganz so wie ein Vater sein Kind zur Rede stellt: „Niemand ist ohne Fehl", sagte er, „nein, auch unsere edle Königin nicht . . ." Jetzt aber unterbrach ihn mit lauter Entrüstung das Haus, dessen wachsende Bestürzung sich schon länger auf den

Gesichtern widerspiegelte. Wentworth mußte sich vor einer besonderen Kommission verantworten und wurde in den Tower geschickt. Das bedauerten die meisten, denn sie teilten fast alle seine Ansicht, wagten aber nicht, mit dem gleichen Mut wie er auch dafür einzustehen.

Wentworths Königstreue war ebenso groß wie seine Freiheitsliebe. Einmal schlug während einer Kommissionsberatung ein Mitglied vor, ihr Schreiber solle der Kürze halber einfach: ‚Königin Elisabeth!' schreiben. „Was!" brauste Wentworth auf. „Sollen wir etwa nicht anerkennen, daß sie unsere Allerhöchste Herrscherin ist? Das wäre ja noch schöner! Ich glaube, einige von uns sind sie leid. Ich aber bin sie nicht leid, und deshalb wird geschrieben: ‚Unsere Allerhöchste Herrscherin.'" Die Tragik lag bei Wentworth und anderen Glaubenseiferern in dem Konflikt zwischen zwei Treueverpflichtungen: gegenüber Gott und gegenüber der Königin. Die fatale Lage, in der sie sich als Mitglieder des Parlaments befanden, wurde einmal von einem Abgeordneten namens Pistor, ‚einem Mann mit ernstem, freundlichem Gesicht und guter natürlicher Beredsamkeit', eindrucksvoll gekennzeichnet: „Mein großer Kummer ist es, daß Dinge von höchster Wichtigkeit, die uns vor der Seele stehen und für jeden von uns größer und gewaltiger sind als die Herrschaft über die ganze Welt, so leichthin behandelt werden. Ich meine die Sache Gottes! Alle übrigen Dinge sind ja nur irdisch, wahrlich sie sind eitle Nichtigkeiten im Vergleich dazu. Niemand sage, daß sie ebenso groß seien, und niemand behaupte, daß ihnen die gleiche Wichtigkeit gebühre! Was sind denn Subsidien, Kronen, Königreiche im Vergleich zur Sache Gottes? Ich weiß es nicht. Eins aber weiß ich, und dafür danke ich Gott aus vollem Herzen, daß er uns gesagt hat: Trachtet am ersten nach dem Reiche Gottes, so wird euch solches alles zufallen!"

Es war nur eine kleine Gruppe solcher Männer, deren Hilfe sich die glaubenseifrigen protestantischen Geistlichen für ihre Parlamentsaktion im Jahre 1587 gesichert hatten. Nachdem das Problem Maria von Schottland erledigt war, brachte im Februar einer von ihnen eine Vorlage ein, die mit der ganzen Kirchenorganisation des Staates aufräumte und an ihre Stelle eine presbyterianische Kirchenverfassung setzte. Ein derart revolutionärer Antrag war im Parlament noch nie gestellt worden. Der Sprecher erinnerte das Haus an das Veto der Königin, das Anträge, Aussprache und Beschlußfassung in Kirchenangelegenheiten untersagte – aber hiervon nahm niemand Notiz. Infolgedessen ließ die Königin dem Sprecher befehlen, die Vorlage in ihrem Namen abzusetzen. Darauf stand Wentworth auf und stellte eine Reihe Fragen über Wesen und Ausmaß der Vorrechte des Parlaments. Er schlug vor, in einer grundsätzlichen Frage den Streit mit der Krone auszutragen. Wäre das Problem nach seiner unhistorischen, in eine weite Zukunft weisenden Auffassung gelöst worden, so hätte damals schon die Monarchie alle Macht verloren, und der Wille des Parlaments wäre die oberste Autorität im Staate geworden. Zum Glück hatte Elisabeth von den Zusammenkünften Wentworths und seiner kleinen Gruppe, die in jenen Tagen ein schweres Vergehen bedeuteten, Wind bekommen. Sie sperrte sofort alle fünf in den Tower. Auf ihren Befehl mußten einige ihrer Staatsräte im Unterhaus die Vorschläge der radikalen Protestanten einer rücksichtslosen Kritik unterziehen und auf die gefährlichen Folgen aufmerksam machen. Mehr gezwungen als überzeugt ließ das Parlament die Sache fallen und nahm sie auch bei Lebzeiten der Königin Elisabeth nicht wieder auf.

Wie sollten sich die Glaubenseiferer jetzt weiter verhalten? Einer ihrer Führer schlug vor, sich nunmehr um das einfache Volk, statt um das Parlament zu bemühen. Als ein Amtsbruder Einwände erhob, sagte er: „Still! Halten Sie den Mund! Da wir diese Dinge im Unterhaus weder durch Antrag noch durch Aussprache erreichen können, muß die Menge und das Volk uns helfen." In ihrem Ärger gaben manche die bisher geübte Zurückhaltung auf. Im Oktober 1588 wurden Hof, Kirche und Land durch das Erscheinen einer witzig-derben Schrift in Aufregung versetzt, deren Verfasser sich selbst Martin Marprelate nannte; sie war, wie scherzhaft auf dem Titelblatt stand, ‚jenseits des Meeres, in Europa, keine Viertelmeile von einem fetten Priester entfernt' gedruckt worden. Mit übermütigem Spotte nahm sie die Bischöfe und ihre Helfer vor. Etwa einen Monat später erschien eine zweite Schrift. Sie enthielt eine Liste von ‚übersehenen Fehlern und Irrtümern': ‚Wo immer die Prälaten Herren genannt werden, ist das falsch' – ‚Nirgendwo wird der heuchlerische Schmarotzer, der Bischof von Norwich, erwähnt. Auch das ist ein arger Fehler'. Im Februar wurde dann schwerstes Geschütz aufgefahren. Da Thomas Cooper, der Bischof von Winchester, auf die erste Schrift eine Erwiderung veröffentlicht hatte, antwortete jetzt Martin in einer vierten Abhandlung, der er den bekannten Londoner Straßenruf als Titel gab: ,Wer hat Arbeit für den Cooper (Küfer)?' Unterdessen durchsuchten Beamte das Land nach der Geheimdruckerei, aus der diese aufrührerischen Schriften stammten. Sie fanden die Druckerpresse nicht, heute war sie hier, morgen dort, bis sie schließlich nach zehn gefahrvollen Monaten in Manchester zufällig entdeckt wurde, als sie gerade weiterbefördert werden sollte. Trotzdem erschien bald wieder eine Schrift. Sie war in einer anderen Druckerei hergestellt worden und blieb die letzte der sieben ,Martins'.

Im Verlaufe der Jagd auf Martin Marprelate kamen die geistlichen Behörden der Organisation der Glaubenseiferer auf die Spur. Eine unermüdliche Ermittlungsarbeit, ganz im Geiste Walsinghams, förderte weitere Einzelheiten zutage, und dann schlug Whitgift zu. In den Jahren 1589/90 wurde die im Aufbau begriffene presbyterianische Ordnung, die sich schon über zwanzig Grafschaften verbreitet hatte, zerschlagen; ihre Führer kamen ins Gefängnis.

Eine Bewegung, wie die der glaubenseifrigen Protestanten, brachte notwendigerweise eine Erregung mit sich, die fast an Hysterie grenzte. Als im Jahre 1591 gegen die Führer der Partei vor der Sternkammer das Verfahren eröffnet werden sollte, schrieben und redeten zwei Edelleute, die offenbar von religiösem Wahnsinn befallen waren, in vager und gefährlicher Weise von kommenden Unruhen. Zu ihnen gesellte sich als Dritter ein ungebildeter Freibauer mit Namen Hacket, der anscheinend Betrüger und Wahnsinniger in einem war. Bald schon hielten die drei sich für gottbegnadete Propheten und dachten an eine Volkserhebung. Hacket redete seinen verrückten Genossen, die er vollständig in der Hand hatte, ein, er sei der kommende König von Europa, der neue Messias, der im Himmel vom Heiligen Geiste gesalbt sei. „Gehet hinaus“, befahl er den beiden, „und verkündet denen in der Stadt, Jesus Christus sei gekommen mit dem Palmwedel in der Hand, um Gericht zu halten über die Erde! Und so Euch jemand fraget, wo er ist, so saget, in Walker's House bei Broken Wharf." Die beiden gingen hinaus auf die Straße und riefen laut: „Tut Buße, tut Buße!" In Cheapside verkündeten sie von einem Karren herab einer gaffenden und staunenden Menge ihren neuen Messias und nannten sich die Propheten der Gnade und des Gerichts und William Hacket den neuen König von Europa. Die Königin aber habe ihre Krone verwirkt. Nach wenigen Tagen schon saßen sie hinter Schloß und Riegel, und Hacket wurde der Prozeß gemacht; das Urteil lautete auf Hochverrat. Am Galgen begann er auf die Königin zu fluchen und zu schimpfen und betete mit Stentorstimme: „Oh, Gott im Himmel, mächtiger Jehovah, Alpha und Omega, Herr der Herren, König aller Könige, Du unser ewiger Gott, Du weißt, daß ich der wahre Jehovah bin, den Du gesandt hast! Laß ein Wunder herabsteigen aus den Wolken, um diese Ungläubigen zu bekehren, und befreie mich von diesen meinen Feinden! Tust Du das nicht, so stecke ich den Himmel in Brand und reiße Dich mit meinen Händen herab von Deinem Thron!" Die entsetzten Zuschauer verlangten, daß der Strick durchschnitten würde, damit er alle Qual des Herausreißens der Eingeweide bei Bewußtsein erlebe.

Francis Bacon schrieb damals über die Glaubenseiferer: „Sie sollten dafür sorgen, daß nicht das Wahrheit wird, was einer ihrer Gegner über sie schrieb: es mangele ihnen nur an zwei Kleinigkeiten, an Wissen und an Liebe." Diese Worte sind eine harte Kritik an einer Bewegung, die viele der besten Herzen und Köpfe der Zeit an sich fesselte. Niemand kann sagen, wie weit sie mit ihrem Werke vorangekommen wären, wenn Elisabeth Whitgift ihre Hilfe entzogen oder ihren Grundsatz aufgegeben hätte, nach dem, wie Bacon es ausdrückte, ‚Gewissensdinge ihr eigentliches Wesen verlieren, wenn sie die ihnen gezogenen Grenzen überschreiten und zum Parteigezänk herabsinken'. Wäre den radikalen Protestanten Erfolg beschieden gewesen, so hätten sie dem ganzen englischen Leben und seinen Einrichtungen ein anderes Gesicht gegeben. Vorläufig aber war die Bewegung zerschlagen und in Mißkredit geraten. Die anglikanische Kirche hatte jetzt die Gelegenheit, ihre Anhänger zu derselben tiefwurzelnden Treue zu erziehen, die Katholiken wie protestantische Glaubenseiferer immer wieder gegenüber ihrem Glauben und ihrer Kirche bewiesen.

Als die Parlamentsaktion des Jahres 1587 fehlschlug, griff der unverbesserliche Wentworth eine andere Sache auf, die geradezu nach Märtyrern schrie: die Thronfolgefrage. Noch im gleichen Jahre verfaßte er eine ‚Nachdrückliche Mahnung an Ihre Majestät'. Die Schrift war für den Mann bezeichnend. Wahre und aufrichtige Liebe, so erklärte er, zwinge ihn, seiner so geliebten und gütigen Herrscherin zu sagen, daß er sehr fürchte, sie werde, wenn es Gott gefallen sollte, die Pein des Todes auf sie herabzusenden – was eines Tages geschehen müsse – die schlimmsten Qualen der Seele und des Gewissens erleiden, falls sie die Frage der Nachfolge nicht zu ihren Lebzeiten geregelt hätte. Zehntausend Höllenfeuer würden in ihrer Seele brennen, weil sie die Kirche Gottes und ihr Land in so große Gefahr gebracht hätte. Gern werde sie dann die ganze Welt hergeben, um von diesen Qualen befreit zu werden. Für ihn stehe das eine fest: noch ehe sie ihre Seele ausgehaucht habe, würden sich Adel, Staatsrat und Volk in Waffen gegenüberstehen; und dann bestünde die Gefahr, daß ihre edle Person unbegraben auf der Erde liege, als klägliches Schauspiel für die gesamte Menschheit. Für alle Zeiten aber werde ihr Name mit Schande befleckt sein, und dieser Gedanke müsse doch ihr Herz, da es ehrliebend, barmherzig und mitleidig sei, mit tiefstem Kummer füllen.

Wentworth wollte diese Frage, die kein anderer Abgeordneter anzuschneiden gewagt hätte, im Parlament des Jahres 1589 neu aufwerfen; nach dem großen Sieg über die Armada aber war die Zeit wenig geeignet. So verfiel er auf den Gedanken, den Grafen Essex zu bitten, der Königin seine ‚Nachdrückliche Mahnung' zu überreichen. Doch bevor es dazu kam, wurden handgeschriebene Exemplare der Schrift bekannt, und er wanderte ins Gefängnis. In seinem Kampfesmut ungebrochen, schrieb er von hier aus an Burghley, er möge ihm doch helfen, die Königin zu überzeugen. Er wisse bestimmt, daß seine Beweisgründe einem Menschen von ihrer seltenen Klugheit und ihrem überragenden Urteilsvermögen einleuchten würden. Zweifellos, gab er zu, werde sie sich bei der ersten Lektüre seiner Abhandlung verletzt fühlen, aber der Geist Gottes habe

Salomo sagen lassen: ‚Treugemeint sind Wunden von der Hand des Liebenden, abscheulich aber sind die Küsse des Hassers.' Er ziehe es vor, Ihrer Majestät in aller Treue weh zu tun. Elisabeth bemerkte trocken, Herr Wentworth habe scheinbar von seinem eigenen Geist eine recht hohe Meinung.

Als Wentworth das Gefängnis wieder verlassen hatte, gab er sich immer noch nicht zufrieden. In seiner Person allein wollte er einen Ersatz für die zerschlagene Organisation der Glaubenseiferer schaffen und ahmte deren Taktik in den Jahren 1584–87 nach, als er jetzt daranging, eine parlamentarische Aktion in der Thronfolgefrage einzuleiten. Im Februar 1593 kam er nach Westminster; Rede, Antrag, Einwürfe und Erwiderungen, eine Dankadresse an die Königin, falls er Erfolg hatte, ein Mißbilligungsvotum, falls die Sache fehlschlug – alles hatte er vorbereitet. Er hatte eine Gruppe von Abgeordneten auf seine Seite gebracht, junge Männer – da die ‚großen Parlamentarier' ihn in der Vergangenheit im Stich gelassen hatten; mit ihnen besprach er das taktische Vorgehen. Aber sein Treiben konnte nicht geheim bleiben. Er wurde vor den Staatsrat zitiert und mußte wieder in den Tower. Hier blieb er bis zu seinem Tode im Jahre 1597. Obgleich er körperlich gebrochen war, gab er sich doch nicht besiegt. Er lehnte es ab, sich schuldig zu bekennen und wollte sich nicht einmal durch das Versprechen, die Thronfolgefrage ruhen zu lassen, die Freiheit erkaufen. Er war der typische Vertreter jenes hochgespannten Geistes, der seine Zeit so groß machte, und der doch in seiner Wirkung oft so unerträglich war. Als er im Alter von dreiundsiebzig Jahren starb, schien alles, wofür er gekämpft hatte, hoffnungslos verloren. Da er nicht in die Zukunft schauen konnte, die ihm einen Platz in dem glänzenden Zuge glorreicher Vorkämpfer für die politische Freiheit gab, hatte er keinen andern Trost als eine schlichte Grabinschrift.

Essex: Die letzte Liebe

Die Jahre vergingen, Elisabeth aber blieb geistig und körperlich unverändert lebhaft und frisch. Morgens tanzte sie sechs bis sieben Gaillarden, musizierte und sang. Das war ihre regelmäßige körperliche Übung, wie einer ihrer Höflinge um Weihnachten 1589 schrieb. Es kam ihr gut zustatten, daß sie in allem sehr mäßig lebte und für die phantastischen Arzneien, mit denen die Damen ihrer Umgebung sich ewig behandelten und krank machten, nur Verachtung hatte. Oft wurde über ihre Gesundheit und ihr jugendliches Aussehen gesprochen. „Nach ihrer Person und ihrem Äußeren zu urteilen, steht sie kaum einem sechzehnjährigen Mädchen nach“, schrieb ein überbegeisterter Ausländer von seiner englischen Reise im Jahre 1592. Es sah ganz so aus, als habe sie mit Alter und Tod, wie mit dem Glück einen Pakt geschlossen. Gelegentlich, nur ganz gelegentlich, hatte sie doch irgendein leichtes Unwohlsein, was ‚bei jedem andern ohne alle Bedeutung, aber bei einer so großen Fürstin im höchsten Maße beunruhigend‘ war.

Ihre Generation sank schnell ins Grab. Im Jahre 1589 verlor sie einen ihrer ältesten Minister, ihren Schatzkanzler Sir Walter Mildmay. Im folgenden Jahr entschlief im Alter von zweiundachtzig Jahren ihre erste Ehrendame, die sie von Kind auf kannte, die greise, seit langem erblindete Blanche Parry; sie war wie ihre Herrin unverheiratet geblieben. Einige Tage später starb Leicesters Bruder, Graf Warwick. Dann raffte der Tod schnell hintereinander Walsingham und seinen hochgebildeten, witzigen Schwager, den liebenswerten Thomas Randolph dahin. Kurz vor seinem Tode hatte Randolph an Walsingham geschrieben, für sie beide sei nun die Zeit gekommen, von der Welt und ihrem Getriebe Abschied zu nehmen; sie wollten hinfort an das Himmelreich denken und Gott um Vergebung all ihrer Sünden bitten. Gesundheitlich ein Wrack und von

Schmerzen geplagt, bat Walsingham um Entlassung aus seinem Amt – da erlöste ihn der Tod. Im gleichen Jahr starb noch ein anderer Staatsrat, Sir James Croft, der während des Wyatt-Aufstandes hervorgetreten war, und bald nach ihm Graf Shrewsbury, der Wächter Marias von Schottland. Am Ende des folgenden Jahres verschied auch Sir Christopher Hatton. Elisabeth besuchte ihn während seiner letzten Krankheit und blieb die ganze Nacht in seinem Hause; wieder einer der vielen kleinen Beweise der tiefen weiblichen Güte, mit der sie immer Leid zu lindern und Kummer um schmerzlichen Verlust zu erleichtern suchte. Hatton war ein genialer Politiker gewesen, aber gleichzeitig ein Lebensgenießer. Als er starb, hatte er bei der Königin £ 56000 Schulden.

Ein spanischer Vertreter berichtete Philipp II. über die große Trauer, die in ganz England bei Walsinghams Tod herrschte. ‚Dort, ja', kritzelte der König an den Rand des Berichtes, ‚für uns aber bedeutet es eine frohe Nachricht!' Walsingham schloß seine Augen über einer Welt, die sich schließlich doch mehr oder weniger nach seinem Traum von einem Heiligen Krieg geformt hatte. Acht Monate vorher, im Juli 1589, war in Frankreich Heinrich III. von einem fanatischen Mönch ermordet worden; damit hatte des Königs verzweifelte Mordtat an dem Herzog von Guise und dessen Bruder schnelle Vergeltung gefunden. Mit ihm erlosch das Haus Valois. Schon im Dezember 1588 war die glücklose Katharina von Medici, die all ihre Pläne hatte scheitern sehen, und deren Name gleichbedeutend war mit Schande, aus einem fieberhaften und rastlosen Leben geschieden, ‚in dem das bloße Denken schon Sorge und bleiäugige Verzweiflung mit sich bringt'. Wieder war eine Herrscherin gestorben, die nichts erreicht hatte.

Der neue König war Heinrich von Navarra, der Führer der Hugenotten. Er mußte um das Erbe, das er antrat – ein Land ohne Hauptstadt – erst einen opferreichen Krieg führen, wie ihn Peter Wentworth und andere beim Tode Elisabeths für England befürchteten. Die katholische Liga, auf deren Seite Paris stand und der Spanien den Rücken deckte, hatte einen Gegenkönig aufgestellt. Elisabeth wagte es nicht, die Liga siegen zu lassen, und so gewann der Heilige Krieg an Ausdehnung; wieder tat sich ein Abgrund auf, Englands Hilfsmittel an Geld und Soldaten zu verschlingen. Elisabeth griff sofort ein. Im September wurden an Heinrich £ 20000 gesandt, denen im Oktober weitere £ 15000 folgten. Gleichzeitig wurde unter Lord Willoughby ein kleines Heer in die Normandie geschickt, wo es sich zu Elisabeths Freude tapfer und mit großem Glück schlug. Bei solchen Gelegenheiten empfand sie die einfache Unterschrift ihres Namens unter formelle Dankesbriefe als unzureichenden Ausdruck ihrer Gefühle. Sie gab dann ihrer augenblicklichen Stimmung nach und fügte einige Worte oder eine Nachschrift hinzu, durch die sie im Handumdrehen hundertfachen Kummer linderte und sich ein treues Herz gewann. Einen Brief an Willoughby unterzeichnete sie: „In herzlicher Zuneigung Ihre Herrscherin Elisabeth". Am Schluß eines andern Briefes an ihn heißt es: „Mein guter Peregrine, ich danke Gott, daß Ihren tapferen Taten der alte Erfolg nicht versagt blieb, und freue mich sehr, daß Gesundheit Ihr Glück begleitet. Ihre wohlgeneigte Herrscherin Elisabeth R."

Die Schnelligkeit, mit der Elisabeth gehandelt hatte, gestattete es Heinrich, weiter um die Krone zu kämpfen. Aber lang war der Weg zum Thron und zäh der Widerstand. Man kannte den König als temperamentvollen Herrn, der sich im Verkehr mit seinen Soldaten ebenso zwanglos gab wie in Gegenwart schöner Damen; er war tapfer und erfinderisch – und immer voller Hoffnung; aber er hatte kein Geld. So wurde er der angenehmste und liebenswürdigste Schmarotzer, dem in seiner verzweifelten Notlage jedes Bedenken töricht schien. Verschwenderisch mit seinen Versprechungen wie ein Schwindler mit ungedeckten Schecks, schrieb er bezaubernde Briefe, in denen er um Geld und Soldaten bettelte. Er verpflichtete sich unbedenklich, Darlehen in sechs bis neun Monaten zurückzuzahlen, forderte aber dann ebenso unbedenklich neue Summen. Er nahm ein englisches Heer in seinen Sold und gestand später mit entwaffnender Offenheit, er habe keinen Sou, den Sold an die Truppen zu zahlen, und bat Elisabeth, ihm die nötigen Beträge zu borgen. Kurzum, er preßte seine liebevolle und solvente Schwester aus bis zur äußersten Grenze; – diese Grenze zog ihm Elisabeths kluge Vorsicht. Sie arbeitete ihm zwar eigenhändig ein Halstuch und sandte ihm auch einen Smaragd, der so lange nicht zerspringen sollte, wie sein Besitzer die

Treue hielt; sie schrieb ihm unnachahmliche Briefe und überschüttete ihn geradezu, ebenso wie den jungen, verschlagenen Schmarotzer Jakob von Schottland, mit gewichtigen Ratschlägen, die sie mit Sprichwörtern und staatsmännischen Maximen würzte. Aber bei alledem achtete sie sehr darauf, sich nicht ins Unglück reißen zu lassen und wußte genau, wieviel ihre niederländischen und französischen Schuldscheine in Wirklichkeit wert waren. Ihre ganze Aufmerksamkeit jedoch schenkte sie dem wachsenden Murren der Unzufriedenen in ihrem Volk und verschwendete in den verhaßten ausländischen Kriegen so wenig englisches Blut wie nur eben möglich. Sie mußte versuchen, zwischen Heinrichs grenzenlosen Bedürfnissen, ihren eigenen Mitteln und den englischen Interessen einen Ausgleich herzustellen.

Unterdessen bildete sich in England eine Partei, die nach Kampf um des Kampfes willen ausschaute. Ihre Motive waren verschiedener Art. In einem Briefe an Burghley heißt es, der Schreiber des Briefes habe gehört, wie sich zwei Edelleute bei Tische rühmten, sie hätten, der eine rund tausend Mark, der andere sogar vierhundert Pfund, an der Portugal-Fahrt des Jahres 1589 verdient: sie wären zu Hause geblieben und hätten von den Nachfolgern ihrer auf der Expedition ums Leben gekommenen Pächter die Sterbe- und Pachtfolgegelder eingezogen. Ebenso werde erzählt, hieß es weiter in dem Brief, ein Ritter im Westen stelle ein Regiment auf, das unter Heinrich IV. kämpfen solle. Er habe ausgerechnet, daß er und die andern Offiziere, selbst wenn sie keine eigenen Bezüge erhielten, durch die Todesfälle unter ihren Pächtern reichlich zu ihrem Gelde kämen. Die Kriege veranlaßten die vermögenslosen jüngeren Söhne des Landadels auf den ‚standesgemäßen Beruf als Dienstmann' zu verzichten und Soldat zu werden. Diese neue Partei aus vornehmen jungen Männern – ‚Männern der Tat' – fand in dem jungen, ungestümen Hof-Günstling Essex einen Führer nach ihrem Herzen. „Ich liebe diese jungen Männer der Tat, und zwar zunächst um meiner selbst willen", schrieb Essex, „denn ich finde Gefallen an ihrer Unterhaltung, starke Hilfe in ihrer Arbeit und Glück in ihrer Freundschaft. Ich liebe sie aber auch um ihrer Tugenden und ihrer Großherzigkeit willen. Ich liebe sie endlich um meines Landes willen, denn sie sind

Englands beste Verteidigungs- und Angriffswaffe. Wenn wir uns des Friedens erfreuen, so haben sie ihn errungen; und wenn wir Krieg führen müssen, dann sind wir auf sie angewiesen, um ihn glücklich zu beenden."

Elisabeth mußte ihre militärische Intervention in Frankreich wohl oder übel fortsetzen. Ein spanisches Heer war in der Bretagne gelandet, und sie konnte es nicht zugeben, daß die Kanalprovinzen Philipp II. in die Hände fielen und so die Operationsbasis für eine neue Armada wurden. Anfang 1591 sandte sie ein kleines Heer in die Bretagne. Heinrich IV. verpflichtete sich, es durch beträchtliche französische Streitkräfte zu unterstützen; da er aber ein ganzes Königreich erobern mußte und klar erkannte, daß Elisabeth es doch nicht wagen würde, ihre Truppen zurückzuziehen, hielt er seine Zusage nicht. Er bat sie sogar um ein zweites Heer, das ihm in der Normandie helfen sollte, und warf dabei als Köder das Versprechen aus, er werde seine sämtlichen Darlehen ‚aus seinen Eroberungen' zurückzahlen. Außerdem schlug er vor, Essex den Oberbefehl über dieses Heer zu geben. Obwohl Essex die Führung sehr gern übernommen hätte, ließ sich Elisabeth auf nichts ein. Ein unbesonnener Jüngling und ein leichtherziger König ohne Geld waren nicht vertrauenerweckend. Dreimal bat Essex sie auf den Knieen und setzte ihr zwei Stunden lang mit allen erdenklichen Argumenten zu – umsonst. Burghley versuchte darauf, sie zu überzeugen und hatte mehr Erfolg. Gegen ihre bessere Überzeugung gab Elisabeth schließlich nach, doch mußte Essex die Führung der Truppen mit ein paar besonneneren Männern teilen. Diese Maßnahme war ganz nutzlos, denn wer hätte es wohl gewagt, dem bezaubernden, ungestümen, hochgeborenen Günstling zu widersprechen?

Anfang August 1591 landete das englische Heer in der Normandie; der Verlauf der Expedition bestätigte durchaus Elisabeths Befürchtungen. Das Heer sollte Heinrich nur bei der Belagerung von Rouen unterstützen und nicht länger als zwei Monate von England fernbleiben. Aber der König hatte anderswo Wichtigeres zu tun; da das englische Heer endlich in Frankreich war, wollte er es nach seinem Gutdünken einsetzen. Es kam noch schlimmer: Essex ließ seine Infanterie unbeschäftigt bei Rouen zurück und ritt hundert Meilen durch feindliches

Land, um den König zu besuchen. Das war mehr als unbesonnen und grenzte fast an Wahnsinn. Essex ging tatsächlich das Verantwortungsgefühl eines Führers völlig ab. Krieg war für ihn ein ruhmbringender Sport. Er erreichte Compiègne, wo der König Hof hielt. Bei seinem Einzug ritten Essex sechs Pagen voran, in orangefarbenen, goldbestickten Samt gekleidet. Sein Anzug und die Decke seines Pferdes zeigten die gleiche Farbe und waren mit vielen Edelsteinen besetzt. Sechs Trompeter eröffneten den Zug und zwölf Junker folgten Essex in geringem Abstand, den Schluß bildeten sechzig englische Edelleute. Schnell wurde Freundschaft geschlossen. Eines Tages forderten Heinrich und seine Edlen die Engländer zu einem Wettspringen heraus, und Essex ‚sprang weiter als alle andern'. Auf dem Rückwege aber mußte er seine Infanterie herbeiholen lassen, damit er das englische Lager sicher erreichte. Er beschloß seine törichte Eskapade mit einer nutzlosen, prahlerischen Demonstration unter den Mauern von Rouen, die ihn das Leben seines Bruders kostete. Von den zwei Monaten, die das Heer in Frankreich bleiben sollte, war schon einer vergangen, ohne daß auch nur das geringste erreicht worden wäre.

Elisabeth kochte vor Wut. Ihrer Meinung nach hatte Heinrich sie vor der ganzen Welt zum Narren gehalten. Sie wetterte gegen die Offiziere, denen sie die Aufsicht über Essex anvertraut hatte. „Wo er ist, was er tut, was er vorhat, das alles weiß kein Mensch", schrieb sie zornig. Essex versuchte, sie durch einen artigen, bekümmerten Brief zu besänftigen. Das hinderte ihn aber nicht, an der Belagerung einer anderen, unbedeutenden Stadt teilzunehmen; während dieses Kampfes trug er einen Spieß wie ein gemeiner Soldat. Er wurde nach England zurückbefohlen; das erfüllte ihn mit solchem Gram, daß ihm ‚alle Knöpfe vom Wams sprangen, als wären sie mit einem Messer abgeschnitten worden'. Aber noch war das Maß seiner Torheiten nicht voll: ehe er Frankreich verließ, schlug er vierundzwanzig seiner Anhänger zu Rittern und sagte dabei, es sei weder ihre noch seine Schuld, wenn ihnen bisher Ruhm versagt worden sei; da sie aber so guten Willen gezeigt hätten, verleihe er ihnen die Ehrung, die sie sich bestimmt verdient haben würden. Sein Vorgehen war töricht; vielleicht sogar verhängnisvoll. Töricht, weil es den Begriff der Ehrung entwertete, und über Ehrungen wachte Elisabeth ebenso eifersüchtig wie über ihre Finanzen. Verhängnisvoll, weil es die so Geehrten Essex gegenüber verpflichtete, sie gleichsam zu einer persönlichen Gefolgschaft machte, die später einmal das Gleichgewicht der Macht im Staat gefährden konnte. Ehrungen verlieh allein die Krone; und wenn von dem Recht des Befehlshabers, Tapferkeit zu belohnen, in dieser leichtfertigen, verschwenderischen Weise Gebrauch gemacht wurde, so beraubte man dadurch die Königin selbst eines ihrer ureigensten Vorrechte. Die Welt spottete. Burghley aber verheimlichte den Vorfall Elisabeth, die ihren Essex zur Genüge kannte und ihm deshalb dieses Vorrecht ausdrücklich hatte entziehen wollen. Als sie später doch davon erfuhr, soll sie gesagt haben, ‚seine Lordschaft hätte gut daran getan, ehe er seine Leute zu Rittern schlug, Armenhäuser für sie zu bauen'.

Essex kam für einige Tage nach Hause und söhnte sich mit Elisabeth aus. Da nun die Belagerung von Rouen wirklich beginnen sollte, ließ die Königin sich überreden, ihre Truppen nicht aus Frankreich zurückzuziehen, ja, sie sogar zu verstärken. Essex war wieder guter Dinge. Aus Frankreich schrieb er Elisabeth einen verführerischen Brief. „Allerschönste, allerherrlichste, allerteuerste Herrscherin", begann er. Wenn dieser Feldzug erst beendet sei, solle nur noch ein außerordentliches Unternehmen im Dienste der Königin ihn ihres Anblicks berauben. „Die beiden Fenster Ihres Privatgemaches werden dann die Pole meines Himmels sein, den ich nicht verlassen will, solange es Eurer Majestät gefällt, mich in ihm zu sehen. Ist aber nach Ansicht Eurer Majestät dieser Himmel zu erhaben für mich, so will ich nicht von ihm herabfallen wie ein Stern, sondern wie Dampf verzehrt werden von der Sonne, die mich zu solcher Höhe emporsteigen ließ. Solange Eure Majestät mir die Worte ‚ich liebe Sie' nicht verwehrt, haben mein Glück und meine Lust nicht ihresgleichen in dieser Welt. Versagen Sie mir aber je diese Freiheit, so können Sie dadurch wohl meinem Leben ein Ende setzen, mich aber nie in meiner Beständigkeit erschüttern; denn wandelte sich auch die Süße Ihres Wesens in die allerherbste Bitternis, selbst Ihre Macht als große Königin vermag mich nicht dahin zu bringen, daß ich Sie weniger liebe."

Elisabeth hatte in den Verhandlungen mit Heinrich IV. darauf bestanden, daß dieser sich feierlich verpflichtete, den englischen Truppen nach Ablauf der zwei Monate den Sold auszuzahlen. „Viel wohler würden wir uns fühlen, wenn wir im Solde unserer gesegneten Königin ständen“, heißt es in einem Brief aus dem Felde. Und der Schreiber hatte recht. Heinrich war, wie Elisabeths Gesandter es ausdrückte, ein König ohne Krone, der Krieg führte ohne Geld. Seine eigenen Truppen meuterten, weil sie nicht gelöhnt wurden, und so blieb Elisabeth nichts anderes übrig, als weiterzuzahlen. Die Belagerung von Rouen begann, nahm ihren Fortgang und fand sobald kein Ende. Alle optimistischen Prophezeiungen, durch die man die schweren Zweifel der Königin zu beruhigen versucht hatte, wurden Lügen gestraft. Essex forderte den Gouverneur der Stadt heraus, sich mit ihm im Zweikampf oder Turnier zu messen; dieser gab die einzig angemessene Antwort, sein Amt als Gouverneur verbiete ihm einen derartigen Kampf. Elisabeth wurde sarkastisch: das Unternehmen entwickele sich eher zu einer Posse als zu einem Sieg. Sie teilte Essex kühl mit, er könne zurückkommen, falls seine Einsicht ihm zu erkennen erlaube, daß dies das Beste sei. Im Januar befahl sie ihn kurzerhand nach Hause. Als sein Schiff den Hafen verließ, stand er am Heck und küßte pathetisch sein Schwert. Was von seinem Heer noch übrig war, blieb in Frankreich; aber Rouen fiel nicht.

Elisabeths Zorn und Abneigung gegen diese törichte Expedition waren nur zu begründet. Ihre Finanzen wurden über Gebühr in Anspruch genommen, und es war unerträglich, daß ein leichtsinniger, unzuverlässiger König und ein junger Edelmann ohne Verantwortungsgefühl das Geld der Königin von England für nichts und wieder nichts vertaten. In den vier Jahren von 1589 bis 1593 hatte die Unterstützung Heinrichs IV. sie ungefähr £ 300000 gekostet. Fügt man hierzu die Kosten für ihre Truppen, die zur gleichen Zeit in den Niederlanden standen, so ergibt das, ganz abgesehen von den Kriegen in Irland und den Unternehmungen zur See, eine Gesamtsumme für Kriegskosten von mindestens £ 800000. In einem einzigen dieser Jahre mußte sie Krongut im Werte von über £ 120000 verkaufen.

Solange militärische Operationen das Geld in einer Weise verschlangen, die über die Kräfte der Königin ging, und solange durch die Aushebungskosten für Kriegsdienste im Ausland und durch die schweren Verluste an Menschenleben die Unzufriedenheit des Volkes erregt wurde, war an irgendwelche ehrgeizigen Unternehmungen zur See nicht zu denken. Trotzdem aber war die Flotte nicht müßig und machte zusammen mit privaten Abenteurern auf gut Glück Jagd auf Handelsschiffe, eine Form der Kriegführung, die mit Elisabeths beschränkten Mitteln am ehesten in Einklang zu bringen war. Verliefen diese Kaperfahrten erfolgreich, so hatte ihre Schatulle den Nutzen davon. Gleichzeitig aber wurden durch sie die militärische Organisation Spaniens, sein Seewesen und sein Handel aufs Stärkste erschüttert, denn Spanien war auf das ungehinderte Ausfahren und Einlaufen seiner alljährlichen Kolonialflotten angewiesen. Im Jahre 1589 sollen einundneunzig spanische Prisen nach England eingebracht worden sein. Ein Augenzeuge berichtet, auf den Azoren, mitten im ertragreichsten Jagdgrund der Kaperschiffe, habe er ‚nur ausgeraubte Menschen gesehen, die von diesem oder jenem Schiff stammten und an Land gesetzt worden waren. Sie boten einen jammervollen Anblick und verfluchten einstimmig die Engländer und ihr eigenes Geschick, nicht minder aber jene, die schuld daran waren, daß die Engländer zum Kampf gereizt wurden'.

Die Engländer ‚waren die Herren des Meeres geworden und brauchten sich um niemanden mehr zu kümmern'. Im Jahre 1590 verbot Philipp in seiner Verzweiflung die Ausfahrt der westindischen Schatzflotte, obgleich er die unvermeidliche Folge nur zu richtig voraussah: Eine Bankrottwelle ging über ganz Spanien. Im nächsten Jahr ließ er die Flotte von seinen Kriegsschiffen begleiten, gegen die dann die ‚Revenge' unter Sir Richard Grenville ihren letzten glorreichen Kampf kämpfte. Mag Grenvilles Tat nun ein törichter Akt der Ruhmsucht oder eine aus taktischen Gründen gebotene Selbstopferung gewesen sein, jedenfalls zeigte sie aller Welt den Gefechtswert der neueren Schiffe Elisabeths. Nach dem Kampf setzte ein Sturm ein, in dem die übel zerzausten und zusammengeschossenen Spanier Verluste erlitten, die denen der Armada kaum nachstanden. Die spanischen Seeleute glaubten, Grenville stünde mit dem Teufel im Bunde: seine Leiche, so sagten sie, sei sofort auf den Grund des Meeres und von dort in die Hölle hinabgefahren, wo er alle Teufel mobil gemacht habe, um seinen Tod zu rächen.

Im folgenden Jahre 1592 fing bei den Azoren ein derartiges Kaper-Konsortium, an dem Elisabeth beteiligt war, die größte und mit fabelhaften Schätzen beladene Karake aus Ost-Indien ab; eine kleinere war vorher auf Strand gesetzt und von der Mannschaft verbrannt worden. Kaum war das einzigartige Schiff gekapert, als ein wildes Plündern begann. Die ganze Nacht über durchsuchten Offiziere und Mannschaften den riesigen Schiffsraum und legten vier- oder fünfmal mit ihren Kerzen Brand an. Der höchste Offizier an Bord der Kaperflotte, der Beutestücke im Werte von £ 10000 beiseitegeschafft haben soll – er gab selbst nur £ 2000 zu – war der schlimmste Dieb; der Wert der gestohlenen Edelsteine, des Geschirrs, der Seide, Parfümerien usw. belief sich auf rund £ 100000. Natürlich hatten die meisten Kapitäne und Matrosen nach diesem Raubzug nur noch einen Gedanken: nach Hause zurückfahren und mit der Beute an Land kommen, bevor jemand sie anhielt. Sie hatten es so eilig, daß man beinahe die Karake selbst mit der reichen und wertvollen Ladung im Stich gelassen hätte.

Was bedeuteten dieser käuflichen Zeit schon Disziplin und Verantwortung! Kein Wunder, daß Elisabeth gegen nutzlose Expeditionen, bei denen so viel aufs Spiel gesetzt wurde, tiefes Mißtrauen hegte. Als die Nachricht von dem unerwarteten Fang England erreichte, strömten Kaufleute, Krämer und Goldschmiede nach den Häfen, um mit einfachen Matrosen ihre schwindelerregenden und bedenklichen Geschäfte abzuschließen: 1800 Diamanten und 200 bis 300 Rubinen für £ 130! Portsmouth war der reinste Bartholomäus-Jahrmarkt. Elisabeth sandte sofort Sir Robert Cecil nach Dartmouth, um von der Beute zu retten, was irgend zu retten war: unterwegs konnte er die Schuldigen, die mit Moschus und Ambra nach London eilten, geradezu riechen. Aber alle Untersuchungen und Befehle richteten nur wenig aus: ‚Seemannsfinger sind', so sagte ein Matrose, ‚wie Leimruten', und jedes Verhör der Leute unter Eid war ‚verlorene Liebesmüh und eine Beleidigung Gottes.' Die an dem Unternehmen als Geldgeber Beteiligten mußten sich mit der Hauptladung begnügen, die aber auch noch eine gute Verzinsung ihres Geldes darstellte, denn sie war £ 141 000 wert. Elisabeth nahm den Löwenanteil für sich und schob die andern Spekulanten ‚recht gleichgültig' beiseite, besonders Raleigh, wenn man seinen bitteren Klagen Glauben schenken darf. Allerdings läßt sich auch manches zur Rechtfertigung der Königin anführen!

Kein abendlicher Friede segnete Elisabeths Leben. Streit in der Heimat und Feinde im Ausland zerrten an ihren Nerven und erfüllten sie mit Sorge. Von den einflußreichen Staatsmännern der Vergangenheit lebte nur noch Burghley. Ein alter Mann von einundsiebzig Jahren war er jetzt, litt schwer an der Gicht und konnte manchmal vor Schmerzen nicht gehen, ja nicht einmal schreiben. Er sehnte sich nach seinem geliebten Landhaus Theobalds, wo er vor den vielen Bittstellern, die ihm in der Stadt und am Hofe keine Ruhe ließen, sicher war. Die ganze Lage forderte die Ehrgeizigen geradezu heraus und drohte den Hof zum Schauplatz eines zähen Kampfes um Stellung und Einfluß zu machen und Parteiungen herbeizuführen, wie sie nur die ersten zehn Jahre der Regierung Elisabeths gekannt hatten. Offenbar war Essex der Mann, der bereit schien, jede sich bietende Gelegenheit zu seinem Vorteil auszunutzen. Seine Geburt und die Gunst, in der er bei der Königin stand, prädestinierten ihn für eine Rolle, wie sie einst Leicester gespielt hatte. Seine Freunde drängten ihn schon seit langem, ‚nach einer innerpolitischen Machtstellung zu streben, wie sie sein Stiefvater innehatte'. Aber in der Zeit vor Rouen, als Hatton und Burghley jedem Aufstieg im Wege standen, schien ihm das Vorwärtskommen in der Heimat zu mühselig und langsam. Dann kehrte er aus Frankreich zurück, etwas gezähmt in seiner Gier nach Kriegslorbeer – und hörte, daß Hatton inzwischen gestorben war. Jetzt sah er die Bahn zu hohem Rang und entscheidender Macht im Staate frei für sich. Es handelte sich offenbar nur noch um einen Wettstreit mit Burghley; das aber war ein Kampf zwischen mürrischem Alter und frischer Jugend.

Dazu kam noch, daß ein anderer Bewerber um Elisabeths Gunst, Sir Walter Raleigh, eben jetzt in Ungnade fiel, weil er eine der Ehrendamen der Königin, die blauäugige, goldhaarige Tochter des Sir Nicholas Throckmorton geschwängert hatte.

Obwohl sie heiraten wollten und nur die Zeit nicht hatten erwarten können, wurden die beiden Sünder in den Tower gesperrt. Und mit einem gewissen Recht. Elisabeth vertrat Elternstelle bei ihren jungen Ehrendamen, und wer nicht auf seine jungfräuliche Ehre achtete, galt einer Vestalin gleich, die ihr Gelübde brach. Sie genossen eine bevorzugte und viel beneidete Stellung, waren täglich mit der Königin zusammen, hatten die Aussicht, sich ihre intime und dauernde Freundschaft zu erwerben und eine glänzende Ehe zu schließen. Wie für ihre Lebensführung und Moral, übernahm auch für ihre Heirat die Königin die Verantwortung, und wer ohne ihre Erlaubnis heiratete, handelte pflichtvergessen und beleidigte die Herrscherin.

Wenn sich Elisabeth um diese Liebesangelegenheiten, von denen mehrere nur zu bekannt geworden sind, kümmerte, so geschah das einzig aus diesem ganz besonderen Verwandtschaftsgefühl heraus und hatte mit der Eifersucht einer lüsternen oder neidischen alten Jungfer nichts zu tun – obwohl allerdings ‚ein bißchen Selbstbetrug stets den Reiz erhöht'. Am Hof ging es hoch her; das Zeitalter kannte kein Muckertum; anziehende junge Männer, wie Graf Essex, tobten sich aus, und von ihrem Treiben wurde allerlei erzählt. Aber die Sittlichkeit des elisabethanischen Hofes stand doch viel höher als etwa die des französischen. Elisabeth hätte jede Zuchtlosigkeit auf sexuellem Gebiet ebensowenig verziehen wie die Königin Victoria; und eine ‚Erholung' im Tower oder Fleetgefängnis war fast immer die Strafe, die über die ertappten Sünder verhängt wurde. – Der Graf von Oxford hatte einen unehelichen Sohn mit Anna Vavasour, einer der Ehrendamen: seine geheimnisvolle Einsperrung in den Tower und die dann folgende Verbannung vom Hofe waren offenbar die Strafe für sein Vergehen. In einem Brief aus dem Jahre 1591 wird lang und breit über ein Gerücht berichtet, nach dem ein Herr Vavasour ‚wegen der Lähmung von Frau Southwells Bein' eingesperrt und Herr Dudley vom Hofe fortgeschickt wurde, weil er Frau Cavendish geküßt hatte. – Es ist ganz klar, daß die Königin ein Verhalten wie das der Elisabeth Throckmorton und Raleighs nicht durchgehen lassen konnte; hätte sie es getan, sie hätte ihren Ehrendienst auf den Pfad der Unehre getrieben.

Durch überschwengliche Ausdrucksproben der am Hofe

herrschenden Liebesauffassung versuchte Raleigh die erzürnte Belphoebe[15] zu besänftigen. Sein Vetter schrieb an Robert Cecil, Raleigh habe, als er hörte, die Königin sei auf der Themse, um die Erlaubnis gebeten, in Verkleidung an ihr Boot heranrudern zu dürfen, nur um sie einmal zu sehen. Als ihm das abgeschlagen wurde, sei er wie von Sinnen gewesen. „Dies alles ist nur für Euch bestimmt", schrieb der Vetter, aber in einer Nachschrift machte er in bezug auf die Königin – ganz überflüssigerweise – eine Ausnahme. Auf diese bewegliche Geschichte – die so anschaulich zeigt, auf was die Höflinge nicht alles verfielen, um Elisabeth Aufmerksamkeiten zu erweisen und zu schmeicheln – folgte ein Brief Raleighs an Cecil, als er erfuhr, daß Elisabeth auf ihre jährliche Rundreise gehen wollte.

„Mein Herz", so schrieb er, „war nie so betrübt wie am heutigen Tage, an dem ich erfahre, daß die Königin weit fortgeht, sie, der ich so viele Jahre hindurch mit so großer Liebe auf so manche Reise gefolgt bin. Jetzt werde ich allein im dunklen Gewahrsam zurückgelassen. Solange sie noch in der Nähe war und ich wenigstens alle zwei oder drei Tage einmal von ihr hören konnte, war mein Kummer nicht so schwer; nun aber ist mein Herz ins allertiefste Elend gestoßen. Ich war doch daran gewöhnt, sie wie Alexander reiten, wie Diana jagen und wie Venus einherschreiten zu sehen, während der sanfte Wind das blonde Haar um ihre zarten Nymphen-Wangen spielen ließ." – Elisabeth war fast sechzig! – „So manches Mal ruhte sie dann im Schatten, einer Göttin gleich, oder auch sie sang, herrlich wie Orpheus. Ach! da ich einmal gefehlt habe, muß ich die Leiden dieser Welt tragen und all jenem Schönen entsagen. Oh! Liebe, die du nur im Unglück scheinest, was ist aus deinen Versprechungen geworden? Alle Wunden vernarben, nur die der Liebe nicht; alle Zuneigung vergeht, nur die zu einer Frau niemals."

Dieser charakteristische Erguß, der denen der zeitgenössischen Schäferpoesie an Künstlichkeit um nichts nachsteht, kann nur von humorlosen Menschen ernst genommen werden. Elisabeth dachte jedenfalls nicht daran. Sie ließ Raleigh ruhig weiter für sein Vergehen büßen, eben weil solche Vorkommnisse dem Ansehen ihres Hofes Abbruch taten.

Raleigh kam für die hohe Stellung, nach der Essex strebte, als ernster Nebenbuhler kaum in Betracht. Elisabeth hatte nie an seine Fähigkeiten als Staatsmann geglaubt. Da er augenblicklich in Ungnade gefallen war, hatte Essex auch Ruhe vor seiner feindseligen Zunge. Der große Gegner war jetzt Burghley und mit ihm sein jüngerer Sohn Robert Cecil. Burghleys ältester Sohn hatte den Vater enttäuscht. Seine Fähigkeiten waren nur mittelmäßig; als er zur weiteren Ausbildung nach dem Kontinent auf Reisen geschickt wurde, hatte er ein derart haltloses und ausschweifendes Leben geführt, daß sein Vater fürchtete, er werde ‚als verschwenderischer Trunkenbold nach Hause kommen, der nur noch ein Ballspielunternehmen leiten könne'. Er besserte sich zwar, aber aus solchem Alltagsmaterial war kein Staatsmann zu machen. Deshalb konzentrierte sich Burghleys väterlicher Ehrgeiz ganz auf Robert, der die Intelligenz seiner Eltern geerbt hatte und viel von den staatsmännischen Fähigkeiten seines Vaters verriet. Als Kind war er immer sehr zart gewesen, auch jetzt war er schmal und schmächtig und hatte einen Buckel, der zwar auf einen Fall in seiner Jugend zurückgeführt wurde, wahrscheinlich aber von seiner Mutter ererbt war. Elisabeth nannte ihn ihren Pygmäen, was vielleicht taktlos, aber bestimmt ohne boshafte Absicht war. Seine Feinde spotteten über seinen krummen Rücken und nannten ihn Monsieur de Bossu.

Es war eine wunderliche Situation: ein gichtiger, alter Mann und sein schmächtiger, buckliger Sohn nahmen den Kampf auf gegen den unvergleichlichen und herrlichen Adonis und zwar an einem Hofe, wo Fähigkeit in einem schönen Körper als beste Empfehlung galt. Durchaus abwegig aber wäre es, zu glauben, Elisabeth habe sich durch die körperlichen Vorzüge ihres Adonis blenden lassen. Dazu war sie viel zu politisch, selbst in ihrem Wohlwollen. Vielleicht dachte sie in bezug auf die neue Generation, die jetzt zur Macht kam, an eine Wiederholung der alten Kombination Leicester–Burghley, in der der adlige Günstling neben dem zuverlässigen Staatsdiener stand. Von Anfang an ging sie ganz bewußt und klug diesen Weg. Nach Walsinghams Tod hatte Essex versucht, die Wiedereinsetzung Davisons als Staatssekretär zu erreichen. Es liegt kein Anhaltspunkt dafür vor, daß er aus andern als rein freundschaftlichen Motiven handelte; aber gleichwohl, wäre ihm das gelungen, so hätte der Inhaber dieses überaus wichtigen Amtes in einem späteren Kampf um die höchste politische Gewalt auf seiner Seite gestanden. Elisabeth hörte seiner Bitte geduldig zu, erkannte Davisons Fähigkeiten durchaus an, lehnte dann aber ruhig und bestimmt ab. Sie ließ das Amt unbesetzt und übertrug seine provisorische Führung Burghley. Vielleicht war sie schon damals mit Burghleys ehrgeizigem Plan, seinen Sohn auf diesen Posten zu bringen, einverstanden. Das aber wollte Essex unbedingt durchkreuzen. Er erreichte jedoch nur, daß das Amt jahrelang unbesetzt blieb, bis Robert Cecil, der noch nicht dreißig war, das Alter, die Erfahrung und den Einfluß erreicht hatte, die seine Ernennung rechtfertigten und alle Kritik zum Schweigen brachten.

Essex beging die beispiellose Torheit, sich mit derart nutzloser Heftigkeit in diesen Machtkampf zu verwickeln, daß er sich immer neuen schroffen Zurückweisungen aussetzte und dadurch sein Prestige wie seine Selbstachtung ernstlich gefährdete. Obgleich Elisabeth sich auf nichts einließ, war sie eifrig bedacht, einen Bruch mit ihm zu vermeiden; sie wollte es weder zu einer Katastrophe kommen lassen, noch die Dienste eines glänzenden jungen Edelmannes verlieren, dessen Sturz die ungefestigte Einheit des Landes nur erschüttern konnte. Immer noch hoffte sie, seinen unbändigen Ehrgeiz, der ihr nach Sir Thomas Bodleys Worten so verhaßt war, niederzuzwingen und seine unerträglichen, auf eine Monopolstellung hinarbeitenden Bemühungen zu vereiteln. Wenn ihr auch manchmal die Geduld riß, so ging sie doch im ganzen unendlich klug zu Werke. So wartete sie seinerzeit schon mit weiteren Ehrungen Robert Cecils, bis Essex auf der Expedition nach Rouen war. Dann berief sie ihn innerhalb eines oder zweier Tage nicht nur in den Staatsrat – eine Ehrung, die sie Essex bisher versagt hatte – sondern beauftragte ihn auch, zusammen mit seinem Vater im Staatssekretariat zu arbeiten. Die Übertragung des Amtes selbst blieb reiferen Jahren und einer ähnlich günstigen Gelegenheit vorbehalten.

Die Geschichte Essex' wäre wahrscheinlich ganz anders verlaufen, wenn er nicht, dank der Dienste der beiden Brüder Anthony und Francis Bacon, zielstrebiger geworden wäre, als es seinem eigenen Wesen entsprach. Diese beiden jungen Männer

– Anthony war 1558, Francis 1561 geboren – waren die Söhne des Sir Nicholas Bacon und durch ihre Mutter Vettern Robert Cecils. Beide galten als sehr begabt, Francis' Fähigkeiten rühmte man sogar als ganz ungewöhnlich. Anthony war von Kindheit an krank; er lahmte, litt viel unter Rheumatismus und mußte dauernd mit Medikamenten nachhelfen; ‚ein Edelmann mit schwachen Füßen, aber einem starken Kopf'. Die Krankheit untergrub allen Ehrgeiz in ihm. Mit einundzwanzig Jahren ging er zunächst auf Reisen ins Ausland und führte trotz aller Warnungen und Mahnungen seiner Freunde zwölf Jahre lang ein tolles und kostspieliges Leben. Francis dagegen war reiner Verstandesmensch. Selten hat in einem Menschen das kalte, klare Licht der Vernunft so strahlend geleuchtet. Er schrieb klug wie ein Orakel und sprach mit der Überzeugungskraft eines großen Redners. Aber die Natur hatte das Wunder nicht bis zur letzten Vollendung gestaltet. Eins fehlte seinem Wesen völlig: jede innere Erregbarkeit und echte Männlichkeit, und damit gleichsam der Schlußstein in dem herrlichen Gewölbe. Er schrieb an Burghley von ‚seinen großen, rein geistigen Zielen'. „Mein Reich soll das weite Gebiet allen Wissens sein." Dabei aber war sein Brief nur einer der vielen Bettelanträge um eine Stellung, und wenn er seine Bewerbung auch bemäntelte mit dem edlen Wunsch, seine großen Fähigkeiten dem Dienst des Vaterlandes zu widmen, so war sein Herz in Wahrheit doch voller Eigennutz, sein Ehrgeiz weniger edel als seine Worte und sein Leben nicht auf so hohe Ziele ausgerichtet. Sein Geist stürmte zum Himmel, aber er stand auf tönernen Füßen.

Bacons Wunsch nach einem Amt ergab sich zwangsläufig aus seiner verschwenderischen Lebenshaltung. Als Neffe Burghleys wandte er sich zuerst an diesen; aber freundliche Worte und die eventuelle Anwartschaft auf ein wohlbezahltes Amt waren in Zeiten finanzieller Schwierigkeiten keine große Hilfe. Enttäuscht wandte er seine Blicke auf Essex, den aufgehenden Stern der jungen Generation. Möglicherweise rechnete sein kalter Intellekt mit Burghleys baldigem Tod und – wie aus seinem Essay über ‚Gebrechen' hervorgeht, in dem er den Kerngedanken seiner falschen Spekulation erkennen läßt – mit der Unwahrscheinlichkeit, daß dessen buckliger Sohn je zu hoher Stellung und Macht gelangte. Vielleicht faßte Bacon schon damals den Plan, Essex zum ‚großen Mann' zu machen. Vielleicht wies er ihn auch schon auf die Fehler hin, zu denen seine Veranlagung ihn leicht verleiten könne. Aber 1591 fehlte es Essex noch an der nötigen Geduld. „Damals hielt ich ihn für das geeignetste Instrument im Dienste des Staates", schrieb Bacon später und versuchte so, das Wesen seiner Vielgeschäftigkeit durch edle Motive zu verschleiern; „und deshalb setzte ich mich für ihn in einer Weise ein, wie man es wohl nur selten bei Menschen trifft." Er brachte Phelippes, den Entzifferer und Meister des geheimen Nachrichtendienstes, in Essex' Dienste. Anfang 1592 kam dann endlich sein Bruder Anthony nach Hause. Er war der Mann, mit dessen Hilfe in andern Ländern ein wirksamer Nachrichten- und Geheimdienst geschaffen werden konnte. Auf diese Weise wurde Essex in den Stand gesetzt, den Cecils in der Versorgung der Königin mit Nachrichten Konkurrenz zu machen und zu beweisen, daß er ein ernstzunehmender, gut unterrichteter Staatsmann mit wertvollen politischen Beziehungen im Ausland war. Das war ein wohlberechneter Angriff gegen die Cecils, der diesmal direkt gegen ihre Tätigkeit als Staatssekretäre vorgetragen wurde – und das Staatssekretariat betrachteten sie als ihre ureigenste Domäne. Auf Elisabeth mußte das alles unbedingt Eindruck machen, denn der Geheimdienst war das Herzstück aller Diplomatie, und nach ihrer eigenen Ansicht lag das Geheimnis ihrer Macht zum Teil darin, daß sie die bestinformierte Person in England und damit auch in Europa war. Ihre Augen waren überall, sahen das Gute und das Böse. „Sei still, Brown", sagte sie zu einem ihrer Staatsdiener, der aus den Niederlanden kam und ihr die dortige Lage erklären wollte, „ich weiß viel mehr als Du", und ließ dann einen Erguß von eigenen Ansichten und Vermutungen folgen. Als er eine Bemerkung über französische Verhältnisse wagte, unterbrach sie ihn wieder. „Sei still, Brown, das weiß ich doch alles selbst!"

Es verlief nun alles nach Bacons Plan; im Februar 1593 berief Elisabeth Essex in den Staatsrat. Er wurde auf einmal ein ganz anderer Mensch, verzichtete plötzlich auf ‚all seine früheren jugendlichen Allüren' und war ganz ‚ehrwürdiger Ernst'. Er nahm sich sogar vor, endlich an die Tilgung seiner Schulden zu denken, „was er", so schrieb sein Vermögensverwalter,

„aller Wahrscheinlichkeit nach auch zustande bringt". Aber hierbei rechnete der Vermögensverwalter zweifellos weniger mit ihm als reuigem Sünder als vielmehr mit den Nebeneinkünften, wie sie eine hohe Stellung mit sich brachte, den Neujahrsgeschenken usw., durch die man sich die Gunst der Allmächtigen sicherte, und den Summen, die man ganz ohne Scham für Anstellungen im Dienste der Königin zahlte. Essex als der ‚große Mann' war eine Art Finanzspekulation für viele Leute. Seine vor nichts zurückschreckende, kopflose Verschwendungssucht, sein weitverzweigter Geheimdienst und sein immer größer werdender Haushalt erforderten Mittel, denen selbst die freigebigste Fürsorge Elisabeths nicht gewachsen war. Seine Zahlungsfähigkeit hing von den Nebeneinkünften, und diese wieder von seiner Geschicklichkeit ab, Gunst und Stellungen für seine Bittsteller von der Königin zu erhalten. So verstärkten auch rein materielle Gründe sein ungestümes Drängen, alle Macht in sich zu vereinen. Elisabeths Haus hatte viele Wohnungen: er wollte sie alle für sich. Von früh bis spät waren seine Gemächer voll von Bittstellern und Schmeichlern, und die Trinkgelder, die sie seinen Dienern, vom Türhüter bis zum Sekretär, gaben, fielen wie sanfter Regen vom Himmel herab auf eine Haushaltung, die von vornherein mit ihnen rechnete.

Gewiß, auch Bacon erwartete seinen Lohn. Aber gerade, als ein Posten – die Kronanwaltschaft – frei wurde, überwarf er sich mit der Königin. Den Anlaß hierzu bot die Bewilligungsvorlage im Parlament. Das Unterhaus, das im Jahre 1589 schon den doppelten Betrag der in dem Antrag vorgesehenen Summe bewilligt hatte, ließ sich im Jahre 1593 auf eine Intervention des Oberhauses hin überreden, den dreifachen Betrag zu gewähren; aber schon bald hatten die Abgeordneten Bedenken, und viele, vor allem aber der einflußreiche Bacon, wandten sich scharf gegen die beabsichtigte Erhebung der Steuer innerhalb von vier Jahren und schlugen vor, sie auf sechs Jahre zu verteilen. Die Belastung sei zu groß, sagte Bacon. „Der Adel muß sein Silber und der Bauer seine Messingtöpfe verkaufen, um das alles bezahlen zu können." Überall werde Unzufriedenheit sich erheben; ein solches Vorgehen schaffe einen bösen Präzedenzfall für sie selbst und alle, die nach ihnen kämen.

Elisabeth war über diese Opposition mit Recht tief empört. Das Parlament hatte auf Krieg gedrungen und ausdrücklich seine Hilfe zugesagt; allgemein hatte man von ihr verlangt, Armeen hierhin und Schiffe dorthin zu senden, als brauche man nach beiden nur zu pfeifen. Sie hatte mit durchaus unzureichenden Mitteln geradezu Wunder vollbracht; zum Ärger der gierigen Schmarotzer in ihrer Umgebung, die über die Sparsamkeit der Königin dauernd murrten und spotteten, hatte sie ihre eigenen Ausgaben immer streng überwacht. Sie hatte ihren Gläubigern gegenüber Wort gehalten; sie hatte lieber ihr Kapital angegriffen, als mehr denn einen Bruchteil der Kriegskosten dem Volk aufzubürden. Und jetzt, wo die Zeit gekommen war, daß das Land einen größeren Teil der Lasten auf seine Schultern nehmen sollte, wurde gemurrt. Die in der Schlußsitzung des Parlaments vom Großsiegelbewahrer zu ihren Gunsten gesprochenen Worte genügten ihr nicht. Sie wandte sich selbst an beide Häuser und sagte: „Die Unterstützung, die Sie mir anbieten, nehme ich dankbar an, falls ich sicher sein kann, daß Sie wirklich innerlich dazu bereit sind. Wenn die Not der Zeit und Ihrer aller Rettung diese Hilfe nicht verlangten, würde ich gern darauf verzichten." Ihre eigene Klugheit und ihre reichen Erfahrungen hätten sie gelehrt, jede unnütze Ausgabe zu vermeiden. ‚Mit großer Beredsamkeit und fürstlicher Kühnheit' sprach sie ihnen Mut zu. „Ich für mein Teil habe mich noch nie gefürchtet. Mein Herz weiß nicht, was Furcht ist. Auch der König von Spanien kann mich durch all seine Drohungen nicht beunruhigen; seine gewaltigen Vorbereitungen und großen Streitkräfte regen mich nicht auf. Wenn er mich mit einer Macht angreift, die größer ist, als seine unüberwindliche Flotte je war, so zweifle ich nicht, daß ich ihn doch mit Gottes Hilfe, auf den ich immer baue, besiegen und überwältigen werde. Denn meine Sache ist gerecht."

Durch seine unglückselige Rede hatte sich Bacon vorläufig die Gunst der Königin verscherzt. Als treuer Freund bat Essex sie, doch den Mann wieder in Gnaden aufzunehmen, der den Wert ‚jener großartigen' – in Wirklichkeit mittelmäßigen – Übersetzungen klassischer Autoren, mit denen sie sich als Sechzigjährige die Zeit vertrieb, zu würdigen wisse. Sie reagierte auf diese Schmeichelei nicht. Bacon kam für die Kronanwaltschaft schon deshalb nicht in Frage, weil vom reinen Fachstandpunkt aus seine Bewerbung um dieses Amt, verglichen mit der Eduard Cokes, der schon das nächsthohe Amt des Solicitor-General bekleidete, geradezu unsinnig war. Außerdem sprach, wie Elisabeth zu Essex sagte, der einzige Grund, der vorläufig eine Ernennung Cokes ausschloß, nämlich seine Jugend, in noch viel stärkerem Maße gegen Bacon, der neun Jahre jünger als Coke war. So töricht und unbegründet die Bewerbung um den Posten also war, Essex setzte sich doch mit ganzer Kraft dafür ein. Elisabeth versuchte ihn zu überzeugen, umsonst. Sie sagte ihm ganz offen, es geschehe, was sie wolle; er wurde nur noch dringlicher als zuvor. Sie versuchte, die Angelegenheit dadurch zu beenden, daß sie sagte, sie werde sich von denen beraten lassen, die solche Dinge besser beurteilen könnten als er; er gab auch jetzt nicht nach und war weiter darauf bedacht, Coke und seinem Gönner Burghley das Spiel gründlich zu verderben. Einige Monate später versuchte Sir Robert Cecil ihn zu überreden, mit dem Amt des Solicitor-General für Bacon zufrieden zu sein, was ‚Ihre Majestät wohl leichter verdauen würde'. „Was geht das mich an", antwortete Essex ärgerlich, „ich muß für Francis Bacon die Kronanwaltschaft haben; und dafür setze ich alles ein, Macht und Ansehen, Einfluß und Freundschaft; mit Zähnen und Nägeln werde ich dies Amt gegen jeden verteidigen und es ihm verschaffen! Und wer mir die Kronanwaltschaft aus den Händen reißt, um sie einem andern zu geben, der soll schwer dafür büßen!"

Während Essex in leidenschaftlicher Wut weiter bohrte und wühlte, ließ Elisabeth das Amt des Kronanwalts unbesetzt. Als er sich dann in das Unabänderliche fügte und für Bacon um das Amt des Solicitors bat, vollzog sie lediglich die Ernennung Cokes zum Kronanwalt. Ihr Verhalten der neuen Bitte Essex' gegenüber ließ nichts Gutes erwarten. Essex setzte sich nun leidenschaftlich für Bacon ein; Elisabeth verhielt sich zuerst ganz reserviert, wurde dann aber ausfallend. Er solle sich zum Teufel scheren, wenn er über nichts anderes mehr reden könne. In plötzlicher Wut verschwand Essex für einige Tage vom Hofe, wie er es im Verlaufe der ersten Bewerbung für Bacon schon einmal getan hatte. Bei der folgenden Auseinandersetzung meinte Elisabeth sehr treffend, wenn jemand nachgeben müsse, dann sei er es doch wohl. Aber er wollte nicht nachgeben. Sie verfuhr daraufhin nach ihrer gewöhnlichen Taktik, ‚die eine glatte Ablehnung durch einen Aufschub ersetzte'. Der unglückliche Bacon sagte über seine Lage: „Nie fiel jemand so gründlich in Ungnade." Noch lange Zeit blieb diese Angelegenheit in der Schwebe.

Unterdessen tauchten beunruhigende Gerüchte über Verschwörungen gegen Elisabeth auf, und Essex gelang es, einer Verschwörung auf die Spur zu kommen, in die der Arzt der Königin, der portugiesische Jude Dr. Lopez, verwickelt war. „Ich bin einem ungemein gefährlichen, wahnwitzigen Verrat auf die Spur gekommen", schrieb er im Januar 1594 ganz aufgeregt an Anthony Bacon. „Das Ziel der Verschwörung war der Tod Ihrer Majestät. Zum Mörder hatte man Dr. Lopez ausersehen, der sie vergiften sollte. Ich habe alles so gründlich untersucht, daß es nun sonnenklar zutage liegt." Elisabeth ließ Lopez durch Burghley, Cecil und Essex vernehmen, aber das erste Verhör ergab nichts Belastendes; Robert Cecil benutzte diese Gelegenheit, seinem Feind eins auszuwischen, eilte an den Hof, um hier als erster das negative Ergebnis der Untersuchung mitzuteilen. Mit einiger Berechtigung kam Elisabeth zu dem Schluß, daß Essex aus reiner Bosheit gehandelt habe. Als er vor ihr erschien, veranlaßte ihre ausgeprägte Treue zu ihren Dienern sie zu scharfen Angriffen gegen ihn. ‚Sie nannte es unverantwortlich und jugendlich unbesonnen, den armen Mann ohne stichhaltige Beweise einer solchen Tat zu bezichtigen.' Wütend stürzte Essex fort, rannte in sein Zimmer und knallte die Tür hinter sich zu. Jetzt ging es um seine Ehre, und das bedeutete bestimmt nichts Gutes für den armen Lopez. Vielleicht war der Mann schuldig, vielleicht aber auch nicht. Die weitere Untersuchung ergab jedenfalls, daß er sich gegen eine beträchtliche Summe, die Philipp II. bot, bereit erklärt hatte, die Königin zu vergiften. Er hatte zwar eine Ausrede, die auch durchaus möglich, ja sogar wahrscheinlich klang, aber er konnte sie nicht durch Beweise belegen. So wurde er vor Gericht gestellt und verurteilt. Elisabeth jedoch war anscheinend noch immer nicht von seiner Schuld überzeugt. Gegen den Spruch der Richter, gegen Essex und das erregte Volk befahl sie dem Gouverneur des Tower, den Gefangenen nicht zur Hinrichtung auszuliefern.

Was sich dann weiter ereignete, ist ein rätselhaftes Geheimnis. Nach zwei Monaten soll es Essex gelungen sein, Lopez aus dem Tower, wo er unter dem unmittelbaren Schutz der Königin stand, herauszuholen und ihn aufs Schafott zu bringen. Wenn das der Wahrheit entspricht, dann muß Essex hinterher den ganzen Zauber seiner Person aufgeboten haben, um die Königin zu besänftigen, denn schon einige Wochen später gab sie ihm, wahrscheinlich zur Bezahlung seiner Schulden, £ 4000, wobei sie ihre Zuneigung und Besorgnis in folgende Worte faßte: „Achte auf Dich, mein guter Essex, hilf Dir klug und gib Deinen Feinden keinen Vorteil; ich werde dann stets Dir bereitwilliger helfen als jedem andern."

Nachdem Elisabeth das Amt des Solicitor-General einundeinhalbes Jahr unbesetzt gelassen hatte, berief sie im November 1595 einen fähigen Juristen, den Schöffen Fleming, in diese Stellung. Burghley und andere hatten Essex in seinem Kampf für Bacon unterstützt, ohne jedoch das Ziel zu erreichen. Ihr Kandidat wurde übergangen. Diese Ernennung war die besonnenste und persönlichste Tat Elisabeths während ihrer ganzen Regierungszeit, eine Tat, die neben vielen anderen Erklärungen ihr ganz besonderes Geheimnis hatte. Und dieses Geheimnis wurzelte zweifellos in Bacons Beziehungen zu Essex. Sir Thomas Bodley bemerkt in seiner Selbstbiographie, Elisabeth habe für Essex' Anhänger nicht viel übrig gehabt. Das hatte Bodley am eigenen Leibe erfahren müssen. Gegen seinen Willen war er, der alte Anhänger Burghleys, in Essex' Fahrwasser geraten, der ihn absolut zum Staatssekretär machen wollte, was ihm jedoch nur die Abneigung Elisabeths und die Eifersucht Burghleys und Cecils eintrug. Er hatte es dann schließlich für das Klügste gehalten, sich aus dem öffentlichen Leben zurückzuziehen, um ganz seiner großen Bibliothek in Oxford zu leben.

Jeder, der durch Essex in Amt und Würden kam, bedeutete zweifellos neuen Druck auf die Königin. Schon einmal hatte es geheißen, wenn auch ohne eigentlichen Grund, Leicester habe so viele seiner Anhänger in ihre Umgebung gebracht, daß es schwer für sie sei, sich ihm gegenüber noch durchzusetzen. Hätte sie geduldet, daß ein Mann wie Essex den ganzen königlichen Dienst und den Staatsrat mit seinen Freunden und Anhängern besetzte, so wäre sie schließlich nur noch ein Werkzeug in seiner Hand gewesen. Sie war viel zu klug, weitsichtig und herrschsüchtig, als daß sie das zugelassen hätte. Welch ein Unterschied zwischen Essex und Burghley! Einige Monate später setzte der kluge alte Mann seinem Sohn die Grundsätze seines politischen Verhaltens auseinander: Wenn seine Ansicht von der der Königin abweiche, so ändere er ihr zu Gefallen seine Meinung nicht, denn das hieße Gott beleidigen, aber als Diener gehorche er dem Befehl der Königin. Diese Art Dienst verlangte Elisabeth. Mochte sie Burghley auch einen ‚eigensinnigen alten Narren' nennen, wenn er in einem Anfall schlechter Laune unbedingt für zehn Tage sich zurückziehen wollte, um seine Medikamente einzunehmen, so achtete sie ihn doch hoch; es bestand zwischen ihnen eine freundschaftliche und vertrauensvolle Bindung, die beiden Ehre machte.

Essex kannte den Grund für Bacons Mißgeschick ganz genau. „Sie fahren so schlecht", sagte er, „weil Sie mich als Mittler und Gönner gewählt haben." Und sein Edelmut, einer der Hauptzüge seines unbeherrschten und doch so sympathischen Wesens, veranlaßte ihn, Bacon durch Landbelehnung zu entschädigen. Bacon hatte sich zwar das eine Mal geirrt, als er mit Elisabeths Abneigung gegen Robert Cecils körperliche Gebrechen rechnete. Jetzt aber erkannte er die Zukunft ebenso klar wie die Königin. „Ich bin nun", sagte er zu Essex, „Ihr Lehnsmann, denn Sie haben mir Land geschenkt; aber wissen Sie auch, welche Beschränkungen die Lehnstreue durch das Gesetz erfährt? Stets wird ein Vorbehalt gemacht für die Treueverpflichtung gegenüber dem König. Deshalb kann ich immer nur sein, was ich bereits war, das heißt der Ihre, mit allen von alters her festgelegten Vorbehalten." Das waren sehr kluge Worte!

Essex: Der unbändige Untertan

Der träge dahinfließende Strom des Krieges trat in eine Strecke stärkeren Gefälles. Im Jahre 1595 rüsteten Drake und Hawkins wieder zu einer jener halb staatlichen, halb privaten Kaperfahrten, die Spanien den Wind aus den Segeln nahmen und ganz Europa in Staunen versetzten. Man konnte es einfach nicht fassen, daß ein so kleines Land dieses gewaltige und mächtige Reich ungestraft dauernd beunruhigte. Natürlich hatten die Seefahrer auch diesmal wieder mit Elisabeths Unentschlossenheit, ihrem Wankelmut und ihren Befürchtungen zu kämpfen. Diese seelische Haltung schien nachgerade chronisch geworden zu sein. Überall erzählte man sich die Geschichte von dem Kutscher, der auf die Nachricht hin, die Königin habe zum dritten Mal anders befohlen und wolle heute nicht ausfahren, sich auf den Schenkel schlug und ausrief: „Jetzt weiß ich aber, daß die Königin genau so eine Frau ist wie meine." „Solch ein Lümmel!" sagte Elisabeth, die seine Worte vom Fenster aus gehört hatte, und schickte ihm drei goldene Engelstaler hinunter, damit er ruhig sei. Dies unentschlossene und besorgte Zögern mag eine typisch weibliche Haltung gewesen sein, doch waren Zweifel und ewiges Verschieben auch untrennbar mit einem Regierungssystem verbunden, in dem alle Entscheidungen bei einer Person lagen und Staatsräte wie Höflinge den Herrscher unablässig zur Vorsicht mahnten. Es ist nur zu verwundern, daß Elisabeth unter diesen Umständen einen so klaren Kopf behielt und so viel Entschlußkraft überhaupt noch aufbrachte. Im August begaben sich Drake und Hawkins endlich auf die Fahrt nach dem spanischen Mittelamerika. Es sollte ihre letzte sein.

Einen Monat vor ihrer Abfahrt landeten vier spanische Galeeren, die von der bretonischen Küste kamen, in Cornwall, steckten Penzance und andere Orte in Brand und verschwanden schleunigst wieder. Wenn es sich auch nur um einen Nadelstich handelte, so wurde doch offenkundig, daß die Küsten Englands nicht unverletzlich waren; infolgedessen legte man auch den aus Spanien kommenden Nachrichten, für das nächste Jahr werde eine neue Armada gerüstet, plötzlich große Bedeutung bei. Befehle ergingen, das Land in Bereitschaft zu setzen; und um die Jahreswende wurde Elisabeth von der Kriegspartei gedrängt, die spanische Flotte in ihren Häfen anzugreifen. Besonders der Kosten wegen konnte die Königin sich nicht dazu entschließen. Der Voranschlag war beunruhigend hoch, und wenn auch Admiral Howard und Essex ihr möglichstes taten, die Kosten geringer erscheinen zu lassen, und angesichts der bestimmt zu erwartenden großen Beute sogar von einem guten Geschäft redeten, blieb Elisabeth schwankend.

Denn neben dem England, das sich in Essex und seinesgleichen verkörperte, stand ein anderes England, das Elisabeth nie aus den Augen ließ. Für dieses Land des einfachen Volkes sollte sich 1596 als das dritte Jahr schlechter Ernte und furchtbarer Not erweisen. Das war gewiß keine Zeit, die Opfer an Geld und Leben über das unbedingt Notwendige hinaus gestattete. Der Regen war als neuer Feind aufgetreten, der furchtbarer wirkte als der Spanier. „Im ersten Jahr", meinte ein Geistlicher, „herrschte Hunger, im zweiten Teuerung und im dritten gab es überhaupt nichts mehr zu beißen."

Der Ochse hat umsonst sein Joch gezogen,
Umsonst der Bauer seinen Schweiß vergossen,
Das grüne Korn verfault, eh' seiner Jugend
Der zarte Bart der Grannen noch entsprossen.

Die Preise für Lebensmittel stiegen und erreichten eine Höhe wie zu Zeiten großer Hungersnot. Wenn sich die Regierung auch väterlich um die Ernährung der Armen bemühte, so sah man doch viele auf offener Straße Hungers sterben. Unruhe und Aufruhr erhoben das Haupt. In die Rufe: ‚Sie sollen nicht Hungers sterben, sie wollen nicht Hungers sterben' klang immer anhaltender und lauter die Unzufriedenheit über die dauernden Menschenverluste in ausländischen Kriegen. Die Popularität der Königin hatte noch nichts von ihrer seltsamen Zauberkraft verloren, doch konnte sich Elisabeth einen Mißbrauch ihrer Beliebtheit nicht gestatten.

So sah es in England aus, während Howard und Essex die Vorbereitungen für ihren berühmten Beutezug nach Cadiz trafen; wenn auch widerwillig, hatte sich Elisabeth schließlich doch zu der Politik bekannt, daß der Angriff die beste Verteidigung ist. Der Name Essex lockte Hunderte von adligen Abenteurern herbei, die sich nach Kampf und mehr noch nach Beute sehnten. Es waren ‚Grünschnäbel, junge Leute mit Federn am Hut, mit goldenen Litzen und silbernen Schnüren am Wams'.

Alle unruhigen Geister des Landes,
Tollkühn unbesonnene, feurige Burschen
Mit Frauengesichtern und wildem Drachenmut,
Ihre Geburtsrechte stolz auf dem Rücken.

In den ersten Apriltagen erreichte England die aufregende Nachricht, die Spanier seien aus den Niederlanden gegen Calais vorgerückt, blockierten jetzt den Zugang zur See und belagerten die Stadt. Alle Gedanken an Cadiz mußten vor dieser drohenden Gefahr zurücktreten: der Feind stand an der Schwelle Englands. Elisabeth erkannte sofort, welche Chance sich ihr bot; und niemand wird ihr einen Vorwurf daraus machen, daß sie versuchte, von Heinrich IV. die Abtretung der Stadt gegen ihren Entsatz zu erlangen. Darauf soll er fluchend geäußert haben, es sei ihm ganz gleich, ob er von einem Hunde gebissen oder von einer Katze gekratzt würde. Aber es war jetzt keine Zeit zum Feilschen. Schnell wurde ein Heer aufgestellt. „So fern ich auch von Ihnen bin", schrieb Elisabeth an Essex, „so höre ich doch ebenso wie Sie nur zu gut jene furchtbare Batterie, die, wie mich deucht, nach Entsatz aus meiner Hand ruft. Gehen Sie mit Gott!" Aber schon am folgenden Tag, als die Truppen eingeschifft wurden, fiel Calais; es war zu spät. – Die Rüstungen für die Fahrt nach Cadiz wurden nun wieder aufgenommen, und am 3. Juni stach die Flotte in See, gestärkt durch Gebete, die Ihre Majestät in ihrem unnachahmlichen Stil für diese Gelegenheit besonders verfaßt hatte. Einige Wochen vorher war die Flotte Drakes und Hawkins[16] zurückgekehrt; sie konnte nur den Tod ihrer Führer und den völligen Mißerfolg des Unternehmens bestätigen.

Cadiz dagegen erwies sich nicht als Mißerfolg, es war ein Beispiel jener draufgängerischen, sorglosen Tapferkeit, der Fortuna stets gern lächelt. Bei dem Befehl, in den Hafen einzufahren, warf Essex fröhlich den Hut in die Luft; auf die Kanonenschüsse des spanischen Forts antwortete Raleigh mit höhnischem Trompetengeschmetter; in knabenhaftem Eifer wollte jeder der erste sein und in dem Hafeneingang, wo die eigentliche Seeschlacht geschlagen wurde, einen Platz finden; ohne Rücksicht auf Gefahr wurden die Stadtmauern mit Leitern gestürmt: und zu alledem paßten herrlich die liebenswürdige Menschlichkeit und der Edelmut, mit denen Essex die Einwohner von Cadiz nach dem Fall der Stadt behandelte. Es war alles wie in einem Ritterroman, und selbst die Spanier kargten nicht mit ihrem Lob.

Aber auch Neid und Torheit, die bösen Kräfte der Jugend, machten sich geltend. Die doppelte Besetzung der Führerstelle trug den Keim der Zwietracht von vornherein in sich. Schon vor der Abfahrt von England hatte Howard Essex' Unterschrift von einem gemeinsamen Brief abgeschnitten, weil der störrische Admiral, wie Essex behauptete, ‚niemanden neben sich dulden wollte'. Dieser Neid und die jedem echten Seemann unerträgliche Raubgier der Soldaten ließen fast alle nur ans Plündern denken. Darüber aber vergaß man, bis es zu spät war, die wertvollste Beute, eine ganze Kauffahrteiflotte, die hilflos weiter hinten im Hafen lag. Sie allein hätte die gesamten Kosten der Expedition gedeckt und außerdem Elisabeths leere Schatzkammer wieder gefüllt. Mit heldenhafter Entschlossenheit setzte der spanische Kapitän lieber die Schiffe und ihre Ladung in Brand, als daß er sie oder das Lösegeld den Engländern in die Hände fallen ließ. Diese Flotte bestand aus über vierzig großen und vielen kleinen Schiffen, deren Gesamtwert auf zwölf Millionen Dukaten geschätzt wurde. Was für ein Verlust für Spanien! Was für ein Verlust aber auch für England! Eine derartig krasse Fahrlässigkeit, wie sie die englischen Oberbefehlshaber bei dieser Gelegenheit an den Tag legten, zeigt wieder einmal, daß Elisabeths Mißtrauen gegen große Unternehmen zu Land und Wasser berechtigter war, als moderne Kritiker es wahrhaben wollen.

Howard und Essex hatten beide den Befehl erhalten und sich ausdrücklich verpflichtet, die Beute der Fahrt für die Königin sicherzustellen: spendefreudig überließen sie jetzt alles ihren Leuten. Ein besonderer Beamter war ihnen beigegeben worden, der für strikteste Beachtung des Befehls sorgen sollte: er plünderte genau wie alle andern. Gesundheitszustand und Verfassung von Flotte und Heer ließen die Erledigung der ihnen sonst noch gestellten Aufgaben durchaus zu. Essex, der keine Krämerseele war, trat auch für tatkräftige Fortsetzung des Unternehmens ein, aber das ganze Offizierkorps, das sein Leben so billig in die Schanze schlug, maß jetzt der Beute übergroßen Wert bei. Manche Offiziere hatten kleine Schiffe gechartert, die ihre mannigfachen und seltsamen Schätze nach Hause bringen sollten; sie hatten nur den einen Wunsch, selbst so schnell wie möglich hinterdrein zu eilen. Die Flotte segelte also nach der Heimat. Doch vorher machten die beiden Befehlshaber – Essex hatte den Löwenanteil daran – sehr viele zu Rittern, ‚glattweg alle fast, ob sie es nun verdienten oder nur geschickt zu erreichen wußten, ob sie lediglich die Gelegenheit nicht verpaßten oder geradezu ablehnten (was auch vorkam)'. In einem Spottvers hieß es bald:

Ein Edler aus Wales und ein Ritter aus Cales (Cadiz),
Ein Grundherr noch aus dem Norden dabei; –
Ein Bauer aus Kent auf verschuldetem Gut
Hat immer noch mehr als sie alle drei.

Wie sollte Elisabeth die Sieger empfangen? Auf der einen Seite der glorreiche, überraschende Sieg! In Venedig war Elisabeths Ruhm derart, daß die Bewohner der Stadt unbedingt ihr Bild sehen wollten. „Groß ist die Königin von England!" riefen sie. „Welch' herrliche Frau, wenn sie nur eine Christin wäre!" Auf der andern Seite ihr leerer Staatsschatz, und dabei verlangten die Befehlshaber den Sold für Truppen, die sich an dem bereichert hatten, was eigentlich der Königin gehörte. Sie lobte und tobte. Die Kreise der ‚Seepartei', die ohnehin auf die Landratten eifersüchtig und über ihren eigenen kümmerlichen Anteil an der Beute erbost waren, verleumdeten am Hofe wacker drauf los. Essex hatte sich während der Fahrt den Bart wachsen lassen; seine rötliche Gesichtsfarbe war verschwunden. Essex, der für die schönen Damen des Hofes keine Augen mehr hatte und seine leidenschaftliche Natur in Zucht nehmen wollte, wurde ‚wie ein Bär im Pariser Bärenzwinger mit Hunden gehetzt'. Er schüttelte sie alle ab und vertrieb mit dem strahlenden Glanz seiner Tapferkeit, wie Anthony Bacon es ausdrückte, alle Nebel, die boshafter Neid gegen sein unvergleichliches Verdienst zusammenballte. Burghley kam ihm freundschaftlich entgegen: „Der alte Fuchs", schrieb Bacon, „kriecht und winselt". Für das Volk aber war dieser glorreiche und ritterliche Jüngling der Sieger von Cadiz, die Verkörperung des kriegführenden England. Er stand jetzt auf der Höhe seines Lebensweges, der Liebling des Volkes und der Günstling der Königin.

Es konnte auf die Dauer nicht gut gehen. Elisabeth war dieselbe geblieben, und ebenso wenig hatte sich Essex geändert. Einen Monat, nachdem er auf die Cadiz-Fahrt gegangen war, hatte sie den letzten Schritt in der Beförderung Robert Cecils zum Staatssekretär getan. Sir Robert war gerade dreiunddreißig Jahre alt, und die fünf Jahre Macht ohne Titel hatten ihm den friedlichen Übergang in die offizielle Stellung nur erleichtert; Essex' Abwesenheit war für die Königin die günstige Gelegenheit gewesen.

Aber Essex konnte Widerstand genau so wenig wie früher vertragen. In gewissem Sinne stellte die neue Generation Elisabeth nochmals vor die schwierigste Aufgabe ihres Lebens, die sie schon einmal, in den ersten Jahrzehnten ihrer Regierung mit viel Mühe aber großem Erfolg gelöst hatte: die Ausrottung des Vorurteils gegen ihr Geschlecht bei Staatsmännern und Höflingen. Essex sah in ihr immer nur die Frau, und zwar eine alte, mürrische Frau. Er glaubte, man brauche eine Frau nur oft und lange genug zu drängen, um zu erreichen, was man wolle. Er deutete Elisabeths Stimmungen und Handlungen ganz so wie Männer das zu tun pflegen, die so gern die Menschheit nur vom männlichen Standpunkt aus beurteilen. Wie anders hätte er sich gegenüber einem König von ihrem geistigen Rang verhalten! Das Tragische war nun, daß der taktische Charme, mit dem Elisabeth erfolgreich die Unzulänglichkeit ihres Geschlechts wettzumachen versucht hatte, nicht mehr verfing. Das Liebesgeplänkel, das Idyll der ‚Feenkönigin'[15], alles war wohl wie früher: wann und wie sollte das auch je aufhören? Dem alten, zitterigen Burghley waren sie immer noch eine tiefe und süße Wahrheit, der Jugend aber aus Essex' Generation nichts als

Flitterkram oder gar ein Gespött. Elisabeth blieb geistig erstaunlich frisch und lebendig. „Eine körperlich wie geistig so lebhafte und wache Frau findet man wohl nirgendwo", schrieb ein Jahr später ein durchaus unparteiischer Gesandter. Und doch alterte sie äußerlich jetzt recht schnell. Der gleiche Gesandte bemerkte, daß ihr Gesicht zusammengefallen und lang und hager geworden sei; darüber throne eine große, rötlich gefärbte Perücke; ihre gelblichen Zähne stünden unregelmäßig.– Alter und Jugend passen nicht zusammen, und die jungen Leute um Essex sagten in vertraulichen Gesprächen, sie würden sich nie wieder einer Frau als Herrscherin unterstellen. Es war damit zu rechnen, daß eines Tages, in einem Augenblick leidenschaftlicher Erregung, bei der emporgeschleudert wird, was die Seele in ihren Tiefen sorgsam hütet, Essex seiner Geringschätzung für eine launenhafte, herrschsüchtige, alte Frau unverblümt Ausdruck verlieh, und Elisabeth ihrer Wut über die ihrer Weiblichkeit entgegengebrachte Verachtung die Zügel schießen ließ.

Zu dieser Zeit mahnte den Grafen die leidenschaftslose, kalt berechnende Stimme der Vorsicht. „Ein Mensch, der sich nicht bändigen läßt", schrieb Francis Bacon an seinen Gönner, „in einer Vermögenslage, die seiner Bedeutung und Größe nicht entspricht; beim Volke sehr beliebt; ein Mensch, dem großes Vertrauen in militärischen Dingen entgegengebracht wird: Ich frage mich, ob man irgendeinem Monarchen auf der Welt, vor allem aber einer Dame von der Empfindlichkeit Ihrer Majestät ein bedrohlicheres Bild vor Augen stellen kann. Überzeugen Sie die Königin, daß Sie ein zweiter Leicester oder Hatton sind", riet er. „Wenn Sie ihre Ansichten loben, so suchen Sie den Anschein innerster Aufrichtigkeit zu erwecken. Erbitten Sie Gunstbeweise, um auf sie zu verzichten, wenn die Königin Ihnen in einer Sache Widerstand leistet. Behalten Sie die Kontrolle in militärischen Dingen, aber so, daß jeder äußere Schein vermieden wird: ein Mann mit militärischer Gefolgschaft ist immer eine ‚verdächtige Größe'. Streben Sie nicht weiter nach dem Amt des Großmarschalls oder dem des Feldzeugmeisters; nehmen Sie das des Geheimsiegelbewahrers, es ist frei von Neid und Streit und bringt was ein. Sprechen Sie in Gegenwart der Königin bei jeder sich bietenden Gelegenheit in heftigen Worten gegen die Volksgunst und ihre Wandelbarkeit. Dämpfen Sie so Ihren Ruf als populärer Mann, aber nur durch Worte, nie durch Taten. Wird dieser Ruf richtig angewandt, so ist er eine der schönsten Blüten Ihrer gegenwärtigen und künftigen Größe. Geben Sie vor allem weniger aus, denn glauben Sie mir, erst wenn Ihre Majestät sieht, daß Sie sorgfältig mit Ihrem Vermögen umgehen, wird sie denken, daß Sie ihr nicht länger zur Last fallen wollen, auch wird sie dann erst sich überzeugen, daß Sie höherfliegende Zukunftspläne haben. Nützen Sie den Vorteil, der Günstling der Königin zu sein, in dieser Weise vorsichtig aus, so kann er nie gefährlich werden; berücksichtigen Sie aber diese Mahnungen nicht, so wird Ihre Rolle als Günstling die Königin Ihnen gegenüber nur mißtrauischer und bedenklicher machen, da sie über ihre eigene Macht im unklaren ist.“ Welch prophetische Vision! Welche Weisheit! Welche Verschmitztheit! Welche Herzenskälte! Kurzum, welch ein Wesensunterschied zwischen diesem Menschen und Essex! Der scharfsinnige Prophet widmete im folgenden Februar die erste Ausgabe seiner Essays nicht dem Grafen Essex, sondern dem eigenen Bruder Anthony Bacon.

Essex konnte sein innerstes Wesen ebensowenig ändern, wie ein Leopard seine Flecken ablegen kann. Der englische Gesandte in Frankreich sagte, Essex werde sich noch selbst ins Unglück stürzen, denn er könne eher einen ganzen Hof in Unordnung bringen als zu seiner Ordnung beitragen. Anfang 1597 war Essex sehr verärgert, er wollte für seinen Freund Sir Robert Sidney unbedingt einen Posten, den aber die Königin und die beiden Cecils einem anderen Kandidaten zugedacht hatten. Elisabeth schwor, sie werde seinen eigensinnigen Stolz, den er von der Mutter geerbt habe, brechen. Da er für Sidney das betreffende Amt nicht erhalten konnte, bewarb er sich selbst darum, mit der geheimen Absicht, später zu Sidneys Gunsten zu verzichten. Er bot seinen ganzen Einfluß, sein ganzes Prestige gegen den Kandidaten der Königin auf. Elisabeth lehnte seine Bewerbung endgültig ab. Darauf ließ er seine Pferde satteln, um sich aufs Land zurückzuziehen. Sie befahl ihn zu sich und bot ihm das Amt des Feldzeugmeisters an. Dieses Pflaster auf seinen gekränkten Stolz beruhigte ihn. Elisabeth hatte Arbeit für ihn und wahrte durch diese Ernennung sein Gesicht.

Cadiz hatte Philipp II. aus seiner Lethargie aufgeschreckt. Er ergriff einen Armleuchter und schwor, er wolle lieber den letzten Silberleuchter verpfänden als auf Rache verzichten. Tatsächlich machte er bankrott. Das schlug seine Wogen bis nach Italien, dessen Kaufleute sagten, sie könnten von nun an alle Ereignisse nach dem Jahre datieren, in dem der König von Spanien und sie gemeinsam Bankrotteure geworden seien. Aber selbst ein bankrotter König war nicht ohne Hilfsmittel. Philipp rüstete eine neue Armada, und eben das machte Essex' Dienste erforderlich. Nach vielen Überlegungen entschloß man sich zu einer Expedition, der ein doppeltes Ziel gesetzt wurde: die spanische Flotte sollte im Hafen von Ferrol vernichtet und dann der westindischen Schatzflotte bei den Azoren aufgelauert werden. Essex bestand darauf, die Expedition allein zu führen. Er erreichte, was er wollte. Nun war er glücklich, mit ihm der ganze Hof. Und, seltsames Schauspiel! Raleigh und Cecil schlossen Freundschaft mit ihm, alle drei suchten einander an Wohlwollen zu übertreffen. Elisabeth schwamm in eitel Wonne. Sie versicherte Essex, sie werde das Unternehmen nur nach dem ehrlichen Bemühen der Teilnehmer und nicht nach Zufällen beurteilen: ‚So die Wurzel gesund ist, soll kein Tadel, welche Stürme auch immer die Frucht verdorren, ihr einen Teil der Schuld zumessen'.

Im Juli 1597 stach die Flotte in See. Sie geriet in einen Sturm, wurde zerstreut und mußte in die Häfen zurück. Zuerst glaubte man, Essex sei umgekommen. Als er dann glücklich zurückkehrte, atmete alles erleichtert auf. Elisabeth weinte vor Freude, und Cecil schrieb an Essex: „Die Königin und ich reden jeden Abend mit Engelszungen von Ihnen, weil Ihre Majestät erreichen möchte, daß alle hier Sie lieben."

Während die Flotte die erlittenen Schäden ausbesserte, kam ein Gesandter des Königs von Polen an den Hof. Elisabeth war mitgeteilt worden, er käme mit einem Friedensvorschlag; außerdem erinnerte sie sich, daß des Gesandten Vater sie einst in trüben Zeiten stets geehrt hatte; deshalb gewährte sie ihm eine öffentliche Audienz im großen Empfangssaal. Der Gesandte wurde hereingeführt; sein Staatskleid aus schwarzem Samt war mit Juwelen reich besetzt. Nachdem er die Hände der Königin geküßt hatte, trat er zehn Schritte zurück und begann seine lateinische Rede ‚mit einem Gesicht‘, schrieb Cecil, ‚wie ich es mein Lebtag noch nicht gesehen hatte‘. Anstatt der erwarteten Komplimente und Friedensworte äußerte er Drohungen. Wie eine Löwin erhob sich Elisabeth vom Thron und überschüttete ihn wegen seiner Unverfrorenheit und Frechheit in extemporiertem Latein mit Vorwürfen: Sollte sein König für diese Rede verantwortlich sein, so gebe es dafür nur zwei Erklärungen: seine Jugend und die Tatsache, daß er kein König von Geblüt, sondern nur ein Wahlkönig sei und auch das erst seit kurzer Zeit. „Was nun Sie betrifft“, wandte sie sich an den Gesandten, „so sehe ich zwar, daß Sie allerlei Bücher gelesen haben, um ihre Argumente in dieser Sache zu stützen, doch neige ich zu der Ansicht, daß Ihnen das Kapitel über die Umgangsformen unter Königen und Fürsten entgangen ist!“ Der Hof staunte und freute sich über den ‚tour de force‘ der Königin, der bald in Stadt und Land allgemein bekannt war. Elisabeth sagte zu Cecil, sie bedauere nur, daß Essex ihr und des Gesandten Latein nicht habe hören können. Cecil wußte sofort, worauf seine Herrin hinauswollte und teilte Essex den ganzen Vorfall mit, der weiter keiner Aufforderung bedurfte, einige freundliche Lobesworte zu erwidern. „Ich freue mich für Ihre Majestät“, schrieb er, „daß sie so in Hitze geriet und bei dieser großartigen Gelegenheit glänzen konnte. Die Helden wären ja genau wie andere Menschen, wenn sie nicht ungewöhnliche und unerwartete Zusammenstöße hätten: und bestimmt ist Ihre Majestät aus dem Stoff, aus dem nach Ansicht der Alten die Helden geschaffen wurden; das heißt, ihr Geist ist aus reinem Gold, der Körper aus hartem Erz.“ Die Antwort Elisabeths an den polnischen Gesandten lebte fort in der Erinnerung mehrerer Generationen.

Endlich ging die Flotte auf die ‚Insel-Fahrt‘, wie die Expedition später genannt wurde. Das Unglück wich nicht von ihrer Seite; es kam noch hinzu, daß Essex seiner Stellung als Oberbefehlshaber nicht gewachsen war und seine persönlichen Anhänger sich mit Raleigh, dem Konteradmiral, nicht vertragen konnten. Als man Ferrol erreichte, verbot die allgemeine Verfassung der Flotte einen Angriff auf die dort vor Anker liegenden Spanier, und so segelte man weiter nach den Azoren. Hier landete Raleigh und eroberte in Abwesenheit seines Vorgesetzten, dessen Flaggschiff unerklärlich lange auf sich warten ließ, eine Stadt. Dadurch aber hatte er Essex gestohlen, wonach dieser am meisten trachtete: die Ehre. Nur der Vermittlung des dritten Befehlshabers war es zu verdanken, daß Essex seinen Konteradmiral nicht vor ein Kriegsgericht stellte und enthaupten ließ. Dafür aber wurde die heldenhafte Tat in dem offiziellen Bericht über die ‚Reise' mit keinem Wort erwähnt. Mit unbegreiflicher Fahrlässigkeit ließ man dann durch eine unbewachte Lücke in der Sperre die spanische Schatzflotte, die so leicht hätte erbeutet werden können, in den Hafen entschlüpfen. Als man schließlich wieder nach Hause kam, mußte man feststellen, daß die spanische Ferrol-Flotte ihre Abwesenheit benutzt hatte, um nach England zu fahren. Nur die starken Stürme hatten sie an einer Landung in Falmouth gehindert. Natürlich hatte Essex seine militärische Anhängerschaft wieder um einige neue Ritter vermehrt. Diesmal aber waren es nur wenige.

Kaum war Essex zurück, als die Quertreibereien auch schon von neuem begannen. Jetzt beschwerte er sich, daß Elisabeth am Sonntag, dem 23. Oktober, einige Tage vor seiner Rückkehr, nach dem Gottesdienst den Großadmiral Howard zum Grafen von Nottingham ernannt hatte. Diese Beförderung gab Howard zusammen mit seinem Amt vor Essex den Vortritt. Dazu kam noch, daß die Urkunde über seine Erhebung in den Grafenstand nicht nur seinen Sieg über die Armada erwähnte, sondern auch behauptete, er habe zusammen mit Essex Cadiz erobert. Aber selbst ein Gefolgsmann Robert Sidneys, also doch ein Essex-Anhänger, sah wie viele andere in dieser Feststellung weiter nichts Schlimmes. Die öffentliche Meinung jedoch und die Hitzköpfe um Essex kannten nur einen Eroberer von Cadiz; und nach der verunglückten ‚Insel-Fahrt' stand Ehre hoch im Kurs. Essex weigerte sich, am Parlament teilzunehmen, das damals gerade tagte; er lehnte es ab, an den Hof zu kommen, und schmollte wie einst Achilles in seinem Zelt. Er blieb sogar der Feier am 17. November fern, obgleich es sich, wie Burghley ihn erinnerte, um die vierzigste Wiederkehr des Tages der Thronbesteigung der Königin handelte. Er schützte Krankheit vor; vielleicht war er auch krank, denn seelische Erschütterungen wirken sich oft im körperlichen Befinden aus. Burghley und andere bemühten sich nach Kräften, Frieden zu stiften. Elisabeth erklärte, es sei „nicht angängig, daß ein Untertan seinem

Herrscher Vorwürfe mache", während Essex auf Änderung des beleidigenden Passus in der Nottingham-Urkunde bestand. Endlich, am 18. Dezember, wurde auch dieser Streit wie der frühere beigelegt: Elisabeth machte ihn zum Großmarschall, was ihm vor dem neuen Grafen von Nottingham den Vortritt sicherte. Essex war glücklich; jetzt aber fühlte sich Nottingham beleidigt, doch war er ein weniger schwieriges Kind.

Essex hatte nun gerade die beiden militärischen Ämter inne, vor denen Francis Bacon ihn gewarnt hatte; die Prophezeiung dieses scharfen Geistes näherte sich immer mehr der Erfüllung. Gleich nach Neujahr versprach Essex seinem Freund Robert Sidney, ihm die Peerswürde zu verschaffen. Elisabeth aber wußte das zu verhindern. Darauf verkündete er öffentlich, er werde es gegen alle durchsetzen, daß sein Freund mit dem Amt des Unterkämmerers betraut würde: die Königin ließ den Posten unbesetzt, bis Essex' Spiel zu Ende war. Einer seiner Anhänger sagte ganz richtig, für sich könne er alles, für seine Freunde aber nichts erreichen. Die Anmaßung dieses wunderbar anziehenden, aber schwierigen jungen Mannes erhellt auch aus einem Brief, den Lord Grey im nächsten Sommer an einen Freund schrieb. Essex, beunruhigt über die Gunst, die Grey von seiten der Königin erfuhr, hatte kürzlich versucht, ihn zu zwingen, sich offen als Essex-Anhänger zu bekennen, oder aber sich für Robert Cecil, und damit als seinen Feind zu erklären. Grey jedoch lehnte jedes Abhängigkeitsverhältnis ab, worauf Essex ihm sagte, er sei ‚ein Knabe, der in die Irre gehe'. Das hieß mit andern Worten, daß er Grey nicht schätze und daß dieser als Soldat keine Beförderung von ihm erwarten dürfe. „Wenn die Königin", bemerkte Grey sehr treffend, „es duldet, daß ein Einziger sich alle Soldaten in so niedriger Weise verpflichtet und eine Beförderung nur von seiner parteiischen Gunst abhängig macht, dann muß sie auch damit rechnen, daß sie selbst eines Tages in seine Abhängigkeit gerät und ruhig zusehen muß, wie ihr armer und treuer Adel unter dem verächtlichen Joch eines seiner Standesgenossen schmachtet."

Anfang 1598 beriet der Staatsrat darüber, ob Friedensverhandlungen mit Spanien eingeleitet werden sollten. Die Geschehnisse in Frankreich hatten diese Frage aufgeworfen. Um sein Volk in neuer Einheit zu versöhnen, trat Heinrich IV. im Jahre 1593 zum Katholizismus über; Elisabeth war empört, aber wohl kaum überrascht. ‚Paris ist eine Messe wert', soll Heinrich gesagt haben. Er hatte recht, und sein Schritt trug reiche Frucht. Um 1598 konnte er daran denken, mit Spanien, seinem letzten Feind, Frieden zu schließen. Obwohl Heinrich zwei Jahre vorher mit England und den Niederlanden einen Dreibund geschlossen und die Verpflichtung übernommen hatte, keinen Sonderfrieden abzuschließen, wollte er jetzt unbedingt zum Frieden kommen, weil Frankreich Frieden brauchte. Ganz unbedenklich setzte er sich über seine vertraglichen Verpflichtungen hinweg; Elisabeth nannte ihn den ‚Antichristen der Undankbarkeit'; aber die internationale Politik kannte nun einmal keine Skrupel. Elisabeth mußte sich entscheiden, ob sie nicht auch Friedensfühler ausstrecken wollte. Das große Hindernis waren die Niederlande. Sie wurden wieder reich, und der Unabhängigkeitstraum war jetzt sogar für die Vorsichtigen praktische Politik geworden, so daß das Land weniger denn je zum Frieden neigte, während man andrerseits bestimmt damit rechnen mußte, daß Spanien ihm keine annehmbaren Bedingungen zugestehen würde. Schließlich unterzeichnete Heinrich IV. den Friedensvertrag mit Spanien; England und die Niederlande aber verharrten weiter im Krieg. Natürlich war der englische Staatsrat wieder geteilter Ansicht; die einen, deren Wortführer Burghley war, wollten wenn irgend möglich Frieden, die andern aber, unter der Führung von Essex, waren unbedingt für Krieg. Es entspann sich eine heiße Debatte. Schließlich zog Burghley schweigend den Psalter hervor und deutete auf den Vers: ‚Die Blutgierigen und Falschen werden ihr Leben nicht auf die Hälfte bringen.'

Während Elisabeth irgendwann im Juli die Frage des Aufstandes in Irland, die ernster und beunruhigender denn je geworden war, besprach, zog sich das Unwetter, das ihre Beziehungen zu Essex schon lange bedrohte, mit dramatischer Plötzlichkeit zusammen und zeigte blitzartig die dunklen Tiefen der Leidenschaft beider. Im Zimmer der Königin waren Essex, Nottingham, Cecil und ein Sekretär des Großsiegelbewahrers. Man sprach über die Ernennung eines Vizekönigs. Elisabeth wollte Sir William Knollys, den Onkel Essex', als solchen nach Irland senden; Essex aber verlangte die Ernennung seines persönlichen Feindes Sir George Carew, den er auf diese

Weise vom Hof zu entfernen gedachte. Die Königin zeigte sich unnachgiebig, und Essex verlor alle Selbstbeherrschung. Wütend und mit dem Ausdruck seiner Verachtung wandte er Elisabeth absichtlich den Rücken zu. Empört über diesen Schimpf und die Geringschätzung, schlug die Königin ihn ins Gesicht und fuhr ihn an, er solle sich zum Teufel scheren. Er griff nach dem Schwert; als Nottingham schnell zwischen sie trat, schwor Essex mit heiligem Eid, er werde eine derartige Beleidigung nie und nimmer einstecken; das hätte er sich auch von Heinrich VIII. nicht gefallen lassen. In rasender Wut verließ er den Hof.

Essex' Freunde versuchten, ihn zu beruhigen. „Vergiß doch nicht", schrieb ihm sein Onkel Knollys, „daß Herrschen und Gehorchen zweierlei ist. Es mag sein", so fuhr er fort, „daß die Königin auf Deine Dienste angewiesen ist, aber ohne ihre Zuneigung bist Du dem Gerede Deiner Feinde ausgesetzt." Auch der Großsiegelbewahrer Egerton mahnte ihn eindringlich: „Noch ist es nicht zu spät, noch können Sie umkehren. Die Rückkehr ist gefahrlos, während ein Weitergehen auf dem von Ihnen beschrittenen Wege Unsicherheit, Not und Verzweiflung bedeutet. Nicht Kämpfen und Streiten kann hier helfen, sondern nur bescheidene Unterwerfung. Obwohl die Schuld bei Ihnen liegt, wollen Sie jetzt auch noch die Rolle des Beleidigten spielen! Nun! dann werden Sie überhaupt keine Genugtuung jemals geben können." Essex antwortete: „Ich schulde Ihrer Majestät die Ehrerbietung eines Großmarschalls von England. Ich habe Ihrer Majestät gern als ihr Beamter gedient, kann mich aber nie als Knecht oder Sklave vor ihr beugen. Was! können sich denn Fürsten nicht auch irren? Können nicht auch sie ihren Untertanen Unrecht zufügen? Ist denn irdische Macht und Autorität unbegrenzt? Verzeihen Sie mir, mein sehr verehrter Herr, verzeihen Sie, aber diesen Prinzipien kann ich niemals zustimmen." Hätte er nur den tieferen Sinn seiner eigenen Worte verstanden! ‚Wachsen Ehrgeizige nicht mit ihrem Amt, dann graben sie sich selbst das Grab.'

Noch während dieses Streites starb am 4. August der große alte Mann seiner Zeit, Burghley, dessen siebenundachtzig Lebensjahre dem Panegyriker ein beneidenswert reiches Feld des

Lobes boten. Lange war er leidend gewesen, und doch hatte er seinen heiteren Geist und selbst den verbrauchten Körper bis zum Ende ganz in den Dienst der Königin gestellt. Man rechnete schon seit Wochen mit seinem Tode, so daß er nicht unerwartet kam, aber sein Heimgang bedeutete für Elisabeth und die Nation einen gleich schweren Verlust. Sie hatte einmal zu ihm gesagt, sie wolle nicht länger leben als er. Diese Bemerkung hatte den alten Mann zu Tränen gerührt. Bei einer anderen Gelegenheit schrieb sie ihm, er habe zwar seinen Sohn so erzogen, daß er ihm in allem gleiche, doch in allen Dingen sei und bleibe er selbst ihr Alpha und Omega. Einen Monat vor seinem Tode schrieb er einen Brief an seinen Sohn Robert und trug ihm auf, der Königin für ihre außerordentliche Güte zu danken: „Obwohl sie nie Mutter wird," – welch rührender Gedanke! – „so erweist sie sich doch, wenn sie mich mit ihrer fürstlichen Hand füttert, als besorgte Pflegerin; und wenn ich mich dereinst des Essens ganz entwöhne, so will ich ihr immer noch bereitwillig auf dieser Erde dienen. Wird mir auch das versagt, so hoffe ich, ihr und der Kirche Gottes im Himmel zu dienen." „Diene Gott, indem Du der Königin dienst", fügte er in einer Nachschrift hinzu. Damit schrieb er sich seine Grabinschrift.

Während der imposante Leichenzug sich nach der Westminster-Abtei bewegte und Essex trauriger schien als alle andern – ob aus Kummer über Burghleys Tod oder über sein eigenes Geschick, blieb manchem unklar – lag im fernen Spanien der zweite in der Dreiheit der Vergangenheit, Philipp II., im Sterben. Bis zum Ende seinem innersten Wesen treu, hatte er alle Einzelheiten seines Begräbnisses im voraus bestimmt, hatte sogar das schwarze Tuch zum Ausschlagen der Kirche des Eskorial nicht vergessen. Neben seinem Bett lag ein Hemd aus Blei, in das seine Leiche gehüllt werden sollte, hier stand auch der Bleisarg, in dem er ruhen wollte. Er war eine einzige eiternde Wunde, deren Gestank selbst seinem Arzt unerträglich war; die Gichtschmerzen waren kaum auszuhalten. Aber wie im Unglück, so überstieg auch im Leiden seine Geduld alle menschliche Vorstellungskraft. Im August glaubte man, er sei tot. Die Berührung mit einer Reliquie brachte ihn wieder zu sich. Er starb am 13. September im Alter von zweiundsiebzig Jahren. Neun

Tage lang wurde ununterbrochen gebetet, Tag und Nacht läuteten die Glocken. Sie läuteten eine Epoche aus, von deren bedeutenden Persönlichkeiten nur noch eine, die bedeutendste, lebte. Sie mußte die Tragödie zwischen Alter und Jugend zu Ende spielen.

Essex: Die Katastrophe

In späteren Jahren erinnerte sich Francis Bacon, wie dringend er Essex einst darauf hingewiesen hatte, daß nur Willfährigkeit und Hochachtung sein Verhältnis zur Königin bestimmen dürften. Dann sei ihre Güte ihm gegenüber grenzenlos. Aber Essex war ‚der Überzeugung, daß von der Königin nur durch ein gewisses Maß von Zwang und Druck etwas zu erreichen sei'. „Ich erinnere mich", fährt Bacon fort, „daß er mich jedesmal, wenn er seinen Willen durchgesetzt hatte, fragte: Nun, mein Lieber, wessen Grundsätze sind richtig? und immer wieder sagte ich zu ihm: Ihre Behandlungsweise ist wie eine Brunnenkur mit heißem Sprudel, sie hilft gegen Schmerzen; wenn man sie aber immer wieder anwendet, verdirbt man sich den Magen, die Schmerzen werden größer, und die Kur verliert ihre Wirkung."

Nach dem dramatischen Bruch im Juli 1598 sah es mehrere Wochen lang ganz so aus, als wollten weder Herrin noch Diener auch nur ein Jota ihres Stolzes aufgeben. Dann wurde Essex Anfang September krank, und von Mitleid gerührt, sandte Elisabeth ihren Arzt zu ihm. Ein ehrfurchtsvoller, artiger Dankesbrief bahnte die Versöhnung an, und bald erschien Essex wieder bei Hof. Aber er konnte sich noch immer nicht beherrschen. Anstatt behutsam vorzugehen und daran zu denken, daß er dauernder Ungnade nur mit knapper Not entgangen war, verfiel er sofort wieder in seine alten Fehler. Unter den Ämtern, die Burghley bekleidet hatte und die jetzt frei waren, befand sich auch das des Lehnsgerichtsmarschalls. Es war mit ziemlich hohen Einkünften verbunden und gab seinem Inhaber, was für Essex das Ausschlaggebende war, großen Einfluß auf den höheren und niederen Adel des ganzen Landes. Hier winkte dem machthungrigen Essex die Möglichkeit, sich eine zivile Anhängerschaft zu schaffen, die seiner großen militärischen Gefolgschaft nicht nachstand. Er strebte so leidenschaftlich nach diesem Amt, daß niemand mit ihm in Wettbewerb zu treten wagte. Aber er mußte auch mit der Königin rechnen. Sie verweigerte ihm das Amt, das sie, nach ihren eigenen Worten, lieber selbst verwalten wollte, als seine schon gefährliche Macht noch weiter zu vermehren. In seiner Torheit und Unverfrorenheit schrieb er ihr, keiner ihrer Vorfahren habe je so gehandelt, und sollte sie sich dazu entschließen, dann „mag die Welt urteilen, ich aber muß glauben, daß Sie das Amt einziehen, nur damit ich es nicht bekomme; wenn Sie mich achten", so schloß er, „überlegen Sie noch einmal meine Bewerbung." Sein ‚heißer Sprudel' blieb jedoch ohne Wirkung. Elisabeth besetzte das Amt nicht; die mit ihm verbundene Arbeit wurde vorläufig eingestellt; es geriet ziemlich in Unordnung, bis ihr dann, wie früher schon einmal, Essex' Abwesenheit die Gelegenheit gab, Robert Cecil auf den Posten zu berufen. Wahrscheinlich zu dieser Zeit, vielleicht auch erst einen oder zwei Monate später, äußerte Elisabeth diesem gegenüber folgende bezeichnende Warnung: Essex täte gut daran, sich damit zu begnügen, bei jeder Gelegenheit ihr Mißfallen zu erregen und sie so frech zu verachten, doch solle er sich ja hüten, nach ihrem Zepter zu greifen.

Einer der Gründe, die Essex' Rückkehr an den Hof wünschenswert erscheinen ließen, war, daß man seines Rates in bezug auf Irland bedurfte, wo alles ziemlich drunter und drüber ging und seit der Zeit, da er in Ungnade fiel, das englische Heer eine schwere Niederlage erlitten hatte. Mit immer größerer Sorge sah man, wie diese Insel sich zu Englands Niederlanden entwickelte. Es hatte ganz den Anschein, als sei der Bevölkerung in Hugh O'Neill, Grafen von Tyrone, Beherrscher von Mittel- und Ost-Ulster, ein Wilhelm der Schweiger erstanden. Er hatte einige Jahre in England verbracht und verfügte über ein beträchtliches Maß an politischer Klugheit und Begabung. Ihm war durchaus zuzutrauen, daß er seine Stammesgenossen in Zucht halten und für einen Widerstand schulen würde. Ende August 1598 sah Englands Stellung in Irland sehr gefährlich aus; selbst Dublin, der Sitz der Regierung, war bedroht; und da außerdem dauernd die Gefahr bestand, daß Spanien den Aufständischen Hilfe sandte, mußte energisch versucht werden, Tyrone zu stürzen und das Land wieder in die Hand zu bekommen.

Vor allem mußte nun der geeignete Führer gefunden werden. Niemand schien Lust zu haben, diesen Posten zu übernehmen. Ein venezianischer Gesandter meinte: „Irland kann man des Engländers Grab nennen." Elisabeth wollte Charles Blount, Lord Mountjoy, einen jungen Hofmann, nach Irland senden, mit dem vor einigen Jahren Essex ein törichtes Duell ausgefochten hatte. Seitdem war Blount der Liebhaber der Penelope Rich geworden. Sie war die Gattin des Lord Rich und Essex' ergebene Schwester; so gehörte auch Mountjoy längst zum Essex-Kreis. Essex jedoch war gegen seine Ernennung, weil er diese schwere Aufgabe für sich selbst haben wollte. Er als ‚Groß-Englands Ruhm und das Staunen der ganzen Welt', konnte einfach nicht zugeben, daß ein anderer das große militärische Abenteuer unternahm und damit seine eigene Volkstümlichkeit und seine militärische Anhängerschaft bedrohte. Wieder einmal stand er vor der von Bacon nach der Cadiz-Expedition so klar formulierten Alternative: zivile oder militärische Größe. „Wohl ist der Hof der Mittelpunkt von allem", schrieb er an einen Vertrauten, dem er seinen Entschluß erklärte, „aber es deucht mich doch besser, ich bin Herr über Heere als über Würdenträger." Unbarmherzig wies er auf die Unzulänglichkeiten aller anderen Kandidaten hin, betonte gleichzeitig seine eigenen Fähigkeiten nachdrücklich und brachte sich so mit Erfolg für die Aufgabe in Vorschlag. „Ich habe Knollys und Mountjoy im Staatsrat besiegt", schrieb er, „und werde mit Gottes Hilfe auch Tyrone im Felde besiegen."

Nachdem Essex die Königin und den Staatsrat gezwungen hatte, ihn zum Vizekönig zu wählen, war er vor allem darauf bedacht, sich ein Heer und Machtbefugnisse zu verschaffen, wie sie bisher noch kein Herrscher in Irland besessen hatte. Zwei Monate lang stritt er sich mit der Königin über die Bedingungen für seine Ernennung herum. „So sehr Ihre Majestät mich auch verachtet", schrieb er, als die Sache für ihn nicht günstig stand und er sich vergeblich um das Amt des Lehnsgerichtsmarschalls bemühte, „so soll sie doch wissen, daß sie in mir den Mann verliert, dem Gefahren um ihretwillen eine Freude und der Tod ein Fest gewesen wäre! Alle Welt soll Zeuge davon sein, daß dies keine leeren Worte sind, die vergehen wie der Wind, daß ich auch nicht hinter der Liebe der Menge herjage, die verbrennt wie Zunder, sondern daß ich nur das eine will: von Ihrer Majestät höher bewertet werden als jene, die ohne wahren Wert sind! Sonst will ich lieber die ganze Welt vergessen und von der Welt vergessen werden!" Heute hieß es, er werde nach Irland gehen, dann wieder, das letzte Wort über seine Ernennung sei noch nicht gesprochen, endlich, er komme überhaupt nicht mehr in Frage. Aber täglich kamen Boten aus Irland und brachten, wie einst Hiobs Diener, eine schlechte Nachricht nach der andern; die Kriegsfreunde scharten sich um Essex, jeder hoffte, ein kleineres oder größeres Kommando zu erhalten. Sein Name allein übte auf alle eine derartige Anziehungskraft aus, daß man seine Dienste kaum noch entbehren zu können schien. Ganz skrupellos nutzte er seinen Vorteil aus, und seine gewalttätigen Methoden führten ihn schließlich auch zum Ziel. Er erhielt das Heer und die Machtbefugnisse, die er wollte. Es war das größte Heer, das während Elisabeths Regierung je England verließ: 16000 Mann zu Fuß und 1300 Mann zu Pferde. Man hatte dieses Heer aus einem Volke herausgeholt, das durch die dauernden Aushebungen sehr geschwächt war; und die Kosten mußte eine Herrscherin tragen, die kaum wußte, woher sie das nötige Geld nehmen sollte.

Dieser anmaßende junge Mann – ein klassisches Beispiel für die antike ‚Hybris' – hatte sich in eine furchtbare Situation hineingearbeitet. Elisabeth wies ihn darauf hin, daß er in Irland vielleicht etwas ganz anderes vorfände, als er erwarte: aber was kümmerte ihn das törichte Geschwätz eines alten Weibes! Scharf kritisierte er seine Vorgänger, umriß seine Aufgabe ganz genau und begab sich so im voraus jeglicher Entschuldigung, falls das Unternehmen scheitern sollte. In einer Sitzung des Kriegsrats, bei der neben Elisabeth alle sachverständigen Männer des Landes anwesend waren, unterstützte er, nein, war er allein für den Entschluß des Rates verantwortlich, nach dem seine Hauptaufgabe der Angriff auf Tyrone in Ulster sein sollte. Der Eifer, mit dem der Staatsrat all seinen berechtigten Forderungen entsprach, war geradezu verwirrend: es sah ganz so aus, als wollte man ihm genug Leine geben, damit er sich in ihr verfange. Jedenfalls wurde ihm allein die ganze Verantwortung zugeschoben, so daß er ihr nicht entrinnen konnte. Nur ein großer Erfolg vermochte die Art und Weise seines Vorgehens, durch die er seine Herrscherin eingeschüchtert hatte, zu rechtfertigen. Elisabeth hatte nachgegeben, aber das ‚Wie' ließ von vornherein nichts Gutes erwarten. Der ‚heiße Sprudel' büßte immer mehr seine Wirkung ein.

Als Essex sich über den Ernst der Lage klar zu werden begann, nagten auch bald Zweifel an seinem Selbstvertrauen. „Nun fahre ich nach Irland", schrieb er an einen Freund. „Die Königin hat es unwiderruflich verfügt, der Staatsrat verlangt es dringend, und meine Ehre verbietet mir jede Ausflucht." Wenn er jetzt noch den Kopf aus der Schlinge zöge und Irland verloren ginge, so träfe, obwohl dann offenbar das Schicksal den Verlust Irland gewollt habe, doch ihn allein die Verantwortung. Er wüßte nur zu gut, welche Nachteile seine Abwesenheit aus England mit sich brächte; seine Feinde würden diese Gelegenheit benützen, um gegen ihn zu arbeiten, besonders bei einer Herrscherin, auf deren Sinn großer Ruhm schlimmer wirke als das Gegenteil. „Zu großer Mißerfolg ist gefährlich: das mögen die befürchten, die sich damit abfinden können, ihre Ehre zu überleben. Zu viel Erfolg aber erregt Neid: ich werde nie der Tapferkeit abschwören aus Angst vor einem Scherbengericht." „Das sind so meine Probleme, mit denen ich mich nachts herumschlage."

John Harington, der als Offizier nach Irland ging, erhielt von einem Freund am Hofe einen Warnungsbrief, der die Situation in das richtige Licht rückte: „Höre auf meinen Rat", schrieb dieser Freund. „Beobachte den Mann, der herrscht und doch auch wieder beherrscht wird; er zieht nicht aus, dem Reich und der Königin zu dienen, sondern um seinen eigenen Gefühlen Genugtuung zu schaffen. Achte auf Dein Verhalten; sage nicht jedem, der Dir begegnet, alles was Du denkst. Ich versichere Dir, daß ich triftige Gründe zu dieser Warnung habe. Essex hat Feinde, aber er hat auch Freunde." Gar manche „sind beauftragt, Euer aller Verhalten nach Hause zu berichten." „Vollbringt der Vizekönig im Felde, was er im Staatsrat versprochen hat, dann ist alles in bester Ordnung; mag ihm die Königin auch sein ungehöriges Verhalten ihr gegenüber verziehen haben, so wissen wir doch nicht recht, was wir davon halten sollen. Allem Anschein nach hat sie vollkommenes Vertrauen zu dem Mann, der kürzlich noch eine andere Behandlung von ihr erfuhr: wir sind in unserm Urteil ganz unsicher geworden. Was den Vizekönig erwartet, das kann nur Gott sagen; wenn aber jemand so viele offene Freunde und so viele geheime Feinde hat, wer kann sich da vorstellen, welches Ende ihm hier auf Erden beschieden ist?" „Gehorche dem Vizekönig in allem, aber äußere nie Deine Meinung; man könnte sie in England hören." „Sir William Knollys ist nicht sonderlich zufrieden und ebensowenig die Königin, vielleicht ist es jetzt wenigstens der Herr Vizekönig; ich aber habe starke Befürchtungen für die Zukunft." „Gefahr geht umher, und Schweigen ist der beste Schutz."

Am 27. März 1599 bestieg Essex in der Seething Lane sein Pferd und ritt, von vielen Adligen und vornehmen Herren begleitet, er selbst ganz schlicht gekleidet, durch die Stadt nach Chester. Das Volk stand dicht gedrängt in den Gassen und auf den Landstraßen und rief: „Gott segne Eure Lordschaft!" Ihrer Hoffnung verlieh Shakespeare Ausdruck:

Wenn jetzt der Feldherr unsrer gnäd'gen Kaiserin,
Wie er es leichtlich mag, aus Irland käme,
Und brächt' Empörung auf dem Schwert gespießt,
Wie viele würden diese Friedensstadt
Verlassen, um willkommen ihn zu heißen!

Aber bevor Essex nach Islington kam, ballte sich eine große, schwarze Wolke am Himmel, es fing an zu donnern und zu blitzen, ein Hagelsturm ging hernieder, ‚was viele für ein böses Vorzeichen hielten'.

Die Mißhelligkeiten fingen schon an, ehe man noch Chester erreichte. Ein Briefschreiber hatte geäußert, die unreifen jungen Leute drängten sich nach den höchsten Stellen im Heere. Essex wolle alle seine Anhänger um sich haben, denn er sei entschlossen, aus der Expedition, so weit wie möglich, eine ‚Familien-Partie' zu machen, eine persönliche Gefolgschaft eher als ein nationales Heer. Das entsprach durchaus dem Wesen dieses Mannes und brauchte noch keine böse Absicht zu bedeuten, aber Elisabeth war viel zu klug und erfahren, als daß sie die drohende Gefahr nicht schon längst erkannt hätte.

Essex wollte vor allem zwei Ernennungen durchsetzen. Die eine betraf den Posten des Generals der berittenen Truppen, für den er den Grafen von Southampton vorgesehen hatte. Southampton war ein junger Mann ohne jedes Verantwortungsgefühl. Er hatte kürzlich eine Ehrendame der Königin, eine Cousine von Essex, verführt und sie dann allerdings geheiratet. Wegen seines Vergehens war er immer noch in Ungnade. Da Essex wußte, daß Elisabeth zu dieser Ernennung nie ihre Zustimmung geben würde, wollte er seine Absicht geheimhalten, bis er alle Vollmachten in Händen hatte; dann stand ihm die Befugnis zu, jede Stelle von sich aus zu besetzen. „Wenn sie dann mit mir schilt, ist ihr Unrecht umso größer, und meine Unnachgiebigkeit nur umso gerechtfertigter", sagte Essex. Aber Elisabeth bekam Wind von seiner Absicht und legte ihr Veto ein. Essex beschloß zu warten, bis er in Irland war, und dann gegen den ausdrücklichen Befehl seiner Herrscherin zu handeln. Als seine zweite rechte Hand hatte er seinen neuen Stiefvater Sir Christopher Blount auserkoren, einen jungen Mann seines Alters, der wie Southampton Wachs in seinen Händen war. Er ernannte ihn zum Generalquartiermeister, womit Elisabeth einverstanden war. Außerdem wollte Essex seine Ernennung zum Mitglied des irischen Staatsrats durchsetzen; das aber lehnte Elisabeth durchaus mit Recht ab. Dann versuchte er, die Angelegenheit mit Willkür und Gewalt zu erledigen; er kündigte an, er werde Blount seiner Stellung entheben, diese selbst übernehmen und der Königin den Oberbefehl über das Heer zur Verfügung stellen. „Ich bat Ihre Majestät, es als Zeichen ihrer Gunst zu gewähren", schrieb er an den Staatsrat, „aber ich sprach eine Sprache, die nicht verstanden wurde, oder zu einer Göttin, die gerade keine Lust hatte, Bitten anzuhören. Ich weiß, in welcher Form ich meine Bitte auch vorbringe, es ist vergebens." Diesmal mußte Essex nachgeben. Er verließ England in düsterer Stimmung und bat den Staatsrat, ihn eher zu bedauern als außergewöhnliche Erfolge von ihm zu erwarten. Seine Selbstsicherheit verflog. Vielleicht schreckte er schon vor der Begegnung mit Tyrone zurück. Sie sollte sein Rubikon werden.

Als Essex in Irland angekommen war, ließ er, der den Ratschlag einer Königin nicht hatte vertragen können, sich vom irischen Staatsrat ohne weiteres überzeugen, daß die Hauptoperationen in Ulster bis zum Juni verschoben werden müßten, bis auf den Weiden das Gras gewachsen und das für die Verpflegung des Heeres notwendige Vieh fett geworden sei. Unterdessen solle er einen Feldzug nach Leinster unternehmen. Vielleicht war dieser Rat richtig und gut: immerhin bleibt es dann ein Rätsel, wie der englische Kriegsrat, in dem doch die klügsten Politiker und Militärs des Landes saßen, es fertig gebracht hatte, einen so einfachen und naheliegenden Plan nicht ins Auge zu fassen. Essex aber dachte nicht einmal daran, abzuwarten, bis die Königin und ihr Staatsrat ja oder nein sagen konnten zu diesem Plan, der eine so grundlegende Änderung des ursprünglichen bedeutete. Er marschierte sofort los. Am Tage vor dem Aufbruch schlug er zwei seiner Anhänger zu Rittern, obwohl es in seinen Instruktionen ausdrücklich hieß, er solle diese Befugnis mit der größten Zurückhaltung ausüben, und zwar nur in Fällen, in denen wirkliche Verdienste vorlagen. Das war aber nur der Anfang eines ebenso herausfordernden wie verhängnisvollen Mißbrauchs dieser Ehrung. Einer der neuen Ritter war ein entlaufener Beamter, der wie andere derartige Sünder inzwischen nach Hause befohlen worden war! Jetzt ernannte Essex auch Southampton zum General der berittenen Truppen. Es verging einige Zeit, bis Elisabeth hiervon Kenntnis erhielt; sie befahl sofort, Southampton seiner Stellung zu entheben. Anstatt zu gehorchen erklärte Essex einfach, ein solcher Schritt bedeute Schande für ihn, verbreite Mißmut im Heere, ‚das mich schon mürrisch ansieht', und ermutige die aufständischen Iren.

Elisabeth verglich die Leinster-Expedition sehr treffend mit der Fahrt eines Schiffes durch den Ozean. Ähnlich den Wassern des Meeres wichen die Aufständischen vor Essex aus, um sich gleich hinter ihm wieder zu schließen. Wie eine Fata Morgana lockte ihn der Gedanke an eine große Tat immer weiter, von Leinster zog er nach Munster, was auch der neue Plan nicht vorgesehen hatte. Der Monat Juni, für den der Ulster-Feldzug angesetzt war, kam und verging. Zu Hause, am Hofe, meinte Elisabeth bissig, sie zahle täglich tausend Pfund, damit Essex auf Reisen gehen könne. Erst Ende Juli kehrte er nach Dublin zurück. Sein Heer war zermürbt und müde, keine ruhmreiche

Tat war vollbracht, nur ein armseliges Schloß hatte man erobert, das im nächsten Jahr von sechzig Mann durch bloße Drohungen kampflos zurückgewonnen wurde.

Die furchtbare Ahnung unausweichlichen Mißlingens, die ihm schon seit Monaten immer wieder dumpf in den Ohren klang, verstärkte jetzt sich bei Essex und ließ ihn bald nicht mehr los. Seele und Körper waren gleichmäßig in Mitleidenschaft gezogen. Aber sein Stolz machte ihn blind für die eigene Unzulänglichkeit; obendrein erhielt die wahnsinnige Eifersucht, die ihn seit Jahren beherrschte, neue Nahrung durch die Nachricht, Cecil sei zum Lehnsgerichtsmarschall ernannt worden. Jetzt schrieb er all seine Schwierigkeiten den Machinationen seiner Feinde am Hofe zu. „Aber wozu rede ich von Sieg oder Erfolg?“ schrieb er vierzehn Tage vor seiner Rückkehr nach Dublin an Elisabeth. „Ist es nicht bekannt, daß ich von England nur Verdruß und schwere seelische Kränkungen erfahre? Wird nicht im Heere erzählt, Eure Majestät habe mir ihre Gunst entzogen? Heißt es nicht, daß Sie uns allen hier bereits ein schlimmes Ende prophezeien? Wird nicht von den treuesten Untertanen Eurer Majestät, und zwar sowohl hier im Felde wie am Hofe, bedauert, daß ein Cobham oder ein Raleigh, – andere will ich ihrer Stellungen wegen nicht nennen, – bei Eurer Majestät derart hoch in Gunst und Ansehen stehen? Dabei weiß jeder, daß diese Männer dem allerwichtigsten Unternehmen Eurer Majestät Mißerfolg wünschen und den Untergang Ihrer größten Streitmacht wie die Vernichtung Ihrer treuesten Diener ersehnen! Ja, ja, ich kenne mein Geschick und auch den Erlaß Eurer Majestät. – Das eine nehme ich willig auf mich, dem andern gehorche ich. Lassen Sie mich ein Leben voller Mühsal in ehrlichem Streben beenden.“ „Für diesen Feldzug“, schrieb er an den Staatsrat, „ließ ich mir einen Brustharnisch und keinen Küraß machen; das heißt, ich bin nur auf der Brust, nicht aber im Rücken geschützt.“

Elisabeth ließ ihrer aufgestauten Verachtung freien Lauf. Er sei nun also wieder in Dublin, schrieb sie an Essex, doch habe er ihr bisher nur wenig über seine Absichten betreffs der Hauptoperationen gegen Ulster mitgeteilt. Mit dem, was er persönlich, geistig und körperlich, an Strapazen geleistet habe, könne sie wohl zufrieden sein; doch dürfe er nicht verkennen, daß die

Augen fremder Fürsten auf sie und ihre Unternehmen gerichtet seien, daß sie auch die Herzen ihres Volkes, das unter den Lasten der dauernden Aushebungen und Steuern seufze, trösten und aufheitern müsse; infolgedessen könne sie mit dem bisher Erreichten nicht einverstanden und zufrieden sein. Eins aber mißfalle ihr noch mehr als die ruinösen Kosten: „daß es ausgerechnet der Königin von England, die ihren mächtigsten Feind siegreich niedergerungen hat, vorbehalten bleiben soll, einen gemeinen Wegelagerer wie Tyrone zum berühmten und edlen Rebellen zu stempeln".

Sie wies ihn ferner darauf hin, daß er gegen seine Pflicht verstoßen habe: nach seinen Instruktionen hätte er ihr gleich nach seiner Ankunft eine genaue Aufstellung über sein Heer schicken müssen; aber außer durch Erzählungen wisse sie bis heute noch nicht, wer ihr Geld ausgebe, und wer die wichtigen Stellen in ihrem Heere bekleide. In diesem Feldzug stehe ein Königreich auf dem Spiel. Außerdem werde der Krieg in einem schwierigen Lande geführt, wo Erfahrung alles bedeute. Da sei es doch sehr seltsam, daß Regimenter jungen Edelleuten anvertraut würden, ‚die mehr von dem Wunsche beseelt sind, Ordentliches zu leisten, als daß sie hierzu auch schon imstande wären'. „Nicht genug damit", fuhr sie fort, „daß Sie alles, ja mehr als alles, bekommen haben, was Ihnen vor dem Aufbruch bewilligt wurde; jetzt fordert Ihre Handlungsweise geradezu die Meinung heraus, ein Mensch – der Graf von Essex – wagte es einfach unser Mißfallen zu erregen, indem er sich auf unsere Milde in der Vergangenheit oder neuen Ruhm in der Zukunft verläßt. Wir wollen Ihnen aber, so sehr wir Sie auch wegen Ihrer vielen guten Eigenschaften schätzen, nicht verhehlen, daß wir immer viel zu sehr auf unsere Ehre bedacht gewesen sind, als daß wir jetzt diesen Punkt ungeklärt lassen könnten. Wer immer es auch sei, den Sie mit Ehren und Stellen bedenken, wenn in irgendeinem Fall die Welt den leisesten Verdacht einer Vernachlässigung und Verachtung unserer Befehle erkennen kann, so werden wir uns nicht scheuen, auf diesen Glanz so dunkle Schatten fallen zu lassen, daß er gar schnell verlischt." Dann befaßte sie sich besonders mit Southamptons Ernennung und machte Essex bittere Vorwürfe, daß er glaube, aus persönlichen Gründen, zu seinem eigenen Ruhm eine Angelegenheit weiterführen zu können, von der allgemein bekannt sei, daß sie als Königin bereits entgegengesetzt entschieden habe. Jetzt weise er darauf hin, daß die Freiwilligen aus dem Adel das Heer verlassen und nach Hause zurückkehren würden, wenn Southampton seiner Stelle verlustig ginge. Sie antwortete grimmig, sie müsse erst noch davon überzeugt werden, daß diese Freiwilligen aus Liebe zu Southampton oder Essex und nicht aus Liebe zu ihr und aus Pflichtbewußtsein ins Heer eingetreten seien. – Der ‚heiße Sprudel' hatte ganz gewaltig an Wirkung verloren.

Essex hatte, noch bevor dieser Brief ihn erreichte, und wieder ohne daß er den zuständigen Stellen in der Heimat Gelegenheit gab, das beabsichtigte Vorgehen gutzuheißen, einen zweiten kleineren Feldzug nach Leinster unternommen, der abermals Zeit und Menschenleben vergeudete. Elisabeth schickte sofort einen sehr scharfen Brief und befahl ihm, ohne Verzug gegen Tyrone vorzugehen; um zu verhindern, daß er die neuen Rüstungen Englands gegen die ‚Unsichtbare Armada' – der geplante Einfall blieb immer Plan – als Vorwand für die Niederlegung des Oberkommandos benutzte, gab sie ihm den dienstlichen Befehl, ohne ihre ausdrückliche Erlaubnis nicht nach Hause zurückzukehren. Darauf verlangte er neue Truppen und hoffte vielleicht, daß sie ihm versagt würden. Aber man gewährte sie ihm. Noch einmal versuchte er, diesmal mit mehr Nachdruck, um den Feldzug nach Ulster herumzukommen. Ein Brief von Elisabeth mit noch schärferen Befehlen war die Folge. Wenn zu dieser Zeit einem ihrer Befehlshaber ein großes Mißgeschick zustieß, zeigte sie ‚als wahre Fürstin' keinen unnützen Ärger, aber bitter bemerkte sie, daß niemals ein großer Erfolg dem Feldherrn beschieden sein könne, der jeden vernünftigen Rat ablehne.

Essex war ein kranker Mann: er scheint an Steinen und ähnlichen Beschwerden gelitten zu haben. Seine Lage war bemitleidenswert, alles hatte er auf eine Karte gesetzt: unvergleichlichen Ruhm oder Untergang; und nun starrte ihm der Untergang ins Gesicht. Dreiviertel seines Heeres lagen in Garnison; das war genau derselbe Fehler, den er bei andern stets erbarmungslos gegeißelt hatte. Er war verpflichtet, gegen Tyrone zu marschieren, konnte aber nicht hoffen, den Sieg zu erzwingen. Ein Mensch seiner Gemütsart mußte, nachdem er sich so festgerannt hatte, entweder innerlich zerbrechen oder in hemmungslosem Trotz sich aufbäumen. Essex setzte sich über alles hinweg. Keine Bindung war ihm mehr heilig: Ehre, Pflicht und Lehnstreue schlug er in den Wind. Er schickte heimlich einen Boten an Tyrone – wenn mit keinem weiteren Ziel, dann mindestens in der Absicht, den Weg für Verhandlungen anzubahnen, anstatt eine Schlacht vorzubereiten. Von seiner Machtbefugnis, Verrat zu amnestieren, machte er Gebrauch und gewährte von vornherein dem Boten und seinem Stiefvater Blount, der die Verantwortung übernehmen sollte, falls die Sache bekannt würde, Generalpardon. Tyrone antwortete, wenn der Graf seinen Rat befolge, werde er ihn zum größten Mann machen, den Englands Geschichte kenne. Die Stimme des Versuchers traf ein Ohr, das nur zu gern solche Klänge hörte.

Essex war zu dem Entschluß gekommen, dem Befehl seiner Herrscherin zu trotzen und nach England zurückzukehren. Er wollte mit dreitausend Mann seines Heeres in Wales landen, wo er viele Anhänger hatte; dann wollte er an den Hof marschieren, nicht um Elisabeth zu stürzen – das sechzehnte Jahrhundert fand einen derartigen Frevel unvorstellbar, was aber nicht notwendigerweise die Tat selbst ausschloß –, sondern um seine Feinde aus der Nähe der Königin zu entfernen und zu vernichten. Als Anfang desselben Jahres John Haywards ‚Leben Heinrichs IV.' erschienen war, das auch die Landung Bolingbrokes[17] in England und die Absetzung Richards II. schilderte – ein best-seller, der Essex gewidmet war – hatte das Volk sich bereits Gedanken gemacht. Hierzu hatte man jetzt noch viel mehr Grund. Schon nach den ersten Monaten seines Aufenthaltes in Irland, während deren Essex sein Recht, die Ritterwürde zu verleihen, so gröblich mißbrauchte, hatte Elisabeth ihm ‚einen eigenhändig geschriebenen Eilbrief' gesandt, der ihm ganz kategorisch jede weitere Verleihung der Ritterwürde untersagte. Trotzdem aber schlug er in den Monaten August und September wieder achtunddreißig seiner Leute zu Rittern! In England wurde man stutzig; er aber fuhr fort, sich eine Anhängerschaft aus unbekümmerten jungen Edelleuten zu schaffen, die sein verzweifeltes Unternehmen stützen sollten. In aller Heimlichkeit weihte er Blount und Southampton in seine hochverräterischen Pläne ein. Sie widersetzten sich dem irrsinnigen Vorhaben. Wohl teilten sie die Ansicht, daß seine Rückkehr nach England unerläßlich sei, doch rieten sie, er solle nur eine ‚angemessene Zahl ausgesuchter Anhänger' mitnehmen, die ihn, falls er bei der Königin auf Ungnade stieße, vor Gefangennahme und jeder ernsteren Gefahr als vorläufigem Arrest im Hause eines befreundeten Staatsrats bewahren sollten. Essex mußte diesen Vorschlag annehmen, denn ohne die Unterstützung und Hilfe dieser beiden konnte er nicht hoffen, ein Heer mit nach England hinüberzunehmen.

So wurde aus dem anfänglich großen Plan nichts anderes als der verlegene Versuch, den Lockungen militärischer Größe wieder zu entgehen und mit gesetzlichen oder, wenn nötig, auch ungesetzlichen Mitteln auf den gefahrloseren Weg zu ziviler Größe zurückzukehren. Vorher aber mußte Essex seine Sache mit ‚jenem stolzen Rebellen' Tyrone ins reine bringen. Um die Königin auf die lächerliche Maus vorzubereiten, die sein kreißender Berg gebären sollte, vielleicht aber auch – wie Elisabeth argwöhnte – um sie einzuschüchtern mit dem Eindruck, das ganze Heer stünde hinter ihm, berief er alle Offiziere zu sich; sie mußten eine gemeinsame Erklärung unterschreiben, die von dem Ulster-Unternehmen abriet. Heute mag ein derartiges Vorgehen ganz vernünftig erscheinen, damals bedeutete es eine unerhörte Anmaßung.

Am 14. September schrieb Elisabeth einen vernichtenden Brief. Alles, was Essex sich vor der Irland-Expedition an Kritik, Prahlerei, kühnen Behauptungen und großen Versprechungen geleistet hatte, fiel nun auf ihn selbst zurück. Elisabeth hielt ihm vor, daß er sich dauernd um das Vorgehen gegen Tyrone gedrückt habe. „Ihrem Verhalten allein verdanken Sie alle Ihre Schwierigkeiten", schrieb sie. „Wenn Krankheiten im Heere der Grund sein sollen, so frage ich, weshalb wurde nichts unternommen, solange sich das Heer in besserem Zustand befand? Schieben Sie die Schuld dem herannahenden Winter zu, warum ließen Sie denn die Monate Juli und August ungenutzt verstreichen? Wenn jedoch der Frühling zu früh kam und der Sommer nutzlos vergeudet wurde, wenn Sie schließlich den Herbst wieder mit Nichtstun vertrieben, dann müssen wir allerdings zu dem Schluß kommen, daß keine der vier Jahreszeiten Ihnen und dem irischen Staatsrat geeignet erscheint, in eine Verfolgung Tyrones zu willigen, dem doch einzig und allein das von uns befohlene Unternehmen gilt." Um Unwissenheit könne es sich bei ihm nicht handeln, das hätten seine Auslassungen in England bewiesen. Mangel an Mitteln komme auch nicht in Frage: „Sie erhielten, was Sie verlangten; Sie konnten den Zeitpunkt für Ihr Vorgehen frei bestimmen, Sie hatten größere Macht und Befugnisse, als jemals irgend jemand hatte oder haben wird." Er schildere auf einmal alles in Irland schlimmer als bei seiner Ankunft: „Wer die Geschichte der Vorgänge dieses Jahres schreibt", bemerkte sie, „muß zugeben, daß wir fast das Reich gefährdeten, damit Sie die Vorbereitungen zur Durchführung Ihrer vielen Pläne treffen konnten, die nun alle plötzlich scheitern, ohne daß Sie überhaupt irgend etwas unternommen haben."

Noch ehe sie diesen Brief beendete, war die lächerliche Farce, die Elisabeth in sieben Monaten £ 300000 kostete, ausgespielt. Nur mit einem kleinen Heer marschierte Essex gegen Tyrone, tat so, als wollte er es zu einer Schlacht kommen lassen und traf sich dann am 7. September mit dem Rebellenführer an einer Furt, wo er eine halbe Stunde lang einsame Zwiesprache mit ihm hielt. Barhäuptig saß der Ire auf seinem Pferd, dem das Wasser bis zum Bauch reichte, während Essex auf dem jenseitigen Ufer blieb. Southampton hatte den Auftrag, alle Lauscher fernzuhalten; trotzdem aber sollen drei Männer aus einem Versteck die Unterhaltung angehört haben. Ihre Berichte erreichten später Elisabeth. Wahrscheinlich weihte Essex den Rebellen Tyrone in seine verzweifelten Pläne ein, und dieser sagte ihm für den Notfall seine Hilfe zu: vielleicht wurde auch davon gesprochen, daß der eine König von England, der andere Vizekönig von Irland werden sollte. Tyrone formulierte seine Friedensbedingungen; sie lassen sich in den Satz ‚Irland den Irländern' zusammenfassen; Essex versprach, sie der Königin wörtlich zu übermitteln. Ein Waffenstillstand wurde vereinbart, und das Heer kehrte nach Dublin zurück. Hier mag Essex gerade wieder einen scharfen Brief von Elisabeth erhalten haben, in dem sie sein Verhalten Tyrone gegenüber kritisierte und ihre Verwunderung über sein Schweigen ausdrückte; jedenfalls erklärte er am 24. September plötzlich dem irischen Staatsrat, er kehre nach England zurück. In Begleitung der ‚angemessenen Zahl ausgesuchter Männer‘ ging er eine halbe Stunde später an Bord.

Am Freitagmorgen – es war der achtundzwanzigste – traf Essex in London ein. Er ließ seine Begleiter in der City zurück; von dort aus konnten sie, falls es notwendig werden sollte, seine Befreiung in die Wege leiten. Er selbst eilte in scharfem Ritt an den Hof in Nonsuch, den er gegen zehn Uhr vormittags erreichte. Beschmutzt wie er war, durchschritt er Audienzzimmer und Geheimkabinett und betrat das Schlafgemach Elisabeths, die er beim Ankleiden, mit ungemachtem Haar überraschte. Sie hatte es nicht umsonst gelernt, klug zu sein wie die Schlange. Während diese Tragödie sich entwickelte, wußte sie schon viel von dem, was vorging, und ahnte zweifellos noch weit mehr. Vielleicht hatte sie auch schon von Essex' Plänen munkeln hören: auf jeden Fall war alles, was sie tat, genau darauf abgestimmt, diese zum Scheitern zu bringen. Sie verriet nichts von dem, was sie dachte; Essex empfahl sich und dankte Gott, daß er nach Sturm und Sorgen in der Ferne jetzt in der Heimat süße Ruhe fand. Nachdem er sich gesäubert und für einen Empfang zurechtgemacht hatte, erschien er wieder vor Elisabeth: der Himmel war immer noch heiter. Beim Essen umringten ihn seine Freunde. „So wahr mir Gott helfe", schrieb Sir Robert Sidneys Vertrauensmann am Hofe, „hier ist es nicht ganz geheuer; da die Führer beider Parteien anwesend sind, weiß man nicht recht, wie man sich ihnen gegenüber verhalten soll." Nachdem Elisabeth am Nachmittag Cecil empfangen hatte und über ihre eigene wie Essex' Macht im klaren war, setzte sie eine Richtermiene auf und befahl ihm, sein Verhalten vor dem Staatsrat zu erklären. Bis zum Abend war er in seiner Freiheit nicht behindert, dann wurde ihm Stubenarrest zudiktiert. Zwei Tage vergingen; am Montag wurde er vom Hofe fortgeschickt und der Aufsicht eines ihm befreundeten Staatsrats, des Großsiegelbewahrers Egerton, unterstellt. Die Hitzköpfe seiner Begleitung, die in London warteten, hatten Zeit, sich etwas abzukühlen; in den Verabredungen war ausdrücklich vereinbart worden, daß diese Art der Bestrafung noch nicht das Signal für eine gewaltsame Befreiung sein sollte.

Einige Tage später sagte Elisabeth – die schon in ihrem letzten Brief an Essex über Tyrone geschrieben hatte: „Wer dem Worte dieses Verräters traut, kann gerade so gut auf des Teufels Treue bauen" – zu dem französischen Gesandten, es sei nicht ihre, sondern die Absicht eines Monsieur d'Essex – sie stieß diese Worte besonders heftig heraus – den irischen Rebellen zu verzeihen; aber sie werde ihm schon zu Gemüte führen, daß er keine Macht besitze. Hätte ihr eigener Sohn, erklärte sie, einen derartigen Fehler begangen, so würde sie ihn in den höchsten Turm Englands sperren. – Aber niemand kümmerte sich um die berechtigte Empörung der Königin, jeder wartete auf die Freilassung des Gefangenen. Und das war gut so. London war voller Ritter, Hauptleute, Offiziere und Soldaten, die aus dem Heer in Irland desertiert waren und es in gefährlicher Auflösung zurückgelassen hatten. In ihnen allen brannte ein wilder, rachsüchtiger Haß gegen Cecil, Raleigh und andere Männer der gegnerischen Partei; die Saat, die der Wahnsinn ihres Führers in sie gelegt hatte, ging herrlich auf. So ergriff eines Tages ein Ritter, der sich am Morgen des achtundzwanzigsten erboten haben soll, Lord Grey zu ermorden, damit er nicht vor Essex den Hof erreiche, in einem Wirtshaus seinen Becher und trank auf die Gesundheit seines Helden und den Tod all seiner Feinde. Als einer der Anwesenden sich weigerte, ihm Bescheid zu tun, drohte er, ihn niederzustechen.

Diese Männer konnten die Bürger Londons nur zu leicht mit ihrer Erregung anstecken. War Essex nicht ihr Liebling? Waren sie nicht zu Tausenden herbeigeströmt, um ihm bei seinen Festen und Wettschießen zuzusehen? Hatte seinem Stolz die süße Musik ihres Lobes nicht unendlich wohlgetan? Hier lag für Elisabeth die große Schwierigkeit. Wenn aber Streben nach Beliebtheit beim Volk eine Sünde sein sollte, dann hatte sie selbst am meisten gefehlt; in dem Kampf mit Essex ging es um ihr eigenes Sein, denn wenn auch das Volk in seiner Verblendung beide, Essex und Elisabeth, liebte und alle Schuld an dem Unglück des letzteren auf Cecil und seinesgleichen abwälzte, so trafen die Pfeile des Hasses, die auf Cecil zielten, doch immer nur sie. Sorge und Zorn erfüllten ihr Herz. Southamptons Frau und Lady Rich hielten es jetzt für richtig, das Essex House zu verlassen und sich aufs Land zurückzuziehen, wo sie vor den vielen Menschen, die dauernd ins Essex House kamen, sicher waren. Cecils Tante, die alte, verwitwete Lady Russell, die ihre Briefe so gern mit klassischen Zitaten spickte, teilte ihrem Neffen die bösen Worte mit, die in einem Gasthaus gegen ihn gefallen waren, und gab der Befürchtung Ausdruck, daß sich der Tag von Essex' Inhaftierung als der Beginn großen Unglücks erweisen werde. „Ich mache mir schwere Sorge, daß meiner Herrscherin etwas zustoßen könnte; auch für Dich fürchte ich, daß Gefahr droht. Ich kann nur immer beten."

Essex selbst stand inzwischen verzweifelte Angst aus: In ihm lebten sicher mehr unheilvolle Erinnerungen an haßerfüllte Worte und Taten, als wir je wissen werden; und jetzt, da er von seiner Höhe herabgestürzt war, drohten von allen Seiten Enthüllungen. Er wurde ernstlich krank. Elisabeth sandte ihren Arzt und gestattete dem Patienten, sich im Garten von Egertons Haus zu ergehen. Schon aber hatte sie Material in Händen, das sie in Essex' Verhalten gegenüber Tyrone Verrat wittern ließ; aber selbst als genauere Nachrichten über seine Pläne sie erreichten, hielt sie vor ihrem Staatsrat alles geheim, denn ihre Politik gipfelte immer noch, wie sie fünfzehn Monate später zu dem französischen Gesandten sagte, in der Hoffnung, Essex werde sich bessern. Immer noch versuchte sie, ihren Vollblüter, der ‚so viele herrliche Eigenschaften' hatte, zu zähmen. Aber innerhalb der Grenzen dieser zwar stetig bleibenden Politik waren ihre Gefühle unbeständig wie der Wind; sie sprangen dauernd um und tobten oft mit Sturmesgewalt. Eine Woche, nachdem sie ihren Arzt zu Essex gesandt hatte, kehrte Sir John Harington als irischer Ritter heim, ein lebendiges Zeugnis für Essex' rivalisierende Ergebenheit. Der Gedanke, Essex könne ihr die Liebe ihres Patenkindes stehlen, erregte sie ungeheuer. Während Harington vor ihr niederkniete, ergriff sie ihn beim Gürtel und rief: „Beim Sohne des Allmächtigen! Ich bin keine Königin mehr; dieser Mann will über mir stehen. Wer befahl dem Grafen Essex, jetzt schon zurückzukommen? Ich habe ihn, weiß Gott, vor andere Aufgaben gestellt. . . . Geh Du nun nach Hause." „Ich ließ mir das nicht zweimal sagen", berichtet Harington. „Wären alle irischen Rebellen hinter mir her gewesen, ich hätte nicht schneller laufen können; ich floh geradezu vor der, die ich zugleich liebte und fürchtete."

Essex' Zustand verschlimmerte sich, und die öffentliche Meinung wurde immer erregter. Überall, am Hof, in der City, auf dem Lande wurden gefährliche Schmähschriften verteilt, und in den Wirtshäusern führten die Leute aufrührerische Reden. Am 29. November lief die im Gesetz vorgesehene Amtsperiode der Sternkammer ab. Bei dieser Gelegenheit pflegte der Großsiegelbewahrer vor den Mitgliedern dieses hohen Sondergerichts eine große Ermahnungsrede an die Öffentlichkeit zu richten. Dieses Mal fand sich eine eindrucksvolle Versammlung ein; nicht weniger als vier der bekanntesten Staatsräte verteidigten die Königin in langen und heftigen Ausführungen gegen all das Geschwätz und die Schmähschriften; sie erklärten, wie sehr Essex versagt und was alles er getan habe. Etwa eine Woche später trat Essex' Krankheit in ein kritisches Stadium. Voller Mitleid befahl Elisabeth acht Ärzten, eine gemeinsame Beratung abzuhalten; gleichzeitig sandte sie Essex etwas Fleischsuppe mit der Mahnung, sich zu beruhigen, und fügte den Bescheid hinzu, sie werde ihn besuchen, sobald sie es mit ihrer Ehre nur irgendwie vereinbaren könne; Tränen standen ihr in den Augen. Am neunzehnten hieß es, Essex sei gestorben; alle Glocken wurden geläutet. Täglich beteten die Geistlichen für ihn: „Sieh gnädig herab in Deiner Huld auf den edlen Barak, Deinen Diener, den Grafen von Essex, und stärke seine Seele gegen alle seine Feinde! Und gib ihm wieder zu seiner Zeit die alte Gesundheit und dazu die huldvolle Gunst seiner und unserer verehrten Herrscherin, Dir zum Ruhm, dieser Kirche und unserm Reich zum Besten, allen bösen Edomitern aber zu Kummer und Entmutigung; denn sie sind bösen Willens gegen Zion und rufen gegen die Mauern Jerusalems: Nieder mit ihnen, reißet sie ein bis auf den Grund!" Leute aus dem Volk gingen in ihrer Erregung sogar daran, die Mauern des Hofes mit niederträchtigen Bemerkungen gegen Cecil zu beschmieren. An seine Tür wurde gemalt: „Hier liegt die Kröte." Den Geistlichen mußte Schweigen befohlen werden. Elisabeths Gunst kühlte sich ab, und ihr Herz wurde härter.

Bacon, der jetzt einer der Rechtsberater der Königin war, hatte versucht, Elisabeth davon abzubringen, ihre Politik öffentlich in der Sternkammer verteidigen zu lassen. Er hatte darauf hingewiesen, daß Essex in der Arena der öffentlichen Meinung eine zu starke Position habe. Sein Rat ging dahin, die Sache auf privatem Wege zu erledigen. Machiavelli hätte Elisabeths ,Wunde' nicht scharfsinniger sondieren können; in späteren Jahren ließ sich dieser ,Sohn der Weisheit' seinen Hinweis als Essex-freundlich zur Ehre anrechnen! Seine Diagnose war durchaus richtig, aber Elisabeth war von leidenschaftlicher Korrektheit. Sie beschloß, sich dadurch zu rechtfertigen, daß sie Essex in öffentlicher Verhandlung vor die Sternkammer brachte, nicht, wie sie des öfteren wiederholte, um ihn zu vernichten, sondern um ihn zu bessern. Wieder riet Bacon, diesmal ganz im Sinne der kaltschnäuzigen Worte des Mönches Bacon, des Doctor mirabilis, ,Es ist ein Unterschied zwischen der Zeit, die ist, und der Zeit, die war; die Zeit kehrt niemals zurück': „Es ist jetzt viel zu spät, die Sache ist kalt geworden und dem Winde zu sehr ausgesetzt gewesen." Auch Robert Cecil war gegen die Verhandlung. Ihn müssen entweder die Verfasser der Schmähschriften arg verleumdet haben, oder er verstand es, seine Gedanken über die Politiker der Zeit in tiefstes Geheimnis zu hüllen – die Wahrheit wird man nie erfahren. Durch seine Vermittlung schrieb Essex einen reumütigen Unterwerfungsbrief an die Königin und bat sie, doch diesen Kelch an ihm vorübergehen zu lassen. Widerstrebend und nur unter dem Eindruck von Zweifeln, die ihr in letzter Minute kamen, setzte Elisabeth die Verhandlung ab, nahm sich aber vor, sich später und an anderem Ort zu rechtfertigen. Essex verlieh seiner Dankbarkeit für ihre ,grenzenlose Güte' folgenden Ausdruck: „Gott ist mein Zeuge, wie ehrlich ich gelobe, den Rest meines Lebens ganz Eurer Majestät zu widmen, ohne daß irgend etwas anderes in der Welt mich noch kümmern soll." Aber Gott war auch Zeuge ganz anderer Gedanken, welche die Zeit schon bald ans Tageslicht bringen sollte.

Das war im Februar 1600. Entweder um diese Zeit oder innerhalb der nächsten Monate schrieb Raleigh an Cecil einen unerfreulichen, aber recht gescheiten Brief: „Ich bin nicht klug genug, um Ihnen einen Rat geben zu können; aber wenn Sie es für richtig halten, gegen diesen Tyrannen so schonend vorzugehen, dann wird die unvermeidliche Reue zu spät kommen. Seine Bosheit wurzelt tief in seinem Wesen und wird durch keine Milde Ihrerseits vergehen; denn er wird jeden Wechsel in seiner Behandlung dem Kleinmut der Königin und nicht etwa Ihrer Güte zuschreiben; er weiß nur zu gut, daß Sie auf Veranlassung Ihrer Majestät so handeln und nicht etwa aus persönlicher Liebe zu ihm. Je weniger Sie aus ihm machen, desto weniger kann es Ihnen und den Ihren schaden; und hat er nicht mehr die Gunst Ihrer Majestät, dann versinkt er bald wieder in der Masse der Unbekannten.... Nutzen Sie klug Ihren Vorteil! Versäumen Sie das, so sehe ich Ihr Schicksal schon heute deutlich vor mir." In einer Nachschrift heißt es dann weiter: „Er wird stets ein Krebsschaden sein für Gut und Blut der Königin. Ist er wieder frei, dann ist es mit ihren und unseren guten Tagen endgültig vorbei."

Ende März erhielt Essex die Erlaubnis, unter Bewachung in sein eigenes Haus überzusiedeln. Aber im Mai erwies ihm ein findiger Drucker – vielleicht waren es auch verantwortungslose Freunde – durch die Veröffentlichung einer von ihm im Jahre 1598 verfaßten und unter dem Titel ‚Apologie' bekannt gewordenen Abhandlung einen sehr schlechten Dienst. Diese Veröffentlichung sollte die Herzen seiner Bewunderer, vor allem der ‚Männer der Tat' entflammen; es setzte der Unverschämtheit die Krone auf, daß als Anhang zu dieser Abhandlung ein ungezogener Brief der Lady Rich an die Königin, in dem sie für ihren Bruder eintrat, abgedruckt wurde. Um die gleiche Zeit erschien auch als Flugschrift der furchtbare Brief, den Essex in größter Erregung nach der Ohrfeige im Jahre 1598 an den Großsiegelbewahrer Egerton geschrieben hatte. Wenn für die Herausgabe dieses Briefes seine Feinde verantwortlich waren, so spielten sie ihm einen schändlichen Streich; waren aber Freunde die Urheber, wie Bacon behauptet, und was auch wahrscheinlicher ist, so bedeutete es nichts anderes als Aufreizung zu offener Empörung. Essex war verzweifelt. Er schrieb einen aufgeregten Brief an die Königin: „Als läge ich schon tot wie ein Stück Aas in einer Ecke, werde ich von den gemeinsten Kreaturen, die die Erde trägt, benagt und zerrissen. Der geschwätzige Wirtshausbesucher redet über mich, was er hört; verrückte Verfasser von Schmähschriften schreiben über mich, was man ihnen vorschwatzte; man druckt mich und läßt mich zur Welt sprechen, und bald wird man mich auch noch auf der Bühne darstellen. Das geringste von all diesem ist schon schlimmer als der Tod, und doch zerstört nichts von alledem mein Leben so sehr wie das eine: daß Sie, die Sie außer dem einen Essex alle vor Verachtung und Schande bewahrt haben, denen Sie einst Ihre Gunst schenkten, jetzt im achten Monat meiner strengen Gefangenschaft meine Briefe zurückgewiesen haben und nichts von mir hören wollen. Das haben Sie bisher selbst Verrätern nie versagt. Es bleibt mir nichts anderes übrig, als Sie zu bitten, meiner Strafe und meinem Elend, meinem Leben ein Ende zu machen."

Es war eine unmögliche Situation. Elisabeth, die gegen ihre bessere Einsicht auf die Untersuchung vor der Sternkammer verzichtet hatte, ärgerte sich vor allem über das verleumderische – aber dem Schein nach richtige – Gerede, Essex sei ohne Verhör verurteilt worden. Sie beschloß, sich zu rechtfertigen. Am 5. Juni wurde Essex vor eine besondere Kommission aus Staatsräten und andern hohen Würdenträgern geladen. Eine ausgewählte Zuhörerschaft war zugegen. Essex' Losung lautete ‚vollständige Unterwerfung', die der Kommissare ‚Vermeidung einer Anklage wegen Untreue'. Elisabeth wollte einem reuigen Essex immer noch die Möglichkeit offen lassen, in ihre Dienste zurückzukehren. Der Kronanwalt Coke hätte beinahe durch die sattsam bekannte Heftigkeit seiner Angriffe das ganze Spiel verdorben, aber mit Hilfe der Richter behielt Essex sich in der Gewalt und unterwarf sich: „Die Tränen meines Herzens", sagte er, „haben alle Funken des Stolzes, der in mir brannte, ausgelöscht." Das Urteil des Gerichts enthob ihn seiner verschiedenen Ämter; er blieb weiter in Haft, bis sich die Königin in ihrer Gnade dazu entschlösse, ihm seine Strafe zu erlassen. ‚Es war ein jammervoller und elender Anblick, ihn, der einst der Liebling Fortunas war, jetzt der bescheidensten Ehrenstellung unwert dastehen zu sehen.' Viele der Anwesenden weinten über diesen tiefen Fall. Neun Tage später sprach der Großsiegelbewahrer wieder in der Sternkammer, um die Handlungsweise der Königin vor aller Welt zu verteidigen. In London, so sagte er, befinde sich eine Schar edler Herren, nein, edle Herren seien sie nicht, ‚sondern Banditen, die nichts als ihr Schwert besäßen und sich durchschlügen, so gut es eben gehe. Aufrührer seien sie, die das Vorgehen der Königin in Schmähschriften angriffen'.

Seltsame Zwischenfälle schoben den beabsichtigten Gnadenakt immer wieder hinaus, aber Anfang Juli wurde die Bewachung aus Essex' Haus zurückgezogen, und Ende August konnte er sich überallhin frei bewegen, nur an den Hof durfte er nicht kommen. Jetzt schrieb er eine Reihe verführerischer Briefe, die ihm den Weg an den Hof ebnen sollten: „Eile, Papier, zu der, aus deren Nähe ich Unglücklicher allein verbannt bin. Küsse die schöne, die strafende Hand, die jetzt wohl Pflaster legt auf meine leichten Wunden, aber meine schwerste Wunde nicht verbindet. Sage, du kämst von dem sich schämenden und sehnenden, von dem verzweifelnden Essex. Worte, wenn ihr es vermögt, dann bringt meine tiefe Dankbarkeit zum Ausdruck; aber drängt nicht, bittet nicht, versucht nicht zu rühren, damit keine Leidenschaft euch vorwärts hetzt, und ich durch Worte und Leidenschaft wieder betrogen werde. Erzählt von meinem Schweigen, meiner Einsamkeit und meinen Seufzern, verschweigt aber meine Hoffnungen, meine Ängste und meine Wünsche; denn mein größter Ehrgeiz ist es, stumm zu sein vor jener, in deren Gegenwart Freude und Staunen alles Reden verhindern."

Auf einen Brief antwortete Elisabeth mündlich, daß ‚Dankbarkeit immer willkommen und selten ungelegen' käme, und daß Essex gut daran täte, pflichtgemäß anzuerkennen, daß alles nur zu seinem Besten geschehe. Als Lady Scrope, eine der Hofdamen, der Königin einen neuen Brief von ihm überbrachte, las sie ihn zwei- oder dreimal und schien sich sehr zu freuen. Daraufhin gab Lady Scrope der Hoffnung Ausdruck, die Königin werde doch wohl dem ihre Gunst wieder zuwenden, der so ehrlich darnach strebe. Elisabeth antwortete kein Wort, sie seufzte nur und sagte: „Ja, ja, so war es." Dann stand sie auf und ging in ihre Privatgemächer. Bei einem Maskenfest ein oder zwei Monate zuvor hatte Mary Fitton, eine der Darstellerinnen, sich der Königin genähert und sie zum Tanz aufgefordert. Elisabeth hatte sie gefragt, was sie darstelle. „Die Liebe", antwortete Mary Fitton. „Die Liebe?", sagte die Königin. „Die Liebe ist falsch!"

Die Liebe war falsch. All die Monate hindurch befaßte sich Essex wieder mit den hochverräterischen Gedanken, die ihn schon in Irland nicht losgelassen hatten. Seit der Verhaftung wachten auf seine Bitte zwei seiner engsten Vertrauten, Graf

Southampton und Lord Mountjoy, über sein Schicksal. Ende Oktober, als zu befürchten stand, daß Essex in den Tower gesperrt würde, hatten diese beiden und andere ihm dringend zur Flucht geraten. Er antwortete, wenn ihnen nichts Besseres einfalle als eine klägliche Flucht, dann wolle er lieber jeder Gefahr trotzen. Aber schon sehr bald brachte Mountjoys Ernennung zum Nachfolger Essex' in Irland dieses Bessere: sie gab ihnen das irische Heer wieder in die Hand. Das Vorgehen des neuen Vizekönigs verriet durchaus die Mentalität der Hugenotten, die seinerzeit geglaubt hatten, sie könnten den Aufstand dadurch neutralisieren, daß sie sich die Hilfe eines Fürsten von Geblüt sicherten: Mountjoy sandte heimlich Botschaft an Jakob VI., mit dem er vorher schon intrigiert hatte, und versprach ihm, er wolle, falls Jakob mitmache und ein Heer bereitstelle, vier- bis fünftausend Mann aus Irland herüberbringen, Essex seine alte Macht zurückgeben und Jakob zum Thronerben erklären. Endlich kehrte der Bote mit einer zufriedenstellenden, wenn auch vorsichtigen Antwort zurück, wurde aber abgefangen und verhaftet. Elisabeth sagte nichts. Mountjoy war schon in Irland und fern des verderblichen Einflusses seiner Geliebten, der Lady Rich. Als fähiger Vizekönig, der er war, vertiefte er sich bald vollkommen und ehrlich in seine Arbeit.

Im April sandte Essex durch den Grafen Southampton an Mountjoy einen Brief und forderte ihn auf, sein Heer herüberzubringen und in Wales zu landen. Mountjoy weigerte sich. Die Verhaftung seines Boten hatte ihn sehr beunruhigt, und da für Essex' Leben keine unmittelbare Gefahr mehr bestand, verspürte er keine Lust, sich für die Befriedigung fremden Ehrgeizes derart weit vorzuwagen. Vorläufig war also für Essex nichts zu machen. Aber schon Ende Juli befaßte er sich mit einem neuen Plan. Er wollte mit bewaffneter Macht gegen den Hof vorgehen. Wieder sandte er nach Irland und bat Mountjoy um eine Anzahl Offiziere und zuverlässige Soldaten und auch um ein Schreiben, das die Verschwörung guthieß; mit diesem Schreiben wollte er auf die Königin Zwang ausüben. Er rechnete mit einem derartig eindrucksvollen Gefolge, daß er ‚unbehelligt den Hof erreichen würde, ohne daß auch nur ein einziger Hund es wage, die Zunge gegen ihn auszustrecken'. Jakob stand um diese Zeit mit einer starken Streitmacht an der Grenze, ob das reiner Zufall war oder nicht, ist schwer zu entscheiden. Mountjoy aber warf den Plan über den Haufen, indem er dringend zur Geduld riet; und anstatt der Königin als Verräter gegenüberzutreten, versuchte Essex wieder, sie durch seine kunstvollen Briefe für sich zu gewinnen. Allerlei Material deutet darauf hin, daß die Regierung Anfang August bereits die Verschwörung entdeckt hatte. Wenn Elisabeth auch wußte, was vorging, so sagte sie noch immer nichts; sie seufzte nur bei der Lektüre all der süßen Phrasen, die aus der Feder der Liebe träufelten. Die Liebe aber war falsch.

Am St. Michaelstage lief die Pacht des Süßweinzolls ab; die Königin hatte ihn bisher stets Essex überlassen. Dieser Zoll bildete eine seiner Haupteinnahmen und brachte ihm viel mehr, als Elisabeth ahnte. Essex war nun bei den Weinhändlern hoch verschuldet; sollten diese es wegen ihres Geldes plötzlich mit der Angst bekommen, wie andere Gläubiger das bereits taten – die Ratten verließen das sinkende Schiff – so waren Essex und seine Freunde, die für ihn gutgesagt hatten, einfach ruiniert. Elisabeth hat behauptet, sie habe ihm während seiner kurzen Laufbahn über £ 300000 gegeben; aber ein fürstlicher Aufwand für sich selbst und im Dienst der Königin hatte alles verschlungen. Im Juli äußerte er einem Mitverschworenen gegenüber, daß er genau wissen werde, was man mit ihm vorhabe, je nachdem der Zollpachtvertrag erneuert werde oder nicht. Im September spielte er in seinen schmeichlerischen Briefen an die Königin bereits auf die Angelegenheit an. Sie sagte zu Bacon, Essex habe ihr einige sehr artige Briefe geschrieben, die sie sehr gerührt hätten, doch habe sie das, was sie für echte Herzensergüsse hielt, bald als bloße Vorbereitung auf die Bitte um Verlängerung des Zollpachtvertrags für Süßweine erkannt. Sie soll bei dieser Gelegenheit einen Elementarsatz der Medizin lobend zitiert haben: ‚Je mehr man verderbte Körper füttert, desto größeren Schaden fügt man ihnen zu.' Ferner soll sie geäußert haben, einem störrischen Pferd müsse das Futter entzogen werden, damit es hernach umso leichter und besser zu zügeln sei. Ob diese Bemerkungen wirklich gemacht wurden oder nicht, spielt keine Rolle, sie geben jedenfalls die Gedanken eines Menschen wieder, der genau erkannte, was der Bittsteller vorhatte, und klar sah, daß es darum ging, wer in England herrschen sollte, Elisabeth oder Essex. Sie erneuerte den Pachtvertrag nicht; sie schloß auch mit niemand anders einen neuen Vertrag ab, sondern nahm die Zollverwaltung in die eigene Hand: aus ihr sollte vielleicht ein Essex, der sich gebessert hatte, wie sie es sich vorstellte, den Vertrag neu erhalten.

Der letzte Brief von Essex an Elisabeth, den wir besitzen, wurde am 17. November 1600, dem Tage der Thronbesteigung, geschrieben. Wie jammervoll wirkt er mit all seiner Beredsamkeit, seinen Klagen, seinem Pathos! Das Herz aber war nicht demütig. Wieder setzte sich dieser Mann, den tausend Gedanken hetzten, über alles hinweg. Er tat unverantwortliche Äußerungen: ‚Die Königin sei jetzt ein altes Weib, und daher geistig ebenso verkrüppelt und verdreht wie körperlich.' Sir John Harington besuchte ihn und berichtete nachher: „Er äußerte seltsame Worte, die auf so sonderbare Pläne schließen lassen, daß ich mich eiligst entfernte. Gott sei Dank, nun bin ich wieder sicher zu Hause, und wenn ich mich noch ein einziges Mal auf solch gefährliche Dinge einlasse, dann verdiene ich den Galgen als ein Narr, der sich um anderer Leute Angelegenheiten kümmert. Was er über die Königin redet, schickt sich für niemanden, bei dem noch ‚mens sana in corpore sano' ist! Aber die Königin weiß schon, wie sie diesen hochmütigen Geist kleinkriegt; seine Anmaßung kennt kein Nachgeben, und seine Seele scheint keine Ruhe zu finden, sie gleicht den Wogen des aufgeregten Meeres." Essex war nun ‚zu dem letzten Akt gekommen, wie er im Buch des unausweichlichen Schicksals verzeichnet war'.

Das Essex House stand jedem offen: ‚Männern des Schwertes, kühnen, selbstsicheren Burschen, ruinierten Leuten, Unzufriedenen und solchen, die mit frecher Zunge alle anderen verspotteten.' Jeden Tag hielten hier eifernde Geistliche Predigten, was die Bürger in hellen Scharen herbeilockte. Die stolze und kluge Lady Rich wohnte im Hause und ließ ihrem Bruder keine Ruhe, sondern lag ihm ständig in den Ohren, er habe seine alte Tapferkeit verloren und alle seine Freunde und Anhänger hielten ihn für einen Feigling. Es ging wie eine ‚Art Chiffre oder Losungswort' durch die Reihen seiner Anhänger: ‚Der Herr Graf werde auf seiner Hut sein', und sie selbst sollten

Anfang Februar alle nach London kommen. Sie eilten herbei, aus fast allen Grafschaften. Elisabeth und Cecil beobachteten, sagten aber nichts.

Am Dienstag, dem 3. Februar, trafen sich fünf der Führer – um jeden Verdacht zu vermeiden, hielt Essex selbst sich fern – im Drury House, der Wohnung Southamptons, um über gewisse Vorschläge zu beraten, die Essex für die Überrumpelung von Palast, Tower und City entworfen hatte. Die Pläne für die Besetzung des Palastes in Whitehall waren bis ins kleinste ausgearbeitet: ein Teil der Verschwörer sollte sich im Audienzzimmer versammeln, ein anderer im Wachtzimmer, eine Gruppe sollte in der Halle bleiben, der Rest draußen am Tor; auf ein gegebenes Zeichen würden sie zwischen die Wächter und ihre Hellebarden treten und sich so der Herrschaft über den ganzen Palast bemächtigen. Zur selben Zeit wollten Essex und seine adligen Freunde versuchen, von Elisabeth die Regierungsänderung zu erpressen, nach der sie trachteten. Alle verpflichteten sich gegenseitig und hofften auch wohl ehrlich, daß Blutvergießen vermieden würde; aber Sir Christopher Blount erklärte bei seiner Hinrichtung: „Ich weiß und muß gestehen, wären wir in Whitehall auf Widerstand gestoßen, so hätten wir nicht enttäuscht unser Unternehmen aufgegeben, sondern eher selbst ihr Blut" – das Blut der Königin! – „vergossen." Da sie Elisabeth kannten, durften sie nichts anderes als einen Mißerfolg erwarten, aber wie Kinder wiesen sie diese furchtbare Möglichkeit von sich. Essex hatte schon an Jakob VI. geschrieben und ihn gebeten, eine diplomatische ‚démarche' zu unternehmen, die zeitlich mit seinem Unternehmen zusammenfallen und es stützen sollte. Einige seiner unbesonnenen Anhänger bestachen Shakespeares Truppe mit einem ‚douceur' von vierzig Schillingen, damit sie am Samstag nachmittag im Globe Theater die Absetzung und Ermordung König Richards II. spielte; und nach dem Essen gingen mehrere von ihnen auf die andere Seite der Themse, um dieser schicksalverkündenden Vorstellung beizuwohnen.

Noch diesen selben Abend schritt der Staatsrat zur Tat. Er lud Essex vor. Der weigerte sich zu erscheinen; da er nun den Hof nicht mehr überrumpeln konnte, verfiel er wieder auf den Plan, die City für sich mobil zu machen mit der falschen Behauptung, seine Feinde wollten ihn ermorden und hätten England an die Spanier verkauft. Der Herzog von Guise, bei den Parisern ebenso beliebt wie Essex bei den Londonern, war 1588 am ‚Tag der Barrikaden'[18] in Wams und Hose mit neun bis zehn Anhängern in Paris eingezogen und hatte den König aus der Hauptstadt vertrieben. Weshalb sollte Essex das nicht auch gelingen? Den ganzen Abend über und am nächsten Morgen – es war Sonntag, der 8. Februar – wurden in aller Eile die notwendigen Vorbereitungen getroffen. Gegen zehn Uhr erschienen bei Essex im Namen der Königin seine früheren Freunde, der Großsiegelbewahrer, der Graf von Worcester, Sir William Knollys und der Präsident des obersten Gerichts. Sie fanden in seinem Hause eine stürmische Versammlung vor; man empfing sie mit dem Rufe: „Schlagt sie tot! Werft das Große Siegel aus dem Fenster!" Essex ließ die vier Abgesandten verhaften und hielt sie als Geiseln unter Bewachung zurück, während er und seine etwa zweihundert Mann starke Gefolgschaft den Weg durch die City antraten.

„Hoch lebe die Königin! Hoch lebe die Königin! Man trachtet mir nach dem Leben!" schrie Essex, als er Ludgate Hill hinauf und dann weiter Cheapside entlang ritt. Aber Robert Cecil war nicht müßig gewesen. Der Bürgermeister war schon benachrichtigt, und ein Herold folgte Essex auf den Fersen. Er verlas eine Proklamation, die den Grafen als Hochverräter brandmarkte. „Ein Herold", sagte Essex verächtlich, „tut alles für zwei Schilling. . . . Pfui, davon weiß die Königin nichts; das ist alles das Werk des Staatssekretärs Cecil!" Die Bürger starrten ihn an und hatten Mitleid mit ihm; einige wenige nur klatschten Beifall. Als dann aber das furchtbare Wort ‚Hochverräter' fiel, schlichen sich sogar die Ängstlichen unter seinen Gefolgsleuten davon und hüllten sich in ihre Mäntel, um harmlos zu erscheinen. Essex hatte bestimmt damit gerechnet, vom Sheriff mit Waffen und Leuten versorgt zu werden; der ließ ihn jedoch im Stich. Nun brach Essex der Schweiß aus, er sprach mit entgeistertem Gesicht, wie ein verlorener Mann. Als ein Waffenschmied zu ihm sagte, er hätte für ihn keine Waffen, fragte er: „Was, nicht für mich, Pickering?" Seine Lage war verzweifelt. Endlich entschloß er sich, nach dem Essex House zurückzukehren. Aber Ludgate war abgesperrt, und Bewaffnete sicherten die mit Ketten verriegelten Straßen. Essex verlangte Durchlaß; er wurde ihm verweigert. Mit dem Ruf: „Vorwärts ran! Vorwärts ran! Gebt Feuer!“ griffen seine Begleiter an, wurden aber zurückgeschlagen. Auf dem Wasserwege gelang es Essex, sein Haus zu erreichen. Dort mußte er feststellen, daß seine Geiseln verschwunden waren und er selbst belagert wurde. Als am Abend der Großadmiral drohte, das Haus in die Luft zu sprengen, ergab Essex sich endlich, nachdem er vorher eine Reihe belastender Papiere vernichtet hatte, einschließlich eines Briefes von Jakob VI., den er in einem schwarzen Säckchen um den Hals trug.

Elisabeth zeigte während der Aufregungen des ganzen Tages nicht die geringste Furcht. Als die Nachricht am Hof einlief, die Stadt sei in hellem Aufruhr, blieb sie ruhig, ‚als habe man ihr eine Schlägerei in der Fleet-Street gemeldet. Sie wäre am liebsten persönlich vor das Tor des Palastes gegangen, um sich zu überzeugen, was die Rebellen gegen sie zu unternehmen wagten, hätten ihre Staatsräte sie nicht mit viel Umstand zurückgehalten.‘ „Ich sah damals Ihre Majestät“, sagte der Admiral, „mit wahrhaft fürstlicher Tapferkeit und unvergleichlicher Seelengröße sich erheben wie der Gesalbte des Herrn. Sie erbot sich, persönlich dem kühnsten der Verräter auf dem Kampfplatz gegenüberzutreten; dabei verließ sie sich fest auf die Vorsehung des allmächtigen Gottes, der sie bisher noch immer beschützt hatte.“ Am Tage nach dem Aufstand empfing sie den französischen Gesandten in Audienz. „Ein Sinnloser und Undankbarer“, erklärte sie, „hat nun endlich offenbart, was seinen Geist so lange Zeit schon beschäftigte.“ Dennoch waren die Nervenbelastung des vorhergehenden Tages und die endlosen Monate banger Ahnungen nicht spurlos an ihr vorübergegangen: Nach einer Weile begann sie auf einmal über Essex’ Zug durch die Stadt, seine vergeblichen Reden an das Volk, seinen Rückzug zu lachen und zu spotten. Wäre er bis an den Hof gelangt, so versicherte sie dem Gesandten, dann hätte nichts sie aufhalten können, ihm draußen vor dem Palast allein gegenüberzutreten, um zu sehen, wer von ihnen beiden regieren sollte. Aber schnell verging dieser hysterische Anfall, und sie besprach in aller Ruhe mit dem Vertreter Frankreichs Angelegenheiten seines Landes.

Da die Stimmung in der Stadt unsicher war, wurden überall starke Wachen aufgestellt. Es erging die Anweisung, in den umliegenden Grafschaften die Miliztruppen aufzurufen und die Abteilungen in die Vororte rings um den Hof zu legen, der wie ein Feldlager bewacht wurde, ‚als wären die Spanier im Land'. Tatsächlich planten ein paar junge Burschen in der ihrem Alter eigenen romantischen Verblendung, die Aufstellung von fünftausend Mann, um Essex zu befreien; er sollte ihnen ‚schwören, Ihrer Majestät nichts zuleide zu tun', und dann wollte man den Hof überfallen. Ob Elisabeth nicht doch noch in ihrer Herzensgüte davor zurückgeschaudert wäre, Essex seinem Schicksal zu überlassen, wie sie seinerzeit auch bei Norfolk immer wieder gezögert hatte, kann niemand sagen. Jede Möglichkeit in dieser Richtung wurde aber durch das törichte Komplott des Captain Lea zunichte gemacht; er stammte aus guter Familie und war früher als Geheimbote zwischen Essex und Tyrone tätig gewesen. Jetzt beschloß er, zusammen mit einigen Gefährten sich der Königin zu bemächtigen, während sie an der Abendtafel saß und nur von ihren Damen umgeben war; er wollte von ihr ein Schreiben erzwingen, das Essex und seine Genossen in Freiheit setzte. Am Donnerstag nach dem Aufstandsversuch wurde er tatsächlich an der Tür abgefaßt, die von der Küche in das Zimmer führte, in dem die Königin zu Abend speiste.

Eine Woche später standen Essex und Southampton vor ihren Peers unter der Anklage des Hochverrats. Essex, theatralisch in Schwarz gekleidet, trat mit stolzer Geringschätzung vor seine Richter. Als sein Feind Lord Grey als Mitglied des Gerichts vereidigt wurde, lachte er Southampton zu und zupfte ihn am Ärmel. Während der Verlesung der Anklage lächelte er verschiedene Male und blickte in höhnischer Verwunderung zum Himmel hinauf. Raleigh wurde als Zeuge vernommen: „Was hilft es, den Fuchs zu vereidigen!" sagte Essex verächtlich. Er tat sein möglichstes, die Zeugen als unglaubwürdig hinzustellen; als er Cecils Königstreue grundlos verdächtigte, antwortete dieser in leidenschaftlicher Rede. „Ach, Herr Staatssekretär!" rief Essex aus, „ich danke Gott für meine Erniedrigung, so können Sie doch im Schmuck Ihrer ganzen Tapferkeit hierher kommen und Ihre Rede gegen mich halten." – „Es ist mir ganz gleichgültig, wie die Sache ausgeht“, erklärte er gegen Schluß der Verhandlung, „einen Tod bin ich Gott doch schuldig“. Die Peers bejahten die Schuldfragen; das Urteil lautete auf den furchtbaren Verrätertod. Als es verkündet wurde, antwortete Essex stolz: „Ich finde es ganz richtig, daß die Glieder meines armen Leibes, die Ihrer Majestät in verschiedenen Teilen der Welt getreue Dienste geleistet haben, nun zum Schluß als Opfer dargebracht werden, über das die Königin nach ihrem Wohlgefallen verfügen möge.“ ‚Es war leicht zu erkennen‘, schrieb einer der Lords, die der Verhandlung beiwohnten, ‚daß er vor allem darauf bedacht war, im Tode beim Volke eine gute Meinung zu hinterlassen, wie er ja auch zu Lebzeiten beim Volke immer sehr beliebt gewesen war.‘

Dem einfachen Mann aus dem Volk gefiel in seinem Unverstand diese trotzige Unerschrockenheit, aber alle achtbaren Leute hielten Essex' Benehmen für arrogant und schamlos. Nur wenige Menschen, abgesehen von Thomas Seymour und Maria von Schottland, die ihm seelisch verwandt waren, hatten ein solches Verhalten an den Tag gelegt. Die Konvention der Zeit verlangte vom Verräter als letztes: Unterwürfigkeit und Frömmigkeit, denn wie sollte sonst die Seele der ewigen Verdammnis entgehen? Schwere Sünde beging, wer die Hand gegen den Gesalbten des Herrn erhob, und ein trotziges Ende, wo doch die Schuld so offenbar zutage lag, schien fast Gotteslästerung. Aber Essex' Ansicht über den Gesalbten des Herrn glich der Seymours: damals ein Kind als König, jetzt als Herrscherin eine Frau, eine verächtliche, gealterte Frau. Die Leidenschaft machte beide Männer dem Thron gegenüber blind; beide sahen nur ihre Nebenbuhler, die entweder ihresgleichen waren oder unter ihnen standen. Das war in Essex' Fall ein schwerer Fehler. Er irrte sich, wenn er glaubte, sein Kampf gelte nur dem buckligen Cecil, dem Fuchs Raleigh und deren Anhängern; da er aber hiervon überzeugt war, verschmähte es sein Stolz, selbst im Tode sich zu beugen.

So kehrte Essex in den Tower zurück, bereit den Tod als Fest zu begrüßen. Er hatte um den Beistand eines seiner Kaplane gebeten. Ashton wurde zu ihm gesandt, ein Mann, den nachher des Grafen enttäuschte Freunde ‚einen gemeinen, ängstlichen und feilen Menschen‘ nannten, der aber vielleicht nur sehr religiös und in überkommenen Vorstellungen befangen war. Er nahm sich vor, diese stolze Seele zu demütigen; und vor den ‚furchtbaren Pfeilen' seiner Frömmigkeit brachen Selbstsicherheit und Charakter zusammen. Essex bat um den Besuch Cecils und drei weiterer Staatsräte. „Ich bin Ihrer Majestät sehr verbunden", bekannte er vor ihnen, „daß sie geruht hat, mir diesen kleinen Herrn Ashton als Priester und Retter meiner Seele zu schicken, denn dieser Mann hat mich in wenigen Stunden meine Sünden gegen Ihre Majestät und gegen Gott erkennen gelehrt; und nun muß ich Ihnen gestehen: ich bin der größte, gemeinste und undankbarste Verräter, der je in diesem Lande gelebt hat. Gestern vor Gericht sann ich noch als verstockter Sünder in Gebärden und Worten auf nichts als Lug und Trug." Dann bat er darum, seinem Sekretär gegenübergestellt zu werden. „Henry Cuffe", forderte er diesen auf, „bitte Gott um Gnade und desgleichen die Königin! Und verdiene Dir die Gnade beider, indem Du die Wahrheit sagst." Darauf beschuldigte er diesen Mann, er vor allem habe ihn zu seinen Taten angestiftet. Zuletzt legte Essex ein volles Geständnis ab, schonte keinen seiner Freunde, auch nicht seine Schwester, verriet sogar ihre Beziehungen zu Mountjoy. – „Hätte Eure Lordschaft", schrieb der Admiral an Mountjoy, „solche Schwäche und ein derart widernatürliches Verhalten bei diesem Mann je für möglich gehalten?"

Essex bat darum, den Tod in aller Stille und nicht in der Öffentlichkeit erleiden zu dürfen. ‚Der Beifall des Volkes', meinte er, ‚möchte ihn sonst nochmals in Versuchung führen; jetzt erscheine ihm aber alle Beliebtheit und alles Vertrauen zu den Menschen eitel und leer.' Am Morgen des Mittwoch, am 25. Februar 1601, wurde Essex in den Hof des Tower geführt, um zu sterben. Er erlitt den Tod nicht unbekümmert, sondern demütig und ergeben. Der Vollblüter war endlich gezähmt. ‚Mit Dankbarkeit gegen Gott erkannte er an, daß er zu Recht aus dem Reich ausgespien wurde.' Er war vierunddreißig Jahre alt.

Die verwaiste Königin

In Frankreich war man voller Bewunderung für den Mut und die Entschlossenheit, mit denen Elisabeth dem Essex-Aufstand begegnet war. Wäre am ‚Tag der Barrikaden' ihr König Heinrich III. doch nur mit einem Bruchteil ihrer Tapferkeit der Unverschämtheit des Herzogs von Guise entgegengetreten! „Sie allein ist wahrhaft ein König!" rief Heinrich IV. aus. „Sie allein versteht zu regieren!"

Elisabeth bewies ihre Fähigkeiten nicht minder bei der unliebsamen Säuberungsaktion nach dem Aufstand. Schon bald verließ die Gerechtigkeit ihren Hochsitz und machte der Gnade Platz. Nur sechs Personen wurden hingerichtet: Essex, sein Stiefvater Christopher Blount, Cuffe, Thomas Lea und zwei andere. Vielleicht hatte die Königin das Gefühl, daß Essex' Tod das Verbrechen vieler anderer sühnte, vielleicht hoffte sie, daß nach der Beseitigung dieses Menschen, dessen tyrannischem Zauber jeder verfiel, die Verschwörer endlich Vernunft annehmen und Ruhe und Frieden im Staate wiederhergestellt würden. Mitleid, Freundschaft und Geldgeschenke veranlaßten viele Höflinge, für den einen oder andern der Hauptübeltäter einzutreten: sie wandten sich in Bittschriften an eine Herrscherin, der Blutvergießen in der Seele verhaßt war. Im Fall des Grafen Southampton überbot sich ihre Gnade selbst. Alle Welt hatte Mitleid mit ihm, er selbst war voller Reue und Zerknirschung, aber sein Verbrechen war zu verrucht, als daß man für ihn noch hätte hoffen können. Und doch ließ die Königin ihm das Leben. Von den übrigen Verschwörern wurden die Reicheren mit Geldstrafen belegt, die nur wenige, wenn überhaupt, ganz bezahlten. Cecils älterer Bruder, der jetzige Lord Burghley, der an der Unterdrückung des Aufstands teilgenommen hatte, schrieb von York aus über den tiefen Eindruck, den dieser Gnadenakt der Königin hinterlassen habe: „In keiner Chronik hat man je von etwas Ähnlichem gelesen.“

Ein kleines Ereignis ließ wieder einmal helles Licht fallen auf die Großmut der Königin. Als Essex im Jahre 1599 aus Irland zurückkehrte, hatte seine Frau eine Durchsuchung ihres Hauses und ihrer Papiere befürchtet und in aller Eile eine Kasette mit Briefen des Grafen ihrer früheren Dienerin Jane Daniel zugesandt. Diese Briefe enthielten manchen Ausdruck der Pflichtvergessenheit und Verachtung in bezug auf die Königin; wie ausfallend und gefährlich diese Ausdrücke waren, ergibt sich aus dem Preis, der später für die Briefe gezahlt wurde: Janes Ehemann, der die Kasette zufällig entdeckte, stahl einige Briefe und bot sie für £ 3000 zum Verkauf an. Er erhielt nur £ 1720, aber als echter Erpresser behielt er die Originale und gab dem Käufer gefälschte Abschriften. Durch eine Beschwerde Essex' kurz vor seinem Aufstand erfuhr die Königin von der Sache und veranlaßte sofort eine gründliche Untersuchung. Sie gelobte, ‚ihr Leichentuch solle makellos sauber sein‘ und ließ Daniel durch die Sternkammer aburteilen. Von den £ 3000 Geldstrafe, die einen Teil der Bestrafung darstellten, erhielt die Gräfin Essex £ 2000.

Aber alle Gnadenbeweise und alle Großmut der Welt konnten das Volk über den Tod seines Helden, seines edlen Barak, des mächtigen Feldherrn und starken Begleiters ihrer Deborah, nicht hinwegtrösten. Man hörte zwar dem Prediger am St. Pauls-Kreuz zu, der nach amtlicher Weisung seinen Text: ‚Und dann verfluchten ihn Davids Mannen und sagten, Du sollst nicht mehr mit uns ausziehen in die Schlacht, damit Du das Licht Israels nicht auslöschest‘ nach allen Regeln der Kunst auslegte; man brach auch in lauten Jubel aus, als er von der Errettung Ihrer Majestät sprach; der Ausdruck ihrer Gesichter berechtigte scheinbar sogar zu dem Gedanken, daß ‚nun der Verräter gründlich geschildert sei zur Zufriedenheit aller, die die Predigt gehört‘. Aber die Volksdichter verfaßten dennoch Klagelieder, die viel gekauft und gesungen wurden.

Des schönen Englands Stolz ist nun dahin!
Wehe! Wehe! Wehe!
Viel Tapferkeit und Ehre zierten ihn.
Herrlich, ach so herrlich!

Nichts Böses hat er je getan,
Das jeder weiß!
Doch Neid schlich sich an ihn heran,
Der böse Feind,
Und bracht zu Fall auch diesen Mann,
Der wahren Tugend Freund.

Oder das Klagelied: „Essex' Letzte Gute Nacht.“

Ihr alle, die ihr klagt und weint,
Kommt jetzt und singt: ‚O Gott!‘ mit mir.
Warum? weil er nicht mehr erscheint,
Der tapfren Ritter höchste Zier.

Als der Henker nach Essex' Hinrichtung nach Hause ging, hätte man ihn bestimmt ermordet, wenn ihn die Sheriffs nicht im letzten Augenblick befreit hätten. In Wirtshäusern und anderswo gab man dem allgemeinen Haß gegen die Gegner des Grafen offen Ausdruck, und die Volksdichter verfaßten immer neue Spottlieder:

Der kleine Cecil, da trippelt er schon,
Beherrscht allein den Hof und die Kron'.
Sein närrischer Bruder, ein Burghley-Sohn,
Im großen Fuchspelz, sucht auch seinen Lohn.
In langer Proklamation
Cecil behauptet hat,
Er hab errettet die Stadt.
Herrgott! Ist das nicht fein?

Der Raleigh möcht' auch jetzt herrschen und leiten;
Er sitzt aber fest nach allen Seiten,
Den Berg hinauf kann er doch nicht reiten;
Sein verdammter Stolz heißt ihn ewig streiten!
Vom Bauern er Steuern erpreßt,
Den Armen die Haut er kaum läßt.
Das sei keine Sünd', schwört er fest.
Herrgott! Erbarm Dich mein!

Ein kurzer Besuch John Haringtons bei Hofe fiel in diese Wochen der Unruhe, wenn nicht gar in die Zeit zwischen Aufstand und Hinrichtung des Grafen – das Datum vom 9. Oktober 1601, das seinem hier in Frage stehenden Brief zugeschrieben wird, ist sicher falsch. Für einen Mann wie Harington war diese Reise nach London eine große Unvorsichtigkeit, denn Essex' Anhänger strömten in die Stadt, um ihrem Führer zu helfen, und Harington war durch die ihm in Irland verliehene Ritterwürde gezeichnet. Offenbar kam Elisabeth das Motiv seiner Reise verdächtig vor: Sollte er auf einen schlechten Rat hin, sagte sie zu ihm, die weite Reise unternommen haben, so möchte sie wünschen, daß der Herrgott im Himmel sein Leben, das sie noch einmal zurechtgeflickt habe, endgültig verderbe. Als sie ihn dann einige Wochen später immer noch in der Nähe des Hofes bemerkte, sandte sie ihm durch den Oberschatzmeister eine unzweideutige Botschaft: „Sagen Sie dem vorwitzigen Burschen, meinem Patensohn, er solle sich nach Hause scheren, es ist jetzt nicht die richtige Zeit, sich hier herumzutreiben!" „Fürwahr", sagt Harington in seinem Brief, dem wir diese ganze Schilderung verdanken, „ich fürchtete Ihre Majestät mehr als den Rebellen Tyrone und wünschte, ich wäre nie von Essex zum Ritter geschlagen worden." Überall sah er nur Verwirrung und Unruhe: „Die Tollköpfe sind völlig aus dem Häuschen, und es droht viel Unheil." Was die Königin betrifft, „so ist sie ganz aus dem Gleichgewicht; sie trägt ihre Staatskleider nicht mehr, und die Sorgen richten sie zugrunde. Sie verachtet auch das köstlichste Gericht, das auf den Tisch kommt, und ißt nur etwas Weißbrot und Cichoriensuppe. Jede neue Nachricht aus der City regt sie auf, und all ihren Damen zeigt sie ein unfreundliches Gesicht." „Die vielen bösen Verschwörungen und Pläne haben den ganzen Frohsinn Ihrer Hoheit verjagt." „Sie geht in ihren Privatgemächern oftmals ruhelos auf und ab und stampft bei schlechten Nachrichten mit dem Fuß auf, oder wirft gar in wilder Wut ihr rostiges Schwert gegen den Wandteppich. Trotzdem die Gefahren vorbei sind, hat sie immer noch ein Schwert neben sich am Tisch lehnen." Harington muß manches Mal cum grano salis verstanden werden: vielleicht ist das auch hier angebracht.

Elisabeths Unrast legte sich bald, und an ihre Stelle trat eine seltsame Ruhe. Im Juni äußerte sich Cecil über den ungewohnten Frieden in Hofkreisen: „Jetzt, da der mächtige Baum, der so viele Zweige in sich vereinigte, gestürzt ist, bereuen alle, die ihn liebten, ihre Fehler." In Wirklichkeit aber versuchten Raleigh und sein Trabant Lord Cobham, Cecils starke Stellung zu erschüttern und erfüllten so eine alte Prophezeiung der Ehrendame Meg Radcliffe, nach der die ganze Anti-Essex-Bande dereinst auseinanderbrechen werde. Elisabeth jedoch leistete Raleighs ‚verdammtem Stolz' nicht den geringsten Vorschub. Wenn sie auch die Abneigung des Volkes gegen ihn nicht teilte, so stimmte sie doch denen zu, die ihn als Essex' Nachfolger für ganz ungeeignet hielten. Infolgedessen herrschte Robert Cecil; der korrekte Staatsdiener in einer Machtstellung, wie sie bisher noch nie jemand eingenommen hatte: ein überaus fähiger Mensch, dem aber die Gabe des Aufheiterns völlig fehlte. Der alte, in seiner Haltung durchaus heroische Parteikampf erstarb mit seinem stolzesten, aber untragbaren Exponenten; und es sah fast so aus, als ginge auch die Seele des elisabethanischen England dahin. In den Zauberhänden der Königin war die Nebenbuhlerschaft am Hof ein Geheimnis des Ruhmes und der Macht gewesen; der hochgespannte Geist der ganzen Zeit hatte sich an der Flamme dieses Kampfes entzündet. Aber in Essex hatte sie so wild gebrannt, daß sie sich selbst verzehrte, und jetzt konnte sie nicht wieder entzündet werden. Die Leidenschaft war vertan; das Alter nahte. Das Volk betonte mit seinem langanhaltenden Kummer um Essex' Tod den Wechsel noch mehr. Dies eine Mal war es nicht wankelmütig. Achtzehn Monate später noch hörte ein deutscher Besucher überall, selbst am Hofe, „Essex' Letzte Gute Nacht" singen. Im Tower zeigte man ihm die Stelle, wo der tapfere Held enthauptet worden war; in Whitehall mußte er sich die vielen Schilde besehen, die ‚der große, gefeierte und edle Ritter' der Königin bei den Turnierkämpfen als Trophäen überreicht hatte. Der Ruhm Englands, der bisher die Gegenwart lebendig erfüllt hatte, versank nach und nach in die dunkle Vergangenheit. Das Volk hing zwar immer noch mit geradezu wunderbarer Liebe an seiner Elisabeth. In ihr selbst aber bohrte mit unablässigem Vorwurf der Schmerz um den toten Essex, die Trauer um das England, das mit ihm verging.

Wohl mochte Elisabeth sich über die Essex-Tragödie grämen, keinen Augenblick aber zweifelte sie daran, daß der Ausgang des Dramas unvermeidbar und gerecht war. Etwa vierzehn

Tage nach der Hinrichtung sagte sie zu dem französischen Gesandten, sie würde gern das Leben dieses Undankbaren und Treulosen geschont haben, wenn nur die Sicherheit des Staates es zugelassen hätte. Aber Essex selbst habe eingesehen, daß er nicht wert sei, weiterzuleben, daß sein Leben mit dem ihren unvereinbar sei; und er habe schließlich selbst darum gebeten, sie durch seinen Tod von dieser Gefahr befreien zu dürfen. Sie gab zu, daß sie für seinen Sturz mitverantwortlich sei, denn sie habe zu viel aus ihm gemacht und ihm gestattet, bei Volk und Adel Ansehen und Macht an sich zu reißen, wie sie einem Untertanen nicht zukämen. Sie könne sich nur immer wieder wundern, daß jemand, der ihr Wesen so gut kannte, es gewagt habe, ihr seinen Willen aufzwingen zu wollen.

Wie im vergangenen Jahr die bittere Bemerkung der Königin über die Liebe einen Blick in ihre Seele hatte tun lassen, so enthüllte sie jetzt in einem kurzen Satz, den sie an Lord Willoughby schrieb, die tiefe Tragik ihres Lebens: „An dem Beispiel dieses einen Menschen, der mir mehr als alle und irgend jemand verpflichtet war, wird offenbar, wie wenig Treue es in Israel gab." Drei Grafen, zwei Barone, die Söhne und Brüder von vielen Adligen, einer ihrer Gesandten, ein Sheriff von London und zahlreiche brave Edelleute waren in die Verschwörungen und den Aufstand verwickelt gewesen. Mountjoy, einst ein ergebener, ganz in ihrem Bann stehender Hofmann und jetzt ihr Vizekönig von Irland, hätte fast sein Heer gegen sie geführt. Selbst Willoughby, ihr ‚guter Peregrine', war nicht frei von jedem Verdacht, denn als Gouverneur von Berwick hatte er Essex' Geheimboten nach Schottland keine Schwierigkeiten in den Weg gelegt.

Im folgenden August hatte Elisabeth eine Unterhaltung mit dem Altertumsforscher William Lambarde, der kürzlich zum Tower-Archivar ernannt worden war und ihr einen beschreibenden Bericht über die seiner Hut anvertrauten Dokumente überreichen wollte. „Sie hatten die Absicht, mir dieses Buch durch die Gräfin Warwick überreichen zu lassen", begann sie, „aber das schätze ich nicht; wenn mir ein Untertan einen Dienst erweist, so will ich ihn dankbar aus seinen eigenen Händen entgegennehmen." Dann ging sie dazu über, laut in dem Buch zu lesen, unterbrach sich und fragte nach der Bedeutung technischer Ausdrücke und bemerkte, ‚daß sie jetzt im Alter gern studiere und ihr ganzes Leben lang immer mit Freuden gelernt habe, denn sie halte es mit jenem Philosophen, der in den letzten Jahren seines Lebens noch mit dem griechischen Alphabet begann'. Als sie ein Dokument aus der Regierungszeit Richards II. betrachtete, sprangen ihre Gedanken sofort zum Essex-Aufstand über, und die verhängnisvolle Bedeutung, die damals der Geschichte dieses Königs beigelegt wurde, stand ihr wieder vor der Seele. „Ich bin ein Richard II.", sagte sie, „erkennen Sie das denn nicht?" Lambarde machte eine passende Bemerkung über die bösen Pläne eines sehr lieblosen Herrn, ‚der wie kein zweiter Mensch von Eurer Majestät ausgezeichnet wurde'. „Wer Gott vergißt", antwortete Elisabeth, „der wird auch seine Wohltäter vergessen. Diese ‚Tragödie Richards II.' wurde vierzigmal auf offener Straße und in den Häusern gespielt!" Die Lehrstunde in alten Dokumenten wurde fortgesetzt, bis eine der Erklärungen Lambardes in Elisabeth einen neuen Gedankengang weckte: „Ja, damals herrschten Gewalt und Waffen: heute aber schleicht überall der schlaue Fuchs umher, so daß man kaum noch einem treuen oder tugendhaften Mann begegnet." „Leben Sie wohl, mein guter, ehrlicher Lambarde", sagte sie zum Schluß. Der eifrige Forscher starb vierzehn Tage nach dieser gütigen Audienz.

Die Zeit für eine neue Parlamentstagung war gekommen; aller menschlichen Voraussicht nach würde es das letzte Parlament Elisabeths sein. Wieder einmal brauchte sie Geld. Die Königin verkaufte immer noch Ländereien und hatte sogar schon einige ihrer Juwelen veräußert. Sie hatte versucht, das Vermögen, das sie in französischen und niederländischen Schuldscheinen besaß, zu realisieren, aber Heinrich IV., der ‚Antichrist der Undankbarkeit', hatte sie mit schönen Worten abgespeist und weiter sein Geld für seine Maitressen verschwendet; und die Niederländer waren nicht viel besser verfahren. Der irische Feldzug brachte zwar Erfolge; doch ging alles sehr langsam und kostete viel Geld; und da jeden Augenblick mit der Landung eines spanischen Heeres gerechnet wurde, mußte sich Elisabeth auf weitere große Ausgaben gefaßt machen. Ende September 1601 landete tatsächlich ein spanisches Heer in Kinsale; Anfang November trat das Parlament zusammen.

Da nun der Spanier auf irischem Boden stand, war es nicht schwer, vom Unterhaus eine außergewöhnliche Summe bewilligt zu erhalten. Die Abgeordneten fühlten sich eins mit ihrem Sprecher ‚in seinen heftigen Ausfällen gegen die Tyrannei des Königs von Spanien, den Ehrgeiz des Papstes und die Rebellen in Irland, die an eine zerstückelte Schlange erinnerten, deren einzelne Teile umherkröchen und sich wieder vereinen wollten'. Die beiden vorhergehenden Parlamente hatten die Steuer schon in dreifacher Höhe gewährt; jetzt wurde sogar der vierfache Betrag bewilligt. Aber trotz aller Bereitschaft, diese neue und bisher größte finanzielle Anstrengung zu machen, deutete vieles auf eine unruhige Unterströmung. Es begann damit, daß am Eröffnungstage ein unterer Beamter versehentlich einer ganzen Reihe von Mitgliedern des Unterhauses den Zutritt zum Parlamentsgebäude versagte, so daß sie die eindrucksvolle Eröffnungsfeier und die Rede des Großsiegelbewahrers verpaßten. Als die Königin am Schluß der nächsten Sitzung durch ihre Reihen schritt, sagten nur wenige das übliche: „Gott segne Eure Majestät!" Im weiteren Verlauf der Tagung stand dann ein Abgeordneter auf und griff die Monopole an. Die Hetzjagd war eröffnet.

Diese Monopole wurden von der Krone verliehen und berechtigten ihren Inhaber, als einziger im Lande gewisse Artikel herzustellen und zu verkaufen. Sie hatten sich zu einem nationalen Skandal entwickelt, teils infolge ihrer großen Zahl – sie umfaßten auch Salz und Stärke – teils wegen des Mißbrauchs, den ihre Inhaber mit ihnen trieben. Da aber ein Angriff auf die Monopole unvermeidlich auch einen Angriff auf ein Vorrecht der Königin darstellte, wurde die Situation sehr heikel. Im letzten Parlament hatte sich der Sturm zuerst erhoben, jetzt raste er. Nachdem Staatsräte und Hofleute vergeblich versucht hatten, seiner Herr zu werden, griff Elisabeth selbst durch eine ihrer bezauberndsten Botschaften ein und versprach, durch eine königliche Verordnung Abhilfe zu schaffen. Die Wut des Hauses verwandelte sich sofort in unaussprechliche Freude. Ein Abgeordneter weinte vor Ergriffenheit. Und das ganze Haus bestätigte mit einem inbrünstigen ‚Amen' das Gebet, mit dem der Sprecher die Gnade Gottes für die Erhaltung Ihrer Majestät erflehte. Man bat um die Erlaubnis, ihr den Dank des ganzen Hauses abstatten zu dürfen; sie antwortete, sie werde Liebe und Dank der Abgeordneten zugleich entgegennehmen, aber erst nachdem sie selbst ihr Versprechen erfüllt habe. Drei Tage später war die königliche Verordnung in den Händen des Parlaments, und die Königin fand sich nun bereit, eine Abordnung zu empfangen. Als die Mitglieder dieser Abordnung ernannt werden sollten, riefen einige Abgeordnete: „Alle! Alle!" Darauf ließ die Königin ihnen antworten, die Räumlichkeiten im Palast seien zwar beschränkt, doch werde sie alle willkommen heißen.

So begaben sich denn am 30. November einhundertvierzig Abgeordnete mit ihrem Sprecher an der Spitze nach Whitehall, wo sie zum letztenmal die Königin um ihre treuen und ungebärdigen Unterhausabgeordneten werben hörten. Ein Parlamentsmitglied hatte von der vorhergehenden Botschaft an das Haus schon gemeint, sie sei wert in Gold aufgezeichnet zu werden. Die Rede aber, die Elisabeth jetzt hielt, sollte für die Abgeordneten und ihre Kinder und Kindeskinder, für mehrere Generationen der Nachwelt, unvergeßlich bleiben als die ‚Goldene Rede' der Königin Elisabeth. Die innere Fühlung, die sie mit ihren Zuhörern verband, war so eng und fest wie je; die unnachahmliche Vollendung ihrer Redekunst wurde in ihrer Wirkung noch erhöht durch den Gedanken, der sicher alle beherrschte, daß sie diese Kunst zum letztenmal ausübte. In gewissem Sinne waren es auch tatsächlich ihre letzten Worte an das Reich, das sie so geliebt und dem sie ihr ganzes Sein gewidmet hatte.

„Herr Sprecher", begann sie, „Sie kommen zu uns, um uns zu danken. Und ich nehme diesen Dank mit der gleichen Freude hin, mit der Ihre Liebe mir ein solches Geschenk darzubieten wünscht. Eine solche Gabe werde ich stets höher achten als alle Schätze und Reichtümer der Welt; diese weiß ich wohl zu würdigen, aber Treue, Liebe und Dank sind von ungleich größerem Wert. Wenn Gott mich auch hoch erhoben hat, so halte ich es doch für einen besonderen Ruhmestitel meiner Krone, daß ich mit Eurer aller Liebe regiert habe. Deshalb danke ich Gott mit freudigem Herzen nicht nur dafür, daß er mich zur Königin gemacht hat, sondern viel mehr noch dafür, daß er mich als Königin über ein so dankbares Volk einsetzte, um Euch in Seinem Namen in Sicherheit zu erhalten und vor Gefahr zu bewahren. Von mir selbst muß ich folgendes sagen: nie habe ich gierig und geizig zusammengerafft, noch als Fürstin mit dem geknausert, was ich hatte, aber auch nie habe ich etwas verschwendet; keinen Augenblick hing je mein Herz an irdischen Gütern, stets war ich allein auf das Wohl meiner Untertanen bedacht. Was Ihr mir gebt, das häufe ich nicht auf, sondern nehme es, um es Euch wieder zukommen zu lassen. Ja, alles was ich selbst besitze, sehe ich als Euer Eigentum an, das für Euer Wohlergehen verwandt werden soll, wie Eure Augen sehen werden."

Als Elisabeth bis hierher gesprochen hatte, bat sie die Abgeordneten aufzustehen – sie hatten bisher gekniet –, denn sie werde sie mit ihren Worten noch länger in Anspruch nehmen. Dann fuhr sie fort: „Herr Sprecher, Sie danken mir, aber ich muß Ihnen viel mehr danken, und ich bitte Sie, übermitteln Sie unseren Dank allen Abgeordneten des Unterhauses; denn hätte ich von Ihnen keinen aufklärenden Bescheid erhalten, so wäre ich vielleicht, einfach aus Mangel an richtiger Information, in einen Irrtum verfallen. Daß die von mir bewilligten Monopole sich zu einem schweren Mißstand für mein Volk entwickelt haben, daß unter dem Deckmantel unserer Privilegien Bedrückungen den Schein des Rechts genießen sollen, das wird unsere königliche Würde nie und nimmer dulden. Sobald ich davon hörte, fanden meine Gedanken nicht eher Ruhe, als bis ich diese Übelstände abgestellt hatte. Ich will nur solange leben und regieren, wie mein Leben und meine Regierung Eurem Besten dienen. Und wenn Ihr auch manchen mächtigeren und klügeren Fürsten auf diesem Thron habt sitzen sehen und noch sehen werdet, so habt Ihr doch nie einen König gehabt, noch werdet Ihr je einen haben, der Euch herzlicher liebte als ich." Am Schluß ihrer Rede – vielleicht fühlte sie, daß es ihr letztes Parlament war – bat sie die Staatsräte, alle Herren zu ihr zu führen, damit sie ihr die Hand küßten, bevor sie auseinandergingen.

Zweifellos hatte sich eine tragische Ruhe über das Land gebreitet, aber solange Elisabeth lebte und die Herzen des Volkes entflammte, war der starke Geist ihres England nicht tot. Das zeigte dieses Parlament mit aller Deutlichkeit. Zur selben

Stunde, da die Abgeordneten, in deren Herzen die goldenen Worte ihrer Herrscherin, ihre Leutseligkeit und Liebe noch nachklangen, zu Hause ankamen, errang Mountjoy in Irland bei Kinsale über das Heer des Rebellen Tyrone einen glänzenden Sieg, und eine Woche später ergab sich dort auch das spanische Heer: eines der entscheidendsten Ereignisse in der irischen Geschichte. Es war ein Triumph, dessen Glanz auf die Herrscherin ebenso wie auf den Diener fiel, denn wenn auch Essex' Geschichte in Irland den Glauben erweckt haben mochte, es sei nicht leicht, Elisabeth zu dienen, so zeigt doch ihre Haltung gegenüber Mountjoy deutlich, daß sie zu helfen und begeistern verstand, wo man sich ehrlich bemühte und seine Pflicht tat. Der Vizekönig hatte auch seine Sorgen. In einem ärgerlichen Bericht hatte er sich mit einer Abwaschmagd verglichen; Elisabeth schrieb ihm daraufhin eigenhändig einen langen aufmunternden Brief, sie neckte ihn, nannte ihn ‚Frau Küchenmagd', und es gelang ihr, seine Mißstimmung zu zerstreuen. Als die Spanier in Kinsale landeten, schrieb sie – wieder eigenhändig – um ihn und seine Truppen zu heldenhaftem Bemühen anzufeuern: „Sagen Sie unseren Truppen in unserm Namen, sie sollen dafür sorgen, daß jedes Hundert von ihnen tausend und jedes Tausend doppelt so viel Feinde schlägt. Ich wage das zu sagen, da ich es in Seinem Namen tue, der meine gerechte Sache immer geschützt hat. Gott segne all meine tapferen Soldaten ! Und indem ich vor allem Ihnen Seinen Segen wünsche, schließe ich in aller Eile mein Schreiben. Ihre wohlgeneigte Herrscherin E. R." Glühender Dank wurde sowohl dem Befehlshaber als auch dem Heer für den glänzenden Sieg übermittelt, und Mountjoy erhielt noch viele jener huldvollen Nachschriften oder ganze Briefe in der Handschrift der Königin, die wie ein Wunder auf ihn wirkten. In einem Brief heißt es zum Schluß: „Wir haben vergessen, Ihre Demut zu rühmen, in der Sie es nicht verschmäht haben, der Aufwäscher eines Verräters zu sein, nachdem sie die Küchenmagd einer Königin waren. Gott segne Sie immerdar."

Nicht nur Erfolge zu Land erinnerten an den Ruhm der Vergangenheit. Im Juni 1602 erbeutete Sir Richard Leveson mit einem kleinen königlichen Geschwader eine große und reiche portugiesische Karake, die in der Straße von Cezimbra unter den Kanonen des Forts lag und von elf Galeeren unter dem

Kommando eines hervorragenden Seemanns beschützt wurde. An Bord dieser Galeeren befanden sich vierhundert adlige Freiwillige, die von Lissabon herbeigeeilt waren, um die Karake zu bemannen. Die Engländer zwangen zwei Galeeren, sich zu ergeben, und die übrigen, sich unter schweren Verlusten zurückzuziehen. Angesichts von zehntausend Soldaten, die an den Ufern standen, schleppten sie ihre Beute ab. Es war eine Heldentat, die der größten Tage Drakes durchaus würdig war.

Gelegentlich, wenn sie niedergeschlagen und bedrückt war, litt Elisabeth unter der Einsamkeit des Alters. Da ihr nichts von jeher so viel Freude gemacht hatte wie die ergebene Huldigung ihres Hofes und des Volkes, empfand sie jetzt diese Verlassenheit besonders schmerzlich; ihre häufigen Bemerkungen, Untertanen huldigten lieber der aufgehenden Sonne, lassen vermuten, daß sie durchaus erriet, was bereits im Gange war. Sie selbst war sich über ihren Nachfolger nicht mehr im unklaren. Seit Jahren bedachte sie in ihrer Korrespondenz mit Jakob VI. diesen jugendlichen König mit seltsam mütterlichen und bevormundenden Briefen. Dabei hatte sie ihn in nicht mißzuverstehenden, wenn auch verschleierten Ausdrücken wissen lassen, welches ihre Absichten waren. Dennoch lehnte sie es nach wie vor ab, sich öffentlich und endgültig zur Thronfolgefrage zu äußern. Durch jedes andere Verhalten hätte sie auch nur alle Nebenbuhler und Feinde Jakobs auf den Plan gerufen, die dann durch ihre Bemühungen, seine Nachfolge zu vereiteln, seine Rechte und nicht minder ihren Frieden im Lande gefährdet hätten. Von den englischen Prätendenten konnte keiner hoffen, gegen Jakob und die vereinte Macht Schottlands etwas zu erreichen; und als sich gegen Ende dieses Jahres 1602 Arabella Stuart, eine der Prätendenten, in eine gefährliche Intrige einließ, stellte Elisabeth sie sofort unter scharfe Bewachung, so daß sie die friedliche Übergabe der Krone nicht weiter stören konnte. Gegenüber den ausländischen Prätendenten und Feinden hatte Jakob den Vorteil, der geographisch Nächste zu sein, so daß er sein Erbe längst angetreten haben konnte, ehe jene auch nur das Geringste zu unternehmen in der Lage waren. So bewahrte Elisabeth aus staatsmännischer Klugheit auch weiterhin über die Frage der Nachfolge Schweigen, wie sie es während ihrer ganzen Regierung getan hatte. Immer wieder wußte sie besser als ihr Volk, was seinen Interessen am dienlichsten war.

Für die meisten Engländer war Jakob der gegebene, ja sogar der erwünschte Nachfolger geworden. Der höhere und niedere Adel wollte nicht noch einmal eine Frau als Herrscherin und war entschlossen, diese ‚schmähliche Unterjochung' nicht länger zu ertragen, während die breite Masse des Volkes sich gegenüber der Aussicht auf einen König zurückhaltend verhielt, denn nur die Älteren konnten sich noch der Zeit erinnern, da England von einem Mann regiert wurde. Ein Edelmann versuchte, vielleicht aus einem gewissen Schamgefühl heraus, diesen allgemeinen Wunsch nach einem König mit der Behauptung zu begründen, man fürchte, sich niemals einer zweiten Königin erfreuen zu können, die Elisabeth gleichkäme: war sie nicht ein ebenso großes Geschenk des Himmels gewesen, wie einst Deborah? In Wahrheit aber schlich über Hof und Land ein Gefühl der Ermüdung, verstärkt durch das alte Vorurteil gegen das weibliche Geschlecht, ‚denn auf die Dauer wird alles, trotz seines Wertes, langweilig'. Ein ‚leichtgläubiger Wunsch nach Neuem und nach Veränderung herrschte überall, man hoffte auf bessere Zeiten, verachtete die Gegenwart und vergaß alles Gute, das die Vergangenheit beschert hatte'.

Schon im Laufe des Jahres 1602 nahmen Höflinge und andere Leute die Verbindung mit ihrem zukünftigen König auf. Unter diesen befand sich als der weitaus wichtigste Sir Robert Cecil. Nach der Hinrichtung Essex' hatte er eine geheime Korrespondenz angefangen, die zusammen mit Elisabeths kluger Politik Jakob die Nachfolge sicherte. Mit ängstlicher Sorge hielt er diese Korrespondenz vor Elisabeth geheim. „Der Königin Alter und Verwaisung", schrieb er in späteren Jahren, „in Verbindung mit der natürlichen Eifersucht des weiblichen Geschlechts, hätten sie womöglich das schlecht aufnehmen lassen, was doch nur zu ihrem Schutz geschah." Vielleicht hatte er recht, vielleicht wäre Elisabeth eifersüchtig geworden; aber viel wahrscheinlicher ist es, daß dem jungen Cecil die wahre Seelengröße des Vaters fehlte; ihre grundverschiedene Beurteilung der Königin gibt wertvolle Aufschlüsse über die beiden Staatsmänner selbst. Burghley sagte: „Sie war die klügste Frau, die je lebte, denn sie durchschaute die Interessen und

Fähigkeiten aller Fürsten ihrer Zeit und kannte ihr eigenes Reich so vollkommen, daß keiner ihrer Staatsräte ihr etwas mitteilen konnte, was sie nicht schon gewußt hätte." „Sie war mehr als ein Mann und, fürwahr, etwas weniger als eine Frau", schrieb der Sohn. Wie dem auch sei, Elisabeth, die ihren Cecil genau kannte und in ihrer Klugheit die Erfahrungen nicht vergaß, die sie in den letzten Tagen der Regierung ihrer Schwester Maria gemacht hatte, ahnte sicher, daß ihr Staatssekretär sich schon in Schottland Liebkind machte für die Zeit, in der sie nicht mehr sein würde. Aber wieder handelte sie nach dem Motto: video et taceo – ich sehe und schweige.

Elisabeth sagte nichts, ahnte aber umso mehr. Im Mai äußerte sie aus einer trüben Stimmung heraus zu dem französischen Gesandten, sie sei des Lebens überdrüssig, nichts befriedige jetzt ihren Geist und nichts mache ihr mehr Freude. Während sie das sagte, seufzte sie; mit einigen dankbaren Worten gedachte sie der Vergangenheit und sprach dann gefühlvoll über Essex. Trotzdem deutete nichts daraufhin, daß sie seinen Sturz anders beurteilte als früher. Sie grübelte nur immer, und mußte das bis an ihr Lebensende tun, über seine Tragödie, die unvermeidlich gewesen war. Als sie bei der nächsten Audienz des französischen Gesandten mit ihm eine ähnliche Lage zu besprechen hatte, der jetzt Heinrich IV. in der Verschwörung seines Waffengefährten, des tapferen und beliebten Marschall Biron, gegenüberstand, verwies sie auf ihre eigene Erfahrung und riet zu unnachgiebiger Gerechtigkeit. „Wer nach dem Zepter des Königs greift", sagte sie, „verdient kein Mitleid." Das Zepter sei wie eine brennende Fackel, die so heftig lodere, daß sie jeden verbrenne, der sie berühre. Gnade bringe in solchen Fällen nur Gefahr. Sie wisse wohl, wie sehr der König unter dem Verlust Birons leiden werde, doch wisse sie auch aus persönlicher Erfahrung, daß ein Herrscher alle persönliche Zuneigung opfern müsse, sobald es sich um die Sicherheit des Reiches und seiner Nachfolger handele. Diese Unterredung dauerte zwei volle Stunden.

Trotz der so häufig auftretenden Gemütsdepressionen erfreute sich Elisabeth einer guten Gesundheit. Im Sommer 1602 wollte sie unbedingt bis nach Bristol reisen, und nur der Hinweis, daß bei dem schlechten Wetter das Volk nicht auf seine

Kosten käme, ließ sie davon absehen. Im August erklärte Cecil, sie habe sich während der letzten zwölf Jahre nie so wohl gefühlt. An einem einzigen Tage ritt sie zehn Meilen und ging dann noch auf die Jagd! „Ob sie matt und müde war oder nicht, mögen Sie für sich selbst entscheiden“, schrieb einer ihrer Begleiter an einen Freund. Vielleicht aber war auf diese Überanstrengung ein Unwohlsein zurückzuführen, das sie eines Nachts befiel; schon am nächsten Tage jedoch ging sie wieder umher, damit nur niemand merkte, daß sie sich nicht ganz wohl fühlte. Im September sah ein ausländischer Besucher sie ‚in ihrem Garten lustwandeln, als wäre sie eine Achtzehnjährige‘. Ihre Stimmung besserte sich. ‚Seit vielen Jahren war sie nicht so lebhaft und so auf Freude versessen.‘ ‚Wir sind hier am Hofe sehr lustig.‘ Es wurden viel Reigentänze getanzt, was der Königin ausnehmend gefiel. Eines Tages erspähte sie ein Medaillon, das die Gräfin Derby trug; sie gab keine Ruhe, sie mußte es öffnen. Als sie dann sah, daß es ein Bild Cecils enthielt, riß sie es ab und band es zum Spaß erst an ihren Schuh und dann über den Ellenbogen. Cecil – ein übertriebener Höfling – ließ über den Vorfall ein paar Verse verfassen und in Musik setzen; dann lud er die Königin in sein Zimmer, das Werkchen anzuhören.

Elisabeth war jetzt in ihr siebzigstes Lebensjahr eingetreten. Am 17. November 1602 beging sie zum vierundvierzigsten Mal den Jahrestag ihrer Thronbesteigung ‚mit einem derartigen Beifall der Menge, als hätte man sie noch nie zuvor gesehen‘. Am 6. Dezember speiste sie im Cecil House, dem neuen Haus, das Cecil sich am ‚Strand‘ hatte bauen lassen, und die Einzugsfeier verlief mit ihren verschiedenen Darbietungen ganz im Stil eines Festes der Vergangenheit: vielleicht sogar für Elisabeths Geschmack zu sehr in diesem Stil, denn in einem der kleinen allegorischen Stücke unterhielten sich ein Mädchen, eine Witwe und eine Ehefrau über die Vorzüge ihres Lebens; die Jungfrau schnitt natürlich weitaus am besten ab.

Im Verlauf dieses Monats kam Sir John Harington an den Hof und fand, daß seine Patentante sich sehr verändert hatte. „Unsere liebe Königin“, schrieb er an seine Frau, „verrät jetzt sichtbare Zeichen menschlicher Gebrechlichkeit; viel zu früh in Hinblick auf all das Unglück, das ihr Tod für uns bedeutet, aber viel zu langsam in Hinblick auf das Gute, das ihr die Erlösung von Qual und Elend dieser Erde bringt. Gar manche denken weniger an das, was sie bald verlieren werden, als an das, was sie hernach vielleicht gewinnen können. Ich jedoch werde nie aus meinem Gedächtnis all die Güte auszulöschen vermögen, die mir unsere Allerhöchste Herrscherin immer wieder bezeigt hat.... Ihre Liebe zu meiner Mutter, die ihr in den Privatgemächern aufwartete; die Aufbesserung des Vermögensstandes meines Vaters; ihr Wachen über meine Jugend, das Gefallen, das sie an meiner Offenheit im Reden fand, und die Bewunderung, die sie meinem bißchen Gelehrsamkeit und meiner Poesie entgegenbrachte, die ich beide dann auf ihre Anregung hin so sehr pflegte." „Wer sich ohne Tränen von ihrem jetzigen Zustand abwendet, der beschmutzt und verdirbt die Quelle und den Born aller Dankbarkeit." Die Königin entbot ihn zu sich. Sie fragte ihn, ob er je Tyrone kennengelernt habe, und als seine Antwort sie an Essex erinnerte, sah sie ihn mit zornigem und kummervollem Gesicht an und sagte: „Ach, jetzt erinnere ich mich, daß Du einer von denen bist, die mit diesem Mann dort drüben in Irland waren." Dabei weinte sie und schlug sich an die Brust. Harington las ihr dann einige seiner geistreichen Verse vor; sie lächelte, fügte aber hinzu: „Wenn Du einst fühlen wirst, wie die unerbittliche Zeit an Deine Türe schleicht, werden auch Dir diese Torheiten weniger gefallen. Ich habe an so etwas schon längst alle Freude verloren." Falls der Herausgeber von Haringtons Papieren mit der Datierung nicht auch hier wieder willkürlich verfahren ist und diesen Brief nicht ein paar Monate vordatiert hat, muß Elisabeths Unpäßlichkeit nur von kurzer Dauer gewesen sein, denn einen Tag bevor dieser Brief geschrieben sein soll, tanzte sie noch einen Coranto! Das Weihnachtsfest wurde wie immer fröhlich in Whitehall gefeiert. Mitte Januar 1603 fühlte sich die Königin noch sehr wohl.

Am 21. Januar 1603 zog der Hof bei schlechtem und nassem Wetter nach Richmond; der Wind sprang plötzlich um nach Nordosten und brachte, wie es in einem Brief aus der Zeit heißt, „das eisigste Wetter mit sich, das ich je erlebt habe." Bei dieser Kälte trug Elisabeth ‚sommerliche Kleidung', sie machte noch einen ihrer Beamten darauf aufmerksam und sagte, sie verachte Pelze als Schutz gegen die Kälte des Winters. Da ist es nicht verwunderlich, daß Burghley an seinen Bruder schrieb, die Königin dürfe nicht vergessen, „daß sie alt ist, sie muß mehr auf sich achten und darf nicht übersehen, daß ein junger Geist und ein alter Körper sich schlecht vertragen". Am 6. Februar empfing sie einen Abgesandten Venedigs in Audienz. Gekleidet in silbernen und weißen Taft, der mit Gold besetzt war, ihr Haar ‚von so heller Farbe, wie die Natur sie nie schafft', eine Königskrone auf dem Kopf und mit Perlen, Diamanten, Rubinen und anderen Kleinodien reich geschmückt, bot Elisabeth den Anblick einer wahren Königin. Während ihrer Regierung hatte Venedig keine ständige Gesandtschaft in England unterhalten, und sie machte dem Abgesandten diese Unhöflichkeit zum Vorwurf. „Auch glaube ich nicht, daß ich meinem Geschlecht dieses tadelnswerte Verhalten verdanke, denn mein Geschlecht kann mein Prestige nicht mindern, noch die beleidigen, die mich so behandeln, wie andere Fürsten auch behandelt werden." Immer noch ‚ihr Geschlecht'! Dies war die letzte große Feierlichkeit in ihrer Regierungszeit. Als der Abgesandte sie wegen ihrer ausgezeichneten Gesundheit beglückwünschte und einen Augenblick auf eine anerkennende Äußerung wartete, antwortete sie nichts.

Ein oder zwei Wochen später starb Elisabeths Cousine, ihre frühere Ehrendame und Busenfreundin, die Gräfin Nottingham. Der Schmerz über diesen Verlust brachte auch die alte Niedergeschlagenheit zurück, und in dieser seelischen Verfassung behauptete sich der Körper der Königin nicht mehr gegen das Wetter. Anfang März fieberte sie und fand nachts keinen Schlaf mehr. Ihr Verwandter, Sir Robert Carey – der unternehmungslustige junge Herr, der im Jahre 1589 zu Fuß nach Berwick gewandert war, als Essex mit Drakes Expedition durchging, – besuchte sie in diesen Tagen. Zusammengesunken saß sie auf ihren Kissen in einem ihrer Wohngemächer. Sie ergriff seine Hand und drückte sie kräftig. „Nein, Robin", sagte sie, „mir geht es nicht gut." Dann stieß sie eine lange Reihe von Seufzern aus und meinte, ihr Herz sei so traurig und schwer. Er versuchte vergeblich, sie aufzuheitern; die Schwermut saß zu tief.

Am elften trat eine Besserung ein, aber sie dauerte nur wenige Tage. Elisabeth wollte keine Arznei nehmen und lehnte jede Nahrung ab. Nachdenklich und schweigend saß sie da. Kürzlich hatte man den Krönungsring, den sie mit fast abergläubischer Liebe nie vom Finger gezogen hatte, durchfeilen müssen, weil er ins Fleisch gewachsen war. Das war symbolisch, als sollte ihre Ehe mit dem Reiche nun gelöst werden. So empfand es auch das Volk. „Lieber Bruder", schrieb Roger Manners, ein langjähriger Beamter im Dienste der Königin, am 12. März, „ich bin ein alter Mann und im Begriff die Welt zu verlassen; ich will mich nun der Betrachtung und dem Gebet hingeben. Ich tue nicht mehr mit; macht Eure Könige allein!" Aber andere waren jünger und erwarteten noch viel vom Schicksal. Am 19. März schrieb Robert Carey an Jakob, die Königin werde keine drei Tage mehr leben, er habe auf dem Wege nach Schottland Pferde für sich bereitstellen lassen, damit er als erster dem König die langersehnte Nachricht überbringe. An einem der nächsten Tage übersandte Cecil den Entwurf einer Proklamation, – wie lieblich klang die Musik in des Königs Ohren – durch die Jakob zum König von England ausgerufen werden sollte. Ungezählte Briefe überschwemmten den schottischen Hof. Das entwickelte sich alles mit unvermeidlicher Selbstverständlichkeit. Wie wenig Treue war in Israel für die Königin, die elend und einsam auf ihren Kissen lag! Immer noch trug sie am Finger einen Ring, den Essex ihr einst geschenkt hatte – vielleicht nur, weil er an ihrer Hand immer noch gut aussah. Aber auch das war symbolisch. Das Leben, so wie ‚Gloriana'[15] es für lebenswert hielt, war vorbei, und nichts blieb als die wehmütige Erinnerung an seinen alten Glanz, seine Sorgen und Tragödien. Sie wollte sterben, und der letzte Dienst, den sie ihrem geliebten Lande erweisen konnte, war ein schneller Tod. Ihre Umgebung meinte, sie könne noch längere Zeit leben, wenn sie nur tun wollte, was ihre Ärzte verlangten; aber ‚Fürsten dürfen nicht gezwungen werden', und niemand vermochte sie zu überreden. Nachdem sie durch die Ernennung Jakobs zu ihrem Nachfolger ihre letzte Pflicht als Königin erfüllt hatte, richtete sie ihre Gedanken ganz auf himmlische Dinge, lauschte dem stärkenden Trost ihres geistlichen Arztes, ihres ‚schwarzen Hausherrn', des Erzbischofs Whitgift. Und dann kehrte sie das Gesicht nach der Wand, verlor die Besinnung und verschied ganz ruhig zwischen zwei und drei Uhr morgens am 24. März 1603, ‚wie auch die strahlendste Sonne zuletzt in einer westlichen Wolke untergeht'.

Nachwort zur englischen Ausgabe

Obgleich diese Biographie in gewissem Sinne die Frucht eines jahrelangen Studiums der elisabethanischen Geschichte ist, wurde sie für eine besondere Gelegenheit und eine besondere Leserschicht geschrieben. Die Gelegenheit bot die Vierhundertjahrfeier des Geburtstages der Königin Elisabeth; die Leserschicht ist die Laienwelt, Männer und Frauen, deren Interesse einer großen geschichtlichen Persönlichkeit gilt. Ich habe deshalb auf alle Angaben über die in dem Buch benutzten Quellen und Dokumente verzichtet. Manche Leser werden sicher dieses Fehlen des kritischen Apparates bedauern. Ich bin mir bewußt, daß es den Wert des Buches in einer Hinsicht einschränkt; ich hoffe aber, daß es ihn in anderer Hinsicht hebt.

Die Lebensgeschichte Elisabeths ist bekannt für die verwirrende Fülle der an sie geknüpften Streitfragen. Meinungsverschiedenheiten bestehen sogar unter angesehenen Gelehrten, denen durch jahrelangen Umgang mit den Geschichtsquellen die eigentümliche und trügerische Sprache des 16. Jahrhunderts vertraut ist. Ich kann nur erklären, daß ich von der Richtigkeit meiner Deutungen überzeugt bin. Sie sind wohlüberlegt, gründen sich auf sorgfältiges Studium der Originalquellen und berücksichtigen die letzten Ergebnisse der wissenschaftlichen Forschung.

Als bibliographisches Hilfsmittel empfehle ich dem Leser Dr. Conyers Read's *Bibliography of British History, Tudor Period,* dank dessen sich die Wiedergabe eines langen Literaturverzeichnisses erübrigt.

All den Freunden, die mir bei meiner Arbeit in mannigfacher Weise geholfen haben, sage ich meinen herzlichen Dank, vor allem dafür, daß sie das Übermaß an Unterhaltungen zum Thema „Elisabeth" so geduldig über sich ergehen ließen. Professor R. W. Chambers und Doktor Ing fühle ich mich besonders verpflichtet. Meiner Frau danke ich für ihre unermüdliche Hilfe am besten durch die Erklärung, daß ich jetzt verstehe, warum in jedem Vor- oder Nachwort die Frau des Verfassers erscheint. Früher hielt ich das für eine konventionelle Formel.

University College, London. *J. E. Neale.*

Anhang

STAMMTAFEL DES HAUSES TUDOR (Stuart und Grey)

HEINRICH VII. = Elisabeth von York
1485—1509

2\. — 1\. — 3\. — 4\.

Jakob IV. von Schottland =[1] Margarete Tudor =[2] Graf Angus
Arthur = Katharina von Aragon =[1] HEINRICH VIII. 1509—1547 =[2] Anna Boleyn =[3] Jane Seymour
Ludwig XII. von Frankreich = Maria = Karl Herzog von Suffolk

Jakob V. von Schottland = Maria von Guise
Margarete Douglas = Matthias Graf Lennox
Philipp II. von Spanien = MARIA DIE KATHOLISCHE 1553—1558
ELISABETH 1558—1603
EDUARD VI. 1547—1553
Henry Grey = Franziska

Franz II. von Frankreich =[1] Maria Stuart † 1587 =[2] Henry Stuart, Lord Darnley
=[3] Bothwell
JANE GREY 1553
Katharina Grey
Maria Grey

Jakob VI. von Schottland 1576—1625
JAKOB I. von England 1603—1625

STAMMTAFEL DES HAUSES VALOIS (Bourbon)

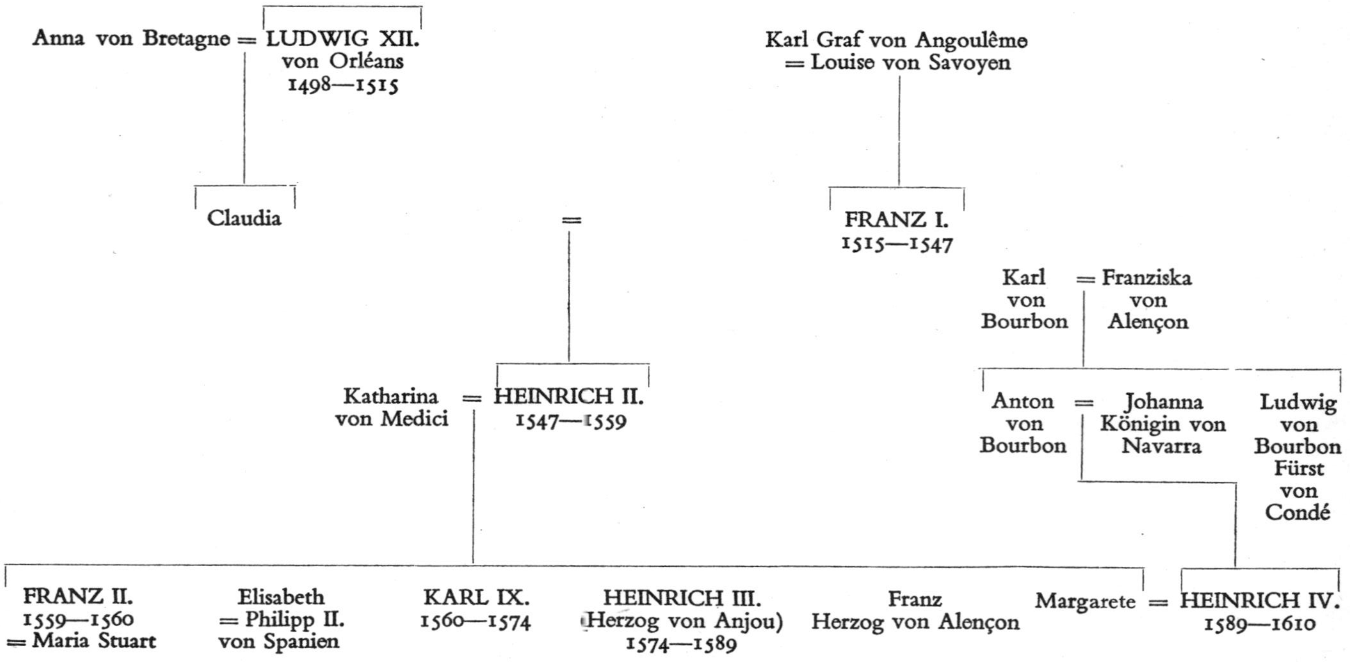

STAMMTAFEL DES HAUSES HABSBURG

MAXIMILIAN I. = Maria von Burgund
Kaiser 1493—1519

Ferdinand von Aragonien = Isabella von Kastilien

Philipp der Schöne
Erzherzog von Österreich
Philipp I. von Kastilien
= Johanna die Wahnsinnige

Katharina von Aragon = Heinrich VIII. von England

KARL V.
Kaiser 1519—1556

FERDINAND I.
König von Ungarn und Böhmen
Erbe der österreichischen Lande
Kaiser 1556—1564

Maria die Katholische
= Philipp II. von Spanien

PHILIPP II.
König von Spanien und Burgund
1556—1598

Maria = MAXIMILIAN II.
Kaiser 1564—1576

Ferdinand
Erzherzog

Karl
Erzherzog

Don Carlos

PHILIPP III.
König von Spanien
1598—1621

RUDOLF II.
Kaiser 1576—1612

MATTHIAS II.
Kaiser 1612—1619

FERDINAND II.
Kaiser 1619—1637

ABFOLGE
DER GESCHICHTLICHEN EREIGNISSE

1509—1547	Heinrich VIII., König von England. Er heiratet sechsmal: 1. 1509 Katharina von Aragon, geboren 1485, Witwe seines Bruders Arthur, Mutter Marias der Katholischen. Geschieden 1533, gestorben 1536. 2. 1533 Anna Boleyn, geboren 1507, Mutter Elisabeths. Hingerichtet 1536. 3. 1536 Jane Seymour, geb. um 1509, Mutter Eduards VI. Gestorben kurz nach der Geburt des Sohnes, 1537. 4. 1540 Anna von Cleve, geboren 1515. Geschieden 1540, gestorben 1557. 5. 1540 Katharina Howard, geboren um 1520. Hingerichtet 1542. 6. 1543 Katharina Parr, geboren 1509. Sie überlebt den König und heiratet 1547 den Admiral Thomas Seymour. Gestorben 1548.
1533, 7. September	Elisabeth im Schloß zu Greenwich als Tochter Anna Boleyns geboren.
1534	Heinrich VIII. erklärt sich zum Oberhaupt der Kirche.
1536, 7. Januar	Katharina von Aragon stirbt.
1536, 2. Mai	Verhaftung Anna Boleyns.
1536, 19. Mai	Anna Boleyn wird hingerichtet.
1536, Juli	Maria versöhnt sich mit ihrem Vater Heinrich VIII.
1537, 12. Oktober	Geburt Eduards VI.
1544	Maria und Elisabeth werden durch Parlamentsbeschluß als Thronfolger nach Heinrichs VIII. Sohn Eduard anerkannt.
1547, 28. Januar	Heinrich VIII. stirbt.
1547—1553	Eduard VI., König von England. Da er erst neun Jahre alt ist, führt die Regierung zuerst sein Onkel Eduard Seymour, Protektor Somerset, dann Graf Warwick, Herzog von Northumberland.
1549, 17. Januar	Admiral Thomas Seymour wird verhaftet und am 20. März hingerichtet. Kate Ashley und Thomas Parry werden in den Tower gesperrt.
1553—1558	Maria die Katholische, Königin von England.
1554, 25. Januar	Ausbruch der Wyatt-Verschwörung.
1554, 7. Februar	Zusammenbruch des Wyatt-Aufstandes.
1554, 11. April	Wyatt wird hingerichtet.
1554, 17. März	Elisabeth wird als Gefangene in den Tower gebracht.
1554, 19. Mai	Elisabeth verläßt den Tower.
1554, 23. Mai	Elisabeth kommt nach Woodstock, wo sie vorläufig unter Henry Bedingfields Bewachung lebt.
1554, Juli	Philipp von Spanien landet in England und vermählt sich mit der Königin Maria in Winchester.
1554, 30. November	Kardinal Pole im Parlament.
1555, Februar	Beginn der blutigen Verfolgungen der Protestanten.

1555, Ende April	Bedingfield bringt Elisabeth nach Hampton Court.
1555, 29. August	Philipp von Spanien verläßt England.
1555, Oktober	Elisabeth verläßt den Hof und begibt sich nach Hatfield
1556–1598	Philipp II., König von Spanien.
1556, November	Elisabeth wird an den Hof geladen; sie soll den Herzog von Savoyen heiraten. Sie weigert sich und wird in Ungnade entlassen.
1556–1559	Krieg Philipps II. mit Frankreich (Heinrich II.). Die Franzosen werden 1557 von den Spaniern bei St. Quentin und 1558 von dem Grafen Egmont bei Gravelingen geschlagen. Franz von Guise nimmt Calais ein, die letzte Besitzung der Engländer in Frankreich.
1557, März	Philipp II. kehrt nach England zurück.
1558, 6. November	Maria erkennt Elisabeth als ihre Nachfolgerin an.
1558, 17. November	Maria stirbt. Elisabeth, Königin von England, 1558 bis 1603.
1558, 20. November	William Cecil, geboren 1520, wird als Staatssekretär vereidigt.
1559, 15. Januar	Krönungsfeier.
1559, Ende Januar	Parlament drängt Elisabeth zur Heirat.
1559, April	Beginn der Beziehungen Elisabeths zu Robert Dudley, geboren 1533, gestorben als Graf Leicester 1588.
1559, 2. April	Friede von Cateau-Cambrésis.
1559, 27. Dezember	Sir William Winter fährt mit der Flotte in den Firth of Forth.
1560, 27. Februar	Vertrag von Berwick: Elisabeth nimmt Schottland unter ihren Schutz.
1560, 10. Juni	Maria von Guise, die Regentin Schottlands, stirbt. Sie war die Mutter Maria Stuarts. Diese wurde 1542 geboren. Wenige Tage nach ihrer Geburt starb ihr Vater Jakob V., sie wurde dem Namen nach Königin der Schotten. 1558 wurde sie mit dem französischen Dauphin Franz vermählt, der ein Jahr später als Franz II. König von Frankreich wurde.
1560, 6. Juli	Vertrag von Edinburgh: Elisabeths Recht auf den englischen Thron wird von Maria Stuart und Franz II. anerkannt. Sie verzichten auf die Führung des englischen Wappens und Titels.
1560, August	Das schottische Parlament verbietet das Lesen der Messe, ein protestantisches Glaubensbekenntnis wird angenommen.
1560, 5. Dezember	Franz II. von Frankreich, der Gatte Maria Stuarts, stirbt.
1561, 19. August	Maria Stuart kehrt nach Schottland zurück.
1561	David Riccio kommt nach Schottland.
1562, 6. Juli	Elisabeth vereinbart mit Maitland die Bedingungen für eine Zusammenkunft mit Maria Stuart.
1562, Oktober	Vertrag Elisabeths mit dem Fürsten von Condé.
1562, Dezember	Condé wird gefangengenommen.
1563, Februar	Der Herzog von Guise ermordet.
1563, Januar	Parlament verlangt Regelung der Thronfolge.
1563, 29. Juli	Die Engländer müssen Le Havre räumen. Calais geht endgültig verloren.

1564, September	Graf Lennox kehrt nach Schottland zurück; er fordert von Elisabeth die Erlaubnis für seinen Sohn Darnley, ebenfalls nach Schottland zu kommen.
1565, 29. Juli	Maria Stuart heiratet Darnley.
1566, 9. März	David Riccio wird ermordet.
1566, 19. Juli	Maria Stuarts Sohn Jakob wird geboren. Als Jakob VI. König von Schottland (1567) 1578–1625, als Jakob I. König von England, 1603–1625.
1566, Oktober	Parlament verlangt von Elisabeth Lösung der Heiratsfrage.
1567, 10. Februar	Darnley wird ermordet.
1567, 15. Mai	Maria Stuart heiratet Bothwell.
1567, 24. Juli	Maria Stuart verzichtet zugunsten ihres Sohnes auf den Thron. Die Regentschaft übernimmt vorläufig ihr Halbbruder Jakob Stuart, Graf Murray. Maria selbst wird von den Lords gefangengesetzt.
1566–1609 (1648)	Befreiungskriege der Niederlande.
1568, 16. Mai	Maria Stuart flieht nach England, wo sie in Carlisle in ehrenvoller Haft gehalten wird. Mitte Juli wird sie nach Bolton Castle gebracht.
1568, Oktober	Untersuchung gegen Maria Stuart in York. Die Verhandlungen werden bald abgebrochen und im November in Westminster wieder aufgenommen.
1568, Dezember	Elisabeth beschlagnahmt spanische Goldschiffe.
1569, 10. Januar	Elisabeth erläßt in dem Verfahren gegen Maria Stuart ein Zwischenurteil.
1569, November	Der Aufstand im Norden bricht zusammen.
1570, 23. Januar	Murray wird ermordet.
1570, Februar	Hunsdon besiegt Leonard Dacres.
1570, 25. Februar	Papst Pius V. exkommuniziert Elisabeth.
1571	Kommissare des unmündigen Königs Jakob VI. von Schottland sprechen sich gegen die Wiedereinsetzung Maria Stuarts als Königin der Schotten aus.
1571	William Cecil wird zum Lord Burghley erhoben.
1571	Ridolfi-Verschwörung.
1572, Januar	Norfolk vor den Peers. Er wird am 2. Juni hingerichtet.
1572, April	Vertrag von Blois zwischen Elisabeth und Katharina von Medici.
1572, Mai	Parlament verlangt Maria Stuarts Tod.
1572, Mai	Drakes Fahrt nach dem spanischen Kolonialreich in Mittelamerika.
1572, 23./24. Aug.	Bartholomäusnacht in Frankreich. Admiral Coligny wird ermordet.
1573, April	Vertrag zwischen Elisabeth und Philipp II.
1573, November	Herzog Alba verläßt die Niederlande.
1574, 30. Mai	Karl IX. von Frankreich stirbt. Sein Nachfolger ist Heinrich III.
1576, November	Don Juan d'Austria in den Niederlanden.
1578	Erste päpstliche Expedition nach Irland.
1578, 1. Oktober	Don Juan d'Austria stirbt. Der Prinz von Parma wird Statthalter in den Niederlanden.
1579, Januar	Alençons Freiwerber Jean de Simier in England.

1579	Drake durchfährt die Magellan-Straße.
1579, August	Alençon bei Elisabeth.
1580	Spanien unterstützt die irischen Aufständischen.
1581, Oktober	Alençon wieder bei Elisabeth.
1583	Alençon wird bei Antwerpen besiegt.
1583	Whitgift beginnt seine Angriffe gegen die Mißstände in der Kirche.
1584, Januar	Der spanische Gesandte Mendoza muß auf Verlangen des Staatsrats England verlassen.
1584, 10. Juni	Alençon stirbt.
1584, 30. Juni	Wilhelm von Oranien wird ermordet.
1585, August	Vertrag Elisabeths mit den Niederlanden.
1585, Dezember	Maria Stuart wird von Tutbury nach Chartley gebracht.
1585, Dezember	Leicester in den Niederlanden.
1586, Juli	Bündnis mit Schottland.
1586, September	Die Babington-Verschwörung wird durch Walsingham aufgedeckt.
1586, Oktober	Maria Stuart vor dem Gerichtshof in Fotheringay, der sie am 25. Oktober zum Tode verurteilt.
1587, 8. Februar	Maria Stuart wird hingerichtet.
1587, April	Drake in Cadiz.
1587	Robert Devereux, Graf Essex, geboren 1567, in Gunst bei der Königin.
1588	Krieg mit Spanien. Vernichtung der Armada.
1588, 4. September	Leicester stirbt.
1589, April	Drakes und Norris' Fahrt nach Spanien und Portugal, der sich Essex eigenmächtig anschließt.
1589, Juli	Heinrich III. von Frankreich wird ermordet.
1591, August	Essex in Frankreich; Rouen.
1592	Kaperfahrt nach den Azoren; große Beute fällt den Engländern in die Hände.
1593, Februar	Essex wird Staatsrat.
1596, Mai	Bündnis zwischen England, Frankreich und den Niederlanden gegen Spanien.
1596, Juni	Essex erobert Cadiz.
1597	Essex' Fahrt nach Ferrol, die sogenannte Insel-Fahrt.
1598, Juli	Essex fällt in Ungnade.
1598, 8. August	William Cecil, Lord Burghley, stirbt.
1598, 13. September	Philipp II. von Spanien stirbt.
1599, April	Essex in Irland. Vertrag mit dem Führer der Aufständischen, dem Grafen Tyrone.
1600, 28. September	Eigenmächtige Rückkehr Essex' nach England.
1601, 25. Februar	Essex wird nach dem Scheitern seines Aufstandsversuches in London hingerichtet.
1601, November	Elisabeths letztes Parlament.
1603, 24. März	Elisabeth stirbt.

ANMERKUNGEN

1) MATILDA, die Tochter Heinrichs I. von England, wurde 1114 mit dem deutschen Kaiser Heinrich V. vermählt. Die Ehe blieb kinderlos. Nach dem Tode ihres Mannes kehrte sie 1126 nach England zurück und wurde 1128 zur Thronerbin erklärt. 1129 aber heiratete sie Gottfried von Plantagenet, Grafen von Anjou, dem sie einen Sohn, Heinrich Plantagenet, den späteren König Heinrich II. von England, gebar. Diese Ehe verursachte in England Erregung. So konnte sich ihr Vetter Stephan von Blois, als sie beim Tode ihres Vaters 1135 in Frankreich weilte, des englischen Thrones bemächtigen. 1139 kehrte Matilda nach England zurück. Die Folge waren erbitterte Kämpfe, die zwanzig Jahre lang das Land verheerten. Bei Lincoln wurde 1141 Stephan gefangengenommen. Matilda wurde zur Königin gekrönt. Ihre Herrschsucht und Strenge führten aber bald zu Empörung und Aufständen. Sie mußte 1148 aus England fliehen. Der Krieg ging weiter, bis 1153 ihr Sohn Heinrich und Stephan sich im Vertrag von Wallingford verständigten. 1154 starb Stephan. Sein Nachfolger war Heinrich II. (1154—1189). Matilda lebte noch bis 1167 in der Normandie, nahe bei Rouen.

2) THOMAS CRANMER, geboren 1489, studierte in Cambridge und erhielt dort einen Lehrstuhl für Theologie. Heinrich VIII. wurde auf ihn aufmerksam, als er 1529 dem König vorschlug, sich in seiner Scheidungsangelegenheit die Unterstützung der europäischen Universitäten zu sichern, indem er von ihnen Gutachten einforderte. Cranmer wurde in den folgenden Jahren in diplomatischer Mission zur Unterstützung der Scheidungspolitik an den Hof des Papstes und verschiedener europäischer Fürsten gesandt. Als kurz nach seiner Rückkehr das Erzbistum Canterbury frei wurde, sorgte Heinrich VIII. dafür, daß Anfang 1533 Cranmer zum Erzbischof von Canterbury erhoben wurde. Er riet Heinrich zu der Trennung von Rom. Im letzten Jahrzehnt von Heinrichs Regierung trat seine Bedeutung hinter die des Bischofs Gardiner von Winchester zurück. Unter Eduard VI. aber erlangte er den größten Einfluß: Er führt die protestantische Lehre ein, gibt selbst ein Homilienbuch und einen Katechismus heraus, und unter seiner Leitung wird von mehreren Theologen das Common Prayer Book ausgearbeitet, das 1549 vom Parlament bestätigt wird. 1553 verfaßt er mit Unterstützung auswärtiger Theologen die „Zweiundvierzig Artikel", ein Glaubensbekenntnis lutherischen Charakters. Verfassung und Aufbau der Anglikanischen Hochkirche hat er entscheidend bestimmt. Unter Maria der Katholischen wurde er 1553 sofort eingekerkert. Er starb am 21. März 1556 auf dem Scheiterhaufen.

3) THOMAS CROMWELL, später Graf von Essex, wurde um 1485 als Sohn eines Grobschmieds zu Putney geboren. Nach langen Reisen, besonders in Italien, trat er zwischen 1520 und 1524 in die Dienste des Kardinals Wolsey und gewann nach dessen Sturz das Vertrauen Heinrichs VIII. Er wurde zum Staatssekretär und Geheimsiegelbewahrer ernannt. Als Generalvikar war er Stellvertreter des Königs mit der absoluten Gewalt über die Kirche, deren Umwandlung er im Sinne des Königs durchführte. Als Heinrich VIII. in der Ehe mit Anna von Cleve, zu der Cromwell ihn überredet hatte, nichts als Enttäuschung fand, gelang den Intrigen der katholischen Partei der Sturz Cromwells. Er wurde des Hochverrats und der Ketzerei angeklagt und am 28. Juli 1540 hingerichtet.

4) MARGARETE, Lady Margaret aus dem Hause Lancaster-Somerset, heiratete Edmund Tudor, den Sohn des Owen Tudor und seiner Gemahlin Katha-

rina von Frankreich, die in erster Ehe mit König Heinrich V. von England verheiratet gewesen war. Margarete war die Mutter Heinrichs VII., der von 1485 bis 1509 König von England war.

5) Thomas More, geboren 1478, widmete sich der juristischen Laufbahn. Schon 1504 wurde er Mitglied des Unterhauses. Später zog Heinrich VIII. ihn in königliche Dienste. 1523 war er Sprecher des Unterhauses. 1529 wurde er als Nachfolger Wolseys Großkanzler. Er billigte Heinrichs Scheidung von Katharina von Aragon nicht und legte 1532, als der König sich vom Papst lossagte, seine Ämter nieder. 1534 weigerte er sich, den Suprematseid zu leisten. Er wurde des Hochverrats angeklagt und 1535 hingerichtet.

6) Hugh Latimer, englischer Reformator, geboren um 1485, wurde 1534 zum königlichen Kaplan ernannt. Ein Jahr später war er schon Bischof von Worcester. 1539 weigerte er sich, die „Sechs Glaubensartikel", durch die wichtige katholische Einrichtungen und Dogmen wiederhergestellt wurden, anzuerkennen. Nach längerer Haft wurde er 1540 freigelassen. Unter Eduard VI. wurde er Hofprediger. Maria die Katholische aber ließ ihn 1555 zum Tode auf dem Scheiterhaufen verurteilen.

7) Heinrich Bullinger, Schweizer Reformator, Nachfolger Zwinglis in Zürich (1504–1575).

8) Northumberland: John Dudley, Herzog von Northumberland, versuchte beim Tode Eduards VI. Jane Grey, die Gemahlin seines Sohnes, auf den Thron zu setzen. Der Versuch scheiterte. Alle drei wurden 1554 hingerichtet.

9) Stephan Gardiner, geboren um 1497, betrieb 1528 als Bischof von Winchester in Rom die Scheidung Heinrichs VIII. von Katharina, jedoch ohne Erfolg. Im Scheidungsprozeß und bei der Schaffung der königlichen Suprematie über die Kirche zeigte er sich den Wünschen des Königs sehr willfährig. Aber trotz seiner gegen den Papst gerichteten Schrift ‚De vera obedientia' war er ein heftiger Gegner des Protestantismus und widersetzte sich den reformatorischen Bestrebungen Cranmers. Unter Eduard VI. war er als Gefangener im Tower. Maria die Katholische berief ihn 1553 sofort als Kanzler an die Spitze der Regierung. Er riet der Königin, unter Beibehaltung der königlichen Suprematie über die Kirche den katholischen Kultus wieder einzuführen. Die blutige Verfolgung der Protestanten wurde von ihm mit allen Mitteln gefördert. Er starb 1555.

10) Edmund Bonner, geboren um 1500, wurde 1540 zum Bischof von London ernannt. Er war ein leidenschaftlicher Gegner der Reformation. Maria die Katholische befreite ihn gleich nach ihrer Thronbesteigung aus der Haft, in der er während der Regierungszeit Eduards VI. gehalten worden war, und setzte ihn wieder als Bischof von London ein. Nun wurde er der „blutige Schlächter" der Protestanten. Als er unter Elisabeth den Suprematseid verweigerte, mußte er wieder ins Gefängnis, wo er bis zu seinem Tode 1569 blieb.

11) John Knox, Schottlands Reformator, geboren 1505. Nach der Hinrichtung seines Freundes Wishart, der ihn für die Reformation gewonnen hatte, übernahm er 1546 dessen Stelle als Prediger der protestantischen Partei, die sich im Schloß St. Andrews gegen die Franzosen verteidigte. 1547 wurde er als Gefangener nach Frankreich gebracht und verbrachte zwei Jahre auf den französischen Galeeren in Rouen. 1549 kehrte er zurück und blieb in England. Beim Regierungsantritt Marias der Katholischen floh er nach Genf und geriet dort ganz unter den Einfluß Calvins. Die rücksichtslose Energie des Genfer Reformators entsprach seinem eigenen Wesen. Lebhaft ergriff er auch den Gedanken der Selbstbestimmung der Gemeinde. 1559 kehrte er in seine schot-

tische Heimat zurück und wurde bald der Führer im Kampf gegen die alte Kirche. Nach dem Volksaufstand von 1560 und dem Tod der Regentin Maria von Guise schlossen die Schotten und Engländer mit dem französischen Bevollmächtigten Maria Stuarts den Edinburgher Vertrag. Das schottische Parlament trat auf Grund dieses Vertrages zusammen und führte das von Knox verfaßte Glaubensbekenntnis, den Ritus und die Synodalverfassung der calvinischen Kirche ein. Knox wurde Prediger in Edinburgh und starb dort 1572.

12) Edmund Dudley, Minister unter Heinrich VII. (1485—1509), war unerschöpflich in der Auffindung von Mitteln, Geld in die königliche Kasse zu lenken, um so die Macht des Königs unabhängig von Adel und Parlament zu machen. Nach dem Tode Heinrichs VII. wurde er 1510 enthauptet

13) George Buchanan, schottischer Gelehrter, geboren 1506. König Jakob V. berief ihn 1535 aus Paris nach Schottland zurück, damit er die Erziehung eines seiner unehelichen Söhne übernehme. Bei der Errichtung der neuen Universität Coimbra übertrug ihm Johann III. von Portugal einen Lehrstuhl. Als Freund der Reformation war er bald den Verfolgungen der Inquisition ausgesetzt. Es gelang ihm zu entfliehen. Zunächst blieb er wieder in Paris und kehrte 1561 oder 1562 nach Schottland zurück. Maria Stuart zog ihn für ihre lateinischen Studien heran. Nach der Ermordung Darnleys schrieb er gegen Maria Stuart die berühmte Streitschrift ‚Detection'. Unter Jakob VI. bekleidete er hohe Staatsämter. Er starb 1582.

14) Bess of Hardwick, die zweite Frau des Grafen Shrewsbury. Sie verbreitete auch die verleumderische Beschuldigung gegen ihren Mann, er habe ein ehebrecherisches Verhältnis mit seiner Gefangenen, der Königin Maria Stuart.

15) Belphoebe, Feenkönigin, Gloriana: Namen für die Königin Elisabeth in Edmund Spensers (1552—1599) allegorischem Ritterepos ‚Faerie Queene'. Gloriana, die Versinnbildlichung der edlen Ruhmbegierde, ist die Königin des Feenreiches. Sie sendet zwölf Ritter, Vertreter der zwölf Haupttugenden, auf Abenteuer in die Welt. Im dritten Buch, das der ‚Chastitie' gewidmet ist, findet sich die Episode der keuschen Jägerin Belphoebe, in der Elisabeth als Frau verherrlicht wird.

16) Drake (1545—1596) und Hawkins (1532—1595) gingen 1595 wieder unter Segel nach den spanischen Kolonien in Amerika. Während der vergeblichen Versuche, Puerto Rico zu erstürmen, wurde Hawkins krank und starb. Die Flotte segelte weiter zum Festland und verbrannte Rio de la Hacha und Nombre de Dios. Eine Expedition gegen Panama schlug fehl. Da erkrankte Drake an einem Fieber, dem er am 28. Januar 1596 vor Puerto Bello erlag.

17) Heinrich IV., König von England, 1399—1413, wurde nach seinem Geburtsort Bolingbroke genannt. Er zwang seinen Vetter Richard II. (1377 bis 1399) zur Abdankung und setzte sich selbst auf den Thron. Damit ging die Krone vom Hause Plantagenet auf das Haus Lancaster über. Shakespeare hat ihn in drei Dramen behandelt: „Die Tragödie Richards II.", „König Heinrich IV., erster und zweiter Teil".

18) Tag der Barrikaden: Während des achten Hugenottenkrieges, der auch der Krieg der drei Heinriche (Heinrich III. von Valois, Heinrich von Navarra, Heinrich von Guise) genannt wird, bildete sich in Paris die „Liga der Sechzehn", die den König Heinrich III. absetzen wollte. Am 12. Mai 1588 kam es in Paris zu einem Volksaufstand. Das ist der „Tag der Barrikaden". Heinrich III. floh zu Heinrich von Navarra und wurde 1589 in St. Cloud von einem Mönch ermordet. Er war der letzte französische König aus dem Hause Valois.

REGISTER

(Die Kursivzahlen beziehen sich auf den Anhang)

ABINGDON 94
Afrika 278
Alba, Herzog 111, 170, 194, 202, 203, 204, 208, 211, 214, 219, 220, 221, 251, 260, 262
Alençon, Franz von Valois, Herzog von
als Bewerber um Elisabeths Hand 249/50, 260, 267/77, 280, 284 bis 287
in Verbindung mit den Niederlanden 267, 277, 284, 285/86, 287
Tod (1584) 288
sonstige Erwähnungen 291, 302, 322, *454*
Alkazar 278, 279
Allen, William, Kardinal und Gründer des Douai-Seminars 280, 282, 338, 342
Amboise, Verschwörung von 107, 112
Anjou, Franz, Herzog von (siehe Alençon)
Anjou, Heinrich, Herzog von (siehe Heinrich III.)
Antonio, Don 344, 348
Antwerpen 132, 202, 264, 288, 322
Aremberg, Graf 315
Argyll, Lady 156
Armada,
die „unuberwindliche", 318, 326, 329—39, 340, 342, 369
die „unsichtbare", 410
sonstige Erwähnungen 359, 365, 385, 392
Arran, Graf (siehe Hamilton)
Ärzte, königliche 53, 245, 247, 269, 272, 381, 400, 416, 417, 448 (siehe auch Lopez, Dr. Roderigo)
Arundel, Henry Graf 85, 193, 205
Arundels Speisehaus 59
Ascham, Roger 20, 22, 23, 90, 139, 319
Ashley, Kate 28, 29, 30, 32, 33, 34, 51, 60, 92, 95, 319
Ashridge 36, 44
Ashton, Herr 429/30
Aston 51
Aylmer, John, Bischof von London 35, 75, 272, 350
Azoren 331, 348, 369, 370, 392, 393

BABINGTON, ANTHONY 305—07, 308, 309, 315, 329
Bacon, Anthony 375, 376, 377, 381, 389, 391
Bacon, Francis 358, 375, 376, 377, 378, 379, 380, 381, 382, 383, 390, 391, 395, 400, 417, 418, 419, 423
Bacon, Sir Nicholas, Großsiegelbewahrer 106, 107, 108, 129, 138, 139, 200, 201, 235, 242, 254, 376
Bacon, Roger (1214—1294), Doctor mirabilis 418
Ballard, John 305
Barnard Castle 211
Barrikaden, Tag der 426, 431, *463*
Bartholomäusnacht 252—54, 255, 256, 258, 260, 262, 289, 307, 317
Bedford, Gräfin 135
Bedford, Francis Russell, Graf (siehe Russell, Francis)
Bedford, John Russell, Graf (siehe Russell, John)
Bedingfield, Sir Henry 51—56
Bell, Robert 166
‚Belphoebe' 373, *463*
Bendlowes 232
Berwick 100, 102, 105, 156, 181, 245, 347, 436, 447
Biron, Marschall 444
Bischof von Canterbury (siehe Cranmer, Parker, Whitgift)
Bischof von London (siehe Aylmer, Bonner, Sandys)
Blount, Charles, Lord Mountjoy 346, 402, 422, 423, 430, 436
Blount, Sir Christopher 406, 411/12, 425, 431
Bodley, Sir Thomas 375, 382
Boleyn, Anna 9—16, 44, 62, 72, 338, *453*
Bolingbroke (siehe Heinrich IV. König von England)
Bolton Castle 186, 195

Bonner, Edmund, Bischof von London 54, 234, *462*
Bothwell, James Hepburn, Graf 175 bis 181, 183, 191, 192, 223, 292, *453*
Boulogne 271
Brantôme, Pierre de Bourdeilles, Abt von 121
Bretagne 365, 384
Bristol 31, 238, 444
Brown, Sir William 377
Browne, Lady Geraldine 33
Bryan, Lady 16
Buchanan, George 121, 223, 292, *463*
Bullinger, Heinrich 35, 70, *462*
Bündnisse:
England-Frankreich 248—51, 259, 270, 276, 277, 284—87
England-Schottland 299—300, 302, 313
England-Spanien 62, 249
Frankreich-Schottland 119, 182, 188
(siehe auch Verträge)
Burghley, Lord (siehe Cecil, Thomas und William)
Burley of Totness, der Trunkenbold 96, 164
Burton 303
Buxton 245, 290

Cadiz
(1587) 331, 332
(1595) 386—89, 392, 394, 402
Calais 63, 98, 99, 113, 128, 132, 133, 134, 334, 386
Calvin, Johann 75, 349
Cambridge,
Humanisten 20, 21, 65, 319
Universität 234/35, 255
Campion, Edmund 281
Canterbury 287
Erzbischof von (siehe Cranmer, Parker, Whitgift)
Erzbistum 11, 54
Carew, Sir George 396
Carey, Henry, Lord Hunsdon 145, 212, 213, 222, 245, 287
Carey, Sir Robert 347, 447, 448
Carlisle 186
Carlos, Don 118, 140, 143, 146, *455*
Castiglione, Baptista 59/60
Cateau-Cambrésis (siehe unter Verträge)
Cavendish, Frau 372
Caxton, William 19
Cecil House 445
Cecil, Sir Robert
Aufstieg zur Macht 374—383
Staatsrat 375
Staatssekretär 389
Lehnsgerichtsmarschall 401, 408
Beziehungen zu Essex 374/75, 391 bis 392, 401—16, 426—30, 434/35
Beziehungen zu Jakob VI. 443—48
sonstige Erwähnungen 335, 370, 373, 398, 433
Cecil, Thomas, Lord Burghley 374, 431, 433, 447
Cecil, William, Lord Burghley
Anfänge 65/66
Staatssekretär 66
Staatsrat 66
Lord Burghley 220
Oberschatzmeister (1572) 255
Tod 397/98
Stellung zur Königin 79, 93, 120, 127, 256/57, 383, 443
Stellung zu Elisabeths Heirat 88, 93, 95, 96, 158, 160, 164, 171/72, 247, 249, 269, 273, 274, 275, 276
Stellung zu Leicester 93, 95, 96, 162, 163/64, 276
Stellung zu Maria Stuart 147, 156, 157, 195, 207, 209, 216/17, 220/21, 222—24, 291, 310, 315/16
seine Politik 93, 96, 98, 102, 104, 105, 107, 108, 109, 111, 112, 113, 114, 115, 120, 127/28, 132, 136, 137, 139, 167, 181, 182, 183, 185, 187, 189, 191, 192, 198, 199, 200, 201, 202, 204, 205, 206, 207, 209, 216, 220, 250, 252—55, 266, 284, 319, 323, 325/26, 331, 335, 337, 396
sonstige Erwähnungen 75, 93, 95, 112, 154, 159, 196, 213, 235, 241, 245, 252, 254, 319, 333, 341, 359, 364, 365, 367, 371, 373, 374, 375, 380, 381, 382, 383, 389, 391, 394, 400
Cezimbra, Straße von 441
Charterhouse 68
Chartley 303, 304, 306, 307, 309
Cheapside 50, 72, 211, 358, 426
Cheke, Sir John 20, 22

Cheshunt 29
Chester 405
Chichester 130
Clemens VII., Papst (1523—1534) 11
Cobham, Henry, Lord 408, 435
Coke, Sir Edward 380, 420
Coligny, Gaspard von 251/52
Compiègne 366
Condé, Louis, Fürst von, 128, 131, 132, 133, 149, 197, 204, *454*
Cooper, Thomas, Bischof von Winchester 357
Cornhill 72
Cornwall 314, 384
Coruña 333, 347, 348
Courtenay, Eduard, Graf Devon 40, 42, 43, 45, 50, 60, 61, 62, 87
Coventry 94, 211, 233, 299
Cox, Richard 22
Cranmer, Thomas, Erzbischof von Canterbury (1533—56) 11, 12, 14, 15, *461*
Creighton, William, Jesuit 298
Croft, Sir James 49, 102, 239, 362
Cromwell, Thomas, Graf Essex 16, 205, 206, *461*
Cuffe, Henry 430, 431

DACRES, LEONARD 205, 212, 213
Daniel, Jane 432
Daniel, John 432
Darnley, Henry Stuart, Lord
  Anspruch auf die englische Thronfolge 145/46
  Heirat mit Maria Stuart 146—51
  Bruch mit Maria Stuart 155/56
  Ermordung 174—77
  Untersuchung der Ermordung 186 bis 192
  sonstige Erwähnungen 147, 153/54, 161, 178, 179, 180, 223, 254, 316, *453*
Dartmouth 370
Davison, William, Staatssekretär 314, 315, 317, 318, 374
Deborah 74, 76, 79, 104, 196, 432, 443
Dee, John, Astrologe 59
Denbighshire 31
Deptford 280
Derby, Gräfin 445
Deutschland 70, 196, 253
Devereux, Robert, Graf Essex
  äußere Erscheinung und Charakter 344/45
  Aufstieg zur Macht (1587) 345/46
  Oberhofstallmeister 345
  Ritter des Hosenbandordens 346
  Portugal-Fahrt (1589) 346—48
  Expedition nach Rouen (1591) 365 bis 368
  Kampf um die innerpolitische Macht 371—83, 389—91, 395/96
  Beziehungen zu Bacon 375—83, 390
  Staatsrat (1593) 377
  Cadiz (1595) 386—89
  Feldzeugmeister 391
  Insel-Fahrt (1597) 393/94
  Streit mit Raleigh 394
  Großmarschall 395
  in Ungnade (1598) 396/97, 400
  Irland-Expedition (1599) 402—14
  eigenmächtige Rückkehr (1600) 413/14
  in Ungnade 414—20
  Hochverratspläne 421—25
  Aufstand in London (1601) 425—27
  Gerichtsverfahren und Hinrichtung (1601) 428/29, 430
  sonstige Erwähnungen 303, 359, 400, 431—37, 443, 444, 446, 448
Devon 45
Devon, Graf (siehe Courtenay)
Dieppe 128, 285
Doncaster 173, 255
Donnington Hall 45
Dormer, Sir William 51
Dorset, Marquise von 12
Douay-Seminar 280—82
Dover 57, 238, 271
Dowe, die alte Mutter 92, 164
Drake, Sir Francis
  Weltumseglung (1580) 279/80
  Erhebung in den Ritterstand (1580) 280
  Kaperfahrt nach Westindien (1585) 324
  Fahrt nach Cadiz (1587) 331/32
  Kampf mit der Armada (1588) 333 bis 340
  Portugal-Fahrt (1589) 344—48
  Fahrt ins Karibische Meer (1595) 384, 386
  Tod 386

Drake, Sir Francis
sonstige Erwähnungen 203, 260, 330, 332, 442, 447, *463*
Drummond, William, of Hawthornden, schottischer Dichter (1585 bis 1649) 247
Drury House 425
Dublin 401, 407, 408, 413
Dudley, Edmund 90, *463*
Dudley, John, Herzog von Northumberland 36, 38, 60, 87, 90, *462*
Dudley, Robert, Graf Leicester
äußere Erscheinung 90, 319
Beziehungen zu Elisabeth 90—97, 120, 122, 124, 127, 136, 140, 146 bis 149, 153, 161—64, 170—72, 206/07, 236, 240, 247—49, 266, 273/74, 276, 340
Gerüchte über ihn 91—96, 164, 247, 291
Plan einer Heirat mit Maria Stuart 140—43, 145, 150, 153, 155
Staatsrat 136
Graf Leicester 145, 147
in Ungnade (1579) 275/76, 325/26
in den Niederlanden (1585/86) 302 bis 303, 324—29
Tilbury (1588) 335—37
Schulden 323
Politik 170, 182, 207/08, 248, 273, 274/75, 314, 352
Tod (1588) 340
sonstige Erwähnungen 115, 156, 201, 245, 250, 254, 256, 257, 265, 284, 287, 338, 341, 345, 371, 374, 382, 390
Dudley, Robert, Leicesters Sohn 372
Dunbar 179
Durham 210

EDINBURGH 112, 122, 148, 174, 177, 178, 179
Edinburgh Castle 188, 254, 255
Eduard IV. 40
Eduard VI. 17, 20, 25, 26, 30, 31, 32, 34, 36, 39, *453*, *456*
Egerton, Sir Thomas, Großsiegelbewahrer 235, 397, 414, 416, 417, 419, 420, 426, 438
Eidbund 298—301, 314
Elisabeth, Königin von England:
Jugend bis zur Thronbesteigung
1533, 7. Sept. Geburt 9, Taufe 12
1536 Hinrichtung ihrer Mutter 15
1544 Parlamentsbeschluß über ihre Thronfolge 18
1547 Tod des Vaters 25
1549 Thomas Seymours Sturz 32 bis 35
1553 Einzug in London mit Maria der Katholischen 36 Brennpunkt der protestantischen Hoffnungen 41/42
1554 Wyatt-Aufstand 45, Elisabeth im Tower 48—51, Haft in Woodstock 51—53
1555 Freilassung 56
1558, 17. November Thronbesteigung 64, *453*, *456*
Erziehung 18—24
äußere Erscheinung 23, 36, 37, 46, 71, 110, 144/45, 269, 319/20, 336, 361, 389/90, 447
Heiratsprojekte
Seymour 26—34
Courtenay 40, 61, 62
Herzog von Savoyen 62
Philipp von Spanien 81—84
Erich von Schweden 85, 88, 89
Erzherzog Ferdinand 85
Erzherzog Karl 85, 89, 158—60, 163—70, 171/72
Arundel 85
Pickering 85, 86, 87
Dudley 90—97, 124, 136, 140, 161
Arran 101, 102, 115
Sohn des Königs von Schweden 115
Anjou 248/49
Alençon 249, 250, 267—75, 284 bis 288
Politik
innere Politik
Finanzpolitik 115/16, 320—24, 326—28, 330/31, 337, 348, 368/69, 378/79, 437/38
Religionspolitik 67—71, 89/90, 197—200, 213, 214, 249, 282 bis 284, 349—52, 357—59
Thronfolgepolitik 99, 100, 125, 136, 137, 138, 139, 140, 164 bis 169, 171, 247/48, 249, 269, 270, 274/75, 293, 313, 359/60, 442/43, 448

Elisabeth, Königin von England:
politische Grundhaltung 65/66, 80, 198/99, 256/57, 374, 379, 380, 438/39
Irland 401—03, 406, 422, 438, 441
auswärtige Politik
Frankreich 82—84, 89, 98—113, 117, 132—34, 161, 188, 214 bis 215, 248—53, 261/62, 267 bis 274, 276/77, 284—86, 363 bis 368, 386, 395/96
Niederlande 250/51, 261—67, 285, 287/88, 302/03, 326—29, 396
Schottland 100—15, 129—31, 139—41, 147—48, 149—51, 161, 182—86, 223, 299, 302, 313, 318, 442
Maria Stuart nach 1568: 186 bis 194, 195/96, 215—17, 222 bis 224, 228/29, 253—55, 289 bis 290, 293—95, 299, 300, 301, 303, 309, 311, 313, 314 bis 315, 317/18
Spanien 67/68, 81—85, 89, 110/11, 200—04, 214/15, 250, 258—65, 278—80, 296/97, 324/25, 329—34, 344, 362, 369/70, 379, 384/85, 392, 396, 438, 441/42
Gerüchte und Skandalgeschichten 33, 36, 47, 91—97, 162, 164, 175, 247, 255, 269/70, 291, 313, 338, 351
Eltham 13
Elvetham 236—38
Emigranten (siehe unter Verbannte)
Erasmus, Desiderius 19
Erich von Schweden 85, 88/89, 115, 118
Eskorial 339, 398
Essex, Graf (siehe Cromwell, Thomas)
Essex, Graf (siehe Devereux, Robert)
Essex, Gräfin 432
Essex House 415, 424, 426/27
‚Essex Letzte Gute Nacht‘ 433, 435
Exkommunizierungsbulle gegen Elisabeth 214, 218, 248, 282, 311, 338, 341
Expeditionen:
1559/60 nach Schottland 105—116
1562 nach Le Havre 132—34, 321
1585/86 nach den Niederlanden 302/03, 324—29
1585 Drake nach Westindien 324
1587 Drake nach Cadiz 331/32
1589 Drake nach Portugal 344—48
1589 nach der Normandie 363
1591 nach der Normandie 365—68
1591 nach der Bretagne 365
1595 Drake nach dem Karibischen Meer 384, 386
1596 nach Cadiz 386/87
1597/98 Insel-Fahrt 393/94
1599/1600 Essex nach Irland 402—14
1601 Mountjoy nach Irland 422 bis 431, 441

FALMOUTH 394
‚Feenkönigin‘ 389, *463*
Fenchurch Street 71
Festzüge (siehe Schaustellungen)
Ferdinand I., Kaiser 85, 90, 158, *455*, *456*
Ferdinand, Erzherzog 85, *455*
Feria, Gomez Suarez de Figueroa, Graf, spanischer Gesandter 64/65, 67, 69—74, 79, 80, 81, 82, 83, 84, 88, 89, 107
Ferrol 392, 393, 394
Firth of Forth 105, 108
Fitton, Mary 421
Flandern (siehe Niederlande)
Fleet Bridge 72
Fleet Gefängnis 372
Fleet Street 73, 427
Fleming, Schöffe, Solicitor-General 382
Flotte, die englische 108/09, 253, 279, 287, 329—39, 344, 346/47, 369/70, 366—88, 441/42
Flüchtlinge (siehe unter Verbannte)
Fortheringay 309, 310, 312, 313, 315, 316
Foxe's Buch der Märtyrer 255
Frankreich 39, 60, 81, 83, 84, 89, 117, 120, 126, 128, 129, 130—35, 141, 151, 152, 170, 172, 178, 181, 182, 183, 184, 188, 189, 194, 196, 197, 199, 201, 204, 205, 214, 215, 218, 248, 252, 259, 261, 262, 264, 277, 290, 292, 293, 295, 302, 320, 321, 345, 349, 371, 372, 431 (siehe auch Elisabeth, auswärtige Politik)

Franz II., König von Frankreich 56, 81, 99, 100, 101, 114, 117, 146, 192, *453*, *454*, *456*
Friedensverträge (siehe Verträge)
Friedrich II., König von Dänemark 118
Frobisher, Martin 333

GALLOWAY, Bischof von 223
Gardiner, Stephen, Bischof von Winchester, Lordkanzler 44, 46, 50, 53, *462*
Gegenreformation 38, 99, 281
Genf 70, 349
Genua, Bankiers von 202
Gesandte, Abgesandte, Botschafter:
auswärtige:
Frankreich 42, 46, 54, 62, 103/04, 152, 164, 184, 188, 199, 220/21, 228, 247, 253, 269, 275, 280, 286, 288, 295/96, 304, 305, 313, 316, 415, 416, 427, 436, 444
Kaiser 13, 44, 54, 85, 89, 90, 92, 159, 161 (siehe auch Renard)
Mantua 74
Maria Stuart nach 1568: 187/88 (siehe auch Roß)
Polen 57, 392/93
Schottland 123/24, 140, 174, 300, 314
Schweden 85
Spanien 89, 111, 143, 162, 165, 173, 188, 194, 197/98, 201, 202, 203, 204, 205, 208, 209, 211, 218, 219, 220, 221, 232, 250, 262, 263, 265, 271, 287, 296/97 (siehe auch Feria, Mendoza, Quadra)
Venedig 54, 172, 402, 447
Württemberg 158/59
englische:
in Frankreich 161, 228, 249, 256, 317, 368, 391
in den Niederlanden 92, 107
in Rom 68
in Spanien 134 (siehe auch Man, Dr.)
in Wien 170, 248
sonstige Erwähnungen 12, 88, 90, 94, 99, 135, 153, 175, 177, 178, 189, 192, 200, 269, 390, 436
Geschenke an die Königin 72, 233–38, 271, 290
Gifford, Gilbert 303–06
Giggs, Margaret 19
Gilbert, Sir Humphrey 251, 354
Glasgow 176
Glaubenseiferer (Puritaner) 197, 198, 199, 264, 270, 271/72, 275, 286, 348 bis 359
Glencairn, Graf 115
Globe Theater 425
‚Gloriana' 448, *463*
Gloucester, Dechant von (siehe Man, Dr.)
Gloucestershire 30
‚Golden Hind' 280
‚Gorboduc' Tragödie von Thomas Norton 225
Gracechurch Street 53, 72
Granvella, Kardinal 107
Greenwich 9, 11, 12, 57, 58, 230
Gregor XIII., Papst (1572–1585) 253, 258, 264, 278, 279, 281–83, 290, 291, 294
Grenville, Sir Richard 369/70
Gresham, Sir Thomas 110, 113, 116, 132
Grey, Lady Jane 31, 35, 36, 46, 65, *453*
Grey, Katharina 124, 125, 136, 139, 244, *453*
Grey, Lord, of Wilton 395, 415, 428
Grindall, William, Elisabeths Erzieher 20, 22
Guise, Franz, Herzog von 100, 128, 133
Guise, Heinrich, Herzog von 264, 291, 362, 426, 431
Guise, Karl von, Kardinal von Lothringen 100
Guise, Maria von, Regentin von Schottland 100–13, 175, *453*
Guise, Haus 100, 107, 117, 128, 129, 135, 253, 260
Guise, Partei 107, 112, 129, 249, 252, 253, 262, 302

HABSBURGER 161, *455*
Hacket, William 357, 358
Hales, John 139
Hamburg 203
Hamilton, Jakob, Herzog von Châtellerault, Graf Arran 101, 102, 115, 150

Hamilton, Haus 101, 150, 182, 184, 197
Hampton Court 55, 57, 103, 136, 191, 230, 298
Hardwick, Bess of (siehe Shrewsbury, Gräfin)
Harington, Sir John 241, 244—46, 404 bis 405, 416, 424, 433/34, 445/46
Hartlepool 211
Harwich 219
Hatfield 13, 32, 33, 34, 36, 59, 60, 61, 62, 64, 66, 68
Hatton, Sir Christopher 240, 241, 273, 275, 291, 325, 341—43, 362, 371, 390
Havre, Le 128, 132, 133, 134, 141
Hawkins, Sir John 203, 308, 330, 333, 386, *463*
Hayward, John 411
Heinrich II., König von Frankreich 67, 100, *454*, *456*
Heinrich III., König von Frankreich, Herzog von Anjou 218, 248/49, 262, 264, 267, 270, 284, 285, 286, 287, 290, 302, 315, 317, 362, 426, 431, *454*, *456*
Heinrich IV., König von Frankreich, vorher Heinrich von Navarra 155, 251, 302, 323, 362—68, 386, 395/96, 431, 437, 444, *454*, *456*
Heinrich IV., König von England, genannt Bolingbroke 411, *463*
Heinrich VII., König von England 19, 67, 72, 146, 320, *453*
Heinrich VIII., König von England 9—18, 20, 22, 25, 26, 27, 30, 37, 38, 40, 48, 53, 62, 72, 124, 146, 273/74, 276, 278, 320, 321, 330, 397, *453*, *455*, *456*
Heneage, Sir Thomas 162, 240
Herbert, Lord von Cherbury 238/39
Herbert, Sir William von St. Julian 239
Hertford, Graf (siehe Seymour, Eduard)
Hertfordshire 93
Hof der Königin 76—80
- Audienzzimmer 44, 77, 86, 165, 238, 239, 392, 413, 425
- Geheimkabinett 77, 206, 239, 396, 414
- Schloßkapelle 68, 70, 86, 99, 172, 199, 238, 239, 243
- private Wohngemächer 77, 239, 242/43, 252, 268, 270, 367, 413, 421, 434, 446, 447
- sonstige Räumlichkeiten 77, 238, 286, 394, 413, 425

Höflinge 76, 78, 208, 232, 235, 239, 245, 287, 291, 361, 372, 373, 384, 389, 431, 438, 443, 445
Hofnarr 161
Holt, Schloß 31
Holyrood, Schloß 121, 123, 156, 177
Howard, Charles, Lord Howard of Effingham, Graf von Nottingham, Großadmiral 287, 333, 385, 386, 387, 394, 395, 396, 427
Howard, Thomas, Herzog von Norfolk 105, 109, 115, 136, 149, 163, 165, 171, 190, 191, 206—12, 218—28, 310, 317, 428
Howard, William, Lord Howard of Effingham 49
Hugenotten 128, 132, 133, 134, 205, 249, 251/52, 260, 269, 326, 422
Hunsdon, Lord (siehe Carey, Henry)
Hunsdon, königliches Schloß 13, 16
Huntingdon, Graf 136, 243, 346
Huntingdonshire 232
Huntly, Graf 122

INSEL-FAHRT 393, 394
Insel Wight 334
Irland 244, 264, 275, 277/78, 280, 282, 335, 345, 396, 421, 422, 432
- Aufstände in Irland 322, 368, 396, 401/02
- irischer Staatsrat 406, 407, 413 (siehe auch Elisabeth, irische Politik)

Islington 405
Italien 196, 264, 278, 392

JACKMAN, SAMPSON 45
Jakob VI., König von Schottland 155, 157, 173, 175, 180, 181, 186, 190, 193, 216, 217, 223, 231, 292, 293, 294, 299, 300, 302, 317, 318, 323, 422, 423, 425, 427, 442, 443, 448, *453*, *456*
- äußere Erscheinung und Charakter 292, 294, 300, 313, 364

Jesuiten 280—83, 298, 301, 318

Jewel, John, Bischof von Salisbury 130, 171
Johnson, John 328
Jonson, Ben, englischer Dramatiker (1573—1637) 247
Juan, Don, d'Austria 218, 263—65, 266, 277

Kanal, der englische 196, 262, 331, 334
  Kanalhäfen 202
  Kanalpiraten 194
  Kanalprovinzen 365
Kap Lizard 334
Kap St. Vincent 331
Karibisches Meer 262
Karl, Erzherzog von Österreich 85, 89, 90, 99, 118, 140, 158, 159, 160, 163, 164, 170—73, 247, 248, 270, 274, *455*
Karl V., Kaiser 41, 43, 45, *455*, *456*
Karl IX., König von Frankreich 117, 127, 140, 152, 161, 199, 215, 228, 247, 248, 251, 253, 260, 262, *454*, *456*
Kassettenbriefe 175, 180, 191/92, 223
Katharina von Aragon 9—15, 19, 43, 62, *453*, *455*
Katharina von Medici 117, 133, 152, 161, 177, 248—52, 260, 262, 284—86, 317, 362, *454*
Katholiken
  Feindseligkeiten der einheimischen Katholiken 82, 90, 100, 117, 118, 124, 146, 150, 185, 189, 196, 197, 198, 199, 205, 208—11, 257—59, 260, 281—84, 296—98, 305, 312, 318, 333, 338
  Feindseligkeiten ausländischer Katholiken 118, 129, 133, 152, 249, 280—82, 338
  Geistliche, katholische 69, 70, 71
  Liga, die katholische 152, 203, 253, 281, 362
  sonstige Erwähnungen 38, 39, 57, 58, 63, 67, 76, 85, 114, 128, 133, 143, 160, 171/72, 188, 196, 199, 201, 214, 219, 234, 249, 252, 253, 255, 297/98, 317, 333 (siehe auch Verbannte)
Kenilworth 236, 238, 340
Kent, Graf 316
Kent, Grafschaft 45
Kinsale 437, 441
Kircaldy, William, of Grange 115
Kirche, die anglikanische 11, 199, 283, 350, 352, 355/56
Kirk o'Field 177
Knollys, Sir Francis 186, 188, 189, 191, 193, 194, 198, 275, 345, 346
Knollys, Lettice (siehe Leicester, Gräfin)
Knollys, Sir William 396, 397, 402, 405, 426
Knox, John 75, 79, 100, 101, 103, 104, 105, 118, 119, 121, 122, 123, 141/42, 150, 153, 182, 214, *462/63*
Kongregation der schottischen Lords 101, 103, 105, 106, 110, 119, 179, 180, 181, 182, 183, 186/87
Kontinent 101, 118, 180, 258, 338
Konvokation (Kirchenversammlung) 227

Lambarde, William 436/37
Latimer, Hugh, Bischof von Worcester 35, *462*
Lea, Thomas, Captain 428, 431
Leicester, Graf (siehe Dudley, Robert)
Leicester, Gräfin 275, 325
Leinster (Irland) 407—10
Leith 105, 112, 113, 114, 120
Lennox, Graf 14, 147, 150, 178, 197, *453*
Lennox, Gräfin 44, 145, 146, 150, *453*
Lennox, Haus 146, 147, 150
Lepanto, Schlacht bei 263, 329
Lever, Thomas 94
Leveson, Sir Richard 441
Linacre, Thomas 20
Lissabon 331, 348, 442
Loch Leven 179, 192, 293, 315
London 32, 36, 38, 39, 40, 44, 45, 46, 48, 49, 50, 51, 52, 53, 54, 57, 59, 68, 69, 70, 71—74, 109, 129, 134, 143, 145, 191, 197, 207, 208, 211, 214, 219, 230, 231, 233, 253/54, 270, 271, 296, 297, 298, 302, 307, 310, 313, 316, 322, 337, 343, 351, 352, 353, 357, 370, 405, 414, 415, 417, 420, 425, 426, 427, 434, 436
London, Bischof von (siehe Aylmer, Bonner, Sandys)
London Bridge 48

London, Bürgermeister, Adlermänner, Stadtbehörden 12, 59, 72, 230, 272, 339, 426, 436
London, Einwohner und Bürger 51, 54, 59, 85, 230/31, 253, 272, 279, 307, 312, 415, 424, 426
London, Kaufleute 343
London, Stadtzünfte 71, 339
London, Tower 32, 40, 43, 48, 49, 50, 52, 59, 60, 68, 71, 93, 124, 150, 208, 218, 228, 244, 253, 296, 307, 308, 318, 355, 356, 360, 372, 381/82, 422, 425, 429, 430, 435, 436
London (siehe auch Westminster u. a.)
Lopez, Dr. Roderigo, 381/82.
Lords, Haus der (siehe Parlament)
Lothringen, Kardinal von (siehe Guise, Karl)
Ludgate 73, 74, 426
Lyon 252

MACHIAVELLI, NICCOLÒ 418
Madrid 200, 220
Magellan-Straße 279
Mailand 270
Maitland, William, of Lethington 115, 119, 122—29, 131, 140, 141, 147 bis 150, 153—55, 174, 191, 215, 216
Man, Dr. John, englischer Gesandter in Spanien 200—203
Manchester 375
Manners, Roger 448
Margarete, Lady Margaret, Mutter des Heinrichs VII 19, 20, *161/62*
Margarete Tudor 145/46, *453*
Marprelate, Martin 356/57
Martyr, Peter 70
Maria die Katholische, Königin von England
Jugend 13, 15
Verhältnis zu Elisabeth 17, 42 bis 50, 51, 55, 56, 59, 60, 61, 62, 63
Unterwerfung unter ihren Vater (1536) 17
Erziehung 20
Thronbesteigung (1553) 38
Religiosität 39, 40, 43, 54, 55
Unzufriedenheit des Volkes 41, 54, 58, 59, 100
Wyatt-Verschwörung (1554) 45 bis 50
Heirat (1554) 40, 41, 45, 53, 55
eingebildete Schwangerschaft 55, 57, 58, 63
Krieg mit Frankreich 62, 63, 81
Tod (1558) 63
äußere Erscheinung 36
sonstige Erwähnungen 106, 204, 255, 284, 444, *453*, *455*, *456*
Maria Stuart, Königin der Schotten
Königin von Frankreich (1559) 99, 100, 117
Rückkehr nach Schottland (1561) 120
Ehe mit Darnley (1565) 145—150, 161, 171, 172
Ermordung Riccios (1566) 156
Geburt ihres Sohnes Jacob (1566) 157
Bruch mit Darnley (1566) 174
Ermordung Darnleys (1567) 176/77
Beziehungen zu Bothwell (1567) 175—80, 183, 191, 192
Gefangenschaft in Loch Leven, Thronentsagung (1567) 179—83
Flucht nach England (1568) 183/84
Gefangenschaft in Carlisle (1568) 184—86
Gefangenschaft in Bolton Castle (1568) 186
Untersuchung in York und Westminster (1568/69) 190—92
Gefangenschaft in Tutbury (1569) 195
Heiratsplan Norfolk (1569) 204—08
Vorbereitung des Aufstands im Norden (1569) 205
Gefangenschaft in Coventry (1569) 211
Ridolfi-Verschwörung (1571) 217 bis 221
Gefangenschaft in Sheffield Castle (1572—85) 289
Neue Verschwörung (1581/82) 290 bis 292
Throckmorton-Verschwörung (1583) 295—97
Gefangenschaft in Tutbury (1585) 301
Gefangenschaft in Chartley (1585) 302, 303
Babington-Verschwörung (1586) 305—07

Maria Stuart, Königin der Schotten
Gerichtsverhandlung in Fotheringay (1586) 309, 310
Hinrichtung (1587) 315/16
äußere Erscheinung 121, 290, 315 bis 316
sonstige Erwähnungen 44, 67, 81, 99, 114, 117, 123/24, 127, 135, 143, 148, 186, 289/90, *453*, *454*, *456*
Matilda, Königin von England 9, *461*
Maximilian II., Kaiser 159, 160, 162, 170, 172, 214, *455*, *456*
Mecheln 110
Melanchthon, Philipp 23
Melville, Sir James 144, 145, 157, 174
Mendoza, Bernadino de, spanischer Gesandter 265, 279, 280, 293, 296, 297, 338
Mildmay, Sir Walter, Schatzkanzler 361
Monopole 438, 439, 440
More, Margaret 19
More, Sir Thomas 19, *462*
Mountjoy (siehe Blount, Charles)
Munster (Irland) 407
Murray, Lord James (siehe Stuart)

Newgate 52
Niederlande 57, 62, 84, 107, 110, 111, 124, 170, 172, 188, 194, 200, 201, 202, 203, 213, 220, 250/51, 257, 258, 259, 260, 261—69, 277, 278, 280, 285, 287, 293, 302/03, 323, 324—28, 334, 335, 345, 368, 386, 396, 401
Nonsuch 414
Norden, der Aufstand im Norden 204 bis 213, 215, 224, 230, 248, 258, 322
Norfolk 208, 209, 232
Norfolk, Herzog von (siehe Howard, Thomas)
Norfolk, Herzogin von 12
Norham Castle 210
Normandie 363, 365/66
Norris, Sir John 344, 347, 348
Norris, Lady 244
Northampton, Grafschaft 309
Northampton, Marquis von 69, 165
Northumberland, Herzog von (siehe Dudley, John)
Northumberland, Graf von 205, 209, 210, 213
Northumberland, Gräfin von 205
Norton, Richard 210
Norton, Thomas 225, 226, 286
Norwegen 180
Norwich 206, 234, 238, 357
Nottingham, Graf (siehe Howard, Charles)
Nowell, Dr. Alexander, Dechant von St. Paul 243

Oatlands 57
O'Neill, Hugh, Graf Tyrone 401—14, 428, 434, 441, 446
Oranien, Wilhelm Prinz von 261, 297, 401
Orléans 252
Ostindien 331, 370
Oxford 382
Oxford, Graf 323, 372
Oxford, Humanisten 19, 20
Oxford, Universität 19, 20, 234
Oxfordshire 51

Padua 62, 87
Paget, Sir William 43, 45, 50, 56
Papst (siehe unter:
Clemens VII. 1523—34
Paul IV. 1555—59
Pius IV. 1559—65
Pius V. 1566—72
Gregor XIII. 1572—85
Sixtus V. 1585—90)
Papsttum 10, 11, 38, 39, 44, 54, 55, 67, 68, 89, 99, 214, 220, 254, 258, 259, 277/78, 281/82, 297, 298, 301
Paris 39, 133, 228, 251, 252, 256, 301, 338, 339, 362, 389, 396, 426
Parker, Mathew, Erzbischof von Canterbury (1559—75) 105, 184, 253, 290, 353
Parlament, das
unter Eduard VI. 30, 34, 35
unter Maria, der Katholischen 40, 41, 43, 49, 54, 59, 62
unter Elisabeth
(1559) 67, 83, 86, 87
(1563) 136—39, 157
(1566) 164—69
(1571) 224/25, 353
(1572) 225—29, 259, 301, 353
(1576) 244, 354
(1581) 273, 276, 283

Parlament, das
unter Elisabeth
(1584/85) 300, 301, 308, 349, 351/52
(1586/87) 310—12, 353, 355, 359
(1589) 341—43, 359
(1593) 360
(1597) 394
(1601) 437—41
Ausschüsse 137, 165, 227, 353, 355
Beschlüsse und Gesetze 18, 35, 59, 165, 166, 224, 308, 343, 353, 355, 360, 378/79
Parma, Alexander Farnese, Herzog von 277, 315, 329, 333, 334, 336, 337
Parr, Königin Katharina 17, 22, 26, 27, 28, 29, 32, 69
Parry, Blanche 361
Parry, Sir Thomas 30, 32, 33, 34, 51, 52, 66, 102
Parry, Dr. William 301
Parsons, Robert 281, 318
Paul IV., Papst (1555—59) 67, 82
Paulet, Sir Amias 302, 304, 308, 312, 313, 314
Pembroke, William Herbert, Graf 95, 165, 207
Penshurst 242
Penzance 384
Perth 101
Pest, die 106, 133—35, 227
Peterborough, Dechant von 315/16
Phelippes, Thomas 304, 306, 377
Philipp, der heilige Philipp von Neri 281
Philipp II., König von Spanien
zur Zeit Marias der Katholischen 41, 43, 49, 50, 53, 56, 57, 58, 59, 62, 90
freundliche Beziehungen zu Elisabeth 56, 58, 62, 64, 67, 80, 81—84, 85, 90, 98, 99, 110—14, 214, 325
Entfremdung 152, 173, 188, 201, 202, 203, 204, 219, 220
Kriegszeit 258—66, 277—80, 287, 290, 291, 293, 294, 323, 325, 329 bis 333, 339, 342, 344, 362, 365, 369, 379, 381, 392
Tod 398/99
sonstige Erwähnungen 106, 143, 152, 196, 272, 318, *453*, *454*, *455*, *456*
Philipp III., König von Spanien 438, *455*, *456*
Pickering, Sir William 85, 86, 87
Pistor, Tristram 355
Pius IV., Papst (1559—65) 151, 152
Pius V., Papst (1566—72) 188, 214, 218, 219, 248, 311, 341
Plymouth 45, 331, 333/34, 346
Pole, Reginald, Kardinal-Erzbischof 54, 55, 63, 69
‚Politiques', die 249, 251
Pope, Sir Thomas 61
Portsmouth 134, 219, 370
Portugal 278, 279, 280, 344, 347, 348, 364
Protektor Somerset (siehe Seymour, Eduard)
Protestantismus 25, 38—41, 57, 58, 59, 65, 70, 75, 89, 100, 114, 118, 126, 129, 133, 137, 139, 150, 171, 172, 196, 198, 199, 200, 201, 202, 208, 209, 211, 230, 248, 252/53, 255, 258, 260, 283/84, 294, 298, 318, 321, 338, 352

QUADRA, ALVARO DE LA, Bischof von Aquila, spanischer Gesandter, 88, 92, 93, 94, 124, 134

RADCLIFFE, MEG 435
Raleigh, Sir Walter 240, 345, 346, 371, 372, 373/74, 387, 392, 393/94, 408, 415, 418, 428, 429, 433, 435
Randolph, Thomas 94, 114, 115, 119, 122, 128, 141, 143, 147, 148, 151, 155, 362
Reformation 11, 38, 39, 67, 70, 196
Renard, Simon, kaiserlicher Gesandter 41, 42, 43, 45, 47, 49, 50, 55, 81
‚Rentes' 321/22
‚Revenge', die 369
Riccio, David 150, 154—57, 174/75
Rich, Penelope, Lady Rich 402, 415, 419, 422, 424, 430
Richard II., 411, 425, 437
Richmond 51, 230, 310, 311, 346
Richmond, Herzog von 15, 17
Ricote 51
Ridolfi, Roberto 218—25, 248, 258, 289
Robsart, Amy 91—94, 97, 115, 163
Rochester 287
Rogers, John 55

Rom (siehe unter Papsttum)
Roß, John Leslie, Bischof von, Gesandter Maria Stuarts 192, 193, 216, 218, 220
Rouen 133, 365–68, 371, 375
Rudd, Anthony, Bischof von St. David 243
Russell, Francis, Graf Bedford 86, 96, 156, 173, 174, 175, 181, 182, 201
Russell, John, Graf Bedford 30
Russell, Lady 416
Ruthven, Patrick, Lord 156

Sadler, Sir Ralph 190
Salisches Gesetz 9
Sandwich 234, 287
Sandys, Edwin, Bischof von London 253
Savage, John 305
Savoyen 128
Savoyen, Herzog von 62, 154
Savoyen, Herzogin von 269
Schaustellungen und Festzüge 53, 71 bis 74, 122, 231, 233, 235–38
Schiffsteuer 333
Schottland
Beziehungen zu England
(1558–61) 94, 100–20
(1561–87) 123/24, 129–31, 140 bis 141, 144/45, 146–51, 152 bis 153, 155–57, 161, 162, 168, 171, 173–81, 185/86, 190/91, 193, 195/96, 214–24, 247/48, 250, 259, 284, 291, 293, 294, 295, 298, 313, 317
(1587–1603) 317, 318, 323, 443, 448
Protestantismus in Schottland 100, 101, 104, 105, 114, 119, 122, 123, 141/42, 153, 155, 160, 171, 186, 253, 294/95, 318
sonstige Erwähnungen 114, 172, 205, 217, 287, 298, 335 (siehe auch Jacob VI. und Maria Stuart)
Schriften, Streitschriften, Flugschriften, Traktate
1. Knox' ‚Erster Trompetenstoß' 75, 104
2. Hales' zur Thronfolgefrage 139
3. Buchanan's ‚Detection' 223
4. Stubbs' ‚Gähnender Abgrund' 271
5. Allen's ‚Mahnung an Adel und Volk von England' 338
6. Marprelate's sieben ‚Martins' 356/57
7. Wentworth's ‚Nachdrückliche Mahnung an Ihre Majestät' 359
8. Essex' ‚Apologie' 419
9. sonstige 44, 58, 59, 74, 238, 270, 308, 325, 417, 419, 420
Scilly Inseln 32
Scrope, Henry, Lord 212
Scrope, Lady 421
Seething Lane 405
Seymour, Eduard, Herzog von Somerset und Lord Protektor 26–35, 90, 124
Seymour, Eduard, Graf Hertford 124, 236–38, 244
Seymour, Thomas, Lord Seymour of Sudely, Großadmiral 26–35, 90, 429
Shakespeare, William, 328, 405, 425
Sheffield Castle 289
Sheffield, Lady 275
Shelton, Herr 16
Shrewsbury 238
Shrewsbury, George, Graf 195, 208, 224, 289, 291, 295, 302, 362
Shrewsbury, Gräfin (Bess of Hardwick) 291, *463*
Sidney, Sir Henry 130, 131, 242
Sidney, Sir Robert, 391, 394, 395, 414
Simier, Jean de, Baron de St. Marc 268–71, 274, 275, 276, 291
Sixtus V., Papst (1585–90) 312, 320, 329, 332, 339, 341
Sluys 345
Smith, Sir Thomas 257
Solway Firth 184
Somerset, Herzog von (siehe Seymour, Eduard)
Somerset House 60, 68
Southampton 53, 238
Southampton, Henry, Graf von 406, 407, 409, 411/12, 413, 422, 425, 428, 431
Southwell, Frau 372
Spanien 19, 44, 113, 116, 128, 134, 143, 151, 188/89, 194, 202, 204, 215, 218, 228, 248, 249, 250, 251, 253, 256,

Spanien 257, 267, 284, 297, 302, 308, 320, 321, 322, 324, 330, 333, 334, 336, 343, 365, 369, 384, 385, 386, 387, 395, 396, 398, 401, 426, 437/38, 441
Spanisches Kolonialreich in Mittelamerika 260, 331, 384 (siehe auch Karibisches Meer)
Spanischer Goldschatz, Beschlagnahme (1568) 194, 201—03, 260
Sprecher des Unterhauses 168, 225, 241, 242, 310, 343, 356, 438—40
St. Andrews 108
St. Giles's Fields 307
St. James-Palast 59, 64, 335
St. Pauls-Churchyard 214
St. Pauls-Kirche 12, 55, 73, 211, 272, 239
St. Pauls-Kreuz 40, 170, 339, 432
Staatsrat (Privy Council)
unter Eduard VI. 30, 31, 32, 34, 40
unter Maria der Katholischen 48, 49, 51, 52, 53
unter Elisabeth 66, 79, 80, 88, 106 bis 108, 112, 121, 129/30, 134, 136, 149, 151, 168, 170, 171, 189, 191, 193, 199, 206, 216, 217, 218, 221, 232, 241, 255, 268, 273, 274, 275, 283, 297, 298, 308, 326, 346, 352, 359, 360, 375, 382, 395, 396, 402, 403, 404, 406, 407, 408, 414, 416, 425
Staatsräte (Councillors) 26, 27, 41, 82, 92, 165, 168, 169, 184, 191, 198, 200, 201, 206, 212, 216, 225, 228, 239, 253, 254, 257, 265, 267, 269, 276, 284, 288, 309, 310, 315, 317, 320, 326, 341, 352, 356, 384, 412, 414, 417, 420, 427, 430, 438, 444
Staatsrat des Nordens 209, 210
Stafford 238
Staffordshire 301, 303
Stahlhof 51
Stanton St. John 51
Sternkammer 318, 357, 417, 418, 420, 432
Stirling 150, 178
Stuart, Arabella 442
Stuart, Esmé, Herzog von Lennox 291/92
Stuart, Henry (siehe Darnley, Lord)
Stuart, James, Graf Murray 115, 120, 122, 123, 147, 148, 150, 151, 152, 153, 154, 155, 156, 157, 175, 180, 186, 187, 189, 190, 191, 193, 195, 197, 204, 205, 213, 215, 223
Stuart, Maria (siehe unter Maria Stuart)
Stubbs, John 271—73
Stukely, Sir Thomas 278/79
Sturm, Jakob 23/24
Südamerika 279
Suffolk 232
Suffolk, Herzogin von 44
Sussex 308
Sussex, Henry, Graf 48
Sussex, Thomas, Graf 95, 163, 170, 171, 190, 191, 192, 209—12, 215, 216, 269

TEMPLE BAR 74, 340
Themse 48, 89, 287, 373, 425
Theobalds 371
Thomas, der Heilige, Standbild 70
Throckmorton, Elisabeth 371, 372
Throckmorton, Francis 296, 297
Throckmorton, Sir Nicholas 50, 65, 94—96, 107, 111, 112, 118, 127, 128, 130, 132, 149, 182/83, 205, 208, 296, 371
Thronbesteigung, Tag der 230, 339, 394, 424, 445
Tilbury 335—37, 340
Topclif 210
Totnes 96
Tower (siehe London)
Tripolis 113
Tutbury 175, 211, 301, 303
Tyrone (siehe O'Neill, Hugh Graf Tyrone)
Tyrwhitt, Sir Robert 32—34

ULSTER 401, 403, 407—12
Unterhaus (siehe Parlament)
‚Unternehmen, Das, gegen England' 258, 261, 263, 264, 265, 282, 291, 294, 295, 296, 297, 298, 299, 305

VASSY, Blutbad von 128
Vavasour, Anna 372
Vavasour, Herr 372
Venedig 71, 388, 447

Verbannte, Emigranten, Flüchtlinge:
englische Protestanten aus der Zeit Marias der Katholischen 40, 44, 59, 60, 69, 70, 255/56
englische Katholiken 203, 213, 257, 258, 289, 291, 338
französische Protestanten 252, 349
Niederländer 170, 203, 251, 258, 349
schottische Protestanten 153, 155
Verney, Francis 52, 60
Verträge, Friedens-, Staats-, Bündnisverträge
1559 Cateau-Cambrésis 98, 99, 102, 134
1560 Berwick 110, 114
1560 Edinburgh 113, 118, 120, 124, 126, 129, 131, 143, 173, 188
1572 Blois 250, 251, 260
1585 mit den Niederlanden 302
1586 Bündnis mit Schottland 313
1596 Dreibund England-Frankreich-Niederlande 396
sonstige Erwähnungen 93, 188
Victoria, Königin 372
Vives, Ludwig 20
Vlissingen 251

Wales 30, 45, 314, 411, 422
Walker's House 358
Walsingham, Sir Francis 241, 255—57, 261, 265—69, 273, 275, 284, 288, 289, 291, 295/96, 297, 303—09, 314, 319, 323, 325, 333, 335, 337, 341, 347, 352, 353, 357, 361, 362, 374
Wappenherold, Erster (Garter King-of-Arms) 12
Warwick 233
Warwick, Ambrose, Graf 361
Warwick, Gräfin 436
Warwickshire 297
Wensleydale 186
Wentworth, Paul 167
Wentworth, Peter 226, 228, 353—60, 362
Westindien 324, 369
Westminster 46, 71, 74, 221, 230, 360, 398
Westminster, Untersuchung über den Darnley-Mord 191—94, 223
Westmorland, Charles, Graf von 205, 208, 209
Westmorland, Gräfin 210
West Wycombe 51
Wheatley 51
White, John, Bischof von Winchester 69
Whitehall 48, 68, 71, 230, 243, 286, 435, 439, 446
Whitgift, John, Erzbischof von Canterbury (1583—1604) 243, 351, 357, 358, 448
Wien 159, 171
Williams, John, Lord Williams of Thame 51
Williams, Sir Roger 346—48
Willoughby de Eresby, Peregrine, Lord 363, 436
Wilson, Dr. Thomas, Staatssekretär 266
Winchester 53
Winchester, Marquis von, Oberschatzmeister 255
Windsor 51, 162, 230
Wingfield 314
Winter, Sir William 105, 108, 109
Woodstock 51, 56, 203
Worcester 233, 238
Worcester, Eduard, Graf 426
Wriothesley, Sir Thomas 17
Württemberg, Herzog von 158
Wyatt, Sir Thomas 45—49, 53, 60, 65, 362

York 131, 190, 191, 204, 211, 238, 431
York, Untersuchung über den Darnley-Mord 190, 191, 204
Yorkshire 210, 211, 299

Zeeländische Küste 335

BIBLIOGRAPHIE

Quellen

Calendar of State Papers, Domestic, hg. von Robert Lemon und M. A. E. Green, 12 Bde, London 1856–1872

Calendar of State Papers, Foreign, hg. von W. B. Turnbull u. a., 23 Bde, 1863–1950

List and Analysis of State Papers, Foreign Series, Elizabeth I, hg. von Richard Bruce Wernham, London 1964

Calendar of State Papers, Spanish, Elizabethan, hg. von M. A. S. Hume, 4 Bde, 1892–1899

Calendar of State Papers, Colonial Series, 1574–1712, hg. von W. N. Sainsbury u. a., 26 Bde, 1860–1926

Journals of the House of Lords, Protokolle des Oberhauses, seit 1509, 10 Bde, 1742ff.

Journals of the House of Commons, Protokolle des Unterhauses, seit 1547, 8 Bde, 1803ff.

The Tudor Constitution. Documents and Commentary, hg. von Geoffrey Rudolf Elton, Cambridge 1960

Sources of English Constitutional History, hg. von C. Stephenson und F. G. Marcham, 1937

Select Statutes and Other Constitutional Documents Illustrative of the Reigns of Elizabeth and James I, hg. von G. W. Prothero, [4]1913, Reprint 1963

Tudor Royal Proclamations, hg. von Paul Lester Hughes und J. F. Larkin, 3 Bde, Yale 1964–1969

Acts of the Privy Council of England, hg. von J. R. Dasent, 1542–1631, 1890ff.

Tudor Economic Documents, hg. von Richard Henry Tawney und E. Power, London 1924ff.

Die Briefe der Königin Elisabeth von England, 1533–1603, hg. von George Bagshawe Harrison, dt. von Hans Reisiger, Wien 1938

Queen Elizabeth and some Foreigners. Being a Series of hitherto Unpublished Letters from the Archives of the Hapsburg Family, hg. von Victor von Klarwill, London 1928

The English Privateering Voyages to the West Indies, 1588–1595, hg. von Kenneth Raymond Andrews und Irene Wright, Cambridge 1959

Camden, William, Annales rerum anglicarum et hibernicarum regnante Elizabetha, 1625

– The historie of the most renowned and virtuous Princess Elizabeth, late queen of England, 1630

Clapham, John, Elizabeth of England. Certain Observations Concerning the Life and Reign of Queen Elizabeth, hg. von Conyers Read und Evelyn Plummer Read, Philadelphia 1951

D'Ewes, S., Journals of the Parliaments during the Reign of Queen Elizabeth, 1693

Townshed, H., Historical Collections. An Exact Account of the Last Four Parliaments of Elizabeth, 1680

Hakluyt, Richard, The Principall Navigations, Voiages and Discoveries of the English Nation, London 1589. With an Introduction by David Beers Quinn and Raleigh Ashlin Skelton, Cambridge 1965

Holinshed, Raphael, Chronicles, 1587, 6 Bde, hg. von Henry Ellis, 1807–1808

Stow, John, Chronicles, 1605

Sekundärliteratur

Andrews, Kenneth Raymond, Elizabethan Privateering. English Pri-

vateering during the Spanish War, 1585–1603, Cambridge 1964
– Drake's Voyages. A Re-assessment of their Place in Elizabethan Maritime Expansion, London 1967
– Admiral und Pirat Francis Drake, dt. von Alfred Paul Zeller, Frankfurt/Main 1970
Beckingsale, Bernard Winslow, Elizabeth I, London 1963
– Burghley, Tudor Statesman, 1520-1598, London, New York 1967
Bindoff, Stanley Thomas, Tudor England, The Pelican History of England, Bd. 5, Harmondsworth 1952
– Joel Hurstfield, Charles Harold Williams, Elizabethan Government and Society, London 1961
Black, John Bennett, The Reign of Elizabeth, 1558–1603, Oxford History of England, Bd. 8, Oxford 1936, ²1959
Bowen, Catherine Drinker, Francis Bacon. The Temper of a Man, Boston 1963
Brooks, Frederick William, The Council of the North, London 1966
Buxton, John, Elizabethan Taste, London 1963
Campell, Lily Bess, Shakespeare's Histories. Mirrors of Elizabethan Policy, San Marino/Calif. 1958
Caspari, Fritz, Humanism and the Social Order in Tudor England, Chicago 1954
Chambers, Edmund Kerchever, The Elizabethan Stage, 5 Bde, Oxford 1923–1934
Chauviré, Roger, Le temps d'Elisabeth, Paris 1960
Cheyney, Edward Potts, History of England. From the Defeat of the Armada to the Death of Elizabeth, 2 Bde, London 1926
Code, Joseph Bernard, Queen Elizabeth and the English Catholic Historians, Louvain 1935
Collinson, Patrick, The Elizabethan Puritan Movement, London 1967
Corbett, Julian Stafford, Drake and the Tudor Navy, 2 Bde, London 1898–1899
Creighton, Mandell, Queen Elizabeth. With an Introduction by Geoffrey Rudolf Elton, New York 1966
Cross, Claire, The Royal Supremacy in the Elizabethan Church, London, New York 1969
Cruikshank, Charles Grieg, Elizabeth's Army, Oxford ²1966
Dietz, Frederick Charles, English Public Finance, 1558–1641, Bd. 2, London 1964
Dodd, Arthur Herbert, Life in Elizabethan England, London 1961
Dunlop, Jan, Palaces & Progresses of Elizabeth I., London 1962
Elton, Geoffrey Rudolf, England under the Tudors, A History of England, Bd. 4, London 1955
Falls, Cyril, Elizabeth's Irish Wars, London 1950
Fisher, Frederick Jack (Hg.), Essays in the Economic and Social History of Tudor and Stuart England, Cambridge 1961
Frere, Walter Howard, The English Church in the Reigns of Elizabeth and James I., 1558–1625, A History of the English Church, Bd. 5, London 1921
Froude, James Anthony, History of England from the Fall of Wolsey to the Defeat of the Spanish Armada, 12 Bde, London 1856–1870
George, Charles H. und Katherine George, The Protestant Mind of the English Reformation, 1570–1640, Princeton 1961
Haller, William, Elizabeth I and the Puritans, Ithaca, N.Y. 1964
Handover, Phyllis Margaret, The Second Cecil. The Rise to Power 1563–1604 of Sir Robert Cecil, later First Earl of Salisbury, London 1959
Harrison, George Bagshawe, Elizabethan England, London 1930
– An Elizabethan Journal, Being a Record of those Things most Talked of during the Years 1591–1594, 2 Bde, London 1928–1931
– A Last Elizabethan Journal. Being a Record of those Things most

Talked of during the Years 1599–1603, London 1933
– The Life and Death of Robert Devereux, Earl of Essex, London 1937
Haugaard, William P., Elizabeth and the English Reformation. The Struggle for a Stable Settlement of Religion, London 1968
Hurstfield, Joel, Elizabeth I and the Unity of England, New York 1969
– Freedom, Corruption and Government in Elizabethan England, London 1973
Irwin, Margaret, Der große Luzifer. Ein Porträt Sir Walter Raleighs, dt. von Helmut Lindemann, Stuttgart 1961
Jenkins, Elizabeth, Gloriana. Königin Elisabeth I. von England, dt. von Irmgard Kutscher, Tübingen 1959
– Elizabeth and Leicester, London 1961
Johnson, Paul, Elizabeth I. A Study in Power and Intellect, London 1974
Kocher, Paul Harold, Science and Religion in Elizabethan England, San Marino 1953
Lacey, Robert, Earl of Essex, London 1971
– Sir Walter Ralegh, London 1973
Lemonnier, Léon, Elisabeth d'Angleterre. La reine vierge?, Paris 1947
Levine, Mortimer, Tudor England, 1485–1603, (Bibliographie), Cambridge 1968
– Tudor Dynastic Problems, 1460–1571, London 1973'
– The Early Elizabethan Succession Question, 1558–1568, Stanford, Calif. 1966
Leys, Mary Dorothy Rose, Catholics in England, 1559–1829. A Social History, London 1961
MacCaffrey, Wallace T., The Shaping of the Elizabethan Regime, Princeton 1968
– Elizabethan Politics. The First Decade, 1558–1568, in: Past and Present, Nr. 24, Highgate 1963
Mattingly, Garrett, Sieben Tage machen Weltgeschichte, dt. von Curt Meyer-Clason, München 1960
–, Renaissance Diplomacy, London 1955
Maynard, Theodore, Queen Elizabeth, London 1943
McGrath, Patrick, Papists and Puritans under Elizabeth I, London 1967
Mercer, Eric, English Art, 1553–1625, Oxford History of English Art, Bd. 7, Oxford 1962
Meissner, Paul, England im Zeitalter von Humanismus, Renaissance und Reformation, Heidelberg 1952
Meyer, Arnold Oskar, England und die katholische Kirche unter Elisabeth, Rom 1911
Meyer, Carl Stamm, Elizabeth I and the Religious Settlement of 1599, Saint Louis 1960
Morris, Christopher, Political Thought in England. Tyndale to Hooker, London 1953
Neale, John Ernest, Elizabeth I and her Parliaments, 1559–1581, 2 Bde, London 1953–1957
– The Elizabethan House of Commons, New Haven 1950
– Essays in Elizabethan History, London 1958
New, John Frederick Hamilton, Anglican and Puritan. The Basis of their Opposition, 1558–1640, Stanford, Calif. 1964
Pollard, Albert Frederick, Political History of England, Bd. 6, 1547–1603, London 1905
Pollen, John Hungerford, The English Catholics in the Reign of Queen Elizabeth, New York 1920
Quinn, David Beers, Raleigh and the British Empire, London 1947
Rabb, Theodore K., Enterprise and Empire. Merchant and Gentry Investment in the Expansion of England, 1575-1630, Cambridge, Mass. 1967
Read, Conyers, Bibliography of British History. Tudor Period 1485–1603, Oxford [2]1959
– Die Tudors, München 1938

- Lord Burghley and Queen Elizabeth, London 1960
- Mr. Secretary Cecil and Queen Elizabeth, London 1955
- Mr. Secretary Walsingham and the Policy of Queen Elizabeth, 3 Bde, Oxford 1925

Rowse, Alfred Leslie, The England of Elizabeth, London 1950
- The Elizabethan Renaissance. The Life of the Society, London 1971
- Sir Richard Grenville of the Revenge. An Elizabethan Hero, London 1937
- Ralegh and the Throckmortons, London 1962
- und George Bagshawe Harrison, Queen Elizabeth and her Subjects, London 1935, Reprint Freeport, N.Y. 1970

Schirmer, Walter F., Der englische Frühhumanismus, Tübingen ²1963

Schücking, Leon Ludwig, Die puritanische Familie in literarisch-soziologischer Sicht, Bern, München ²1964

Simon, Joan, Education and Society in Tudor England, Cambridge 1966

Smith, Alan Gordon Rae, The Government of Elizabethan England, London 1967

Smith, Lacey Baldwin, Zwielicht einer Zeitenwende. Königin Elisabeth und ihre Epoche, Stuttgart 1967
- Tudor Prelates and Politics, Princeton 1953

Stählin, Karl, Sir Francis Walsingham und seine Zeit, Bd. 1, 1908

Strachey, Lytton, Elisabeth und Essex, dt. von Hans Reisiger, Zürich 1966

Talbert, Ernest William, The Problem of Order. Elizabethan Political Commonplaces as an Example of Shakespeare's Art, Chapel Hill 1962

Thirsk, Joan, Agrarian History of England and Wales, Bd. 4, 1500–1640, Cambridge 1967

Trimble, William Raleigh, The Catholic Laity in Elizabethan England, 1558–1603, Cambridge, Mass. 1964

Volckmann, Erwin, Der Grundstein britischer Weltmacht, Würzburg 1923

Waldmann, Milton, Queen Elizabeth I, London 1966
- Elizabeth and Leicester, London 1944

Wallace, Willard Mosher, Sir Walter Ralegh, Princeton 1959

Wernham Richard Bruce, Before the Armada, The Growth of English Foreign Policy, 1485–1588, London 1966
- The Counter-Reformation and Price Revolution, 1559–1610, The New Cambridge History, Bd. 3, Cambridge 1968
- und John Cecil Walker, England under Elizabeth, London 1932

Wickham, Glynne, Early English Stages, 2 Bde, 1300–1600, 1959–1963

Williams, Neville, Elisabeth I. von England, dt. von Liselotte Mickel, Stuttgart 1969
- The Life and Times of Elizabeth I, London 1972
- All the Queen's Men. Elizabeth I and the Courtiers, London 1972
- Francis Drake, London 1973
- Thomas Howard, Fourth Duke of Norfolk, London 1964

Williams, Norman Lloyd, Sir Walter Ralegh, London 1962

Williams, Penry, Life in Tudor England, London 1964
- The Council in the Marches of Wales under Elizabeth I, Cardiff 1958

Williamson, James Alexander, Hawkins of Plymouth, London ²1969
- The Age of Drake, London ³1952
- The Tudor Age, London 1953

Wilson, Charles Henry, Queen Elizabeth and the Revolt of the Netherlands, London 1970

Woodrooffe, Thomas, Enterprise of England. An Account of her Emergence as an Ocean Power, London 1958

Wright, Luis Booker, Middle-Class Culture in Elizabethan England, Chapel Hill 1935